हिन्दी पत्रकारिता का प्रतिनिधि संकलन

संपादक एवं संकलनकर्ता

तरुशिखा सुरजन

राधाकृष्ण प्रकाशन

ISBN : 978-81-8361-390-3

हिन्दी पत्रकारिता का प्रतिनिधि संकलन

पहला संस्करण : 2010
पहली आवृत्ति : 2023

मूल्य : ₹1495

प्रकाशक
राधाकृष्ण प्रकाशन प्राइवेट लिमिटेड
जी-17, जगतपुरी, दिल्ली-110 051
शाखाएँ : अशोक राजपथ, साइंस कॉलेज के सामने, पटना-800 006
पहली मंज़िल, दरबारी बिल्डिंग, महात्मा गांधी मार्ग, प्रयागराज-211 001
1, अनमोल सोराबजी संतुक लेन, धोबी तलाव, मरीन लाइंस, मुम्बई-400 002
वेबसाइट : www.radhakrishnaprakashan.com
ई-मेल : info@radhakrishnaprakashan.com

मुद्रक
राजकमल प्रेस
दिल्ली-110 002

HINDI PATRAKARITA KA PRATINIDHI SANKALAN
by Tarushikha Surjan

स्व. श्री माधवराव सप्रे
एवं
पूज्य बाबूजी स्व. श्री मायाराम सुरजन
को सादर समर्पित

प्रस्तावना

वैसे तो हिन्दी में पत्रकारों और पत्रकारिता का परिचय देने वाली बहुत सी पुस्तकें उपलब्ध हैं। पत्रकारिता का इतिहास, उसके बदलते स्वरूप, भाषा व लेखन शैली की चर्चा करने वाली पुस्तकें, पत्रकारों के जीवन परिचय वाली पुस्तकें अथवा किसी पत्रकार के कार्य से संबंधित पुस्तकें बहुतायत में हैं। ऐसे में 'हिन्दी पत्रकारिता का प्रतिनिधि संकलन' जो नया लेकर पाठकों के समक्ष आ रहा है, उसके प्रति जिज्ञासा होना स्वाभाविक है।

इस पुस्तक में हिन्दी पत्रकारिता के इतिहास को उदाहरण के साथ दर्शाने का प्रयत्न किया है। इस संकलन में 150 वर्षों के कालखंड के महत्त्वपूर्ण पत्र-पत्रिकाओं के संपादकीय व लेख शामिल किए गए हैं। पत्रकारिता इतिहास का दस्तावेज होता है। 150 वर्षों में जो मूर्धन्य पत्रकार व संपादक हुए, उनकी लेखनी इस बात का प्रमाण है। इस तरह पाठकों का एक साथ दो बातों से सीधा साक्षात्कार हो रहा है, पहला–पत्रकारिता का आदर्श रूप, दूसरा–इतिहास के साथ पत्रकारिता का सीधा संबंध। 1826 में छपे पहले हिन्दी पत्र 'उदन्त मार्त्तण्ड' से लेकर 90 के दशक तक के पत्र-पत्रिकाएं और उनसे जुड़े पत्रकार-संपादक अपने हर लेख में आपको इस बात का अहसास कराएंगे।

मेरा मानना है कि हिन्दी पत्रकारिता के अध्ययन और अध्यापन में एक समग्र दृष्टिकोण का अभाव है। पत्रकारिता के ऐतिहासिक विकास का ज्ञान अधिकांश अध्यापकों व विद्यार्थियों को नहीं है। ऐसे में यह संकलन जिसमें हिन्दी भाषा का ऐतिहासिक विकास, हिन्दी भाषा-भाषी सभी क्षेत्रों का प्रतिनिधित्व तथा समस्त चर्चा योग्य विषय सम्मिलित हैं, बहुपयोगी साबित होगा।

संकलन में शामिल पत्र-पत्रिकाएं अवध के पाठक को राजस्थान की पत्रकारिता व इतिहास से परिचित कराएंगे तो बिहार के पाठक को विदर्भ की। कलकत्ता का पाठक छत्तीसगढ़ व मध्यप्रदेश की पत्रकारिता व इतिहास को जानेगा तो दिल्ली का पाठक पूर्वांचल की।

हिन्दी पत्रकारिता के महत्त्वपूर्ण हस्ताक्षरों में अधिकांश नाम भुला दिए गए हैं। उदाहरण के तौर पर साप्ताहिक हिन्दुस्तान के संपादक बांकेबिहारी भटनागर को उनकी दिल्ली में ही याद करने वाले नजर नहीं आते हैं, स्थानीय पत्रकारों को उनका वांछित स्थान मुश्किल से ही हासिल होता है या नहीं भी होता है। पं. रामाश्रय उपाध्याय का

'देशबन्धु' में छपने वाला कॉलम 'एक दिन की बात' लिम्का बुक ऑफ रिकॉर्ड्स में शामिल है, कितने पाठकों को ज्ञात होगा। इस संकलन में संभवत: सभी महत्वपूर्ण पत्रकार सम्मिलित हैं।

इस संकलन के लिए विषय सूची बनाते हुए मैं कई बार इस पशोपेश से गुजरी कि विषय सूची किस आधार पर बननी चाहिए। लगा कि एक सर्च इंजन की तरह विभिन्न विषय सूचियां बनाकर लगाई जाएं ताकि पाठकों को एक ही नजर में अपनी रुचि के अनुसार पढ़ने में आसानी हो। कालक्रमानुसार सूची तो है ही, जिसमें उन्नीसवीं शताब्दी, स्वतंत्रतापूर्ण बीसवीं शताब्दी तथा स्वतंत्रता पश्चात बीसवीं सदी के खंड बनते हैं। अंग्रेजी वर्णमालानुसार सूची बनाना भी एक उपाय था। परंतु महत्वपूर्ण था विषयानुसार सूची। स्वतंत्रता आन्दोलन, राजनीति, सामाजिक मुद्दे, नारी, युवा, आपातकाल, महात्मा गांधी, हिन्दी भाषा व हिन्दी साहित्य, खेल, विद्यार्थी व शिक्षा, श्रमिक व मजदूर, राष्ट्रीय एवं अंतर्राष्ट्रीय मुद्दे आदि सब इस संकलन में शामिल हैं।

1874 में भारतेन्दु हरिश्चन्द्र 'बालाबोधिनी' नामक पत्रिका स्त्रियों के लिए निकालते हैं तो 1888 में 'सुगृहिणी'(हेमंत कुमारी चौधरी), 1936 में 'चांद', विदुषी अंक (महादेवी वर्मा) और 1947 में 'नारी' (सुभद्रा कुमारी चौहान) महिलाओं की सर्वांगीण उन्नति के लिए प्रयत्नशील दिखते हैं। जो बात 1965-66 में बांकेबिहारी भटनागर 'साप्ताहिक हिंदुस्तान' में हिंदुस्तानी समाज के लिए लिखते हैं, आज 50 सालों बाद भी उतनी ही प्रासंगिक लगती है। उन्नीसवीं शताब्दी में 'हिन्दी प्रदीप' के माध्यम में बालकृष्ण भट्ट पत्रकारों व पत्रकारिता के लिए जो कहते हैं तो 40 के दशक में कमलापति त्रिपाठी और 60 के दशक में इंद्र विद्यावाचस्पति उन्हीं मुद्दों को उठाते हैं और आज भी स्थिति उससे भिन्न नहीं है।

1903 में बाबू बालमुकुंद गुप्त 'भारतमित्र' में अपने व्यंग्यात्मक कॉलम 'शिवशम्भु के चिट्ठे' से लेखन की एक नई परंपरा शुरू करते हैं। 50-60 के दशक में गोपाल प्रसाद व्यास 'हिंदुस्तान' में अपने कॉलम 'यत्र तत्र सर्वत्र' व 'नारदजी खबर लाये हैं' और शरद जोशी 'नई दुनिया' में अपने कॉलम 'परिक्रमा' से इस परंपरा को आगे बढ़ाते दिखते हैं। हरिशंकर परसाई 'देशबंधु' में 'सुनो भई साधो' और 'करंट' में महावीर अधिकारी 'चटकू-मटकू' द्वारा पत्रकारिता में व्यंग्यविधा को धार देते नजर आते हैं। 1950-51 के 'भारतीय श्रमिक' व 'मजदूर समाचार' जैसे पत्रों की कमी जरूर बाद के वर्षों में अखरती है।

1873 में भारतेंदु हरिश्चंद्र 'हरिश्चंद्र मैग्जीन' द्वारा अंग्रेज सरकार पर प्रहार करते नजर आते हैं जिसका एक लंबा सिलसिला आगे आने वाले पत्र बनाते हैं। 'विशाल भारत' में बनारसीदास चतुर्वेदी, 'नवयुग' में सत्यदेव विद्यालंकार, 'सैनिक' में कृष्णदत्त पालीवाल, 'प्रताप' में गणेशशंकर विद्यार्थी, 'कलकत्ता समाचार' में झाबरमल शर्मा, 'कर्मवीर' में माखनलाल चतुर्वेदी, 'कमला' में बाबूराव विष्णु पराड़कर, 'चांद' फांसी

अंक में आचार्य चतुरसेन शास्त्री, 'हंस' में प्रेमचंद, 'प्रहरी' में भवानीप्रसाद तिवारी जैसे कई नाम हैं जिन्होंने स्वाधीनता संग्राम को निश्चित रूप से प्रभावित किया है। ऐसा करते हुए वे अपने सामाजिक दायित्वों का निर्वाह भी करते रहे और हिन्दी भाषा, साहित्य व पत्रकारिता के नए मानदंड स्थापित करते चले। इनमें से अनेक नाम कवि, लेखक, उपन्यासकार के रूप में ज्यादा प्रसिद्ध होंगे, परंतु वे उतने ही बड़े पत्रकार भी हुए।

आजादी के बाद एक नए राष्ट्र व नए समाज के निर्माण में आगे आए 'आज' और बाबूराव विष्णु पराड़कर, 'विश्वामित्र' और इलाचंद्र जोशी, 'नई दुनिया' और कृष्णकांत व्यास, 'आलोक' और सुरेंद्र बालूपुरी, 'नई धारा' और रामवृक्ष बेनीपुरी, 'धर्मयुग' और धर्मवीर भारती इत्यादि। यह समय हर क्षेत्र में उथल-पुथल का युग था, मजदूर-श्रमिक आन्दोलन, हिन्दी भाषा का आन्दोलन, युवकों का आन्दोलन, पड़ोसी देशों से युद्ध इत्यादि। 'दृष्टिकोण' में रामविलास शर्मा, 'नया प्रतीक' में अज्ञेय, 'सारिका' में कमलेश्वर इत्यादि हिन्दी के लिए अपने-अपने तरीके से आन्दोलनरत थे, जिसका सिलसिला संभवतः 'सरस्वती' में महावीर प्रसाद द्विवेदी से प्रारंभ हुआ था। 'सरस्वती' में ही पदुमलाल पुन्नालाल बख्शी व श्रीनारायण चतुर्वेदी तथा 'जागरण' में आचार्य शिवपूजन सहाय इसी परंपरा की कड़ी थे।

1920 में 'भारतमित्र' में बनारसीदास चतुर्वेदी और 1949 में अंबिकाप्रसाद वाजपेयी 'नवजीवन' द्वारा अंतर्राष्ट्रीय मुद्‌दों पर लिखते हैं तो आश्चर्य होता है कि जो काम उन दिनों बिना किसी तकनीकी सहायता के हो पाता था, आज इंटरनेट जैसे सशक्त माध्यम के उपलब्ध होने पर भी उस स्तर का नहीं हो पाता। अंबिका प्रसाद वाजपेयी चीन व भारत के संबंधों पर पुस्तक लिखते हैं तो 'नवभारत टाइम्स' में अक्षय कुमार जैन 1972 में भारत-पाक युद्ध की डायरी लिखते हैं। 1942-43 में 'साप्ताहिक संसार' में पराड़कर व सत्यकाम विद्यालंकार और 'सारथी' में पं. द्वारका प्रसाद मिश्र भी राष्ट्रीय व अंतर्राष्ट्रीय मुद्‌दों पर पूरे अधिकार के साथ लिख रहे थे।

1907 में मदनमोहन मालवीय 'अभ्युदय' द्वारा युवकों व विद्यार्थियों के लिए मार्ग प्रशस्त करते हैं, 'प्रताप' में गणेशशंकर विद्यार्थी, 'हंस' में प्रेमचंद भी उन्हें रास्ता दिखा रहे थे। हिन्दू समाज की कुरीतियों पर प्रहार करते हुए 'विश्वामित्र' में इलाचंद्र जोशी और 'करंट' में महावीर अधिकारी, 'ब्राह्मण' में प्रतापनारायण मिश्र को देख सकते हैं। इनके साथ 'नई दुनिया' में राहुल बारपुते और राजेंद्र माथुर, 'देशबंधु' में मायाराम सुरजन व रामाश्रय उपाध्याय, 'नवभारत टाइम्स' में विष्णु खरे, विष्णु नागर, विश्वनाथ सचदेव, 'रविवार' में उदयन शर्मा व राजकिशोर, 'दिनमान' में अज्ञेय, रघुवीर सहाय व रामशरण जोशी, 'नया खून' में मुक्तिबोध, 'नवभारत' में रामगोपाल माहेश्वरी, 'जनसत्ता' में प्रभाष जोशी, 'राजस्थान पत्रिका' में कर्पूरचंद कुलीश, 'अमर उजाला' में डोरीलाल अग्रवाल इत्यादि अपने समय के राजनैतिक चिंतन, सामाजिक

उत्थान, साम्प्रदायिक सद्भाव, आपातकाल की मुखालफत जैसे तमाम मुद्दों पर बुलंद व निडर स्वर में अपनी बात कहते रहे।

इस संकलन के लिए पूरी कोशिश की गई थी कि संपादकीय अधिक से अधिक शामिल किए जाएं परंतु संपादकीय के साथ एक समस्या यह आई कि पत्र का संपादक और संपादकीय लेखक एक ही है, यह कैसे ज्ञात हो। पिछले कुछ सालों में यह परंपरा खत्म ही हो गई है कि संपादक, जिनका नाम पत्र में उल्लेखित है, वही संपादकीय लिख रहा हो, यह आवश्यक नहीं है। हो सकता है कि कुछ लेखों में जिन संपादकों के नाम लिखे हों, वे वास्तविक लेखक न हों। ऐसे लेखों में उन नामों के आगे संपादक शब्द का उल्लेख किया है। इस बात की छूट लेते हुए कि आखिर पत्र का संपादकीय उनके विचारों का प्रतिबिंब है।

संपादकीय, लेख व नियमित स्तंभों के अलावा कुछ प्रकाशकों के विचार व स्वतंत्र पत्रकारों के विचार भी संकलन में शामिल हैं। साथ ही डायरी अंश, भाषण अंश, यात्रा वृतांत जैसी विधाओं से भी पत्रकार अपना दायित्व पूरा करता है, यह ज्ञात होगा।

इस संकलन को तैयार करने में अनेक संस्थानों व व्यक्तियों का योगदान है। उनमें से सर्वप्रथम हैं नेशनल आर्काइव्ज़, नई दिल्ली, नेशनल लाइब्रेरी, कोलकाता, माधवराव सप्रे साहित्य एवं शोध संस्थान, भोपाल व मायाराम सुरजन फाउंडेशन ग्रंथालय, रायपुर। नेशनल आर्काइव्ज के श्री राजेश वर्मा व उनके सहयोगी, नेशनल लाइब्रेरी के हिन्दी विभाग प्रमुख श्री लालधर सिंह व उनके सहयोगी, वाचनालय के श्री असीम मुखोपाध्याय व उनके सहयोगी, श्री जगावल सिंह, सप्रे साहित्य एवं शोध संस्थान में श्री विजयदत्त श्रीधर, श्रीमती मंगला अनुजा व उनके सहयोगी, सभी को मैं हृदय की गहराइयों से धन्यवाद देती हूं। उनके सहयोग के बिना मैं इस संकलन की कल्पना नहीं कर सकती थी।

मैं श्री भीष्म नारायण जी की अत्यंत आभारी हूँ जिन्होंने समय निकालकर पांडुलिपि पढ़ी तथा पुस्तक के बारे में लिखने का कष्ट किया।

संकलन में लेखों को सम्मिलित करने हेतु अनुमति प्रदान करने के लिए मैं सभी लेखकों व उनके परिजनों की अत्यंत आभारी हूँ।

श्रीमती प्रभा टांक (मायाराम सुरजन फाउंडेशन पुस्तकालय की संचालिका), सर्वमित्रा सुरजन (संपादिका 'अक्षर पर्व'), श्री महावीर प्रसाद साहू और यशपाल को औपचारिक धन्यवाद न दूं, तब भी आभारी तो हूं ही।

अपनी तरफ से मैंने पूरा प्रयास किया है कि कोई औपचारिकता शेष न रहे। अब यह संकलन आपके हाथों में है। आशा है आप इसे सराहेंगे।

–तरुशिखा सुरजन

अनुक्रम

पं. युगल किशोर शुक्ल

[उदन्त मार्त्तण्ड (कलकत्ता), 16 फरवरी, 1826 'परिचय']

पं. युगल किशोर शुक्ल ने 'उदन्त मार्त्तण्ड' क्यों निकाला? इसका उल्लेख उन्होंने स्वयं पत्र के पहले अंक में ही किया है। इसे ज्यों का त्यों उद्धृत किया जा रहा है–

''यह उदन्त मार्त्तण्ड अब पहले पहल हिन्दुस्तानियों के हित के हेत जो, आज तक किसी ने नहीं चलाया पर अंग्रेजी ओ पारसी ओ बंगाली में जो समाचार का कागज छपता है उसका सुख उन बोलियों के जान्ने ओ पढ़ने वालों को ही होता है। और सब लोग पराए सुख सुखी होते हैं। जैसे पराए धन धनी होना और अपनी रहते परायी आंख देखना वैसे ही जिस गुण में जिसकी पैठ न हो उसको उसके रस का मिलना कठिन ही है और हिन्दुस्तानियों में बहुतेरे ऐसे हैं कि परायी चाल देख कर अपनी यहां तक भूले हैं कि परायों में जो बुद्धिमंत हैं वे अपनी तो बनाई है पर भले-बुरे का बराव करने का बाना बांधते हैं ऐसे को धन कहां चाहिए जो इसमें बे बड़े कायर है जो इतने पर भी भाग टटोलते हैं वहि जो आँखों से सहज में देख सकेंगे उसको धोखे भी न देख कर आँखों को व्यर्थ माथे चढ़ावते हैं, ऐसे-ऐसे बातों के विचार से नाना देश के सत्य समाचार हिन्दुस्तानी लोग देखकर पढ़ ओ समझ लें और पराई अपेक्षा जो अपने भाषे के उपज न छोड़ें, इसलिए बड़े दयावान करुणा ओ गुणनि के निधान सबके कल्याण के विषय श्रीमान गवर्नर जनरल बहादुर की आयस से ऐसे साहस में चित्त लगाये के एक प्रकार से यह नया ठाट--ठाटा जो कोई प्रशस्त लेइ इस खबर के कागज से लेने की इच्छा करें तो अमर तल्ला की गली 37 अंक मार्त्तण्ड छापा घर में अपना नाम ओ ठिकाना भेजने से ही सवेरे के सवेरे यहां के रहने वाले घर बैठे ओ बाहर रहने वाले डाक पर कागज पाया करेंगे। इसका मोल–महीने में दो रुपया ओ जो डाक के महसूल की तिहाई लिई जाएगी ओ यहां से बाहर रहते हैं उनको यहां रुपए की मनौती कर देनी होयगी काहे से कि महीने महीने के अन्तर रुपये भर पावने की रसीद भेजने में किसी जगह डेढ़ ओ कहीं एक रुपया डाक का महसूल लगेगा। ओ कोई कारण पाय करके उस मध्ये फिर लखना पड़े तो फिर उतना खरच बैठेगा। इसमें दो रुपये के पटने में दो तीन रुपया महसूल का देना लगेगा इससे यहां की मनोती रहने से इतना खरच ओ अबेर ओ क्लेश न होयगा।''

16वें अंक से अंक दर आठ आना लिखा हुआ मिलता है। 'उदन्त मार्त्तण्ड' का आकार 12 गुणा 78 इंच था तथा पृष्ठ संख्या आठ थी। इसकी भाषा कलकतिया हिन्दी थी। इस पत्र के निकालने की खबर 'समाचार चन्द्रिका' नामक बंगला पत्रिका के 11 मार्च 1826 के अंक में प्रकाशित हुई जिसके अनुसार–"अंगरेजी और बंगला के पत्रों के बाद फारसी में, उर्दू में भी पत्र प्रकाशित हुए और अब नागरी भाषा में 'उदन्त मार्त्तण्ड' प्रकाशित हुआ है, जिससे हमें बड़ी प्रसन्नता हुई है।"

17 जून 1826 का 'समाचार दर्पण' लिखता है–"नागरी समाचार पत्र। हाल में इस कलकत्ता नगर से 'उदन्त मार्त्तण्ड' नामक एक नागरी का नूतन समाचार पत्र प्रकाशित हुआ है, इससे हमारे आह्लाद की सीमा नहीं है, क्योंकि समाचार पत्र द्वारा सम्पत्ति सम्बन्धी और नाना देशों के राजा सम्पर्कीय वृत्तान्त प्रकाशित होते हैं, जिनके जानने में अवश्य ही उपकार होता है।"

उदन्त मार्त्तण्ड के आषाढ़ 1883 सं. के अंक में एक गहरा व्यंग्य मिलता है–*"एक यशी वकील वकालत का काम करते-करते बुड्ढा होकर अपने दामाद को वह सौंप के आप सुचित हुआ। दामाद कई दिन वह काम करके एक दिन आया ओ प्रसन्न होकर बोला हे महाराज आपने जो फलाने का पुराना ओ संगीन मोकद्दमा हमें सौंपा था सो आज फैसला हुआ यह सुनकर वकील पछता करके बोला कि तुमने सत्यानाश किया। उस मोकद्दमे से हमारे बाप बड़े थे तिस पीछे हमारे बाप मरती समय हमें हाथ उठा के दे गए ओ हमने भी उसको बना रखा ओ अब तक भली-भांति अपना दिन काटा ओ वही मोकद्दमा तुमको सौंप करके समझा था कि तुम भी अपने बेटे पोते तक पलोगे पर तुम थोड़े से दिनों से उसको खो बैठे।"*

बंगला पत्र 'समाचार चन्द्रिका' में उत्तर भारतीय और मारवाड़ी व्यापारियों के विरुद्ध एक चिट्ठी छपी थी। इसके उत्तर में 'उदन्त मार्त्तण्ड' ने उसी शैली में दो-तीन चिट्ठियां छापीं तथा एक टिप्पणी भी लिखी जिसके उत्तर में 4 अप्रैल 1827 को 'समाचार चन्द्रिका' के सम्पादक भवानी चरण बनर्जी ने उनके विरुद्ध सुप्रीम कोर्ट में अपमानजनक सामग्री छापने के आरोप में कार्यवाही प्रारम्भ करने की सूचना दी। यह दुर्भाग्य की बात है कि जिन व्यापारियों के हित के लिए श्री शुक्ल ने कानूनी कार्यवाही को आमंत्रित किया, उन्होंने उनका समर्थन करना तो दूर 'उदन्त मार्त्तण्ड' का ग्राहक चंदा भी अदा नहीं किया। परिणाम स्वरूप यह पत्र बंद करना पड़ा।

19 दिसम्बर 1827 के (79वें) अंक के अंत में जो नोट प्रकाशित हुआ, उसमें उनके अंतिम दिनों की झलक और कसक मिलती है–*"आज दिवस लौ उग चोक्यों मार्त्तण्ड उदन्त। अस्ताचल को जात है दिनकर अब अन्त।"*

"जबते या कलकत्ता नगरी में 'उदन्त मार्त्तण्ड' को प्रकाश भयों तबते लै आज दिवस लों काहू प्रकार ते ढाढस बांध विद्या के बीज बबैको हिन्दुस्तानियन के जड़ता

के खेत को बहुविधि जोत्यों पहिले तो ऐसी कठोर भूमि काहे को जुतै ताहु पै काया कष्ट कर जैसो तैसौ हर चलाय वा क्षेत्र में गांठ की ब्यू बखेर बड़े यतन से सींच फल लुन्यौं चाह्यौ रतो समय लोभ रूपी टाड़ी परिवा खेत के फल-फूल पाती सिगरी चरी गई अब तो फिरि-फिरि या नाशे क्षेत्र को गोडियो तो श्रमही के फल फलैंगे।''

''यहां मूरख को मान ज्ञान चर्चा को बूझै।
हँसी तू अपनी रोक जगत अधियारौ ही सूझे।
जड़ता जर नशि चल्यौ गात को होइगो पतझर।
काकौ है परतीत बहुरि चलिहैं सुब बैहर।।''

हिन्दी भाषी लोगों में प्रारम्भ से ही समाचार पत्र पढ़ने के लिए पैसा खर्च करने का उत्साह नहीं रहा। यह बात युगल किशोर जी के इस वक्तव्य से भी सिद्ध होती है–*''इस उदन्त मार्त्तण्ड के नांव पड़ने के पहिले पछाहियों के चित्त का इस कागज न होने से हमारे मनोर्थ सफल होने का बड़ा उतसा था इसलिए लोग हमारे बिन कहे भी इस कागज की सही की बही पर सही करते गये पै हमें पूछिए तो इनकी मायावी दया से सरकार अंगरेज कम्पनी महाप्रतापी की कृपा कटाक्ष जैसे औरो पर पड़ी, वैसे पड़ जाने की बड़ी आशा थी और मैंने इस विषय में उपाय यथोचित किया पै करम की रेख कौन मैटे। तिस पर भी सही की बही देख जो सुखी होता रहा अन्त में नटों कैसे आम दिखाई दिए इस हेतु स्वारथ अकारथ जान निरे परमारथ को जहां तक बनीजए अब अपने व्यवसाई भाइयों से मन की बात बताय बिदा होते हैं। हमारे कुछ कहे सुने का मन में न लाइयो जो देव और भूधर मेरी अंतर व्यथा और इस गुण को विचार सुधि करैंगे ते मेरे ही है। सुभमिति।।''*

इन पंक्तियों में शुक्ल जी की हताशा स्पष्ट झलक रही है। साथ ही यह भी सिद्ध होता है कि पं. युगल शुक्ल को 'उदन्त मार्त्तण्ड' का प्रकाशन एक वर्ष सात माह बाद इसलिए बन्द करना पड़ा कि उन्हें सरकार, व्यवसायी वर्ग एवं ग्राहक-वृन्द किसी से भी समुचित सहायता न मिली

[साभार : भारतीय पत्रकारिता (नींव के पत्थर),
संपादक लेखक : डा. मंगला अनुजा]

भारतेंदु हरिश्चन्द्र

[हरिश्चन्द्र मैग्जीन (काशी), 15 अक्टूबर, 1873 में प्रकाशित लेख 'यूरोपीय के प्रति भारतवर्षीय के प्रश्न']

आप इंग्लैंड के हो वा हमारे।

1. यदि आप इंग्लैंड के हैं तो क्या अपना घरबार साथी संगती अरोसी परोसी और अपने यहां के सुख आनंद छोड़कर यहां आ बसेंगे?

2. यदि आप हमारे हैं तो क्यों हमारे इस देश को इतना पीड़ित कर रहे हैं क्यों हम लोगों के निमित्त अनिष्ट प्रयत्न करते और हम लोगों से क्यों इतनी घृणा रक्खे रहते हैं?

3. आप इंग्लैंड के गवर्नमेंट का भला चाहते हैं अथवा इस प्रजा मण्डल का?

4. यदि आप इस प्रजा के हितैषी हैं तो क्यों नित्य 2 नये 2 कठोर और कठिन शासन निकाल 2 हम लोगों को व्यर्थ क्लेशित किया करते हैं और क्यों आप हाकिमों को हम लोगों के मृत्यु के तुल्य हिंसक बना कर उनके हात रूप दांत तले हमें दबवाते हैं?

5. आप मूर्ख की ओर हैं अथवा पण्डित की?

6. यदि आप पण्डित की ओर हैं तो क्यों इनकी उत्तम 2 अध्यात्म विद्याओं के प्रचार में उपाय उठाते और प्रतिबन्धकता करते हैं और वेद वेदान्त की शाखाओं को उठा देते हैं यदि आप मूर्ख की ओर हैं तो क्यों नहीं उनकी शिक्षा के निमित्त असंख्यात वित्त का व्यय करते जिससे कृषक लोग भी विद्या के वियोग से टूटैं इस्से जान पड़ता है कि न आप पण्डित की ओर हैं न मूर्ख की, जैसे धोबी का कुत्ता घर का न घाट का।।

7. आप किरिस्तान हैं वा मुसलमान?

8. हम को ऐसा जान पड़ता है कि आप किरिस्तान तो कदापि नहीं हैं क्योंकि यदि आप किरिस्तान होते तो अपने बन्दीगृह में किसी बंधुए को कभी न बन्द करते और पादरीलोग आप से इस विषय में कभी न लड़ते कि आप का यह अशुद्ध धान्य जो प्रजा से हट के साथ लिया जाता है हम लोग उस का स्पर्श न करैंगे और ईसा की दस आज्ञाओं के बस रहते और बाइबिल अंजील तैरित के खेत को सींचा करते;

मुसलमान आप को क्योंकर कहैं क्योंकि आप हम लोगों से द्रव्य लेकर क्रिस्तियन मत के चलाने में लगाते हैं और रेवड़ियां कभी नहीं बाटते "कुरान शरीफ का नाम बेदाम कौड़ी भी कभी जुबान पर नहीं लाते" तो आप न किरिस्तान हैं न मुसलमान?

9. आप सीधे हैं वा टेढ़े?

10. सीधे होते तो एकाएक कालिजों पर बंक दृष्टि न करते और इनकमटैक्स की पुष्टि के निमित्त अपने चित्त से टेम्पुल साहब को अनादर की टोपी क्यों देते और गेड़िज साहब के दण्ड देने में आप का सीधापन भली भांति प्रचंड होता है? क्या कहना आप के मुख में और और काम में और ही प्रगट होता है, ऊपर से किसी का पक्षपात कुछ नहीं भीतर से रात दिन अपनी घात से न चूकना, जो साहबों के ओर आपको करोड़ विश्वास है तो इन दीनों की ओर पांच विस्वा भी नहीं, बाहर की सरलता अंत:कर्ण की कुटिलता दोनों वर्णन के बाहर हैं, आप को परसंताप में आनन्द होता और पर सुख में दु:ख, प्रतिज्ञा आप की कुछ रहती है निगमन कुछ और ही निकलता है नाम तो आप का कदाचित् सीधा भी हो पर काम तो आप के अवश्य टेढ़े हैं॥

11. आप किसी में हैं वा नहीं?

12. यदि आप संसार में हैं तो उसका सब प्रकार बुरा क्यों चाहते हैं? यदि आप हिन्दुओं में है तो वेद को क्यों खेद देते हैं? यदि राजा में है तो उसके कार्य्यादि संबंधी कपट को क्यों नहीं छोड़ते? यदि प्रजा में हैं तो उसे अजा सी क्यों बलि देते हो? यदि घर में हैं तो बाहर के प्रबंध क्यों करते हैं? यदि बाहर हैं तो लोगों के घरों पर शनी कोसी दृष्टि क्यों रखते हैं? यदि बन में हैं तो उसे क्यों काटते हैं? यदि जन में हैं तो उसे फांसी देकर क्यों मारते हैं? यदि भाई में हैं तो भौजाई का नेह क्यों छोड़ते हैं? यदि बहन में हैं तो उसकी बात का सहन क्यों नहीं करते? यदि मित्र में हैं तो उसकी विपत्ति में भित्ति से क्यों बनते हैं? यदि बैरों में हैं तो बैरफल क्यों नहीं खाते? यदि माता में हैं तो अपने स्नेह सिग्ध दुग्ध को क्यों नहीं पिलाते? यदि पिता में है तो उनके अपराधों को देखकर क्यों नहीं अपना पित्ता मारते? परस्वार्थ पर दृष्टि रखते हैं तो क्यों नहीं उसकी पुष्टि का प्रबंध करते? यदि आप परमार्थी हैं तो आत्म स्वार्थ में सर्वदा क्यों तत्पर रहते हैं और चाहे जैसा अनर्थ हुआ करै आप अपने अर्थ को साधते ही रहते हैं? अतएव आप किसी में नहीं? परंतु अपने प्रयोजन में पूरे हैं, तो आप की स्तुति करैं वा निन्दा? आप को यश दें वा अपयश? आप को भला कहैं वा बुरा? आप को साधू कहैं वा दुष्ट? आप को अमृत कहैं वा विष? आप को सदाचारी कहैं वा अनाचारी? आप को विचारवान कहैं वा अविचारी? आपको क्रूर कहैं वा सौम्य? आप को कठोर कहैं वा मृदु? आप को सीधा समझें वा टेढ़।।

भारतेंदु हरिश्चंद्र

[बालाबोधिनी (काशी), 1 जनवरी, 1874 में प्रकाशित लेख 'स्त्री' तथा 'इन्द्रजाल']

निवेदन

मेरी प्यारी बहिनो! मैं एक तुम्हारी नई बहिन बाला बोधिनी आज तुम लोगों से मिलने आई हूँ और मेरी यही इच्छा है कि तुम लोगों से अब महीनों में एक बेर मिलूं। देखो मैं तुम लोगों से उम्र में कितनी छोटी हूँ क्योंकि तुम सब बड़ी हो चुकी हो और मैं अभी जनमी हूँ और इस नाते से मैं तुम सब की छोटी बहिन हूँ पर मैं तुम लोगों से हिलमिल कर सहेलियों और संगिनों की भांति रहना चाहती हूँ इस्से मैं तुम लोगों से हाथ जोड़ कर और आंचल खोल कर यहीं मांगती हूँ कि मैं जो कभी कोई भली बुरी, कड़ी नरम, कहनी अनकहनी कहूं उसे मुझे अपनी समझ कर क्षमा करना क्योंकि मैं जो कुछ कहूंगी सो तुम्हारे हित की कहूँगी और सखियां सखियों को माता बहिन और बेटी तीनों की भांति मानती हैं इससे इन की बातों को इन्हें कभी बड़ी और कभी बराबरवाली और कभी छोटी समझ कर सदा कान लगा कर सुनती हैं। तुम भी इस अपनी छोटी सखी की तोतली बातों पर जी दोगी तो मैं उस सब से बड़े परमेश्वर से नित्य यही मनाऊँगी कि मेरे हिन्दुस्तान की सारी स्त्रियां लिख पढ़ कर पुरुषों की समभागिनी हो जायं।

पितु पति सुत करतल कमल लालित ललना लोग।
पढ़ें गुनें सीखें सुनें नासैं सब जग सोग।।
बीरप्रसिविनी बुध बधू होई हीनता खोय।
नारी नर अरधंग की साँचेहिं स्वामिनि होय।।

स्त्री

यह भारतवर्ष अनेक कारणों से बड़ा दु:खी हो रहा है क्योंकि बारंबार के शत्रुओं से बचाव से इसके धन और विद्या दोनों नाश हो गए, और मूर्खता का अंधेरा इस पर ऐसा छाया कि अब हिन्दुओं को अपने घर के अमोल रत्न भी नहीं सूझते तो भारतखंड के दु:ख समुद्र के उमड़ने में सब कारणों में स्त्रियों का मूर्ख रहना और अपना भाग न

पाना भी एक बड़ा कारण हुआ और वह मूर्खता यहां तक बढ़ी कि इनके मूल समेत सर्व्वनाश का समय निकट आ गया पर धन्य है सर्कार अंगरेज बहादुर कि जिसने इस मुरझाई हुई बेलि पर फिर से पानी डाला और चारों ओर विद्या की वृद्धि का डंका बजा छोटे बड़े सब को पढ़ने लिखने का उत्साह बढ़ा उसमें स्त्री शिक्षा का भी प्रचार हुआ तो इस भाग्यहीन हिन्दुस्तान के दिन फिरने की फिर से आशा हुई।

यद्यपि सर्कार ने स्त्री शिक्षा का प्रबन्ध बहुत उत्तम किया है तथापि हम लोग देखते हैं तो हिन्दुओं के बड़े बड़े कुलों में अभी विद्या का प्रचार नहीं है और सब से बढ़कर आश्चर्य यह है कि जो मूर्ख है वह तो किसी भांति स्त्रियों को पढ़ने लिखने देते भी हैं पर जो पंडित लोग हैं वे तो स्त्रियों के न पढ़ाने में और भी हठ करते हैं और न जाने अपने वंश के लोगों को मूर्ख देख कर रात दिन उनकी संगत में उनसे कैसे रहा जाता है क्योंकि विद्यावानों को तो कभी मूर्ख का साथ नहीं अच्छा लगता और नीतियों में कहा भी है कि बन्दरों और रीछों के साथ बन परबतों में फिरना अच्छा पर मूर्खों के साथ स्वर्ग में इन्द्र के भवन में भी रहना अच्छा नहीं, उस पर विशेष यह है कि अपने को बड़ा चतुर और रसिक लगाते हैं पर घर में मूर्ख स्त्री देख के लाज नहीं करते, करैं क्या पुरुषों का भी दोष नहीं बुरे संस्कार की गांठ उनके हृदय में ऐसी दृढ़ बंध रही है कि उसका खुलना बहुत कठिन पड़ गया है।

हम इस बुरे संस्कार का कारण भी स्त्रियों ही का न पढ़ना कहैंगे क्योंकि मनुष्य पाठशाला में चाहे जितना पढ़े मातृशिक्षा बिना कभी उसकी विद्या फलदायिनी नहीं होती क्योंकि मां के मुख से सीखी विद्या जन्म की विद्या है और गुरु से सीखी विद्या तोता लोगों की विद्या है, हम इसका प्रत्यक्ष उदाहरण देते हैं कि सब मनुष्य चाहे जितना पढ़ैं अपनी मातृ भाषा कभी नहीं भूलते और किसी देश के बालक को अपने पिता की वा वंश की बोली का कुछ अभ्यास न होगा पर मां और धाय जो बोली बोलती होगीं उसी का अभ्यास होगा, बालक के मुख से सब पहिले मां का अक्षर निकलता है और यही कारण है कि सारे संसार की भाषा में माता प्रतिपादक शब्द में मकार अवश्य होगा जैसा माता, माँ, मदर, मादर, माई, अम्मा इत्यादि तो उसी पहिली अवस्था में जब बालक केवल एक अक्षर बोलता है उसकी माता उसकी जो कुछ कह कर सिखावैगी वा जो जो चेष्टा करैगी उसका सब संस्कार उस बालक के जी पर खचित होता जायगा इससे बालक वही बोली बोलेगा जो उसकी मां वा धाय बोलती होगीं, वास्तव में मनुष्य को माता से बढ़कर और कोई देवता नहीं है माता प्रत्यक्ष देवता है माता ही हमारे संसार में आने का कारण है माता ने हमें दसमास गर्भ में धारण किया है माता ने हमारे बालकपन में जब हम असमर्थ थे पालन पोषण लालन किया है हमारे मूत्रपुरीष से घृणा नहीं किया है जो माता केवल हमारा मुख देख कर जीती है उससे बढ़कर और कौन देवता वा गुरु है क्योंकि नियम है कि कुपुत्र होते हैं पर कुमाता नहीं होती क्योंकि ऐसा कहीं पुस्तकों में प्रयोग ही नहीं मिलता लड़के को बनाना बिगाड़ना सब माता के हाथ

है पुराणों में प्रसिद्ध है कि राजा अलर्क की रानी मदालसा ने अपने कई पुत्रों को ज्ञानी कर दिया तो जब तक हम लोगों का बनना बिगाड़ना केवल माता के हाथ है तो हा! जब वह माता और धाय ही मूर्खा होगीं तब आगे क्या होना है।

क्या स्त्रियों का कुछ सत्व ही नहीं है? कभी नहीं वे पुरुषों की समान भागिनी हैं। ईश्वर का स्नेह जैसा अपने पुरुष सन्तान पर है वैसा ही स्त्री सन्तान पर उसकी दोनों आंखें समान हैं तो पुरुषों को सर्व्व भाव से उचित है कि अनीति को छोड़ कर नीति पथ पर चलें और स्त्रियों की उन्नति में प्रवृत्त हों।

इन्द्रजाल

जब से सरकार अंगरेज बहादुर का राज्य हुआ है और पुरुष लोग किमिसृरी इत्यादि विद्या पढ़ने लगे हैं तबसे वे प्राय: भूत: विद्या वालों से नहीं ठगे जाते पर स्त्रियों में अब तक यह मूर्खता नहीं गई है इसी से उनको प्राय: धूर्त्त लोग जो अपने को सिद्ध तान्त्रिक रसायनों और दरसनियां भूत वाले बतलातें हैं बहुत ठगा करते और स्त्रियां उनके जाल में आकर सैकड़ों वरन हजारों रुपया खराब करती हैं परन्तु उनको यह जानना चाहिए कि ये सब निरे ठग हैं केवल रसायन विद्या की दो चार बात जान कर लोगों को ठगा करते हैं और जो रोगी को उनके झाड़ने-बांधने वा उतारा करने से कुछ आराम मिलता है उसमें केवल कारण इतना ही है कि वे धूर्त्त विद्या से जो कुछ चमत्कार दिखाते हैं उससे रोगी के चित्त को एक प्रकार का विश्वास उत्पन्न होता है और उस ढाड़स बंधने से जब रोगी का चित्त बलवान होता है तो रोग आपसे आप घटने लगता है और लोग जान समझते हैं इनके झाड़ने फूंकने से रोग घटा पर ऐसे रोग घटने में भी धोखा ही रहता है क्योंकि तनिक भी बदपरहेजी होगी तो इस प्रकार कच्चे रोग फिर बढ़ जायेंगे और एक बात यह भी है कि स्त्रियों वा कच्चे कलेजे के पुरुषों को जो ऐसे भूत बाधा वा जादू इत्यादि के रोग हो जाते हैं उनका कारण केवल इस विद्या को न जानना है यदि वे जानें कि यह सब चमत्कार रसायन विद्या से होते है और भूत कोई वस्तु नहीं है तो वे डर कर कभी मांदे न हों इस्से उन अनजान लोगों को जनाने के लिए यहां पर हम अनेक छोटे चमत्कार लिखते हैं क्योंकि बड़े चमत्कार के अभी कच्चे लोग अधिकारी नहीं है जब इन छोटे चमत्कारों की रीति इत्यादि वे लोग समझने लगेंगे तो वे बड़े चमत्कार सहज में समझ लेंगे और फिर किसी धूर्त्त से न ठगे जायेंगे।

कौतुक—रंगीन फूल सफेद करने की युक्ति

गंधक का धुआं दो, गुलाब वा किसी रंग का फूल भी सफेद हो जायेगा और जब फिर छ हिस्से पानी में एक हिस्सा गंधक का अरक मिलाकर उस पानी में वह फूल डाल दो तो फिर वह अपने असली रंग पर आ जावेगा ले देखो यही तमाशा कोई बाबाजी करते तो कैसे सिद्ध समझे जाते।

हेमंत कुमारी चौधरी

[सुगृहिणी (रतलाम, म.प्र.), 1888, 'परिचय']

हिन्दी की प्रथम महिला सम्पादक एक बंगभाषी हुई, जिन्होंने 'सुगृहिणी' नाम से मासिक पत्रिका निकाली, जो लाहौर के ओरिएंटल कॉलेज के प्राचार्य ब्रह्मसमाजी नवीनचंद्र राय की सुपुत्री थीं। उन्होंने अपनी पुत्री को हिन्दी का वातावरण देने के लिए आगरा के रोमन कैथोलिक कान्वेंट में पढ़ने भेजा। हेमंत कुमारी का विवाह रामचंद्र चौधरी से हुआ। चौधरी मध्यभारत की देशी रियासत रतलाम की सेवा में आ गए। हेमंत कुमारी चौधरी ने रतलाम से 1888 में सुगृहिणी निकाली, जिसे वे लाहौर के प्रेस में छपवाती थीं। इसके कुछ अंक लखनऊ और प्रयाग से भी छपे थे। इस तरह हिन्दी पत्रकारिता में महिलाओं के योगदान की शुरुआत मध्यप्रदेश से होती है। इसके प्रथम अंक में स्त्रियों के लिए एक अपील छपी–*''हे प्यारी बहिनो! द्वार खोल देखो, तुम्हारे यहां कौन आई है। तुम लोग क्या इसे पहचानती हो। यह भी तुम्हारी एक भगिनी है। इसका नाम 'सुगृहिणी' है। तुम्हारे दुःखों को देखकर, तुम्हें अज्ञानता और पराधीनता में बद्ध देखकर तुम्हारी यह बहिन तुम्हारे द्वारे पर आई है।''* उन्होंने *महिलाओं का आह्वान किया–''बहिनो, आज आओ सब एक मन से इस नवागत बहिन का शुभागमन करके इसे आशीर्वाद करो। परम माता तुम्हारे और सुगृहिणी के सहायक हों।''*

'सुगृहिणी' की सम्पादक को हिन्दीभाषी क्षेत्र की स्त्रियों की अशिक्षा पर क्षोभ था। वे लिखती हैं, *''कलकत्ता, बंबई प्रभृति देश की स्त्रियों ने यूनिवर्सिटी की उच्च परीक्षाओं को पास करके पुरुषों के समान उपाधि ग्रहण की है। इसका भी एक प्रधान कारण यह है कि उक्त देशों की यूनिवर्सिटी में वहां की बंगाली, मरहट्टी समादृत हैं। यदि इलाहाबाद यूनिवर्सिटी में हिंदी रहे तो स्त्रियों के लिए भी एंट्रेन्स की परीक्षा पास करने के निमित्त अनुराग और प्रयत्न होगा।''*

स्त्रियों को प्रोत्साहन देने के लिए 'सुगृहिणी' में उन लड़कियों की नामावली नियमित रूप से छपती थी जो देश के विभिन्न हिस्सों से परीक्षाएं उत्तीर्ण करती थीं। यदि कोई महिला विदेश यात्रा करती तो उसका उल्लेख 'सुगृहिणी' में बड़ी

प्रमुखता के साथ रहता था। उदाहरण के रूप में जुलाई 1888 के अंक से कुछ समाचार देखिए–

- *''बम्बई के एक भलेमानस ने विज्ञापन दिया है कि जो हिन्दू स्त्री एल.एम.एस. की परीक्षा पास करके उसके बाद डाक्टरी का काम करेगी उसे वे 15 रु. मासिक वृत्ति देंगे।''*
- *''हमारी सुगृहिणी पत्रिका की हिताकांक्षिणी और लेखिका श्रीमती हरदेवी लन्दन से अपने भाई के साथ स्वदेश में लौट आई हैं। आशा है कि हमारी श्रद्धेया बहिन ने इतने दिन लंदन में रहकर जिन-जिन विषयों में उच्चशिक्षा लाभ की है उनसे अपनी देशवासिनी बहिनों को उपकार पहुंचावेंगी। ईश्वर उनके सहाय हों।''*
- *''हमारे बड़े लाट डफरिन और उनकी पत्नी लेडी डफरिन अगले आगष्ट के महीन में भारत को त्याग अपने देश इंग्लण्ड को जावेंगे। लेडी डाफरिन ने हमारे देश का बहोत उपकार किया है। इसी दयावती ने भारत रमणियों को रोग से उद्धार करने के लिए स्त्री चिकित्सा का स्थायी फण्ड स्थापन करके भारत में अपनी चिरकीर्ति को स्थापित की। आओ सब रमणी मिलकर उनको कृतज्ञता दान करें।''*
- *''भाऊनगर के राजा साहब ने स्त्री शिक्षा के प्रति अपने गाढ़े अनुराग का दृष्टान्त दिखाया है। एक पत्र लेखक ने लिखा है कि वहां की एक बालिका विद्यालय में राजकुमारी भी पढ़ती हैं। पुरस्कार दान के समय राजकुमारी ने अपना शिल्प कार्य भी दिखाया था जो कि बहुत उत्तम था इसलिये उन्हें भी एक पुरस्कार मिला है। ''*

'सुगृहिणी' का प्रकाशन जिस युग में हुआ उस समय हिन्दी पत्र-पत्रिकाएं निकालना आसान नहीं था। हिन्दी पत्रों के इतिहास में 'सरस्वती' से पूर्व कोई भी मासिक पत्रिका दीर्घजीवी न हो पाई थी। ऐसे युग में एक अन्य भाषा-भाषी महिला का ऐसा प्रयत्न सचमुच प्रशंसनीय है। 'सुगृहिणी' पत्रिका को किन कठिनाइयों का सामना करना पड़ता था, उनका पता उसकी पुरानी प्रतियों को देखने से चलता है। स्थान-स्थान पर मैनेजर ने समय पर चन्दा देने की अपील की है। 'सुगृहिणी' पत्रिका के चौथे वर्ष के प्रथम अंक में मैनेजर का यह निवेदन कठिनाइयों का परिचय कराता है–

''पाठको 'सुगृहिणी' केवल तीन वर्ष की बालिका है, इस छोटी उम्र में बिचारी पर जैसी विपद की आंधी बीती है, इसके पुनः प्रकाश की आशा नहीं थी, परंतु धन्य है उस विपदहारी भगवान को जिसने इसकी रक्षा की, अब हमारी पाठक-पाठिकाओं से प्रार्थना है कि इस विपद के समय कृपादृष्टि कीजिए प्रायः 300/- रुपये ग्राहक ग्राहिकाओं के निकट प्राप्य है,... ऋणग्रस्त रहकर पत्रिका प्रकाश करना बड़ा कठिन कार्य है, जिस देश की स्त्रियां धर्म-लाभ के लिए तीर्थयात्रा और ब्राह्मण भोजन में

हजारों रुपये दान करती हैं उनके निकट से इस क्षुद्र पत्रिका की वार्षिक एक रुपया न्योछावर प्राप्ति की आशा करना अनुचित नहीं।''

खरीद कर पढ़ने वालों की कितनी कमी थी इसका आभास 'सुगृहिणी' के दूसरे वर्ष के ग्यारहवें अंक से लगता है– *''हमारी पत्रिका के पाठक-पाठिका जानते हैं कि सुगृहिणी के जन्मग्रहण का क्या उद्देश्य था। धन उपार्जन करने के लिए 'सुगृहिणी' प्रकाशित नहीं हुई। स्वदेश वासिनी बहिनों की सेवा और उनको ज्ञानोपार्जन करने में यथाशक्ति सहायता करने के लिए ही 'सुगृहिणी' का जन्म हुआ था। बड़े शोक की बात है कि दो बरस पूरे होते न होते ही इस क्षुद्र पत्रिका का जीवन सूर्य अस्त होने पर चला। इंग्लैंड और अमेरिका प्रभृति सुसभ्य देश के स्त्री-पुरुष पढ़ना और हक बनाना अपना प्रधान कर्त्तव्य समझते हैं। इसलिए वहां अधिकांश पत्रों की ग्राहक-संख्या कम से कम बीस या तीस हजार की है। परन्तु हाय! इस दुर्भाग्य देश में मातृभाषा से सम्वाद पत्रों की अवस्था तो एक बार सोचकर देखिए 300-400 से ऊपर तो ग्राहकों की संख्या है ही नहीं? बहुत उपकारी समाचार पत्रों की आयु अकाल में खत्म ही हुई है, केवल ग्राहकों की निष्ठुरता से। इस पत्रिका का तो चंदा केवल एक रुपया ही वर्ष भर के लिए है। यह मान्य मूल्य भी क्या आप लोग नहीं दे सकते। सम्पादिका और मैनेजर तो.... इसकी उन्नति के लिए रात-दिन यत्न कर रहे हैं। परन्तु इनकी आर्थिक अवस्था इतनी उन्नत नहीं है कि हर वर्ष अपने पास से धन देकर पत्रिका की जीवन रक्षा करें। यदि हमारे ग्राहक-गण हर वर्ष अपना-अपना देय मूल्य नियमपूर्वक दे देवें तो और भय का कारण ही न रहेगा''।*

यह निवेदन आठ पृष्ठों की सुगृहिणी में तीन पृष्ठों में छपा है। इससे इसकी गंभीरता और ग्राहकों की उदासीनता का भली-भांति ज्ञान हो जाता है।

पत्रिका निकालने के लिए धन, ग्राहक और प्रेस ही पर्याप्त नहीं होते, उसके लिए अच्छे लेखक भी चाहिए। सम्पादक के प्रोत्साहित करने पर कुछ लेखिकाओं ने भी 'सुगृहिणी' में लिखना प्रारम्भ किया था। 'सुगृहिणी' में अधिकांश लेख स्त्रियों के ही लिखे होते थे। बुद्धिमती देवी, महारानी और सावित्री देवी 'सुगृहिणी' की नियमित लेखिकाओं में थीं।

स्त्री-शिक्षा के दृष्टिकोण से यह पत्रिका अधिक महत्त्वपूर्ण थी। उसमें सरल हिन्दी में शिक्षाप्रद लेख और कथाएं लिखी जाती थीं। एक ओर यदि नारी-धर्म में मनु के श्लोकों की व्याख्या द्वारा नारी को अपने कर्तव्य का ज्ञान कराया गया है, तो दूसरी ओर 'उन्नत नारी जीवन' में नारी को रूढ़ियों को तोड़कर सच्चे मार्ग पर चलने की शिक्षा दी गई है। 'आदर्श माता' शीर्षक लेख में स्त्री को शिशु पालन की शिक्षा दी गई है और गृह चिकित्सा में रोग का उपाय बताया गया है। विविध प्रकार के व्यंजन बनाने की विधियां 'सुगृहिणी' में मिलती हैं। फिर भी 'सुगृहिणी' स्त्री को केवल चूल्हे चौके और शिशु-पालन तक सीमित नहीं रखती थी। देश-विदेश के रीति-

रिवाजों को वर्णन करके 'सुगृहिणी' ने स्त्रियों के सामान्य ज्ञान की वृद्धि की कोशिश की है। 'फोटोग्राफी' में फोटो उतारने और बनाने का विस्तारपूर्वक वर्णन करके नई खोजों के प्रति स्त्रियों की रुचि बढ़ाने का प्रयत्न भी दिखाई देता है।

समाज सुधार के क्षेत्र में भी 'सुगृहिणी' का दृष्टिकोण रचनात्मक था। चरित्र निर्माण पर इसमें बराबर ध्यान दिया गया। प्राचीन गौरव का स्मरण कराया गया। किसी रूढ़ि का जोरदार खंडन न करके 'सुगृहिणी' ने अपनी पाठिकाओं के मन-परिवर्तन का प्रयत्न किया। किन्तु जहां कहीं सुधार का प्रश्न उठा वहां 'सुगृहिणी' अपना मत देने में पीछे भी नहीं रही। उस युग में बाल-विवाह का प्रश्न जोरों पर उठा था। 'सुगृहिणी' में बाल-विवाह विरोधी लेख और बाल-विवाह के कुफल को प्रदर्शित करने वाले समाचार प्रकाशित होते थे। 'निर्लज्ज' और 'मूर्खता' शब्द उसके धैर्य की सीमा टूट जाने के द्योतक थे।

(साभार : आंचलिक पत्रकार, डा. मंगला अनुजा द्वारा लिखित लेख का अंश)

प्रताप नारायण मिश्र

[ब्राह्मण (कानपुर), 1883-1894 के मध्य प्रकाशित लेख 'धरतीमाता']

आजकल हमारे देश में गौमाता के गुण तथा उनकी रक्षा के उपाय एवं तज्जनित लाभ की चर्चा चारों ओर सुनाई देती है। यद्यपि दुष्ट प्रकृति के लोग उसमें बाधा करने से नहीं चूकते, और बहुत से कपटी रक्षक बन-बन के भी भक्षक का काम करते हैं, अथवा कमर मज़बूत बांध के तन-मन-धन से इस विषय का उद्योग करने वाले भी श्री स्वामी आलाराम, श्रीमान् स्वामी और पंडित जगत-नारायण के सिवा देख नहीं पड़ते। नामवरी का लालच, आपस का वैमनस्य, सर्कार की स्वार्थपरता या बेपरवाई इत्यादि कई अड़चनें बड़ी भारी हैं; पर लोगों के दिलों पर इस बात का बीज पड़ गया है तो निश्चय है कि कभी न कभी कुछ न कुछ हो ही रहेगा। पर खेद का विषय है कि हमारी धरती माता की ओर अभी हमारे राजा प्रजा किसी का भी ध्यान नहीं है। हम अपने दिहाती भाइयों को देखते हैं तो सदा स्वच्छ वायु में रहते हैं और परिश्रम करते एवं अनेक बलनाशक दुर्व्यसनों से बचते हुए भी अधिकांश निर्बल ही पाते हैं। यह बुद्धिमानों का महानुभूत सिद्धान्त है कि 'उत्तम खेती मध्यम बान, निषिद्ध चाकरी भीख निदान', पर आजकल कृषिजीवी ही लोग अधिक दरिद्र पाए जाते हैं। कितने शोक की बात है कि जिनके घर से हमारे नगरवासी भाइयों को अन्न-वस्त्र मिलता है उन्हीं को रोटी-लंगोटी के लाले पड़ रहते हैं।

हमारे बुद्धिमान डाक्टर और हकीम जिन बातों को स्वास्थ्य रक्षा का मूल बताते हैं उन्हीं कामों को दिन-रात करने वाले यथोचित रीति से हृष्ट पुष्ट न हों, इसका कारण क्या है? ईश्वर की इच्छा, काल की गति, वर्तमान राजा की नीति, चाहे जो कह लीजिये, पर इसमें भी कोई सन्देह नहीं है कि हमारे नाश का मुख्य कारण हमारी ही मूर्खता है। नहीं तो कुत्ते भी जहाँ बैठते हैं, वहाँ पूँछ हिला के बैठते हैं। पर हमने अपनी चाल उनसे भी बुरी कर रक्खी है कि जिस पृथ्वी पर रहते हैं, उसी के बनने बिगड़ने का ध्यान नहीं रखते। हमारे वे पूर्वज मूर्ख न थे जिन्होंने धरती को माता एवं शिवजी को आठ मूर्तियों में से एक मूर्ति कहा है, तथा उसके पूजन की आज्ञा दी है। वे भली-भाँति जानते थे कि संसार में जितने पदार्थ हैं सबकी उत्पत्ति और लय इसी में और इसी से होती है।

हम सारे धर्माधर्म इसी पर करते हैं। हमारे सुख-भोग की सारी सामग्री हमें इसी से प्राप्त होती है। फिर इसके माता होने में क्या संदेह है। यदि इस माता के प्रसन्न रखने में उद्योग न करते रहेंगे तो हमारी क्या दशा होगी? अब इस समय के अनेक विदेशी विद्वानों को भी निश्चय हो गया है कि यदि कोई पुरुष नित्य शरीर पर साफ चिकनी मिट्टी लगाया करे वा प्रतिदिन कुछ काल उसमें लोटा करे तो शरीर, मस्तिष्क एवं हृदय को बड़ा लाभ पहुँचाता है। हमारे यहाँ के अपठित लोग भी जानते हैं कि मट्टी देह को पालती है पर यदि हम मट्टी को शुद्ध न रक्खें, उसके अशुद्ध रखने वालों को न रोकें, शुद्ध मट्टी प्राप्त करने में आलस्य अथवा लोभ करें तो हमारा ही अपराध है कि नहीं? और उस अपराध से मट्टी लगाने तथा उसके लाभ उठाने से हम वंचित रहेंगे कि नहीं।

ऐसे ही मट्टी की तथा यावत् वस्तुओं की खानि हमारी धरती माता यदि निर्जीव होती रहेगी, जैसी आजकल हमारी बेपरवाई से होती जाती है तो इसमें भी कोई आश्चर्य है कि एक दिन हमारी जीवन-यात्रा ही कठिन हो जायगी, और जिन गऊमाता के लिए आप इतनी हाय-हाय कर रहे हैं उनका पालना भी महा दुर्घट हो जायेगा। क्योंकि सबसे बड़ी तो यही धरतीमाता है। जब यही खाने को न देगी तब तक किसको कहाँ ठिकाना है। इसलिए देशवासी मात्र को चाहिए, यदि अपना और आगे आने वाली पीढ़ियों का सचमुच भला चाहते हैं तो सब बातों से पहिले धरती माता के प्रसन्न रखने का प्रयत्न करें। फिर दूसरे काम तो सहज में हो जायेंगे। आज हम देखते हैं कि हमारी भारतभूमि ऐसी बलिहीन तनछीन हो रही है कि जिधर देखो उधर-

खेती ना किसान को, भिखारी को न भीख कहूँ,
बनिया की बनिज न चाकर को चाकरी,
जीविका-विहीन दीन छीन लोग आपस में,
एकन सों एक कहैं कहाँ जाई का करी।

-की दशा हो रही है। इस दशा में बड़े-बड़े मनसूबे बांधना शेख चिल्ली के इरादे हैं! नहीं तो सम्पादकों, व्याख्यानदाताओं, लेखकों को चाहिये कि जहां और बातें सोचा करते हैं वहाँ धरती के पुष्ट रखने के उपाय भी सर्वसाधारण को विदित करते रहें।

जड़ पदार्थ की पूजा के द्वेषी नेक विचार करें, कि यदि इस पूजा में विमुख रहेंगे तो सारा धर्म और देशहितैषिता पोथियों ही में रह जायगी। मुख में बोलने की सामर्थ्य रहेगी नहीं, उस हालत में करते धरते कुछ न बनेगा। नहीं तो हमारे इस वाक्य पर विश्वास करो कि धरती है भगवती का रूप, इसके प्रसन्न रखने ही में सबका निर्वाह है, विश्वस्त बूढ़ों से सुनने में आया है कि अभी 40 ही 50 वर्ष हुए, जिन खेतों में सौ-सौ मन अन्न अपजता था उनमें अब 50। 60 मन मुश्किल से होता है। यह धरती माता की पूजा न होने ही का फल है। यदि हम अब भी न चेतेंगे तो आगे को और भी अनिष्ट की सम्भावना है। अत: अभी से धरती माता की पूजा का उद्योग कीजिए। दूसरों को उपदेश दीजिए, जी में विचारिए कि इनके प्रसन्न रखने को कैसी पूजा चाहिए।

फिर उस पूजा की विधि का सब में प्रचार कीजिए यही परम कर्त्तव्य है। हमारे दूसरे भाई भी सोचें तो क्या बात है, पर सोचने समझने के साथ यह भी विचार लेना चाहिए कि "करनी सार है कथनी खुआर"।

जिन्होंने स्वामी दयानन्द सरस्वती के लेक्चर सुने होंगे उनको स्मरण होगा कि संस्कृत में वृक्ष को पादप कहते हैं। जिसका अर्थ है पाँव से पीने वाला अर्थात उनके पाँव (जड़) में जल डालो तो वे पी लेते हैं। जैसे हम मुँह से जल दुग्धादिक पीते हैं तो वह सारे शरीर को शीतल कर देता है वैसे ही पेड़ की जड़ में पानी डालो तो उसके डाल-पात आदि को शीतल कर देता है, और पानी का जितना भाग पृथ्वी में होता है उसको वे स्वभावत: खींचा करते हैं। बड़े-बड़े आम, पीपल, महुवा आदि के पेड़ों का देखो, वह बिना सींचे हरे रहते हैं। इसका कारण यही है कि वे धरती के स्वाभाविक जल को मूल द्वारा पीते रहते हैं इसी से जीवित रहते हैं और यह बात तो सब को विदित है कि पृथ्वी पर जितना जल है उसे सूर्यनारायण खींच लेते हैं। वही वर्ष में बरसा देते हैं। पर धरती में मिला हुआ या धरती के नीचे का जल सूर्य नहीं खींचते, क्योंकि धरती उस जल की आड़ है। इससे धरती के नीचे का जल खीचने में सूरज को वृक्षों से सहायता मिलती है। उन्होंने खीच के अपने पत्र पुष्पादि में भर लिया, और पत्रादि पर सीधी सूर्य की किरणें पड़ीं, बस धरती के नीचे का जल भी मेघमंडल में पहुँच गया। विचार के देखिए तो नदी, ताल आदि से भी वृक्षों का जल शीघ्र सूर्यनारायण तक पहुँचता है, क्योंकि वह उनके अधिक पास है।

अब वाचकवृन्द विचार लें कि वृक्षों से धरती को कितनी तुष्टि होती है। वृष्टि के लिए वृक्षों से कितनी अधिक सहायता होती है। वृक्षों के निकट पवन भी शीतल और आरोग्यदायक होती है। यह बात अनपढ़े लोग भी देखते हैं कि जहाँ कई वृक्ष होते हैं वहाँ जाने से ग्रीष्म का महा कठिन ताप भी बहुत शीघ्र जाता रहता है। फिर इस बात में क्या संदेह है कि धरती माता के लिए वृक्षों की बड़ी आवश्यकता है। इसी विचार पर पुराने राजा लोग नगरों के आस-पास बड़े-बड़े जंगल रखते थे। खुशामदी टट्टू कह देते हैं 'अगले बन्दोबस्त राजा करना नहीं जानते थे, इससे उनके शहरों के इर्द-गिर्द जंगल पड़े रहते थे।' यह नहीं जानते कि जंगलों से लाभ कितना होता था। लाखों प्रकार की औषधि बिन जोते-बोए हाथ आती थी। शिकार खेलने का बड़ा सुभीता रहता था जिससे शस्त्र-संचालन का अभ्यास रहता था। पत्ते, फल, फूल, छाल, लकड़ी का किसी को दारिद्र्य न रहता था। यदि जंगलों से क्या फल होता है, यह लिखने बैठें तो यह लेख बहुत ही बढ़ जायगा। बुद्धिमान पाठक स्वयं समझ लें कि धरती माता को वृक्षों से क्या सुख मिलता है।

पर खेद है कि हमारी गवर्नमेंट ने हमारे देश के बन उजाड़ने पर कमर बाँध रक्खी है, और उसकी देखा-देखी हमारे छोटे-छोटे ज़मींदार भी अपनी भूमि में बीघा भर धरती भी पड़ी हुई देखते हैं तो किसानों को उठा देते हैं। जब से हमारे देश में वृक्षों

का नाश होने लगा, तभी से हमारी धरतीमाता जीर्ण हो गई। वर्षा की न्यूनता और रोगों की वृद्धि हो गई। यदि अब भी हमारे देशहितैषी भाई धरती का भला चाहते हैं तो वृक्ष और घास का नाश होना रोकें। लोगों को उपदेश देना, अपनी जमीन पर के पेड़ों को न काटना–सदा उनकी संख्या बढ़ाते रहना–सरकार से भी इस विषय में प्रार्थना करते रहना इत्यादि ही उपाय हैं। पीपल का वृक्ष पोला होता है, वह औरों से अधिक जल सींचता है। इसी से उसका काटना वर्जित है। जहां तक हो सके उसको तो काटने से अवश्य ही बचाइए। बरगद, आंवला इत्यादि दूधवाले वृक्षों (जिनमें दूध निकलता है) से और भी अधिक उपकार है। आप जानते हैं, पानी की अपेक्षा दूध अधिक गुणकारी होता है, सो भी वृक्षों का दूध! जिसका प्रत्यक्ष फल यह है कि बरगद का दूध, गुलर के फल निर्बलों के लिए बड़ी भारी दवा है। भला उनसे सूर्यनारायण कितनी सहायता पाते हैं, तथा उनके काटने से कितना धरतीमाता को दु:ख होता है, इसको हम थोड़े से पत्र में कहां तक लिख सकते हैं? हमारे रिखियों ने जेठ में वटपूजन एवं अन्यान्य मासों में दूसरे वृक्षों का पूजन कहा है, इसका हेतु यह था कि सूरज की प्रखर किरणें उनका दूध सुखा देती हैं वह घाटा उनकी जड़ में दूध डाल के तथा फूल और अष्ट गंध की सुगंध से पूरा करना चाहिये।

पर शोक है नये मतावलम्बियों की बुद्धि पर कि उन्होंने मूर्खता से ऐसी हिकमतों को जड़ वस्तु की उपासना समझा है। अरे भाई अपना भला चाहो तो मतवाले न बनो। प्रत्येक वृक्ष की रक्षा, वृद्धि और सनातन रीति से जल दुग्धादि द्वारा उनको सींचना स्वीकार करो।

(साभार : प्रताप समीक्षा)

माधवराव सप्रे

[छत्तीसगढ़ मित्र (रायपुर, छ.ग.), 1901 में प्रकाशित संपादकीय]

जय जय करणाब्धे। श्री प्रभो। विघ्नहारी।
गृभकर शिवधामा-भक्तकल्याणकारी।
निखिल हृदयवर्ती, रुपवैचित्र्यधारी
अगणित न ति तोको है परात्मन। हमारी।। 1।।
तुम यदि चित चाहे रंक के राव होवें
अरू पलभर ही में राव सम्पत्ति खोवें।
अविरत तव सेवा जो करें क्षेम पावें
निपट विनत तेरी–नेक इच्छा मनावें।। 2।।
यदि तब नहिं होती पूर्णछाया कृपा की
जियत कहिं कदापी ''मित्र'' ये प्रीति काकी?
नयनरहित जानैं नाहि भानूमयू खें
तजत मनुज घीं को पान जो तेल चीखें ।। 3।।
इनकर हित हेतू जन्म लीन्हो सु ''मित्र''
विवधि विषयगाथा, नित्य वर्णे विचित्र।
सुदृढ़ जिमि बतावै आप्त को ज्ञान धीरे
क्रम क्रम तिमि येहू–काह होवें अधीरे।। 4।।
कतिक जन कहैं हो ''मित्र'' में वृत्त नाहीं
सरस समर वार्ता लौकिकी ना लखाही।
कतिपय अस बोलैं ज्ञान की बात लेखैं
अपढ़ मन रूचै ना तो कहो काह देखें।। 5।।
निज-निज रुचि ढूढ़ें! दोष है ना किसी को
रूच अरूच लखैं जो, न्यूज है ज्ञान धी को
सुहृद! हम बिचारै राखियों प्रीति नीकी
सहज रुचि तुम्हारी होय ज्यों ''मित्र'' ही की।। 6।।
प्रथम बरस बीतों आप ही की कृपा से

द्वितीय सहज बीतें 'बंधु' की साह्यता से।
जगतसृजन हारे! चित्र लीला तुम्हारी
शुभ बुधिबल दीजो इष्ट के पूर्णकारी।। 7।।

बस इतनी प्रार्थना बस है। आज सचमुच परम सौभाग्य का दिन है कि परमात्मा के असीम अनुग्रह से यह 'छत्तीसगढ़ मित्र' अपनी आयु का प्रथम वर्ष पूर्ण कर द्वितीय वर्ष में पदारोपण करता है। जिस सर्वांतर्यामी, सर्वव्यापक, सर्वसत्ताधीश परमात्मा की कृपा से यह सुदिन प्राप्त हुआ है उसकी वंदना करना हमारा प्रथम कर्तव्य कर्म है। इसी के साथ-साथ हम अपने सम्पूर्ण अनुग्राहक ग्राहकों, उदार आश्रयदाताओं, सहृदय पाठकों, परोपकारी मित्रों और सत्य हितचिंतकों को अभिवंदन करना उचित समझते हैं। यदि इन लोगों की सहायता न होती तो ज्ञानार्जन के कार्य में पिछड़े हुए इस मध्यप्रदेश के छत्तीसगढ़ जैसे जंगली और अपढ़ विभाग में 'मित्र' का निर्वाह सर्वथैव असम्भव था। 'श्रीवेंकटेश्वर समाचार' ने बहुत ठीक लिखा है कि आजकल प्राय: हिन्दी के मासिक पत्रों पर एक प्रकार का शाप सा लग गया है, अधिकांश पत्र दो चार संख्या छपकर बंद हो जाते हैं। 'नागपुर एन्ड बरार टाइम्स' जो कि इस प्रदेश का कुछ अधिक परिचय रखता है गत मई की किसी एक संख्या में लिखता है कि प्रथम तो हमारे इस मध्यप्रदेश में कोई मासिक पत्र निकलता ही नहीं : और निकला भी तो अल्पायु होकर मर जाता है। सच है, इस प्रांत में हिन्दी और मराठी के दो चार मासिक पत्र निकले पर दो चार संख्या छपकर ही बंद हो गये। कुछ नहीं सोच विचार कर हमारे प्रान्तीय सहयोगी 'देशसेवक' ने तो 10 दिसम्बर के अंक में लिखा है कि 'छत्तीसगढ़ मित्र' के 11 अंक निकल आये तो भी हमने अपने नूतन मित्र का अभी तक अभिनंदन नहीं किया। इसका कारण नहीं है कि हमारे प्रांत में मासिक पुस्तकों की आयुर्मर्यादा बहुत ही कम है। सुतरां हमने 'मित्र' के जनमते ही उसकी बधाई बजाना उचित न समझा। इस पर से स्पष्ट विदित हो सकता है कि अब मध्यप्रदेश में ही मासिक पुस्तकों की यह दशा है तो छत्तीसगढ़ में (जिसे कुछ दिन पूर्व लोग कालापानी समझते थे) एक नूतन मासिक पुस्तक का निकलना और बराबर एक वर्ष तक उसका चला जाना कुछ साधारण बात नहीं है। यह सब हमारे शुभचिंतकों के परिश्रम का फल है। मिस्टर जिवराखन लाल, डि. इ. बिलासपुर; मिस्टर नारायण रामचंद्र भट, बी.ए.जाइन्ट डि. इ. मुन्गेली; और श्रीयुत पंडित जयलाल, डि.इ. रायपुर अगणित धन्यवाद के पात्र हैं क्योंकि उन्होंने ऐसे समय पर ग्राहक बढ़ाने की चेष्टा की जबकि 'मित्र' का जीवन संशयसमुद्र में डूबा हुआ था। पं. मोहन महेश तिवारी ने भी बहुत कुछ सहायता दी। पं. व्यंकटश्रीधर ने तो पता वगैरह लिखने का सब भार अपने सिर पर उठा लिया था। इन महाशयों के उपकार को 'मित्र' कदापि नहीं भूल सकता। रायपुर के सुप्रसिद्ध मुंसिफ श्री ठा. कुंवर बहादुर सिंह साहब के प्रशंसनीय उद्योग से 'मित्र' को जो अर्थलाभ हुआ

है वह केवल अकथनीय है! धन्य है उनकी मित्रता को। एक बार बिनती करते ही एकदम दस बारा ग्राहक जुटा दिये!! इसी प्रकार मिस्टर केशवराव पाध्ये, रायपुर के ठेकेदार साहब, ने भी बात की बात में एक बड़ी रकम इकट्ठी करा दी। इन महानुभावों को धन्यवाद देने के लिए हमारे पास कोई उपयुक्त शब्द भी नहीं मिलते इनको छोड़ हमारे कई मित्रों ने वार्षिक मूल्य के अतिरिक्त कुछ आश्रय प्रदान किया है। उनके नाम गत वर्ष के अंकों में प्रकाशित हो चुके हैं। यदि भूल से किसी का नाम रह गया हो तो हम क्षमा के प्रार्थी हैं। आशा है कि जिस प्रकार गत वर्ष आश्रय मिला वैसा ही (और उससे भी बढ़कर) इस वर्ष में भी मिलेगा।

मासिक पुस्तकों को चलाना एक या दो आदमियों का काम नहीं है। इसमें पहले तो द्रव्य की विपुलता और फिर सुलेखकों की सहायता चाहिये । 'मित्र' के निकलने के पहले हमें मालूम होता था कि इसको हजार पांच सौ ग्राहक मिल जाना कुछ बड़ी बात नहीं। परन्तु नीचे जो जमा खर्च का हिसाब दिया है उससे भली भांति ज्ञात हो जायेगा कि इसकी आर्थिक दशा कैसी है। यदि इसके प्रोप्राइटर (मालिक) श्रीयुत पं. वामन बलीराम लाखे, बी.ए सैकड़ों रुपयों की नुकसानी सहने को तैयार न होते तो इसका एक दिन भी कठिनाई से निभता। यद्यपि वे इसके मालिक हैं तथापि हम उनके स्वार्थ त्याग की प्रशंसा किये बिना नहीं रह सकते। इस विभाग में कई श्रीमान जमीन्दार हैं जो आधुनिक शिक्षा पाए हैं। उनमें से अधिकांश तो सरकारी नौकरी करके पैरों में रुपहली बेडियां पहिने अपने को गवर्नमेंट के गुलाम कहलाने ही में स्वर्गसुख मानते हैं। शेष खेती, मालगुजारी और लंदफंद के सिवाय दूसरा कोई काम करना नहीं चाहते। जो जमीन्दार अशिक्षित हैं उनकी क्या कहें? उन्हें तो उनके महल ही में दुनिया के सब चमत्कार दिखाई देते हैं। वे हमारे सरीखे मुंह की बड़बड़ करने वाले और कागज कलम से सिर घिसने वाले पागल आदमियों के काम की ओर ध्यान ही क्यों कर दिया चाहें! उस पर यहां तिरपन और छप्पन कैसे अकाल!! फिर क्या पूछना है? सबको अपनी-अपनी सूझ पड़ती थी ऐसी अवस्था में हमारे प्रिय मित्र पं. वामनरावजी लाखे साहब का यह निश्चय करना कि हिन्दी भाषा की उन्नति, छत्तीसगढ़ में विद्या की वृद्धि, स्वदेश में ज्ञान का प्रसार और साहित्य में सत्य समालोचना द्वारा सत्य विचार जागृति के निमित्त एक नूतन मासिक पुस्तक निकालना चाहिये, सर्वथैव सराहनीय है। लाखे महोदय का घराना छत्तीसगढ़ में कई बरसों से प्रसिद्ध है। प्रांतीय गवर्नमेंट से इसको बहुत सम्मान मिला करता है। यदि हमारे मित्र पं. वामनरावजी चाहते तो अभी तक सरकार से उच्च पदाधिकार प्राप्त कर लेते। परंतु उन्होंने यही संकल्प कर लिया है कि स्वतंत्र रीति से व्यापार कर स्वदेशहित साधन करने में और स्वार्जित धन का विद्योन्नति जैसे उपयोगी कार्यों में यथोचित व्यय करने में मनुष्य के जीवन की सार्थकता है। अतएव हम अपने 'छत्तीसगढ़ मित्र' के जन्मदाता श्रीयुत पं. वामनरावजी

को शतशः धन्यवाद प्रदान करते हैं और अन्यान्य श्रीमान लोगों को उनकी उदारता का अनुकरण करने के लिए सूचित करते हैं। अब यदि कोई पूछे कि हमें इससे क्या लाभ है? तो हम इतना ही उत्तर दे सकते हैं कि कर्तव्यकर्म करने से मनुष्य के मन को जो शांतिसुख प्राप्त होता है वही हमारा लाभ है। अस्तु।

(साभार : कुशाभाउ ठाकरे विश्वविद्यालय एवं सप्रे साहित्य शोध केन्द्र)

सरस्वती (इलाहाबाद), दिसंबर, 1900 में प्रकाशक का निवेदन

सर्वशक्तिमान् जगदीश्वर की विशेष अनुकम्पा और अनुग्राहक ग्राहक, विज्ञ, पाठक, सुलेखक और हिन्दी के प्रेमियों की पूर्ण कृपा से सरस्वती आज एक वर्ष की हो गई। इस प्रकार की साहित्य-विषयक मासिक पत्रिका का इस देश में एक अभाव बना हुआ था, इसलिये इस अभाव के दूर करने की अभिलाषा से हमने काशी की नागरी-प्रचारिणी सभा से सहायता मांगी और सभा ने भी हिन्दी साहित्य के कल्याणार्थ यथाशक्ति सहायता देने में त्रुटि नहीं की।

आज एक वर्ष हुआ कि सरस्वती के द्वारा हिन्दी के पठित समाज से हमारी नई रीति से जान पहिचान हुई। परन्तु जहां हमने देखा, बहुतेरे नाग ऐसे दिखाई दिए कि जिन्हें इस बात का कुछ तो ज्ञान ही नहीं है कि "मासिक पत्रों से क्या क्या लाभ हैं"। और सच तो यह है कि छापने वालों की स्वार्थसिद्धि को छोड़ कर मासिक पत्रों के द्वारा साहित्य का कितना उपकार होता है, यह बात वही भली भांति से समझ सकते हैं, जिन्होंने अंग्रेजी मासिक पत्रों का स्वाद चक्खा है, दूसरे नहीं।

मासिक पत्रों से क्या लाभ होता है, इसके उत्तर में स्थूल रूप से हम केवल इतना ही कहना उचित समझते हैं कि आप लोग लाख चेष्टा कीजिए, परन्तु बिना मासिक पत्र के साहित्य का मूल कदापि सुदृढ़ नहीं हो सकता। एक दिन ऐसा था कि बंगालियों की भाषा (बंग्ला) हिन्दी से भी हीन मलीन और रोगग्रस्त थी। उस समय बंकिमचन्द्र आदि बड़े बड़े उदार पुरुषों ने अपनी मातासदृशी मातृभाषा के उद्धार करने के लिये दृढ़ता से लेखनी धारण की और मासिक पत्रों ही की सहायता से उन महानुभावों ने बंगभाषा के रोग को दूर किया। आज, प्रिय पाठक! आप लोग आज ध्यान पूर्वक बंगभाषा के सौंदर्य को देखिए और शुद्धान्तःकरण से कहिए तो, कि उसकी मनोहर माधुरी से लोग कैसे लाभ उठा रहे हैं!

एक दिन उसी बंगदेश में ऐसा भी हो गया है कि लोग अंग्रेजी छोड़ कर अपनी मातृभाषा की ओर आंख उठा कर भी नहीं देखते थे, परन्तु आज दिन जितने अंग्रेजी और संस्कृत के अच्छे अच्छे विद्वान् हैं, वे ही अपनी मातृभाषा (बंग्ला) के कर्णधार हैं। वे राजकार्य आदि को छोड़ कर अपनी मातृभाषा के सौंदर्य साधन में अपने जीवन

को बिताने में अपना कर्त्तव्य और गौरव समझते हैं। और उन्हें अब सचमुच अपनी मातृभाषा में अपने पाण्डित्य को दिखलाकर जितना आनन्द होता है, उतना अंग्रेजी आदि अन्यान्य भाषाओं में पूर्ण अधिकार रहने पर भी नहीं होता। बंगभाषा के बाल्य-काल के सामने आज हिन्दी साहित्य की भी वैसी ही शोचनीय दशा हो रही है।

जब काशी की नागरीप्रचारिणी सभा की सहायता से सरस्वती का जन्म हुआ, तो लोगों के अन्त:करण में अनेक भांति की कल्पनाएं उठी थीं। उनमें कितनों का यह मत था कि हिन्दी के बहुतेरे मासिक पत्रों के समान यह बिचारी भी प्लेग-पीड़ित हो शीघ्र ही अनन्त-धाम को सिधारेगी। कितने कटाक्षों ही की बज्र वर्षा से इसे नष्ट करने के लिये उतारू हो गए और कितनों ने इसके रंग रूप से विमोहित होकर हार्दिक हर्ष प्रगट किया। चारों ओर से हमारे पास पत्र पर आने लगे, परन्तु उनमें अनेक महाशय पत्रों ही के द्वारा अपना सिर हिला हिला कर मानो कहने लगे कि आजकल नगर नगर में छापेखानों की धूम मची है और मासिक पत्र तो केवल बिचारे भोले भाले भलेमानुसों को ठगने ही के लिये विद्युच्छटाओं की भांति क्षणभर के लिये चमक और थोड़ा बहुत द्रव्य समेट कर अन्धकार-गर्भ में विलीन हो जाते हैं। कई एक सहृदय महाशयों ने यह भी यथार्थ लिखा कि वे मासिक पत्रों के फन्दे में पड़ रुपया देकर बड़ा धोखा खा चुके हैं, अतएव अब समझ बूझ कर काम करेंगे, इत्यादि। जो हो, परन्तु उन्हीं सब कारणों से बिचारी सरस्वती पर भी दूसरों के पापों का प्रायश्चित आ टूटा और पहिले पहल इस पर भी लोगों ने सन्देह करने में कोई बाधा न पाई।

नए और अपरिचित प्रकाशकों की धूर्त्तता पश्चिमोत्तर प्रदेश के मासिक पत्रों के स्वल्पायु होने में अवश्य एक प्रधान कारण है, परन्तु यदि लोगों को अपनी मातृभाषा के साहित्य से यथार्थ प्रीति हो तो इन सब बाधा विपत्तियों को टाल कर भी सरस्वती उत्तमता से अपने कर्त्तव्य का पालन कर सकती है।

संवादपत्र दैनिक हैं वा साप्ताहिक, उनकी दशा ऐसी है कि जब बुअर का युद्ध, ट्रांसवाल की चढ़ाई वा रूस का भय समाप्त हो गया तो फिर उन्हें कोई छूता तक नहीं। उन पत्रों को एक बार पढ़ लिया, बस वे पुराने हो गए। आज पत्र पढ़ लिया, कल वह पुराना हो गया और परसों कागज इसका रद्दी के भाव पंसारियों के हाथ पहुँचा। यह सब हमने दैनिक वा साप्ताहिक पत्रों के विषय में कहा है, मासिक पत्रों के लिये यह बात नहीं हैं। ये नित्य नए हैं, यहां तक कि ज्यों ज्यों दिन बढ़ते जाते हैं इनका यौवन बढ़ता जाता हैं। बहुत दिनों पीछे भी पुराने मासिक पत्रों की खोज हुआ करती है और तब बड़ी बड़ी कठिनाइयों से उनका पता लगता है, तिस पर भी बहुधा पूरी फाइल नहीं ही मिलती। इसका यही कारण हैं कि मासिक पत्रों के लेख बहुत दिन बीतने पर भी कभी पुराने नहीं होते। इनका लेख सदैव अजर अमर चिर यौवन सम्पन्न और जब पढ़ो तभी नए जान पड़ते हैं परन्तु हां, हिन्दी में अभी ऐसे सुलेखक भी बहुत कम दिखलाई देते हैं, जो मासिक पत्रों के उपयोगी विषय लिख सकें। हमारा यह

अभिप्राय नहीं है कि हिन्दी में ऐसे लेखक हैं ही नहीं। परन्तु जहां तक हमने देखा और विद्वानों के मुख से सुना, हमें यही जान पड़ता है कि लेखकों को हिन्दी लिखने की ओर कम रुचि है। कारण यह है कि जो संस्कृत के विद्वान् हैं वे हिन्दी की ओर देखते तक नहीं और जो अंग्रेजी के विद्वान् हैं वे हिन्दी लिखना अनुचित समझते हैं। बस, जैसा लेखकों का अभाव वैसे ही पाठकों का भी अभाव है।

"क्यों, महाशय! यह आपके सामने क्या पड़ा है?" "जी, यह मासिक पत्रिका है।" "अंग्रेजी में हैं?" "जी नहीं, हिन्दी में"। "उं" बस, "उं" कह कर प्रश्नकर्त्ता ने उस पत्रिका की ओर से मुंह मोड़ लिया, मानो हिन्दी की पत्रिका को पढ़ना रौरवगामी होने के समान और उस छाया तक का स्पर्श करना भी अनुचित है।

चाहे आप हिन्दू कहलाते हों, चाहे हिन्दी आपकी मातृभाषा क्यों न हो, परन्तु दुःख की बात है कि हम लोगों में बहुत से ऐसे लोग हैं जिनकी हिन्दी की ओर तनिक भी रुचि नहीं है। पश्चिमोत्तर प्रदेश और अवध तो हिन्दी का घर है, फिर घर में ही अपने घर की वस्तु को ऐसी उपेक्षा की दृष्टि से देखना क्या दुःख का विषय नहीं है? पाठक, आपको यह सुनकर आश्चर्य होगा, हिन्दी के ऐसे भी प्रेमी हैं जो दक्षिण और सिंधु देश तक में वास करते हुए भी सरस्वती को मंगवाकर रुचि से पढ़ते हैं और सर्वदा उसमें स्नेह प्रगट करते हैं। और हमारे इसी देश में बहुतेरे महाशय ऐसे हैं कि जिन्होंने सरस्वती की ओर ध्यान तक देना अनुचित समझ रक्खा है।

"बहुत" से पाठक ऐसे हैं जो कहा करते हैं कि महाशय मूल्य सस्ता कर दीजिए। अजी, सस्ता तो बहुत कुछ कर सकते हैं, परन्तु वह भी आप ही लोगों के हाथ में है। सुनिए, जिस दिन सरस्वती के ग्राहक 5000 हो जायेंगे उसी दिन से तीन रुपये में इससे दूने आकार की सरस्वती अपने पाठकों के पास पहुंचेगी और तब इसका रूप रंग वर्तमान समय की अपेक्षा बहुत ही सुन्दर हो जायेगा।

बंग्ला, मरहठी, गुजराती, आदि देश भाषाओं के मासिक पत्रों के पढ़ने वाले हिन्दी से बहुत ही अधिक हैं। यह तो भारतवर्ष की कथा है, एक बार अमेरिका की ओर तो देखिए कि वहां के कई मासिक पत्रों के पढ़ने वाले कितने हैं-

लेडीज होम जनरल_ (केवल स्त्रियों के लिये)	924,000 ग्राहक
कपल्स होम जनरल	370,000 ,,
यूथ्स् कम्पैनियन, साप्ताहिक सचित्र (केवल बालकों के लिये)	400,00 ,,
विमैन्स होम कम्पैनियन (केवल स्त्रियों के लिये) मासिक	300,000 ,,
फ़ार्म जरनल, मासिक सचित्र (केवल खेती बारी के लिये)	400,000 ,,

यहां के लोगों का विश्वास है कि संवादपत्र (दैनिक वा साप्ताहिक) छोड़ और किसी प्रकार के पत्रों का निकलना वा पढ़ना असम्भव है। इस वर्ष के भीतर कितने ही महाशयों ने हमको लिखा है कि सरस्वती अखबार में जीवन चरित्र ही निकलते हैं। उसे पढ़कर क्या होगा? उसमें खबर कुछ नहीं छपती। ऐसे महाशयों का कौतूहल

निवारण करने के लिये एक तालिका दी जाती है जिससे यह स्पष्ट जान पड़ता है कि अंग्रेजों के छोटे से ग्रेट ब्रिटेन मात्र में, जो हिन्दुस्तान से बहुत छोटा देश है, कितने प्रकार के पत्र छपते हैं-

हिसाब किताब...	2
खेती बारी...	30
पुरातत्व ...	3
इमारत...	8
सेना सम्बन्धी...	11
शिल्पकला...	16
ज्योतिष...	1
मल्लयुद्ध सम्बन्धी...	12
नीलाम...	3
रोटीवालों के...	3
कोठीवाली...	1
मधुमक्षिका...	3
पुस्तक बेचने वालों के...	9
जूतेवालों के...	2
वनस्पति विज्ञान (Botany)...	2
दान.:	5
रसायन और औषधि बनाने के विषयों केएँ...	10
डाक्तरी विद्या ...	26
शतरंज ...	3
हास्यरंग ...	30
वाणिज्य ...	41
वजाज़ा ...	4
मेवाफ़रोश ...	2
गो पालन...	1
भूगोल ...	2
बाल काटनेवाले नाइओं के...	2
जौहरिओं के...	1
धोबिओं के...	3
कानून सम्बन्धी...	8
चमड़ेवालों के...	4
साहित्य विषयक...	18

विवाह विषयक ...	2
कल पुरजों के ...	3
कागज के व्यापार सम्बन्धी ...	10
गान विद्या ...	18
खान सम्बधी ...	3
जन्तुओं के सृष्टि सम्बन्धी ...	6
फोटोग्राफी ...	10
मुर्गीवालों के...	8
जहाज...	14
खेलकूद ...	40
दर्जियों के ...	3

इत्यादि, इत्यादि–कहां तक लिखें।

और क्या हमारे देश में एक भी साहित्य सम्बन्धी मासिक पत्रिका ठीक ठीक नहीं चल सकती?

पाठक, और कितना गिनावें, अमेरिका और इंग्लैण्ड को छोड़ योरप के अन्यान्य देशों में भी पत्रों की ऐसी ही उन्नत अवस्था है। और भारतवर्ष की दशा! हाय रे! सरस्वती के जन्मते ही लोगों को आतंक सा होता था कि बिचारी कहीं हमारे तीन रुपए हड़पकर मर न जाय! भला, पाठक! कहिए तो सही, अब यह पूरा पूरा किसका दोष है?

परन्तु हां, आज सरस्वती के एक वर्ष के वय: कम हो जाने पर हमने इतनी बातें कहनी उचित समझीं, क्योंकि अब दिन दिन इसकी ओर लोगों की रुचि बढ़ती जाती हैं। साथ ही इसके पढ़ने वालों की संख्या भी प्रति सप्ताह में अधिक होती जाती है। इसलिये आशा है कि पहिले वर्ष से दूसरे वर्ष में इसके आदर करने वालों की संख्या बहुत बढ़ जायेगी। अतएव अब हमारा सब साहित्यानुरागियों से यही सविनय निवेदन है कि वे सरस्वती को अपनी समझें और जिस भांति हो सके, इस दूसरे वर्ष के आरंभ ही से नए उद्यम उत्साह और उद्योग से आइए हम आप सब परस्पर एकमत होकर इसकी सेवा में लग जायं। हमें आशा है कि दूसरे वर्ष की सरस्वती पहिले वर्ष की अपेक्षा सब भांति से अच्छी होगी। इसलिये अब ग्राहक लोग कृपाकर जनवरी मास में दूसरे वर्ष का मूल्य तीन रुपया अवश्य ही भेज दें, क्योंकि आप लोगों की सहायता बिना सरस्वती किसी प्रकार भी अपने कर्त्तव्यपालन में समर्थ नहीं हो सकती। इस कारण आशा है कि आप लोग अग्रिम मूल्य भेजने में त्रुटि न करेंगे। अन्त में उन महानुभावों को धन्यवाद देना चाहते हैं जिन्होंने इस वर्ष लेखों द्वारा सरस्वती की सहायता की है, क्योंकि इस समय हमारे पास केवल कोरे धन्यवाद को छोड़ और कुछ भी नहीं है, पर विश्वास रखिए यह भी हार्दिक है। प्यारे पाठकों, आप लोग

कदाचित् हमारे इन सहायकों के दर्शन करना चाहें जिन्होंने इस बार सरस्वती को अपने लेखों से भूषित किया है, इसलिए हम इस संख्या में जिन जिन महानुभावों के फोटों हमें मिल सके उन सभी का एक चित्र आज अर्पण कर आशा करते हैं कि आप इसे अंगीकार करेंगे और इन विद्वानों तथा लेखकों के उत्साह को बढ़ा कर हिन्दी साहित्य का उपकार करेंगे।

बालकृष्ण भट्ट

[हिन्दी प्रदीप (उ.प्र.), सितंबर, 1896 में प्रकाशित लेख 'हमारा बीसवाँ वर्ष']

(भट्ट जी को ग्राहकों से चन्दा माँगते-माँगते पत्र में इस प्रकार प्रार्थना करनी पड़ती थी।)

हमारे कृपालु पढ़ने वाले जिन्होंने समय पर उपस्थित न होना आदि हमारे दोषों पर कुछ ध्यान देकर हमारे यत्किंचित् गुणों को बहुत मान अब तक हमारा आदर करते रहे। जिनके सम्मानपूर्वक सहारा देने से हमने बीस वर्ष पार कर दिया उन सज्जनों से विनयपूर्वक विज्ञप्ति है कि पत्र का मूल्य जिससे जो कुछ निकलता हो, भेज कर हमें अनुगृहीत करें। वर्ष दूर हो गया है, छपाई का हिसाब चुकता कर हम एक बार हलके हो जायँ तो समय से आप लोगों से मिलने की चेष्टा करें। किमधिकम् विज्ञवरेषु।। इति।।

सितम्बर, 1896

ओ हो! हम क्या बीस वर्ष के हो गए। जिस वर्ष हमारा मनहूस कदम दुनिया में आया था उस साल भी ऐसा ही भयंकर अकाल जोर पकड़े था। आज बीस वर्ष के उपरान्त फिर उसकी पारी आई है। उस वर्ष की कहदसाली से इस वर्ष के अकाल में अन्तर केवल इतना है कि उस समय ब्रिटिश सभ्यता का पूर्ण उदय नहीं हुआ था इसलिए वह साल इतना कड़ा नही बीता, जैसा अब बीत रहा है।

सच तो यों है कि उस समय तक उन्नीसवीं शताब्दी की नई-नई तरक्कियाँ, नई-नई ईज़ादें अपनी प्राथमिक दशा में थी, जिस प्रकार ये इस समय कुल हिंदुस्तान पर आक्रमण कर नस-नस का रस खींच रही है। वैसा उस समय तक इस पूर्णता को नहीं पहुँची थी। इसीलिए उस समय की अकालजनित भयंकर पीड़ा इतना असह्य नहीं हुई, जितना अब हो रही है।

तम्बूचियों का-सा भेष धरे विलायत के लौटे हुओं का तब कहीं जिक्र भी न था, जैसा अब इस्तिञ्जे के ढेलों की भाँति बेकदर हो रहे हैं-

'बाप न मारा पिदड़ी बेटा तीरन्दाज'

बाप तो जौ की रोटी खाते-खाते बीता, बेटा नाक कटाय शहीदों में दाखिल हो कर साहब बनें। छोटी हाजिरी, बड़ी हाजिरी में पाव रोटी, बिस्कुट, उबाले अंडे न हों तो साहबाना तर्ज न बाकी रहे। बाप का जन्म टूटी खड़खड़िए की सवारी में सिराना। बेटे का बिना बग्घी और फिटिन की सवारी के भूमि में पाँव नहीं पड़ता। आप शायद प्यून थे, बेटा साहब हो गए। दोस्त लोग पुरानी आदत के मुताबिक मिस्टर के एवज बाबू या लाला उन्हें लिखें या कह डालें तो ताज्जुब नहीं, साहब उन पर हतक इज्जती वाला दफा कायम करने को मुस्तैद हों। बाप का मैली गन्दी झोंपड़ियों में दिन कटा, बेटे को नफीस सुथरा बंगला रहने को चाहिए।

खुलासा यह कि कहीं पर किसी बात में हिन्दुस्तानी बने रहने की झलक भी बाकी न रहे, क्या करें? कुदरती काले रंग से लाचार है। इस फिक्र में अलबत्ता लगे हुए हैं कि कहीं से कोई नई ईजाद का साबुन निकलता तो अच्छा होता कि एक बार बदन में पोत लेने से जन्म-जन्मान्तर का कोढ़ साफ हो जाता और देह भर में श्वेत्र की सफेदी छा जाती। सच कहते हैं, भारत के इन्हीं कुपुत्रों की करतूत से देश अकाल, दरिद्रता, मरी इत्यादि अनेक व्याधि से पीड़ित हो रहा है।

इस बीस वर्ष के समय ने न जानिए क्या-क्या तमाशे दिखाए। ख्याल करने की बात है कि एक ओर नई तालीम, नई सभ्यता, नई रोशनी, टीडी दल-सी देश में टूट पड़ी। और इस कदर जोर पकड़ लिया कि पुराने ख्याल, पुरानी समझ, पुराने ढंग, पुराने तर्ज नए लोगों की घृणा का बायस हो गया। जो नई सभ्यता की बीमारी में मुब्तिला हो यही चाहते हैं कि कैसे एकबारगी उछल कर सभ्यता के शिखर पर चढ़ जायं और यूरोप में जो कुछ तरक्की कई शताब्दियों में हुई है उसे हम अपनी मूठी में कर लें। पर तितीक्षा, यूरोप के लोगों का-सा आत्मदमन, आत्मत्याग न आया। स्वार्थ की दुर्गन्धि उनके देह से दूर न हुई जो मानो इस बात की गवाही है कि देश के दुर्दशा की चोट इनमें नहीं है। नहीं तो ये इतना आत्मसुखरत न होते। विलायत से लौट कर भी हिन्दुस्तानी बनते न शरमाते। वरन् हमारे पुराने तरीकों को अपने फ्राप्रे का बायस मानते और देश के सच्चे अनुराग में पड़ रुपया खींचने वाले विलायत के नए-नए फैशन को लात मारते और हिन्दू समाज के अगुवा बनते।

अब दूसरी छोर को लीजिए। इतना-इतना धौसा चिर गया, देश के कोने-अँतरे जो इतनी अदल-बदल हुई कि इसे अब यही इंडिया कहना जो पृथ्वीराज के समय था, अंगरेजों के आने के पहले था, नामुमकिन है। पर हमारे गंदे दिमाग वालों में जरा असर न पहुँचा और इस बीस वर्ष के पहले हमारा समाज जैसा हीनदीन और बिगड़ा हुआ था, अब भी यथास्थिति वैसा ही है।

अब इन पुराने पिशाचों में विलायत के लौटे हुओं के जोड़ के हमारे पंडित लोग हैं, जो किसी नयी अदल-बदल या तरक्की के दिली दुश्मन हैं। जो इन पंडितों के चंगुल में फंसे हुए हैं, उनका आगे बढ़ना कैसा? वरन् नयी अदल-बदल को महा

पापकर्म समझ और अधिक संकुचित हो जायँगे पर कभी सचेत न होंगे। अपने निकृष्ट आचरणों के कारण अभी न जानिए कितने ऐसे अकाल झेल डालेंगे पर सुधरेंगे नहीं। सर्वनियन्ता जब इनके कुत्सित आचरणों का परम वृद्धिगत देश नहीं सह सकता तब अकाल तथा मरी इत्यादी के द्वारा थोड़ा संक्षेप कर फिर छोड़ देना है। और इस प्रतीक्षा में रहना है कि कदाचित् अब भी इन्हें कुछ सूझ पड़ा हो, पर इन्हें इसका ज्ञान कहाँ?

हमारी समझ में तो इन पण्डितों को पकड़-पकड़ जबरदस्ती तालीम की घूँटी पिलाई जाय और मुफ्तखोरों की आदत इनसे छीन ली जाय तो शायद कुछ उपकार हो। सत्य ही विलायत के लौटे हुए भी जल वतन कर दिए जायँ और मुल्क में घुसने की इनके लिए सख्त मनाही रहे।

दुनिया के परदे में कोई ऐसी कौम नहीं जिसमें पहले से अब कुछ-न-कुछ अदल बदल न हुआ हो। परिवर्तन विमुखता की बड़ी नियामत केवल हिन्दुस्तान ही के लोग मान बैठे हैं। तालीम और नई सभ्यता का इस कदर सब ओर मुल्क में प्रवाह देखकर भी इनके चित्त में जरा भी असर न हुआ। समाज और धर्म सम्बन्धी बहुत सी व्यर्थ की कैद जिससे साफ-साफ हमारा बड़ा भारी नुकसान है, उसे जरा भी ढीला नहीं किया चाहते। सभ्य समाज वाले इन्हें हँसते हैं, बात-बात में बेवकूफ बनाते हैं। बाल्य विवाह हत्यारे जिसे ये मुख्य धर्म मान जारी किए हैं, साफ-साफ महा अधर्म और अन्याय है पर ऊँट की पकड़ है जिसे पकड़ लिया उसे चाहे जो हो नहीं छोड़ेंगे। परिवर्तन के लिए इन्हें जरा भी हिलते देखते तो हमें बहुत कुछ आशा होती। प्रत्येक समाज में जो कुछ परिवर्तन हुआ भी है इनको और नीचे को गिरने को न कि ऊपर को चढ़ाने के लिए सुधार और संशोधन के ढंग पर।

इनमें सबसे अधिक दोष इन्हीं पण्डितों और ब्राह्मणों को है जो किसी तरह के परिवर्तन में अपनी सर्वथा हानि देख कर कभी अपने आश्रित यजमानों को उधर नहीं झुकने देते। इसी से ये स्वार्थपरायण, लालची, ब्राह्मण हिन्दू समाज के लिए कोढ़ रूप हो रहे हैं। यह हमारा सवाल किसी तरह गलत नहीं है।

तीसरी दशा हमारी स्त्रियों की हीन दशा है, जिन्हें ये ब्राह्मण ऐसा बहकाये हुए हैं कि इनकी मूर्खता का पूरा फायदा उठा रहे हैं। सच कहो तो भारत की जो कभी कुछ भलाई घुणाक्षर न्याय से हो जाती है तो इन्हीं सर्वथा सच्चरित्र भारतीय महिलाओं के पुण्य से। सभ्यता की सीमा तक पहुँचे हुए कचरों के मुकाबिले भी भारत की अपनी पवित्र चरित्र ललनाओं का अभिमान करना सर्वथा उचित है। भारत जब अपने पुत्रों का ख्याल करता है तब लज्जा से इसकी गर्दन नीची होती है, पर अपनी सुलक्षणा दुहिताओं की ओर जब उसका ध्यान जाता है तब अभिमान से इसकी गर्दन ऊँची होती है, किन्तु अफसोस! ये स्त्रियाँ धूर्त्त, लालची ब्राह्मणों के चंगुल में हैं।

समाज में किसी तरह की अदल-बदल अधिकतर स्त्रियों ही की मूर्खता से नहीं होने पाती और जब तक इनकी दशा में परिवर्तन न होगा तब तक समाज में किसी तरह का परिवर्तन असंभव है।

हम देखते हैं तो बीस वर्ष पहले जो कुछ दशा हमारी ललनाओं की रही, अब भी यथास्थिति वैसी ही है।

'क्वचित् दोषो गुणायते'

इस न्याय के अनुसार इतनी भलाई अलबत्ता देखते हैं जैसा पुरुषों में नई सभ्यता का जहर आगे कर गया है, वैसा हमारी सीधी भोली स्त्रियों में नहीं व्यापा। इन सब बातों से निश्चय होता है कि हमारा हिन्दू समाज दिन-दिन हर एक बात में हर तरह बँटेगा। बीच-बीच में ऐसे दुर्भिक्ष का दौरा पारी बाँध कर होना हमें और भी झिलमिल, दुर्बल और भीतर-ही-भीतर पोला किए डालता है। दैव की कुछ ऐसी ही कर्त्तव्यता है तो लाचारी है।

'हरेरिच्छा बलीयसी'

दिसंबर 1889 में प्रकाशित लेख 'देशी समाचार पत्रों पर सर आकलैण्ड कालविन का दोष'

अपनी सालाना रिपोर्ट में हम लोगों में कई एक दोष निकाल कर सर आकलैण्ड कालविन साहब लिखते हैं कि देशी समाचारपत्र (Greedy & needy) हैं। तात्पर्य यह कि इसके संपादक दो ही तरह के होते हैं-भिखमंगे या लालची। अर्थात बहुधा पत्र को इन्होंने अपना पेट पालने का द्वार मान रखा है और थोड़े ही से लाभ के लिए भाटों के समान झूठी तारीफ गाने लगते हैं।

इसके उत्तर में हम श्रीमान् को चिताते हैं कि तब तो इनका मुँह बंद कर देना कोई कठिन काम नहीं है, क्योंकि कदर्य और लोभी की बिसात कितनी? क्यों नहीं थोड़ी लालच देकर सरकार इन्हें अपना ताबेदार बना दिया करें, कभी इनका साहस सरकार के विरोध में मुँह खोलने का होगा ही नहीं। सो तो परम कृपण सरकार का किया कभी होगा ही नहीं। तब ऐसा भारी दोष देशी समाचारपत्र के संपादकों के गले मिढ़ना मेरी समझ में निरा बेबुनियाद है।

हम श्रीमान् कालविन साहब से पूछा चाहते हैं कि कितने देशी भाषा के पत्रों को सरकार सहायता देती है। मैं समझता हूँ दो-एक के सिवाय कोई पत्र सरकार के बाधित न होंगे। तब उनमें दोष निकालना श्रीमान् को क्यों कर शोभा देता है। पत्रों को सहायता देना तो एक ओर रहा। सरकार कौन-सा ऐसा काम करती है जो केवल इस देश के लोगों के फायदे का है। एक शिक्षा विभाग केवल ऐसा है जिसमें इस देश के लोगों का फायदा समझा गया है सो उसके लिए नित्य गवर्नमेण्ट कांखा करती है और उसके घटाने की नित्य फिकिर रहती है।

गवर्नमेण्ट को गुमराह करने वाले देशवासियों के दुश्मन पायोनियर सरीखे दो-चार पत्रों के समान सरकार की चापलूसी न कर के समय-समय पर देशी पत्रों के संपादक देशहित की बात किन्तु तीखी बोलचाल में सरकार को जो उमदा-से-उमदा बात सुझाते रहते हैं और नेक सलाह दिया करते हैं, उसी का यह परिणाम है कि कालविन साहब इतना बड़ा कलंक और दोष दे रहे हैं। सच है-

'हितं मनोहारि च दुर्लभं वच:'

श्रीमान साफ-साफ यही क्यों नहीं कह देते कि प्रेस एक्ट फिर से जारी कर इनका मुँह बंद कर दो, 'न रहेगा बाँस न बजेगी बाँसुरी'।

'राजा हरति सर्वस्वं शरणं कस्य जायते'

माना कि हम लोग बड़े विद्वान नहीं होते। बड़ी-बड़ी किताबें नहीं घोटते रहते। न पेचीदा कानून या पालिटिक्स के गूढ़ कपट मिश्रित अभिप्रायों (मतलबों) को तले तक टटोल सकते हैं पर सामान्य रीति पर अपना हित अहित समझने की साधारण बुद्धि हम लोगों में भरपूर है। और अशिक्षित सीधी-सादी प्रजा के भावों को अपने राजा के कानों तक पहुँचना भी अच्छी तरह जानते हैं। कर्मचारियों का प्रजा पर कुत्सित आचरण और जाति पक्षपात के कारण भारी से भारी अन्याय की ओर से आँख मूंद ले जो कुछ होता जाय सह तो लेते ही हैं। आह भी न करें तब हम कदर्य और लोभी न समझे जायें।

इन दिनों के लौह शासन के समय लाट साहब का यह कहना मानो घाव पर नोन का छिड़कना, जले को और जलाना हुआ है। धन्य है, आपका प्रजा-वात्सल्य। एक ही मुँह और एक ही जीभ ठहरी, कहाँ तक तारीफ गावें। देशी पत्रों के संपादक गवर्नमेण्ट के प्रभाव से किंचित प्रभावित न होकर सर्वथा निरावलम्ब अपनी टूटी-फूटी दशा को झेलते और सुधार करते प्राणपण की बाजी लगाए हुए जो राजा प्रजा दोनों का सच्चा हित कर रहे हैं, उसी की यह दक्षिणा जब-तब हमें मिलती रहती है। अस्तु!

दिसंबर 1905 में प्रकाशित लेख 'निज वृत्तान्त'

पुराना चर्खा ओटने की भाँति निज वृत्तान्त कह सुनाना आपका बहुमूल्य समय नष्ट करने की भाँति है। किन्तु कई मित्रों के अनुरोध से कि हिन्दी प्रदीप का संक्षिप्त इतिहास जानने की बहुतों को लालसा है, हमें ऐसा करना पड़ता है।

ईश्वर के अनुग्रह से अब इस समय हिन्दी साहित्य सेवी बहुत हो गए हैं और दिनोंदिन उनकी संख्या बढ़ती जाती है। हमारे प्रान्त के प्रत्येक नगर के सिवाय कलकत्ता, बाम्बे और पंजाब जो प्रत्यक्ष में हिन्दी बोलने वाले प्रान्त नहीं हैं, वहाँ भी भाषा के सुलेखकों की संख्या बढ़ती जा रही है, और हिन्दी भी अपनी और बहिनों बंगला, गुजराती, मराठी के समान साहित्य-भण्डार का आगार होती जाती है। प्रतिवर्ष दो-चार मासिक और साप्ताहिक पत्र नए निकलते हैं। किन्तु एक समय वह भी था, जब उर्दू

के सिवाय देश में हिन्दी का नाम भी न था। दाहिनी ओर से हिन्दी को लिखते देख कर लोगों को अचरज होता था कि क्या कोई ऐसी भी लिखावट है जो बाएँ हाथ की ओर नहीं लिखी जाती ।

वर्तमान हिन्दी साहित्य के जन्मजात प्रात:स्मरणीय सुग्रहित नामधेय बाबू हरिश्चन्द्र तथा दो-एक उन्हीं के समकक्षों को छोड़ कर सुलेखकों का सर्वथा अभाव था। भाषा साहित्य-भास्कर पंडित प्रताप का उदय भी तब तक नहीं हुआ था। श्री राधाचरण चंचरीक साहित्य-मंजरी का मधुपान करते किसी कुसुमावली में छिपे पड़े थे। मधुप की प्रौढ़ दशा तक नहीं पहुँचे थे। तात्पर्य यह कि हिन्दी साहित्य का आकाश उस समय तक सब ओर से धुँधला था। उर्दू इतना आक्रमण किए थी कि हिन्दी को प्रकाश के लिए कहीं अवकाश ही न था।

इन दिनों तो खड़ी और पड़ी न जानिये कितने भेद चल पड़े हैं, पर उस समय लेख प्रणाली के दो ही परमाचार्य समझे जाते थे–राजा शिवप्रसाद और बाबू हरिश्चन्द्र। पहले भारतेंदु बाबू हरिश्चन्द्र भी उक्त राजा को अपना गुरु मानते थे। किन्तु हरिश्चन्द्र सा उदारचेता और राजा साहब का-सा स्वार्थ-परायण का साथ कब निभ सकता था। दोनों की दो तरह की प्रकृति देख हमें यह अचरज था कि यह आम-इमली का मेल कैसा? अन्त को यही हुआ भी कि हरिश्चन्द्र को गवर्नमेंट की ओर से फीका कर देने के पहिले कारण राजा हुए। पीछे तो यह भी खुल खेले और ऐसे-ऐसे उत्तेजक लेख उनकी लेखनी से प्रकट हुए कि कर्मचारियों को उनकी ओर से खटक हो गई। अस्तु!

बाबू साहब के इतने परिश्रम पर भी हिन्दी-बालिका की मुग्ध दशा बनी रही। उर्दू को प्रौढ़ होते देख कर इसे अपने में प्रौढ़ता आने की लालसा रही आई और जिसके लिए सदा यह लालायित रही कि कब वह दिन आवेगा कि हम भी अपनी और दूसरी बहिनों की भाँति पुस्तकालयों की बड़ी-बड़ी आलमारियों का एक कोना छेंक लेने लायक हों।

भाषा के ऐसे बाल्यकाल में हिन्दी के हितैषी और प्रेमी कतिपय छात्रों की एक मण्डली हमारी जन्मदाता हुई। एक-एक छात्र ने पाँच-पाँच रुपए चन्दा देकर कुछ रुपए मूल धन की भाँति इकट्ठे कर प्रति मास दस पृष्ठ का एक मासिक पत्र निकलना प्रारम्भ किया और पुस्तकाकार इसे इसलिए रक्खा कि जिसमें पंसारियों की पुड़िया बाँधने के काम का न रहे, वरन जिल्द बाँध लोग रख सकें। पर फिर भी सन्देह बना रहा कि लेख किसी काम का न हुआ तो वह पंसारियों ही के काम का रहेगा।

हमें प्रकाश करते हर्ष होता है कि यह अब तक उस तरह का न हुआ। वरन् इसके एक-एक अंक चटकीले लेख से भरे रहते हैं। जिसने एक अंक पढ़ा होगा उसे दूसरा अंक पढ़ने की रुचि अवश्य रहती होगी। जी ऊबता और उचटता हो, मन उदास हो, इसकी पुरानी जिल्द खोज बैठ के पढ़ने लगिए सब रंज रफा हो मन आनन्द में मग्न हो उठेगा। कुसुम की कली-सी दन्तावली विकसित हो जायगी। हिन्दी रसिकों को तो

'प्रदीप' प्राण-तुल्य होगा। किन्तु 'मूड़ मुड़ाते ही ओले पड़े।' हमें प्रगट हुए देर न हुई थी कि प्रेस एक्ट का जन्म हुआ। प्रेस एक्ट नाम सुनते ही छात्र-मण्डली छिन्न-भिन्न हो गई। निज उन्नति के आगे हिन्दी की उन्नति का उत्साह भंग हो गया। कोई-कोई तो यहाँ तक दुम दबाये दबक बैठे कि मानो उनसे बड़ा अपराध बना जो इसके लिए पाँच रुपया देकर उसके मेम्बर बने। और सोचने लगे कि इस पाप का प्रायश्चित किस भाँति हो जिसमें आगे को यह किसी के मुख से न निकल जाय कि छात्र दशा में ये भी हिन्दी के हितैषी थे और ऐसे एक पत्र के सहायक रहे जो अराजक विषय के लेख के लिए बदनाम था। अस्तु!

धीरे-धीरे जितने पहले इसके मेम्बर बने थे सब छोड़ बैठे पर हम अंगीकृत का परिपालन अपने जीवन का उद्देश्य मान प्रतिदिन इसे अधिक-अधिक अपनाते ही गए। प्रेस एक्ट की कृपा से बहुत दिनों तक साल में कई बार मजिस्ट्रेट साहब के यहाँ तलब किए जाते थे। पर भावी कुछ ऐसी अनुकूल रही कि बेदाग बचते ही चले आए। आर्थिक कष्ट जो इसके पीछे उठाते रहे सो एक ओर रहे। कर्मचारियों की निगाह में चढ़ जाना आर्थिक कष्ट से कुछ कम नहीं। खास कर उस समय जब हमारे इस प्रान्त में शिक्षाका बड़ा अभाव था और लोगों में जरा भी साहस और दृढ़ता न थी। समाज में आदर पाना एक ओर रहा है; जहाँ जाते थे वहीं हँसे जाते थे और हमारी जीट उड़ाई जाती थी।

हमारा आर्थिक कष्ट निवारण निमित्त उदयपुराधीष महाराणा सज्जन सिंह बहादुर ने एक बार हमें सौ रुपए दिए थे और एक बार रीवाँ के श्री महाराजा साहब बहादुर ने पचास रुपए। एक बार बहुत ही संकीर्ण दशा में आ गए थे और पक्का इरादा हो गया था कि अब इसे बन्द कर दें। उस समय नागरी प्रचारिणी के मुख्य अधिष्ठाता बाबू श्यामसुन्दर दास ने पचास रुपया चन्दा कर हमारी संकीर्णता को दूर हटाया और पत्र फिर ढुलक चला।

इतनी लालसा हमें बनी ही रही कि अपने निज का एक छोटा-सा प्रेस खरीद इसे पाक्षिक कर दिखाते या मासिक ही रहता तो आकार इसका बहुत बड़ा वरन् दूने के लगभग का कर-समय से सेवा में पहुँचाता। यह हमारी लालसा इस जीवन में काहे को कभी पूरी होने वाली है। अस्तु!

यह देख हमें बड़ा सन्तोष होता है कि हिन्दी की अवश्यमेव उन्नति होती जाती है और इसके सर्वांग-सुन्दर होने में जो-जो कसर है क्रमश: दूर हो रही है। आशा है कदाचित् इसका सर्वांग-सुन्दर पूर्ण हो जाने पर हमारी भी चाह लोगों में कभी को हो पर ऐसा समय कब आवे कौन जानता है। इस समय तो हमारा वही हाल है जैसा कवि मण्डली मण्डन श्री हर्ष ने कहा है-

यथा यू नस्तद्वत्परमरमणी यापि रमणी।
कुमाराणा मन्त:करणहरणं नैव कुरूते।।

अथवा

उत्पत्स्यतेऽस्ति मम कोपि समानधर्मा।
कालोह्ययं निरवधिर्विपुला च पृथ्वी।।

इस रूखे चर्खे को ओटा चाहे तो कहो पेज-का-पेज उड़ाते चले जाँय पर यह तो हमारा क्रम ही नहीं है कि भरती कर-कराय पत्र पूरा कर दें। इतनी सावधानी पर भी हमारे दो-एक प्रेमी सहयोगी दोष देते हैं कि पत्र में भट्टपन कम होता जाता है। कहीं इस लेख को और अधिक बढ़ावेंगे तो इतने दिनों की कमाई हुई लेख की सुख्याति सर्वथा खो बैठेंगे और यह मसल कि 'दिल्ली की कमाई चमरघटे में गँवाई' इस पर पूरी आ उतरेगी।

(साभार : हिन्दी की दशा और पत्रकारिता, संपादक धनंजय भट्ट सरल)

बालमुकुंद गुप्त

[भारतमित्र (कलकत्ता) में प्रकाशित लेख 'शिवशम्भु के चिट्ठे']

सूचना (पहले संस्करण की भूमिका)

शिवशम्भु शर्म्मा के चिट्ठे बहुत दिन से 'भारतमित्र' में छपते हैं और समय पर पाठकों को दृष्टिगोचर भी होते हैं। दिल्ली-दरबार के समय से लेकर लार्ड कर्जन के इस देश से विदा होने तक आठ चिट्ठे शिवशम्भु शर्म्मा ने लिखें। उनमें उक्त श्रीमान् के शासन-काल की हिन्दुस्तानी दृष्टि से आलोचना की गयी है। इनमें पहले 6 चिट्ठों का अंगरेजी अनुवाद पुस्तकाकार छपवाया गया था। उसको देखकर 'भारतमित्र' के बहुत से पाठकों ने अनुरोध किया कि शिवशम्भु के लार्ड कर्जन संबंधी चिट्ठे हिन्दी में भी पुस्तकाकार छपवाये जायें। अपने पाठकों का अनुरोध पालन करने के लिए छह चिट्ठे पहले वाले और दो पीछे के आठों एक साथ छापकर उनको भेंट किये जाते हैं।

[सम्पादक, 'भारतमित्र']

तीसरे संस्करण की भूमिका (संवत् 2002)

'भारतमित्र' के यशस्वी संपादक स्वर्गीय बाबू बालमुकुन्द गुप्त की कृति 'शिवशम्भु के चिट्ठे' हिन्दी संसार में काफी प्रसिद्ध हैं। 'भारतमित्र' के काशीवास हो जाने के कारण 'शिवशम्भु के चिट्ठे' भी अप्राप्य हो गये हैं। गुप्तजी के सुयोग्य ज्येष्ठ पुत्र श्री नवल किशोरजी गुप्त से अनुमति लेकर हम इस पुस्तिका को प्रकाशित कर रहे हैं।

जिस समय 'भारतमित्र' में स्वर्गीय गुप्तजी के ये 'चिट्ठे' प्रकाशित हुए थे, उस समय में और इस समय में काफी अन्तर हो गया है। भारतवर्ष यद्यपि अब भी उसी दासता की शृंखला में बद्ध है, परन्तु न तो अब लार्ड कर्जन ही इस लोक में हैं न उनके नाम से चिट्ठे लिखने वाले गुप्तजी ही जीवित हैं। यहां तक कि प्रसिद्ध 'भारतमित्र' का भी काशीवास हो गया है।

इन चिट्ठों को पढ़ने से उस समय के देशसेवक निर्भीक संपादकों की संपादन कला का जहां कौशल देखने को मिलेगा, वहां जागरित देशसेवा की भावना की झांकी भी स्पष्ट दिखायी देगी। इस समय हिन्दी काफी उन्नति कर रही है। परन्तु समय की

भावना में काफी अन्तर आ गया है। उस समय समाचार पत्र देश सेवा के लिये निकाले जाते थे। अब देश सेवा का नाम लेकर व्यापार के लिये निकाले जाते हैं। आगे चलकर इसका और भी विकट रूप होने वाला है, इसका भी इस पुस्तक में यथेष्ट दिग्दर्शन है।

यशस्वी गुप्तजी की कृति लुप्त न हो पाये, इसी भावना से प्ररित होकर यह ग्रन्थ प्रकाशित किया जा रहा है।

शिवशम्भु के चिट्ठे

[पहला चिट्ठा, 11 अप्रैल, 1903 'बनाम लार्ड कर्जन']

माई लार्ड! लड़कपन में इस बूढ़े भंगड़ को बुलबुल का बड़ा चाव था। गांव में कितने ही शौकीन बुलबुलबाज थे। वह बुलबुलें पकड़ते थे, पालते थे और लड़ाते थे। बालक शिवशम्भु शर्म्मा बुलबुलें लड़ाने का चाव नहीं रखता था। केवल एक बुलबुल को हाथ पर बिठा कर ही प्रसन्न होना चाहता था। पर ब्राह्मण कुमार को बुलबुल कैसे मिले? पिता को यह भय कि बालक को बुलबुल दी तो वह मार देगा, हत्या होगी अथवा उसके हाथ से बिल्ली छीन लेगी तो पाप होगा। बहुत अनुरोध से यदि पिता ने किसी मित्र की बुलबुल किसी दिन ला भी दी, तो वह एक घण्टे से अधिक नहीं रहने पाती थी। वह भी पिता की निगरानी में।

सराय के भटियारे बुलबुलें पकड़ा करते थे। गांव के लड़के उनसे दो-दो, तीन-तीन पैसों में खरीद लाते थे। पर बालक शिवशम्भु तो ऐसा नहीं कर सकता था। पिता की आज्ञा बिना वह बुलबुल कैसे लावे और कहां रखे? उधर मन में अपार इच्छा थी कि बुलबुल जरूर हाथ पर हो। इसी से जंगल में उड़ती बुलबुल को देखकर जी फड़क उठता था। बुलबुल की बोली सुनकर आनन्द से हृदय नृत्य करने लगता था। कैसी कैसी कल्पनाएं हृदय में उठती थीं। उन सब बातों का अनुभव दूसरों को नहीं हो सकता। दूसरों को क्या होगा, आज यह वही शिवशम्भु है, स्वयं इसी को उस बाल काल के अनिर्वचनीय चाव और आनन्द का अनुभव नहीं हो सकता।

बुलबुल पकड़ने की नाना प्रकार की कल्पनाएं मन ही मन करता हुआ बालक शिवशम्भु सो गया। उसने देखा कि संसार बुलबुलमय है। सारे गांव में बुलबुलें उड़ रही हैं। अपने घर के सामने खेलने का जो मैदान है, उसमें सैकड़ों बुलबुलें उड़ती फिरती हैं। फिर वह सब ऊंची नहीं उड़तीं। बहुत नीची-नीची उड़ती हैं। उनके बैठने के अड्डे भी नीचे-नीचे हैं। वह कभी उड़कर इधर जाती हैं और कभी उधर, कभी यहां बैठती हैं और कभी वहाँ, कभी स्वयं उड़कर बालक शिवशम्भु के हाथ की उंगलियों पर आ बैठती हैं। शिवशम्भु आनन्द में मस्त होकर इधर-उधर दौड़ रहा है। उसके दो तीन साथी भी उसी प्रकार बुलबुलें पकड़ते और छोड़ते इधर-उधर कूदते फिरते हैं।

आज शिवशम्भु की मनोवांच्छा पूर्ण हुई। आज उसे बुलबुलों की कमी नहीं है। आज उसके खेलने का मैदान बुलबुलिस्तान बन रहा है। आज शिवशम्भु बुलबुलों का राजा ही नहीं, महाराजा है। आनन्द का सिलसिला यहाँ नहीं टूट गया। शिवशम्भु ने देखा कि सामने एक सुन्दर बाग है। वहीं से सब बुलबुलें उड़कर आती हैं। बालक कूदता हुआ दौड़कर उसमें पहुंचा। देखा, सोने के पेड़-पत्ते और सोने के ही नाना रंग के फूल हैं। उन पर सोने की बुलबुलें उड़कर बैठी गाती हैं, उड़ती फिरती हैं। वहीं एक सोने का महल है। उस पर सैकड़ों सुनहरी कलश हैं। उन पर भी बुलबुलें बैठी हैं। बालक दो-तीन साथियों सहित महल पर चढ़ गया। उस समय वह सोने का बगीचा, सोने के महल और बुलबुलों सहित एक बार उड़ा। सब कुछ आनन्द से उड़ता था। बालक शिवशम्भु भी दूसरे बालकों सहित उड़ रहा था। पर यह आमोद बहुत देर तक सुखदायी न हुआ। बुलबुलों का ख्याल अब बालक के मस्तिष्क से हटने लगा। उसने सोचा-हैं! मैं कहां उड़ा जाता हूँ? माता-पिता कहां? मेरा घर कहां? इस विचार के आते ही सुख-स्वप्न भंग हुआ। बालक कुलबुलाकर उठ बैठा। देखा और कुछ नहीं, अपना ही घर और अपनी ही चारपाई है। मनोराज्य समाप्त हो गया।

आपने, माई लार्ड, जब से भारतवर्ष में पधारे हैं, बुलबुलों का स्वप्न ही देखा है या सचमुच कोई करने के योग्य काम भी किया है? खाली अपना ख्याल ही पूरा किया है या यहां की प्रजा के लिए भी कुछ कर्त्तव्य पालन किया? एक बार यह बातें बड़ी धीरता से मन में विचारिये। आपकी भारत में उपस्थिति की अवधि के पाँच वर्ष पूरे हो गये। अब यदि आप कुछ दिन रहेंगे तो सूद में, मूलधन समाप्त हो चुका। हिसाब कीजिए, नुमायशी कामों के सिवा काम की बात आप कौन सी कर चले हैं और भड़कबाजी के सिवा ड्यूटी और कर्त्तव्य की ओर आपका इस देश में आकर कब ध्यान रहा है? इस बार के बजट की वक्तृता ही आपके कर्त्तव्य-काल की अन्तिम वक्तृता थी। जरा उसे पढ़ तो जाइये। फिर उसमें आपकी पाँच साल की किस अच्छी करतूत का वर्णन है? आप बारम्बार अपने दो अति तुम-तराक से भरे कामों का वर्णन करते हैं। एक विक्टोरिया-मेमोरियल हाल और दूसरा दिल्ली-दरबार। पर जरा विचारिये तो यह दोनों काम ''शो'' हुए या ''ड्यूटी''? विक्टोरिया मिमोरियल हाल चन्द पेट भरे अमीरों के एक-दो बार देख आने की चीज़ होगी। उससे दरिद्रों का कुछ दुःख घट जावेगा या भारतीय प्रजा की कुछ दशा उन्नत हो जावेगी, ऐसा तो आप भी न समझते होंगे।

अब दरबार की सुनिये कि क्या था। आपके खयाल से वह बहुत बड़ी चीज थी। पर भारतवासियों की दृष्टि में वह बुलबुलों के स्वप्न से बढ़कर कुछ न था। जहां से वह जुलूस के हाथी आये, वहीं सब लौट गये। जिस हाथी पर आप सुनहरी झूलें और सोने का हौदा लगवाकर छत्रधारणपूर्वक सवार हुए थे, वह अपने कीमती असबाब सहित जिसका था, उसके पास चला गया। आप भी जानते थे कि वह आपका नहीं

और दर्शक भी जानते थे कि आपका नहीं। दरबार में जिस सुनहरी सिंहासन पर विराजमान होकर आपने भारत के सब राजा-महाराजों की सलामी ली थी वह भी वहीं तक था और आप स्वयं भलीभांति जानते हैं कि वह आपका न था। वह भी जहाँ से आया था, वहीं चला गया। यह सब चीजें खाली नुमायशी थीं। भारतवर्ष में वह पहले से मौजूद थीं। क्या इन सबसे आपका कुछ गुण प्रकट हुआ? लोग विक्रम को याद करते हैं या उसके सिंहासन को, अकबर को या उसके तख्त को? शाहजहां की इज्जत उसके गुणों से थी या तख्तेताउस से? आप जैसे बुद्धिमान पुरुष के लिये यह सब बातें विचारने की हैं।

चीज़ वह बननी चाहिए, जिसका कुछ देर कयाम हो। माता-पिता की याद आते ही बालक शिवशम्भु का सुख-स्वप्न भंग हो गया। दरबार समाप्त होते ही वह दरबार-भवन, वह एम्फीथियेटर तोड़कर रख देने की वस्तु हो गया। उधर बनाना, इधर उखाड़ना पड़ा। नुमायशी चीजों का यही परिणाम है। उनका तितलियों का-सा जीवन होता है। माई लार्ड! आपने कछार के चाय वाले साहबों की दावत खाकर कहा था कि यह लोग यहाँ नित्य हैं और हम लोग कुछ दिन के लिये। आपके वह "कुछ दिन" बीत गये। अवधि पूरी हो गयी। अब यदि कुछ दिन और मिलें, तो वह किसी पुराने पुण्य के बल से समझिये। उन्हीं की आशा पर शिवशम्भु शर्म्मा यह चिट्ठा आपके नाम भेज रहा है, जिससे इन मांगे दिनों में तो एक बार आपको अपने कर्त्तव्य का ख्याल हो।

जिस पद पर आप आरूढ़ हुए, वह आपका मौरूसी नहीं। नदी-नाव संयोग की भांति है। आगे भी कुछ आशा नहीं कि इस बार छोड़ने के बाद आपका इससे सम्बन्ध रहे। किन्तु जितने दिन आपके हाथ में शक्ति है, उतने दिन कुछ करने की शक्ति भी है। जो आपने दिल्ली आदि में कर दिखाया, उसमें आपका कुछ भी न था, पर, वह सब कर दिखाने की शक्ति आपमें थी। उसी प्रकार जाने से पहले, इस देश के लिए कोई असली काम कर जाने की शक्ति आप में हैं। इस देश की प्रजा के हृदय में कोई स्मृति मन्दिर बना जाने की शक्ति आप में है। पर यह सब तब हो सकता है कि वैसी स्मृति की कुछ कदर आपके हृदय में भी हो। स्मरण रहे, धातु की मूर्तियों के स्मृति चिह्न से एक दिन किले का मैदान भर जायगा। महारानी का स्मृति मन्दिर मैदान की हवा रोकता था या न रोकता था, पर दूसरों की मूर्तियां इतनी हो जावेंगी कि पचास-पचास हाथ पर हवा को टकराकर चलना पड़ेगा। जिस देश में लार्ड लैंसडौन की मूर्ति बन सकती है, उसमें और किस-किस की मूर्ति नहीं बन सकती? माई लार्ड! क्या आप भी चाहते हैं कि उसके आसपास आपकी भी एक वैसी मूर्ति खड़ी हो?

यह मूर्तियां किस प्रकार के स्मृति चिह्न हैं? इस दरिद्र देश के बहुत से धन की एक ढेरी है, जो किसी काम नहीं आ सकती। एक बार जाकर देखने से ही विदित होता है कि वह कुछ विशेष पक्षियों के कुछ देर विश्राम लेने के अड्डे से बढ़कर कुछ नहीं है। माई लार्ड! आपकी मूर्ति की वहां क्या शोभा होगी? आइये, मूर्तियां दिखावें। वह देखिये, एक मूर्ति है, जो किले के मैदान में नहीं है, पर भारत-वासियों के हृदय

में बनी हुई है, पहचानिये, इस वीर पुरुष ने मैदान की मूर्ति से इस देश के करोड़ों गरीबों के हृदय में मूर्ति बनवाना अच्छा समझा। वह लार्ड रिपन की मूर्ति है और देखिये, एक स्मृति मन्दिर है। यह आपके पचास लाख के संगमरमर वाले से अधिक मजबूत और सैकड़ों गुना कीमती है। यह स्वर्गीया विक्टोरिया महारानी का सन् 178578 ई० का घोषणा पत्र है। आपकी यादगार भी यहीं बन सकती है, यदि इन दो यादगारों की आपके जी में कुछ इज्जत हो।

मतलब समाप्त हो गया। जो लिखना था, वह लिखा गया। अब खुलासा बात यह है कि एक बार शो और ड्यूटी का मुकाबला कीजिए। शो को शो ही समझिए ड्यूटी नहीं। माई लार्ड! आपके दिल्ली-दरबार की याद कुछ दिन बाद उतनी ही रह जावेगी, जितनी शिवशम्भु शर्म्मा के सिर में बालकपन के उस सुख स्वप्न की है।

आठवां चिट्ठा, 21 अक्टूबर, 1905, 'बंग-विच्छेद'

गत 16 अक्टूबर को बंग-विच्छेद या बंगाल का पार्टीशन हो गया। पूर्व बंगाल और आसाम का नया प्रान्त बनाकर हमारे महाप्रभु माइ लार्ड इंगलैंड के महान राजप्रतिनिधि का तुगलकाबाद आबाद हो गया। भंगड़ लोगों के पिछले रगड़े की भांति यही माइ लार्ड की सबसे पिछली प्यारी इच्छा थी। खूब अच्छी तरह भंग घुटकर तैयार हो जाने पर भंगड़ आनन्द से उस पर एक और रगड़ लगाता है, भंगड़-जीवन में उससे बढ़कर और कुछ आनन्द नहीं होता। माइ लार्ड के भारत-शासन-जीवन में भी इससे अधिक आनन्द की बात कदाचित् कोई न होगी, जिसे पूरी होते देखने के लिये आप इस देश का सम्बन्ध-जाल छिन्न कर डालने पर भी उसमें अटके रहे।

माइ लार्ड को इस देश में जो कुछ करना था वह पूरा कर चुके थे। यहां तक कि अपने सब इरादों को पूरा करते-करते अपने शासन काल की इतिश्री भी अपने ही कर-कमल से कर चुके थे। जो कुछ करना बाकी था, वह बंग-विच्छेद था। वह भी हो गया। आप अपनी अन्तिम कीर्ति की ध्वजा अपने ही हाथों से उड़ा चले और अपनी आंखों को उसके प्रियदर्शन से सुखी कर चले, यह बड़े सौभाग्य की बात है। अपने शासन-काल की रकाबी में बहुत सी कड़वी-कसैली चीजें चख जाने पर भी आप अपने लिये 'मधुरेण समापयेत' कर चले, यही गनीमत है।

अब कुछ करना रह भी गया हो, तो उसके पूरा करने की शक्ति माइ लार्ड में नहीं है। आपके हाथों से इस देश का जो बुरा-भला होना था, वह हो चुका। एक ही तीर आपके तर्कश में और बाकी था, उससे आप बंग भूमि का वक्षस्थल छेद चले। बस, यहां आकर आपकी शक्ति समाप्त हो गयी। इस देश की भलाई की ओर तो आपने उस समय भी दृष्टि नहीं की, जब कुछ भला करने की शक्ति आपमें थी। पर अब कुछ बुराई करने की शक्ति भी आपमें नहीं रही, इससे यहां के लोगों को बहुत ढारस मिली है। अब आप हमारा कुछ नहीं कर सकते।

आपके शासन-काल में बंग विच्छेद इस देश के लिये अंतिम विषाद और आपके लिये अन्तिम हर्ष है। इस प्रकार के विषाद और हर्ष इस पृथ्वी के सबसे पुराने देश की प्रजा ने बारम्बार देखे हैं। महाभारत में सबका संहार हो जाने पर भी घायल पड़े हुए दुर्म्मद दुर्योधन को अश्वत्थामा की यह वाणी सुनकर अपार हर्ष हुआ था कि मैं पांचों पाण्डवों के सिर काटकर आपके पास लाया हूँ। उसी प्रकार सेना-सुधार-रूपी महाभारत में जंगी-लाट किचनर रूपी भीम की विजय गदा से जर्जरित होकर पदच्युति ह्रद में पड़े इस देश के माइ लार्ड को इस खबर ने बड़ा हर्ष पहुंचाया कि अपने हाथों से श्रीमान् को बंग विच्छेद का अवसर मिला। इसी महाहर्ष को लेकर माई लार्ड इस देश से विदा होते हैं, यह बड़े संतोष की बात है। अपनों से लड़कर श्रीमान् की इज्जत गई या श्रीमान् ही गये, उसका कुछ ख्याल नहीं है। भारतीय प्रजा के सामने आपकी इज्जत बनी रही यही बड़ी बात है। इसके सहारे स्वदेश तक श्रीमान् मोछों पर ताव देते चले जा सकते हैं।

श्रीमान् के ख्याल के शासक इस देश ने कई बार देखे हैं। पांच सौ से अधिक वर्ष हुए तुगलक वंश के एक बादशाह ने दिल्ली को उजाड़ दौलताबाद बसाया था। पहले उसने दिल्ली की प्रजा को हुक्म दिया कि दौलताबाद में जाकर बसो। जब प्रजा बड़े कष्ट से दिल्ली को छोड़कर वहां जाकर बसी, तो उसे फिर दिल्ली को लौट आने का हुक्म दिया। इस प्रकार दो-तीन बार प्रजा को दिल्ली से देवगिरि और देवगिरि से दिल्ली अर्थात श्रीमान् मुहम्मद तुगलक के दौलताबाद और अपने वतन के बीच में चकराना और तबाह होना पड़ा। हमारे इस समय माइ लार्ड ने केवल इतना ही किया है कि बंगाल के कुछ जिले आसाम में मिलाकर एक नया प्रान्त बना दिया है। कलकत्ते की प्रजा को कलकत्ता छोड़कर चटगांव में आबाद होने का हुक्म तो नहीं दिया। जो प्रजा तुगलक जैसे शासकों का ख्याल बर्दाश्त कर गई, वह क्या आजकल के माई लार्ड के एक ख्याल को बर्दाश्त नहीं कर सकती है?

सब ज्यों का त्यों है। बंगदेश की भूमि जहां थी, वहीं है, और उसका हरेक नगर और गांव जहां था, वहीं है। कलकत्ता उठाकर चीरापूंजी के पहाड़ पर नहीं रख दिया गया और शिलांग उड़कर हुगली के पुल पर नहीं आ बैठा। पूर्व और पश्चिम बंगाल के बीच में कोई नहर नहीं खुद गई और दोनों को अलग-अलग करने के लिये बीच में कोई चीन की-सी दीवार नहीं बन गई है। पूर्व बंगाल पश्चिम बंगाल से अलग हो जाने पर भी अंग्रेजी शासन ही में बना हुआ है और पश्चिम बंगाल भी पहले की भांति उसी शासन में है। किसी बात में कुछ फर्क नहीं पड़ा। खाली ख्याली लड़ाई है। बंग विच्छेद करके माइ लार्ड ने अपना एक ख्याल पूरा किया है। इस्तीफा देकर भी एक ख्याल ही पूरा किया और इस्तीफा मंजूर हो जाने पर इस देश में पड़े रहकर भी श्रीमान् का प्रिन्स आफ वेल्स के स्वागत तक ठहरना एक ख्याल मात्र है।

कितने ही ख्याली इस देश में अपना ख्याल पूरा करके चले गये। दो सवा दो सौ साल पहले एक शासक ने इस बंगदेश में एक रुपए के आठ मन धान बिकवाकर कहा था कि जो इससे सस्ता धान इस देश में बिकवाकर इस देश के धन-धान्यपूर्ण होने का परिचय देगा, उसको मैं अपने से अच्छा शासक समझूंगा। वह शासक भी नहीं है, उसका समय भी नहीं, कई एक शताब्दियों के भीतर इस भूमि ने कितने ही रंग पलटे हैं, कितनी ही इसकी सीमाएं हो चुकी हैं। कितने ही नगर इसकी राजधानी बनकर उजड़ गये। गौड़ के जिन खण्डहर में अब उल्लू बोलते और गीदड़ चिल्लाते हैं, वहां कभी बांके महल खड़े थे और वहीं बंगदेश का शासक रहता था। मुर्शिदाबाद जो आज एक लुटा हुआ-सा शहर दिखाई देता है, कुछ दिन पहले इसी बंगदेश की राजधानी था और उसकी चहल-पहल का कुछ ठिकाना न था। जहां घसियारे घास खोदा करते थे, वहां आज कलकत्ता-जैसा महानगर बसा हुआ है, जिसके जोड़ का एशिया में एक-आध नगर ही निकल सकता है। अब माइ लार्ड के बंग--विच्छेद से ढाका, शिलांग और चटगांव में से हरेक राजधानी का सेहरा बंधवाने के लिये सिर आगे बढ़ाता है। कौन जाने इनमें से किसके नसीब में क्या लिखा है और भविष्य क्या-क्या दिखलायेगा।

दो हजार वर्ष नहीं हुए, देश का एक शासक कह गया है-''सैकड़ों राजा जिसे अपनी-अपनी समझकर चले गये, परन्तु वह किसी के भी साथ नहीं गई, ऐसी पृथ्वी के पाने से क्या राजाओं को अभिमान करना चाहिए?'' अब तो लोग इसके अंश के अंशकों पाकर भी अपने को भूपति मानते हैं। ओह! जिस पर पश्चाताप करना चाहिये, उसके लिये मूर्ख उल्टा आनन्द करते हैं। वहीं राजा और कहता है-''यह पृथ्वी मट्टी का एक छोटा-सा ढेला है, जो चारों तरफ से समुद्र रूपी पानी की रेखा से घिरा हुआ है। राजा लोग आपस में लड़-भिड़कर इस छोटे-से ढेले के छोटे-छोटे अंशों पर अपना अधिकार जमाकर राज्य करते हैं। ऐसे क्षुद्र और दरिद्री राजाओं को लोग दानी कहकर जाँचने जाते हैं। ऐसे नीचों से धन की आशा करने वाले अधम पुरुषों का धिक्कार है। यह वह शासक था कि इस देश का चक्रवर्ती अधीश्वर होने पर भी एक दिन राजपाट को लात मारकर जंगलों और वनों में चला गया था। आज वही भारत एक ऐसे शासक का शासन-काल देख रहा है जो यहां का अधीश्वर नहीं है; कुछ नियत समय के लिये उसके हाथ में यहां का शासन भार दिया गया था, तो भी इतना मोह में डूबा हुआ है कि स्वयं इस देश को त्यागकर भी इसे कुछ दिन और न त्यागने का लोभ संवरण न कर सका।

यह बंग विच्छेद बंग का विच्छेद नहीं है। बंग निवासी इससे विच्छिन्न नहीं हुए, वरन्च और युक्त हो गये। जिन्होंने गत 16 अक्टूबर का दृश्य देखा है, वह समझ सकते है कि बंगदेश या भारतवर्ष में नहीं, पृथ्वी भर में वह अपूर्व दृश्य था। आर्य सन्तान उस दिन अपने प्राचीन वेश में विचरण करती थी। बंगभूमि-ऋषि मुनियों के

समय की आर्यभूमि बनी हुई थी। किसी अपूर्व शक्ति ने उसको उस दिन एक राखी से बांध दिया था। बहुत काल के पश्चात भारत सन्तान को होश हुआ कि भारत की मट्टी वन्दना के योग्य है। इसी से वह एक स्वर से "बन्दे मातरम्" कहकर चिल्ला उठे। बंगाल के टुकड़े नहीं हुए, वरन्च भारत के अन्यान्य टुकड़े भी बंग देश से आकर चिमटे जाते हैं।

हां, एक बड़े ही पवित्र मेल को हमारे माई लार्ड विच्छिन्न किये जाते हैं। वह इस देश के राजा-प्रजा का मेल है। स्वर्गीय विक्टोरिया महारानी के घोषणा पत्र और शासन काल ने इस देश की प्रजा के जी में यह बात जमा दी थी कि अंगरेज प्रजा की बात सुनकर और उसका मन रखकर शासन करना जानते हैं और वह रंग के नहीं, योग्यता के पक्षपाती हैं। कैनिंग और रिपन आदि उदारहृदय शासकों ने अपने सुशासन से इस भाव की पुष्टि की थी। इस समय के महाप्रभु ने दिखा दिया कि वह पवित्र घोषणापत्र समय पड़े की चाल मात्र था। अंगरेज अपने ख्याल के सामने ने किसी की नहीं सुनते–विशेषकर दुर्बल भारतवासियों की चिल्लाहट का उनके जी में कुछ भी वजन नहीं है। इससे आठ करोड़ बंगालियों के एक स्वर होकर दिन-रात महीनों रोने-गाने पर भी अंगरेजी सरकार ने कुछ न सुना। बंगाल के दो टुकड़े कर डाले। उसी माई लार्ड के हाथ से दो टुकड़े कराये जिसके कहने से उसने केवल एक मिलिटरी मेम्बर रखना भी मंजूर नहीं किया और उसके लिये माई लार्ड को नौकरी से अलग करना भी पसंद किया। भारतवासियों के जी में यह बात जम गई कि अंगरेजों से भक्ति-भाव करना वृथा है, प्रार्थना करना वृथा है, और उनके आगे रोना-गाना वृथा है। दुर्बल की वह नहीं सुनते।

बंग-विच्छेद से हमारे महाप्रभु सरदस्त राजा-प्रजा में यही भाव उत्पन्न करा चले हैं। किन्तु हाय! इस समय इस पर महाप्रभु के देश में कोई ध्यान देने वाला तक नहीं है! महाप्रभु तो ध्यान देने के योग्य ही कहाँ?

(साभार : शिवशम्भु के चिट्ठे)

मदनमोहन मालवीय

[अभ्युदय (प्रयाग), 1906 (संवत् 1963) में प्रकाशित संपादकीय]

इसमें सन्देह नहीं कि हमारे देश की कचहरियों में न्याय करने का क्रम हमारे देशवासियों को बहुत अंश में आपत्ति के समान दुखदायी हो रहा है। यह प्राय: सभी जानते है कि यदि किसी मनुष्य को 100) रुपए की नालिश करनी हो तो उसको 14 या 15 रुपए खर्च करना पड़ता है। यह भी सभी को विदित है कि छोटी कचहरियों में जायज खर्च के सिवाय बहुत कुछ 'नाजायज' खर्च उठाना पड़ता है और अनेक प्रकार के कष्ट उठा कर मुकदमे वालों को खास कर दिहात वालों को कचहरियों में दौड़ना पड़ता है। यह प्राय: देखा गया है कि बड़े-2 खानदान मुकदमेबाजी में सत्यानाश हो गये हैं-इन सब बुराइयों के दूर करने का बहुत अच्छा उपाय यह होता कि हर बात में प्राचीन रीति के अनुसार पंचायत स्थापित की जाती-इसमें बड़ा लाभ यह होगा कि पंच लोग जो गांव की सब बातों को जानते हैं ठीक-ठीक न्याय कर सकेंगे जो प्राय: कचहरियों में नहीं हो सकता क्योंकि कचहरियों के हाकिमों को गवाहों की गवाही पर निर्भर होना पड़ता है और गवाह किस रीति से आजकल सिखलाये जाते हैं प्राय: सभी लोग जिनको कचहरियों के काम से कुछ सम्बन्ध हुआ है जानते हैं।

लगभग चार वर्ष के हुआ पटियाला राज्य के गांवों में पंचायत स्थापित करने का क्रम आरम्भ किया गया था-उसके कार्य के संबंध में वहां के सेटेलमेन्ट कमिश्नर मेजर पीप्हम यंग, सी.आई.ई. ने कहा है कि "आजकल पटियाला राज्य में 36 पंचायते हैं-पिंजौर को छोड़ सब तहसीलों में पंचायत है। मोटे हिसाब से पचास हजार मुकदमें इन पंचायतों की कचहरियों में दाखिल हो चुके हैं और पैंतालिस हजार फैसले हो चुके हैं। इन पैंतालिस हजार मुकदमों में साठ लाख के ऊपर की नालियत का फैसला हो चुका है-अधिकांश मुकदमों में पंचायत ने सुलह करवा दी और यह बात उनके कार्य का सब से अच्छा प्रभाव है-ऐसे बहुत ही थोड़े मुकदमे हुये हैं जिनमें उस फरीक ने जिस के विरुद्ध फैसला हुआ हो राज्य की कचहरी में अपील की हो-और ऐसे मुकदमे और भी थोड़े हैं जिनमें राज्य की अदालतों को पंचायत के फैसले के विरुद्ध करना पड़ा हो-इस बात का हिसाब लगाना कि कितने रुपए का लाभ प्रजा को हुआ कठिन है परन्तु वह कई लाख के ऊपर होगा और रुपए के लाभ के सिवाय जो लाभ उन

मनुष्यों को हुआ है जिनका मुकदमा पंचायतों में फैसले किया गया है बहुत ही अधिक है–यह बात सरलता से समझी जा सकती है कि कितनी लड़ाइयों में सुलह करवा दी गई है और कितने मनुष्य सुलह के साथ मेल से रहने लगे जो यदि सुलह न होती तो मुकदमेबाजी के कारण सदा एक-दूसरे से द्रोह रखते हुए रहते।''

पंचायतों के ऊपर दिये हुए कार्य को पढ़कर यह कोई नहीं कह सकेगा कि बिना सरकारी कचहरियों के लोगों की लड़ाई तै नहीं हो सकती–यदि इसी प्रकार की न्यायशैली और राज्यों में और ब्रिटिश गर्वनमेंट के राज्य में भी फैलाई जावे तो कितना असीम लाभ और सुख मनुष्यों को हो सकता है–सब देशहितैषियों का धर्म है कि पंचायतों के स्थापना करने का यत्न करें।

विद्यार्थी और राजनीति

इस समय जहां-तहां इस बात की चर्चा हो रही है कि विद्यार्थियों को राजनीति में हाथ डालना चाहिये कि नहीं–इस विषय में इस प्रान्त के एक सम्मानित विद्वान ने हमको एक पत्र भेजा है जिसको हम और स्थान में प्रकाश करते हैं। उनका यह मत है कि विद्यार्थियों को राजनीति से अलग रहना चाहिये। इस विषय में बहुत दिनों से दो मत चले आये हैं। सन् 1894 में कांग्रेस के समाप्त होने पर मद्रास में एक बड़ी सर्वसाधारण सभा में इस विषय में विचार हुआ था। बाबू सुरेन्द्रनाथ बैनर्जी तथा कई अन्य सज्जनों ने यह राय प्रकाश की थी कि विद्यार्थियों को राजनीति में हाथ डालना चाहिये। और लोगों का जिनमें पं. मदनमोहन मालवीय भी थे मत इसके विरुद्ध था। मिस्टर गोखले ने प्रयाग में जो व्याख्यान विद्यार्थियों को दिया उसमें उन्होंने बहुत अच्छी रीति से उनको उपदेश किया कि उनको राजनीति में हाथ नहीं डालना चाहिये। मि. गोखले ने कहा कि विद्यार्थी का प्रथम धर्म है कि वह विद्याभ्यास में अपने समय और विचार को लगावें। दूसरा धर्म है कि वह अपने चरित्र को बनावे। तीसरा धर्म है कि अपने साथ के पढ़ने वालों में प्रीति बढ़ावे। और चौथा धर्म है कि देश संबंधी जो बातें देश में हो रही हों उनमें जी लगावें, उनको समझता जाय और विचारता जाय, किंतु उनके विषय में राय देने और कर्त्तव्य काम करने का धर्म समाज के बड़े अर्थात अवस्था प्राप्त लोगों का है। इसमें विद्यार्थियों को दखल नहीं देना चाहिए। जब विद्या पूरी करके गृहस्थ होंगे या संसार में काम करने लगेंगे, तब उनको राजनीति में हाथ डालना उनका धर्म होगा और उसका उनको बहुत अवसर मिलेगा। यही मत ठीक है।

मनु भगवान ने लिखा है–

सर्वान परित्यजे दर्शान स्वाध्यायस्य विरोधिनः।

कि विद्यार्थी को चाहिये कि उन सब कामों को छोड़ दे जो उसके स्वाध्याय विद्या अध्ययन में विघ्न डालने वाले हैं। और सामान्य दशा में यही नियम पालन करना उचित है। दशा विशेष में जब देश में एकाएक कोई ऐसी भारी विपत्ति आ पड़े कि उसके

हटाने के लिये तुरंत उद्योग करना, सब धर्मों से बड़ा धर्म हो जाये, उस समय बड़े-बूढ़ों के साथ विद्यार्थी और बालकों को भी अपने सामान्य धर्म को रोककर, उसके लिये उद्योग करना धर्म होगा। सामान्य दशा में विद्या का अभ्यास करना, चरित्र की पुष्टि करना, देश के हित-अनहित की बातों का ज्ञान सब प्रकार से बढ़ाना और अपनी बुद्धि, बाणी और शरीर को पुष्ट करना और इस प्रकार से अपने को देश की सेवा के लिये तैयार करना, विद्यार्थी का परम धर्म है। यही उसके लिये आगे चलकर देश की उत्तम से उत्तम सेवा करने का मार्ग है। देशभक्ति और देश की सेवा करने का उत्साह सब दशा और सब अवस्था के लोगों में, ''बालक युवा जरठ नर नारी'' सब में होना चाहिये। और विद्यार्थियों की शिक्षा का यह एक अंग है कि उनमें दिन-दिन देशभक्ति और देश की सेवा करने का उत्साह बढ़े। यदि यह उनमें नहीं बढ़ता है तो उनकी शिक्षा दोषी है। और उनके बड़ों का धर्म है कि जिस प्रकार से यह उनमें बढ़े उसका यत्न करें। किंतु जब तक वे विद्यार्थी की दशा में हैं तब तक उनको उस दशा में धर्मों को उत्तम से उत्तम रीति से पालन करने ही में देशभक्ति और देश का उत्साह दिखाना चाहिये। और सदा यह बात चित्त में रखना चाहिये कि हम अपने को ऐसा योग्य बनावें कि हम अपने देश की अच्छी सेवा कर सकें और अपनी विद्या और चरित्र और देशभक्ति से अपने देश का गौरव बढ़ा सकें।

हम इसके विरुद्ध नहीं हैं बल्कि सर्वथा अनुकूल है कि विद्यार्थी अपने नियत अध्ययन से जो समय बचा सके उसको अपने देश का इतिहास, अपने धर्म का इतिहास, अपने पूर्वजों के चरित्र, अपने देश की बीती और वर्तमान अवस्था, दूसरे देशों के इतिहास के अंक, समाचार पत्र, मैगेजीनों को पढ़ने और विचारने में लगावें और अपने विद्याभ्यास को हानि न पहुंचा कर समय पावें तो सभा समाजों में विद्वानों के व्याख्यानों को भी सुने। यह हम नौजवानों की शिक्षा का अंग समझते हैं। इससे उनको बहुत कुछ ज्ञान प्राप्त होगा जो उनको होना चाहिये और जो उनकी आगे चलकर स्वतंत्र और प्रतिष्ठित नागरिक होने में बहुत सहायक होगा। हमारी राय में इससे आगे जाकर विद्यार्थियों का राजनैतिक आंदोलन में शामिल होना, राजनैतिक सभा-कमिटी कर राजनैतिक बातों में राय प्रकाश करना और किसी रीति से राजनैतिक बातों में हाथ डालना, अथवा सामाजिक या धर्म-संबंधी या व्यापार संबंधी सुधार या उन्नति के लिये उद्योग करना उनके स्वाध्याय का विरोधी है और उनके और देश के लिये अहितकर है। यदि विद्यार्थी लोग अपनी पहली अवस्था का धर्म छोड़ कर औरों का धर्म करने में अपना समय और शक्ति लगावेंगे, तो जब वे इन औरों की अवस्था को पहुंचेंगे तब अपने उस अवस्था के धर्म करने को अपने को सर्वथा योग्य न पावेंगे। और अपने देश की पूरी सेवा करने का क्षण और सौभाग्य न पा सकेंगे।

गणेश शंकर विद्यार्थी

[प्रताप (कानपुर), 9 नवंबर, 1913 में प्रकाशित संपादकीय 'प्रताप की नीति']

आज अपने हृदय में नई-नई आशाओं को धारण करके और अपने उद्देश्य पर पूर्ण विश्वास रखकर-"प्रताप" कर्मक्षेत्र में आता है। समस्त मानव जाति का कल्याण हमारा परमोद्देश्य है, और इस उद्देश्य की प्राप्ति का एक बहुत बड़ा और बहुत जरूरी साधन हम भारतवर्ष की उन्नति को समझते हैं। उन्नति से हमारा अभिप्राय देश की कृषि, व्यापार, विद्या, कला, वैभव, मान, बल, सदाचार और सद्‌चरित्रता की वृद्धि से है। भारत को इस उन्नतावस्था तक पहुंचाने के लिए असंख्य उद्योगों, कार्यों और क्रियाओं की आवश्यकता है। इनमें से मुख्यत: राष्ट्रीय एकता, सुव्यवस्थित, सार्वजनिक और सर्वांगपूर्ण शिक्षा का प्रचार, प्रजा का हित और भला करने वाली सुप्रबंध और सुशासन की शुद्ध नीति का राज्य कार्यों में प्रयोग, सामाजिक कुरीतियों और अत्याचारों का निवारण और आत्मावलम्बन और आत्मशासन में दृढ़ निष्ठा है। हम इन्हीं सिद्धांतों और साधनों को अपनी लेखनी का लक्ष्य बनायेंगे। हम अपनी प्राचीन सभ्यता और जातीय गौरव की प्रशंसा करने में किसी से पीछे न रहेंगे और अपने पूजनीय पुरुषों के साहित्य, दर्शन, विज्ञान और धर्म-भाव का यश सदैव गावेंगे। किन्तु अपनी जातीय निर्बलताओं और सामाजिक कुसंस्कारों और दोषों को प्रकट करने में हम कभी बनावटी जोश या मसलहत वक्त से काम न लेंगे, क्योंकि हमारा विश्वास है कि मिथ्या अभिमान जातियों के सर्वनाश का कारण होता है। किसी की प्रशंसा, किसी की प्रसन्नता या अप्रसन्नता, किसी की घुड़की या धमकी, हमें अपने सुमार्ग से विचलित न कर सकेगी। सत्य और न्याय हमारे भीतरी पथ-प्रदर्शक होंगे और सरकारी कानून बाहरी साम्प्रदायिक और व्यक्तिगत झगड़ों से "प्रताप" सदा अलग रहने की कोशिश करेगा। उसका जन्म किसी विशेष सभा, संस्था, व्यक्ति या मत के पालन-पोषण, रक्षा या विरोध के लिए नहीं हुआ है, किन्तु उसका मत स्वातंत्र्य-विचार और उसका धर्म सत्य होगा।

हम अपने देश और समाज की सेवा के पवित्र काम का भार अपने ऊपर लेते हैं। हम अपने भाइयों और बहिनों को उनके कर्त्तव्य और अधिकार समझाने का यथाशक्ति प्रयत्न करेंगे। राजा और प्रजा में, एक जाति और दूसरी जाति में, एक संस्था और दूसरी संस्था में,

बैर और विरोध, अशांति और असंतोष न होने देना हम अपना परम कर्त्तव्य समझेंगे। हम अपने देशवासियों को उन सब अधिकारों का पूरा हक़दार समझते हैं जिनका हक़दार संसार का कोई भी देश हो सकता है। जिस इंग्लैंड की छत्रछाया में हम हैं, वह अपनी उदारता, स्वातंत्र्य-प्रियता और न्यायपरता में इस भू-मण्डल पर अपना सानी नहीं रखता। भारत का कल्याण ब्रिटिश अध्यक्षता और सुशासन के द्वारा हो सकता है। इंग्लैंड की उदारता से हमारे लिये रास्ते हैं। अतएव हमारी यह कोशिश होगी, कि हमारे देशवासियों के रास्ते से वे तमाम रुकावटें और कठिनाइयां दूर हो जावें, जिनके कारण हिन्दोस्तानी उच्च से उच्च पद और मान को नहीं पा सकते। जिन देशों में अंग्रेज़ी झण्डा फहराता है, उनमें एक ही राजा की प्रजा होने के नाते से, हमारे समान अधिकार होने चाहिए। हम सरकार और प्रजा के संबंध को ज्यादा मज़बूत बनाने का यत्न करेंगे। प्रजा की सच्ची शिकायतों और तकलीफों को गवर्नमेण्ट तक पहुंचाने में हम कभी किसी से पीछे न रहेंगे। इस काम के लिए हमें अपने अस्तित्व तक की परवाह नहीं होगी, क्योंकि हम अपना होगा और न होना उस दिन बराबर मानेंगे, जिस दिन हम अपने आपको इस काम के लिए तैयार न पावेंगे। इसके साथ ही, हम यह भी न चाहेंगे कि गवर्नमेण्ट की इच्छाओं और मन्तव्यों के उलटे और मनमाने मतलब निकालकर प्रजा को भड़काया और भटकाया जावे। हम न्याय में राजा और प्रजा दोनों का साथ देंगे, परन्तु अन्याय में दोनों में से किसी का भी नहीं। हमारी यह हार्दिक अभिलाषा है कि देश की विविध जातियों, सम्प्रदायों और वर्णों में परस्पर मेल-मिलाप बढ़े। जो लोग जबर्दस्त हैं, उनकी कमजोरी दूर की जाये। जो बलवान जाति अपनी ताकत के भरोसे दूसरी कमज़ोर जाति को दबाती या कुचलती है, वह अत्याचार करती है। उसके जुल्म से देश में अनाचार, अन्याय, कादरता और फूट की वृद्धि होती है। साथ ही जो जाति हर मौके पर और हर काम में संतोषी बनकर पिटना और पीछे रहना प्रारब्ध समझती है, वह किसी तरह से भी कम अपराधी और कम दोषी नहीं हो सकती, क्योंकि वास्तव में वह अत्याचार को बढ़ाती और फैलाती है। राष्ट्रीय सदाचार के लिए यह परमावश्यक है कि देश की सब जातियाँ एक-से हक़ रखती हों और उनके लिए एक-से मौके हों, नहीं तो अनमेल हालत में रहते हुए राष्ट्रनिर्माण और जातीय एकता की चर्चा करना हवा में पुल बांधना है।

हम जन-साधारण की किसी ऐसी बात को मानने के लिए तैयार न होंगे, जो मनुष्य समाज और मनुष्य धर्म के विकास और वृद्धि में बाधक हो। हमारे लिए वह धर्म कहलाने योग्य नहीं, जिसके सिद्धांत और आदेश किसी जाति या देश की मानसिक, आत्मिक, सामाजिक, शारीरिक या राजनीतिक अध:पतन के कारण हों।

जो धर्म व्यवहार और आचरण से उदासीन होकर कोरी कल्पनाओं से लोगों का दिल बहलाया करता हो, उसे हम केवल धर्माभास समझते हैं। हम सदाचार, सद्व्यवहार, पुरुषार्थ, जितेन्द्रियता, स्वार्थ-त्याग, देश-भक्ति, न्यायपरता, उदारता आदि को ही धर्म के मुख्य अंग मानते हैं और उन्हीं के द्वारा हम अभ्युदय और नि:श्रेयस की प्राप्ति समझते हैं।

मनुष्य समाज के हम दो भाग करते हैं। पूर्वी और पश्चिमी नहीं, काले और गोरे नहीं, ईसाई और यहूदी नहीं, हिन्दू और मुसलमान नहीं, गरीब और अमीर नहीं, विद्वान और मूर्ख नहीं, बल्कि एक दल है उन उदारहृदय, दूरदर्शी और सिद्धांतनिष्ठ विद्वानों और सज्जनों का, जिन्होंने दृढ़ता और विश्वास के साथ केवल सत्य ही का पल्ला पकड़ा है। या सत्य की मीमांसा और खोज में लगे हुए भावी सन्तति के लिए अंधकारमय दुर्गम पथ को साफ कर रहे हैं। वे मानव जाति के धार्मिक, राजनीतिक, जातीय और वंश परम्परागत कपटों, छलों, दम्भों, निर्बलताओं और कुटिल चालों को क्रमशः निर्मूल करते हैं। संख्या में यह महानुभाव अभी बहुत नहीं हैं। किन्तु मूल्य और गुरुत्व में सर्वोपरि हैं। विज्ञान, स्वार्थ-त्याग, मानव सहानुभूति, तत्वानुसंधान, और सभ्य जगत की वर्तमान संस्थिति के यथार्थ ज्ञान के विस्तार के साथ-साथ यह दल संस्थाओं में भी दिन-प्रतिदिन बढ़ता जायेगा। दूसरा भाग है उनका, जो आंखें बंद करके दुनिया में रहना चाहते हैं, जो विषय-वासनाओं की जंजीरों में जकड़े हुए भी अपने आपको सुखी और स्वतंत्र समझ बैठे हैं, जिन्हें सत्य और असत्य, न्याय और अन्याय की खोज से कोई मतलब नहीं, जो हवा के झोकों के साथ-साथ अपनी सम्मतियों को बदलते और स्वार्थ और झूठी प्रतिष्ठा के लोभ से सदा 'हां में हां' मिलाने के मंत्र को जपते हुए अपने जीवन को कृतकृत्य माने हुए हैं, और जो धन, बल, मान, वंश आदि के मद से मतवाले होकर देश और जाति में अनेक प्रकार के अनाचार और अत्याचार करते हुए मानव-समाज के शत्रु और आत्मघातक हो रहे हैं।

इन्हीं दो दलों का घोर संग्राम भविष्य में होने वाला है। हमें पूर्ण विश्वास है कि अन्त में पहले दल की जीत होगी। मनुष्य की उन्नति भी सत्य की जीत के साथ बंधी है, इसीलिए सत्य का दबाना हम महापाप समझेंगे और उसके प्रचार और प्रकाश को महापुण्य। हम जानते हैं कि हमें इसी काम में बड़ी कठिनाइयों का सामना करना पड़ेगा और इसके लिये बड़े भारी साहस और आत्मबल की आवश्यकता है। हमें यह भी अच्छी तरह मालूम है कि हमारा जन्म निर्बलता, पराधीनता और अल्पज्ञता के वायुमंडल में हुआ है। तो भी हमारे हृदय में केवल सत्य की सेवा करने के लिए आगे बढ़ने की इच्छा है और हमें अपने उद्देश्य की सच्चाई और अच्छाई पर अटल विश्वास है। इसीलिए हमें, अन्त में, इस शुभ और कठिन कार्य में सफलता मिलने की आशा है। लेकिन जिस दिन हमारी आत्मा ऐसी हो जाये कि हम अपने प्यारे आदर्श से डिग जावें, जानबूझकर असत्य के पक्षपाती बनने की बेशर्मी करें और उदारता, स्वतंत्रता और निष्पक्षता को छोड़ देने की भीरुता दिखावें, वह दिन हमारे जीवन का सबसे अभागा दिन होगा और हम चाहते हैं कि हमारी उस नैतिक मृत्यु के साथ ही साथ हमारे जीवन का भी अंत हो जाये।

रास्ता कठिन है। पथिक निर्बल है, परन्तु हृदय में विश्वास है-केवल विश्वास। सत्य-स्वरूप, अनाथों के नाथ और दीनों के बन्धु परम पिता ही हमारा बेड़ा पार करें।

(साभार : गणेश शंकर विद्यार्थी के संपादकीय)

महावीर प्रसाद द्विवेदी

[सरस्वती (इलाहाबाद), अप्रैल, 1914 में प्रकाशित लेख 'देशी भाषाओं में शिक्षा']

गत 20 फरवरी की इन प्रान्तों की कौंसिल की बैठक में एक मेम्बर ने गवर्नमेंट से पूछा कि देशी भापाओं में कुछ अधिक शिक्षा देने के विपय में क्या हो रहा है। उत्तर में गवर्नमेंट ने वह सब पत्र-व्यवहार दिखा दिया जो तब तक उससे और शिक्षा-विभाग के डाइरेक्टरों से हुआ था। यह पत्र-व्यवहार 31 जनवरी, 1914 के गवर्नमेंट गैजेट में प्रकाशित हुआ है। उससे नीचे लिखी हुई बातें मालूम हुईं।

गवर्नमेंट को सूचनाएं दी गईं कि प्रारम्भिक मदरसों के आगे भी देशी भाषाओं में शिक्षा दी जानी चाहिए। एम.ए. और बी.ए. क्लासों तक में उनका प्रवेश होना चाहिए। इस पर गवर्नमेंट ने एक कमिटी बना दी। उसमें उसने इन लोगों को रक्खा :-

गवर्नमेंट की तरफ से

(1) शिक्षा-विभाग के डाइरेक्टर, डि.ला फोसी साहब (सभापति)
(2) माननीय पण्डित सुन्दरलाल
(3) पादरी ई. ग्रीब्ज
(4) शम्स-उल-उल्मा मौलाना शिबली
(5) मुंशी आबिदअली, स्कूलों के स्पेशल इन्स्पेक्टर

विश्वविद्यालय की तरफ से

(1) ए. वीनिस साहब
(2) महामहोपाध्याय डाक्टर गंगानाथ झा
(3) मिर्जा हबीब हुसैन, अमीनाबाद (लखनऊ) हाईस्कूल के हेडमास्टर

गवर्नमेंट ने डाइरेक्टर साहब को लिखा कि इन्हीं लोगों के साथ बैठ कर वे इस पर विचार करें कि इस विषय में क्या कर्त्तव्य है। साथ ही विचारणीय बातों की सूची भी गवर्नमेंट ने भेज दी। पर यह कह दिया कि इन बातों के सिवा और भी आवश्यक बातों पर कमिटी विचार कर सकती है। इस सूची का सारांश नीचे दिया जाता है:-

स्कूलों का पाठ्यक्रम

(1) इस सूबे की देशी भाषाओं का व्याकरण पढ़ाने में पश्चिमी ढंग से काम लेना चाहिए या नहीं? अर्थात फारसी और संस्कृत के व्याकरण का अनुकरण बन्द या कम कर देना चाहिए या नहीं?

(2) जो व्याकरण प्रचलित है उनसे अरबी और संस्कृत भाषा के व्याकरणों का कुछ ज्ञान हो जाता है या नहीं?

(3) हिन्दी-उर्दू की प्रचलित रीडरों की भाषाओं की वाक्य-रचना तो प्रायः एक ही है; पर शब्द-साहित्य दोनों का बहुत कुछ जुदा-जुदा है। क्या यह सम्भव है कि शब्द-साहित्य का भेद भी मिटा दिया जाय? न अधिक फारसी ही के शब्द रहें न संस्कृत ही के। तिस पर भी भाषा शिक्षित आदमियों की भाषा बनी रहें।

(4) उर्दू-हिन्दी भाषाओं की कविता में क्या बहुत भेद है? क्या यह नहीं हो सकता कि रामायण और पद्मावत के कुछ अंश दोनों भाषाओं की रीडरी में रहें?

(5) जिस भाषा का नाम हिन्दी है उसके इतिहास और उसकी भाषाओं आदि का विवरण भी क्या स्कूलों के पाठ्य-क्रम में रखना चाहिए?

(6) जिन दरजों में आजकल गणित या विज्ञान या इतिहास, देशी भाषाओं में सिखाया जाता है, क्या उनके आगे भी इन्ही भाषाओं में सिखाना चाहिए?

विश्वविद्यालय का पाठ्यक्रम

(7)क्या देशी भाषाओं का ज्ञान विस्तृत रूप में करना मुनासिब हैं? मैट्रिकुलेशन, एफ. ए. और बी. ए. की परीक्षाओं के लिए क्या यह नियम कर देना चाहिए कि अंगरेजी से देशी भाषाओं में और देशी भाषाओं से अंगरेजी में तरजुमे के परचे जरूर रहें और एक परचा निबन्ध लिखने के लिए भी रहे।

(8) नम्बर (5) विषय भी क्या विस्तृत रूप से मैट्रिकुलेशन में सिखाना चाहिए?

(9) क्या यह भी नियम कर देना चाहिए कि मैट्रिकुलेशन, एफ. ए. और बी.ए. में, जिसका जी चाहे, देशी भाषाओं के प्रसिद्ध-प्रसिद्ध ग्रन्थकारों के ग्रन्थों का गुणदोष-निर्णायक ज्ञान, तथा उनके प्रयुक्त व्याकरण-प्रयोगों का भी ज्ञान प्राप्त करें? और, इसलिए, क्या कुछ ग्रन्थों को पाठ्य-पुस्तक नियत करना चाहिए?

(10) क्या एम.ए. के लिए भी नियम कर देना चाहिए कि विश्वविद्यालय कमिशन की सिफरिश के अनुसार, जिसका जी चाहे, देशी भाषाओं का विशेष ज्ञान प्राप्त करे? उदाहरण के लिए तुलसीदास के तथा ब्रजभाषा और राजपूताने के कवियों के ग्रन्थों और उनकी भाषा का गुणदोष-विवेचनात्मक ज्ञान।

इनमें से कितनी ही सूचनायें अत्यन्त महत्त्व की हैं। पर बड़े खेद की बात है कि जो लोग देशी भाषाओं की उन्नति के लिए जी-जान होम कर प्रयत्न और परिश्रम कर

रहे हैं उनको गवर्नमेंट की इन शुभ चिन्तनाओं की खबर तक नहीं। इनकी आलोचना करना और गवर्नमेंट पर अपनी सम्मति प्रकट करना तो दूर की बात है। इसमें उनका कुछ अपराध नहीं। गवर्नमेंट शायद उनको इस तरह के कागज-पत्र दिखाने के लायक ही नहीं समझती। जहां तक हम जानते हैं, शायद ही किसी हिन्दी पत्र के दफ्तर में यह पत्र-व्यवहार गवर्नमेंट का भेजा हुआ पहुंचा हो। यदि ये कागज पूर्वोक्त माननीय मेम्बर की बदौलत गवर्नमेंट गैजेट में न छप जाते तो हमें तो इनकी कुछ भी खबर न होती। अस्तु।

गवर्नमेंट का यह पूछना ही अफसोस की बात है कि खास विषय की शिक्षा देशी भाषाओं में होनी चाहिए या नहीं। शिक्षा का अभिप्राय यदि ज्ञान-सम्पादन करना है तो भाषा-विषयक प्रश्न के लिए जगह ही नहीं। ज्ञान-सम्पादन का सबसे सीधा और सुलभ मार्ग मनुष्य की निज की भाषा है। यदि अंगरेजी भाषा में कोई विशेषता होती तो फ्रांस, जर्मनी, रूस और जापान आदि देश भी उसी में शिक्षा पाने का प्रबन्ध कर देते। पर यह बात नहीं। विदेशी भाषा में ज्ञान-सम्पादन करने से सम्पादन मार्ग में उलटा विघ्न उपस्थित हो जाता है-ज्ञान-सम्पादन में विलम्ब होता है। विलम्ब क्या, अधिकांश बच्चे ज्ञान-सम्पादन से वंचित तक रह जाते है। यह बात इतनी स्पष्ट है कि इसमें शंका और संदेह के लिए जगह ही नहीं। परन्तु, फिर भी, सरकार जो यह पूछती है कि इतिहास, विज्ञान और गणित आदि की ऊँची शिक्षा हमारी भाषा में दी जानी चाहिए या नहीं, सो हमारे दुर्भाग्य के सिवा और कुछ नहीं। हमारी भाषा में यथेष्ट शब्द नहीं, हमारी भाषा अंगरेजी के सदृश भावपूर्ण नहीं; हमारी भाषा में विज्ञान की परिभाषा नहीं-ये सब फिजूल बातें हैं। हमारी भाषा में सब कुछ है। अगर किसी बात की कमी है तो उच्चशिक्षा-दान के आरम्भ की कमी है। आरम्भ कीजिए, फिर देखिए, कमी की विभीषिका का कहीं भी पता न लगेगा। रूसी और जापानी भाषाओं में क्या कमी न थी? फिर रूस और जापान ने अंगरेजी को क्यों न अपनाया? उनको जाने दीजिए, टर्की और फारिस को देखिए। वहां क्या किसी विदेशी भाषा को प्रधानता दी गई है? हिन्दुस्तान में अंगरेजी भाषा सीखने की सिर्फ इसलिए जरूरत है कि यहां अंगरेजों का राज्य है। राजकीय काम अंगरेजी में ही अधिक होता है। बस, और कुछ नहीं। सो यदि और सब विषयों की शिक्षा देशी भाषाओं में दी जाए तो अंगरेजी सीखने के लिए विद्यार्थियों को और भी अधिक समय मिले। इस प्रबंध से अंगरेजी सीखने में उलटा सुभीता होगा, विघ्न न पड़ेगा। अंगरेजी के सदृश क्लिष्ट विदेशी भाषा में शिक्षा देने की हानियां बताते बैठने की जरूरत नहीं। लन्दन में यदि एक कालेज खोल दिया जाय और वहां वालों के लिए यह नियम कर दिया जाए कि हिन्दी-उर्दू में न सही, जर्मन या फ्रेंच ही में विद्यार्थी को शिक्षा ग्रहण करनी पड़ेगी, तो देखिए क्या तमाशा होता है! भारत में विदेशी भाषा बड़ा ही गजब ढा रही है। उसी की कृपा से हम लोग

अपनी भाषा भूल-से रहे हैं। अंगरेजीदां मातृभाषा को घृणा की दृष्टि से देखते हैं। कितने ही महात्मा तो ऐसे हैं जिन्हें अपनी भाषा का एक शब्द लिखते लज्जा मालूम होती है। उनकी अंगरेजी चिट्ठियों का उत्तर बार-बार मातृभाषा में देने पर भी वे शिष्टाचार पर लात मारते और अंगरेजी लिखते ही चले जाते हैं! हाय री अंगरेजी, तूने हमारे खाद्य और पेय पदार्थों में परिवर्तन कर दिया; तूने हमारे वस्त्र-परिच्छदों में अदल-बदल कर डाला; यहां तक कि तूने हमारी मातृभाषा को भी तिरस्कृत कर दिया!!! अभागे हिन्दुस्तान को छोड़कर धरती की पीठ पर एक भी ऐसा सभ्य देश नहीं जहां इस तरह की अस्वाभाविक बातें होती हों और जहां विदेशी भाषा में ही विशेष कर शिक्षा दी जाती हो।

अच्छा, अब देखिए, कमिटी ने गवर्नमेंट की सूचनाओं या सवालों के क्या उत्तर दिये। यहां उनका सारांश दिया जाता है–

स्कूलों का पाठ्यक्रम

(1) व्याकरण पढ़ने में पश्चिमी ढंग से काम न लिया जाय। उर्दू का व्याकरण फारसी-अरबी के व्याकरणों के आधार पर बना है और हिन्दी का संस्कृत के। अंगरेजी व्याकरण के कितने ही पारिभाषिक शब्द ऐसे हैं जिनके पर्यायवाची शब्द हिन्दी-उर्दू में हैं ही नहीं। अतएव ढंग बदलने की जरूरत नहीं। पर हिन्दी-उर्दू के वर्तमान व्याकरण दोषपूर्ण हैं। उनके दुहराये जाने-उनमें साद्यन्त संशोधन किये जाने की जरूरत है।

(2) वर्तमान व्याकरणों की सहायता से संस्कृत और फारसी-अरबी का जितना ज्ञान हो सकता है उससे अधिक ज्ञान-सम्पादन की जरूरत नहीं।

(3) और (4) के विषय में आगे लिखा जायेगा।

(5) हिन्दी का इतिहास आदि डाक्टर ग्रियर्सन ने अपनी भाषा-विषयक रिपोर्टों में दिया है। उसका सारांश उर्दू-हिन्दी के व्याकरणों में देना चाहिए। मिडिल क्लास से यह दिया जाये। स्कूलों की पढ़ाई में भी यह रहे। कालेज में भी उत्तरोत्तर वृद्धि के साथ, यह जारी रक्खा जाए।

(6)(क) यद्यपि स्कूलों में आठवीं क्लास से लेकर आगे गणित की परीक्षा अंगरेजी ही में होती है और अंगरेजी ही के पारिभाषिक शब्द काम में लाये जाते हैं तथापि गणित की शिक्षा मुख्यत: देशी ही भाषाओं में दी जाती है। अतएव कमिटी के हिन्दुस्तानी मेम्बरों की राय में इस क्रम में रद्दोबदल करने की जरूरत नहीं। रद्दोबदल करने से उर्दू और हिन्दी के अलग-अलग पारिभाषिक शब्दों का प्रयोग करना पड़ेगा। (ख) सातवीं और आठवीं क्लासों में अंगरेजी के विज्ञान-विषयक पारिभाषिक शब्द काम में लाये जाते हैं। तथापि विज्ञान की शिक्षा प्रधानत: देशी ही भाषाओं में दी जाती है। कमिटी की राय है कि विद्यार्थियों की परीक्षा देशी भाषाओं में ही होनी चाहिए और ऊपर के मिडिल दरजों की पाठ्य पुस्तकें

देशी ही भाषाओं में तैयार होनी चाहिए। ऊपरी दरजों में अंगरेजी में ही शिक्षा और परीक्षा का वर्तमान क्रम जारी रखना चाहिए। (ग) आठवीं क्लास तक देशी भाषाओं ही में इसलिए पढ़ाया जाए और मिडिल तक परीक्षा भी उन्ही में ली जाए। उसके आगे अंगरेजी ही का साम्राज्य रहे।

विश्वविद्यालय का पाठ्यक्रम

(7)(क) मैट्रिकुलेशन क्लास के विद्यार्थियों को एक देशी भाषा की शिक्षा देना अनिवार्य कर दिया जाए। इसके लिए उचित पाठ्य-पुस्तकें बनें। निबंध लिखना भी सिखाया जाए। देशी भाषाओं के सुभीते के लिए गणित की पढ़ाई कुछ कम कर दी जाए और इंग्लैंड का इतिहास बिलकुल ही न पढ़ाया जाए।

(ख) एफ.ए. में अंगरेजी से देशी भाषाओं में और देशी भाषाओं से अंगरेजी में अनुवाद का एक पर्चा रहे। यह नियम अनिवार्य कर दिया जाए। विद्यार्थियों को इस निमित्त यथानियम अनुवाद-शिक्षा दी जाए।

(ग) बी.ए. और बी.एस.-सी. में भी अनुवाद का पर्चा रहे। निबन्ध-रचना भी सिखाई जाए और उसमें परीक्षा भी ली जाए। यह सब भी अनिवार्य कर दिया जाए।

(8) हिन्दी का इतिहास आदि विस्तृत रूप से सिखाया जाए।

(9) देशी भाषाओं की तारतम्य-बोधक या गुण-दोष परीक्षण-विषयक शिक्षा की आवश्यकता नहीं। हां, बी.ए. हो जाने पर जो विद्यार्थी यह विषय सीखना चाहे उनके लिए इसका प्रबन्ध कर दिया जाए।

(10) गुण-दोष-परीक्षणपूर्वक हिन्दी की शिक्षा एम.ए. के लिए निर्दिष्ट की जाए। जो विद्यार्थी एम.ए. में संस्कृत लें उनके लिए हिन्दी का तुलनामूलक भाषाशास्त्र भी रखा जाए। मुसलमान मेम्बरों की राय हुई कि उनके लिए भी यही नियम किया जाए। पर और मेम्बरों ने कहा-उर्दू के लिए यह कैसे हो सकेगा। उसकी शिक्षा के लिए तो तुलनामूलक पुस्तकें ही नहीं।

कमिटी की इन सिफारिशों का अधिकांश सर्वथा अभिनन्दनीय है। उनके अनुसार शिक्षा क्रम में फेरफार करते ज्ञान-सम्पादन में भी अधिक सुभिता होगा और अपनी भाषा का भी कुछ अधिक ज्ञान विद्यार्थियों को हो जाएगा। कमिटी की सिफारिशों को गवर्नमेंट के पास पहुंचे दो वर्ष से भी अधिक समय हो गया परन्तु अब तक गवर्नमेंट ने अपना निश्चय नहीं प्रकाशित किया। यह उसने नहीं बताया कि कमिटी की कौन बात उसे पसन्द है, कौन नहीं, तथा कब से किन-किन सिफारिशों को वह कार्य में परिणत करेगी। गवर्नमेंट की दीर्घसूत्रता नई नहीं। परन्तु विषय के महत्त्व और गौरव को भी देखना चाहिए। आशा है, वह इस विषय में अपना मन्तव्य शीघ्र ही प्रकाशित करने की कृपा करेगी।

कमिटी की कई बातें हमारी समझ में नहीं आईं। इसका कारण यह हो सकता है कि हम शिक्षा की पेचीदा बातों से अभिज्ञ नहीं। शिक्षा की कठिनाइयां और उससे होने वाले हानि-लाभ शिक्षक और शिक्षा विभाग के कर्मचारी अवश्य ही अधिक समझ सकते हैं। तथापि साधारण समझ रखने वालों के ध्यान में यह बात नहीं आ सकती कि गणित, विज्ञान और इतिहास की शिक्षा देशी भाषाओं में ही क्यों विशेष रूप से न दी जाए। अंक-गणित, बीज-गणित और रेखा-गणित के पारिभाषिक शब्द संस्कृत और अरबी में पूर्ण रूप से विद्यमान हैं। फिर भला अपने घर की भाषा में गणित क्यों न ऊंचे दर्जों में भी सिखाया जाए? अब तो विज्ञान की मुख्य-मुख्य शाखाओं के भी पारिभाषिक शब्द हिन्दी में निश्चित हो गये हैं। फिर क्या कारण है, जो अपनी भाषा में विज्ञान की अधिक शिक्षा न देकर अंगरेजी की सहायता ली जाए? अच्छा, इतिहास के लिए तो पारिभाषिक शब्दों का मुंह देखने की जरूरत नहीं, फिर आठवें ही दरजे तक इतिहास की शिक्षा देशी भाषाओं में क्यों? ये बातें ऐसी हैं जो बहुत खटकती हैं। हमारी राय तो यह है कि देशी भाषाओं में इन विषयों की शिक्षा का निश्चय हो जाने पर पुस्तकों और परिभाषाओं का अभाव या कमी कभी बाधक न होगी। यदि वर्ष-दो वर्ष थोड़ी बहुत विघ्न-बाधा भी उपस्थित होगी तो आगे न रहेगी। अंगरेजी में इन विषयों की शिक्षा देकर विद्यार्थियों का समय नष्ट और उनके दिमाग को व्यर्थ कमजोर करने की अपेक्षा कुछ समय तक विघ्न-बाधायें सहना अनुचित नहीं। अंगरेजी ही में गणित, इतिहास और विज्ञान पढ़ाकर अंगरेजी भाषा में पारदर्शिता प्राप्त करना मंगलजनक नहीं। अंगरेजी भाषा का यथेष्ट ज्ञान प्राप्त करने के लिए अन्य अनुकूल पुस्तकों और साधनों का आश्रय लेकर ये सब विषय अपनी ही भाषा में पढ़ाने से लाभ है।

स्कूलों के पाठ्यक्रम के तीसरे और चौथे विषय का संबंध हिन्दी-उर्दू और उनके गद्य-पद्य की भाषा से है। यह विषय अभिज्ञों की दृष्टि में बहुत ही सीधा और स्पष्ट है। पर कुछ लोगों ने इसे व्यर्थ ही कंटीला बना रखा है। बर्न साहब यद्यपि इस कमिटी के मेम्बर न थे, पर सरकार उनको हिन्दी-उर्दू का उद्‌भट ज्ञाता समझती है। इस कारण कमिटी ने इस विषय में उनकी लिखित राय पेश की। इस पर कमेटी के मुसलमान मेम्बर मौलाना शिबली नेमानी और मिर्जा हबीब हुसैन ने बर्न साहब के नोट की बातों का खण्डन करने के लिए लम्बे-लम्बे लेख लिखे। इनमें से बर्न साहब के नोट को पढ़कर हमें दुख, मौलाना शिबली के नोट को पढ़कर आनन्द और मिर्जा साहब के नोट को पढ़कर बड़ा अफसोस हुआ।

बर्न साहब की राय है कि (1) हिन्दी-उर्दू की रीडरों की भाषा एक ही होनी चाहिए। संस्कृत और अरबी-फारसी के शब्द उसमें रहें, पर वे ऐसे हों जो सब लोग समझ सकें। (2) हिन्दुस्तानी अर्थात उर्दू गद्य-पद्य की भाषा तो एक ही है, पर हिन्दी की नहीं। हिन्दी के पद्य की भाषा में गद्य की भाषा से भेद है। अतएव

इस भेद की भी शिक्षा देनी चाहिए और पद्य की भाषा का भेद समझाने के लिए एक अलग व्याकरण बनना चाहिए। (3) हिन्दू और मुसलमान दोनों को रामायण और पद्मावत पढ़ना चाहिए।

बर्न साहब का यह भी कथन है कि उर्दू या हिन्दुस्तानी एक भाषा है। पढ़े-लिखे लोग सब उर्दू बोलते हैं। जितना गद्य है सबका-सब या तो उर्दू में लिखा जाता हैं या ऊंची हिन्दी में। उन्नीसवीं सदी के आरम्भ तक संस्कृत और फारसी को छोड़कर उर्दू और हिन्दी में गद्य था ही नहीं।

इस पर हमारा वक्तव्य है कि उर्दू (हिन्दुस्तानी) और हिन्दी-भाषाशास्त्र की दृष्टि से अवश्य ही दो भिन्न भाषायें नहीं। उनकी प्रकृति एक ही है। पर यह एकता बोलचाल ही की भाषा तक है। साहित्य की भाषा में भिन्नता है। उर्दू-साहित्य की भाषा में फारसी-अरबी के शब्दों का आधिक्य रहता है और हिन्दी साहित्य की भाषा में संस्कृत शब्दों का। इस दशा में हिन्दी साहित्य की भाषा को यदि आप ऊंची हिन्दी कहें तो उर्दू-साहित्य की भाषा को भी आपको ऊंची उर्दू कहना चाहिए। स्कूल की रीडरों के सिवा उर्दू की बहुत ही कम साहित्य श्रेणि-भुक्त पुस्तकें ऐसी मिलेंगी जिनकी भाषा सर्वसाधारण की समझ में आ सकती हैं। अतएव यह कृत्रिम भेद आप न कीजिए। जहां तक साहित्य से संबंध है उर्दू और हिन्दी में एकता नहीं हो सकती। भाषा-ज्ञान की वृद्धि के लिए उर्दू को फारसी-अरबी का और हिन्दी को संस्कृत का आश्रय लेना ही पड़ेगा। अतएव स्कूली किताबों की भाषा एक कर देने की चेष्टा कदापि सफल होने की नहीं।

साहब हिन्दी-पद्य की भाषा में भिन्नता बताते हैं। यह आपकी भूल है। भाषा भिन्न नहीं। पद्य में कवियों को भाषा-विषयक थोड़ी बहुत निरंकुशता प्राप्त रहती है। इससे वे छन्द के अनुरोध से कभी-कभी शब्दों को तोड़-मरोड़ देते हैं। यह बात सभी भाषाओं के पद्य में पाई जाती है। पर इससे भाषा में भिन्नत्व का आरोप नहीं किया जा सकता। यह थोड़ी भिन्नता भी अब दूर होती जाती है। आज दस-बारह वर्षों से हिन्दी में जो कविता होती है वह प्रायः बोलचाल ही की भाषा में होती है। अतएव अब वह समय दूर नहीं जब स्कूलों के लिए सब विषयों की नई तरह की हिन्दी कविता सुलभ हो जायगी।

रही बर्न साहब की यह बात कि उन्नीसवीं सदीं के पहले हिन्दी-उर्दू में गद्य था ही नहीं, सो भी सर्वांश में ठीक नहीं। उर्दू में तो सचमुच गद्य-साहित्य न था; पर हिन्दी में थोड़ा नहीं बहुत था। उसका प्रमाण हम गत दिसंबर की 'सरस्वती' में दे चुके हैं।

बर्न साहब के नोट के खण्डन में शम्स-उल्-उल्मा मौलाना शिबली ने जो नोट लिखा है उसे पढ़ कर हम बहुत प्रसन्न हुए। आपने उसमें बड़ी योग्यता से बर्न साहब के भ्रमों का खण्डन किया है। मौलाना साहब ने लिखा है कि स्कूली

किताबों में भाषा का एकाकार करने से अपार हानि होगी। छोटे दरजों में तो इस एकाकार से किसी तरह काम चल जाएगा, पर आगे नहीं। भाषा में नये-नये भावों और विचारों को व्यक्त करने की जरूरत होती है। हिन्दुस्तानी भाषा रखने से उन भावों और विचारों को प्रकट करने के लिए शब्द कहां से आवेंगे? अतएव प्रारम्भिक दरजों के आगे की पुस्तक की भाषा जुदा-जुदा किए बिना किसी तरह निस्तार नहीं। देवनागरी अक्षरों में छपी हुई पुस्तकों की भाषा हिन्दी रहे और फारसी अक्षरों में छपी हुई पुस्तकों की भाषा उर्दू। ऐसा न करने से टेक्स्ट बुक कमिटी के हिन्दू-मुसलमान मेम्बरों में नित नया झगड़ा हुआ ही करेगा। हिन्दू संस्कृत की ओर झुकेंगे, मुसलमान, अरबी-फारसी की ओर। नतीजा यह होगा कि भाषा सत्यानाश हो जायगी। न वह हिन्दी ही रहेगी, न उर्दू ही। मौलाना साहब की यह राय बिल्कुल ठीक है। हम उनकी सत्यनिष्ठा की प्रशंसा किये बिना नहीं रह सकते। यही बात हम भी कहते चले आ रहे हैं।

मौलाना साहब की राय है कि हिन्दी गद्य की भाषा भिन्न नहीं। अतएव उसके लिए किसी विशेष व्याकरण के बनाये और पढ़ाये जाने की जरूरत नहीं। रामायण को बने तीन सौ वर्ष हुए। उसके कुछ शब्दों में जो भिन्नता जान पड़ती है उसका कारण प्राचीनता और कवि की निरंकुशता है। तथापि रामायण ऐसी पुस्तक नहीं जो हिन्दू-मुसलमान दोनों के पढ़ने की चीज समझी जा सके। जो लड़के नई और पुरानी हिन्दी का अध्ययन करना चाहें उन्हीं के लिए वह लाभदायक है। मौलवी साहब की इतनी ही बात से हम सहमत नहीं। मुसलमान उसे न पढ़े तो हमारी कोई शिकायत नहीं। पर हिन्दू विद्यार्थियों के लिए उसका पढ़ाया जाना परमावश्यक है। उसकी भाषा में कहीं-कहीं पर जो आजकल की भाषा से अन्तर देख पढ़ता है वह इतना थोड़ा है कि छोटे-छोटे बच्चे तक, थोड़े ही इशारे से, उन क्लिष्ट माने गये स्थलों को भी समझ सकते हैं।

इस संबंध में मिर्जा हबीब हुसैन साहब, बी.ए. का नोट पढ़ कर किसी भी पक्षपातहीन मनुष्य को आश्चर्य हुए बिना न रहेगा। मौलाना शिबली नामी विद्वान हैं। उनकी राय से मिर्जाजी की राय तो बिल्कुल ही नहीं मिलती। मिर्जाजी लखनऊ के अमीनाबाद हाईस्कूल में हेडमास्टर हैं। सिविल लिस्ट के अनुसार शिक्षा विभाग में दाखिल हुए आपको अभी पांच ही छः वर्ष हुए। पहले आप क्या थे, उर्दू-हिन्दी और संस्कृत-फारसी के साहित्य से आपका कहां तक सरोकार है, कौन-कौन पुस्तकें और किन-किन विषयों की आपने लिखी हैं-इसकी हमें कुछ भी खबर नहीं। क्या समझ कर आपको इस कमिटी में रखा, सो वही जाने। अवश्य उनमें कमिटी में बैठने की योग्यता होगी। अन्यथा वे क्यों इस काम के लिए चुने जाते। जो कुछ हो आपकी राय भ्रम, पक्षपात और कहीं-कहीं कुत्सा से भी परिपूर्ण देख कर और की तो बात ही नहीं शायद मौलाना शिबली को भी अफसोस हुआ होगा।

मिर्जाजी की राय है कि (1) रामायण की भाषा छः-सात सौ वर्ष पहले बोली जाती रही हो तो रही हो, (2) प्राचीन 'भाषा' अथवा अवधी भी संस्कृत की तरह मर चुकी, (3) हिन्दी नाम की कोई भाषा नहीं, (4) हिन्दी शब्द 'गँवारी' का पर्यायवाची है। अर्थात वह गँवारी बोली है और बिगड़ी हुई उर्दू के सिवा और कुछ नहीं, (5) यहां की भाषा का नाम उर्दू ही है, और (6) पांचवें दर्जे से लेकर आगे सर्वत्र यही उर्दू या हिन्दुस्तानी जारी करना चाहिए।

यही आपके चार-पांच पृष्ठ-व्यापी नोट का सारांश है। आपका भाषा ज्ञान इतना अल्प और वह भी इतना भ्रमपूर्ण है कि आपकी बातों का उत्तर देना समय और श्रम को व्यर्थ करना है। इस विषय में खान बहादुर असगर अली से आप किसी बात में कम नहीं; अधिक चाहें भले ही हों। खान बहादुर के भाषाज्ञान और तर्काभास की बानगी दिखाते समय, दिसम्बर की सरस्वती में, हम इन भ्रमों का खण्डन कर भी चुके हैं। अतएव मिर्जाजी की बातों का उत्तर उपेक्षा के सिवा हमारे पास और कुछ भी नहीं। आप यही समझे रहे हैं कि तुलसीदास ने अपने समय के तीन-चार सौ वर्ष पहले की भाषा में रामायण की रचना की है। यही क्यों, आप चाहें तो यह भी मान सकते हैं कि आपकी उर्दू की उत्पत्ति से पहले यहां सब लोग फारसी बोलते थे, और उसके भी पहले अरबी। हमें विश्वास है कि गवर्नमेंट के सलाहकार जो कुछ करेंगे समझ-बूझ कर ही करेंगे। जस्टिस पिगट और शम्स-उल्-उल्मा शिबली की रायों पर भी आखिर गवर्नमेंट विचार करेगी ही।

(साभार : महावीर प्रसाद द्विवेदी रचनावली, संपादक भारत यायावर)

बनारसी दास चतुर्वेदी

[भारत मित्र (कलकत्ता), 1920 के आसपास प्रकाशित संपादकीय 'भारत हितैषी मि. ऐण्डूज पर अन्याययुक्त आक्षेप', पूर्वी अफ्रीका के गोरों का विद्वेष]

पूर्वी अफ्रीका के गोरे हमारे प्रवासी भाइयों के प्रति जिस दृष्टि से देखते हैं, वह जातीय विद्वेष से परिपूर्ण और अन्याययुक्त भी है। हम जानते हैं कि इन स्वार्थी गोरों ने किस प्रकार सम्पूर्ण भारतीय जाति पर दुश्चरित्रता का दोष लगाया था। अब इन्हीं गोरों ने अपने निर्बल पक्ष का समर्थन करने की एक नवीन युक्ति निकाली है। इस बार इन लोगों ने मिस्टर ऐण्डूज के विषय में झूठी बातें फैलाकर उनके प्रभाव और कार्य को नष्ट करने का निन्दनीय प्रयत्न किया है। नैरोबी से 'ईस्ट अफ्रिकन लीडर' नामक गोरों का एक पत्र निकलता है। उसने मिस्टर ऐण्डूज के विषय में लिखा है कि वे "Indian Paid Protagonist" हैं, अर्थात हिन्दुस्तानियों से वेतन लेकर आंदोलन कर रहे हैं। यह निन्दा कितनी निराधार और झूठी है, यह बतलाने की आवश्यकता नहीं। आज तक मि. ऐण्डूज ने अपने लिये एक भी पैसा हिन्दुस्तानियों से नहीं लिया; यही नहीं बल्कि उनके पास जितने रुपए थे, वे सब के सब प्रवासी भारतीयों के लिये व्यय कर चुके हैं। जिस समय सन् 1913 में दक्षिण अफ्रीका के सत्याग्रह का संग्राम चल रहा था, आपने अपने जीवन भर की सब कमाई 4,500 रुपए दक्षिण अफ्रीका के फंड में महात्मा गोखले को अर्पित कर दिये थे। अब भी जो रुपए उनके पास बचते हैं, वे फिजी प्रवासी भारतीयों के लिए भेज देते हैं। फिजी में स्कूलों को चलाने के लिए और नर्सों को रखने के लिए जब मि. ऐण्डूज कहीं से सहायता प्राप्त नहीं कर सके, तो उन्होंने अपने बचाये हुए सब रुपए फिजी को भेज दिये। ऐसे निस्स्वार्थ मनुष्य को 'वेतनभोगी' कहना हद दर्जे की धूर्तता है। लेकिन 'ईस्ट अफ्रिकन लीडर' को इससे क्या? इस पत्र ने युद्ध के दिनों में हिन्दुस्तानियों के विरुद्ध घोर दुष्टतापूर्ण लेख लिखकर खूब रुपया कमाया है। हमारे पूर्वी अफ्रीका के भाई मि. ऐण्डूज पर किये गये अन्याय का घोर विरोध करते हैं और हमारा फर्ज है कि हम भी इसका विरोध करें।

भारतवासियों पर जहां कहीं अन्याय होता है; चाहे वह फिजी में हो या पूर्वी अफ्रीका में; पंजाब में हो या दक्षिण अफ्रीका में; अथवा सीलोन में; मिस्टर ऐण्ड्रूज उनकी सहायतार्थ वहीं पहुंचते हैं। हमको यह बात अच्छी तरह से समझ लेनी चाहिये कि पूर्वी अफ्रीका के गोरे हमारे भाइयों को वहां से निकालने के लिये घोर प्रयत्न करेंगे और ऐसा करने में वे न्याय-अन्याय, सत्य-असत्य का कुछ भी ख्याल नहीं करेंगे। मि. ऐण्ड्रूज पर वेतनभोगी होने का नीच आक्षेप कर उन्होंने अपनी नीति का पर्याप्त परिचय दे दिया है। इसीलिये हमें भी सचेत हो जाना चाहिए और इन स्वार्थी श्वेतांगों के विरोध का उत्तर देने में किसी प्रकार की अवहेलना न करनी चाहिये।

आचार्य चतुरसेन शास्त्री

[चाँद (फाँसी अंक) (दिल्ली) , नवंबर, 1923 में प्रकाशित संपादकीय 'विनयाञ्जलि']

"चाँद" की बहिनों, भाइयों और बुजुर्गों के हाथ में दीपावली के शुभ अवसर पर फाँसी-अंक जैसा हृदय को दहलानेवाला साहित्य सौंपते हमारा हाथ काँपता है।

परन्तु हम नंगे हैं, भूखे हैं, रोगी हैं, निराश्रय हैं, हम थके हुए, मरे हुए तिरस्कृत हैं; हम स्वार्थी, पापी और भीरु हैं; हम पूर्वजों की अतुल सम्पत्ति को नाश करने वाली सन्तान हैं, बच्चों को भिखारी बनाने वाले माता-पिता हैं! रूढ़ि की वेदी पर स्त्रियों को बलिदान का पशु बनाने वाले पुजारी हैं!! हम खानदानी बाप के कुकर्मी बेटे हैं!!!

तब क्या हमें राज्यलक्ष्मी गँवाकर, गृहलक्ष्मी का थोथा आवाहन अपने शून्य और मलिन गृह में करने की विडम्बना करना, हास्यापद नहीं? राहु के समान जिस अनन्त अमावस्या ने हमें पीढ़ियों से काली चादर में गाँठ बाँधकर डाल दिया है, उसकी ग्रन्थियाँ क्या इस क्षुद्र टिमटिमाती पार्थिव दीप-ज्योति से विदीर्ण हो सकेंगी?

फिर हम अँधेरे में ही क्यों न रहें? अँधेरे में ही क्यों न मुँह छिपावें? हमारी गैरत क्या यह नहीं कहती कि हमारे लिए यही गनीमत है कि हम अनन्त-काल तक तारागणों से हीन-चैतन्यहीन घोर अन्धकारमयी अमावस्या की रात में मुँह लपेटे पड़े रहें! उस अन्धकार को गनीमत समझें जिसने हमारी नग्नता को, हीनता को और मलनिता को छिपा रक्खा है!! और जिसे हमारी मलिन किन्तु, निस्तेज ज्योति सह गई है!!!

प्यारी बहिनो, माताओ, भाइयो और बुजुर्गो!! फाँसी-अंक को दिवाली की अमावस्या समझिए! देखिए, इसमें बीसवीं शताब्दी के हुतात्मा के दिए कैसे टिमटिमा रहे हैं, और देखिए, स्थान-स्थान पर कैसी ज्वलन्त अग्नि धायँ-धायँ जल रही है; और सबके बीच में जाग्रत-ज्योति-मृत्यु-सुन्दरी-कैसा श्रृंगार किए छमछमा कर नाच रही है? पूजो! भाग्यहीन भारत के राज्य-पाट, अधिकार-सत्ता और शक्तिहीन नर-नारियो, यही तुम्हारी गृहलक्ष्मी है। यही मृत्यु-सुन्दरी, यही अक्षय-यौवना, यही महा महिमामयी!!! महामाया! तुम इसे प्यार करो, इससे परिचय प्राप्त करो, इसे, वरो, तब? तुम देखोगे कि ज्योंही यह तुम्हारे गले का फन्दा होने के स्थान पर हृदय का लाल तारा बनेगी, तुम्हारी सहस्रों वर्ष की गुलामी दूर हो जायेगी? जैसे प्रबल रासायनिक

के हाथ में आकर काल-कूट विष अमृत के समान प्रभावकारी हो जाता है, उसी प्रकार वह गले का फन्दा बहिनों का सौभाग्य-सिन्दूर और भाइयों की कुमकुम की पिचकारी बनेगी। ओह! उस फाग का उल्लास कब भारत की 21 करोड़ गोपियों को नसीब होगा! उस अक्षय सुन्दरी को राधा-पद देकर कब कृष्ण-मूर्ति स्फूर्ति की वंशी बजावेगी? कब? कब?? कब???

निकट ही वह दिन है। कुछ मास व कुछ वर्ष व्यतीत होने दो-एक महान् विप्लव की आँधी सायँ-सायँ करती चली आ रही है, जो पचासों वर्ष तक भारत को दिवाली के दिए न जलाने देगी, परन्तु उसके बाद जो दिए जलेंगे वे क्षुद्र मिट्टी के टिमटिमाते दिए न होंगे-वे होंगे रत्नदीप; और उन्हें साक्षात् राज्य-लक्ष्मी अपने हाथों से जलावेगी!

तब तक बहिनो और भाइयो! इस शुभ दिन में इस वीर-गम्भीर, मृत्यु-वाणी से क्रीड़ा करो! जिन्हें साहस हो वे अभ्यास करें, जिन्हें नही वे देखें! उदीयमान् जातियाँ विशेष अवसरों पर विनोद नहीं करतीं, वेदना-स्थलों की जाँच किया करती हैं! भारत के विनोद और उल्लास के दिन नहीं, भारत के दिन मृत्युवाद के अध्ययन करने के हैं! भारत को निकट-भविष्य में उसकी परीक्षा में उत्तीर्ण होना है, और बहिन और भाई को "मृत्युञ्जय" की उपाधि प्राप्त करना है। "चाँद" इस अंक के रूप में उस परीक्षा की प्रथम पुस्तक अपनी बहिनों और भाइयों की हाथ में भेंट करता है!

निस्सन्देह यह भेंट हमारे मन की अभिलाषाओं के अनुकूल नहीं, परन्तु हिन्दी-साहित्य के वे दिन अभी कहाँ कि मनचाही चीज बन सके! कठिनाइयों के नाम पर रोना हम सदैव कायर का काम समझते हैं। हम जानते हैं, ये कठिनाइयाँ हम अपनी रोटियों के लिए नहीं, रोटियों को हराम करके, सिर पर ले रहे हैं! पत्नी की रोग से छटपटाती देह, गुलाब-से पुत्र का हठात् प्राण-त्याग और अपने शरीर के चाहे जब शय्यागत होने में भी जिस सेवक की कलम और मस्तिष्क ने विश्राम नहीं लिया, वह केवल इसी आशा की डोर के सहारे अपनी समस्त वेदनाएँ, कठिनाइयाँ और विकलताएँ भूलकर, उल्लसित होना चाहता है; वह अकेला प्राण इतना छटपटा कर "चाँद" के 2 लाख पाठक-पाठिकाओं को एक मनन करने योग्य-कम से कम एक वर्ष तक न भूलने योग्य-बिलकुल अद्भुत और नवीन विषय प्रदान कर रहा है। और वह यह भी आशा करता है कि "चाँद" ने प्रयास के साथ जिस आन्दोलन की नींव डाली है, वह तब तक समाप्त न होगी जब तक भारत से इस कलंकित दृश्य को न उठा देगा!!

अब केवल दो बातें रह जाती हैं; उन कृपालु लेखकों और चित्रकारों का आभार मानना, जिन्होंने लेख और चित्र भेजकर हमारे इस प्रयास में आशातीत सहायता प्रदान की है! दूसरे "चाँद" के प्रवर्त्तकों के प्रति कृतज्ञता प्रकट करना, जिन्होंने प्रचुर धन व्यय कर और स्वास्थ्य और जीवन का लोभ छोड़कर इतना बृहत्, आवश्यक और ठोस विशेषांक हिन्दी-संसार को भेंट किया है। पूरे 1।। मास तक प्रेस के प्रत्येक

कर्मचारी ने सहर्ष और ईमानदारी से ''चाँद'' की सफलता के लिए अपनी श्रद्धांजली अर्पित की है और सहगल जी? उन्होंने रात-दिन जागकर तथा स्वास्थ्य की तिल-मात्र भी चिन्ता न कर, जिस मनोयोग से इस अंक की सफलता में योग दिया है वह उन्हीं का काम था। 10 रोज तक उन्हें भयंकर ज्वर रहा; उसी हालत में उन्होंने सारा कार्य किया है। इतने बड़े विशेषांक के प्रकाशन में अनेक त्रुटियों का रह जाना सम्भव है और खासकर ऐसी परिस्थिति में, जब कि ''चाँद'' के प्राण-स्वरूप मित्रवर सहगल जी स्वयं बीमार थे। फिर भी जो कुछ हो सका है, पाठकों के सामने है। पाठकों को आश्चर्य न होना चाहिए, इस अंक के 10,000 कॉपियों के प्रकाशन में इतने परिश्रम और दौड़-धूप के अलावा पूरे 12,500 रु. (साढ़े बारह हजार रु.) व्यय हुए हैं जिसका संक्षिप्त ब्योरा नीचे दिया जा रहा है। आशा है, प्रत्येक हिन्दी-प्रेमी ''चाँद'' की इन ठोस सेवाओं की कद्र करेगा और इसके प्रचार तथा फूलने-फलने में सहायक होगा:-

हिसाब का ब्योरा

420 रीम कागज...	3,280
कम्पोजिंग और छपाई...	3,300
ब्लॉक और डिजाईन बनवाई...	1,068
तिरंगे चित्रों की छपाई...	1,200
रंगीन चित्रों की छपाई...	200
40 रीम आर्ट पेपर का मूल्य...	1,000
कवर की बनवाई और छपाई...	155
लिफाफे का कागज और छपाई...	210
अतिरिक्त टिकट (पोस्टेज)...	850
सम्पादकीय व्यय, पुरस्कार, तार-चिट्ठी आदि...	1,050
फुटकर...	187
कुल जोड़...	12,500

इस ब्योरे में कार्यालय के कर्मचारियों का वेतन, बिजली, किराया-मकान तथा विज्ञापन आदि की छपाई और कागज आदि का व्यय शामिल नहीं है, इसे स्मरण रखना चाहिए।

एक बात और भी है। शुरू में प्रस्तुत विशेषांक 200 पृष्ठों का प्रकाशित करने का निश्चय किया गया था, किन्तु हम देख रहे हैं, 325 पृष्ठ छापकर भी आधे से अधिक लेख तथा कविताएँ प्रकाशित नहीं हो सकीं, जिनमें अनेक विद्वानों के लेख भी देरी से आने के कारण शामिल हैं, इसका हमें वास्तव में बड़ा खेद है। पर निश्चय यह किया गया है कि यदि इस विशेषांक का हिन्दी-संसार ने उचित सत्कार किया तो

आगामी मई का "चाँद" भी फाँसी-अंक के नाम से ही एक दूसरा विशेषांक प्रकाशित किया जाए, पर यह बात सर्वथा पाठकों के सहयोग और सहानुभूति पर अवलम्बित है।

अन्त में हम सर्व-शक्तिमान् परमेश्वर को, जिनकी असीम कृपा से "चाँद" अपने सातवें वर्ष में पदार्पण कर रहा है, तथा अपने उन बहिनों और भाइयों को, जो "चाँद" को सदैव अपना समझकर उसे आँखों पर रक्खे रहे हैं, प्रेम और आदर के दो बूँद आँसुओं के साथ, विनयावनत होकर नव-वर्ष-प्रवेश का प्रणाम करते हैं!

झाबरमल शर्मा

[कलकत्ता समाचार (कलकत्ता), 6 मार्च, 1923 में प्रकाशित संपादकीय 'नमक पर कर वृद्धि']

सन 1923-24 के आनुमानिक आय-व्यय का चिट्ठा-बजट भारत सरकार के नये अर्थ सचिव ने बड़ी व्यवस्थापिका सभा की बैठक में गत 1 मार्च को अपने भाषण के साथ उपस्थित कर दिया। पाठकों को यह बतलाना न पड़ेगा कि सरकार का वर्ष अप्रैल से आरम्भ होता है और मार्च की समाप्ति के साथ समाप्त। इसलिए प्रतिवर्ष इसी तरह इसी अवसर पर बजट पेश होता है और वादानुवाद होने के पश्चात थोड़ी बहुत काट-छांट कर वह पास कर लिया जाता है। बजट अतीत के अनुभव और भविष्य की आनुमानिक आशा के आधार पर ही प्रस्तुत किया जाता है। बजट तैयार करने वाले को भूत के अनुभव और भविष्य की आशा के साथ बीच के वर्तमान की परिस्थिति की ओर से आंख मूंदनी नहीं चाहिए, किन्तु भारत की नौकरशाही की दशा विचित्र हैं। वह देश और देशवासियों की वर्तमान शोचनीय परिस्थिति को ध्यान में रखने की ओर ध्यान ही नहीं देती। नहीं कारण है कि अपनी मनमानी आशा के आधार पर दीन-दरिद्र देशवासियों के ऊपर करों का असह्य भार लाद दिया जाता है। उस समय यह विचार नहीं किया जाता कि उनमें उस भार को सहने की शक्ति है या नहीं। पैसा आना चाहिए। भारतवासियों को कष्ट पहुंचे बला से किन्तु नौकरशाही के लाड़िलों के शाही ठाठ-बाट में कोई बाधा न पहुंचनी चाहिये। भारत के वर्तमान शासन-तंत्र का यही महामंत्र चला आ रहा है।

इस वर्ष जो बजट पेश किया गया है उसमें भी इसी महामंत्र का संपुट लगा हुआ है। कहते हैं घाटा सहते-सहते सरकार दिवालिया बन गयी है। इन 5 वर्षों में सरकार को 100 करोड़ का घाटा रहा। इस वर्ष 17।। करोड़ की कमी रही। विदेशी माल पर चुंगी बैठायी गई थी, देशी कपड़े पर कर लगाया गया था और लिफाफे पोस्टकार्ड के दाम दूने किये और इस प्रकार सरकारी खजाने में अधिक आमदनी होने के द्वार खोल दिये गये थे। किन्तु फिर भी 17।। करोड़ का घाटा ही रहा। इस घाटे की पूर्ति के लिये अर्थ सचिव ने जो उपाय बतलाये हैं उनमें नमक पर कर बढ़ाने की बात ऐसी है कि जिसका सम्बन्ध भारत के आवालवृद्ध वनिता, धनी और निर्धन सबसे है। नमक

पर कर बढ़ाने का अर्थ है प्रत्येक दीन-दरिद्र भारतवासी को सताना। क्योंकि नमक कर बढ़ कर 2।। रुपए मन हो जाने से नमक का मूल्य निश्चय ही ड्योढ़ा दूना हो जायेगा और इसलिये गरीब भारतीयों को जिनकी औसत आमदनी दैनिक चार पैसे से अधिक नहीं है, नमक भी नसीब न होगा। नमक पर कर बढ़ाने का इलाहाबाद केभारतवासियों के हितविरोधी पायोनियर को छोड़ कर और किसी ने भी समर्थन नहीं किया है। अंग्रेज सरकार की एकान्त शुभचिन्तका मिसेस ऐनी बेसेण्ट ने भी नमक की करवृद्धि के विचार को सबसे भयानक भूल बतलाया है। मिसेस बेसेण्ट को आशंका है कि नमक कर की वृद्धि के कारण जनता में गहरा असन्तोष होगा जिससे असहयोगी लाभ उठाने से न चूकेंगे। असहयोगी वोटर के पास जाकर आगामी चुनाव के अवसर पर कहेंगे कि व्यस्थापिका सभा के इन मेम्बरों ने तुम्हारे लिये कर बढ़ाने के सिवा किया क्या है इसलिये इन्हें वोट मत दो। शासन-सुधार के सम्बन्ध में जनता को घृणा उत्पन्न होगी और सत्याग्रह आरम्भ हो जाने का भय रहेगा। इसलिये बजट में घाटा रखना ठीक है किन्तु घाटे को नमक पर दूना कर बैठा कर पूरा करना ठीक नहीं।

मिसेस बेसेण्ट का अभिप्राय यही है। किन्तु हम कहते हैं कि इस समय ही जनता में असन्तोष क्या कम है और शासन-सुधारों पर जनता की घृणा नहीं तो क्या भक्ति है? अस्तु।

आलोच्य विषय है बजट और हमें यह कहने में संकोच नहीं है कि वह सन्तोषजनक नहीं है। नमक पर कर बढ़ा और बिना कमाये हुए चमड़े पर जो कर लगा हुआ है उसमें 5 फीसदी कमी करना-किस बात का प्रमाण है?

इसके सिवा फौजी खर्च में भी घटाने की बहुत गुंजाइश है। इंचकेप कमिटी ने फौजी खर्च में 10।। करोड़ की कमी की सिफारिश की। उसकी सम्मति के अनुसार 57।। करोड़ किया जाता किन्तु 4। करोड़ वजीरस्तान पर चढ़ाई करने के लिये अधिक रखे गये हैं। यह क्या कम अन्धेर की बात है! फौजी खर्च 10।। करोड़ की ही क्या इससे भी दूनी ड्यौढ़ी कमी मजे में हो सकती है किन्तु नौकरशाही सिविलियनों को मोटी तनख्वाह देने का लोभ संवरण करे तब तो?

(साभार : समय से साक्षात्कार, संपादक विजयदत्त श्रीधर)

माखनलाल चतुर्वेदी

[कर्मवीर (खंडवा, म.प्र.), 9 मई, 1925 में प्रकाशित लेख 'धूमकेतु का पुनरोदय']

मूर्ति-पूजक अपने ही हाथों मूर्ति का निर्माण करता है, और फिर मूर्ति को प्रत्यक्ष मानकर उसकी आराधना करने लगता है। भारत सरकार का भी यही हाल है, वह अपने दमन से, अपने विवेक और बल को काबू में न रख सकने वाले युवकों को षड्यन्त्रकारी बन जाने देती है, और फिर उन्हीं से डरने लगती है। मूर्ति-पूजकों और सरकार में एक विरोध भी है। वे अपनी प्रतिमा के प्रति श्रद्धा प्रगट करते हैं और उसको जरा भी टूटने नहीं देते, उस पर आक्रमण नहीं होने देते। सरकार अपने दमन के स्वाभाविक परिणामों-अराजकों को अपना शत्रु मानती है और उनको सर्वदा कुचल डालना अपना कर्तव्य समझती है। उन लोगों को जिनका वृत असन्तोष पर और निश्चय क्रोध पर अवलम्बित है, मीठा हाथ, सौम्य उपदेश और भाईचारा दिखाने के बदले उन्हें कुचला जाता है। तमोगुण की रगड़ खाकर तमोगुण भी सतोगुण बन सकता है? एक ओर की दण्डाज्ञा और फांसी, कानून और व्यवस्था के नाम पर होती है, दूसरी ओर की शत्रुओं से बदला भांजने और देश को क्रूरताओं से मुक्त करने के लिए? देश के शासन की जिम्मेवारी और इतिहास का बोध अपनी पीठ पर रखनेवाला हाकिम सतोगुण और रहम को अपने से कोसों दूर रखता है, तब उमड़े हुए तरुण से कौन उम्मीद करे कि उसकी जबान, कलम, और सबसे जियादह, उसकी भुजा उसके काबू में रहे।

केवल वही इस बात की उम्मीद कर सकता है जो स्वयं अत्याचारी न हो। जिसका शासन प्रेम का, अपनेपन का शासन हो। सरकार जब हार गई और खुदीराम, कन्हाईलाल, मदनलाल आदि को शूली पर लटका चुकी तब भी युवकों की कार्यधारा, ठीक रास्ते पर न आई। तब बनारस हिन्दू विश्वविद्यालय के शिलारोपण के समय गांधी ने अराजकों को पुकारा। उसकी धीमी आवाज में से बहुतों को गोले-गोलियां बरसते हुए दिखाई दिए, बैठे हुए कई महाराजा व्याख्यान मंच पर से उठकर चल दिए, बहुतों ने कहा, 'हाय!' गांधी तो स्पष्ट अराजकता का उपदेश कर रहा है और भारत के प्रति अनहित कर रहा है। किन्तु 'अराजकता' के उस उपदेशक ने कहा

क्या था? उसके कथन का सारांश शायद यह था– तुम्हारी शक्ति की और मातृभूमि के प्रति तुम्हारी लगन की मैं प्रशंसा करता हूं किन्तु उस शक्ति का तुम जिस दिशा में उपयोग कर रहे हो उसकी मैं निन्दा करता हूं। उसका तो मुझे दुःख है। मैं कहता हूं, गलत रास्ते में मत जाओ और शान्त रास्ते से मातृभूमि की अधिकाधिक सेवा करो, और इसी अराजक ने जब असहयोग आन्दोलन के जमाने में हथियार फेंकने को कहा तब बंगाल के सब तरुण अहिंसात्मकता के सिपाही हो गये। जो बात तमोगुण की सेना के नग्न नृत्य से नहीं हुई, उसे सतोगुण की एक सूरत ने सच साबित कर दिया। उसे चाहे 'अराजक' कहिये।

दमन के बढ़ते ही फिर सतोगुणी वृति का पतन हुआ। गोपीनाथ साहा की सूरत सामने आई। फांसी दी गई और उसके बाद और भी गिरफ्तारियां हुई। देशबन्धु ने गोपीनाथ की देशभक्ति को सराहा। गांधी ने कहा, "ना, यह समय नहीं। हत्या की निन्दा ही होनी चाहिए।" अहमदाबाद की आल इण्डिया कांग्रेस कमेटी के निर्णय पर गांधी डेढ़ दमड़ी का संत, लंगोटीवाला, ज्ञानहीन महात्मा आदि कहा गया। जोर का बल दिया जा रहा था कि गांधी हमारे देश की वीरता को नष्ट कर रहा है, वह हमारी फौजी भावना को गिरा रहा है। किन्तु समय ने पलटा खाया और देशबन्धु के मुख से आज हम सुन रहे हैं कि देश को अशान्ति के पथ से कभी आजादी नहीं मिल सकती। उन्होंने कड़े से कड़े शब्दों में हिंसा की निन्दा की है। वे प्रत्यक्ष हत्या करने वाले गोपीनाथ के प्रस्ताव के समय कुछ और थे, और आज कुछ और हैं, उस रोज केतु का उदय सरकार पर था, आजकल षड्यन्त्रकारियों पर। उस समय शान्ति का जमा हुआ जलवायु उलट-पुलट कर दिया गया, आज उस जलवायु की बार-बार शपथ खाई जा रही है।

किन्तु ज्यों-ज्यों शान्ति की चर्चा की जा रही है, इस कृत्रिम चर्चा से लोगों का जी ऊबता है। इसलिए नहीं कि लोग शान्ति नहीं चाहते, किन्तु इसलिए कि आज हमारे देवदूत के मुख से नरमों से भी अधिक नम्र शब्दों में शान्ति की आराधना का गान हो रहा है। कल क्या हो सो हरि जाने।

इस विषय पर हमें स्वामी सत्यदेव की बातें अधिक समर्थक मालूम होती हैं। उन्होंने क्रांतिकारक मित्रों को जो जवाब दिए वे अधिक पटने वाले थे। उन्होंने कहा-यह कल्पना ही गलत है कि देश पर मुट्ठी भर अंग्रेज शासन करते है। एक संगठित देश-भक्त कौम, देश पर शासन करती है। राजा या मंत्री की मृत्यु के पश्चात भी कभी वहां गड़बड़ नहीं होती। उन्होंने यह भी कहा–जब तक देश का दो तिहाई भाग तुम्हारे साथ नहीं तब तक तुम्हें इस तरह लड़ने का अधिकार नहीं। उन्होंने एक बात यह भी कही, कि ये लोगों के प्राण ले लेने और चढ़ाई करने के खेल, 17वीं सदी में कई परिणाम पैदा कर सकते थे, आज इन खेलों का कोई मूल्य नहीं।

किन्तु जैसा कि अमृतबाजार पत्रिका ने कहा है, दास बाबू की ये समस्त बातें, जिसमें कि फरीदपुर राजनैतिक परिषद का भाषण भी है, समुद्र पार के प्रभुओं और लार्ड बर्कनहेड महोदय के लिए हैं। फरीदपुर के भाषण के तीन हिस्से हैं। पहिले में स्वराज को सेल्फ गवर्नमेण्ट और स्वतंत्रता (इंडिपेंडेंस) से ऊंची वस्तु साबित करने की चेष्टा की गई है। किन्तु स्वराज का कोई स्वरूप नहीं बताया गया। दूसरे भाग में प्रकारान्तर से वे ही बातें कही गई हैं जो हम डेढ़ सप्ताह प्रथम, भारत के हित चिंतक और निर्वासित अंग्रेज संपादक श्रीयुत हार्निमन के पत्र में पढ़ चुके थे और तीसरी बात जो हम सुनते हैं और वह है बार-बार दुहराई हुई षड्यन्त्रकारियों की निन्दा, जो लार्ड बर्कनहेड के द्वार पर बार-बार खाई जाने वाली शपथ-सी मालूम होती है और इस चर्चा के साथ धीरे-धीरे देश में बढ़ने वाले दमन की एक लम्बी फेहरिस्त है जिसे न तो हम नेतृत्व का लक्षण, न स्वराज की स्कीम, न भारतीयों की योग्यता की दलील कह सकते हैं। वह तो इतिहास का एक संकलन मात्र है।

दास बाबू ने अपने भाषण में स्वराज की पैरवी करते हुए कहा कि "सरकार एक तो अपनी मनमानी चलाने के कानूनी अधिकार को छोड़ दे और सभी राजनैतिक कैदियों के लिए मुआफी की घोषणा कर दे। दूसरे, ब्रिटिश साम्राज्य के अन्तर्गत हमारे स्वराज के अधिकार को पूर्णतया स्वीकृत कर ले, और पूर्ण स्वराज के होने तक स्वराज की काफी बुनियाद डाले। यह बुनियाद न केवल सरकार और भारतीय जनता के बीच ही तय होगी, वरन देश की भिन्न-भिन्न जातियों अर्थात यूरुपियनों और एंग्लो इंडियनों के बीच ही तय होगी।" देशबन्धु के इस भाषण की, एंग्लो इण्डियन अखबारों ने प्रशंसा की है और वह इसलिए कि देशबन्धु पूर्ण स्वराज की सरकार से केवल घोषणा कराना चाहते हैं। 'क्रान्बिल' कहता है कि सन् 1857 की महारानी की घोषणा से लगाकर आज तक ब्रिटिश राजनीतिज्ञों ने क्या कम घोषणाएं की हैं? घोषणाओं से तो सरकारी मुहाफिजखाना भरा हुआ है। इच्छा होते ही, एक और लीजिए।

देशबन्धु अपनी मांग में नरमों से भी नीचे गिर गये हैं। वे स्वराज आज नहीं चाहते, केवल स्वराज की घोषणा चाहते हैं और यदि उन्हें विश्वास हो जाय कि आत्म-प्राप्ति, आत्म-उन्नति और आत्म-पूर्ति के लिए (वर्तमान सुधार) कानून ने लोगों को वास्तविक अधिकार दिए हैं तो वे सरकार के साथ नि:संकोच सहयोग करेंगे। किन्तु नरमों के कनवेंशन ने, श्रीमती बेसेंट के जिस 'कामन वेल्थ ऑफ इंण्डिया' बिल (स्वराज योजना) को, पार्लियामेण्ट में पेश करने के लिए स्वीकृत किया है उसमें आज ही कितने अधिक की मांग की गई है।

देशबन्धु की यदि कोई विशेष शर्त है तो वह है सब राजनैतिक कैदियों को छोड़ देने की। किन्तु यदि सरकार सब राजनैतिक कैदियों को छोड़ दे, तो वे

देशभक्त आकर यह पूछेंगे कि बताइए सरकार के साथ सहयोग करके आपने क्या कमाया है? तब देशबन्धु कौन्सिल चेम्बर से शायद वर्तमान शासन विधान की ओर ऊंगली उठा देंगे।

फरीदपुर के प्रस्तावों को देखने से ज्ञात होता है कि वे भी देशबन्धु के भाषण की सीमा नहीं लांघने पाये। शायद लांघ जाते किन्तु सुनते हैं, विषय निर्वाचिनी में देशबन्धु स्तीफा देने पर तैयार हो गये। अतः लोगों ने झगड़े को दूर तक न जाने देने की बुद्धिमानी दिखाई।

देश का सौभाग्य है कि हममें स्वराजवादिता और कट्टरवादिता और कट्टर साम्प्रदायिकता के प्रति शिथिलता बढ़ती जा रही है और लोग राष्ट्रवादी भारतीय के नाते आगे बढ़ रहे हैं। साम्प्रदायिकता के परिणामस्वरूप असहयोग के युग में हमने महन्तों और तपस्वियों की सृष्टि देखी और आज स्वराजवादिता के रूप में हम देशबन्धु को श्रीमान शास्त्री, सप्रू और श्रीयुत चिन्तामणि के भी पीछे खड़े देख रहे हैं। इस बात को न तो स्वराजवादी और न असहयोगी तरुण ही गवारा करेंगे। साथ ही देश के तरुण यह अनुभव करेंगे कि लुक-छुपकर की जाने वाली मारकाट स्वाधीनता का दिव्य पथ नहीं है। तब हमें यह आशा करनी चाहिए कि राष्ट्र को उपासकों की ऐसी मूर्तियां मस्तक ऊंचा करेंगी जिन्हें देश में स्वतंत्रता की और उससे कम किसी चीज की हरगिज जरूरत न होगी। इस पथ में, आजादी से मस्तक उठानेवाले का, निरुपद्रवी होने पर भी सर कुचल दिया जायेगा, हम यह जानते हैं। किन्तु न डिगने वाले निश्चय, और ईश्वर के सिवा किसी को न झुकने वाले सिर को उठाकर जब हम मिटने के लिए चल पड़ेंगे, तभी हमें आजादी का दर्शन होगा।

13 जून, 1925 में प्रकाशित लेख 'ईद का समय'

ईद नजदीक आ रही है, इस समय देश के वे मुसलमान सज्जन जो इसलाम को एक ऊंचा धर्म साबित करना चाहते हैं, जिनकी सच्ची इच्छा उस दिन एक धार्मिक की तरह, भोले बालक के समान अपने ईश्वर पर विश्वास रखकर, भक्ति से अपने हृदय को भरना ही है उनकी ओर से हम भगवान से प्राथी हैं कि समस्त मुस्लिम समाज, अपने गंभीर हृदयों का अनुकरण करे और मुसलमान समाज के इतिहास ही में नहीं, भारतीय राष्ट्रीयता और मनुष्यता के इतिहास में भी, ईद का का अवसर प्रेम, सहिष्णुता और राष्ट्रीयता की दृष्टि से याद रखने की चीज हो।

एक ही सप्ताह बीच में है। बंगाल और पंजाब में हिन्दू-मुसलमानों के सम्बन्ध दिन ब दिन बिगड़ रहे हैं। बंगाल के मुसलमानों में राष्ट्रीयता अधिक है, पंजाब के मुसलमानों में वह बात नहीं। सीमा प्रान्त के जंगली मुसलमानों की सोहबत से उनके विचार उदार न हो सके। नेताओं में भी इस समय उदार विचार रखनेवालों

की संख्या कम दिखाई देती है। बंगाल के फजलुल हक जैसे मुसलमान ने भी गत सप्ताह एक स्थान पर भाषण करते हुए कहा कि "मुसलमानों को सबसे पहिले अपने समाज का खयाल करना चाहिए और पश्चात् भारतीय स्वराज का।" मौलाना मुहम्मद अली भी पिछले दिनों यहीं बातें कह चुके हैं। अल्पसंख्यक होने से मुसलमानों की नजर अपने स्वार्थों की ओर जाना स्वाभाविक है परन्तु मौलाना फजलुल हक और मुहम्मद अली जैसे मुसलमान नेताओं के मुख से इस तरह की अनर्गल बातों का निकलना निस्संदेह हिन्दू-मुसलमान वैमनस्य को घटाने वाला नहीं। हिन्दुस्तान के मुसलमान या हिन्दू, संसार की स्वतंत्र जातियों के मुकाबले में अपनी कोई हस्ती नहीं रखते। अमरीका और जर्मनी, जापान और इंग्लैण्ड, अफ्रीका और आस्ट्रिया जहां कहीं वे जाते हैं, एक गुलाम जाति की तरह देखे और बरते जाते हैं। स्वयं मुसलमान भाइयों को इस बात का पूरा अनुभव आ चुका है कि अफगानिस्तान में हिजरत करने पर उनकी कैसी दुर्दशा हुई थी। टर्की के विजयी सैनिक नेता गाजी मुस्तफा कमाल पाशा ने अपनी मजलिस के सदस्यों को गत इदुल फित्र के अवसर पर कहा था-"हम लोग धर्म के ऊपर राष्ट्रीयता को रखते हैं।" खलीफा के अधिकारियों की इतिश्री करते समय उन्होंने जो धैर्य दिखलाया था, उसी का प्रताप है कि आज टर्की की सत्ता जम गयी है, वह वीरवर कमाल पाशा की बदौलत स्वाधीन राष्ट्र बन गया है। भारत के मुसलमानों ने उस समय की खिलाफत की रक्षा के लिए चिल्लाहट मचाई थी परन्तु टर्की वीर का टका-सा जवाब पाकर उन्हें चुप रह जाना पड़ा था।

यह गलत है कि भारतीय राष्ट्र में टर्की या ईरान या अफगानिस्तान से उद्धारकर्ता का आगमन होगा। यह भ्रम साधारण मुसलमान जन-समाज में मौजूद है और खेद की बात तो यह है कि इस भ्रम की विफलता का पूरा-पूरा विश्वास होते हुए भी कुछ समझदार मुसलमान भाई इस भ्रम को मिटाने के बजाये, इन भावों को, उत्तेजित होने देते हैं। उत्तेजना का ही परिणाम है कि इस समय उत्तर हिन्दुस्तान में वैमनस्य की अग्नि ठण्डी होने के बजाय प्रज्वलित होती दिखाई देती है।

कट्टरता के समर्थक मित्रों को धीरे-धीरे इस बात का अनुभव हो जायगा कि धर्म के एक या दो अक्षरों की आज्ञा का बवंडर खड़ा करके जिस झगड़े की बुनियाद रखी जाती है उसका प्रतिफल उन्हें भोगना पड़ेगा। तर्क और समझदारी को तिलांजलि देकर केवल लिखी हुई लकीरों के फकीर होने वाले हिन्दुओं ने अपने समाज में ही विरोध की आग पैदा कर दी है। मुसलमान भाइयों की कट्टरता भी एक न एक दिन उनके बीच में यह आग अवश्य पैदा करेगी। संकीर्णता और कट्टरता का दूसरा परिणाम हो ही नहीं सकता। शीया और सुन्नी, हनीफी और एहमदिया, सूफी और अन्य कई छोटी-बड़ी जमातें मुसलमान भाइयों में मौजूद हैं। यदि समाज के नेता आज भी राष्ट्रीयता की ओर, राष्ट्रधर्म की ओर अपने धर्म बंधुओं का ध्यान आकर्षित

नहीं करेंगे, यदि जातिगत वैमनस्य की आग को समाज की जहालत से लाचार होकर क्यों न हो, वे सदा ही फूंकते रहेंगे तो निश्चय ही एक दिन ऐसा आयेगा जिस दिन मौलवी और मुल्लाओं की वही गति हो जायगी जो आज पुराने लकीर के फकीर पंडितों की हो रही है।

जब भारतीय राजनैतिक नेता कोई वैध राजनीतिक कार्य करते हैं तब अंग्रेज अधिकारी उनको मूर्ख, राजनीति में निरे बच्चे और अधिकार पाने के सर्वथा अयोग्य बताते हैं। वे उनके राजनैतिक ज्ञान की जरा भी दाद नहीं देते किन्तु जब कुछ उत्तेजित तरुण कहीं पिस्तौल चला बैठता है या कहीं कोई सख्त चिट्ठी पत्री मिल जाती है, तब इस देश की सरकार के कुछ अधिकारी उमड़े हुए तरुणों की बातों को, एक संगठित, सोच-समझकर किया हुआ और प्रभावशील गदर साबित करने लगते हैं। उस समय बिना रंग के श्वेत अखबार पुकार मचाते हैं कि यदि प्रयत्न सफल हो जाते हैं तो अंग्रेजी राज्य उलट जाता। उस समय यह प्रश्न सहज ही हो सकता है कि जब वर्षों राजनीति का अध्ययन और कार्य करने वाले नम्र नेताओं के कार्यक्रम और कार्य, मूर्खता है तब गदर का तथा संगठित राजनीति का अभ्यास न रखने वाले तरुणों के उभड़े हुए प्रयत्न कैसे 'गदर की पूरी तैयारी' हो जाते हैं! किन्तु छोटी स्थिति को भयंकर साबित करने की स्वार्थपूर्ण वृति ही, यह कृत्रिम परम्परा बनाने के लिए उत्तरदायी है। देश के सज्जन मुसलमानों में कट्टरता का अनुभव करते हैं और उनके जोश में किये गये पागलपन को हम लोग, मुसलमानों के संगठित विरोध का नाम देते हैं। किन्तु यदि हम ध्यान से देखें और परिस्थितियों को आंखों से ओझल न होने दें, तो हमें पता चले कि जिन बातों को हम मुसलमान मित्रों का संगठन कहकर उससे भय खाते और कोलाहल मचाते हैं वह मुसलमानों का बल नहीं, निर्बलता है। उससे भयभीत होकर सेतु बांधने दौड़ने के बजाय, उस समाज की कमजोरी का अनुभव करके, उस पर हमें रहम आना चाहिए और दोनों समाजों की कुश्तियों का प्रयत्न होने के बजाय, दोषों के दूर करने का सच्चा प्रयत्न करना चाहिए।

उदाहरण लीजिये। सब धर्मों से अधिक इसलाम धर्म में शराब का निषेध है किन्तु मुसलमान समाज में ऐसे सज्जनों का टोटा नहीं जो कुरान शरीफ को ताक पर रखकर शराब पीते हैं और मुसलमान समाज के पास ऐसा कोई सफल सामाजिक बन्धन नहीं जो शराब के रूप में कुरान के खिलाफ गदर करने वालों को उचित सामाजिक दंड दे सके! व्यभिचार के खिलाफ संसार के सारे धर्म पुकार-पुकार कर कह रहे हैं किन्तु अन्य समाजों की तरह मुसलमान समाज में भी व्यभिचार कितने जोर पर है यह कौन नहीं जानता।

गरज यह है कि कमजोरी में मुसलमान समाज हिन्दू समाज से कम नहीं है अत: उनके संगठन का कोलाहल न मचाकर हमें यह मानना चाहिए कि हिन्दुओं

की तरह बल्कि उससे भी अधिक मुसलमान समाज असंगठित है। गुण्डापन बुरा है। उसका कोई समर्थन नहीं कर सकता किन्तु इस बुराई को हिन्दू और मुसलमान शब्द के विशेषण नहीं लगाने चाहिए। यह बुराई जिस समाज में भी रहेगी, उसे राष्ट्रीयता से दूर और पतन के पथ में पहुंचायेगी। अत: हमें इस बुराई को दूर करने का प्रयत्न करना चाहिए, न कि एक बुराई को देखकर दूसरी बुराई के निर्माण करने का।

हमें उन प्रयत्नों का पता है जो कोहाट में हो रहे हैं। किन्तु जिस तरह हमारा हृदय हिन्दू समाज की संकीणर्ता और धर्मान्धता पर उमड़ता है उसी तरह हम मुसलमान समाज की संकीर्णता से भी दुखी हैं। किन्तु हमें स्मरण रखना चाहिए कि हिन्दू समाज की तरह मुसलमान समाज को सहिष्णु होने के लिए अभी समय चाहिए। हम हिन्दू और मुसलमान दोनों ही समाजों से एक ही सिद्धान्त पर अपील कर सकते हैं, वह है एक राष्ट्रीयता का। हमें इस बात का पूर्ण विश्वास है कि संकीर्ण प्रचारों की उम्र बहुत छोटी है, राष्ट्रीयता की लहर के इस महान् युग में यदि स्वयं गांधी जैसी विभूतियां चाहें भी तो संकीर्ण साम्प्रदायिकता पनप नहीं सकती और स्वयं मौलाना मुहम्मद अली और बड़े से बड़े मुसलमान नेता भी यत्न करें तो राष्ट्रीयता पर साम्प्रदायिकता की विजय नहीं हो सकती। इस मुर्दे के नाम पर गाजे-बाजे चाहे जितने किये जायें, किन्तु इसमें अब प्राण-प्रतिष्ठा नहीं हो सकती। राष्टीयता इस युग का सन्देश है। यूरुप और सारे संसार के बाद एशिया में राष्ट्रीयता की यह लहर छोटे से जापान के हाथों जारशाही रूस को पछाड़ चुकी, और ब्रिटिश राज्य के द्वारा जबरदस्ती अफीम के जहर से बेहोश किये जाने पर भी युग की कृपा से मस्तक उठाकर प्रजासत्ता का सुनहला मुकुट चीन की जनता पहना चुकी है। इधर अफगानिस्तान सम्हल रहा है, ईजिप्ट आजादी के लिए अपने प्राण बाजी पर चढ़ा चुका है और टर्की ने खलीफा के चरणों में देश के भाग्य को न सौंपकर खिलाफत की राजनैतिक गद्दी को उखाड़ फेंका है और मुस्तफा कमाल ने टर्की के बचे हुए हिस्से को देशवासियों का मनोरक्त चढ़ाकर आजाद राष्ट्रों के बीच इज्जत के साथ खड़ा किया है। ऐसे समय भारत न बहकाया, न दबाया, न डांवाडोल किया जा सकता है और न भारत भर के पण्डित और मौलवी मिलकर भी सन्निपात से व्यथित धर्मान्धता का झण्डा फहराता हुआ रख सकते हैं। जो घड़ियों के बीच में खड़े होकर वर्षों को देखने की दूरदृष्टि रखते हैं वे हिन्दू और मुसलमान राष्ट्रीयता की इस लहर का स्वागत कर रहे हैं और शीघ्र ही देश भी इस लहर का पथिक बनेगा। ऐसे समय हिन्दू सभ्यता, हिन्दू धर्म और हिन्दू शास्त्रों की शीतल छाया में अपने भगवान को निकट अनुभव करते हुए भी, संसार के एक बड़े धर्म की यादगार स्वरूप ईद के दिन हम अपने मुसलमान भाइयों के सुख में हिस्सा बँटाते हैं और चाहते हैं कि ईद का यह दिन हजारों कठिनाइयों के होते हुए भी राष्ट्रीयता और

भारतीय स्वतंत्रता के पथ में उन्हें आगे बढ़ाने में सफल साबित हो और उनके हाथों में गुलामी और धर्मान्धता दोनों को मटियामेट करने में मुस्तफा कमाल की तरह बल दीख पड़े।

30 जनवरी, 1926 में प्रकाशित संपादकीय टिप्पणियां

अफगानिस्तान

पिछले दिनों अफगानिस्तान के सुधार की चर्चा प्राय: सीमान्त प्रदेश के अंग्रेजी अखबारों में प्रकाशित होती रही है। इस चर्चा का तार अभी टूटा नहीं है। जब से अफगानिस्तान ने अंग्रेजों के साथ बराबरी का सुलहनामा कर लिया है, तब से अफगानिस्तान का शासन, उसकी फौज, उसकी शिक्षा, उसकी कला, उसके उद्योग-धन्धे आदि सभी बातें तरक्की करती हुई बतलाई जाती हैं। विगत सप्ताह सोवियट सरकार की मातहती में शासित प्रजातंत्र ने आक्सस नदी के किनारे की अफगान भूमि पर कब्जा कर लिया। नदी के प्रवाह के हट जाने से ही यह जमीन प्रजातंत्र के अधीन हुई थी किन्तु अफगान सरकार उक्त जमीन को छोड़ने से इंकार करती रही। सोवियट सरकार ने अफगानी अफसरों को उस 13-14 मील के टुकड़े से हटाया और अपना अधिकार जमाया। इसी झगड़े को लेकर सोवियट और अफगानिस्तान में मनमुटाव होने की बात उत्तर प्रान्तीय अंग्रेजी पत्रों ने प्रकाशित की थी। पिछले सप्ताह अमीर अफगानिस्तान के कुछ भाषणों का सारांश भी प्रकाशित हुआ है। एक भाषण में अमीर साहब ने अपनी हिन्दू प्रजा के अधिकारों की रक्षा की बात कहते हुए कहा था कि रुपयों के लालच से कोई व्यक्ति अपना धर्म परिवर्तित न करे। कुछ समय पहले अहमदिया मुसलमानों के साथ अफगानिस्तान में जो क्रूर व्यवहार किया गया था, उसकी खबरें भी इन्हीं पत्रों ने प्रकाशित की थीं, परन्तु गत वर्ष से इनका दृष्टिकोण बदला हुआ दिखाई दे रहा है। सोवियट रशिया से जितने झगड़े अफगानिस्तान करेगा उनके लिए सहानुभूति प्रगट करने का नीम-सरकारी मार्ग यही है कि 'पायोनियर' जैसे पत्र अफगानिस्तान के सुधार की चर्चा समय-समय पर अपने कालमों में करते रहें। हम मानते हैं कि स्वाधीन अफगानिस्तान तरक्की कर रहा है, परन्तु उसकी तरक्की की छनी हुई खबरें जो 'पायोनियर' या 'सिविल मिलिटरी गजट' जैसे नीम-सरकारी पत्रों में प्रकाशित होती हैं उनका उद्देश्य वह नहीं है जो प्रगट रूप से मालूम होता है।

राजनैतिक कैदी

जो राजनैतिक कैदी बिना किसी तरह की अदालती जांच के बंगाल और पंजाब की जेलों में सड़ाये जा रहे हैं, उनकी मुक्ति तथा भारत सरकार की वक्र दृष्टि के

कारण जिन देशभक्तों को विदेशवास स्वीकार करना पड़ रहा है उनके प्रत्यागमन की अनुकूलता प्रदर्शित करने वाला प्रस्ताव लेजिस्लेटिव असेम्बली ने गत 26 जनवरी को पास किया। सहानुभूति-शून्य विदेशी सरकार की तरह भारत सरकार के गृह सचिव सर अलेक्जैण्डर मुडिमैन महाशय ने उक्त प्रस्ताव का विरोध किया किन्तु बहुमत के कारण वह असेम्बली में पास हो गया। प्रस्ताव का पास किया जाना भारतीय नरम-गरम, सभी तरह के लोकमत का निदर्शक जरूर है, परन्तु ऐसे प्रस्तावों को सरकार द्वारा मनवा लेने की जो शक्ति आवश्यक है, उसके बिना असेम्बली का इस तरह का प्रयत्न 'अरण्यरोदन' हो जाता है।

संकट किसानों के सिर पर

भारत के बड़े लार्ड रीडिंग महोदय ने, गत 20 जनवरी को, भारतीय धारा सभा-लेजिस्लेटिव असेम्बली की बैठक प्रारम्भ होने के समय जो भाषण दिया उसमें उन्होंने देश की कृषि की जांच के लिए एक रायल कमीशन नियुक्त होने की घोषणा की। हमारी नम्र समझ से तो इस घोषणा का अर्थ, उस घोषणा से भिन्न नहीं है, जो ईस्ट इण्डिया कम्पनी ने, बंगाल के जुलाहों की रक्षा के लिए की थी जिसमें यह कैद थी कि प्रत्येक जुलाहा ईस्ट इण्डिया कम्पनी के कारखानों में बुनने का काम करने के लिए विवश हो, और जिसका परिणाम यह हुआ था कि कम्पनी के नौकरों की क्रूरता से तंग आकर बंगाल के जुलाहों ने अपने अंगूठे काट डाले थे और भारत का कपड़े का व्यापार देश से खत्म हो गया था। हम अपने सौभाग्य को सराहेंगे, यदि रायल कमीशन से ऐसा ही कोई संकट हमारे देश के किसानों के सिर पर न आये। हम यह नहीं कहते कि कपड़े के व्यापार की तरह यहां की किसानी छीनकर, सरकार विलायत ले जायेगी, और मेनचेस्टर के कारखानों से कपड़े की तरह गल्ला भी भारत में आने लगेगा। किन्तु हमें कई गम्भीर चिन्ताएं हैं। सबसे पहला सन्देह तो हमें, वाइसराय के भाषण के उस हिस्से से होता है, जिसमें यह कहा गया है कि जमीन की मालिकी, किसानों के जमीन का किराया देने की पद्धति, मालगुजारी और नहरों के पानी का लगान, और भारत सरकार तथा प्रांतीय सरकारों की आजकल की विभाग-रचना पर विचार करना, इस मुकर्रर होने वाले खेती के रायल कमीशन की सीमा से बाहर है। वाइसराय के भाषण का यह अंग, न केवल किसानों की और देश के उत्थान की समस्त आशाओं ही पर पानी फेर देता है, किन्तु वह सरकार की नीयत पर भी गहरे सन्देह पैदा करता है। यह प्रश्न किसानों के जीवन-मरण का सवाल है और देश-भर के जीवन-मरण का सवाल भी।

देहातों में रहने वाले किसानों का यह भला खयाल है कि वे अपनी-अपनी जमीन के मालिक हैं। उन्होंने अपने प्रयत्नों से, और उनके बाप-दादाओं ने अपने

उद्योग से जो जमीन कमाई थी, वह उनकी ही जमीन है। चूंकि राज्य की उस जमीन की रक्षा कानून के द्वारा सरकार करती है, इसलिए वह जमीन की रखवारी के रूप में लगान वसूल करती है। यही समझ, घर-घर में किसानों की हो रही है। किन्तु यह कल्पना उनकी गलत है। केवल बंगाल के उस हिस्से में जहां इस्तमरारी बन्दोबस्त है, जमीन के मालिक जमींदार हैं, किन्तु जहां अस्थायी बन्दोबस्त है, और वह हर 20वें या 30वें साल बदलता रहता है, वहां जमीन की मालिक सरकार है और किसान केवल उस जमीन का किरायेदार है। जब किसानों की भलाई के लिए खेती का रायल कमीशन मुकर्रर किया जाता है, तब यह उम्मीद होना स्वाभाविक है कि शायद यह किसानों को जमीन के किरायेदार की अवस्था से उठाकर, सरकार को सूचित करे कि किसानों को जमीन का मालिक घोषित किया जाय। किन्तु यह खयाल गलत है। लाट साहब कहते हैं कि इस कमीशन का यह काम न होगा कि वह इस बात पर बहस करे कि जमीन का मालिक कौन है। इसका मतलब यह है कि जमीन की मालिक सरकार ही रहना चाहती है, वह किसान को जमीन का मालिक करार दिया जाय या नहीं, इस बात पर विचार भी नहीं करना चाहती। अतः जमीन के मालिक की हैसियत से नहीं, जमीन के किरायेदार की हैसियत से किसान से बातें करना चाहिए और किसानों को भी अपनी यह अवस्था खूब समझ रखना चाहिए।

तब दूसरा गंभीर सवाल यह उठता है कि सरकार देश-भर से जो कर वसूल करती है उसमें 100 में 90 रुपया किसानों से वसूल किया जाता है। और किसानों की अवस्था लगातार बिगड़ती जाने पर भी देश-भर में तीसवें साल और मध्य प्रदेश में तो हर बीसवें साल लगान बढ़ा दिया जाता है। इसके सिवा अन्य प्रकार के लगान देने वाले को सुविधा है कि उनसे 1000 या 2000 से ऊपर की आमदनियों पर लगान लिया जाता है किन्तु किसान ऐसा प्राणी है जिसके पास यदि एक एकड़ का पिछवाड़ा है, और यदि उसमें वह मकई बो देता है, तो 4 रुपये साल की पैदा होने वाली मकई पर भी उसे टैक्स देना पड़ेगा। गरज यह कि न्याय और दया का कोई हिस्सा, टैक्स वसूल करते समय किसान के हिस्से नहीं पड़ता। देश के अर्थशास्त्री पुकार कर रहे हैं कि देश में आधे किसान आधे पेट रहकर दिन गुजारते हैं और उनकी आमदनी का आधा हिस्सा टैक्स में वसूल कर लिया जाता है। नतीजा यह होता है कि फी आदमी के पास खाने को 7.50 रुपये रोज भी बच नहीं पाता। एक तो देश के सारे रोजगार विदेशियों को देकर किसानी पर जीने वालों की तादाद देश में 74 फीसदी बढ़ा दी गई है, जो सन् 1890 में 59 फीसदी थी। सर जेम्स केअर्ड ने तो उसी समय कहा था कि सरकारी लगान बढ़ाने की पद्धति के कारण 12 करोड़ देहाती बेकारी की जिन्दगी बिता रहे हैं। आज जब किसानी पर जीवन बिताने वालों की तादाद 74 से ऊपर है, तब यह सहज ही जाना जा सकता है कि

आज देश में बेकार जिन्दगी बिताने वालों की तादाद कितनी है। हिसाब से यह पता चलता है कि किसानी के धन्धे में जीवन बिताने वालों की तादाद, गत मर्दुमशुमारी के हिसाब से देश में 22,41,09,190 है जिसमें 9 करोड़ 50 लाख के लगभग आदमी खेती का काम करते हैं और 13 करोड़ के लगभग लोग, बेकारी से किसानी करने वाले गरीबों पर भारभूत हो रहे हैं। यह मुकर्रर होने वाला रायल कमीशन किसानों का लगान घटाने की या लगान बढ़ाने या आगे की सिफारिश कर सकता, या लगान बढ़ाने के वर्षों की तादाद से 100 या 60 कर सकता, तब भी किसान इस कमीशन की ओर आदर भरी दृष्टि से देखते, किन्तु वाइसराय साहब ने तो यह स्पष्ट कह दिया कि किसी वर्तमान लगान लेने की सरकारी प्रथा पर विचार करना इस कमीशन के अधिकार में नहीं होगा। इसका सीधा अर्थ यह है कि देश के नौकरशाह न पिछले लगान को कम करने के लिए तैयार हैं और न आगे ही अपने किसानों के खून चूसने की इच्छा पर कोई अंकुश लगाने देना चाहते हैं। तब हम नहीं जानते कि कमीशन के ये भुस लड्डू किस कीमत की चीज है। यहां तक कि सरकार नहरों के नियमों पर भी कोई सलाह नहीं चाहती है कि उसे कमीशन के द्वारा कोई यह सुझावे कि प्रान्तीय धारा सभा और प्रान्तीय संस्थानों को, किसानों के मामले में कुछ करने का अधिकार मिले। तब यह निर्णय देना बिल्कुल स्पष्ट है कि न किसानों को जमीन का मालिक बनाने के लिए वह लाट साहब का कमीशन होगा, न लगान कम करने के लिए, न यह सलाह देने के लिए कि आगे लगान न बढ़ाया जाय। तब यह कमीशन है किसलिए?

श्रीयुत बी.जी. हार्निमन

न केवल भारतवासी ही, किन्तु हिन्दुस्तान देश पर प्यार करने वाले यूरुपियन और अंग्रेज भी कष्ट भोगते हैं। और उनके प्रेम की उत्तम परीक्षा वह दण्ड है, जो इन गोरे और ईसाई सज्जनों को, इस देश की गोरी ईसाई सरकार देती है। बम्बई क्रानिकल के भूतपर्वू सम्पादक श्रीयुत बी.जी. हार्निमन, जनरल डायर की गोलियों की बौछारों पर कुछ आक्षेपजनक लेख लिखने के कारण निर्वासित किये गये थे। कुछ दिन हुए इंग्लैण्ड से पासपोर्ट लेकर वे पेरिस गये और वहां से ब्रिटिश नागरिक के नाते किसी प्रकार भारत आ गए। इस सात वर्ष के निर्वासित हितकारी का मद्रास और बम्बई में खूब स्वागत हुआ और देश के नेताओं ने मि. हार्निमन के आगमन पर अपना आनन्द और प्रेम व्यक्त किया। इस सप्ताह श्रीयुत हार्निमन महाशय ने 'बम्बई क्रानिकल' का सम्पादन भार पुन: ग्रहण कर लिया, और उक्त पत्र के डाइरेक्टरों ने कह दिया कि पत्र की नीति निश्चित करने में सम्पादक महाशय सर्वथा स्वतंत्र हैं। निर्वासन उनका कुछ भी न बिगाड़ सका। सम्पादन भार ग्रहण करते समय उनके शब्द ये हैं–

''मैं नहीं सोचता कि इस समय किसी वचन की जरूरत है। 'क्रानिकल' दिन ब दिन आजादी के लिए लड़ने वाले, भारत के राष्ट्रीय तेज की वैसी ही गम्भीर किन्तु बिना झुकी भाषा में प्रकट होने वाले, आवाज होगी, जैसी कि वह मेरे रहते और न रहते था। वह मनुष्यों और प्राणियों पर होने वाले अत्याचारों का उद्घाटन और विरोध जारी रखेगा। वह अत्याचारी या अत्याचारों का साथी गोरा हो या रंगीन। वह सरकारी पापों का उद्घाटन और विरोध करेगा फिर चाहे वे कौंसिलों, कचहरियों और शासन विभागों में कहीं भा किये जायें, ऐसे समय वह व्यक्तियों की पर्वा न करेगा। 'क्रानिकल' उन लोगों के लिए खुला होगा–जैसा कि वह था–जो, अपने कष्ट जाहिर करना चाहते हैं फिर चाहे वे कितने ही गरीब, और दबे हुए हों।'' क्रानिकल ने इन दो सप्ताहों में, अपना उत्तम स्वरूप प्रगट करना प्रारम्भ कर दिया।

(साभार : माखनलाल चतुर्वेदी रचनावली, संपादक श्रीकांत जोशी)

बनारसी दास चतुर्वेदी

[विशाल भारत (कलकत्ता), 1927 (संवत् 1984) में प्रकाशित संपादकीय 'हमारे मजदूर भाई']

हमारे देश के निवासियों में ज्यादा तादाद किसानों और मज़दूरों की है, और जब तक हमारे राजनैतिक आन्दोलन कृषकों तथा श्रमजीवियों तक नहीं पहुँचेंगे तब तक उनका प्रभाव चिरस्थायी नहीं हो सकता। ब्रिटिश-सरकार इस बात को भली-भाँति जानती है कि हमारे राजनैतिक नेताओं के सन्देश ने अभी तक असली जनता के हृदय को ग्रहण नहीं किया और इसी वजह से वह अपने को सुरक्षित समझती है। देश की सबसे अधिक प्रभावशाली राजनैतिक संस्था-कांग्रेस ने भी किसानों और मज़दूरों के प्रश्न को उपेक्षा की दृग्टि से देखा है। असहयोग के दिनों में लार्ड रीडिंग की सरकार के घबड़ाने का मुख्य कारण यही था कि महात्माजी की सन्देश-ध्वनि ग्रामवासियों के कानों तक पहुँच गई थी। लाला लाजपत रायजी के सिंह-गर्जन और पं0 मोतीलाल जी की धाराप्रवाह तर्क-युक्त भाषण-शैली के पीछे कितनी शक्ति है, इसका अन्दाज ब्रिटिश-सरकार को खूब अच्छी तरह है। कुछ वर्ष पहले कांग्रेस में किसानों को दर्शक-रूप में लाने का ढोंग रचा जाता था। शायद अब उसे निरर्थक समझकर छोड़ दिया गया है। गया-कांग्रेस के अवसर पर मज़दूरों के संगठन के लिये एक समिति बनाई गई थी और इस कार्य की संयोजना के लिये 200 रुपए रक्खे गये थे! और इस समिति में-यदि हम भूलते नहीं डाक्टर केशवदेव शास्त्री जैसे सज्जनों का नाम भी था। बात दर असल यह है कि हमारे नेताओं ने अभी तक किसानों के भूतपूर्व प्रधान श्रीनिवास आयंगर की एक विज्ञप्ति समाचार-पत्रों में पढ़ी है, जिसमें असली जनता (masses) का संगठन करने का उपदेश दिया गया है। यदि वह सब समय, जो हमारे नेता कौंसिलों में नष्ट करते हैं किसानों और मजदूरों के संगठन में रूप देते तो आज स्वराज कहीं अधिक निकट आ गया होता, पर हमारे 'आल इंडिया' नेताओं ने इस ओर ध्यान ही नहीं दिया। महात्मा जी की बात छोड़ दीजिये। उनके जीवन का प्रत्येक क्षण साधारण जनता के हित की बात सोचते हुए ही व्यतीत होता है और उनके सारे कार्यक्रम का मूल तत्व भी वही है। हर्ष की बात है कि भिन्न-भिन्न प्रान्तों के कार्यकर्ताओं, श्रमिकों का ध्यान इस प्रश्न की ओर गया है। हमारे प्रान्त में पालीवाल

जी और विद्यार्थी जी जो उद्योग किसानों और मजदूरों के लिये कर रहे हैं उसकी जितनी प्रशंसा की जाय थोड़ी है।

इस अंक में हम कानपुर के मजदूरों के विषय में एक लेख छाप रहे हैं। उससे पाठकों को उनकी दशा (या दुर्दशा!) का पता लग जायगा। इसी सिलसिले में हम कानपुर मजदूर सभा के प्रधानमंत्री श्री हरिहरनाथ शास्त्री का अभिनन्दन करते हैं और उनके पत्र 'मजदूर' का हार्दिक स्वागत। प्रथम अंक में अपने उद्देश्य बतलाते हुए सम्पादक ने लिखा है:-

"हमारे सामने एक खास लक्ष्य है, जिसकी पूर्ति के लिए हम आ रहे हैं। मज़दूरों को संगठित करना, उन्हें एक सूत्र में बांधना, उन्हें एक झण्डे के नीचे इकट्ठा करना, उनपर जो अन्याय और ज्यादतियां हो रही हैं, उन्हें दूर करना, उनकी जरूरतों पर प्रकाश डालना और उन्हें हासिल करने का यत्न करना, यही हमारा ध्येय है। आज कारखानों में काम करने वाले मजदूरों की हालत बड़ी खराब हो रही है। उनसे काम इतना अधिक लिया जाता है जो सर्वथा आपत्तिजनक है। हम मजदूरों से 10 घण्टे काम कराना अमानुषिक समझते हैं। हम सदा यह आन्दोलन करेंगे कि कारखानों में 8 घण्टों से ज्यादा काम न हो। मिलों में मजदूरी इतनी कम दी जाती है कि अधिकांश मजदूरों को दोनों वक्त सूखी रोटी भी नसीब नहीं होती। हमारी यह मांग होगी कि कारखानों में काम करने वाले किसी भी मजदूर की तनख्वाह तीस रुपया मासिक से कम न हो। तीस रुपया भी हम सन्तोषजनक नहीं समझते, लेकिन मौजूदा हालत में हम इसी को गनीमत समझेंगे। मजदूर अपनी सारी जिन्दगी कारखानों में काम करते हुए बिता देते हैं, और जब बुढ़ापे के कारण काम करने से मजबूर हो जाते हैं तो वे ठुकरा दिये जाते हैं। हमारी यह कोशिश होगी कि एक नियत समय तक काम करने बाद हर मजदूर पेन्शन का हक़दार हो। जब कारखानों में काम नहीं रहता तो मजदूरों को बिना मांगे छुट्टियां दे दी जाती हैं, बेकारी का उन्हें कोई मुआवज़ा नहीं दिया जाता। हम इस नियम को मजदूरों के प्रति घोर अन्याय समझते हैं। हमारी यह मांग होगी कि यदि काम न रहने के कारण किसी मजदूर को छुट्टियां दी जायं तो साथ ही कारखाने के अधिकारीगण उसे सन्तोषजनक मुआवजा देने के लिये बाध्य हों। कई कारखाने ऐसे हैं जिन्होंने धींगाधींगी का ठेका ले रखा है। कानून मौजूद है कि सिवा कुछ खास हालतों के कारखाने 10 घण्टे प्रतिदिन से ज्यादा चालू नहीं रहेंगे। फिर भी वे 11 घण्टे और कभी-कभी 12 घण्टों तक काम जारी रखते हैं! कायदा बना हुआ है कि काम करते हुए चोट आ जाने पर मुआवज़ा दिया जायगा। परन्तु कुछ कारखानों की निगाह में यह कानून कुछ भी मानी नहीं रखता। मनगढ़न्त कायदे बनाकर कई कारखाने बेजातौर से मजदूरों की तनख्वाहें हजम कर लेते हैं। हम सदा इन तमाम बेजाब्तियों पर प्रकाश डालेंगे और उन्हें दूर करने की कोशिश करेंगे।

"जहां हम मजदूरों के अधिकारों की ओर ध्यान देंगे वहां हमारा कर्त्तव्य यह भी होगा कि उनके दोषों पर भी प्रकाश डालें और उन्हें दूर करने का यत्न करें। सफाई की कमी, शिक्षा का अभाव, शराब-खोरी आदि दोष अधिकांश मजदूरों में पाये जाते हैं। हम सदा इन बुराइयों के विरुद्ध अपनी आवाज़ उठावेंगे और यह कोशिश करेंगे कि हमारे देश के मज़दूर शिक्षित हों, अपने रहन-सहन में सफाई अख्त्यार करें, गाढ़ी कमाई के जिन पैसों को वे शराबखोरी आदि बुराइयों में फूंक रहे हैं उनका सदुपयोग करें। उन पैसों को, अपना स्वास्थ्य तथा अपने बच्चों के स्वास्थ्य को सुधारने में खर्च करें।

"हमारा किसी भी राजनैतिक दल से सम्बन्ध नहीं। न हम किसी पार्टी के समर्थक हैं और न विरोधी। हां, समाज में या राज्य-व्यवस्था में मजदूरों का जो स्थान है या होना चाहिये उसकी चर्चा हम अवश्य करेंगे।"

'मजदूर' के इन उद्देश्यों से हम पूर्णतया सहमत हैं। क्या ही अच्छा हो यदि मजदूर-सभा की शाखा-सभाएँ युक्त-प्रान्त के भिन्न-भिन्न नगरों में खोली जावें।

सत्यदेव विद्यालंकार

[नवयुग, सितंबर, 1928 में प्रकाशित संपादकीय 'हमारे मार्ग की रूपरेखा']

हिन्दी में अन्य पत्र-पत्रिकाओं के होते हुए भी नवयुग एक विशेष ध्येय व आदर्श को लेकर प्रगट हो रहा है। 'नवयुग' की भावना, उसकी महत्त्वाकांक्षा और उसका आदर्श अन्य पत्र पत्रिकाओं से बहुत कुछ भिन्न है। ललित साहित्य के साथ बढ़िया चित्र सामग्री उपस्थित करना उसका आदर्श नहीं है। दूसरे पत्र-पत्रिकाओं के संघर्षमय जीवन में पड़ने की उसकी महत्त्वाकांक्षा बिल्कुल भी नहीं है। वह ललित साहित्य, बढ़िया चित्र-कला और वर्तमान साहित्यिक संघर्ष से बहुत दूर रह कर अपने कर्त्तव्य-पालन में एकनिष्ठ होना चाहता है। उसने अपने मार्ग की रूपरेखा अंकित कर ली है और बिना इधर-उधर देखे वह उसी का अनुसरण करना चाहता है। नीचे की पंक्तियों से पाठक समझ जायेंगे कि उसके मार्ग की रूपरेखा क्या है?

यह क्रान्ति का युग है

वर्तमान युग क्रान्ति का युग है। वैसे तो सब संसार ही परिवर्तनशील है। जिसको देखो वह ही क्षण-क्षण में परिवर्तित हो रहा है। कोई आगे बढ़ रहा तो कोई पीछे हट रहा है। कोई ऊपर उठ रहा है तो कोई नीचे गिर रहा है। परिवर्तन खेल सृष्टि में चारों ओर दीख पड़ता है। अभी रात्रि का प्रारम्भ है, तो थोड़ी देर बाद अन्धकार के साम्राज्य को छिन्न-भिन्न कर भगवान भास्कर पूर्व में प्रगट होते हैं। उनके आगमन की सूचना बहुत पहिले ही मिल जाती है। उषा, उषा के बाद प्रभात, प्रभात के बाद सबेरा, मध्याह्न, दुपहर और सायं काल, फिर रात्रि का अपना क्रम शुरू हो जाता है। यह स्पष्ट प्राकृतिक परिवर्तन है जिसको प्रत्येक व्यक्ति देखता व अनुभव करता है। दिन बदलते हैं, मास बदलते हैं और ऋतुयें भी बदलती हैं। कभी घनघोर वर्षा घर से बाहिर नहीं निकलने देती, तो कभी भयंकर गरमी और भयंकर सरदी घर में कैद कर के बिठा रखती है। व्यक्ति का जीवन भी परिवर्तनशील है। आज छोटे से रूप में माता की गोद में खेलता, कूदता और उछलता है तो कल स्कूल व कालेज में पढ़ने जाता है। पढ़ाई समाप्त करते न करते स्वयं बच्चों को गोद में खिलाने लगता है। बुढ़ापा आता है, फिर उसके बाद

मृत्यु आती है और यह जीवन-लीला समाप्त हो जाती है। ये परिवर्तन हैं, जिनको सिद्ध करने के लिये शास्त्र के किसी प्रमाण की आवश्यकता नहीं, गति के किसी हिसाब की जरूरत नहीं और किसी साक्षी वगैर की दरकार नहीं।

प्रकृति के एवं मनुष्य जीवन के इस परिवर्तन की तरह ही देशों, समाजों व राष्ट्रों के जीवन में परिवर्तन होता रहता है। परिवर्तन के किस्से-कहानियों का नाम ही इतिहास है। भारत क्या, सभी देशों का इतिहास परिवर्तन के किस्से-कहानियों से भरा हुआ है। इतिहास के इस झमेले में पड़ने की आवश्यकता नहीं है। देश, समाज व राष्ट्र के जीवन में होता हुआ परिवर्तन भी अपनी ही इन आंखों से देखा जा सकता है। भारत में आज आर्यों का अथवा भारतीयों का अपना राज्य नहीं है और सात समुद्र पार के गोरे लोग यहाँ सृष्टि के आरम्भ से ही राज्य नहीं कर रहे हैं। यह परिवर्तन का ही परिणाम है। राजनीतिक दृष्टि से तो इस समय संसार में भयंकर उथल-पुथल मच रही है और राजनीतिक-क्षेत्र में इतने शीघ्र परिवर्तन हो रहे हैं कि जो आज है वह कल नहीं और जो कल है वह परसों नहीं। युरोपयिन महासमर ने सभी देशों व राष्ट्रों के राजनीतिक-दृष्टिकोण को बदल दिया है और जीवन-मृत्यु के प्रश्न को बड़ा ही पेचीदा और बड़ा ही संदिग्ध बना दिया है। प्रेसिडेंट विल्सन के स्वायत्त-निर्णय के सिद्धान्त की घोषणा के बाद भी और अनेकों बार नि:शस्त्रीकरण अथवा युद्ध निवारक परिषदों व सन्धियों के बाद भी सब देश व सब राष्ट्र इतने चौकन्ने हो रहे हैं कि वे कैसी भी भयंकर से भयंकर बाह्य-परिस्थिति का मुकाबिला करने की तैयारियां रात-दिन करते ही रहते हैं। लड़ाई के जहाज, लड़ाई के हथियार और लड़ाई के अन्य सामान इस तेजी से बढ़ रहे हैं कि आगामी लड़ाई में कौन देश व राष्ट्र किसका सामना किस सामान से करेगा-यह भविष्यवाणी कर सकना एकदम असम्भव है। यह तो पिछले महासमर ने ही बता दिया है कि एण्टवर्थ सरीखे अभेद्य किले भी गिराये जा सकते हैं, समुद्र के पेट में छिप रहना भी सुरक्षित नहीं है और आकाश में ऊपर जा छिपना भी अपर्याप्त है। इस प्रकार राजनीतिक परिवर्तनों की दृष्टि से एवं जीवन-मृत्यु के पेचीदे प्रश्न को हल करने की दृष्टि से स्वतंत्र देशों व स्वतंत्र राष्ट्रों में परस्पर घुड़दौड़ मची हुई है।

सामाजिक-क्रान्ति क्या है?

इसी घुड़दौड़ का दृश्य सामाजिक-जगत् में भी स्पष्ट दीख पड़ता है। गुलाम देशों की बात निराली है, पर स्वतंत्र देशों के समाज तो इस तेजी से आगे बढ़ रहे हैं कि उनकी प्रगति का हिसाब लगाना असम्भव है। यह तो दीख पड़ता है कि वे आज कहां हैं, पर यह नहीं बताया जा सकता है कि वे कल कहां पहुंच जावेंगे? मनुष्य ने शब्द, प्रकाश और ताप की अप्रतिम गति का हिसाब लगा लिया है, सूर्य की किरण करोड़ों मील का सफर तय कर भूमि पर कितने समय में पहुंचती है, यह भी मनुष्य ने जान लिया है,

और भी सब प्रकार के छोटे-बड़े हिसाब करने के उसने सब यंत्र भी पैदा कर लिये हैं, किन्तु प्रगतिशील समाजों की बढ़ती का हिसाब लगाना उसकी शक्ति से बाहिर का काम है और उस बढ़ती को बताने वाले किसी यंत्र का निर्माण करना तो उसके लिए एकदम असम्भव है। प्रगतिशील-समाज जब क्रांति के पथ का अनुसरण करते हैं तब वे मीलों का हिसाब नहीं लगाते और रास्ते को नापते हुए भी नहीं चलते। ज्वालामुखी के समान उनकी प्रगति का वेग एकदम फूट निकलता है। सिर ऊपर उठाकर बढ़ते हुए और स्वतंत्र आकाश में चारों ओर फैलते हुए पौधे के समान वे ऊपर चारों ओर फैलते चले जाते हैं। उनके जीवन का विकास प्रात:कालीन सूर्य की किरणों के समान होता है और शुक्लपक्ष के चन्द्रमान की कलाओं की तरह वे दिन-प्रतिदिन पूर्णता को प्राप्त होते रहते हैं। बस, विकास की इस पूर्णता को प्राप्त होने की अवस्था का नाम ही क्रांति है। क्रांति सामाजिक-शरीर के उन विजातीय पदार्थों को फूंक डालती है, जो कि स्वाभाविक-विकास के मार्ग में बाधक होते हैं। क्रांति सामाजिक-शरीर की अपवित्रता और पाप राख कर डालती है, उसमें रोग और सड़ांध पैदा करने वाले कीट-कीटाणुओं का एकदम नाश कर डालती है। क्रांति अशान्ति की नाशक और शान्ति की जननी है। क्रांति गरीबों, दलितों, पतितों और गुलामों को एकदम ऊपर उठाकर, उभार कर और आगे बढ़ाकर पूर्ण स्वतंत्र, स्वायत्त और स्वावलम्बी बनाने वाली है। क्रांति सुधा है, अमृत है और संजीवनी बूटी है। क्रान्ति मरणासन्न समाज को नवजीवन देनेवाली अमोघ शक्ति है। निराशाओं की आशा, असहायों का सहारा और निराश्रितों का आश्रय केवल एक है और उसी का नाम क्रांति है। यही कारण है कि आज पिछड़े हुए समाज और पददलित व्यक्ति उसी की उपासना में लगे हैं और उसी की आराधना में रत हैं।

अमेरिका ने दास प्रथा को एकदम मिटा दिया और अंगरेजों की गुलामी की जुआ एकदम गर्दन से उतार फेंका। किसका सहारा लेकर? क्रांति का, बस, केवल एक क्रांति का सहारा लेकर। फ्रांस की गरीब प्रजा ने श्रीमानों की सत्ता को सिर हिलाकर ऊपर से नीचे फेंक दिया। किसके जोर पर? क्रांति के, बस, केवल एक क्रांति के जोर पर। अत्याचारों की मूर्ति-जार की प्रबल सत्ता-को रूस के असहाय किसानों ने किस प्रबल व महान् शक्ति का सहारा लेकर बात की बात में उलट दिया और अपने देश व समाज की काया को भी एकदम पलट दिया? वह प्रबल व महान् शक्ति क्रांति ही है। पुराने टर्की-समाज में नवीनता कैसे पैदा हुई? क्रांति से। आज अफगानिस्तान में क्या हो रहा है? क्रांति और चहुंमुखी क्रांति। चीन की निस्तेज व निर्बल नसों में आज तेजी से नवीन खून का संचार किस शक्ति से हो रहा है? इस क्रांति की ही अटूट व अपार शक्ति से। इस प्रकार भारत के चारों ओर क्रांति की लाल-पीली-नीली-हरी ज्वालायें धधक रही हैं, उन ज्वालाओं में पुराने रीति-रिवाजों के बंधन, अन्धविश्वासों के फन्दे और रूढ़ि व परम्परा के पाश एकदम राख हो रहे हैं। उन देशों व समाजों में 'नवयुग'

पूरे वेग के साथ प्रगट हो रहा है और सब देशवासी उस 'नवयुग' का आशा भरे और उत्साहमय हृदयों से स्वागत कर रहे हैं।

हिन्दू समाज की दशा

भारतवासियों की क्या दशा है? यहां का हिन्दू समाज किस अवस्था में पड़ा हुआ है? रूढ़ि, परम्परा व अंधविश्वास का साम्राज्य चारों ओर फैला हुआ है। पाखण्ड और अविवेक घर-घर घुसे हुए हैं। पुरानी लकीर के फकीर जहां-तहां पूजे जाते हैं। आज हमारा धर्म क्या है, समाज-शास्त्र क्या है और हमारी नीतिमत्ता क्या है? रूढ़ि व परम्परा में हमारे धर्म की इतिश्री हो जाती है। किसी को छोटा, किसी को बड़ा मानने में हमारा समाज-शास्त्र समाप्त हो जाता है। पाखण्ड व अविवेक हमारी नीतिमत्ता का गला घोंट रहे हैं। माथे पर लम्बे-चौड़े टीके लगाने, बगल में दो-चार किताबें दबाने, गले में लम्बा सा जनेऊ लटकाने और सिर पर गोखुर बराबर चोटी रखने में ही हमारे धर्मपालन की इतिश्री हो जाती है। एक वे लोग हैं जो बाह्य चिन्हों ही में धर्म को सब कुछ माने हुए हैं और दूसरे वे हैं जो इस धर्म से एकदम निराश होकर पाश्चात्य-सभ्यता का अनुकरण करने में अन्धे हो रहे हैं। दोनों ही भूल में हैं और भ्रम में हैं। केवल व्रत, उपवास, स्नान, संध्या, पूजा, अर्चना और ध्यान-समाधि का नाम भी धर्म नहीं है। धर्मशास्त्र बराबर कह रहे हैं कि "न लिंग धर्म कारणम।" बाह्य चिह्न धर्म के द्योतक नहीं है वह तो धर्माभास हैं, आडम्बर हैं, पाखण्ड हैं और ढोंग हैं। "यतोअभ्यनिश्रेयस: सिद्धि: स धर्म:।" धर्म वह है जो इस लोक और परलोक का साधक है, जो समाज को अभ्युदय के मार्ग पर अग्रसर करने वाला है और जो राष्ट्र को दूसरों की गुलामी से बचाने वाला है। पराधीन देश का धर्म क्या है? केवल स्वतंत्रता प्राप्त करना और उसकी प्राप्ति में मर मिटना। यही पराधीन देश का समाज-शास्त्र है और यही नीतिमत्ता है। जात-पांत के झगड़ों का नाम समाज-शास्त्र नहीं है। छूतछात का झमेला समाज-शास्त्र का विषय नहीं हैं। परदा, बलात-वैधव्य, बाल-विवाह, बेजोड़-विवाह, शादी-गमी के अवसरों पर अनाप-शनाप खर्च इत्यादि भी समाज-शास्त्र व धर्म के विरोधी हैं। पर हमारे समाज-शास्त्र व धर्म तो इन्हीं विषयों की उलझन में उलझे हुए हैं। लड़के-लड़की की सगाई में ही माता-पिता आधे रह जाते हैं, क्योंकि जात-पांत का दायरा इतना संकुचित रह गया है कि लड़की के लिये योग्य लड़का व लड़के के लिये योग्य लड़की का पाना समुद्र में गोता लगाकर मोती पाने के समान हो रहा है। अमुक को छूना पाप है, अमुक के हाथ का पानी पीना अधर्म है और अमुक के हाथ का खाना मना है- इत्यादि बन्धन इतने बढ़ गये हैं कि मानव धर्म का हिन्दू समाज ने खून कर डाला है। जात-पांत व छूआ-छूत के झगड़ों ने हिन्दू समाज को आठ हजार टुकड़ों में बांट दिया है। न परस्पर में प्रेम रहा है और न सहानुभूति, न परस्पर में भाईचारा रहा है और न एक-दूसरे के सुख-दु:ख

को अनुभव करने की शक्ति ही रही है। लार्ड मैकाले ने अपने सुप्रसिद्ध लेख में हमारे इस धर्म व समाज-शास्त्र का मजाक करते हुए 17836 में लिखा था कि "भारत का धर्म व समाज-शास्त्र क्या है कि गधे को छूकर अमुक प्रायश्चित करो और अछूत को छू कर अमुक जप-तप करो।" दूसरे आज हमारी इस हालत पर हंसते हैं, हमारा मज़ाक करते हैं और हमारी भर्त्सना करते हैं। हम उनको 'गन्दी नालियों का निरीक्षक' कह कर अपनी कमजोरी पर परदा डाल लेते हैं और इस कड़वी सच्चाई को अनसुना कर देते हैं।

हमारा आधा अंग

हमारे आधे अंग स्त्री-समाज की दशा इतनी बुरी है कि वे हिन्दू समाज के लिये भार समान हो रही हैं। इससे हमारे आधे शरीर को लकवा मार गया है और हमारा समाज बेकार और निस्सार बन रहा है, जिससे न केवल सन्तति का ही क्रमिक ह्रास हो रहा है किन्तु उसकी आत्मा भी कुचली जा रही है। इससे हमारी उद्यमशीलता, विद्या, बुद्धि, तप, संयम, त्याग, वैराग्य, धर्म, श्रद्धा, सदाचार इत्यादी गुणों का 'अदर्शनं लोपः' होकर कूपमण्डूकता, अन्धविश्वास, परम्परावाद, रूढ़िवाद एवं पाखण्ड का साम्राज्य दृढ़ हो रहा है। प्रतिदिन हम अपने हाथों से अनेकों आत्माओं को-हिन्दू स्त्री के रूप में-इस साम्राज्य की फांसी पर लटका देते हैं। रूढ़ियों की कैद में पड़ी वे सड़ती रहती हैं, परदा उनको क्षय का शिकार बना देता है, बालविवाह उनको प्रदर का पुरस्कार प्रदान करता है, अपरिपक्व अवस्था के मातृपन से वे प्रसूति की बीमारी पाकर इस जीवन लीला से हाथ धो बैठती हैं और कहीं इस अवस्था में किसी बूढ़े के हाथ पड़ गयीं तो जीवन भर के लिये वैधव्य का कठोर दंड भोगती हैं। पुरुष चाहे जिस अवस्था में दूसरा, तीसरा, चौथा-और इससे भी अधिक-विवाह कर ले, पर विधवा-जिसने पति का मुंह तक नहीं देखा-विवाह करना तो दूर, मन या वचन से उसकी कामना भी नहीं कर सकती। कितना कठोर अन्याय है और घोर अत्याचार है? दुःखपूर्ण आश्चर्य यह है कि इस अन्याय और अत्याचार का समर्थन नीति के नाम से किया जाता है, उसके लिये धर्म को सहायक बनाया जाता है और समाज-शास्त्र की उसके लिये दुहाई दी जाती है। मनुष्य यदि ब्रह्म है तो स्त्री प्रकृति है। सृष्टि का व्यवहार दोनों के बिना नहीं चल सकता है। पुरुष यदि पुरुषार्थ है तो सौभाग्यवती नारी भाग्य यानी किस्मत है। दोनों की अनुकूलता के बिना स्वर्ग समान गृह नरक से भी गया-बीता बन जाता है। इस प्रकार अपनी सहायक वस्तु को भोग की सामग्री मान कर पैरों तले कुचलना मनुष्यता नहीं है, फिर धर्म, समाज, शास्त्र और नीति के नाम पर ऐसा करना तो सरासर पाप है और महापाप है। हिन्दू समाज अपने स्त्री समाज के साथ ऐसा व्यवहार करते हुए प्रकृति व सृष्टि के विरुद्ध ऐसा विद्रोह कर रहा है, जिसका परिणाम उसके लिये मृत्यु का और निश्चित मृत्यु का कारण होकर रहेगा। इस पर भी हम लोग आंखों पर

पट्टी बांध कर, कानों में तेल डाल कर, विवेक को परदे से ढाप कर, बुद्धि का बिल्कुल त्याग कर और तर्क के साथ भारी दुश्मनी ठान कर उसी ओर बढ़ते चले जा रहे हैं। सामने मृत्यु की गहरी खाई खुदी पड़ी है, पर हम अन्धविश्वास की ठोकर खाकर गिरते-पड़ते भी उसी ओर बढ़ रहे हैं। हिन्दू समाज को किसी भी पहलू से देखो, किसी भी दृष्टि से उसके जीवन पर विचार करो, किसी भी यंत्र को उठा कर उसकी नाड़ी व हृदय की गति को परखो और उसके फेफड़ों की परीक्षा करो, दशा बहुत चिन्ताजनक है, कोई भी वैद्य कहेगा कि रोगी की हालत बड़ी नाजुक है। पर हम भी एक हैं जो अपनी इस नाजुक हालत में भी धर्म का मौखिक हल्ला मचाकर, समाज-शास्त्र की कोरी डींगें हांक कर और नीतिमत्ता की सूखी चतुराई दिखा कर अपने को जीवित बनाये रखना चाहते हैं। यह निरी आत्मवंचना है और मृगतृष्णा है। यदि इस हालत में जीवित रहना सम्भव होता तो हम आज गुलाम न होते। करोड़ों पर कुछ लाख और केवल 3।। लाख गोरे शासन न कर रहे होते! हम संसार में गुलाम कहे जाकर पद-पद पर ठुकराये न जाते, अपमानित व तिरस्कृत न किये जाते। लोगों ने हमको हड़पने की और हजम करने की योजनायें तैयार न की होतीं। लार्ड मैकाले ने अपने पिता को यह न लिखा होता कि 20 वर्ष में बंगाल प्रान्त में कोई सच्चा हिन्दू न रहेगा और ना ही ईसाइयों के जत्थे 15-20 वर्ष में ही सारे भारत को ईसाई बनाने का दावा करके यहाँ आये होते। आज हमको ईसाइयों का भय है, मुसलमानों का डर है और अपने पर यत्किंचित भी भरोसा नहीं है।

हिन्दू समाज मरणोन्मुख है

यह सब बातें इस बात की समर्थक हैं कि हिन्दू समाज मरणोन्मुख है। वह संसार में कुछ ही दिन का मेहमान है। अन्य अनेक समाजों व जातियों की तरह उसका नाम भी केवल इतिहास में पढ़ने को रह जायेगा। लोगों ने हिसाब लगा लिया है कि यदि हिन्दू समाज का यह क्रमिक-ह्रास इसी प्रकार बना रहा और वर्तमान अवस्था में चहुंमुखी परिवर्तन न हुआ तो वह 30 या 40 वर्ष में नामशेष हो जायेगा।

हिन्दू समाज की इस समय की अवस्था उस तालाब के समान है जिसका पानी खड़ा रह कर सड़ जाता है या सूख जाता है। हिन्दू समाज की संजीवनी-शक्ति सूख रही है। इसी से उसके स्वाभाविक-विकास का मार्ग एकदम कण्टकाकीर्ण होकर अवरुद्ध हो गया है। उसमें न चैतन्य शक्ति रही है और न अनुभव का माद्दा ही बचा है। इसी से उसका जीवन बिल्कुल कृत्रिम बना हुआ है और यह कृत्रिमता इतनी बढ़ गयी है कि उसके जीवन की हर एक क्रिया, हर एक व्यवहार और हर एक व्यापार एकदम रुक-सा गया है। उसके जीवन का एक ढांचा बन गया है, जिसमें उसके प्रत्येक व्यक्ति को बलात् ढाला जाता है और 'हिन्दू' का ट्रेडमार्क उसके माथे पर लगाकर उसको बाहर निकाला जाता है।

आजकल के सौ पीछे पाँच-छ: पढ़े-लिखे लोग शायद हमारी इन बातों पर सिर हिला कर अपनी इनकारी प्रकट करें। पर, उनकी इनकारी से वस्तुस्थिति नहीं बदल सकती। वस्तुस्थिति ठीक वही है, जिसको ऊपर अंकित किया गया है और हिन्दू समाज का बहुत बड़ा हिस्सा आज भी उसी में पड़ा हुआ सिसक-सिसक कर मृत्यु के मुंह में अब गया तब गया की हालत में पड़ा हुआ है। इसी नाजुक हालत से हिन्दू समाज को बचाने के लिये क्रांति की, सामाजिक-क्रांति की और चहुंमुखी-सामाजिक क्रांति की आवश्यकता है। समाज के जीवन की कृत्रिमता व अस्वाभाविकता को मिटा कर उसके स्वाभविक पूर्ण-विकास का मार्ग साफ-सुथरा कर देने की आवश्यकता है। उसको कूपमण्डूकता के गढ़े में से एकदम हाथ पकड़कर बाहर निकालने की आवश्यकता है। उसके अन्धविश्वास, परम्परावाद, रूढ़िवाद और पाखण्ड के बन्धन तोड़कर उसको एकदम स्वतंत्र, स्वायत्त व स्वावलम्बी बनाने की आवश्यकता है। आवश्यकता इस बात की है कि हिन्दू समाज भी अन्य देशों व अन्य समाजों के समान सामाजिक क्रांति मार्ग पर सरपट दौड़ चले और उसको निगलने की ताक में बैठे हुए साम्राज्यवादी भी देख लें कि उसको निगलना व हजम करना टेढ़ी खीर है। आवश्यकता है कि भारतवासी अपने चारों ओर के देशों पर एक दृष्टि डालें और उनमें हो रहे परिवर्तनों पर विचार कर उनसे कुछ शिक्षा ग्रहण करें।

राजनीतिक आन्दोलनों की असफलता का कारण

हिन्दू समाज के सामाजिक बंधन और सामाजिक कमजोरियां अथवा बुराइयां उसकी राजनीतिक प्रगति में बाधक हुई हैं यह उनसे छिपा हुआ नहीं है जिनको राजनीतिक हलचलों का प्रत्यक्ष अनुभव हैं। इन पंक्तियों का लेखक असहयोग-आन्दोलन के अनुभव के आधार पर यह कह सकता है कि वह भारतव्यापी आन्दोलन भी इसलिये सफल न हुआ कि हम लोग बीड़ी व चाय के व्यसन पर भी विजय न पा सके। जेल की चार दीवारी में हमारे राष्ट्रीय चरित्र का निर्माण होना चाहिये था, किंतु वहां राष्ट्रीय चरित्र का निर्माण न होकर हमारा नैतिक पतन हुआ है और वह नैतिक पतन रिश्ते-नातेदारों के मोह के कारण हुआ है, बीड़ी के छोटे से टुकड़े के लिये हुआ है, पान के एक बीड़े के लिये हुआ है और चाय के एक प्याले के लिये हुआ है। इसीलिये जेल में 25 हजार युवाओं में आज कितने हैं जो उसी विश्वास व सच्चाई के साथ स्वराज की कामना से एक बार फिर जेल जाने को तैयार हैं, जेल दूर की बात है, पर उन दिनों की खादी ही आज कहां दीखती है? इस प्रकार यह स्पष्ट है कि सामाजिक बुराइयों की दलदल में धंसे हुए व्यक्ति, सामाजिक कमजोरियों के बन्धन की गुलामी में जकड़े हुए समाज और संकुचित सामाजिक दायरे में कूपमण्डूकवृत्ति से रहने वाले लोग राजनीतिक आन्दोलनों की लड़ाई अन्त तक नहीं लड़ सकते और उनमें सफलता प्राप्त नही कर सकते। हमारे जात-पांत व छूतछात के झगड़ों को लेकर ही तो गोरी-नौकरशाही

कहीं ब्राह्मणों-अब्राह्मणों के झगड़े खड़े करती है तो कहीं अछूतों का साथ देकर उनको भड़काती है। रोटी के टुकड़े पर कुत्ते-बिल्लियों की तरह हम लड़ते-झगड़ते हैं और स्वयं अपना नाश कर रहे हैं। इन सामाजिक बन्धनों को तोड़ने के लिये, इन सामाजिक कमजोरियों को मिटाने के लिये और इस सामाजिक दायरे को सुविस्तृत करने के लिये ही क्रांति, सामाजिक क्रांति और चहुंमुखी-सामाजिक क्रांति का लाल-झण्डा लेकर 'नवयुग' कार्यक्षेत्र में पैर रखता है। कार्य महान है, कठिन और दुस्तर है; तो भी इच्छा है, उत्कट लालसा है और तीव्र महत्त्वाकांक्षा है कि 'नवयुग' एक बार तो समाज के जीवन में उथल-पुथल मचा दे, क्रांति पैदा कर दे, सोते हुए समाज को झुंझला कर फिर कभी न सोने देने के लिए उठा कर बिठा दे और उसके स्वाभाविक विकास की पूर्णता का मार्ग साफ-सुथरा कर दे। इस महान् कार्य की पूर्ति के लिये 'नवयुग' बिना किसी का लिहाज किये और बिना किसी की रियायत किये, निःसंदेह नम्र भाव से, सेवा की पवित्र भावना से और सुधार की ऊँची महत्त्वाकांक्षा से सामाजिक बुराइयों व कमजोरियों की कड़ी से कड़ी आलोचना करेगा।

बस, यही 'नवयुग' के मार्ग की रूपरेखा है। भगवान शक्ति दें और सहृदय पाठकों का शुभ-आशीर्वाद प्राप्त हो कि 'नवयुग' इस गुरुतर कार्य में सफल-यत्न हो और वह शीघ्र ही हिन्दू समाज में 'नवयुग' लाने में समर्थ हो।

(साभार : जनक दुलारी संग्रह)

गणेश शंकर विद्यार्थी

[प्रताप (कानपुर), 1 दिसंबर, 1929 में प्रकाशित संपादकीय 'युवकों का विद्रोह']

कुछ समय से हमारे अधिकांश नौजवान जिस वातावरण में हैं उससे संतुष्ट नहीं हैं। निष्क्रियता में मुर्दों से बाजी लगाने वाले इस देश के युवक इस समय परिवर्तन और क्रांति का उत्साह के साथ आह्वान कर रहे हैं। क्रांतिजन्य विभीषिकाओं का उन्हें भय नहीं है। उन्हें डर दिखाइये तो कहते हैं कि जीती-जागती भीषणता वर्तमान मुर्दा शांति से अच्छी है। वर्तमान वायुमण्डल से तो वे हर तरह से पिण्ड छुड़ाना चाहते हैं। एक ही क्षेत्र में नहीं जीवन के विविध क्षेत्रों में यही चहल-पहल देखी जा रही है। जो कुछ दकियानूसी है, जो कुछ सड़ा-गला है, जो प्रगति को रोकता है, जो कुछ हाथ-पैर और मन की जड़ता है, उन सबसे भिड़ जाने और उन पर विजय प्राप्त किये बिना चैन न लेने की यह तैयारी है। राजनीतिक क्षेत्र में तो नित्य इस प्रवृत्ति के प्रदर्शन हो रहे हैं। नौजवान भारत सभा, युवक संघ, क्रांतिकारी दल, कम्युनिस्ट दल, आदि चिह्न हैं कि युवकों के हृदय में आंधी चल रही है। लाहौर कांग्रेस के जो प्रतिनिधि चुने गये उसमें नौजवानों ने जहां तक बना, उन्हीं को प्रतिनिधि बनने दिया, जो पूर्ण स्वाधीनता के पक्षपाती हैं। कई जगह तो यहां तक हुआ कि पुराने आदमी दूध की मक्खी की तरह निकाल फेंके गये और नये नौजवानों ने उनका स्थान ले लिया। इस प्रवाह में अब इतनी तीव्रता है कि बहुत से नौजवानों की दृष्टि से महात्मा गांधी अब पिछड़ जाने वाले व्यक्ति हो गये हैं और अहिंसावाद उन्हें कुछ जंचता ही नहीं। वे कहने लगे हैं कि अब पुराने ढंग से काम न चलेगा, महात्मा गांधी का समय हो चुका, अब उनसे कुछ नहीं होने का, और जो कुछ होगा वह नये आदमियों और नये ढंग से होगा। नौजवानों के इस ढंग से देश के बहुत बड़े समुदाय में कुछ घबराहट-सी है। घबराहट इसलिए नहीं कि पुराने लोग अपने स्थानों से चिपके रहना चाहते हैं और नहीं चाहते कि कोई आगे बढ़े और कोई जौहर दिखाये, किन्तु घबराहट इसलिए कि अधिकांश पुराने यह समझते हैं कि अपनी जल्दबाजी और नासमझी से ये नौजवान खंदक में जा गिरेंगे और देश को भी उसमें ढकेल देंगे। आज नये और पुराने में कहीं-कहीं संघर्षण-सा हो रहा है और जहां नहीं हो रहा है वहां उसके होने की संभावना है। संघर्षण में

नये समझते हैं कि बूढ़े खूसट न मरते हैं और न माचा (चारपाई स्थान) छोड़ते हैं और पुराने समझते हैं कि महत्त्वाकांक्षा से नयों का सिर फिर गया है। दोनों ओर भ्रम है। देश के कल्याण के लिए उसे दूर होना चाहिए। युवक युवक ही क्या, यदि उसमें उत्साह और ओज न हो। युवकत्व का सबसे बड़ा प्रमाण ही यह है कि भावनाओं का वह पुंज हो और अखिल उत्साह का स्रोत। उसके (युवक के) उदय से घबराने की कोई आवश्यकता नहीं। उसका तो हृदय से स्वागत होना चाहिए। आज से 20 वर्ष पहले की देश की शिथिलता से, जब आज की स्फूर्ति और चेतना की तुलना की जाये तब यह देखकर कि जीवन के चिह्न समस्त दिशाओं में छिटके हुए हैं, हृदय गद्‌गद हो उठना चाहिए। अभी तक जो खेती की गयी थी, यदि आज वह फले और फूले तो किस खेतिहर को खुशी नहीं होगी, यदि फसल अच्छी आयी है तो उसे संभालकर रखने की आवश्यकता है। वह सारे दुख-दारिद्र्य दूर कर देगी, उससे घबराने की क्या जरूरत, यदि विद्युत शक्ति का अटूट भण्डार मिल गया हो तो उसके उचित संचालन की आवश्यकता है। उसकी भीषणता की बात सोच-सोचकर चिंता से सूखने की आवश्यकता नहीं है। इसलिये देश के पुराने आदमी अपनी नई खेती पर खुश हों, वे उसका स्वागत करते हुए केवल उसका पथ-निर्देश करें, न उसे दबायें और न उसे घातक समझें। पुरानों की अपेक्षा नयों की अब अधिक बड़ी जिम्मेदारी है, समय उनकी प्रतीक्षा कर रहा है, सुविधाएं उनके चरणों को पखारने के लिए तैयार हैं, किन्तु यह तभी जब वे केवल युवकत्व के नाम पर नहीं, केवल इसलिए नहीं कि वे पुनीत विद्रोही हैं जो इतिहास का निर्माण किया करते हैं, किन्तु अपनी प्रगाढ़ आदर्श-भक्ति और आदर्श की ओर बढ़ने वाले व्यक्ति के योग्य विनम्रता और कर्त्तव्यशीलता का अखण्ड परिचय देकर अपने लिए स्थान चाहेंगे। गालियों के देने, डींग मारने, आजादी की व्यर्थ रट लगाने और दूसरों पर धूल फेंकने से न कोई बड़ा होता है और न कोई बड़ा काम हुआ करता है। बहुधा तो जो गरजते हैं वे बरसते ही नहीं, और जो बड़ी डींग मारा करते हैं वे बड़े कायर हुआ करते हैं। देश के नौजवान देश की खातिर और अपनी नौजवानी की खातिर इस कुटेव से बचें। वे बढ़-बढ़ कर बातें न मारें, बढ़-बढ़ कर काम करें। वे अपनी बात पर अटल रहें, किनतु नम्रता के साथ, दूसरों पर बाण प्रहार करते हुए नहीं। जो लोग उनसे मतभेद रखें वे क्यों यह समझे कि वे सच्चे नहीं हैं, जिसे नौजवान कुर्बानी के नाम से पुकारते हैं, यदि उसे उनसे मतभेद रखने वालां आदमी नहीं करना चाहता तो इसलिए वह क्यों हीन समझा जाये। और यदि कोई नौजवान कुर्बानी करता है तो वह क्यों समझे कि देश पर कोई उपकार करता है और केवल अपना कर्त्तव्य पालन नहीं करता। अहिंसा का मज़ाक उड़ाने की प्रवृत्ति भी इस समय कुछ जोरों पर है। यह काम किया तो आसानी से जाता है, किन्तु वह इस योग्य नहीं है कि ऐसे सहज ढंग से किया जाये। हिंसा और अहिंसा की विवेचना छोड़ दीजिये, विज्ञान ने वर्तमान रण-शैली को बेहद भयंकर बना दिया है, उसमें वीरता नहीं रही,

उसमें पशुता और हत्या का राज्य है और उसके मुकाबले में हमारे ऐसे शताब्दियों से निरस्त्र लोगों का खड़ा भी रह सकना असंभव है। हमारे लिए तो अहिंसा ही परम अस्त्र है, उसी से हम दुनिया में किसी का मुकाबला कर सकते हैं। आगे बढ़ने वाले युवक सबसे विद्रोह करें, किन्तु वे एक भावना से विद्रोह करने की इच्छा को हृदय में न आने दें। उनके मन में उच्च चरित्र के प्रति कभी प्रताड़ना या उपेक्षा का भाव उदय न हो। वे स्वयं चरित्रवान हों, उनका सिर भी जब झुके तब चरित्रवान के लिए। यदि चरित्र के प्रति उनमें आदर भाव रहा तो उनका विद्रोह चाहे कितनी ही कटुता क्यों न धारण कर ले, देश के लिए अन्त में, अमृत फल ही सिद्ध होगा।

प्रेमचंद

[हंस (बनारस),1930 में प्रकाशित संपादकीय 'हंस वाणी']

हंस का जन्म

हंस के लिये यह परम सौभाग्य की बात है, कि उसका जन्म ऐसे शुभ अवसर पर हुआ है, जब भारत में एक नए युग का आगमन हो रहा है, जब भारत पराधीनता की बेड़ियों से निकलने के लिये तड़पने लगा है। इस तिथि की यादगार एक दिन देश में कोई विशाल रूप धारण करेगी। बहुत छोटी-छोटी, तुच्छ विजयों पर बड़ी-बड़ी शानदार यादगारें बन चुकी हैं। इस महान् विजय की यादगार हम क्या और कैसे बनावेंगे, यह तो भविष्य की बात है; पर यह विजय एक ऐसी विजय है, जिसकी नज़ीर संसार में नहीं मिल सकती और उसकी यादगार भी वैसी ही शानदार होगी। हम भी उस नये देवता की पूजा करने के लिये, उस विजय की यादगार कायम करने के लिये, अपना मिट्टी का दीपक लेकर खड़े होते हैं। और हमारी बिसात ही क्या है। शायद आप पूछें, संग्राम शुरू होते ही विजय का स्वप्न देखने लगे। उसकी यादगार बनाने की भी सूझ गई। मगर स्वाधीनता केवल मन की एक वृत्ति है। इस वृत्ति का जागना ही स्वाधीन हो जाना है। अब तक इस विचार ने जन्म ही न लिया था। हमारी चेतना इतनी मंद, शिथिल और निर्जीव हो गई थी, कि उसमें ऐसी महान् कल्पना का आविर्भाव ही न हो सकता था; पर भारत के कर्णधार महात्मा गांधी ने इस विचार की सृष्टि कर दी। अब वह बढ़ेगा, फूले-फलेगा। अब से पहले हमने अपने उद्धार के जो उपाय सोचे, वह व्यर्थ सिद्ध हुए, हालांकि उनके आरम्भ में भी सत्ताधारियों की ओर से ऐसा ही विरोध हुआ था। इसी भाँति इस संग्राम में भी एक दिन हम विजयी होंगे। वह दिन देर में आयेगा या जल्द, यह हमारे पराक्रम, बुद्धि और साहस पर मुनहसर है। हाँ, हमारा यह धर्म है कि उस दिन को जल्द-से-जल्द लाने के लिये तपस्या करते रहें। यही हंस का ध्येय होगा, और उसी ध्येय के अनुकूल उसकी नीति होगी।

हंस की नीति

कहते हैं, जब श्री रामचंद्र समुद्र पर पुल बाँध रहे थे, उस वक्त छोटे-छोटे पशु-पक्षियों ने मिट्टी ला-लाकर समुद्र के पाटने में मदद दी थी। इस समय देश में उससे कहीं

विकट संग्राम छिड़ा हुआ है। भारत ने शान्तिमय समर की भेरी बजा दी है। हंस भी मानसरोवर की शान्ति छोड़कर, अपनी नन्ही सी चोंच में चुटकी-भर मिट्टी लिये हुए, समुद्र पाटने–आजादी के जंग में योग देने चला है। समुद्र का विस्तार देखकर उसकी हिम्मत छूट रही है; लेकिन संघ शक्ति ने उसका दिल मजबूत कर दिया है। समुद्र पटने के पहले ही उसकी जीवन-लीला समाप्त हो जायगी, या वह अन्त तक मैदान में डटा रहेगा, यह तो कोई ज्योतिषी ही जाने; पर हमें ऐसा विश्वास है, कि हंस की लगन इतनी कच्ची न होगी। यह तो हुई उसकी राजनीति, साहित्य और समाज में वह उन गुणों का परिचय देगा, जो परम्परा ने उसे प्रदान कर दिये हैं।

डोमिनियन और स्वराज

न डोमिनियन मांगे से मिलेगा, न स्वराज। जो शक्ति डोमिनियन छीनकर ले सकती है, वह स्वराज भी ले सकती है। इंग्लैंड के लिए दोनों समान हैं। डोमिनियन स्टेटस में गोल मेज़-कान्फ्रेंस का उलझावा है; इसलिये वह भारत को इस उलझावे में डालकर भारत पर बहुत दिनों तक राज्य कर सकती है। फिर उसमें किस्तों की गुंजायश है और किस्तों की अवधि एक हजार वर्षों तक बढ़ाई जा सकती है; इसलिये इंग्लैंड का डोमिनियन स्टेटस के नाम से न घबड़ाना समझ में आता हैं। स्वराज में किस्तों की गुंजायश नहीं, न गोल मेज़ का उलझावा है; इसलिए वह स्वराज के नाम से कानों पर हाथ रखता है; लेकिन हमारे ही भाइयों में इस प्रश्न पर क्यों मतभेद है, इसका रहस्य आसानी से समझ में नहीं आता। वे इतने बेसमझ तो हैं नहीं, कि इंग्लैंड की इस चाल को न समझते हों। अनुमान यही होता है कि इस चाल को समझकर भी वे डोमिनियन के पक्ष में हैं, तो इसका कुछ और आशय है। डोमिनियन पक्ष को गौर से देखिए, तो उसमें हमारे राजे-महाराजे, हमारे जमींदार, हमारे धनी-मानी भाई ज्यादा नज़र आते हैं। क्या इसका यह कारण है, कि वे समझते हैं, कि स्वराज की दशा में उन्हें बहुत कुछ दबकर रहना पड़ेगा? स्वराज में मजदूरों और किसानों की आवाज इतनी निर्बल न रहेगी? क्या यह लोग उस आवाज के भय से थरथरा रहे हैं? हमें तो ऐसा ही जान पड़ता है, वह अपने दिल में समझ रहे हैं, कि उनके हितों की रक्षा अंग्रेजी शासन ही से हो सकती है। स्वराज कभी उन्हें गरीबों को कुचलने और उनका रक्त चूसने न देगा। डोमिनियन का अर्थ उनके लिये यही है, कि दो-चार गवर्नरियाँ दो-चार बड़े-बड़े पद, उन्हें और मिल जायेंगे। उनका डोमिनियन स्टेटस इसके सिवा और कुछ नहीं है। ताल्लुकेदार और राजे इसी तरह गरीबों को चूसते चले जायँगे। स्वराज गरीबों की आवाज़ है, डोमिनियन गरीबों की कमाई पर मोटे होने वालों की। सम्भव है, अभी अमीरों की आवाज कुछ दिन और गरीबों को दबाए रखें। गरीबों के सब्र का प्याला अब भर गया है। इंग्लैंड को अगर अपना रोजगार प्यारा है, अगर अपने मजदूरों की प्राण-रक्षा करनी है, तो उसे गरीबों की आवाज को ठुकराना नहीं चाहिए, वरना भारत के राजों और

शिक्षित समाज के ऊँचे ओहदेदारों के सँभाले उसका रोजगार न सँभालेगा। जब एक बार गरीब समझ जायेंगे, कि इंग्लैंड उनका दुश्मन है, तो फिर इंग्लैंड की खैरियत नहीं। इंग्लैंड अपनी संगठित शक्ति से उनका संगठित होना रोक सकता है; लेकिन बहुत दिनों तक नहीं।

युवकों का कर्त्तव्य

अब युवकों का क्या कर्त्तव्य है? युवक नई दशाओं का प्रवर्त्तक हुआ करता है। संसार का इतिहास युवकों के साहस और शौर्य का इतिहास है। जिसके हृदय में जवानी का जोश है, यौवन की उमंग है, जो अभी दुनिया के धक्के खा-खाकर हतोत्साह नहीं हुआ, जो अभी बाल-बच्चों की फिक्र से आज़ाद है, अगर वही हिम्मत छोड़कर बैठ रहेगा, तो मैदान में आएगा कौन? फिर, क्या उसका उदासीन होना इंसाफ़ की बात है? आखिर यह संग्राम किसलिये छिड़ा है? कौन इससे ज्यादा फायदा उठावेगा? कौन इस पौधे के फल खावेगा? बूढ़े चंद दिनों के मेहमान हैं। जब युवक ही स्वराज का सुख भोगेंगे, तो क्या यह इंसाफ की बात होगी, कि वह दब के बैठे रहें। हम इसकी कल्पना भी नहीं कर सकते, कि वह गुलामी में खुश हैं और अपनी दशा को सुधारने की लगन उन्हें नहीं है। यौवन कहीं भी इतना बेजान नहीं हुआ करता। तुम्हारी दशा देखकर ही नेताओं को स्वराज की फिक्र हुई है। वह देख रहे हैं, कि तुम जी तोड़कर डिग्रियाँ लेते हो; पर तुम्हें कोई पूछता नहीं, जहाँ तुम्हें होना चाहिए, वहाँ विदेशी लोग डटे हुए हैं। स्वराज वास्तव में तुम्हारे लिये है, और तुम्हें उसे आन्दोलन में प्रमुख भाग लेना चाहिए। गवर्नर और चांसलर तुम्हें तरह-तरह के स्वार्थमय उपदेश देकर, तुम्हें अपने कर्त्तव्य से हटाने की कोशिश करेंगे; पर हमें विश्वास है, तुम अपना नफा-नुकसान समझते हो और अपने जन्म अधिकार को एक प्याले-भर दूध के लिये न बेचोगे; लेकिन यह न समझो कि केवल स्वराज का झंडा गाड़कर और इंकलाब की हाँक लगाकर तुम अपना कर्त्तव्य पूरा कर लेते हो। तुम्हें मिशनरी जोश और धैर्य के साथ इस काम में जुट जाना चाहिए। संसार के युवकों ने जो कुछ किया है, वह तुम भी कर सकते हो। क्या तुम स्वराज का संदेश गाँव में नहीं पहुँचा सकते? क्या तुम गाँवों के संगठन में योग नहीं दे सकते? हम सच कहते हैं, एल.एल.बी., या एम.ए. हो जाने के बाद यह अमली तालीम, यह अनुभव तुम्हें इतना हितकर होगा, जितना पुस्तक ज्ञान उम्र भर भी नहीं हो सकता। तुम मर्द हो जाओगे।

सरल जीवन स्वाधीनता के संग्राम की तैयारी हो

लेकिन जब हम अपने छात्रों का विलास-प्रेम देखते हैं, तो हमें उनके विषय में बड़ी चिन्ता होती है। वह रोज़ अपनी जरूरतें बढ़ाते जाते हैं, विदेशी चीजों की चमक-दमक ने उन्हें अपना गुलाम बना लिया है। वे चाय और काफी के, साबुन और सेंट

के और न जाने कितनी अल्लम-गल्लम चीजों के दास हो गए हैं। बाज़ार में चले जाइए, आप युवकों और युवतियों को शौक और विलास की चीजें खरीदने में रत पाएंगे। वह यह समझ रहे हैं कि विलास की चीजें बढ़ा लेने से ही जीवन का आदर्श ऊँचा हो जाता है। यूनिवर्सिटियों में अपने अध्यापकों का विलास-प्रेम देखकर यदि उन्हें ऐसा विचार होता है, तो उनका दोष नहीं। यहाँ तो आवें का आवाँ बिगड़ा हुआ है। सादे और सरल जीवन से उन्हें घृणा सी होती है। अगर उनका कोई सहपाठी सीधा-सादा हो, तो वे उसकी हँसी उड़ाते हैं, उस पर तालियाँ बजाते हैं। अंग्रेज अगर इन चीजों के शौकीन हैं, तो इसलिये कि इस तरह वे अपने देश के व्यवसाय की मदद करते हैं। फिर, वह सम्पन्न हैं, हमारी और उनकी बराबरी ही क्या? उन्होंने फसल काट ली है, अब मजे से बैठे खा रहे हैं। हमने तो अभी फसल बोई भी नहीं, हम अगर उनकी नकल करें तो इसके सिवा कि बीज खा डालें, और क्या कर सकते हैं। और यही हो रहा है। जिस गाढ़ी कमाई को देशी व्यवसाय और धंधे में खर्च होना चाहिए था, वह यूरोप चली जा रही है और हम उन आदतों के गुलाम होकर अपना भविष्य खाक में मिला रहे हैं। शौक और सिंगार के बन्दे ज़िन्दगी में कभी स्वाधीनता का अनुभव कर सकते हैं, हमें इसमें संदेह है। विद्यालय से निकलते ही उन्हें नौकरी चाहिए, इसके लिये वह हर तरह की खुशामद और नकघिसनी करने के लिये तैयार हैं। नौकरी मिल गई तो उन्हें अपनी जरूरतों को पूरा करने के लिये ऊपरी आमदनी की फिक्र होती है। उनकी आत्मा की स्वतंत्रता, शौक की वेदी पर चढ़ा दी जाती है। दुनिया के जितने बड़े-से-बड़े महापुरुष हो गये हैं और हैं वे जीवन की सरलता का उपदेश देते आए हैं और दे रहे हैं; मगर हमारे छात्र हैं, कि हैट और कॉलर की फिक्र में अपना भविष्य बिगाड़ रहे हैं।

शांति-रक्षा

हिज ऐंक्सेलेन्सी वाइसराय से लेकर सूबों के हिज एक्सेलेन्सियों तक सभी कानून और शांति की रक्षा की धमकियां दे रहे हैं, जिसका अर्थ यह है कि इस वक्त कानून और शांति की रक्षा के लिये, जो कुछ किया जा रहा है, उससे ज्यादा और भीषण रीति से किया जायगा। और, उधर महात्मा गांधी हैं, कि किसी दशा में भी शांति को हाथ से नहीं छोड़ना चाहते, यहाँ तक कि अवज्ञा का सारा भार उन्होंने अपने सिर ले लिया है।

जहाँ तक शांति-रक्षा का संबंध है, ऐसा कौन आदमी होगा, जो सरकार से इस विषय में सहयोग न करे और मुल्क में बदअमली हो जाने दे; मगर मुश्किल यह है कि सरकार ने जिस चीज़ का नाम शांति रख छोड़ा है, वह हमारे लिये न शांति है, न कानून। जो कानून राष्ट्र बनाता है, उसका पालन वह स्वयं शांति-पूर्वक करता है; लेकिन जो कानून दूसरे लोग उसके लिए बना देते हैं, उसकी पाबंदी वह करती तो है; पर

संगीनों और मशीनगनों के जोर से, और ऐसी शांति को कौन शांति कहेगा, जिसका आधार तलवारों की झंकार और तोपों की गरज है। जहाँ तक हमें याद है, सरकार ने और चाहे जितनी गलतियाँ की हों, शांति की रक्षा में उसने कभी गलती नहीं की। यह दूसरी बात है, कि हिन्दू-मुसलमान आपस में लड़-लड़कर एक-दूसरे के प्राण लें, एक-दूसरे की जायदाद लूटें, घर में आग लगावें, औरतों की आबरू बिगाड़ें। न-जाने सरकार की शांति-रक्षिणी शक्ति ऐसे नाजुक मौकों पर क्यों नहीं काम करती।

जेल-सुधार

जिस तरह किसी व्यक्ति के चरित्र का अन्दाजा उसके मित्रों को देखकर किया जा सकता है उसी तरह किसी राज्य की सुव्यवस्था का अन्दाजा, उसके जेलों की दशा से हो सकता है। रूस के जेल भारत के जेलों को देखते स्वर्ग हैं। यहाँ तक कि ईरान-जैसे देश के जेल भी बहुत कुछ सुधर चुके हैं। हमारे जेलों की दशा जितनी खराब है, शायद संसार में इस बात में कोई उसका सानी न मिलेगा। जतीन्द्रनाथ दास के उत्सर्ग का कुछ फल उस सुधार के रूप में निकला है जो अभी किये गये हैं; मगर कैदियों का कई दरजों में विभाजित किया जाना और हरेक कक्षा के साथ अलग-अलग व्यवहार करना, उन बुराइयों की दवा नहीं है। जेल ऐसे होने चाहिए, कि कैदी उसमें से मन और विचार में कुछ सुधरकर निकले, यह नहीं, कि उसके पतन की क्रिया वहाँ जाकर और भी पूरी हो जाय। इस सुधार से यह फल न होगा, हाँ जो धनी हैं, उन्हें वहाँ कुछ आराम हो जायगा। गरीब की सब जगह मौत है, जेल में भी। मालूम नहीं ईश्वर के घर भी यही भेदभाव है, या इससे कुछ अच्छी दशा है।

जापान के लोग लम्बे हो रहे हैं

हिन्दुस्तान के लोग दिन-दिन दुर्बल होते जाते हैं; लेकिन जापान के एक पत्र ने लिखा है-जापानियों का डील धीरे-धीरे ऊँचा हो रहा है। बलिष्ठ तो वे पहले भी होते थे; लेकिन अब वे ऊँचे भी हो रहे हैं। इसका कारण है, रहन-सहन में सुधार। अब वे पहले से अच्छा और पुष्टिकारक भोजन पाते हैं, ज्यादा साफ और हवादार घरों में रहते हैं; आर्थिक चिन्ताओं का भार भी कम हो गया है। जहाँ 80 फी सैकड़े आदमी आधे पेट भोजन भी नहीं पाते, वे क्या बढ़ेंगे और क्या मोटाएंगें? शायद सौ वर्ष के बाद हिन्दुस्तानियों की कहानी रह जायेगी।

राजनीति और रिश्वत

वर्तमान राजनीति में रिश्वत भी एक जरूरी मद है। क्या इंग्लैंड, क्या फ्रांस, क्या जापान सभी सभ्य और उन्नत देशों में यह मरज दिन-दिन बढ़ता जा रहा है। चुनाव लड़ने के लिये बड़े-बड़े लोग जमा किये जाते हैं और वोटरों से वोट लेने के लिए

सभी तरह के प्रलोभनों से क़ाम लिया जाता है। जब देश के शासक खुद ऐसे काम करते हैं तो उसे रोके कौन? शैतान ही जानता है चुनाव के लिए कैसी-कैसी चालें चली जाती हैं कैसे-कैसे दांव खेले जाते हैं। अपने प्रतिद्वन्द्वी को नीचा दिखाने के लिए बुरे-से-बुरे साधन काम में लाए जाते हैं। जिस दल के पास धन ज्यादा हो, और कार्यकर्त्ता-कनवेनर अच्छे हों, उसकी जीत होती है। यह वर्तमान शासन पद्धति का कलंक है। इसका फल यह होता है, कि सबसे योग्य व्यक्ति नहीं, सबसे चालबाज लोग ही चुनाव के संग्राम में विजयी होते हैं। ऐसे ही स्वार्थी, आदर्शहीन, विवेकहीन मनुष्यों के हाथ में संसार का शासन है। फिर अगर संसार में स्वार्थ का राज्य है, तो क्या आश्चर्य!

पहले हिन्दुस्तानी, फिर और कुछ

हिन्दू तो हमेशा से यही रट लगाते चले आ रहे हैं; लेकिन मुसलमान इस आवाज में शरीक न थे। बीच में एक बार मो. मुहम्मद अली या शायद उनके बड़े भाई साहब ने यह आवाज मुँह से निकालने का साहस किया था; मगर थोड़े दिनों के बाद उन्होंने फिर पहलू बदला-''पहले मुसलमान फिर और कुछ'' का नारा बुलन्द किया। फिर क्या था; मुसलिम दल में उनका जितना सम्मान कम हो गया था, उससे कई गुना ज्यादा मिल गया। आज अगर कोई मुसलमान 'पहले हिन्दुस्तानी' होने का दावा करे, तो उस पर चारों तरफ से बौछारें होने लगेंगी। पहले 'मुसल' बनकर धर्मान्ध जनता की निगाह में गौरव प्राप्त कर लेना तो आसान है; पर उसका मुसलमानों की मनोवृत्ति पर जो बुरा असर पड़ता है, वह देश-हित के लिये घातक है। मुसलमान किसी प्रश्न पर राष्ट्र की आँखों से नहीं देखता, वह उसे मुसलिम आँखों से देखता है। वह अगर कोई प्रश्न पूछता है, तो मुसलिम दृष्टि से; किसी बात का विरोधकर्ता है, तो वह मुसलिम दृष्टि से। लाखों मुसलमान बाढ़ और सूखे के कारण तबाह हो रहे हैं। उनकी तरफ किसी मुसलिम मेम्बर की निगाह नहीं जाती। आज तक कोई ऐसा मुसलिम-संघटन नहीं हुआ, जो मुसलिम जनता की सांसारिक दशा को सुधारने का प्रयत्न करता। हाँ, उनकी धार्मिक मनोवृत्ति से फायदा उठाने वालों की कमी नहीं है। महात्मा गांधी खद्दर का प्रचार दिलोजान से कर रहे हैं। इससे मुसलमान जुलाहों का फ़ायदा अगर हिन्दू कोरियों से ज्यादा नहीं, तो कम भी नहीं है; लेकिन जहाँ इस सूबे के छोटे-से-छोटे शहर ने महात्मा जी को थैलियां भेंट कीं, अलीगढ़ ने केवल सूखा ऐड्रेस देना ही काफी समझा। यह मुसलिम मनोवृत्ति है। देखा चाहिए, सर तेजबहादुर सप्रू सर्व-दल-सम्मेलन को सफल बनाने में कहाँ तक सफल होते हैं। हमारी आशा तो नौजवान मुसलमानों का मुँह ताक रही है। इसलामिया कॉलेज लाहौर में, जहाँ अधिकांश मुसलमान छात्र थे, स्वाधीनता का प्रस्ताव मुसलमान नेताओं के विरोध पर भी पास हो गया। इससे पता चलता है, कि हवा का रुख किधर है।

महात्माजी का वाइसराय से निवेदन

महात्माजी ने वाइसराय को जो पत्र लिखा है उसे Ultimatum कहना, उस पत्र के महत्त्व को मिटाना है। वह एक सच्चे, आत्मदर्शी हृदय के उद्‌गार हैं। उसमें एक भी ऐसा शब्द नहीं है, जिसमें मालिन्य, क्रोध, द्वेष या कटुता की गंध हो। उस पवित्र आत्मा में मालिन्य या द्वेष का स्थान ही नहीं है। वह किसी का शत्रु नहीं, सबका मित्र है। अंग्रेजी शासन का ऐसा संपूर्ण इतिहास इतने थोड़े-से शब्दों में, इतनी सद्‌प्रेरणा के साथ महात्माजी के सिवा दूसरा कौन लिख सकता था। उस पत्र में जितनी जाग्रति, जितनी स्फूर्ति, जितना सत्साहस है, वह शायद भगवद्‌गीता में हो तो हो, और तो हमें कहीं नहीं मिलता। भारत के ही इतिहास में नहीं, संसार के इतिहास में भी वह यादगार रहेगा। पाठक के हृदय पर एक-एक शब्द देव-वाणी सा प्रभाव डालता है, प्रतिक्षण आत्मा ऊँची होती जाती है, यहाँ तक कि उसे समाप्त कर लेने पर आप अपने को एक नई दुनिया में पाते हैं। महात्मा गांधी ने स्पष्ट कह दिया है, कि हम पद के लिए, धन के लिए, अधिकार के लिए स्वराज नहीं चाहते, हम स्वराज चाहते हैं उन गूंगे, बेज़बान आदमियों के लिये, जो दिन-दिन दरिद्र होते जा रहे हैं। अगर आज सभी अंग्रेज अफसरों की जगह हिन्दोस्तानी हो जायं, तब भी हम स्वराज से उतने ही दूर रहेंगे, जितने इस वक्त हैं। हमारा उद्देश्य तो तभी पूरा होगा, जब हमारी दरिद्र, क्षुधित, वस्त्रहीन जनता की दशा कुछ सुधरेगी।

मगर हमारे ही देश में हमारे ही कुछ ऐसे भाई हैं, जिन्हें इस निवेदन में कोई नई बात कोई नया संदेश नहीं नज़र आता। उन पर उसके ऊँचे पवित्र भावों का जरा भी असर नहीं पड़ा। वह अब भी यही रट लगाए जा रहे हैं, कि महात्माजी आग से खेल रहे हैं। समाज की जड़ खोदने वाली शक्तियों को उभार रहे हैं। जिन्हें अंग्रेजों के साथ मिलकर प्रजा को लूटते हुए अपना स्वार्थ सिद्ध करने का अवसर प्राप्त है, वे इसके सिवा और कह ही क्या सकते हैं। वे अपना स्वार्थ देखते हैं अपनी प्रभुता का सिक्का जमते देखना चाहते हैं। उनके स्वराज में गरीबों को, मजदूरों को, किसानों को स्थान नहीं हैं। स्थान है केवल अपने लिये; मगर जिस व्यक्ति के हृदय में गरीबों की दिन-दिन गिरती हुई दशा देखकर ज्वाला सी उठती रहती है, जो उनकी मूक वेदना देख-देख कर तड़प रहा है, वह किसी ऐसे स्वराज की कल्पना से संतुष्ट नहीं हो सकता, जिसमें कुछ ऊँचे दरजे के आदमियों का हित हो और प्रजा की दशा ज्यों-की-त्यों बनी रहे। हमारी लड़ाई केवल अंग्रेज सत्ताधारियों से नहीं, हिन्दुस्तानी सत्ताधारियों से भी है। हमें ऐसे लक्षण नज़र आ रहे हैं, कि यह दोनों सत्ताधारी इस अधार्मिक संग्राम में आपस में मिल जायेंगे और प्रजा को दबाने की, इस आंदोलन को कुचलने की कोशिश करेंगे; लेकिन यह उन्हीं के हक में बुरा होगा। प्रजा की दशा तो अब जितनी बुरी है उससे बुरी और हो ही क्या सकती है? हाँ, जो लोग प्रजा के मत्थे ऐश करते हैं, यूरोप में विहार करते हैं, मोटरों में बैठे हुए हवा में उड़ाते हैं, उनकी खैरियत नहीं है। हम

उन्हें धमकी नहीं दे रहे हैं, धांधली उसी वक्त तक हो सकती है, जब तक जनता सोई हुई है। हम अब भी आशा रखते हैं कि महात्मा जी का सदुद्योग सत्ताधारियों के विचार-कोण में इच्छित परिवर्तन करेगा। विचारों का परिवर्तन अब तक तलवार से होता हैं, लेकिन विचार जैसी सूक्ष्म वस्तु पर तलवार का असर या तो होता ही नहीं, या होता है, तो स्थायी नहीं होता। सूक्ष्म वस्तु पर सूक्ष्म वस्तु का ही असर पड़ सकता है। भारत ने इसके पहले भी संसार के सामने आध्यात्मिक आदर्श रखे हैं, वही चेष्टा वह फिर कर रहा है। वह इतिहास की परम्परागत प्रगति को बदल देना चाहता है। वह सफल होगा, या विफल, यह दैव के हाथ है; लेकिन उसकी विफलता भी ऐसी होगी, जिस पर सैकड़ों सफलताएं भेंट की जा सकती हैं।

हमें आशा है, कि वाइसराय के हृदय पर इस निवेदन का कुछ असर होगा, वह उस सौजन्य, विनम्रता और सच्चाई की कुछ कद्र करेंगे; पर वाइसराय की ओर से उसका जो जवाब दिया गया है, वह सिद्ध कर रहा है कि महात्मा जी का संदेश उनके हृदय तक नहीं पहुँचा।

धन्यवाद

'हंस के प्रकाशन की सूचना के पश्चात हिन्दी प्रेमी सज्जनों ने हमें काफी उत्साह दिलाया है-हमारी खासी सहायता की हैं। बरेली-निवासी, भारत-प्रसिद्ध कथा-वाचक और नाटककार पं0 राधेश्याम जी ने अपने 'भ्रमर' के कई सौ ग्राहकों की पूरी सूची हमें दे दी और अपने स्नेह तथा सौहार्द से हमें बांध लिया है। अगर इस प्रकार का उत्साह हमें सब तरफ से नहीं मिलता, तो कदाचित हम इतनी जल्दी प्रथमांक लेकर पाठकों की सेवा में अभी तक उपस्थित भी न हो सकते। अतएव हम पं0 राधेश्याम जी तथा अपने अन्य सभी स्नेही और सहायकों के प्रति कृतज्ञता प्रकट करते और उन्हें धन्यवाद देते हैं। आशा है, आगे भी वे इसी प्रकार स्नेह रखते हुए हमारी सहायता करते रहेंगे।

-व्यवस्थापक

(साभार : जनक दुलारी संग्रह)

रामशंकर त्रिपाठी

[लोकमान्य (कलकत्ता), 31 जनवरी, 1931 में प्रकाशित संपादकीय 'का पन्था:?']

1) दो घटनाएं हैं। एक बम्बई की है, दूसरी दिल्ली की है। बातें दो तरह की हैं; लेकिन मतलब दोनों का एक है। दोनों ही हिन्दुस्तान की मौजूदा हालत से सम्बन्ध रखती हैं। कोई चार दिन पहले की बात है। एक अखबारनबीस महात्मा जी से मिला। बातों ही बातों में उसने पूछा–महात्मा जी आप विलायती कपड़े का बहिष्कार करा रहे हैं। क्या आप इसका नतीजा जानते हैं? क्या आपको मालूम है कि इससे आप अंगरेजों की सहानुभूति खो रहे हैं? महात्मा जी ने कहा–भाई, लेकिन मैं अंगरेजों की सहानुभूति प्राप्त करने के लिए शराब पीने नहीं जाऊंगा। अखबारनबीस चुप हो गया।

2) दूसरी बात दिल्ली की है। बंगाली का सम्वाददाता एक अमेरिकन अखबार नबीस से गत 29 जनवरी को मिला। वे बोले–अगर कांग्रेस प्रीमियर का प्रस्ताव नामंजूर कर देगी,–अगर वह मि0 मैकडोनल्ड की घोषणा के सामने सिर नहीं झुकायेगी, तो अमेरिका की सहानुभूति वह खो बैठेगी। मालूम नहीं, बंगाली के सम्वाददाता ने इसका क्या उत्तर दिया, और यह भी नहीं मालूम कि यदि महात्मा जी के सामने यह सवाल आता तो वे क्या जवाब देते, लेकिन हम जानते हैं–हम अपनी तरफ से यह बात कहते हैं–और इसलिये कहना मुनासिब समझते है कि जिससे लोग धोखा न खा जायें–हिन्दुस्तान एक नहीं, अमेरिका जैसे कितने ही देशों की सहानुभूति को अपने अधिकारों के औचित्य पर निछावर कर सकता है। अमेरिका की सहानुभूति का स्वागत है,–यदि वह हमें जल्दी से जल्दी अपने लक्ष्य तक पहुंचने में मदद देती हो; लेकिन उसकी उस सहानुभूति से क्या फायदा, जो हमें मंझधार में डुबाती हो, जो हमसे अन्याय की बंदना कराना चाहती है,–जो अपनी सहानुभूति को हमारे अधिकार से बढ़ कर समझती हो।

मि. जिन्ना की निराशा

प्रीमियर साहब की घोषणा को हमारे देश–विदेश के भी बहुतेरे आदमियों ने बड़ा महत्त्व दिया है और किसी–किसी ने तो यहां तक कह डाला है कि भारतवर्ष जो कुछ चाहता

था, वह मिल गया; लेकिन अण्डा परिषद् के भारतीय प्रतिनिधि मि0 जिन्ना उससे बिल्कुल संतुष्ट नहीं है। एक पत्र प्रतिनिधि से बातचीत करते हुए उन्होंने कहा कि गोलमेज कान्फ्रेन्स में कोई महत्त्वपूर्ण निर्णय नहीं हुआ है और यह तय है कि कांग्रेस उसे अस्वीकृत कर देगी। मि. जिन्ना का यह भी ख्याल है कि हिन्दू-मुस्लिम समझौता हुए बिना भारतवर्ष का कतई फायदा नहीं हो सकता। हिन्दू मुसलमानों के स्थायी मेल के संबंध में दो मत नहीं है किन्तु मि. जिन्ना यह क्यों भूल जाते हैं कि इन दोनों जातियों में जो मेल या समझौता नहीं होने पाता उसका बहुत बड़ा कारण वे स्वयं हैं। और जब तक वे तथा उनके-से विचार वाले दूसरे लोग अपनी अपनी जिद पर अड़े रहेंगे तब तक समझौता कैसे हो सकता है?

पं. द्वारकाप्रसाद मिश्र

[लोकमत (नागपुर), 1 जून, 1931 में प्रकाशित संपादकीय 'मि. रामराव देशमुख और बरार']

आज के 'लोकमत' में 7वें पृष्ठ पर हम एक 'व्यथित हिंदी-भाषी' की चिट्ठी प्रकाशित कर रहे हैं, लेखक ने जो प्रश्न उठाया है वह महत्त्वपूर्ण हो सकता है, किन्तु ढंग भद्दा है। हिंदी जिलों के नेताओं पर 'कांग्रेस के पीछे' पड़ने तथा 'इस ओर ध्यान' न देने का जो दोषारोपण लगाया गया है वह भी उचित नहीं दिखता। हिंदी जिलों के लोग इतने कट्टर राष्ट्रीयतावादी हैं कि हिन्दू तथा मुसलमानों में भेद नहीं समझते तब महाराष्ट्र व हिन्दुस्तानी में कैसे भेद करेंगे। गोलमेज परिषद स्वराज्य-प्राप्ति का साधन हो सकती है, पर साध्य तो हर्गिज नहीं है। अतएव महाराष्ट्र ही उसमें जाकर स्वराज ले आवें तो महाकोशलवासियों को 'व्यथित' होने की आवश्यकता नहीं है।

'व्यथित हिंदी-भाषी' के सदृश ही हमारा ध्यान भी भूतपूर्व मिनिस्टर मि. रामराव देशमुख के व्यक्तव्य की ओर आकर्षित हुआ है। मि. रामराव बरार का पृथक्करण चाहते हैं यह हमारे लिए खुशी की बात है, क्योंकि हम भी महाकोशल का पृथक्करण चाहते हैं। परन्तु पृथक्करण के पक्ष में उन्होंने जो दलीलें पेश की हैं वे निन्दनीय हैं। वे बरार को मध्यप्रदेश से इसलिए अलग करना चाहते हैं, क्योंकि मध्यप्रदेश 'पिछड़ा' प्रांत है और बरार अग्रगामी है; क्योंकि सिम-सिद्धांत की अवहेलना कर बरार का कुछ रुपया मध्यप्रदेश में भी खर्च कर दिया जाता है और क्योंकि पूरे प्रांत के शासन में बरार की आवाज प्रभावशाली नहीं है। हमारा ख्याल है कि अग्रगामी होने का दावा केवल मि. देशमुख की अहम्मन्यता का सूचक है और यदि सच भी हो तो पिछड़े हिस्से का त्याग अग्रगामी की नग्न स्वार्थ-परता का ही सूचक हो सकता है। सिम-सिद्धांत के हम घोर विरोधी हैं और जब तक यह कायम रहेगा तब तक महाकोशल भविष्य में बरार के साथ कभी नहीं रहना चाहेगा। मध्यप्रदेशीय कौंसिल के पिछले अधिवेशन में मि. खापर्डे ने नितांत अपमान पूर्ण शब्दों में कहा था कि मध्यप्रदेश तथा बरार रूपी संयुक्त परिवार में कमाऊ पूत बरार है और उड़ाऊ पूत मध्यप्रदेश। महाकोशल के किसी भी आत्माभिमानी पुत्र के पास इस आक्षेप का एकमात्र उत्तर यही हो सकता है कि कमाऊ साहब अपनी धन-दौलत लेकर जल्दी से जल्दी

अलग हो जावें। रह गयी प्रान्त के शासन में बरार की आवाज प्रभावशाली न होने की बात, सो हमारा मि. रामराव देशमुख से निवेदन है कि डा. पंजाबराव देशमुख के मिनिस्टर हो जाने से बरार की आवाज पूर्ववत प्रभावशाली है। पर हां, मि. रामराव देशमुख की आवाज जरूर समाप्त हो गयी है। यदि मि. रामराव और बरार पर्यायवाची हैं तो बात दूसरी है।

हम जैसा ऊपर लिख चुके हैं, हम स्वयं महाकोशल को मराठी जिलों से पृथक कराना चाहते हैं पर हमारे पृथक्करण का अभिप्राय एकता को उचित रीति से पुष्ट करना है। हमारा निश्चित मत है कि जब तक प्रत्येक प्रांत की कौंसिल की कार्रवाई उस प्रांत की ही भाषा में न होगी तब तक प्रजातंत्रीय शासन ढकोसला होगा, अतएव हम समस्त भारत में प्रांतों का पुनर्निर्माण भाषा के आधार पर चाहते हैं। इस भाषा-सिद्धांत के अनुसार जब आंध्र, उत्कल, तामिल, कर्नाटक, केरल आदि पृथक प्रांत बनेंगे तब महाकोशल भी पृथक हो जावेगा। हमें पूर्ण विश्वास हैं कि कांग्रेस तथा महात्मा गांधी ऐसे शासन-सुधारों को कभी भी स्वीकार न करेंगे जिनमें भाषावार प्रांतों की रचना के सिद्धांत को ठुकराया जावेगा। परन्तु बरार की पृथक्करण की पुकार तो हमें चालबाजी से भरी दिखती है। हमें तो धीरे-धीरे विश्वास हो चला है कि मि. रामराव सरीखे बरारी नेता बरार का पृथक्करण दिल से नहीं चाहते, इस प्रश्न को बराबर छेड़कर अपने व्यक्तिगत स्वार्थ के लिये वे महाकोशलवासियों, मध्यप्रदेश सरकार तथा भारत सरकार पर अनुचित दबाव डालना चाहते हैं। परन्तु हमें तो मि. रामराव से कुछ बातें साफ-साफ कहनी है और सरकार भी चाहे तो उन्हें ध्यान में रख सकती है। यदि देश के दुर्भाग्य से भाषावार प्रांतों की रचना न हुई और महाकोशल को बरार के साथ रहने के लिये ही बाध्य होना पड़ा तो हम केवल दो शर्तों पर ही बरार के साथ रहना चाहेंगे। पहली शर्त तो यह है कि मध्यप्रांतीय कौंसिल तथा प्रांत भर की अदालतों की भाषा हिंदी मानी जावे और दूसरी यह कि सिम-सिद्धांत का स्पष्ट परित्याग कर दिया जावे। यदि प्रांत के दोनों भागों को साथ रहना ही पड़े तो फिर "हम साथ भी है और अलग भी हैं" यह दोहरी नीति नहीं चल सकती। एक प्रांत में दो जेब नहीं रह सकतीं। यदि रामराव को यह स्वीकार नहीं है तो वे वाइसराय के पास अपना वक्तव्य न भेजकर इंग्लैंड के प्रधानमंत्री के पास आवेदन पत्र भेजें जिससे सारे संसार को मालूम तो हो जावे कि जब किसी राजनीतिज्ञ के नाम के आगे 'मिनिस्टर' शब्द लग जाते हैं कितना बड़ा देशभक्त हो जाता है?

(साभार : तेवर, पंडित द्वारकाप्रसाद मिश्र के अग्रलेख)

आचार्य शिवपूजन सहाय

[जागरण (काशी), 1932 में संपादकीय 'भगवान का भरोसा']

हममें न कोई चमत्कार-पूर्ण प्रतिभा है, न कोई विलक्षण शक्ति; है केवल औढरदानी विश्वनाथ का अटल भरोसा, जिसकी राजधानी से यह 'जागरण' प्रकट हो रहा है। उसी की यह प्रेरणा है, वही इसे सम्हाले। हम उसी जगन्नियन्ता के हाथ के खिलौने हैं। अगर इस तुच्छ खिलौने से आपका कुछ दिल बहल जाय, तो इसे भी उसी की कृपा समझियेगा।

राष्ट्रभाषा हिन्दी की कुछ सेवा करने की थोड़ी-सी श्रद्धा भी मन में है, बचा-खुचा उत्साह भी रह गया है। पर इनका कोई सहारा नहीं है-एकमात्र जगदाधार का ही आसरा है। उस जगन्नाटक-सूत्रधर के संकेत पर नाचना हमारा काम है; उसी व्याज से यदि आपका मनोरंजन भी हो जाए, तो हमारा अहोभाग्य!

'जागरण' को शुद्ध साहित्यिक पत्र बनाने की इच्छा है। अभी हमारी दृष्टि से ही इसमें बहुत-सी त्रुटियाँ है। पर विश्वास है कि ईश्वर की दया से निकट भविष्य में ही वे दूर हो जायँगी। मन में जो कुछ है, सब उसी भक्त-कल्पद्रुम के चरणों में अर्पित है।

हिन्दी में अनेक पत्र-पत्रिकाओं के होते हुए भी 'जागरण' की आवश्यकता थी-इस बात पर अगर हम आपका विश्वास जमा सके, तो हम अपने को सफल-मनोरथ समझेंगे।

यह किसी दल-विशेष का पत्र नहीं है। ईश्वर की दया से भविष्य में भी यह ऐसा ही रहेगा। साहित्यिक दलबन्दी और ईर्ष्या-द्वेष को मिटाने में कभी कोताही न करेगा। ईश्वर से प्रार्थना है कि बन्धुत्व और सौहार्द फैलाने में समर्थ हो। आशा है, आप लोग भी इस ईश्वर-प्रार्थना के स्वर में स्वर मिलावेंगे।

मालवीय-जयन्ती

आज हिन्दू-विश्वविद्यालय में माननीय पं. मदनमोहन मालवीय जी की सत्तरवीं वर्ष-गांठ मनाई जाने को है। हिन्दी-साहित्य के नाते हम भी आपका सादर अभिनन्दन करते हैं। शिक्षा, धर्म, समाज, राजनीति और साहित्य-सभी क्षेत्रों में आपकी स्तुत्य सेवा स्मरणीय है। सन् 1831 ई. में आपका शुभ जन्म, तीर्थराज प्रयाग में 25 दिसंबर को

हुआ था। सन् 1884 में बी.ए. होकर सरकारी स्कूल में मास्टर हुए। सन् 1887 में हिन्दी-दैनिक 'हिन्दोस्थान' के सम्पादक हुए। ढाई वर्ष तक उसका सम्पादन किया। इसके बाद अंगरेजी अखबार 'इंडियन यूनियन' के सम्पादक हो गये। हिन्दी-पत्र-सम्पादन से प्रत्यक्ष संबंध न रहने पर भी हिन्दी का काम आपसे न छूटा। आपने प्रयाग से 'अभ्युदय' निकालकर उसके लिए बहुत परिश्रम किया। युक्त प्रांत की अदालतों में नागरी अक्षर जारी कराने में आपका प्रधान प्रयत्न था। अखिल भारतवर्षीय हिन्दी-साहित्य-सम्मेलन के प्रथम सभापति आप ही बनाये गये थे। आपके पुत्र-पौत्र भी हिन्दी-साहित्य की सेवा में संलग्न हैं। ईश्वर से यही प्रार्थना है कि आप चिरायु हों।

(साभार : जनक दुलारी संग्रह)

हेमचंद्र जोशी, इलाचंद्र जोशी (संपादक)

[विश्वामित्र (कलकत्ता), 1932 में प्रकाशित संपादकीय 'महात्मा गांधी का प्रायोपवेशन']

प्रधानमंत्री द्वारा किये गये जातीय बंटवारे की तह में हिन्दू समाज को छिन्न-भिन्न करने की जो नीति वर्तमान थी वह क्रमशः हिन्दू जाति का बीज लोप कर देती, यदि म0 गांधी जेल के भीतर से अपने प्रायोपवेशन का सिंहनाद न करते। उन्होंने किसी से कुछ नहीं कहा। बंटवारे को देखकर उनकी आत्मा हमारे भविष्य का विचार कर कांप उठी। उन्होंने सब दिशाओं से इस समस्या पर विचार कर यही उचित समझा कि "यदि हिन्दू जाति आपसे नहीं मिल सकती, यदि छूत और अछूत एक माँ की सहोदर सन्तति की भांति सगे भाई नहीं बन सकते तो अब तक का मेरा सब काम व्यर्थ गया। तब इस प्राण-धारणा से क्या लाभ? भविष्य में जो घोर तमसाच्छन्न अमा निशा हिन्दुओं को अपने सर्वान्तकारी कवल में हड़प लेना चाहती है, यदि उसका निराकरण न हो सका, तो यह अभागी जाति महाकाल के अनन्त गर्भ में विलीन हो जायगी। इसलिए या तो यह जाति मृत्यु से जूझकर उस पर विजयी बने अन्यथा इसका एकमात्र प्रायश्चित यही है कि मैं इसकी वेदी पर अपना बलिदान कर दूं।" इसी का नाम सत्याग्रह है। इस बात को सत्य सम्मत समझ, उस पर डट गये और प्राणिमात्र को कष्ट न पहुंचाकर आप सब यंत्रणायें सहीं और गाढ़ा अवसर आने पर जान पर खेल गये। 'कार्यम् वा साधयामि, शरीरं वा पातयामि।' या तो अपने कार्य को सफल करो, नहीं तो अपना देह त्याग दो, प्राचीन मनीषियों के इस सिद्धान्त पर म. गांधी ने प्रायोपवेशन आरम्भ किया। लेकिन साबरमती के सन्त का यरवदा कृष्ण-मंदिर से करुण क्रन्दन सुनकर हिन्दू बिलबिला उठे। शायद भगवान् का आसान भी डोला हो, क्योंकि सत्य की महिमा कुछ ऐसी ही है। बस भारत-भर में भूकम्प आ गया। महात्मा जी के ऊपर से जीवन-संकट टालने के लिए हिन्दू-मात्र व्याकुल हो उठे। जो दो-चार धर्मज्ञान-शून्य हिन्दू अपने अधर्म की रक्षा करने के लिए हमारी जाति की जड़ उखाड़ देने पर उतारू हैं, वे दकियानूसी वर्णाश्रमी इस बीच जो कुछ बड़बड़ाये उसे सबने स्वभावतः अनसुना कर दिया। कुछ समय के लिए तो छूत-अछूत एक हो गये। सहभोज का भारत-भर में डंका बज गया। हजारों मंदिर, जहां सहस्त्रों वर्षों से भगवान कारागार में बन्द थे और अपने परम भक्त

और पूजक भंगी, चमार, धोबी, आदि को देखने के लिए छटपटाते थे, सरासर इन अछूतों के लिए अपने कपाट खोलने लगे। स्वर्गीय दृश्य था। देवता इसे देख फूले न समाये होंगे। उनके सच्चे पुजारियों के बंधन टूट गये, यह उनके लिए अपार आनंद का विषय था। पांच दिन में भारत का कायापलट हो गया। धर्मध्वजियों और पाखण्डियों के गढ़कोट जो एक सहस्र वर्ष से स्वतंत्र और विशुद्ध धर्म भावना को कुचलकर अपना एकछत्र शासन चला रहे थे पाँच दिन में ढा गए। एक बार फ्रेंच जाति ने मुक्त स्वच्छंद विचारों को अपने पैरो तले रौंदने वाले बास्तीय किले (कारागार) को आनन-फानन कुछ ही घण्टों में धूलिसात कर दिया था। भारत ने भी धार्मिक अत्याचारियों के अजेय किलों को पांच दिन में भस्मसात् कर दिया। यह आश्चर्यजनक है; असल करिश्मा है। परिणाम यह हुआ कि हम उन हिन्दुओं के गले मिले जो हमसे इतनी दूर चले गये थे कि हमारी मूर्खता के कारण थोड़े ही दिनों में हाथ से निकल जाते। हमारे सर्वनाश की यह भीषण बाढ़ म0 गांधी ने रोक ली इसलिए भारत इस महात्मा का चिरऋणी रहेगा। किन्तु क्या अब हमें भविष्य में अपने ह्रास का कोई भय नहीं रहा! यह हमारे जीवन-मरण की समस्या है, इसलिए यदि हिन्दू जाति आज प्रण कर ले कि वह अब अपने दलित भाइयों से नाममात्र का भेदभाव न रखेगी तो इस जाति का बेड़ा पार है। नहीं तो इसका ऐसा सत्यानाश होगा कि ईश्वर भी इसे न बचा सकेगा। यह वह घोर संकट का समय है जब हमारी तकदीर का फैसला हो रहा है। हम इस समय यदि जरा चुके तो अनन्त काल तक सिर धुनते रहेंगे।

हमारी आत्मघाती प्रवृत्ति

सैकड़ों वर्षों से हिन्दू-जाति अपनी जड़बुद्धि के कारण जानबूझकर आत्मघात कर रही है। भारत में केवल लाख, सवा लाख मुसलमान आये। हमारी चरम निर्बुद्धिता से आज इनकी संख्या सात करोड़ है। यदि हम अपने ही भाइयों से समानता का व्यवहार करते तो आज हमें यह कुदिन न देखना पड़ता कि प्रधानमंत्री हमें छिन्न-विच्छिन्न करने का साहस करते। हमारी मूर्खता का प्रमाण भारत का आठ सौ वर्ष का इतिहास है। हमने अपने हाथों अपनी जाति की जड़ खोदी है। पाठक यह सुनकर आश्चर्य करेंगे कि कोरोमण्डल के राजा सत्रहवीं सदी में जहाज बनवाते थे। और उनमें मसाला, कपड़ा इत्यादि ईरान, अरब और मिस्र तक भेजते थे। उनके राज में नया जहाज तैयार होने पर सौ, डेढ़ सौ हिन्दू जबरदस्ती मुसलमान बनाये जाते थे। कारण यह था कि जहाज विदेश जाता था और हमारा अधम समाज यह न देख सकता था कि हिन्दू कोई परदेश जाये। जो जहाज पर बाहर गया वह समाजच्युत किया गया। लेकिन राजा को इस व्यापार से खूब लाभ था। वह इसे कैसे छोड़ता? इसलिए सबसे सरल उपाय यह था कि सौ, डेढ़ सौ हिन्दू मार-पीटकर मुसलमान बनाये जायें और वे जहाज पर काम करें। इस प्रथा को देख एक पुर्तगीज यात्री लिखता है–''मैंने कोरोमण्डल में एक ऐसा

रिवाज देखा है जो असभ्य से असभ्य जाति में भी नहीं पाया जाता। सब जातियां और धर्म अपनी वृद्धि करने में अपना श्रेय समझते हैं। लेकिन हिन्दू अपनी संख्या घटाने में आनंद मनाते हैं। यही कारण है कि गोआ, डैमन और ड्यू में हिन्दू तेजी से ईसाई हो रहे हैं। भगवान ने चाहा तो भारत शीघ्र ईसाई धर्म में परिणत हो जायगा।'' अंगरेजी राज में भी यदि राजा राममोहन राय और स्वामी दयानन्द न पैदा होते तो आज कितने कम हिन्दू शेष रहते, इसका अनुमान लगाना कठिन है। लेकिन अब भी हिन्दुओं का भयंकर ह्रास जारी है। निम्नलिखित आंकड़े इसके प्रमाण हैं:-

	हिन्दू घटे	**और मुसलमान बढ़े**
1889	743000	197000
1891	723000	200000
1901	703000	212000
1911	693000	213000
1925	684000	217000

बंगाल में मुसलमानों का बहुत कम जोर रहा। इस दशा में भी यहां अधिकांश मुसलमान हैं। अपने भाइयों को दुरदुराने का यह परिणाम है। बंगाली हिन्दुओं ने नवशूद्रों तथा अन्य दलित भाइयों को इस निर्दयता से कुचला कि इसलाम में ऊँच-नीच जातियों का भेद-भाव न देख वे इसे सहर्ष आलिंगन करने लगे। कुछ हिंदुओं को निर्दय और मूर्ख समाज ने छोटे-छोटे महत्त्वहीन नियमों के उल्लंघन के लिए बहिष्कृत कर दिया। इन अत्याचार पीड़ितों ने भी विश्व भर के मुसलमानों को भाई समझने वाले इसलाम धर्म की गोद में आश्रय पाया। अब आज वही निर्लज्ज अपने को उच्च वर्ण का समझकर अपने ही गरीब भाई पर पशुओं की तरह अत्याचार करने वाला बंगाली हिन्दू अपना लघुतम होने के कारण रो रहा है। किन्तु उसे आज भी इतना दम नहीं कि अछूत भाई को गले लगा ले। पंजाब में भी हिन्दू मरणोन्मुख हैं। वहां 1921 में हिन्दुओं की संख्या 6579260 थी, 1931 में वह 6329000 रह गयी। यह वास्तव में हृदय-विदारक सूचना है। पंजाब के हिन्दुओं को यह मौत का पैगाम है। होना तो यह चाहिए था कि दस वर्ष में डेढ़ लाख हिन्दू बढ़ते, उसके स्थान पर अढ़ाई लाख घट रहे हैं। इस प्रकार यदि चार लाख हिन्दू प्रति वर्ष घटते गये तो डेढ़ सौ वर्ष में पंजाब में हिन्दुओं का नामलेवा और पानीदेवा कोई न रहेगा। बंगाल में भी हिन्दू घट रहे हैं और मुसलमान बढ़ रहे हैं, यह है भी स्वाभाविक। उसी धर्म की बढ़ती होगी जो सबमें समानता का विजय-मंत्र फूंकता है। इधर हमारे हजार वर्ष का इतिहास आत्मघात की करुण कहानी है। किस प्रकार एक जाति जो किसी समय जावा, बाली और दक्षिण-अमेरिका तक अपना धर्म फैला चुकी थी उसी डाल को काटने लगी जिस पर वह बैठी थी -यदि यह देखना हो तो हमारा इतिहास पढ़िये।

क्या हिन्दू चेतेंगे?

इस बात का हमें विश्वास नहीं होता कि हिन्दू जल्दी चेतेंगे। भारत में एक करोड़ बारह लाख चमार हैं। क्या हम उन्हें अपना भाई समझ सकते हैं? ऐसा तो हम सदियों से न कर पाये हैं। तब किस भरोसे यह आशा करें कि वह हिन्दू रहेगा? हमें यदि कोई ठुकराये तो क्या हम उसके पांवों पर पड़े रहेंगे? तब इन छः करोड़ अछूत भाइयों से ऐसी आशा क्यों की जाये। इधर सहभोजों में हमने देखा है कि इनके उत्साही कार्यकर्ता भी किसी-न-किसी बहाने से खिसकने की फिक्र करते थे। तब इस ढोंग रचने का क्या अभिप्राय था? इस ढोंग, पाखण्ड और वञ्चकता ने हमारा नाश किया है। जब तक ये हमारा पिण्ड न छोड़ेंगे हिन्दू अपने ध्वंस का उपाय नहीं कर सकते। हमें मरना पड़ेगा। हमारे क्षय रोग की दवा कोई न कर सकेगा। हमारा तो स्पष्ट मत है कि यदि हिन्दू अछूतों से नाम मात्र भी भेद भाव रखते हों तो वे तुरंत उस धर्म को स्वीकार करें जो उनका आदर करता है।

हम एक बार यूरोप में टिरोल प्रदेश के एक छोटे गांव में गरमियों की तातीलें मना रहे थे। इस गांव में कुल 11 मकान हैं। बिजली, गैस आदि सब है लेकिन सफाई के लिए बड़े-बड़े नगरों की भांति पाखाने में 'फ्लश-सिस्टम' नहीं है। हम तेरह आदमी इस बोर्डिंग हाउस में ठहरे हुए थे। एक दिन मैंने पूछा कि वहां पाखाना कौन साफ करता है? इस पर वह दासी जो हमें रोज भोजन परोसती थी बोली-"मैं करती हूँ।" सब जर्मन यह तथ्य जानते थे। और उन्हें यह भी मालूम था कि यही दासी भोजन तैयार करती है, किन्तु कभी किसी को उसके हाथ का खाने में आपत्ति न हुई। होती भी क्यों? उसकी स्वच्छता आदर्श थी। मलमूत्र-स्थान में उच्च से उच्च वर्ण वाला भी अशुचि रहता है। पर जब बाहर आकर स्नान कर लेता है तो स्पृश्य बन जाता है। म० गांधी के साबरमती आश्रम में तो सब निवासी अपना मैला स्वयं साफ करते हैं। उनको छूने में किसे आपत्ति हो सकती है? व्यवस्थापिका सभाओं में तो बड़े-बड़े पण्डित और लाला, भंगी-मेम्बरों से हाथ मिलाकर अपने को कृतार्थ करते हैं। लेकिन हमारा पतित-समाज भंगी को छूने और उसके साथ खाने में केवल इसलिए आपत्ति करता है कि भंगी को दबाने की उसके अधिकार में अन्यायी शक्ति है।

कनाडा, ब्रिटेन और युक्तराष्ट्र

कनाडा को युक्तराष्ट्र अपना प्रदेश समझता है। ब्रिटिश उपनिवेशों में कनाडा और दक्षिण अफ्रीका समृद्ध हैं। आस्ट्रेलिया और न्यूजीलैण्ड तो जब तक कर्ज मिलता है चैन कर रहे हैं। उक्त दो सम्पन्न उपनिवेशों से ब्रिटेन को लाभ की आशा हो सकती थी लेकिन वहां की स्थिति ऐसी विचित्र है कि इनसे ब्रिटेन कुछ लाभ नहीं उठा सकता। जिस कनाडा में साम्राज्य-परिषद हुई, वहां अमेरिका ने अरबों रुपए उद्योग-धन्धों में लगा रखे हैं। जब ब्रिटेन ने उसकी परवाह न की तब युक्तराष्ट्र ने अपना जाल वहां बिछाया।

सन् 1913 में अमेरिका ने वहां के व्यापार-व्यवसाय में पैंसठ करोड़ डालर की पूंजी लगायी थी और ब्रिटेन ने अढ़ाई अरब की। पर 1919 में हालत उलट गयी। तब तक अमेरिका के साढ़े तीन अरब डालर कनाडा में लग चुके थे और ब्रिटेन के कुल दो अरब डालर रह गये थे। इसके अतिरिक्त 1929 में कनाडा ने युक्तराष्ट्र में प्रायः एक अरब डालर लगा रखे थे, और ब्रिटेन में कुल साढ़े नौ करोड़। युक्तराष्ट्र और कनाडा का पारस्परिक व्यवहार भी ब्रिटेन के मुकाबले बहुत अधिक था। 1930 में युक्तराष्ट्र से कनाडा को जो माल आया था वह कुल आयात माल का 62 सैकड़ा था और जो माल वहां का गया था वह कुल निर्यात माल का 50 सैकड़ा था। ब्रिटेन से कुल 15 सैकड़ा माल आया था और 25 सैकड़ा वहां को गया था। इसलिए युक्तराष्ट्र कनाडा को अपना एक प्रदेश समझता है।

दक्षिण अफ्रीका ब्रिटेन की परवा नहीं करता।

दक्षिण अफ्रीका में बोरों ने पराजित होते अपनी भाषा 'टाल' का प्रचार करना शुरू कर दिया। उस समय अंगरेज इसका महत्त्व न समझे। भला, विश्व भाषा अंगरेजी के सामने उस गंवारू भाषा की क्या चल सकती है? पर बोरों ने आश्चर्य कर दिखाया। आज सब प्रदेशों में बिना 'टाल' जाने काम चल ही नहीं सकता। अगर कोई अंगरेज फर्म चाहे कि अंगरेजी में पत्र लिखकर या सूची पत्र भेजकर वहां अपने ग्राहक बढ़ाये तो ऐसा हो ही नहीं सकता। बोर उन्हीं से माल खरीदते हैं जो 'टाल' का प्रयोग करते हैं। इसका परिणाम यह हुआ है कि नेटाल को छोड़कर अन्य तीन प्रदेश–ट्रान्स वाल, आरेंज स्टेट और केप कालोनी–ब्रिटेन से कुछ मतलब ही नहीं रखते। वहां से ब्रिटेन को व्यापार में लाभ होने की आशा नहीं के बराबर है। इस दशा में ओटावा परिषद से ब्रिटेन को कितना लाभ पहुंचा होगा इसका अनुमान लग सकता है।

(साभार : जनक दुलारी संग्रह)

रामनाथ 'सुमन', रामगोपाल माहेश्वरी (संपादक)

[नव-राजस्थान (आकोला, विदर्भ), 1934 (सं. 1991 वि.) में प्रकाशित प्रकाशक के विचार 'यह क्यों?']

ब्रिजलाल बियाणी (प्रकाशक)

'नव-राजस्थान' के प्रकाशन में मेरी चिरकाल से पोषित इच्छा को कार्यरूप में परिणत होते देख मुझे जितना हर्ष है उससे कहीं अधिक उसके उत्तरादायित्व की भावना से तथा राजस्थानी जनता की कुछ सेवा हो जाय, इस उत्कट इच्छा से मैं आज 'नव-राजस्थान' को राजस्थानी जनता की सेवा में अर्पण कर रहा हूं।

आज भारतवर्ष में हजारों पत्र-पत्रिकाएं प्रकाशित हो रही हैं। जिस क्षेत्र में 'नव राजस्थान' सेवा कार्य करना चाहता है, वहां भी अनेक सामाजिक तथा सार्वजनिक पत्र हैं। फिर यह नवीन आयोजन क्यों?

मैंने कोई साहित्य सेवा नहीं की है, पर साहित्य द्वारा सार्वजनिक सेवा की जाय, यह मेरी सदैव हार्दिक इच्छा रही है। इसी इच्छा पूर्ति के लिये अपने सार्वजनिक जीवन के आरंभकाल में ही मैंने भाई सत्यदेवजी विद्यालंकार के साथ 'राजस्थान' मासिक तथा साप्ताहिक का प्रकाशन आरंभ किया था। कई कारणों से वह कार्य उस समय चल नहीं सका और मुझे अपनी भावनाओं को पुनरपि मूर्त स्वरूप देने के लिये अवसर की राह देखते रहना पड़ा।

मैंने आज तक जिस सामाजिक क्षेत्र में कार्य किया वहां भिन्न-भिन्न उपजातियों के अपने समाचार पत्र हैं। इधर कुछ वर्षों से सारे मारवाड़ी समाज के लिये एक पत्र हो, यह भावना अनेक कार्यकर्ताओं के दिलों में थी और जिनका मेरा परिचय है वे अनेक मित्र मुझसे इस कार्य की पूर्ति की अपेक्षा करते रहे। मैं अपने ऊपर किसी पत्र के संचालन की जवाबदारी नहीं लेता हूं, इस कारण श्रीकृष्णदासजी जाजू का मुझ पर सदा प्रेमपूर्ण रोष रहा है। मेरे अकोला के वे मित्र, जिनका मेरे जीवन विकास से अत्यंत घनिष्ठ संबंध रहा, सदा इस विषय में मुझसे कहते ही रहे हैं। एक बार प्रयत्न असफल होने से तथा इन वर्षों में सार्वजनिक सेवा में मेरी जिम्मेदारियां कुछ बढ़ जाने के कारण मुझमें बल का अभाव सा हो गया था और मैं साहस नहीं कर पाता था।

पर अंत में मित्रों के प्रेम-परिपूर्ण आग्रह तथा सहयोग के विश्वास ने मुझे बल दिया और मैं आज इस कार्य को आरंभ कर रहा हूं।

इस कार्य को आरंभ करते समय मैं अपनी सीमाओं को जानता हूं, अपनी कठिनाइयों का भी पूरा अनुभव करता हूं। किसी पत्र का संचालक या संपादक होने का उसको अधिकार है, जिसके पास दुनिया को देने के लिये कोई संदेश हो, जो शक्ति पैदा करने का सामर्थ्य रखता हो, और सत्य की खोज में जिसकी लेखनी पर संसार की किसी शक्ति का प्रभाव न पड़ सकता हो, इस सिद्धांत को मैं सदा मानता आया हूं। मैं अपने को आज सारे भारतीय कार्य करने के लिये सबल नहीं पाता हूं पर यह विवेक के साथ विश्वास करता हूं कि जिस राजस्थान के क्षेत्र में 'नव-राजस्थान' कार्य करेगा उस क्षेत्र में सेवा करने का साहस करूं। यह आशा और बल ही इस पत्र के जन्म का प्रधान कारण है।

इधर कुछ वर्षों से राजनीति क्षेत्र में कार्य करते रहने के पश्चात इस प्रकार का संकुचित क्षेत्र का कार्य मैं क्यों कर रहा हूं, यह भी कुछ मित्रों ने पूछने की कृपा की है। मैं 'नव-राजस्थान' के क्षेत्र को संकुचित नहीं मानता तथा यह भी कह देना चाहता हूं कि उसका दृष्टिकोण या क्षेत्र जातिविशेष भी नहीं होगा, उसे एक प्रांतीय पत्र कहा जा सकता है। 'नव-राजस्थान' राजस्थान में निवास करने वाले तथा उससे संबंध रखने वाले अन्य प्रांतिनिवासी, सबकी सेवा, जाति, धर्म तथा संप्रदाय के भेदभाव को त्याग कर करेगा। वह मुसलमान भाइयों का सेवक होगा, वह मनुष्यता की प्रगति का पोषक होगा और इस नाते जीवन के प्रत्येक क्षेत्र में, सामाजिक, राजनीतिक, धार्मिक, आर्थिक, सेवा करना और निर्भयता के साथ सेवा करना अपना कर्तव्य समझेगा। राजस्थान की रियासतों में प्रजासत्तात्मक राज्यपद्धति की स्थापना हो तथा ब्रिटिश भारत में पूर्ण स्वराज की स्थापना हो इस राजनीतिक ध्येय को वह अपनावेगा। व्यापार के नाते वह देश की समृद्धि को अपना लक्ष्य रखेगा। धर्म में स्वतंत्र विचार को वह जाग्रत करेगा, मनुष्य मनुष्य की समानता और एकता की ओर वह अपनी शक्ति लगावेगा। राजस्थानी समाज की प्रतिष्ठा बढ़ाने का कार्य वह करेगा तो साथ में उस समाज में त्याग तथा कष्टसहन के भावों को भी जगावेगा तथा भिन्न प्रांत के रहने वाले मारवाड़ी भाई उस प्रांत के जीवन से समरस होकर उस प्रांत के कार्यों में तथा देश के सामान्य कार्यों में पूरा योग दें, इस ओर भी पूरा ध्यान देगा। महिला वर्ग की विशेष सेवा तो 'नव-राजस्थान' अपना प्रधान कर्त्तव्य समझेगा ही।

पत्र के नाम के विषय में अनेक मित्रों ने सूचनाएं दीं। यह पत्र कुछ वर्ष पहले प्रकाशित 'राजस्थान' का नव जन्म है, यह राजस्थानी समाज में नव-विचारों को प्रवाहित करेगा, उसमें नवजीवन का संचार करेगा, नवीन कल्पनाओं को निर्भयता के साथ घोषित करेगा, राजस्थान समाज का वर्तमान नवीन सिद्धांतों के अनुसार पुनर्गठन करने का प्रयत्न करेगा, राजस्थानी नवयुवकों में जीवन की ज्योति जगावेगा, उन्हें

अपने जीवन में नवीनता अनुभव करावेगा और नवीनता तथा मौलिकता उसके आन्दोलन का बीज रहेगा, इन सारी बातों का विचार कर यह पत्र 'नव-राजस्थान' नाम से जनता में प्रकट हो रहा है। वह अपने नाम को सार्थक कर सकेगा या नहीं, यह अभी भविष्य के गर्भ में है, पर आज पूरी आशा करता हुआ, तथा सारे राजस्थानी समाज की सहायता, सहयोग और आशीर्वाद की कामना करता हुआ वह अपने जीवन को आरंभ कर रहा है।

'नव-राजस्थान' को प्रकाशित करने की कल्पना तथा विचार के समय मुझ पर उत्तरदायित्व का जो भार था, वह उसके प्रकाशन के समय अत्यंत हल्का हो गया है। इतना ही नहीं मैं अपने को निर्भार समझने लगा हूं। इसका प्रधान कारण है मेरे सहयोगी मित्रों का साथ। पत्र का संपादन भार श्री रामनाथ 'सुमन' तथा श्री रामगोपाल जी चांडक के स्वीकार कर लेने पर मैं निश्चित हूं, यह कहते मुझे अति हर्ष है। इन मित्रों की योग्यता, मेरे प्रति उनकी कृपा तथा पत्र के ध्येय तथा उन्नति की ओर उनकी लगन के विषय में मुझे कुछ न कहना ही उचित है, कारण ये सारी बातें 'नव-राजस्थान' के स्तंभों में सदा अपना गुप्त प्रकाश फैलाती रहेंगी। संपादक मित्रों की कृपा के साथ-साथ पत्र के प्रकाश के समय गुरुजनों ने तथा मित्रों ने अपने जो आशीर्वाद तथा शुभ आशाएँ भेजी हैं उसने तो मेरी जवाबदारी के भार को कतई हटा दिया है। पर मेरा जीवन भारहीन किस प्रकार हो सकता है? उसे तो संभवत: जीवन भर किसी न किसी भार को ढोना ही है। मित्रों की तथा गुरुजनों की कृपा के प्रति मेरी कृतज्ञता का बोझ कर्तव्य के बोझ से किसी अंश में कम नहीं है। कृतज्ञता से कर्तव्य का बोझ हल्का होता रहे और कर्तव्य के मार्ग पर चलते हुये मैं सदा मित्रों के प्रति कृतज्ञता का पात्र बना रहूं, यह हार्दिक इच्छा प्रकट करता हुआ मैं 'नव-राजस्थान' को राजस्थानी जनता की सेवा में अर्पण करता हूं। आशा है राजस्थानी जनता उसे अपनावेगी।

(साभार : जनक दुलारी संग्रह)

महादेवी वर्मा

[चांद (विदुषी अंक) (इलाहाबाद), जुलाई, 1936 में प्रकाशित संपादकीय 'अपनी बात : स्त्रीत्व का अभिशाप']

चाहे हिन्दू स्त्री की गौरव-गाथा से आकाश गूंज रहा हो, चाहे उसके पतन से पाताल काँप उठा हो, परन्तु उसके लिए 'न सावन सूखे न भादों हरे' की कहावत ही चरितार्थ होती रही है। उसे अपने हिमालय को लजा देनेवाले उत्कर्ष तथा समुद्रतल की गहराई से स्पर्धा करने वाले अपकर्ष दोनों का इतिहास आंसुओं से लिखना पड़ा है और सम्भव है भविष्य में भी लिखना पड़े। प्राचीन से प्राचीनतम काल में जब उसने त्याग, संयम तथा आत्मदान की आग में अपना सारा व्यक्तित्व, सारी मानवता और मनुष्य स्वभावोचित इच्छाएं तिल-तिल गला कर उन्हें कठोर आदर्श के सांचे में ढाल कर एक देवता की मूर्ति गढ़ डाली तब भी क्या संसार विस्मित हुआ या मनुष्यता कातर हुई? क्या स्त्री के बड़े से बड़े त्याग को, आत्म-निवेदन को, संसार ने अपना अधिकार नहीं किन्तु उसका अद्‌भुत दान समझ कर नम्रता से स्वीकार किया है? कम से कम इतिहास तो नहीं बताता कि स्त्री के किसी भी बलिदान को पुरुष ने उसकी दुर्बलता के करके अतिरिक्त कुछ और समझने का प्रयत्न किया।

अग्नि में बैठकर अपने आपको प्रतिप्राणा प्रमाणित करने वाली स्फटिक सी स्वच्छ सीता में स्त्री की अनन्त युगों की वेदना साकार हो गई है। कौन कह सकता है उस भागते हुए युग ने अपनी उस अलौकिक कृति, अपने मनुष्यत्व को क्षुद्र सीमा में बंधे विशाल देवत्व की ओर एक बार मुड़ कर देखने का भी कष्ट सहा। मनुष्य की साधारण दुर्बलता से युक्त दीन माता का वध करते हुए न पराक्रमी परशुराम का हृदय पिघला न मनुष्यता की असाधारण गरिमा से युक्त सीता को पृथ्वी में समाहित करते हुए राम का हृदय विदीर्ण हुआ। मानो पुरुष-समाज के निकट दोनों जीवनों का एक ही मूल्य था। एक जीवित व्यक्ति का इतना कठोर त्याग, इतना निर्मम बलिदान दूसरा हृदयवान व्यक्ति इतने अकातर भाव से स्वीकार कर सकता है, यह कल्पना में भी क्लेश देता है, वास्तविकता का तो कहना ही क्या!

इस विषमता का युगान्तरदीर्घ कारण केवल एक ही कहा जा सकता है– दुर्बलता, जिसे प्राय: कोमलता केनाम से नामकरण किया जाता है। स्त्री के स्वभाव में कोमलता के आवरण में जो दुर्बलता छिप गई है वही उसके शरीर में सुकुमारता बन गई। यह सत्य नहीं है कि वह इस दुर्बलता पर विजय नहीं पा सकती, परन्तु यह निर्विवाद सिद्ध है कि वह अनादि काल से उसे अपना अलंकार समझती रहने के कारण त्यागने पर उद्यत ही नहीं होती । उसके विचार में इसके बिना स्त्रीत्व अधूरा है। दुर्बलता मनुष्य-जीवन का अभिशाप रही है और रहेगी, परन्तु शरीर और मन दोनों से सम्बन्ध रखने वाली दुर्बलताओं में कौन घोरतर अभिशाप है यह कहना कठिन है। समय विशेष तथा अवस्था विशेष के अनुसार हम पशुबल तथा मानसिक बल का प्रयोग करने पर विवश होते हैं और समय तथा अवस्था के अनुसार ही हमारे लिए मानसिक और शारीरिक दुर्बलताएं अभिशाप सिद्ध होती रही हैं। जीवन में इन दोनों शक्तियों का समन्वय ही सफलता का विधायक रहा है अवश्य, परन्तु यह कहना भी असत्य न होगा कि प्राय: एक शक्ति की न्यूनता दूसरी की अधिकता से भर जाती है। विशेषकर स्त्री के लिए तो पशुबल की न्यूनता को आत्मबल से पूर्ण कर लेना स्वाभाविक सिद्ध है। वह यदि सम्मुख युद्ध में अस्त्र संचालन द्वारा प्रतिद्वन्दियों को विस्मित कर सकी है तो बिना अस्त्र के या बल-प्रदर्शन के असंख्य विपक्षियों से घिरी रह कर भी अपने सम्मान की रक्षा कर चुकी है।

स्त्री ने अपनी शक्ति को कभी जाना और कभी नहीं जाना। वर्तमान युग तो उसके न जानने की ही करुण कहानी है। नारीत्व की कोमलता के नाम से पुकारी जानेवाली दुर्बलता के साथ सदा से बंधी हुई वेदना और तज्जनित आपत्ति प्रत्येक युग तथा प्रत्येक परिस्थिति में नवीन रूप में आती रही है, परन्तु उसकी वर्तमान दशा करुणतम है। उसके आज के और अतीत के बलिदानों में उतना ही अन्तर है जितना स्वेच्छा से स्वीकृत, नारीत्व की गरिमा से गौरववती के जौहरव्रत और बलात् लाठियों से घेर-घार कर बलिपशु के समान झोंकी जाने वाली स्त्री के अग्निप्रवेश में। आज की मातृशक्ति की वेदना, भार से जर्जर परन्तु अपने कष्ट का कारण या निराकारण के साधनों से एकदम अनभिज्ञ मूक पशु के करुण नेत्रों से बहती हुई अश्रु-धारा के समान ही निरन्तर प्रवाहित हो रही है। वह स्वयं अपनी वेदना के कारण नहीं जानती और न अपने असह्य कष्ट के प्रतिकार की भावना से परिचित है। जिन कष्टों से उसके जीवन का एक बार भी संस्पर्श हो जाता है उन्हें वह अपने कर्तव्य की परिधि में रख लेती है। कष्ट सहते-सहते उसमें क्लेश की तीव्रता के अनुभव करने की चेतना भी नहीं रही उसकी उपयुक्तता-अनुपयुक्तता पर विचार करना तो दूर की बात है। हमारे समाज ने उसे पाषण-प्रतिमा के समान सर्वदा एकरूप, एकरस, जीवित मनुष्य के स्पन्दन, कम्पन और विकार से रहित होकर

जीने की आज्ञा दी है, अतः युगों से इसी प्रकार जीवित रहने का प्रयास करते-करते यदि वह निर्जीव सी हो उठी तो आश्चर्य ही क्या है। हम जब बहुत समय तक अपने किसी अंग से उसकी शक्ति से अधिक कार्य लेते रहते हैं तो वह शिथिल और संज्ञाहीन सा हुए बिना नहीं रहता। स्त्री जाति भी संसार को अपनी शक्ति से अधिक देकर अपनी सहन-शक्ति से अधिक त्याग स्वीकार कर के संज्ञाहीन सी हो गई है नहीं तो क्या बलिष्ठ से बलिष्ठ व्यक्ति को दहला देने वाली, कठोर से कठोर व्यक्ति को रुला देने वाली यन्त्राएं वह इतने मूक भाव से सहती रह सकती। हिन्दू स्त्री का घर और समाज इन्हीं दो से विशेष सम्पर्क रहता है। परन्तु इन दोनों ही स्थानों में उसकी स्थिति कितनी करुण है इसके विचारमात्र से ही किसी भी सहृदय का हृदय कांपे बिना नहीं रहता। अपने पितृगृह में उसे वैसा ही स्थान मिलता है जैसा किसी दुकान में उस वस्तु को प्राप्त होता है जिसके रखने और बेचने दोनों में ही दुकानदार को हानि की सम्भावना रहती है। जिस घर में उसके जीवन को ढलकर बनना पड़ता है, उसके चरित्र को एक विशेष रूप-रेखा धारण करनी पड़ती है, जिस पर वह अपने शैशव का सारा स्नेह ढुलका कर भी तृप्त नहीं होती उसी घर में वह भिक्षुक के अतिरिक्त और कुछ नहीं है। दुःख के समय अपने आहत हृदय और शिथिल शरीर को लेकर वह उसमें विश्राम नहीं पाती, भूल के समय वह अपना लज्जित मुख उसके स्नेहांचल में नहीं छिपा सकती और आपत्ति के समय एक मुट्ठी अन्न की भी उस घर से आशा नहीं रख सकती। ऐसी ही है उसकी वह अभागी जन्मभूमि, जो जीवित रहने के अतिरिक्त और कोई अधिकार नहीं देती। पति-गृह, जहां इस उपेक्षित प्राणी को जीवन का शेष भाग व्यतीत करना पड़ता है अधिकार में उससे अधिक परन्तु सहानुभूति में उससे कम है इसमें सन्देह नहीं। यहां तो उसकी स्थिति पल भर भी आशंका से रहित नहीं। यदि वह विद्वान पति की इच्छानुकूल विदुषी नहीं है तो उसका स्थान दूसरे को दिया जा सकता है, यदि वह सौन्दर्योपासक पति की कामना के अनुरूप अप्सरा नहीं है तो उसे अपना स्थान रिक्त कर देने का आदेश दिया जा सकता है, यदि वह पति की कामना का विचार करके सन्तान या पुत्रों की सेना नहीं दे सकती, यदि वह रुग्ण है या दोषों का नितान्त अभाव होने पर भी पति की अप्रसन्नता की दोषी है तो भी उसे उस घर में दासत्व मात्र स्वीकार करना पड़ेगा। इस विषय में उसके 'क्यों' का उत्तर देने को गृहस्वामी बाध्य नहीं, समाज बाध्य नहीं और धर्म भी बाध्य नहीं। परन्तु यदि स्त्री ऐसे घर को, ऐसी अस्थायी स्थिति को, सन्तोषजनक न समझे तो उसे इन सबके निकट दोषी होना पड़ेगा। उसे अपने विषय में कुछ सोचने-समझने का अधिकार नहीं, क्योंकि उसका जीवन तो 'वृद्ध रोगवश जड़ धनहीना' में से जो पिता का बोझ हल्का करने में समर्थ हो गया उसी को जन्म-जन्मान्तर के लिए निवेदित हो गया। चाहे वह स्वर्ण पिंजर की बन्दिनी हो चाहे लौह पिंजर की, परन्तु

बन्दिनी तो वह है ही और ऐसी कि जिसके निकट स्वतंत्रता का विचार तक पाप कहा जायेगा। 'स्त्री न स्वातन्त्रम अहर्ति' शास्त्र ने कहा है न। जिसके चरणों में उसका जीवन निवेदित है यदि वह उसे सन्दूक में बन्द बालक की गुड़िया के समान संसार की दृष्टि से, सूर्य की धूप और पवन के स्पर्श से बचाकर रखना चाहता है तो भी सब इस कार्य के लिए उसे साधुवाद ही देना उचित समझेंगे। उनके विचार में स्त्री मानवी नहीं देवी है और देवताओं को मनुष्य के लिए आवश्यक सुविधाओं का करना ही क्या है। स्त्री के देवत्व की कैसी विडम्बना है! यदि दुर्भाग्य से स्त्री के मस्तक का सिन्दूर धुल गया तब तो उसके लिए संसार ही नष्ट हो गया। यह ऐसा अपराध है जिसके कारण उसे मृत्यु दण्ड से भी भीषणतर दण्ड भोगते हुए तिल-तिल घुलकर जीवन के शेष, युग बन जानेवाले क्षण व्यतीत करने होते हैं। ऐसी परिस्थिति में यदि दीर्घकाल तक गुड़िया बनी रहनेवाली स्त्री मातृत्व के उत्तरदायित्व से युक्त होती है तो उसे अपने अभिशापमय जीवन के साथ अनेक दुधमुंहे बालकों को लेकर ऐसे अन्धकार में मार्ग ढूंढ़ना पड़ता है जिसमें प्रत्येक यात्री दूसरे को भ्रान्ति में डाल देना अपराध ही नहीं समझता। यदि वह अबोध बालिका है तो भी समाज और परिवार सनातन नियम के पालन में अपने आपको राजा हरिश्चन्द्र से अधिक दृढ़प्रतिज्ञ प्रमाणित करने में पीछे न रहेंगे। जिन मानवीय दुर्बलताओं को वे स्वयं अविरत संयम और अटूट साधना से भी जीवन के अन्तिम क्षणों तक न जीत सकेंगे उन्हीं दुर्बलताओं को, किसी भूली हुई अस्पष्ट सुधि द्वारा जीत लेने का आदेश वे उन अबोध बालिकाओं को दे डालेंगे जो जीवन से अपरिचित हैं। उनकी आज्ञा है, उनके शास्त्रों की आज्ञा है और कदाचित उनके निर्मम ईश्वर की भी आज्ञा है कि वे जीवन की प्रथम अंगड़ाई को अन्तिम प्राणायम में परिवर्तित कर दें, आशा की पहली सुनहली किरण को विषाद के निविड़ अन्धकार में समाहित कर दें और सुख के मधुर पुलक को आंसुओं में बहा डालें। इस विराग की साधना के लिए उन्हें अनन्त प्रलोभनों से भरे हुए, वैभव से सजे हुए और बाधकों से पूर्ण स्थान के अतिरिक्त कोई एकान्त स्थान भी मिल नहीं पाता। इतने प्रकार के शारीरिक और मानसिक कष्टों को देकर भी स्त्री के दुर्भाग्य के सन्तोष नहीं हुआ, इसका प्रमाण आज की नारी-अपहरण की समस्या है। नारी जीवन की उस करुण कहानी का इससे घोरतर उपसंहार और हो भी क्या सकता था? जिस रूप से जिन साधनों के द्वारा इस लोमहर्षक कार्य का सम्पादन हो रहा है उसे सुन कर निर्जीव भी जाग जाते, परन्तु हमारी निद्रा तो मृत्यु की महानिद्रा को भी लजा देने वाली हो गई है, बिना सर्वनाश के उसका टूटना सम्भव नहीं। अपहृत हिन्दू स्त्रियों में कुछ तो ऐसी रहती हैं जिनका जीवन गृह और समाज की अमानुषिक यातनाओं से ऐसा दुर्बह हो जाता है कि छुटकारे का कोई भी द्वार उन्हें बुरा नहीं लगता और वे थोड़े ही लालच दिखाने से बहकावे में आकर एक नरक से बचने के लिए दूसरे नरक की

शरण लेने को उद्यत हो जाती हैं। उनका आहत हृदय इतना चेतना-शून्य हो उठता है कि उसमें मानापमान के अनुभव करने की शक्ति ही नहीं रह जाती। उसे तो घायल के समान क्षण भर के लिए ऐसा स्थान चाहिए जहां उसके शीर्ण शरीर को कुछ विश्राम मिल सके, अतः सहानुभूति के, चाहे वह सच्ची हो या झूठी, दो शब्द उसे बेदाम खरीद सकते हैं। यदि ऐसे हृदयों को समय पर हमीं से आश्वासन तथा सांत्वना मिल सकती, यदि हमीं इन्हें मनुष्य समझ सकते, इनके वर्षों से जम-जम कर जीवन को पाषाण बनाने वाले आंसुओं की करुण कहानी सुन लेते और उनके असह्य दुखभार को अपनी सहानुभूति से हल्का करने का प्रयत्न कर सकते तो आज का इतिहास कुछ और ही हो जाता। परन्तु हम पशु-पक्षियों को, पाषाणों को, अपनी सहानुभूति बांट सकते हैं, नारी को निर्मम आदेश के अतिरिक्त और कुछ नहीं दे पाते। देवता की भूख हम समझते हैं, परन्तु मानवी की नहीं! इसके अतिरिक्त ऐसी महिलाओं की संख्या भी कम नहीं, जिनका बलात् अपहरण किये जाने पर भी खोज के लिए विशेष प्रयत्न नहीं होता। पत्रों में प्रकाशित ऐसी घटनाओं की संख्या ही कम नहीं, अप्रकाशित अपहरण कहानियों के विषय में तो कुछ कहना ही व्यर्थ है। इन अभागिनियों के उद्धार के लिए जो उपाय किया जा रहा है वह तो बहुत सराहनीय नहीं जान पड़ता। जिस समाज में ऐसी घटनाएं 12-13 की संख्या में प्रतिदिन घटित होती हों उसके युवकों को सुख की नींद आना संसार का आठवां आश्चर्य है। कुछ अधिक तर्कशील पुरुषों का कहना है कि स्त्रियों को स्वयं अपनी रक्षा करने से कौन रोकता है? इस कथन पर हंसना चाहिए या रोना, यह नहीं कहा जा सकता। युगों की कठोर यातना और निर्मम दासत्व ने स्त्रियों को अपनापन भी भुला देने पर विवश न किया होता तो क्या आज यह अपने सम्मान की रक्षा में समर्थ न हो सकती? आज मूक पशु के समान इन्हें हांक ले जाना इसीलिए सहज है कि यह पशुओं की श्रेणी में बैठा दी गई है और ज्ञान-शून्य कर्म के अतिरिक्त और किसी वस्तु का इन्हें बोध नहीं है। आज भी इनमें जो मनुष्य कहलाने की अधिकारी हैं उन्हें अपनी रक्षा के लिए शस्त्र या सैनिक नहीं रखने पड़ते! पृथ्वी के एक छोर से दूसरे छोर तक उनकी गति अबाध है। उनके जीवन में साहस की शक्ति और आत्मसम्मान की गरिमा, प्राणों में आशा और सुनहली कल्पना है। परन्तु ऐसी सजीव स्त्रियां उंगलियों पर गिनने योग्य हैं। इच्छा और प्रयत्न से अन्य बहिनें भी अपनी रक्षा में स्वयं समर्थ हो सकती हैं इसमें सन्देह नहीं, परन्तु इस इच्छा और प्रयत्न का जन्म उनके हृदय में न हो सकेगा। वे तो आत्मनिर्भरता भूल ही चुकी हैं फिर उसकी उपयोगिता कैसे समझ सकेंगी; उनके जीवन को सुव्यवस्थित करने तथा उन्हें मनुष्यता की परिधि में लौटा लाने का प्रयत्न कुछ विदुषी बहिनें तथा पुरुष समाज ही कर सकता है। परन्तु यह न भूलना चाहिए कि जिस समय घर में आग लगती है उसी समय कुआं खोदने वाले को राख के अतिरिक्त और

कुछ नहीं मिलता, इसी से आपत्ति का धर्म सम्पत्ति के धर्म से भिन्न कहा गया है। इस समय आवश्यकता है ऐसे देश-व्यापी आन्दोलन की जो सबको सजग कर दे, उन्हें इस दिशा में प्रयत्नशील बना दे और स्त्री की वेदना का यथार्थ अनुभव करने के लिए उनके हृदय को संवेदनाशील बना दे जिससे मनुष्य जाति के कलंक के समान लगने वाले इन अत्याचारों का तुरन्त अन्त हो जावे, अन्यथा स्त्री के लिए स्त्रीत्व अभिशाप तो है ही।

जगेश्वर प्रसाद खलिश

[लोकमत (पाक्षिक) (बिहार), 19 अगस्त, 1938 में प्रकाशित संपादकीय]

निवेदन

पाक्षिक 'लोकमत' का पहला अंक आपकी सेवा में उपस्थित है। अच्छा है या बुरा इसका फैसला और इसका सुधार आपके हाथ है। हम तो आपके बताये हुये मार्ग पर चलना जानते हैं। हां 1939 की जनवरी से 'लोकमत' साप्ताहिक रूप धारण करेगा, इस बीच में आपका काम है कि इसकी सारी कठिनाइयों को सरल कर दें।

मैनेजर

भारत की उस पुण्य तिथि के अवसर पर, जिस दिन क्रांतिकारी 'कृष्ण' ने अपनी शस्य श्यामला माता के उद्धार के लिये जन्म लिया था, 'लोकमत' अपने पाठकों, सहयोगियों ओर प्रेमियों की सेवा में उस समय उपस्थित हो रहा है, जब चारों ओर उद्दंडता अपना साम्राज्य स्थापित करने पर तुली हुई है। जिधर देखिये, उधर ही नया रंग, नया ढंग, नया युग और नई रौशनी देखाई दे रही है। (देशी राजा) राजा-प्रजा में, जमीन्दार-किसान में, खेतिहर-मजदूर में, दाढ़ी-चोटी में और स्त्री पुरुष में अपने-अपने अधिकार की विचित्र जंग छिड़ी हुई है। यदि साम्राज्यवादी अपने साम्राज्य की रक्षा के लिए आकाश-पाताल का कुलावा मिला रहे हैं, तो साम्यवादी आस्मान के तारे तोड़कर खुदा की हस्ती को भी मिटियामेट कर देना चाहते हैं। यदि एक ओर दकियानूसी जमीन्दार अपने तख्ते खाँ को युग-युग जिर्लाने और दूध-बताशा पिलाने के लिये रिर्ज्वा में हूर-गिल्मां एकट्ठा करना चाहते हैं, और दूसरी ओर किसान ''कृषक: पृथ्वीपति'' का राग अलापते हुए अपनी एक ही फूंक में हिमालय को उड़ा देना अपने बायें हाथ का खेल समझे बैठे हैं। यदि पुरुष अपनी गाड़ी के पिछले पहिये को धीर-धीरे, पर दृढ़तापूर्वक पक्की सड़क पर खैंचं लाना चाहते हैं, तो स्त्रियां छलांग मारकर इस प्रकार दौड़ना चाहती हैं कि चारों चूल बराबर होने ही नहीं पाती। और दाढ़ी, चोटी की तो बात ही क्या? इनके राम-रहीम तो गोरे-काले की तरह कभी एक रंग में रंग ही नहीं सकते।

लोग पूछ सकते हैं कि आखिर भारतवर्ष को कौन सी सोने की चिड़ियां हाथ लगी है, जो अचानक देश के भीतर इतना परिवर्तन हो गया? इसका एक ही उत्तर है 'नेतागिरी और पावर की भूख'। जिस समय अर्द्धनग्न फकीर के नेतृत्व में संग्राम का बिगुल बज रहा था, मातृभूमि के पुजारी देशभक्ति के नशे में मस्त होकर, सारे भेदभावों को खाक में मिलाते हुए 'मरे तो स्वर्ग और जीते रहे तो स्वराज' के जोशीले नारे लगाते हुए देश की एक ओर से दूसरी छोर तक सत्याग्रह की बलिवेदी पर अपने को निछावर करते रहे। साधारण स्वयंसेवक से लेकर बडे-बड़े नेता तक स्वराज या मृत्यु अपनी लड़ाई का परिणाम समझ रहे थे। 'बानरों' सी उछल-कूद, देवियों की शक्ति और पितामह के आशीर्वाद से हम दिन दूने और रात चौगुने बढ़ते जा रहे थे और अंत में इतना आगे बढ़े कि तोप के मुंह फिर गये, बन्दूक की गोलियां आकाश ताकने लगीं, तलवार की धार मुड़ गई, संसार चकित हो गया, निहत्थों की विजय हुई और लाठी चलानेवालों के हाथ कांप उठे।

परन्तु कमजोरों की कमजोरी से कांग्रेस ने ज्यों ही जंग का पैंतरा बदला। 'पावर' के मेघ छा गये, काले बादल मंडराने लगे, शांति भंग हो गई। दाढ़ी, चोटी को लेकर महाभारत की लड़ाई पहले से ही छिड़ी हुई थी, अमन के नाम पर अमन सभा वाले हमारे अमन-चैन को धक्का लगा ही रहे थे अब लव-कुश कांड भी अपना तांडव नृत्य करने लगा। झूठी क्रांति के नाम पर सच्ची शान्ति का गला घोटा जा रहा है। जिन बच्चों के मुंह से अभी दूध के दांत भी नहीं गिरे हैं, वे 'अगर पेदर न तवानद पेसर तमाम कुनद' की दुहाई देकर बड़े-बूढ़ों को तुच्छ समझने लगे हैं। देवियां कैकेयी की तरह रण यात्रा के समय दिये गये वचन को पूरा करा लेना ही नारी-धर्म की प्रधान-महिमा समझ बैठी हैं और युवकों का तो कहना ही क्या? जवानी की बेहोशी में, मस्ती के नशे में, स्वप्न की दुनिया में विचरते हुए वीरों को कायर कह देना उनकी जवानी की साधारण सी उमंग है। परन्तु समय स्वयं सारी बातों का एक ही वार, एक ही उत्तर देगा।

"वीर पुरुष, करनी करहिं"

"कायर करहि, प्रलाप"

इस महाकाल में 'लोकमत' को भीषण कठिनाइयों का सामना करना पड़ेगा, इसमें संदेह नहीं, परन्तु एक दृढ़ सत्याग्रही की तरह इसने अपना पथ निश्चित कर लिया है। यह पूर्ण स्वतंत्रता की लड़ाई लड़ेगा, पर किसी की आजादी का गला घोंटना इसका ध्येय न होगा। ये अपने अधिकार के लिये भीषण संग्राम करेगा, किन्तु दूसरों के अधिकारों की, पूरी शक्ति के साथ, रक्षा करना इसका परम कर्त्तव्य रहेगा। ये क्रांति चाहेगा, मगर शान्ति को भंग करना भी इसका उद्देश्य न होगा।

बंदे मातरम्।

(साभार : जनक दुलारी संग्रह)

बाबूराव विष्णु पराड़कर

[कमला (बनारस), 1939 में प्रकाशित संपादकीय 'कांग्रेस अथवा राष्ट्रीय महासभा']

कांग्रेस या राष्ट्रीय महासभा इस देश की राजनीतिक संस्था है। यदि वर्तमान स्थिति में किसी एक संस्था को भारत का प्रतिनिधित्व करने का अधिकार हो तो वह कांग्रेस ही है। कांग्रेस का यही दावा है और यही दावा गोलमेज कानफरेन्स लंदन में महात्मा गांधी ने उपस्थित किया था। इसका अर्थ यह नहीं कि देश में अन्य राजनीतिक संस्थाएं नहीं हैं। हैं अवश्य पर वे या तो दल-विशेष की संस्थाएँ हैं या साम्प्रदायिक। सारे राष्ट्र का प्रतिनिधित्व करने का अधिकार एकमात्र कांग्रेस को ही है। यह बात अप्रत्यक्ष रूप से ब्रिटिश सरकार ने भी स्वीकार की जब सन् 1929 ईसवीं में वाइसराय लार्ड इरविन ने राजनीतिक क्षेत्र में महात्मा गांधी से समझौता किया। आजकल मुस्लिम लीग कांग्रेस का अखिल भारतीय प्रतिनिधित्व स्वीकार नहीं करती सही पर इसका दावा वह स्वयं भी नहीं करती- नहीं कर सकती। उसने तो इसी वर्ष एक नयी आवाज उठायी है जो महान् अनर्थ का कारण हो सकती है। उसका कहना है कि भारत एक राष्ट्र ही नहीं है। मुसलमान स्वयं पृथक राष्ट्र हैं। मानो धर्मपरिवर्तन से ही किसी का राष्ट्र और संस्कृति भी बदल जाते हैं। यदि यह तर्क मान लिया जाये तो कहना पड़ेगा कि संसार में भौगोलिक राष्ट्र कोई है ही नहीं। पर यह इस लेख का विषय नहीं है अतएव इसे हम यहीं छोड़ देते हैं।

कांग्रेस की स्थापना सन् 1885 ईसवी में हुई थी। आधी सदी का इसका इतिहास भारतीय राजनीतिक आकांक्षाओं और प्रयत्नों के क्रमविकास का इतिहास है। इसका अध्ययन कांग्रेस के प्रस्तावों और आंदोलन के सिंहावलोकन से ही हो सकता है। साधारणतः यह कहा जा सकता है कि प्रारम्भ में कांग्रेस का लक्ष्य शासन में सुधार कराना और उसमें भारतीयों को अधिकाधिक भाग दिलाना था। वस्तुतः इसकी स्थापना अंग्रेजों की प्रेरणा से हुई थी। वे चाहते थे कि शिक्षित भारतीयों के विचार जानने का कोई अच्छा साधन हो। इसी से सन् 1885 ईसवी में उस समय के वाइसराय लार्ड डफरिन की ही सूचना से कांग्रेस, सामाजिक संस्था न होकर, राजनीतिक संस्था के रूप में हम लोगों के बीच में अवतरित हुई। तब से सन् 1905 ईसवी तक अर्थात

अपने जीवन के पहले बीस वर्ष में कांग्रेस साधारण शासन-सुधारों की प्रार्थना ही करती रही। 1905 में कांग्रेस का अधिवेशन हमारी इस काशीपुरी में हुआ और यहीं सर्वप्रथम उसके उस रूप की झलक दिखायी दी जो आज उसका विशेषत्व वा निजस्व है। इसके बाद सन् 1906 ईसवीं में क़लकत्ते में कांग्रेस के बाईसवें अधिवेशन के सभापति स्व. दादा भाई नौरोजी ने अपने अभिभाषण में सर्वप्रथम स्वराज की मांग उपस्थित की और उसी अधिवेशन के 9वें निश्चय द्वारा कहा गया कि 'स्वराजप्राप्त ब्रिटिश उपनिवेशों में जो शासन-प्रणाली है वही भारतवर्ष में भी चलायी जाय।' 31 अक्टूबर, 1929 ईसवी को तत्कालीन वाइसराय लार्ड अरविन ने एक वक्तव्य द्वारा घोषणा की कि सरकार का ध्येय भारत में औपनिवेशिक स्वराज स्थापित करना है। अनन्तर लाहौर में (1929) चौथे निर्णय द्वारा घोषित किया गया कि 'कांग्रेस के विधान पत्र की प्रथम धारा में प्रयुक्त "स्वराज" शब्द का अर्थ "पूर्ण स्वाधीनता" होगा।' इसके बाद के अधिवेशनों में पूर्ण स्वाधीनता पर ही बराबर जोर दिया गया है और आज कांग्रेस का यही एकमात्र ध्येय है।

कांग्रेस का यह राजनीतिक ध्येय है। इसका जितना सम्बन्ध पुरुषों से उतना ही स्त्रियों से है। वस्तुत: राजनीतिक क्षेत्र में कांग्रेस ने स्त्री-पुरुष में कभी भेद स्वीकार नहीं किया। सन् 1918 इसवीं में बम्बई कांग्रेस विशेषाधिवेशन सैयद हसन इयाम के सभापतित्व में हुआ था जिसमें 4 थे निर्णय द्वारा भारतीयों के अधिकार की घोषणा की गयी थी। उसमें स्त्रियों के सम्बन्ध में यह महत्त्व की धारा है-पुरुषों के लिए निर्वाचन सम्बन्धी जो गुण इस मसविदे में आवश्यक माने गये हैं वही यदि स्त्रियों में भी पाये जायं तो वे (केवल) स्त्री होने के कारण अयोग्य नहीं ठहरायी जायंगी। इसका अर्थ यही है कि राजनीतिक क्षेत्र में कांग्रेस की दृष्टि में स्त्री-पुरुष समान हैं। यही घोषणा उसी साल दिल्ली वाले साधारण अधिवेशन में भी दुहरायी गयी। अनन्तर सन् 1930-31 ईसवी के सविनय अवज्ञा आन्दोलन में स्त्रियों ने जो भाग लिया वह भारतीय स्वतंत्रता के इतिहास का एक उज्ज्वल अध्याय है। इसके लिए कराची में (सन् 1931 ई.) इन शब्दों में स्त्रियों को धन्यवाद दिया गया- "कांग्रेस विशेषकर भारतीय स्त्रियों को धन्यवाद देती है जिन्होंने हजारों की संख्या में निकलकर राष्ट्र को स्वतंत्रता प्राप्ति के उद्योग में सहायता दी तथा उन्हें विश्वास दिलाती है कि कांग्रेस कोई ऐसा शासन-विधान स्वीकार न करेगी जिसमें मताधिकार के सम्बन्ध में स्त्रियों और पुरुषों में भेद किया गया हो।" किसी पाश्चात्य देश में भी स्त्रियों का इससे बढ़कर गौरव उसकी राष्ट्रीय सभा द्वारा नहीं किया गया है। सच तो यह है कि यहां कभी भेद ही नहीं किया गया है अत: अभेद के प्रयत्न का प्रश्न ही उपस्थित नहीं होता। अब तक तीन महिलाएं कांग्रेस की अध्यक्षा भी हो चुकी हैं-डाक्टर एनी बीसंट, श्रीमती सरोजिनी नायडू और श्रीमती नेली सेनगुप्त। यह सबसे बड़ा पद है जो कोई राष्ट्र अपनी सन्तान को दे सकता है और यह पद भी स्त्रियों को मिल चुका है। यह कांग्रेस का ही प्रभाव है कि श्रीमती विजया लक्ष्मी पंडित संयुक्त प्रान्त के स्वास्थ्य और स्थानीय स्वायत्त शासन जैसे महत्त्वपूर्ण

विभागों की मंत्रिणी हैं। अब तक फ्रांस और इंग्लैंड में भी किसी स्त्री को मंत्री पद नहीं मिला है, जब हम इस बात का स्मरण रखते हैं, तभी समझ पाते हैं कि कांग्रेस स्त्रियों के लिए क्या कर रही है। यद्यपि कांग्रेस का संबंध समाज सुधार से नहीं है फिर भी उसके राजनीतिक प्रयत्न से ही स्त्री जीवन का प्रत्येक अंग प्रभावित हो रहा है, विशेषकर शिक्षा, विवाह और परदे के संबंध में आमूल परिवर्तन हो रहा है। हमारा विश्वास है कि यदि स्त्रीसमाज स्वयं भी आत्मोन्नति का प्रयत्न करे और राजनीतिक विषयों में उन बातों पर विचार करना प्रारम्भ कर दे जिनका संबंध स्त्री जीवन से है तो इस देश में स्त्रियों की अधिक से अधिक कौटुम्बिक, सामाजिक और राजनीतिक उन्नति में वे बाधाएं कभी उत्पन्न न होंगी जो पाश्चात्य देशों में हो चुकी थीं तथा जिनके प्रतिकार के लिए वहां के स्त्री समाज को विशेष रूप से आंदोलन करना पड़ा था और आज भी यत्र-तत्र करना पड़ रहा है। कांग्रेस का गत दस वर्ष का इतिहास इस बात का साक्षी है कि उद्‌बुद्ध भारत की दृष्टि में स्त्री और पुरुष एक राष्ट्र के दो अंग हैं।

त्रिपुरी कांग्रेस

जब से कांग्रेस पर महात्मा गांधी का प्रभाव पड़ा है तबसे वह अधिकाधिक भारतीय होती जा रही है। टेबल-कुर्सियों का स्थान फर्श ने लिया है, अंग्रेजी का स्थान हिन्दुस्तानी ने लिया है और प्रतिनिधियों में भी किसान मजदूर और साधारण जनता के प्रतिनिधि अधिक होने लगे हैं। इसी कारण इधर तीन वर्षों से कांग्रेस शहर में न होकर किसी देहात में होने लगी है। सारांश यह कि जनता की संस्था जनता में जा रही है और जनता की बोली में बोलने लगी है। इस वर्ष जबलपुर के पास नर्मदा के तट पर त्रिपुरी नामक स्थान में कांग्रेस नगर बसाया गया था। इस वर्ष के सभापति श्री सुभाषचंद्र बोस थे। इसी वर्ष पहले-पहल सभापति के निर्वाचन में प्रतियोगिता हुई और सुभाष बाबू बहुमत से चुने गये। इसके पहले सन् 1906 ईसवी में भी नरम और गरम दलों में सभापति के लिए कुछ झगड़ा हो गया था पर उस वर्ष नरम दल ने ऋषिकल्प नेता दादा भाई नौरोजी को सभापतित्व प्रदान कर गरम दल का मुंह बन्द कर दिया। पर उसके दूसरे ही वर्ष सूरत में इसी झगड़े के कारण कांग्रेस हो नहीं सकी तथा दोनों दल एक दूसरे से अलग हुए। प्रतियोगिता में सभापति का निर्वाचन इसी वर्ष हुआ। पर अपनी बीमारी के कारण श्री सुभाषचंद्र बोस, त्रिपुरी पहुंचकर भी, कांग्रेस का संचालन न कर सके। अभी तक आप पूर्ण आरोग्य लाभ नहीं कर पाये हैं। इस निर्वाचन के कारण त्रिपुरी में जो अप्रिय काण्ड हुआ और अभी तक जिसका अंत नहीं हो पाया है, उस पर हम यहाँ विचार करना नहीं चाहते। वह नेताओं का विषय है और नेता ही उसका निपटारा कर लेंगे। हमें तो इस बात पर दृढ़ विश्वास रखना चाहिये कि जहां महात्मा गांधी हैं वहां अनिष्ट हो नहीं सकता। हमारा कर्त्तव्य है कि हम अपने-अपने क्षेत्र में स्त्री अपने और पुरुष अपने तथा सामान्य क्षेत्र में परस्पर सहयोगपूर्वक अपने-अपने और समूह के

कर्त्तव्य का पालन करें, राष्ट्र की और समाज की शक्ति बढ़ावें। हमारा विशेष प्रयत्न यह होना चाहिये कि महिलाओं में जो जागृति हुई है, उसमें फिर शिथिलता न आने दें और अपनी संस्कृति और प्रकृति की रक्षा करते हुए जननी जन्मभूमि के उद्धार में पुरुषों के साथ हाथ बँटावें।

पृथक राष्ट्रीयता का उन्माद

दुनिया में ऐसा कोई देश नहीं हैं जहां के अल्पसंख्यक अधिवासी यह दावा करते हों कि उनका राष्ट्र भी बहुसंख्यक के राष्ट्र से भिन्न है। यद्यपि अनेक देशों में अल्पसंख्यक समुदाय हैं पर भारत के मुसलमानों को ही यह सौभाग्य प्राप्त होने जा रहा है कि वे अपने को किसी अन्य काल्पनिक राष्ट्र का अंग समझें! अलग चुनाव, अलग स्थान, अलग शिक्षा, अलग नौकरी, अलग व्यापार-वाणिज्य होते-होते अब अलग राष्ट्र भी होने जा रहा है, और कांग्रेस इस सम्बन्ध में चुप है। कांग्रेस की इस चुप्पी का परिणाम मुसलमानों पर जो कुछ होता हो, हिन्दुओं पर बुरा हो रहा है तथा कांग्रेस के अनुयायी भी दु:खित हो रहे हैं। हम अन्य टिप्पणी में कह चुके हैं कि इससे साम्प्रदायिक उपद्रव भी बढ़ने लगे हैं और कांग्रेसी मंत्रिमण्डलों की स्थिति शोचनीय होती जा रही है। हमारे मत से अब वह समय आ गया है कि कांग्रेस लीग की पूर्णतया उपेक्षा करके मुस्लिम जनता में स्वयं प्रचार करे अन्यथा अवस्था और भी बिगड़ जायगी। अब तो लीग ने यह आवाज उठायी है कि मुसलमानों की राष्ट्रीयता भी बिल्कुल अलग है। लीग इस्लाम को एक राष्ट्र समझती है। क्या अरब, तुर्की और ईरान भी इसे मानने को तैयार हैं? क्या सौदी अरब में हिन्दुस्तान के मुसलमानों को नागरिकता के अधिकार प्राप्त हैं, क्या श्री जिना तुर्की के प्रेसिडेण्टी के उम्मीदवार हो सकते हैं? यदि नहीं तो इस इस्लामी राष्ट्रीयता का अर्थ क्या है तथा हिन्दुस्तानी मुसलमानों के सिवा इसके समर्थक और किस देश के मुसलमान हैं? नि:संदेह गत महासमर के कुछ पूर्व तुर्की की तरुण तुर्क पार्टी के यत्न से पान इस्लामिज्म उर्फ पाकिस्तानी हवा बह गयी थी पर वह खत्म हो गयी। यह पागलपन सिर्फ हिन्दुस्तान में रह गया है और अब तो वह भीषण उन्माद का रूप धारण करना चाहता है। अभी समय है कि मुस्लिम जनता में प्रचार करके कांगेस इसकी चिकित्सा करे नहीं तो, कुछ दिन के बाद यह कष्टसाध्य हो जायेगा।

महिलाओं में प्रेम और सहयोग

जहां पुरुषों में साम्प्रदायिकता नंगा नाच रही है, जहां हिन्दू मुसलमान का और मुसलमान हिन्दू का खून करना अपना धर्म समझने लगे हैं, मुस्लिम लीग पृथक राष्ट्रीयता की कल्पना करती है और हिन्दू सभा ब्रिटिश सरकारी संघयोजना का भी स्वागत करने को तैयार है, सारांश, जहां पुरुष अपने विवेक से हाथ धो बैठे हैं वहां ऐसे देश की महिलाएं मिल-जुलकर अपनी उन्नति के लिए प्रयत्न कर रही हैं यह देख कर '*कमला*' फूले अंग

नहीं समा रही है। क्या यह हमारे लिए कम हर्ष की बात है कि पुरुषों की अपेक्षा स्त्रियों में साम्प्रादायिकता बहुत ही कम है। जहां तक हमें स्मरण है, मुस्लिम बहनों ने पृथक निर्वाचन का विरोध किया था। अपने धर्म पर उनकी श्रद्धा पुरुषों से कम नहीं है पर धर्म को उन्होंने राजनीतिक उद्देश्यों की साधना का एक जरिया नहीं बना डाला है। इसी से सार्वजनिक क्षेत्र में सब धर्मों की महिलाएं मिलकर काम कर रही हैं। कुछ महीने हुए दिल्ली में अखिल भारतीय महिला कानफरेन्स हुई थी जिसमें हिन्दू और मुस्लिम महिलाएँ प्रेमपूर्वक सम्मिलित हुई थीं। उसके पदाधिकारी भी दोनों सम्प्रदाय की महिलाएँ हैं। सम्प्रदायवादी पुरुषों को चाहिये कि अपनी इन माताओं, बहनों, पत्नियों और कन्याओं से उपदेश ग्रहण करें। पर इसकी सम्भावना कम है। पागल कब स्वेच्छा से दवा लेता है? यह महिलाओं का ही काम है कि साम्प्रदायिक क्षेत्र की क्रूरता को दूर करें। जहाँ कांग्रेस भी किंकर्त्तव्यविमूढ़ सी हो रही है वहां महिलाएँ सफल हो सकती हैं। सम्प्रदायवाद का मूल भय और द्वेष है। इसे महिलाएं अपने स्नेह से दूर कर सकती हैं। यदि वे इसमें सफल हुईं तो स्वदेश के इतिहास में ही उनका नाम अजर अमर न होगा प्रत्युत दुनिया के इतिहास में भी वे एक नया काम कर दिखायेंगी। पुरुष यदि उन्मादग्रस्त हो जायं तो उन्हें मार्ग पर सिवा महिलाओं के कौन ला सकता है? क्या यह कम आश्चर्य और गौरव की बात है कि जहाँ मुस्लिम लीग राष्ट्र के टुकड़े करना चाहती है वहां मुस्लिम महिलाएं एक ही संस्था में अपनी हिन्दू बहिनों से मिलकर भारत की अखण्डनीय एक राष्ट्रीयता की घोषणा उच्च स्वर से कर रही हैं।

निवेदन

प्रारम्भ में ही हमें अपने हितैषियों से क्षमा प्रार्थना करनी पड़ रही है। नवीन वर्षारम्भ के दिन चैत्र शुक्ला प्रतिपदा को ही 'कमला' का प्रथम अंक निकालने का हमारा विचार था पर दंगे के कारण वह सफल न हो सका। कारखाना बन्द पड़ गया और कलकत्ते से कागज भी नहीं आया, क्योंकि उपद्रव के कारण रेलवाले काशी के लिए माल लेते ही नहीं थे। उपद्रव अभी जारी है पर काम कुछ-कुछ होने लगा है। इसी में किसी तरह पहला अंक तैयार किया गया। इस बीच में 'कमला' के सहकारी सम्पादक श्री शान्तिप्रिय द्विवेदी की बड़ी बहन का देहान्त हो गया जिससे अंक तैयार करना और कठिन हो गया तथा त्रुटियां भी बहुत रह गयीं। यद्यपि ये सारी बातें हमारे बस की नहीं थीं फिर भी हम इसके लिए अपने ग्राहकों और हितचिन्तकों से क्षमा मांगते हैं। पहला अंक निकल रहा है। अगले अंक ठीक समय पर निकालने की कोशिश में कोई बात उठा न रखी जायगी, इतना ही निवेदन कर देना हम अपना कर्त्तव्य समझते हैं।

व्यवस्थापक 'कमला', गयाघाट, काशी।

(साभार : जनक दुलारी संग्रह)

एम.एम. मिश्र

[लोकमत (नागपुर), 12 नवंबर, 1940 में प्रकाशित संपादकीय 'शांति का वातावरण']

1. पंडित जवाहरलाल जी नेहरू ने अपने एक वक्तत्य में कहा है कि–"कांग्रेस ने मंत्री पदों को जब से त्याग दिया है तब से नागरिकता के अधिकारों का हनन होने लगा है। विभिन्न प्रांतीय सरकारें कांग्रेस कार्यकत्ताओं को पकड़ रही हैं। इन कार्यों से युद्ध के सम्बन्ध में कांग्रेस का मन्तव्य पूर्णरूपेण स्पष्ट हो जाता है। युद्ध प्रारम्भ होते ही पंजाब और अन्य प्रांतों में कार्यवाहियां प्रारंभ हो गयी हैं। पंजाब में कांग्रेसी और अहरार पार्टी के बहुत से कार्यकर्त्ता कारागारों में पहुँचा दिये गये हैं। अब सभी प्रांतों में यही होता जा रहा है। इस सम्बन्ध में हम और कुछ नहीं कहना चाहते हैं, केवल यही कहते हैं कि हमारा कर्त्तव्य हमारी प्रतीक्षा कर रहा है। श्रीयुत जयप्रकाश नारायण भी पकड़ लिये गये हैं। वे उस स्थान में पकड़े गये हैं, जहां कांग्रेस होने जा रही है, और कांग्रेस ब्रिटिश साम्राज्य को उचित उत्तर देगी।" पण्डित जवाहरलाल जी नेहरू ने यह वक्तव्य प्रकाशित कर कांग्रेस के भावी आंदोलन की रूपरेखा का आभास दे दिया है।

2. लोग प्राय: यह जानने को उत्सुक हैं कि कांग्रेस जो स्वतंत्रता प्राप्ति के निमित्त आन्दोलन छेड़ने वाली है, उसका क्या स्वरूप होगा? 1920 में कांग्रेस ने असहयोग और बहिष्कार आंदोलन छेड़ा था और 1930 में छेड़ा था सत्याग्रह। उपर्युक्त दोनों आंदोलनों के स्वरूपों से जनता भली-भांति परिचित है। परन्तु इस बार क्या होगा; यह वह नहीं जानती। कालान्तर में सभी बातें सामने आ जायेंगी, पर फिर भी पहले से कुछ आभास मिल जाता है तो लोगों की जिज्ञासा शांत हो जाती है। नेहरू जी का वक्तव्य इस जिज्ञासा को बहुत कुछ शांत कर सकता है। नेहरू जी के वक्तव्य को ध्यानपूर्वक पढ़ने से पता लग जाता है कि कांग्रेस अपने कार्यक्रम में; अन्य बातों के साथ ही, भारत रक्षा एक्ट का प्रतिवाद कदाचित रखेगी।

3. हम अपनी एक टिप्पणी में कई दिन पूर्व यही लेख लिख चुके हैं कि देश में इस समय भारत रक्षा विधान का ही विशेष प्रयोग किया जा रहा है, अत: कांग्रेस इसी के मिस आंदोलन छेड़ेगी और दूसरी बात यह भी होगी कि ब्रिटिश वस्तुओं के प्रति क्या व्यवहार किया जाए? हमारा अनुमान है कि स्वदेशी प्रचार का महत्त्व समझाकर

जनता इस हेतु प्रस्तुत की जायेगी कि वह स्वदेशी वस्तुओं का ही विशेष व्यवहार किया करें। स्वदेशी के व्यवहार का अर्थ यह न लगाना चाहिये कि ब्रिटिश वस्तुओं का भारत से चलन ही उठ जायगा। हां स्वदेशी वस्तुएं अधिक चलने लगेंगी; यह अवश्य होगा। तो कांग्रेस के भावी आंदोलन के कार्यक्रम का मूलाधार भारत रक्षा विधान और स्वदेशी वस्तु प्रचार हो सकता है। यह धारणा पक्की निकल सकती है। जब एक बार इन दो बातों के आधार पर कार्य प्रारम्भ हो जायगा तब फिर अन्य बातें और प्रकट हो जायेंगी। फिर तो बात में से बात निकल आती है।

4. परन्तु अच्छा यही हो कि सरकार अभी से सतर्क हो जाय। सरकार भारत रक्षा विधान का प्रयोग जिस तीव्र गति से कर रही है वही कांग्रेस को शीघ्र आन्दोलन प्रारम्भ करने के लिये प्रेरित कर रही है। यदि सरकार भारत रक्षा विधान का प्रयोग न करे तो अभी कांग्रेस आंदोलन टल जाय और उसी मध्य यदि कांग्रेस से समझौते की बातचीत सरकार करे तो सम्भव है कि समझौते का कोई मार्ग निकल आये। सरकार को औपनिवेशिक सत्ता प्रदान करनी है। वह यदि युद्ध के पूर्व अर्थात अभी ही ऐसा कर दे तो न भारत रक्षा विधान का प्रयोग करने की आवश्यकता पड़े और न भावी आंदोलन के छिड़ने का ही समय आये। हम चाहते हैं कि शांतिपूर्वक सब कार्य हो जायं। सरकार के कार्यों से आंदोलन की प्रेरणा कांग्रेस को मिल रही है अत: सरकार सचेत होकर शांति का वातावरण प्रस्तुत करे यह सभी चाहेंगे।

सुभाष बाबू का कर्त्तव्य

श्रीयुत सुभाष बाबू ने कहा कि–"अग्रगामी फूट नहीं डालना चाहते! दक्षिण पन्थी हमारे साथ कार्य करने को प्रस्तुत नहीं हैं। हम नेतृत्व के भूखे नहीं हैं। हम पुराने नेताओं के साथ रहकर कार्य करना चाहते हैं; पर वे आगे बढ़ने का आदेश दें तभी।" जब से पटने में कार्य समिति ने यह प्रस्ताव स्वीकार किया है कि कांग्रेस बिना पूर्ण स्वराज के संतुष्ट न होगी और न मिलने पर अग्रगमन करेगी तब से किसी को यह कहने का अवसर ही नहीं रह जाता कि कांग्रेस आगे बढ़ने का आदेश नहीं देती। अब भी सुभाष बाबू अग्रगमन की रट लगाते हैं सो यह उनकी बात व्यर्थ है। अब उन्हें रामगढ़ कांग्रेस के अवसर पर समझौता विरोधी सम्मेलन न करना चाहिए; क्योंकि समझौता हो ही नहीं रहा है। अब भी यदि सुभाष बाबू नहीं मानते तो वे कांग्रेस के मार्ग में रोड़े अटकाने वाले समझे जायेंगे। साथ ही जनता से भी हम अनुरोध करते हैं कि वह सुभाष बाबू के समझौता विरोधी सम्मेलन में सम्मिलित न हों। बिहार में हमारे सहस्रों पाठक हैं; उनसे विशेष कर हम अनुरोध करते हैं कि वे सुभाष बाबू के सम्मेलन के भ्रम में न पड़ें। वे महात्मा गांधी के नेतृत्व पर पूर्ण विश्वास रखें क्योंकि महात्मा जी स्वराज के लिये बहुत आगे बढ़ गये हैं।

कृष्णदत्त पालीवाल

[सैनिक (आगरा), 6 फरवरी, 1940 में प्रकाशित आजादी दिवस पर पालीवाल जी का ओजस्वी भाषण, 'गांधीजी फौज को तैयार कर रहे हैं']

आगरा में आजादी की प्रतिज्ञा पढ़ने से पहले पंडित श्रीकृष्णदत्त पालीवाल ने नीचे लिखा ओजस्वी भाषण दिया :

बहिनो और भाइयो,

आजादी-दिवस मनाने के सम्बन्ध में सूबे में जो गश्ती चिट्ठी आई है उसमें राष्ट्रपति की कुछ हिदायतें दी गई हैं। इन हिदायतों में यह बात साफ कर दी गई है कि किसी के लिये यह लाजिमी नहीं है कि वह प्रतिज्ञा के किसी अंश को जरूर ही दुहराये। आजादी-दिवस मनाने या प्रतिज्ञा दुहराने के लिए किसी पर किसी का दवाब नहीं है। जो सज्जन प्रतिज्ञा में अथवा उसके जिस अंश में विश्वास रखते हैं उसको ही दुहरावें। जो विश्वास नहीं रखते वे न दुहरावें। इस तरह आज कामिल आजादी के दिन कांग्रेस की तरफ से आजादी की प्रतिज्ञा के सिलसिले में भी आपको कामिल आजादी है। इस गश्ती चिट्ठी में आज की मीटिंगों के सभापतियों को यह हिदायत दी गई है के वे प्रतिज्ञा का अर्थ लोगों को अच्छी तरह समझा दें। इस आज्ञा का पालन करने के लिये मेरा कर्तव्य है कि मैं उसे आपको समझाऊं। मेरी राय के मुताबिक इस प्रतिज्ञा के चार हिस्से हैं। पहले हिस्से में हम यह ऐलान करते हैं कि हमने यह महसूस कर लिया है कि अंग्रेजी शाहंशाहत की बदौलत हमारी और हमारे मुल्क हिन्दुस्तान की सब तरह से बरबादी (तबाही) हो रही है। दूसरे हिस्से में हम अपने इस निश्चय का ऐलान करते हैं कि हम इस नतीजे पर पहुंचे हैं कि इस बरबादी से अपने देश को बचाने का एक ही उपाय है और वह है हिन्दुस्तान की कामिल आजादी। यह तय कर चुकने के बाद सवाल यह पैदा होता है कि हम यह आजादी किस तरीके से हासिल करें। यह तीसरे हिस्से में बताया गया है कि हमारा रास्ता हिंसा का न होकर अहिंसा का है। इसके अलावा यह भी हमारा तरीका न तो पूंजीवादियों, साम्राज्यवादियों और फैसिस्टशाही का ही तरीका है और न साम्यवादियों अथवा समाजवादियों का ही। हमारा तरीका तो महात्मा गांधी का, गांधीवाद का,

खादी और चरखे का, सब जातियों में प्रेम और अहिंसा का तरीका है। प्रतिज्ञा के चौथे और अन्तिम हिस्से में हमसे आजादी की लड़ाई के लिये तैयार रहने की बात कही गई है। प्रतिज्ञा का अर्थ समझने के लिए कुछ शकों शंकाओं का,

उन सवालों का

जवाब दे देना भी जरूरी मालूम होता है जो लोगों के मनों में उठते हैं। इनमें से पहली शंका यह है कि क्या हम सचमुच लड़ाई की–आजादी की अहिंसात्मक लड़ाई की–तैयारी कर रहे हैं? इस सवाल का जवाब मैं जोरदार 'हां' में देता हूं। अपने सूबे की बाबत मैं यह कह सकता हूं कि यूरुप की जंग शुरू होने के बाद जल्दी से जल्दी हमारे सूबे में एक युद्ध समिति बना दी गई थी। इस युद्ध-समिति में कांग्रेस के सब तरह के लोग थे। इस लोगों ने एक हफ्ते के अन्दर ही सूबे का ऐसा संगठन कर दिया था कि अगर नौकरशाही कांग्रेस को गैर कानूनी भी करार दे दे तब भी कांग्रेस की तरफ से आजादी की अहिंसात्मक लड़ाई चलाने का काम एक मिनट के लिए भी न रुकने पावे। हमारी युद्ध समिति ने अपने सूबे को आजादी की अहिंसात्मक लड़ाई के लिये जितनी फुर्सत से तैयार किया उतनी फुर्ती से हिटलर जो बहुत बड़ा संगठन करने वाला माना जाता है, जर्मनी को तैयार नहीं कर सका। आजादी की जंग का हुक्म मिलते ही हमारे सूबे में एक लाख के करीब सत्याग्रही सत्याग्रह के लिए तैयार थे। दूसरा सवाल यह उठा जाता है कि

क्या आजादी की लड़ाई होगी

समझौते की जो चर्चा चलती रहती है उससे कुछ लोग तो यह समझने लगते हैं कि गांधी समझौते से आजादी ले आवेंगे, हमें उसके लिए सत्याग्रह और बलिदान करने की जरूरत नहीं पड़ेगी, और हमारे कुछ बहादुर आजादी के दीवाने गांधी जी पर भी शक करने लगते हैं। मैं आपको यह इत्मीनान दिलाना चाहता हूँ कि गांधी जी अपने निराले तरीके से मुल्क को इस बात के लिए तैयार कर रहे हैं कि अगर सम्मानपूर्ण समझौता न हो तो वे अभूतपूर्व सत्याग्रह संग्राम छेड़ दें। गांधीजी यह अवश्य चाहते हैं जो अपनी ही मौत मर रहा हो उसे मारने की हत्या हम व्यर्थ अपने सर क्यों ले? लेकिन अगर लड़ना ही पड़े तो वे तमाम दुनिया को, खासतौर पर अमेरिका की पब्लिक और ब्रिटेन की पब्लिक को भी, यह दिखा देना चाहते हैं कि हमें अपने हक के लिये मजबूर होकर, ब्रिटिश सरकार की ज्यादती की वजह से, लड़ना पड़ रहा है। वायसराय के बम्बई वाले वक्तव्य पर महात्मा जी ने जो बयान दिया है उसे मैं इस दिशा में यानी दुनिया भर के सामने विरोधी को कसूरवार साबित करने की दिशा में महात्मा जी का अखिरी कदम मानता हूं। मेरा ख्याल है कि अगर अब भी ब्रिटिश सरकार ने महात्यागी की बात न मानी तो सन् 1930 की तरह सन्

1940 के अप्रैल में ही वे सत्याग्रह संग्राम शुरू कर देंगे। मुझे यह विश्वास है कि इन्तिजारी के जरिये, महात्मा गांधी और बातों के साथ-साथ अपनी सत्याग्रहियों की फौज को तैयार कर रहे हैं। उसमें बेचैनी, बेदारी और अकुलाहट पैदा कर रहे हैं जिससे जब बलिदानों का वक्त आवे तब वह पूरे जोश के साथ अपनी कुरबानी चढ़ावे।अगर मुझे यह विश्वास न होता कि महात्माजी क्रांतिकारी हैं, वे हिन्दुस्तान की कामिल आजादी के लिए अपने प्राणों की बाजी लगाने वाले हैं तो मैं गांधीवादी न होता। मुझे तो अगर आज भी यह विश्वास हो जाय कि हिंसा के जरिये से हिन्दुस्तान को आजादी मिल सकती है तो मैं तो अंहिसा को छोड़ने को भी तैयार हूं। मैं तो उन लोगों में से हूं जिनको महात्मा जी के अहिंसात्मक आन्दोलन से पहले हिंसा में विश्वास था। हिंसा के इल्जाम तो मेरे ऊपर अबतक लगते रहे। सन् 1932 में जब मैं बाराबंकी जेल में था तब दिल्ली में एक साहब ने मेरे ऊपर यह इल्जाम लगाया था कि मैंने उन्हें फरारी की हालत में पनाह दी, रुपये दिये और रिवाल्वर दिये। सन् 1935 में मेरे ऊपर यह इल्जाम लगाया गया कि मैंने राधाचरण के लिए जिसे फांसी हुई, मोटर का इन्तिजाम किया, परन्तु मुझे तो अपने अनुभव और अपने गहन अध्ययन के आधार पर यह विश्वास हो गया कि हिन्दुस्तान अहिंसा के रास्ते ही आजाद हो सकता है। अहिंसा के रास्ते के सिवा उसके पास और कोई रास्ता ही नहीं है और अहिंसा का रास्ता अमोघ तथा कारगर रास्ता है। इसलिए मैं अहिंसावादी हूं।

तीसरी शंका

यह की जाती है कि क्या हम आजाद होंगे? क्या हिन्दुस्तान आजाद होगा? क्या उसे इतनी जबर्दस्त अंग्रेजी शाहंशाहत से जिसके पास तोपें हैं, हवाई जहाज हैं, मशीनगनें हैं, छुटकारा पाने में कामयाबी मिलेगी? जब कोई यह सवाल करता है तब मैं चौक पड़ता हूं क्योंकि मेरी समझ में यह नहीं आता कि कोई शख्स हिन्दुस्तान की आजादी के बारे में और कांग्रेस की कामयाबी के बारे में इस तरह की शंका कैसे कर सकता है। इस प्रकार का संशय एक प्रकार की बीमारी है। जो लोग अपने और अपने देश के भविष्य में विश्वास नहीं करते वे स्वस्थ नहीं हैं। संसार का इतिहास इस बात का साक्षी है कि जिन लोगों में संशय रहा वे नाकामयाब रहे। अंगद और हनुमान दोनों ही महाबली थे लेकिन चूंकि अंगद को विश्वास न था, उसको सिर्फ लौटने में संशय था, उसने कहा था-"अंगद कहा जाऊ मैं पारा। जिय संशय कछु फिरती बारा।" इसलिए वह समुद्र को न लांघ सका और हनुमान जी लांघ गये। भगवान कृष्ण ने तो गीता में यहां तक कहा है कि "संशयात्मा विनश्यति"। जो लोग हर बात में संशय करते हैं वे कभी फल-फूल नहीं सकते। मुमकिन कि नयी रोशनी के नौजवानों को ये धार्मिक और पौराणिक उदाहरण अपील न करे इसलिए मैं एक

ऐतिहासिक उदाहरण देता हूं। जब महाराज मानसिंह ने काबुल पर चढ़ाई की थी तब अटक नदी को देखकर उनके विकट कटक को भी संशय हुआ था। उस समय उन्होंने कहा था कि 'जाके मन में अटक है सो ही अटक रहा' और इस विश्वास के बल पर उन्होंने अटक पार करके काबुल जीता।

कांग्रेस की कामयाबी

के बारे में तो किसी को किसी किस्म का शक करने की कोई गुंजाइश नहीं है क्योंकि कांग्रेस की तवारीख तो कामयाबी की तवारीख है। अपने पचास बरस के जीवन में कांग्रेस ने अंग्रेजी शाहंशाहत से कई मोरचे लिये और हर मोरचे पर कांग्रेस की जीत हुई। मिसालें ले लीजिये, बंगाल के दो टुकड़े करके ब्रिटिश सरकार की तरफ से यह ऐलान किया गया था कि अब तो यह बात पत्थर की लकीर हो गई। लेकिन आखीर में यह पत्थर की लकीर पानी की लकीर साबित हुई और बंग-भंग रद्द हो गया। सन् 1920 की लड़ाई के बारे में स्वयं हिन्दुस्तान के वायसराय लार्ड रेडिंग ने यह मंजूर किया था कि "मैं हैरान और परेशान हूं, मेरी समझ में नहीं आता है कि गांधी की इस आंधी से कैसे पार पाऊं?" उसके बाद स्वर्गीय पण्डित मोतीलाल नेहरू और देशबन्धु दास के नेतृत्व में कौंसिलों के मोरचे पर जो लड़ाई हुई उसमें भी कांग्रेसियों ने नौकरशाही के इन किलों में घुस कर बार-बार विरोधियों को पछाड़ा। सीपी का मन्त्रिमंडल तोड़ा और बंगाल का मन्त्रिमंडल तो एक के बाद एक लगातार तीन मरतबा तोड़ा। देशबन्धु दास से नौकरशाही के हिमायती इतने डर गये कि जब वे बीमारी की हालत में ही दार्जिलिंग से कलकत्ता मिनिस्ट्री के खिलाफ लागत का प्रस्ताव पास कराने के लिए आये तब अंग्रेजी अखबारों ने लिखा 'विध्वंस' आ गया। (Wrecker had come) 1930 के सत्याग्रह को लड़ाई में भी कांग्रेस की जीत हुई। नौकरशाही ने कांग्रेस के सामने घुटने टेके और गांधी-इरविन समझौते के नाम से उसे एक समझौता करना पड़ा। 19.2.33 के सत्याग्रह संग्राम की शुरुआत के समय सर माल्कम हेली ने यह ऐलान किया था कि हम पन्द्रह दिन में कांग्रेस को कुचल देंगे। लेकिन पन्द्रह दिन तो दूर पन्द्रह महीने में भी वे कांग्रेस को न कुचल सके। उनके ग्यारह आर्डिनेंस दो मरतबा अपनी मौत मरे लेकिन कांग्रेस जिंदा रही। इसके बाद जब

कांग्रेस असेम्बली का चुनाव

आया तब भी सर माल्कम हेली और लार्ड विलिंग्डन को यही ख्याल था कि उन्होंने कांग्रेस को कुचल दिया है, कांग्रेसी इस चुनाव में कामयाब नहीं हो सकते। लेकिन संयुक्तप्रान्त, मद्रास वगैरह करीब-करीब सभी जगह कांग्रेस की जो सौ फीसदी जीत हुई उससे तमाम दुनिया को यह मालूम हो गया कि लार्ड विलिंग्डन और सर

माल्कम हेली बेवकूफों के बहिश्त में थे। केन्द्रीय असेम्बली में कांग्रेस दल ने सरकार को कौड़ी पटक दी। एक-एक दिन में सात-सात बार हराया। कोई जिम्मेदार और शर्मदार सरकार होती तो एक मरतबा हार जाने पर इस्तैफा देकर चली जाती। लेकिन नौकरशाही इतनी शर्मदार निकली कि एक-एक दिन में सात-सात दफे पिटने पर भी टस से मस नहीं हुई। केन्द्रीय असेम्बली में कांग्रेसी यह कह कर गये थे कि हम वहां जाकर यह दिखा देंगे कि यह शासन-विधान कोरा स्वांग है। कांग्रेसी दल ने यह बात वहां अक्षरशः करके दिखा दी। वायसराय के सन्देशों पर कांग्रेसी मेम्बरों ने उनकी इज्जत के लिए खड़े होना बन्द कर दिया। इस पर अपनी झेंप मिटाने के लिए सरकारी मेम्बरों ने भी खड़े होना बन्द कर दिया लेकिन जब उन्हें यह बताया गया कि इसके मानी तो यह हुए कि आप लोगों ने भी वायसराय के सन्देशों की इज्जत करनी छोड़ दी तब वे फिर खड़े होने लगे। उनकी इस उठक-बैठक को देखकर कांग्रेसी मेम्बरों ने उन्हें 'म्याऊं-म्याऊं' कहकर चिढ़ाया।

सन् 1937 में

सूबे के ऐसेम्बली के चुनाव हुए। उस वक्त भी नौकरशाही और उसके गुर्गे यह हिसाब लगाया करते थे कि कांग्रेस का बहुमत नहीं हो पायेगा। कांग्रेस का बहुमत रोकने के लिए बड़ी-बड़ी कोशिशें की गईं। सर जे.पी. श्रीवास्तव और नवाब मुहम्मद युसुफ की सरकार इस बात की कोशिश करती थी कि बोर्डों में कांग्रेसियों का असर न रहे। इस मकसद के लिए आगरा में शुक्ला डिप्टी कलक्टर के जरिए लखनऊ में रायबहादुर अम्बाप्रसाद और रायबहुदर ज्योतिप्रसाद तथा रायबहादुर कुशल पालसिंह को बुलाकर पालीवाल विरोधी पैक्ट कराया गया। लेकिन चुनाव में ये सब कोशिशें बेकार साबित हुईं। डिस्ट्रिक्ट बोर्ड में ही नहीं सूबे की एसेम्बली के चुनाव में भी नौकरशाही ने मुंह की खाई। कांग्रेस की जीत हुई। आठ सूबों में कांग्रेसी वजारतें कायम हुईं और कांग्रेसियों ने इस मोरचे पर भी सोलहों आने कामयाबी करके दिखा दी। वे सन् 1935 के शासन विधान को तोड़ने का इरादा करके एसेम्बलियों में गये थे।

आज तमाम दुनिया यह देख रही है कि उन्होंने अपना वादा 'बावन तोले पाव रत्ती' पूरा किया है। आज सात सूबों में शासन विधान टूट गया है। आज सात सूबों का शासन मन्त्रिमण्डलों के जरीये न होकर गवर्नरों के विशेषाधिकारों से हो रहा है।

पालीवाल जी ने कहा

कि आज की हालत यह है कि 1935 का शासन विधान कांग्रेस के करतल गत है। उसकी मुट्ठी में है, वह जब चाहे तब उसे तोड़ सकती है और जब चाहे

तब उसे जिन्दा कर सकती है। सरदार पटेल ने कहा है कि कांग्रेस चाहती तो जिस वक्त जिन्ना की लीग योमे निजात के नाम पर योमे गुलामी मना रही थी उस दिन भी वजारत कबूल करके उनके नगाड़े औंधे कर सकती थी। इससे यह साफ जाहिर है कि जो लोग यह समझते हैं कि हमने कांग्रेस की वजारतें खत्म कर दीं या अब हम कांग्रेसियों को वजारतें लेने से रोक सकते हैं वे भारी मुगालते में है। जिन्ना साहब यह समझते हैं कि अंग्रेजी शाहंशाहत से दोस्ती करके वे हिन्दुस्तान की आजादी को रोक सकेंगे। लेकिन उन्हें नहीं मालूम कि उनके दोस्त उनको बीच भंवर में छोड़ देंगे। आज की तारीख का अखबार मेरे हाथ में हैं। इसमें लंदन के टाइम्स अखबार के एक लेख का वह हिस्सा है जिसे रायटर ने हिन्दुस्तान में न भेज कर छिपाने की कोशिश की। इस मजमून में अंग्रेजी शाहंशाहत के मुख-पत्र टाइम्स ने यह साफ-साफ कहा है कि मि. जिन्ना का यह दावा सही नहीं है कि मुस्लिम लीग तमाम मुसलमानों की नुमाइन्दा है। इस तरह जिन्ना साहब जिस बात को कांग्रेस से जबरदस्ती मनवाना चाहते हैं उसे उनके दोस्त भी नहीं मानते। 'टाइम्स' का कहना है कि मुसलमान की बहुत सी जमातें हैं जो मुस्लिम लीग के खिलाफ हैं। जैसे कांग्रेस तमाम हिन्दुस्तान की प्रतिनिधि नहीं है वैसे ही मुस्लिम लीग भी तमाम मुसलमानों की प्रतिनिधि नहीं है। आखीर में इस टाइम्स अखबार ने यह बात भी साफ-साफ कह दी है कि मि. जिन्ना इस धोके में न रहें कि अल्पमत के सवाल को उठाकर हिन्दुस्तान की आजादी के रास्ते में हमेशा के लिये रोड़ा बन सकते हैं। जहां तक कांग्रेसी मन्त्रिमंडलों से ताल्लुक है वहीं तक तो यह हालत है कि हाल ही में बिहार के भूतपूर्व प्रधानमंत्री मिस्टर यूनस ने यह फरमाया है कि मार्च से पहले-पहले कांग्रेसी मन्त्रिमंडल फिर काम करने लगेंगे। इन बातों से यह साफ जाहिर है कि कांग्रेसी जब चाहें तब मन्त्रिमंडल कायम कर सकते हैं लेकिन वे करते नहीं। दूसरा कोई उन्हें नहीं रोक सकता है, वे खुद ही उसे तर्क किए हुए हैं। सच बात तो यह है कि कांग्रेसी वजारतों को जूते की नोक से ठुकराते हैं और वजारतें उनके चरणों पर लोटती फिरती हैं। कांग्रेस के इस

विहंगावलोकन से

इतना स्पष्ट है कि कांग्रेस कामयाबी के लिये ही पैदा हुई है। वह हमेशा कामयाब हुई है और आगे भी कामयाब होगी। आपने सुना होगा कि वायसराय महोदय ने बम्बई में यह ऐलान किया है कि ब्रिटिश सरकार हिन्दुस्तान को पूर्ण औपनिवेशिक स्वराज्य देने को तैयार है। ऐसा औपनिवेशिक स्वराज्य जिसमें लड़ाई में शामिल होने, न होने तथा ब्रिटिश साम्राज्य में रहने, न रहने का अख्तियार भी शामिल है। लेकिन कांग्रेस इस औपनिवेशिक स्वराज्य रूपी

शूर्पनखा

के धोके में नहीं आती। शूर्पनखा कांग्रेस से जरूर यह कहती है कि ''तुम सम पुरुष न मो सम नारी। यह संयोग विधि रचा संवारी।।'' लेकिन कांग्रेस के सभापति राजेन्द्र बाबू ने अहिंसा के कारण उसकी नाक तो नहीं काटी। हां इतना साफ कह दिया कि इनायत के लिए शुक्रिया, लेकिन हमें आप पसन्द नहीं हैं। मिस्टर चेम्बर लेन यह चिल्लाते हैं कि अंग्रेजी शाहंशाहत अब वह पुरानी शाहंशाहत नहीं रही। पुरानी शाहंशाहत तो मर गई। यह तो नई है। उसने शाहंशाहत की तीनों खराबियां छोड़ दी है, लेकिन कांग्रेस औपनिवेशिक स्वराज्य रूपी शूर्पनखा की शकल में आई हुई नई साम्राज्यशाही को भी नहीं मंजूर करती। कुछ लोग समझते हैं कि

कांग्रेस में फूट है

इसलिए कांग्रेस कामयाब नहीं हो सकेगी। लेकिन इतनी बड़ी जमात में मतभेदों का होना कुदरती है। दुनिया में मतभेद कहां नहीं हैं? क्या वे मुस्लिम लीग में नहीं हैं? मुस्लिम लीग तो भानुमती का पिटारा है, जिसमें कहीं को ईंट और कहीं का रोड़ा इकट्ठा करके कुनबा जोड़ा गया है। क्या मतभेद ब्रिटेन में नहीं हैं? क्या वे ब्रिटिश मंत्रिमंडल में नहीं होते? नहीं होते तो पहले ईडन ने इस्तीफा क्यों दिया था और हाल ही में होर बेलिशा ने इस्तीफा क्यों दिया? क्या लन्दन वगैरः में आयरिश रिपब्लिकन पुरुषों की तरफ से उत्पात नहीं हो रहे? कांग्रेस पर फूट का इल्जाम लगाने वाले हमारी आंख की फुली तो देखते हैं लेकिन अपना टेंट क्यों नहीं देखते?

हममें फूट है कहां?

अगर हमारे नौजवान और आजादी के दीवाने आजादी की जंग शुरू करने के लिए उतावले हो रहे हैं तो क्या इससे हममें फूट हो गई? हममें आपस में कितने भी मतभेद हों लेकिन अंग्रेजी शाहंशाहत के खिलाफ तो हम सब एक हैं। हमारे सूबे की युद्ध-समिति ने जिसमें सब दलों के लोग हैं यह साबित कर दिया हैं कि अंग्रेजी शाहंशाहत के खिलाफ आजादी की जंग के मामले में हम में कोई मतभेद नहीं है। इस युद्ध समिति के सब फैसले एक राय से हुए थे और इसमें गांधीवादी, उग्रवादी, साम्यवादी, समाजवादी और फौरवार्ड ब्लाकी सब दलों के लोग थे।

युद्ध की अधीरता

तो लक्ष्मण जैसे आज्ञाकारी सैनिक में भी थी। सीता-स्वयंवर में जब जनक जी ने यह कह दिया था कि ''वीर विहीन मही मैं जानी'' तब उन्होंने कहा था ''जो राउर अनुशासन पाऊं। कन्दुक इव ब्रह्मण्ड उठाऊं।'' इत्यादी। परशुराम के आने पर लक्ष्मण

के क्रोध का ठिकाना न था लेकिन ज्यों ही,

...नजन तरेरे राम।
गुरु समीप गवने सकुचि,
परिहरि वाणी वाम।''

जब पंचवटी में भरत जी पहुंचे थे तब भी उन्होंने यही कहा था कि :

''कहं लगि सहिय रहिय मन मारे।
नाथ साथ धनु हाथ हमारे॥''

जब भगवान रामचन्द्र समुद्र से विनय कर रहे थे कि रास्ता दे दे तब भी लक्ष्मण जी ने कहा था कि :

''दैव दैव आलसी पुकारा।
नाथ दैव करि कौन सहारा॥''

क्या लक्ष्मण जी की इन बातों के आधार पर किसी को यह कहने का हक था कि राम-लक्ष्मण में फूट है। सच बात तो यह है कि अन्त में रामचन्द्र जी को लक्ष्मण जी की बात माननी पड़ी।

उन्होंने कहा :

''विनय न मानत जलधि जड़
गये तीन दिन बीत।
लक्ष्मण आनहुं बान-सर,
भय बिन होई न प्रीत।।''

दूसरा उदाहरण भीम का है। जब कौरव ने एक ऐसा हथियार चलाया जो अपना सामना करने वाले का निश्चय ही संहार कर देता तब भगवान कृष्ण ने पाण्डवों को सलाह दी कि सब लोग पीठ फेर लो। युद्ध की तरफ पीठ करना बहादुरी के खिलाफ समझा जाता है। इसलिए भीम ने ऐसा करने से इनकार कर दिया। भीम को बचाने के लिए स्वयं भगवान कृष्ण खड़े होकर उससे लिपट गये जिससे उस हथियार को भीम की छाती न दिखाई देकर कृष्ण की पीठ दिखाई दे। अगर कौरव इस दृश्य को देखकर यह कहने लगते कि पाण्डवों में फूट हो गई–भीम और कृष्ण आपस में लड़ रहे हैं तो अपनी बेवकूफी ही जाहिर करते। यही बेवकूफी वे लोग कर रहे हैं जो हमारे नौजवानों की अधीरता को फूट बता रहे हैं। अगर यह फूट है तो आजादी के दुश्मनों के लिए तो यह फूट भी मातम की बात है। यह फूट हमें मुबारिक हो आजादी के दुश्मनों के लिए तो यह मौत की घन्टी है। महात्मा जी इस जोश के खिलाफ नहीं हैं। वे तो सिर्फ इतना चाहते हैं कि यह जोश बिखरे नहीं, भाप की तरह बंध कर ऐसी ताकत पैदा करे जिससे तमाम देश को कामिल आजादी के पास खींच ले जाये।

हिन्दुस्तान की आजादी

के बारे में किसी को किसी किस्म का शक नहीं होना चाहिए। राजनीति में भविष्यवाणी करना ठीक नहीं है। क्योंकि उसमें बहुत सी बातें अनिश्चित होती हैं लेकिन हिन्दुस्तान की आजादी का मामला तो इतना साफ है कि उसके बारे में मुझे यह पेशीनगोई करने में कुछ भी झिझक नहीं है कि सन् 1940 में हिन्दुस्तान आजाद हो जायेगा या यहां आजादी की ऐसी अहिंसात्मक लड़ाई छिड़ जायेगी जैसी पहले कभी नहीं हुई थी। तमाम दुनिया यह जान ले, आजादी के दुश्मन यह कान खोल कर सुन लें कि हिन्दुस्तान अब किसी का गुलाम होकर नहीं रह सकता। हिन्दुस्तान आजाद होगा। तमाम दुनिया में एक इनकिलाब होगा जिससे यह बुड्ढी और बदशकल पुरानी दुनिया मर जायेगी और उसकी जगह समस्त संसार को संजीवनी देने वाली नई दुनिया पैदा होगी।''

जीवाराम पालीवाल

[सैनिक (आगरा), 6 फरवरी, 1940 में प्रकाशित संपादकीय 'आजादी की तरफ']

सन् 1940 हिन्दुस्तान के लिए आशा और विश्वास की दुन्दभी बजाता हुआ आया है। ज्यों-ज्यों दिन बीतते जाते हैं त्यों-त्यों यह स्पष्ट दिखाई देता जाता है कि हिन्दुस्तान तेजी के साथ आजादी की तरफ कदम बढ़ाता हुआ चला जा रहा है। ऐसा मालूम पड़ता है मानो अजेय परन्तु अदृष्ट शक्तियां उसे आजादी की तरफ ढकेले हुए ले जा रही हैं। छब्बीस जनवरी को हिन्दुस्तान भर में आजादी का दिन जिस धूम-धाम और जोश-खरोश के साथ मनाया गया वह इस बात का प्रमाण है कि हिन्दुस्तान की पब्लिक अन्त:प्रेरणा से यह अनुभव कर रही है कि अब हिन्दुस्तान की गुलामी के दिन चले गये। अब तो हमारे देश में स्वाधीनता-सूर्य का उदय होने वाला है। हिन्दुस्तान के लिए आजादी का दिन मनाते हुए यह दसवां साल था परन्तु पिछले दस सालों में वह बात एक भी साल नहीं देखी गई थी जो इस साल देखी गई। कुछ लोगों ने सन् 1940 के आजादी दिवस के जोश की तुलना सन् 1930 के जोश से की है परन्तु सन 1930 और सन् 1940 के आजादी-दिवस में एक बात की समानता तो हो सकती है। यह बात है आजादी की लड़ाई के शुरू होने की लेकिन जहां तक जोश-खेरोश से ताल्लुक है वहां तक 1940 के छब्बीस जनवरी के जोश की तुलना 1918 की पहली आम हड़ताल से की जा सकती है। यानी बाईस बरस बाद हिन्दुस्तान की आम जनता में फिर आशा और विश्वास का संचार हुआ है। उसमें फिर स्फूर्ति आई है। व्यापकता और प्रतिनिधिपने में यह दिवस 1918 की हड़ताल को भी मात कर गया है। 1940 की छब्बीस जनवरी के समारोह में विद्यार्थियों ने, किसानों ने, मजदूरों ने, मुसलमानों ने और हरिजनों ने अच्छी तरह सब बातों को सोच-समझा कर हिस्सा लिया; यानी ये सब लोग अब हिन्दुस्तान की कामिल आजादी की जरूरत को महसूस करने लगे हैं और आजादी की लड़ाई में अपनी आहूति देने के लिए अधीर हो रहे हैं। देहातों से छब्बीस जनवरी को आजादी-दिवस मनाये जाने की जो खबरें आ रही हैं; उनसे मालूम होता है कि लाखों गांवों में किसानों ने वह दिवस बड़े जोश के साथ मनाया और इस तरह उन्होंने भी यह दिखा दिया कि वे जग गये हैं, सब बातों को अच्छी

तरह समझ गये हैं और अहिंसात्मक सत्याग्रह संग्राम द्वारा हिन्दुस्तान में पूर्ण स्वराज यानी किसान राज कायम करने के लिए कमर कसकर तैयार हो गये हैं। हमारे सूबे में तो अगर खद्दर, भण्डार, बैज और झण्डे दे सकते तो शायद ही कोई ऐसा अभागा रहता जो बैज न लगता या अपने मकान या दुकान पर झंडे न फहराता। इसी तरह अगर पानी न बरसता होता तो जलूस व जल्से इतने बड़े होते जितने इससे पहले कभी हुए ही नहीं थे।

हम नहीं कह सकते कि हिन्दुस्तान की नौकरशाही और ब्रिटिश साम्राज्यशाही पर छब्बीस जनवरी के प्रदर्शनों का क्या असर पड़ेगा? क्या ये दोनों छब्बीस जनवरी के प्रदर्शनों से यह सबक सीखें कि अब हिन्दुस्तान जग गया है? अब वह किसी का गुलाम होकर नहीं रह सकता। अब तो वह आजाद होकर ही रहेगा। अब उसकी आजादी की लहर को रोकने के ख्वाब देखना अव्वल दरजे की बेवकूफी है। बुद्धिमानी इसी में है कि होनी के सामने सर झुका दिया जाये। हिन्दुस्तान की आजादी को कबूल कर लिया जाय और हिन्दुस्तानियों के साथ आजाद लोगों का सा बर्ताव किया जाय? होना तो यही चाहिये परन्तु हिन्दुस्तान की नौकरशाही की जड़ता और अंग्रेजी शाहंशाही की मूढ़ता को देखते हुए हमें यह विश्वास नहीं है कि वे अपने हिये की आंखों से काम लेंगे और समझदारी के साथ आजाद हिन्दुस्तान को खुश करने, उसे अपना दोस्त बनाने की कोशिश करेंगे। हमें यह मालूम है कि जिस दिन यह अंक पाठकों की सेवा में पहुंचेगा उस दिन हिन्दुस्तान भर की आंखें गांधी-वायसराय भेंट की तरफ होंगी लेकिन हम उन लोगों में से नहीं है जो इस भेंट से किसी किस्म की उम्मीद रखते हों। आज भी हम हिन्दुस्तान की नौकरशाही को दाहिने हाथ से घूंसा मारने और बायें हाथ से सलाम करने की नीति से काम लेते हुए पाते हैं। आज भी उसके रवैये में कोई फर्क नहीं है। आज भी उसकी अक्ल ठिकाने नहीं है। आज भी हमारे सूबे के गवर्नर एक तरफ किसानों के बकाया लगान की माफी के कानून की मंजूरी देकर यह दिखाते हैं कि वे कांग्रेसी मत्रिमंडल के बनाये हुए किसानों सम्बन्धी कानूनों को मंजूरी न देने के खतरों को अच्छी तरह जानते हैं, दूसरी तरफ, राजनैतिक क्षेत्र में वे उसी दकियानूसी दमन की नीति से काम लेते हैं। एक तरफ किसान छब्बीस जनवरी मनाने का सुफल सत्ताईस जनवरी को बकाया लगान की माफी के रूप में पाते हैं दूसरी तरफ राजनैतिक कार्यकर्ता नौकरशाही की जब्ती के अहमकाना हुक्मों को देखकर दंग रह जाते हैं। खबर यह है कि हमारे सूबे की सरकार ने धर्म पर लेनिन का निबन्ध, राज्य के बारे में लेनिन की राय, मजदूरी, मजदूर और पूंजी नाम की कई पुस्तकें जब्त कर ली हैं। ऐसी पुस्तकों को जब्त करने से यही मालूम होता है कि उन्हें जब्त करने वाले सन् 1940 में यही समझ बैठे हैं कि वे लोगों के ख्यालों को भी बेड़ियां पहना सकते हैं। किसी ख्याल को आप नहीं समझते, न समझें, उसमें आपको कुछ खराबियां मालूम होती हैं तो आप उन्हें लोगों को बतावें यह बात तो समझ में आती है लेकिन

आज भी 'आई समझ में कि लाऊं लट्ठ' वाली दलील से काम लेना बज्र मूर्खता नहीं तो क्या है। जायद मुनाफे पर टैक्स लगाने का बिल पेश कर के हिन्दुस्तान की नौकरशाही ने यह साबित कर दिया है कि उसका विनाशकाल आ गया है इसलिए उसकी बुद्धि औंधी (विपरीत) हो गई है। इस टैक्स को लगाने की बात सोचते वक्त वह यह बिल्कुल भूल गई कि हिन्दुस्तान इंगलिस्तान नहीं है। जो टैक्स इंगलिस्तान के लिए ठीक हो वह लाजिमी तौर पर हिन्दुस्तान के लिए भी ठीक नहीं हो जाता। कोई साहब अप्रैल में आगरा के धोके काश्मीर में मलमल का कुरता पहन कर रहे तो निमोनियां से होनेवाली मृत्यु संख्या को ही बढ़ावेंगे। लड़ाई की वजह से सरकार को रुपये की जरूरत है तो हिन्दुस्तान के व्यापार का गला क्यों दबाया जाये? हिन्दुस्तान ने कांग्रेस की मारफत आपसे बार-बार पूछा कि आप आखिर लड़ क्यों रहे हैं उसका तो आप कोई जवाब देते नहीं और लड़ाई की तमाम मुसीबतें हिन्दुस्तान पर जबरदस्ती लादते चले जाते हैं। आपकी ही बात मान ली जाये तो यूरुप में अमन कायम रखने के लिए हिन्दुस्तान क्यों मरे? इस कानून के जरिये नौकरशाही ने हिन्दुस्तान के पूंजीपतियों में एक घूंसा जमाकर उन्हें यह बता दिया कि अंग्रेजों की पूंजीशाही और हिन्दुस्तान की पूंजीशाही के हित एक नहीं हैं। जब तक हिन्दुस्तान गुलाम रहेगा तब तक अंग्रेज पूंजीपति यह कोशिश करते रहेंगे कि हिन्दुस्तान के पूंजीपतियों की जेब का पैसा भी जहां तक हो सके वहां तक उनके काम आवे। इस तरह, खुद हिन्दुस्तान की नौकरशाही हिन्दुस्तान के पूंजीपतियों को यह महसूस करा रही है कि उन्हें भी अंग्रेज शाहंशाहत के खिलाफ आजादी की जंग में कांग्रेसियों के कन्धे से कन्धा मिलाकर लड़ना चाहिये। इस बिल से हिन्दुस्तान के व्यापार और उसके उद्योग-धन्धों को भारी धक्का लगेगा। हिन्दुस्तान के व्यापारी और व्यवसायी इस बात को जानते हैं इसीलिए वे चारों तरफ से इस बिल के खिलाफ आवाज उठा रहे हैं। सर चिमनलाल सीतलवाड़ जैसे घोर माडरेट ने भी यह कहा कि इस बिल का राजनैतिक असर भी श्रीमती नौकरशाही के लिए बहुत बुरा होगा। परन्तु श्रीमती जी की मति ऐसी मारी गई है कि उसे अपना भला-बुरा भी नहीं सूझता। वह तो नतीजों के बुरे-भले की परवा किये बिना ही जो जी में आता है सो करती चली जाती है।

जिस प्रभु ने नौकरशाही और साम्राज्यशाही की मति हर ली है वही हिन्दुस्तान को आजादी की तरफ बढ़ा रहा है। यूरुप में जो जंग हो रही है उसके बाद दुनिया की वह शकल नहीं रह सकती जो अब है। इस जंग के अब तक के दौरान से ही दुनिया में इतना इनकिलाब हो गया है कि उसके बाद अंग्रेजी शाहंशाहत अपनी मौजूदा शकल में जिंदा नहीं रह सकती। यह जंग अब यकायक बन्द भी हो जाय तब भी अंग्रेजों ने उससे जो सबक सीखा है उसके बाद वे अपनी बरबादी की बायस साम्राज्यशाही को जिंदा नहीं रहने देंगे। वे देख रहे हैं कि साम्राज्यशाही, उनके गले में सोने की हंसुली होने के बजाय गले का तोक हो गई है? इसी शाहंशाही की बदौलत

हिटलर भी उन पर ताने मार जाता है और उधर उसके उपनिवेशों में भी प्रजातंत्र का ख्याल जोर पकड़ता जा रहा है। आयरलैण्ड में तो प्रजातंत्र के नाम पर उत्पात हो ही रहे थे अब तो दक्षिण अफरीका में भी प्रजातंत्र-पार्टी बन गई है और यह पार्टी बहुत जबरदस्त पार्टी है जिसमें डाक्टर मैलन और जनरल हर्टजोग दोनों ही शामिल हैं। ब्रिटेन में बहुत से विचारक बार-बार लड़ाई की मुसीबतों से बचने के लिए स्वतंत्र राष्ट्रों के संघ की बात सोचने लगे हैं! हवा के रुख की परिचायक इन बातों से इतना स्पष्ट है कि इस समय संसार की परिस्थिति हिन्दुस्तान की पूर्ण स्वाधीनता के अनुकूल है। हिन्दुस्तान की जाग्रति तो अभूतपूर्व है ही, संसार का लोकमत भी इन दिनों उसके जितना अनुकूल है उतना पहले कभी नहीं था। यहां तक कि अमेरिका और ब्रिटेन का लोकमत भी बहुत हद तक हिन्दुस्तान के पक्ष में है। हमारा कर्त्तव्य है कि हम इन अनुकूल परिस्थितियों से पूरा-पूरा लाभ उठावें। हिन्दुस्तान में घर-घर यह खुशखबरी सुनावें कि हिन्दुस्तान अब आजाद होने वाला है। अंग्रेजी शाहंशाहत मरने वाली है। हिन्दुस्तान की गुलामी खत्म होने वाली है। सब लोगों को स्वाधीन भारत का स्वागत करने के लिए तैयार हो जाना चाहिए और तैयार हो जाना चाहिए स्वाधीनता की उपासना के साथ-साथ अपने बलिदानों द्वारा उसकी प्राप्ति और उसकी साधना के लिए! इस समय हम और सब बातों को छोड़कर एक आजादी की तरफ ही ध्यान रखें और अदम्य आशा, अटूट विश्वास तथा दुर्दमनीय साहस के साथ आजादी की तरफ तेजी से कदम बढ़ाते हुए समस्त संसार और मनुष्यता को नई दुनिया के जन्म का, इंसाफ, आजादी, अमन और लोकतंत्र का संजीवन-सन्देश सुनाते चलें।

पं. द्वारकाप्रसाद मिश्र

[सारथी (नागपुर), 8 जून, 1942 में प्रकाशित संपादकीय 'पाकिस्तान के बाद क्या?']

अब तक मुस्लिम लीग की यह पद्धति रही है कि ज्योंही उसकी एक मांग स्वीकार कर ली गयी, त्योंही उसने दूसरी पेश की। मांगते-मांगते वह पाकिस्तान तक पहुंची जिसका मतलब हिन्दुस्तान से सर्वथा अलग हो अपने लिए नया घर बनाना है। इस मांग को अभी न तो सरकार ने और न किसी राजनैतिक संस्था ने स्वीकार किया है परन्तु श्री राज गोपालाचारी के आन्दोलन के कारण मुस्लिम लीग को यह भ्रम हो चला है कि अब तो पाकिस्तान मिल गया। इस प्रकार का विश्वास हो जाने के बाद अपनी पुरानी आदत के अनुसार यह उसके लिये लाज़िमी हो जाता है कि पाकिस्तान से भी ज्यादा कुछ मांगा जावे। परन्तु पाकिस्तान से ज्यादा मांगा ही नहीं जा सकता। तब कांग्रेस और हिन्दूसभा को किस तरह छेड़ा जावे?

उपर्युक्त प्रश्न मुस्लिम लीगियों के लिए स्वाभाविक है। आक्रमणकारियों के लिए रुकना असंभव है। ज्योंही उनका आगे बढ़ना रुका, त्योंही वे पीछे हटने पर मजबूर हो जाते हैं। लीगी पीछे हटकर अपना नेतृत्व खोना नहीं चाहते। इसीलिए हाल ही में बम्बई में एक नया सुर सुन पड़ा। वहां लीग संरक्षक-दल की बैठक हो रही थी। कायदेआजम जिना साहब ने श्री राज गोपालाचारी का उल्लेख किया और इस बात पर संतोष प्रकट किया कि जो लोग कल तक पाकिस्तान को गो-हत्या या बाल-हत्या कहते थे वे भी अब उसके पक्ष में होते जा रहे हैं। इसी सभा में लखनऊ के जनाब खलीकुज्जमा ने भी भाषण किया। आपके निम्नलिखित शब्द ध्यान देने योग्य हैं:- "पाकिस्तान मुसलमानों का अन्तिम ध्येय नहीं है। हमें इससे भी ज्यादा चाहिए। पाकिस्तान से तो हमें वह स्थान मिलता है जहां खड़े होकर हम आगे छलांग लगा सकते हैं। वह समय दूर नहीं जब दूसरे मुस्लिम मुल्क हमारे कंधे से कंधा भिड़ा कर खड़े होंगे। तभी हम समझेंगे कि पाकिस्तान के पेड़ में फल लगा।"

उपर्युक्त शब्दों का साफ मतलब यही है कि मुस्लिम लीग भारतीय संघ में शामिल होने से इन्कार कर के इसीलिए पाकिस्तान मांग रही है कि वह अरब, तुर्की, फारस तथा अफगानिस्तान के एक नये संघ में शामिल हो सके। हम खलीकुज्जमा साहब

को उनकी स्पष्टवादिता के लिए धन्यवाद देते हैं। लीगियों की नीयत यही है। इस प्रकार का संदेह समझदार लोगों को पहले ही था। अब मुस्लिम लीग के मंच से उसकी स्पष्ट घोषणा हो जाने से कोई भ्रम में न पड़ेगा। श्री राज गोपालाचारी के सदृश जो लोग पाकिस्तान का सिद्धांत मान लेने का आग्रह कर रहे हैं वे लीगियों को पहचानते ही नहीं हैं। पत्थर से चाहे तेल निकाला जा सके, लेकिन पाकिस्तानियों से हिन्दुस्तान की भलाई की कोई आशा नहीं की जा सकती।

आर.आर. खाडिल्कर

[खबर (साप्ताहिक), 19 अक्टूबर, 1942 में प्रकाशित संपादकीय 'शून्य का चमत्कार !']

अंकविज्ञान में शून्य भी बड़ी अनोखी वस्तु है। यों अपने तईं तो उसका कुछ भी मूल्य नहीं–आखिर वह 'शून्य' ही तो ठहरा! पर अन्य अंक जब उसका सहयोग प्राप्त करने में सफल हो जाते हैं तो उनका अपना मूल्य दस गुना, सौगुना, हजार गुना, तक बढ़ जाता है और बिहारी कवि के कथनानुसार तो रमणी ललाट पर टिकली या ईंगुर की बिन्दी के रूप में वह बेहद चमत्कार दिखलाता है।

दिमाग पर असर

शून्य की यह करामात देखकर ही बहुत से लोग उसके दर्शन मात्र से ऐसे भड़के उठते हैं जैसे लाल कपड़ा देखकर बनारसी सांड। किसी हिसाब-किताब में पाँच-सात या दस शून्य वाले दो-चार आँकड़े भी देख कर उनका दिमाग चकराने लगता है और उन्हें पसीना आ जाता है। ब्रिटेन के वर्तमान प्रधानमंत्री श्री विन्सटन चर्चिल के पिता भी संभवत: इसी श्रेणी के व्यक्ति थे। अर्थमंत्री होने के नाते जब दफ्तर के कर्मचारियों द्वारा बजट के कागज-पत्र आपके सामने पेश किये गये, तब बहुत से शून्यबहुल आँकड़े देखकर आपकी बुद्धि जवाब देने लगी और उनका रहस्य समझने के लिए आपको अपने सेक्रेटरी की शरण लेनी पड़ी। आखिर उकता कर आपने सवाल किया–इतने ज्यादा बेहूदा शून्य जो यहाँ दिखाई पड़ रहे हैं, उनका मतलब क्या है?

श्री चर्चिल की 'भूलभुलैयाँ'

श्री चर्चिल अपने पिता की ही तरह अंकगणित में कमजोर तो नहीं कहे जा सकते, अत: शून्यावली की माया से आप घबड़ा उठते हों, ऐसा समझने के लिए कोई कारण नहीं जान पड़ता। फिर भी शून्य की महिमा–के आप भी कायल हैं, यह आपके द्वारा अभी हाल में ही पार्लियामेण्ट में किये गये भाषण से स्पष्ट है।

भारतीय स्थिति की चर्चा करते हुए आपने बतलाया कि भारत में इतने करोड़ मुसलमान हैं, इतने करोड़ हरिजन हैं, इतने करोड़ लोग देशी राज्यों में रहते हैं और ये

सभी कांग्रेस के विरोधी हैं। भारत की 40 करोड़ की आबादी में से इन्हें निकाल दीजिये, कांग्रेस के अनुयायियों की संख्या रह ही कितनी जाती है। इस प्रकार लम्बे-चौड़े आँकड़े देकर और श्रोताओं को शून्य की भूलभूलैयाँ में डाल कर आपने अपना मतलब साधने की चेष्टा की थी, भले ही इसमें आप कृतकार्य न हुए हों।

पुलिस पर भी जादू

जब इतने बड़े लोग तक शून्य की महिमा से प्रभावित हो उठते हों, तो यह कैसे संभव था कि भारतीय पुलिस के सामान्य अधिकारी भी इसके जादू के असर से बचे रहते? एक हजार की संख्या के सामने चेक पर शान्तिपूर्वक बैठे हुए इन दो शैतान शून्यों ने किस प्रकार बम्बई के पुलिस अफसरों को बेहद परेशानी में डाल दिया था, इसकी कथा समाचार पत्रों में प्रकाशित हो चुकी है।

बात बहुत मामूली सी थी। पंडित जवाहर लाल नेहरू की एक पुस्तक–उनकी स्वलिखित जीवनी–अमेरिका की किसी प्रकाशन-संस्थान ने प्रकाशित की है। संभवतः उसी की रॉयल्टी या पुरस्कार की रकम के रूप में एक हजार डालर का एक चेक नेहरूजी के नाम, उनकी गिरफ्तारी के बाद, बम्बई पहुँचा। जब वह नेहरूजी के हिसाब में किसी बैंक में जमा किया गया, तब पुलिस के कान खड़े हुए।

एक अमेरिकन डालर में जो, हमारे यहाँ के लगभग 3। रुपए के बराबर होता है, सौ सेण्ट होते हैं, अतः पूरे-पूरे 1000 डालर की रकम सूचित करने और सेण्टों का अभाव दिखलाने की गरज से चेक पर अंकों में रकम इस प्रकार लिखी गयी थी– डा. 1000.00 (जैसा कि हम लोग 100 रु. कभी-कभी इस रूप में लिख दिया करते है–रु. 100.00)। बस, इसी से पुलिस को 100000 का भ्रम हो गया और उसने अनुमान किया कि यह भारी रकम कहीं अमेरिका में बसने वाले विप्लवकारियों ने न भेजी हो जिसका प्रयोग भारत में क्रांति फैलाने के लिए कराना अभीष्ट हो।

खैर, बड़ी दौड़-धूप और परेशानी के बाद यह रहस्य खुला और पुलिस को अपनी भूल मालूम हुई। ऐसी है इन निगोड़े शून्यों की महिमा। कौन है पृथ्वी पर ऐसा सूरमा जो अंकगणित के बाहर भी इनका लोहा न मानता हो?

(साभार : जनक दुलारी संग्रह)

बाबूराव विष्णु पराड़कर, सत्यकाम विद्यालंकार (संपादक)

[साप्ताहिक संसार (बनारस), 1943 में प्रकाशित लेख 'सप्ताह का घटना-चक्र : देश व विदेश']

दुर्भिक्ष का संकट

देश की सबसे बड़ी समस्या अभी दुर्भिक्ष की ही है। कलकत्ते में क्षुधा-पीड़ितों की मृत्यु-संख्या बराबर बढ़ती ही जा रही है और रोमांचकारी कहानियों का वहां से आना जारी है। नवंबर और दिसंबर दो महीने और स्थिति सुधरने की आशा नहीं की जा सकती है यह भी हमें बताया गया। भारत के नये वाइसराय लार्ड वैवल ने भारत आने के तुरंत बाद बंगाल जाकर कलकत्ते तथा आसपास की यात्रा की यह अच्छा ही किया। भारत की दुर्भिक्ष-स्थिति के संबंध में ब्रिटिश सरकार ने एक श्वेत पत्र भी प्रकाशित किया। पर इस समय सबसे बड़ा प्रश्न मरने वालों को मृत्यु मुख से बचाने का है। यह तो ठीक है कि बंगाल तथा क़ोचिन, त्रावणकोर आदि के लिए विदेशों से तथा अन्य प्रांतों से अधिक से अधिक गल्ला भेजा जाय पर यदि प्राप्त गल्ले के वितरण की व्यवस्था ठीक नहीं होती तो सारा परिश्रम व्यर्थ है। बंगाल के लीगी मंत्रिमंडल ने बहुत ही गैर जिम्मेदारी से काम किया है। निजामुद्दीन मंत्रिमंडल को बरखास्त करने की जो लोग सलाह देते हैं उन पर साम्प्रदायिक भेदभाव करने और राजनीतिक झगड़ों से लाभ उठाने का आरोप किया जाता है, पर हम तो कहते हैं कि बंगाल का मंत्रिमंडल लीगी है इसलिए ब्रिटिश सरकार उसके विरुद्ध कोई कार्यवाई न करने की जो नीति आख़्तियार कर रही है वही उस आरोप अभियोग की भागी है।

राजनीतिक शिगूफा

लार्ड वैवल ने भारत आने के बाद नयी दिल्ली में पत्रकारों का सार्वजनिक सम्मेलन किया और खुद कलकत्ते गये, ये बातें उत्साहवर्द्धक अवश्य हैं पर भारत का राजनीतिक गत्यवरोध जब तक दूर नहीं होता तब तक हम वैवेल साहब को धन्यवाद नहीं दे सकते। मालूम होता है कि ब्रिटिश सरकार अपनी साम्राज्यवादी नीति का त्याग करने को तैयार

नहीं है और उसके एजेण्ट नये-नये शिगूफे छेड़ रहे हैं। इसी सप्ताह प्रोफेसर रेजिनाल्ड कूपलैण्ड ने अपने उपजाऊ दिमाग से यह बात पैदा की है कि भारत की राजनीतिक समस्या सुलझाने का एक उपाय यह है कि ऐसा विधान बनाया जाय कि वहां संयुक्त मंत्रिमंडल बनाना लाजमी हो जाय। ब्रिटिश सरकार फिलस्तीन की तरह भारत में भी साम्प्रदायिक प्रतिद्वन्दिता को बढ़ावा देकर अधिक से अधिक दिनों तक शासन बनाये रखना चाहती है और इसीलिए पाकिस्तान को एक ओर स्पष्ट रूप से स्वीकार करने की हिम्मत न होने के कारण सदर दरवाजे को छोड़कर पीछे के रास्तों से उसकी हिमायत करने का यह प्रयत्न किया जा रहा है। इन चालबाजियों को न समझने लायक मूर्ख अब भारतवासी नहीं रहे।

सप्ताह का घटना चक्र-विदेश

चिन्ता के कुछ विषय

इटली में अपेनाइन पर्वतमाला में बनाये गये जर्मनों के मजबूत मोरचों के कारण मित्र सेना की प्रगति बहुत धीमी हो गयी है। हम केवल यह कहकर कि वर्तमान स्थिति आशंकातीत नहीं है, चुप नहीं बैठ सकते। रूस के रणक्षेत्र में रूसी सेना-वाहिनी जिस गति से आगे बढ़ रही है उसकी इससे तुलना करने का मोह संवरण नहीं किया जा सकता। जब हम इस बात का स्मरण करते हैं कि रूस के रणक्षेत्र में जर्मनों के इटली के रणक्षेत्र से दसगुने अधिक डिवीजन हैं और जहां रूस में जर्मनों का शत्रु केवल रूस है और इटली में ब्रिटिश साम्राज्य और अमेरिकन संयुक्त राष्ट्र की सम्मिलित पूरी शक्ति मामूली सी जर्मन सेना के सामने मुंह बाये खड़ी है तो मित्र-सेना की धीमी प्रगति पर चिन्ता उत्पन्न होना स्वाभाविक है।

रूस में जर्मनों के सामने आज महानतम संकट उपस्थित है। उन्होंने यदि समय रहते नीपर के मोरचे और दक्षिणी रूस से अपनी सेना पूर्ण रूप से हटा लेने का निश्चय नहीं किया तो जर्मनों की ऐसी भीषण दुर्गति होगी कि स्टालिनग्राड कांड उसके सामने महत्त्वहीन मालूम होगा। रूस की इन शानदार विजयों के कारण मास्को में इस समय चलने वाले त्रिराष्ट्र-परराष्ट्र मंत्रि-सम्मेलन में उसके हाथ और उसका मुंह बड़ा मजबूत हो गया है।

मास्को-सम्मेलन

इन पंक्तियों के लिखते समय तक मास्को में चलने वाले त्रिराष्ट्र सम्मेलन के संबंधों में कोई सरकारी वक्तव्य नहीं निकला है, पर राष्ट्रपति रूजवेल्ट ने शुक्रवार को यह घोषणा की है कि सम्मेलन में तीनों राष्ट्रों में समझौता हो गया है और समझौते के

कागज पर अब दस्तखत होने भर की देर है। यह खबर अच्छी है। इडेन-हल-मोलोटोव के 10-12 उनके परामर्श के बाद दुनिया के सामने उसके परिणाम के संबंध में जो विज्ञप्ति रखी जाएगी वह इतनी अधिक नाटकीय होगी कि उसके प्रकाशन के 2-3 दिन बाद तक उस पर सम्यक रूप से विचार करना संभव न होगा। पर रूजवेल्ट का यह कहना कि सम्मेलन परिणाम से यह विश्वास दृढ़ तर हो गया है कि युद्धोत्तर व्यवस्था में रूस का भी सहयोग प्राप्त होगा, अधिक संतोषजनक है। विश्व की नेतृ-मंडली के सामने आज युद्ध की विजय की समस्या उतनी महत्त्व की नहीं रह गई है, जितनी महत्त्व की युद्धोत्तर व्यवस्था और शांति की समस्या है। अनुमान लगाया गया है कि युद्ध के बाद अमेरिका के 1 करोड़ से भी अधिक मज़दूर बेकार हो जायेंगे और उनकी समस्या-बेकारी की समस्या इतनी जटिल हो जायेगी कि उसके सामने-आज हिटलर को हटाने की जो समस्या है वह नगण्य मालूम होगी। यह तो हुई केवल अमेरिकन मज़दूरों की बात। आज जो करोड़ों युवक अमेरिका के ही नहीं-विश्व के सारे राष्ट्रों की सेना में भरती हुए हैं उनकी समस्या तो बेकार मजदूरों की समस्या से हज़ार गुना अधिक जटिल होगी।

भावी यूरोप की समस्यायें

भावी यूरोप की समस्याएं तो और भी जटिल हैं। रूस अपनी सुरक्षा के लिए अपने मनमुताबिक अपने देश का सीमा निर्धारण करेगा। विवशता के कारण ब्रिटेन-अमेरिका इस पर अपनी स्वीकृति इस समय भले ही दे दें, पर पोलैण्ड, बाल्टिक देश, फिनलैण्ड, रूमानिया आदि में इसका असंतोष हमेशा बना रहेगा। पोलैण्ड ने तो अभी युद्धकाल में ही रूस से झगड़ा मोल ले लिया है। यूगोस्लाविया और यूनान इस समय जर्मनों द्वारा विताड़ित-पीड़ित हैं, फिर भी वहां घरेलू झगड़े चल रहे हैं। युद्ध समाप्त होने पर ये झगड़े समाप्त होने की दूर, बढ़ेंगे अवश्य। युद्ध के बाद यूरोप के निवासियों को कई साल तक खिलाने की समस्या भी भावी निर्माताओं के सामने उपस्थित होगी। हमें देखना यही है कि इन समस्याओं को हल करने के लिए रूस कितनी दिलचस्पी लेता है?

जापान क्या करेगा?

अमेरिका की विशाल सैनिक तैयारी के कारण जापान का उत्तर, पूर्व और दक्षिण में पीछे हटना शुरू हो गया, पर पश्चिम में अभी उसका स्थिति-रूप स्पष्ट नहीं हो रहा है। पूर्वी देशों की आंखें इस समय बर्मा की पूर्वी और पश्चिमी सीमाओं पर चीन के युन्नान प्रांत में है जहां जापानियों ने तीन स्थानों पर सालवीन नदी पार कर ली है। पर दो स्थानों पर अब भी नदी के पश्चिमी तट पर चीनी सेना का कब्जा है और सबसे ताजी खबर है कि चीनी सेना ने उक्त क्षेत्र में अब प्रत्याक्रमण करना प्रारम्भ कर दिया

है। बर्मा की पश्चिमी सीमा पर अराकान प्रांत के क्षेत्र में जापानियों ने अपनी हवाई कार्रवाई कुछ तेज कर दी है जिससे आभास मिलता है कि निकट भविष्य में इस क्षेत्र में कोई महत्त्व की कार्रवाई होने वाली है। हम उक्त क्षेत्र की ओर उत्सुकतापूर्वक नजर लगाकर बैठे हैं।

(साभार : जनक दुलारी संग्रह)

कमलापति त्रिपाठी

[सितंबर 1944 में प्रकाशित पुस्तक 'पत्र और पत्रकार' में लेखक के विचार]

यदि मैं पत्रकार होने का दावा करूं तो यह मेरी धृष्टता होगी। पत्रकार का पद इतना ऊंचा, उसका उत्तरदायित्व इतना महान, उसका अधिकार इतना व्यापक होता है कि मेरे सदृश साधारण व्यक्ति अपने को उस हैसियत में उपस्थित करने का प्रयत्न करे तो वह उसका दुस्साहस ही कहा जायेगा। पत्रकार के व्यक्तित्व में जिस उज्ज्वलता, चरित्र में जिस निश्कलंकता, बुद्धि में जिस व्यापकता, हृदय में जिस उदारता, दृष्टि में जिस पारदर्शिता, कार्य में जिस दृढ़ता तथा जीवन में जिस आदर्शवादिता तथा उत्सर्ग का समावेश होना चाहिए वह भला मुझमें कहां? फलत: मैं अपने को पत्रकार तो नहीं कह सकता; पर इतना अवश्य कह सकता हूं कि मैं पत्रकार कला का एक छोटा-सा किन्तु नैष्ठिक उपासक अवश्य हूं। पत्रकार कला में जो आकर्षण है, जो स्पन्दन है; भावुकता के उद्‌बोधन की जो शक्ति है, अनुभूति के अनुभव के लिए अग्रसर करने की जो उत्प्रेरणा है, सत्य की जिज्ञासा जागृत करने का जो नोदन है उसने सदा मुझे प्रभावित किया है। उसमें मुझे सम्मोहन दिखाई देता है। पत्रकार-कला हृदय के अन्तर-तम प्रदेश का स्पर्श करने में समर्थ होती है और जीवन के विकास में सहायिका होती है।

साधक के लिए साधना का, त्यागी के लिए उत्सर्ग का, तपस्वी के लिए कष्ट-सहन तथा अनासक्ति, योद्धा के लिए संघर्ष और रण का, कवि के लिए अनुभूति की अभिव्यक्ति का, कलाकार के लिए संस्कृति के गूढ़ और रहस्यमय चित्रों के चित्रण करने का, आलोचक के लिए जीवन की स्थूल और सूक्ष्म धारा के विवेचन का, साहित्यिक के लिए लौकिक और अलौकिक, यथार्थ और भावुक जगत को प्रकाश में लाने का पथ एक साथ ही उपस्थित कर देने में सिवा पत्रकारिता के आज कौन समर्थ है? ज्ञान और विज्ञान, दर्शन और साहित्य, कला और कारीगरी, राजनीति और अर्थनीति, समाजशास्त्र और इतिहास, संघर्ष और क्रान्ति, उत्थान और पतन, निर्माण और विनाश, प्रगति और दुर्गति के छोटे-बड़े प्रवाहों को प्रतिबिम्बित करने में पत्रकारिता के समान दूसरा कौन सफल होता है? जीवन, समाज, संस्कृति और विश्वास का

उत्कृष्ट दर्पण बनने में पत्रकार कला के समान आज दूसरा कौन है? अन्याय का प्रतिरोध करने में नव-विचारों और कल्पनाओं का वाहन बनने में, नव-रचना के सन्देश का अग्रदूत होने में तथा अन्तत: जीवन-सागर में उठनेवाली लहरियों, हिलोरों, तरंगों तथा तूफानों का प्रतिनिधित्व करने में पत्रकार कला की सजीव प्रतिमा के रूप में आधुनिक पत्र अपना सानी नहीं रखते।

यही कारण है कि आज जन-जीवन में उसका असाधारण स्थान है। यही कारण है कि व्यापक मानव समाज पर उसका अभूतपूर्व प्रभाव है। अपनी इसी विशेषता के कारण भावुक और आदर्शवादी, साहसी और धीर तथा क्षण-प्रतिक्षण में परिवर्तित होनेवाले विश्व की गतिविधि का दर्शन करने के इच्छुक नवयुवकों को पत्रकार कला अपनी ओर आकृष्ट करती रही है और जब तक उसकी उक्त विशेषता जीवित रहेगी तब तक वह आकृष्ट करती रहेगी। ऐसी सजीव तथा प्रतिभा-सम्पन्ना कलामयी की आराधना करने की इच्छा से यह पुस्तक पुष्पांजलि रूप में प्रस्तुत करने का साहस मैंने भी किया है।

पर इस ग्रन्थ के प्रणयन का केवल यही एक हेतु नहीं है। कारा की उत्तुंग प्राचीरों से आवेष्ठित बन्दी के जीवन में उसकी अपनी अनेक विशेष समस्याएं होती हैं, जिनका अनुभव वे नहीं कर सकते जिन्हें उक्त जीवन का अनुभव नहीं है। इस ग्रन्थ की रचना करते समय और इन पंक्तियों को लिखते समय तक भी मैं बन्दी ही था। फलत: मेरी कुछ विशेष समस्याएं भी इसकी रचना का कारण हुईं। पत्रकार कला का छोटा-सा उपासक होने के नाते मुझे बाहर प्रतिदिन कुछ न कुछ लिखना ही पड़ता था। वर्षों का यह अभ्यास यहां के जीवन में एक समस्या हो गयी। कहां बन्दी का निष्क्रिय, निर्जीव और स्थित जीवन और कहां बाहर के एक छोटे-से पत्रकार की संघर्षात्मिका दिनचर्या। भला दोनों का मेल कैसे बैठ सकता था? फिर बाहर का दिन-प्रतिदिन का लिखने का अभ्यास यहां कलेजा कचोटने लगा था। ऐसा मालूम होता मानो क्षण के बाद क्षण व्यर्थ ही बीतते चले जा रहे हैं। करूं तो क्या करूं? ताश या शतरंज में, गप्प लड़ाने या व्यक्तिगत टीका-टिप्पणी करने में, सारे दिन और सारी रात सोने या झगड़ा करने में, नयी-नयी मित्रता या शत्रुता पैदा करने में जिसे रस न मिले वह वर्षों का बन्दी जीवन कैसे यापन करे?

इस समस्याओं को हल करने में इस ग्रंथ की रचना सहायक हुई। जिस कला की मोहिनी मूर्ति के प्रति बाहर आकृष्ट था उसकी स्मृति का जेल के भीतर तीव्र हो जाना स्वाभाविक था। सोचा कि जिसकी पूजा में बाहर संलग्न था उसी की उपासना यहां भी क्यों न करूं? हिन्दी पत्रकार-क्षेत्र का कुछ अनुभव तो था ही। हिन्दी पत्रकार कला की कुछ विशेषताओं के साथ-साथ अनुभव, उसकी त्रुटियों और दोषों का थोड़ा बहुत ज्ञान भी था ही। यह जानता हूं कि भारत की पत्रकारिता और विशेषकर हिन्दी पत्रकारिता पर महान उत्तरदायित्व है। भारतीय क्रान्ति और उत्क्रान्ति की सफलता की

बहुत बड़ी जिम्मेदारी भारतीय पत्रकारों पर है। भारत ने अतीत में मानव-समाज को अपनी विकास यात्रा में सहायता प्रदान की है। हम विश्वास कर सकते हैं कि भविष्य में भी वह जगत के उत्थान में अपना भाग पूरा करेगा। पर वर्तमान उसका संकटापन्न है उसी प्रकार जिस प्रकार सारी धरित्री विपद्ग्रस्त है। विश्व आज उस ऐतिहासिक युग से जा रहा है जब वर्तमान विनष्ट हो रहा है। वह क्षण दूर नहीं है जब उद्ध्वस्त वर्तमान के अवशिष्ट खंडहर पर नव जगत की रचना करनी होगी। भूमण्डल के इस विशाल रंगमंच पर भारत को अपना अभिनय सफलतापूर्वक करना है। नव-रचना में कुशल शिल्पी की भांति उसे अपने और जगत के भविष्य को सावधानी के साथ गढ़ना है। भारत को आज उक्त कार्य को पूर्ण करने की क्षमता सम्पादन करना है। उसे उठना है, ऊंचे उठना है और आगत भारत को अपने सुदृढ़ स्कंधों पर साहस के साथ स्थापित करना है। नहीं है आज के युग की आवश्यकता और कालात्मा की पुकार।

उक्त आवश्यकता की पूर्ति करने और पुकार पर उठ खड़े होने के योग्य भारत को बनाने का उत्तरदायित्व पत्रकारों पर अपेक्षाकृत सर्वतोधिक है। फिर हिन्दी तो राष्ट्रभाषा के उच्च और आदरणीय पद पर विराजमान हो चुकी है। हिन्दी पत्रकारिता को सुदूर गांवों की अन्धकारा वृत झोपड़ियों में पड़े बुभुक्षित नरकंकालों से लेकर गगनचुम्बी अट्टालिकाओं में विलास के झूलते हिंडोले में मदमत्त पड़े स्वन्तृप्त प्राणियों तक के जीवन को आमूल आलोचित कर देना है। उसे भारत के कण-कण में सजीवता और स्पन्दन, नवस्फूर्ति और जागरण, सक्रियता और गतिशीलता का मन्त्र फूंक देना है। वस्तुतः हमारी पत्रकार-कला को आज ऐसे पत्रकारों की आवश्यकता है जो कल्पनाशील रचयिता हों, जो प्रकर्ष योद्धा और कठोर कर्मठ हों, जो उत्कृष्ट नेता और महाप्राण मानव हों। तभी वह अपने उत्तरदायित्व को पूरा कर सकेगी।

दु:ख के साथ हम कहते हैं हमारा पत्रकार क्षेत्र ऐसे ही तत्वों से वंचित है जिनके अभाव के कारण हमारा विकास कुंठित हो गया है। यही है हमारी त्रुटि, हमारा दोष और विचार। पर जहां यह है, वहीं आप देख सकते हैं कि हमारा भविष्य उज्ज्वल है। फिर कोई कारण नहीं हैं कि हम दृढ़संकल्प के साथ अपनी त्रुटियों और विकारों का परिहार करने में न संलग्न हो जायें। भारत में आदर्शवादी, तपस्वी और कल्पनातीत भावुक नवयुवकों की कमी नहीं है। ऐसे नवयुवक जिनके हृदय में देश की पीड़ा है, जो जन-सेवा में पुनीत पथ का अवलम्बन करना चाहते हैं और जो मानवता के विकास की गति को अकुंठित करने में अपने को होम देने के लिए तैयार हैं, पत्रकारिता के क्षेत्र में पदार्पण करने के लिए आमंत्रित किये जा सकते हैं। वे पत्रकारिता के धरातल को ऊंचा उठाने में समर्थ होंगे और देश की सेवा का महान आदर्श प्रतिष्ठापित कर जायेंगे। यही है उपाय और उपचार जिसके द्वारा हम अपने दोष का शमन कर सकेंगे।

उसी समय भारत की पत्रकार-कला जगत के उन्नत देशों की पत्रकारिता की पंक्ति में आदरणीय स्थान प्राप्त कर सकेगी। इतना ही नहीं, प्रत्युत उसी समय उसमें

उस शक्ति का उदय और संचार होगा जिसके सहारे वह उस महान लक्ष्य की प्राप्ति कर सकेगी जिसे प्राप्त करने का उत्तरदायित्व आज का युग और ऐतिहासिक प्रवाह उस पर छोड़ चुका है। इस ग्रन्थ की रचना करते हुए हृदय में भाव यही था और यही था उद्देश्य कि योग्य तथा पात्रता-सम्पन्न नवयुवक पत्रकारिता की ओर आकृष्ट हों जो पत्रकार कला की एकान्त उपासना में अपने को उत्सर्ग कर दें। यह ग्रन्थ ऐसे लोगों का पथ प्रशस्त कर सकें, उन्हें थोड़ी बहुत भी सहायता प्रदान कर सके, यही थी कामना।

मैंने देखा कि बैठे-बैठे इसी भांति पत्रकार-कला की उपासना भी कर सकूंगा। मेरे इस विचार को मेरे परम मित्र श्री पुरुषोत्तमदास टण्डन से असाधारण पुष्टि, स्फूर्ति और उत्तेजना मिली। कभी-कभी कष्टजनक और खेदजनक परिस्थितियां भी सौभाग्य का कारण हो जाती है। श्री टण्डन और मैं दोनों सहबंदी की हैसियत में एक-दूसरे के सम्पर्क में आये और महीनों तक अहोरात्रि का हमारा सह-निवास हम दोनों को परस्पर निकट लाने का कारण हुआ। मैंने देखा कि श्री टण्डन उन युवकों में हैं जो जन्मजात पत्रकार होते हैं। उनके लिए पत्रकार-कला इष्टदेव की भांति है जिसकी स्मृति, कीर्तन और पूजन में वह उठते-बैठते, सोते-जागते संलग्न रहते हैं। गिरफ्तार किये जाने के पूर्व वे 'नेशनल हेरल्ड' तथा अन्य कतिपय प्रमुख पत्रों के यशस्वी तथा सफल संवाददाता रहे हैं। सक्रिय और देशभक्त पत्रकार होने का मूल्य चुकाने के लिए ही उन्हें सोलह महीने तक विदेशी सरकार की कारा का निवास भी करना पड़ा।

वे बार-बार मुझे उभाड़ते रहे कि मैं पत्रकारिता पर पुस्तक की रचना करूं। इच्छा होते हुए भी मुझे इस विषय पर लिखने का साहस न होता क्योंकि मैं उसके लिए अपने को अयोग्य समझता, पर टण्डन मुझे सदा साहस, स्फूर्ति और बल प्रदान करते रहे। उन्होंने अपने अनुभव से अपनी कटिंग और फाइलों से, अपने पुस्तकालय की पत्रकार-कला सम्बधी पुस्तकों से भी मेरी सहायता करने का वचन दिया। फलतः इस कार्य में संलग्न हुआ, जिसका परिणाम प्रस्तुत ग्रन्थ के रूप में पाठकों के सम्मुख उपस्थित है।

यद्यपि इस ग्रन्थ का प्रत्येक अक्षर और प्रत्येक वाक्य तथा पंक्ति मेरी लिखी हुई है फिर भी श्री टण्डन से जो सहायता मिली उसे देखते हुए मैंने उनसे प्रार्थना की कि वे ग्रन्थ के प्रणेता के रूप में मेरे साथ कृपा करके अपना नाम जोड़ देने की अनुमति भी मुझे प्रदान करें। मुझे हर्ष है कि उन्होंने मेरी प्रार्थना स्वीकार कर ली।

ग्रन्थ के सम्बध में मैं कुछ नहीं कह सकता। मैं जानता हूं कि पत्रकार कला के विषय में लिखने की योग्यता मुझमें नहीं है और न मैं उसका विशेषज्ञ ही हूं। अवश्य ही मुझे दस-ग्यारह वर्षों के पत्रकार जीवन का अनुभव है, पर केवल इतने से तद्वि-षयक प्रामाणिक ग्रन्थ लिखने के अधिकार का दावा मैं नहीं कर सकता। इसके सिवा जिन बन्धनों, रुकावटों और असाधारण स्थितियों में इसकी रचना हुई वे भी ग्रन्थ को

सर्वगुणसम्पन तथा परिपूर्ण बनाने में बाधक ही रहीं। ऐसी अवस्था में इसमें अधूरापन होगा, दोष होंगे, कमियां होंगी।

पुस्तक की पुनरावृत्ति तथा प्रूफ संशोधन करने का अवसर भी मुझे नहीं मिला। इन कारणों को उपस्थित करके यदि अपने पाठकों से यह भिक्षा मांगूं कि वे मेरी त्रुटियों के प्रति उदार दृष्टि रखें तो क्या अनुचित होगा? अन्ततः मैं केवल इतना ही कह सकता हूं कि यह ग्रन्थ यदि उन लोगों की थोड़ी भी सहायता कर सका जो पत्रकार-जीवन अपनाने के आकांक्षी हैं तो हम अपने प्रयास को सफल समझेंगे।

इन पंक्तियों को समाप्त करने के पूर्व मैं 'अमृतबाजार पत्रिका', 'लीडर', नागपुर टाइम्स', 'हिन्दुस्तान टाइम्स', 'आज', 'विश्वामित्र', 'भारत', 'संसार', आदि पत्रों के प्रति अपनी कृतज्ञता प्रकट कर देना आवश्यक समझता हूं जिनके विभिन्न अंकों में समय-समय पर प्रकाशित लेखों और व्याख्यानों से मुझे काफी सहायता प्राप्त हुई है। मैं श्री लीलाधर शर्मा का भी कृतज्ञ हूँ उन्होंने जेल में ही इस ग्रन्थ के परिशिष्टों की रचना में मेरी बड़ी सहायता की।

(साभार : पत्र और पत्रकार, लेखक— कमलापति त्रिपाठी)

अंबिका प्रसाद वाजपेयी

[1946 (सं. 2003 वि.) में प्रकाशित पुस्तक 'चीन और भारत' का अंश]

भूमिका

प्राय: एक वर्ष हुआ मेरे मित्र बाबू नारायण दास जी बाजोरिया बी.ए. ने मुझे एक पुस्तक देकर यह इच्छा प्रकट की थी कि चीन के विषय में कोई पुस्तक लिखी जाये। इसके लिये उन्होंने मुझे बहुत प्रोत्साहन दिया और मैंने पुस्तक लिखना स्वीकार भी कर लिया। परन्तु ऐसी पुस्तक की सब सामग्री काशी में उपलब्ध न थी, इससे इसका बहुत कुछ काम गत वर्ष के जुलाई-अगस्त महीनों में कलकत्ते में किया गया।

इस विषय की हिन्दी में शायद यह पहली ही पुस्तक है और हमारे ज्ञान का साधन अंग्रेजी में प्रकाशित एतद्विषयक साहित्य ही है। चीनी नामों का उच्चारण कठिन इसलिये और भी है कि वे अंग्रेजी में लिखे जाते हैं और अंग्रेजी अक्षर उन्हें ठीक-ठीक व्यक्त नहीं कर सकते। मेरा विचार था कि चीनी लोग जैसे उच्चारण करते हैं, वैसे ही पाठकों के सामने रखे जायें। परन्तु कई कारणों से यह नहीं हो सका, जिसका मुझे खेद है।

इस पुस्तक में चीन की राजनीतिक स्थिति का भी कुछ दिग्दर्शन कराया गया है, पर उसे संकेत मात्र समझना चाहिये। क्योंकि स्थिति में हेरफेर होता ही रहता है। फिर भी मुझे आशा है कि इससे हिन्दी पाठकों का ज्ञानवर्द्धन अवश्य होगा। मंगोलिया-मंचूरिया और कोरिया के वर्तमान रूपों को बताने वाले दो परिशिष्ट भी दे दिये गये हैं। जिन अनेक पुस्तकों से इसके लिखने में सहायता ली गयी है, उनके लेखकों का मैं अत्यन्त कृतज्ञ हूँ।

चीन और भारत का सम्बन्ध (लेख)

चीन और भारत का संबंध बहुत समय से है। मनुस्मृति के अनुसार तो चीनी लोग ब्रात्य क्षत्रिय ही हैं, क्योंकि उसके दसवें अध्याय में कहा गया है कि पौंड्, ओड्, द्रविड, काम्बोज, यवन, शक, पारद, पल्लव, चीन, किरात, दरद और खश क्षत्रिय

जाति के थे, परन्तु क्रिया के लोप और ब्राह्मणों के अदर्शन से वे वृषत्व को प्राप्त हो गये[1]। यद्यपि आकृतिशास्त्रियों के मतानुसार मुँह, नाक आदि की बनावट के अनुसार चीनी लोग मंगोल जातीय हैं, तथापि यह भी विचारणीय है कि जलवायु आदि का प्रभाव भी आकृति पर पड़ता है। नेपालियों के तो आर्यजातीय होने में सन्देह ही नहीं है, फिर भी इनकी आकृति भारतवासियों की अपेक्षा चीनियों से अधिक मिलती है। और नेपाल में भी कहीं के लोग गोरे तो कहीं के काले होते हैं। मद्रास प्रदेश में भी कहीं के लोग बहुत काले, पर मलबार के अच्छे गोरे और सुन्दर होते हैं।

एक और श्लोक मनुस्मृति में आया है, जिसमें कहा गया है कि भारत के मध्य भाग के ब्राह्मणों से पृथिवी में सब मनुष्य अपने-अपने चरित्र वा आचरण सीखें।[2] इससे स्पष्ट है कि भारत का मध्य भाग अन्तर्वेद आर्य-संस्कृति का केन्द्र था और यहीं से संसार में उसका प्रचार होता था। भारत से जाकर बौद्ध धर्म ही संसार में नहीं फैला, यहाँ से वैदिक धर्म जाकर भी देशान्तरों में फैला। कहते हैं कि ईस्वी सन् के पहले छठे से चौथे शतक तक उपनिषदों के गूढ़तत्व और योग के प्राणायाम और आध्यात्मिक अत्यानन्द का प्रचार भारत से जाकर भारतीय और चीनी व्यापारियों ने किया। परन्तु इसका कोई पुष्ट प्रमाण उपलब्ध नहीं हुआ। स्व. अनगारिक धर्मपाल ने भारत में बौद्ध धर्म के पुनरुत्थान के सम्बन्ध में बड़ा कार्य किया है। ये चीन और जापान आदि की यात्राएं कई बार कर चुके थे। इन्होंने बताया था कि पेकिंग में विष्णु और गणेश की मूर्तियां पायी जाती हैं। इससे सिद्ध है कि पौराणिक मतानुयायियों ने भी अवश्य ही अपने मत का प्रचार किया था। मक्के के काबे में 360 मूर्तियां थीं और एक-एक दिन सबकी पूजा का नियत था। उस समय अरब लोग मूर्तिपूजक थे। इस्लाम के प्रवर्त्तक मुहम्मद साहब ने सब मूर्तियां हटवा दीं, क्योंकि वे एकेश्वरवाद के समर्थक थे। एक पत्थर जो 'संगे असवद' नाम से प्रसिद्ध है, वहां है जिसे हाज़ी लोग जाकर चूमते हैं। वे काबे की परिक्रमा भी करते हैं। कहते हैं कि परिक्रमा करने में लोग इतनी दौड़ लगाते हैं कि राह में बैठे बहुत से ऊँट पिस जाते हैं।

आर्य धर्म का अति प्राचीन काल में किन लोगों ने कब और किस प्रकार तथा कहाँ-कहाँ प्रचार किया इसका पता हमें नहीं है, परन्तु बौद्ध धर्म का जब और जैसे-जैसे संसार में प्रचार हुआ है, उसका वर्णन मिलता है। बौद्ध धर्म के प्रचारकों का सिरमौर सम्राट् अशोक मौर्य था और उसी के प्रयत्नों का फल है कि बौद्ध धर्म एक

(1) शनकैस्तु क्रियोपादिमाः क्षत्रिय जातयः।
वृषत्वं गता एते ब्राह्मणादर्शनेन च ।।43।।
पौण्ढकाश्रोड् द्रविडाः काम्बोज यवनाः शकाः।
पारदाः पहल्वाश्चीनाः किराता दरदाः खशाः ।।44।।

(2) एतद्देशप्रसूतस्य सकाशादग्राजन्मनः।
स्वं स्वं चरित्रं शिक्षरेन् पृथिव्यां सर्वमानवाः ।।

ओर शाम (सीरिया), मिस्र (ईजिप्ट) और मकदूनिया के राज्यों में फैल गया और दूसरी ओर सिंहद्वीप से प्रशान्त के टापुओं पर प्रभाव डालता हुआ वह जापान तक पहुँचा और इस प्रकार पूर्वी देशों को उसने भाईचारे के सूत्र में बांध दिया। श्री हर विलास सारडा ने 'हिन्दूसुपीरियारिटी' नामक अपने ग्रन्थ में बौद्ध धर्म को दक्षिण अमेरिका तक पहुँचाया और लिखा कि गाटेमात्रा गौतमालय है। अस्तु।

पहले चीन भी सामन्त राज्यों में बंटा था। इनमें तसिन नामक एक सरदार ने सामन्त राज्य तोड़कर केन्द्रीय शासन की स्थापना की, जिससे सारा चीन एक शासनाधीन हो गया। हान जाति के शासक ईस्वी सन् के पूर्व तीसरे शतक में हुए। इनका ध्यान भी चीन साम्राज्य की अक्षुण्णता बनाये रखने की ओर रहा। उत्तर ओर से होने वाले मंगोलों के आक्रमणों से अपनी रक्षा करने के लिये 2200 वर्ष पूर्व सम्राट् चिन शिह वांगति ने प्रसिद्ध 'बड़ी दीवार' बनायी और पश्चिमी सीमा पर रहने वाली जातियों में यूचेन्स से मित्रता की सन्धियाँ कीं। ये यूचेस लोग पहले से ही बौद्ध धर्म से प्रभावित थे। ईस्वी सन् से 2 वर्ष पूर्व यूचेस शासकों ने चीन सम्राट् को बौद्ध ग्रन्थ अर्पित किये थे। ऐतिहासिक प्रमाणों से इसी समय से चीन के साथ भारत का सांस्कृतिक सम्बन्ध स्थापित होता है। कहने को तो ईस्वी सन् से पूर्व 217 में तसिन वंश के शासन के समय ही चीन राजधानी में बौद्ध प्रचारक पाये गये थे और एक चीनी जेनरल ने भारत से बुद्ध की स्वर्ण प्रतिमा मंगवायी थी। यह ईस्वी सन् से पूर्व 121 की कथा है। परन्तु ये सब दन्तकथाएं हैं और प्रमाणाभाव से विश्वसनीय नहीं हैं। हाँ, इसका पक्का प्रमाण है कि मध्य एशिया में बौद्ध शासन पहले ही पहुंच चुका था और यहीं से बुद्ध की मूर्तियां और उपदेश ईस्वी सन् 61-67 के पहले चीन पहुंचे थे।

सन् 65 में हान वंश के सम्राट् मिंगति ने स्वप्न में एक सुवर्ण प्रतिमा देखी थी और इसे मालूम हुआ था कि यह बुद्धमूर्ति है, तो बौद्ध धर्मोपदेशकों को उसने बुलवाया। मिंगति के शासन काल में ही गोभरण और काश्यप मातंग अपने साथ सफेद घोड़े पर बुद्ध मूर्तियां और बौद्ध ग्रन्थ पहले-पहल चीन ले गये थे। इनके लिये सम्राट की आज्ञा से वहां 'श्वेताश्व विहार' तैयार किया गया। दोनों भिक्षुओं ने चीनी भाषा में बौद्ध गन्थों का उल्था करने और बुद्ध संदेश का प्रचार करने में अपना जीवन बिता दिया। ये उपदेशक तो मध्य एशिया होकर गये थे, परन्तु इसके प्रमाण हैं कि ईस्वी सन् के पूर्व दूसरे शतक में आसाम और बर्मा के मार्ग से भी भारत के साथ दक्षिण चीन का व्यापार होता था। इस रास्ते से भी बहुत से उपदेशक चीन गये और पीछे तो मार्ग खुल जाने से भी लोग चीन जाने लगे।

ईस्वी सन् के दस शतकों में भारतीय उपदेशक बड़ी संख्याओं में चीन गये थे। इसमें मुख्य थे (तीसरे शतक के मध्य में) धर्मरक्ष, 381 में संघभूति, 384 में गौतम संघदेव, 319 में पुण्यत्राता और इनका शिष्य धर्मयशः, चौथे शतक में बुद्धयशः, 401

में कुमार जीव, 406 में विमलाक्ष, 414 में धर्मक्षेम, 421 में बुद्धभद्र, 423 में बुद्धजीव, 431 में गुणवर्मा, 435 में गुणभद्र, 520 में बोधिधर्म, 541 में विमोझसेन, 546 में उपशून्य और परमार्थ, 559 में जिनभद्र और इनके गुरु ज्ञानभद्र तथा जिनयश:, 590 में धर्मगुप्त, 627 में प्रभाकर मित्र, 693 में बोधिरुचि, 716 में शुभाकर सिंह, 720 में वज्रबोधि और अमोघवज्र, और 973 में धर्मदेव धर्म का प्रचार करने चीन गये थे। चीनी इतिहास से यह पता नहीं लगता कि 11वें शतक के बाद भी भारतीय धर्मप्रचारक चीन गये थे या नहीं। न जाने के दो कारण हो सकते हैं। एक तो यह कि बौद्ध धर्म का विशेष प्रचार हो जाने के कारण वहां प्रचारकों का प्रयोजन न रहा हो और दूसरा यह कि 11वें शतक में भारत में बौद्ध धर्म का ह्रास हो चुका था और वह विराट् हिन्दू धर्म का एक सम्प्रदाय बन गया था।

परन्तु यह बात बड़े मार्के की है कि भारत से ही धर्मप्रचारक चीन नहीं गये, चीनी जिज्ञासु भी भारत आये। इसका कारण यह हुआ कि भारत की संस्कृति ने चीन की आत्मा में घर कर लिया था और भारतीय प्रचारक अपने-अपने प्रचार मुख्यत: भाषान्तर के कार्य में ऐसे तन्मय हो गये थे कि उन्होंने इसे ही अपने जीवन का एकमात्र लक्ष्य बना लिया था। दूर और अपरिचित देश में अपने चरित्र की उत्कृष्टता के कारण ही वे श्रद्धा के भाजन हुए थे। चीनी बौद्ध धर्म के एक पाश्चात्य आलोचक ने लिखा है कि इन मुनियों के भाषान्तरित और लिखित बौद्ध ग्रंथों के विशाल ढेर को जब कोई पढ़ता है तो महाश्चर्य और आदर से पूर्ण हुए बिना नहीं रह सकता; क्योंकि ये कोरे अनुवाद ही नहीं हैं, प्राचीन चीनी साहित्य के उच्चतम और उत्कृष्टतम ढंग पर इनकी रचना हुई है।

जो भारतीय मुनि पहले चीन के मंदिरों में जाते थे और कोठरियों में बैठकर सावधानी से सूत्रों की नकल करते थे, वे शाकाहारी और नियमित उपासक थे। वे पूर्ण धार्मिक थे और उनके जीवन का मुख्य कार्य परमतत्व में मग्न रहना था। इनकी साधना देख मंगोल जाति के दिल पसीजे और इनके वैयक्तिक प्रभाव से चीनी मुनियों का वह उत्तम दल उत्पन्न हुआ, जिसमें पवित्रता की मर्यादा के साथ चरित्र की उत्तमता का सम्मिलन था। यही आदर्श चीनी बौद्धों के सामने रहा और मुनियों को प्राप्त हुआ, जिसे उन्होंने व्यावहारिक रूप दे दिया। चीनी भाषा में अनेकों बौद्ध ग्रन्थों के भाषान्तर हैं, जिनके मूल लुप्त हो गये हैं। यदि भारतीय और चीनी पंडितों का सहयोग हो और वे शोध करें, तो मूल ग्रन्थों का उद्धार हो सकता है।

जब कोई धर्म या मत बहुत फैल जाता है, तब स्वभावत: उसमें झगड़े और सम्प्रदाय उठ खड़े होते हैं। चीन में बौद्ध धर्म के सम्बन्ध में जब ऐसी स्थिति उत्पन्न हुई, तब सत्य का अनुसंधान करने, मूल ग्रन्थ पढ़ने और भगवान् बुद्ध के चरणों की रज से पुनीत स्थानों के दर्शन करने चीन से अनेक मनीषी आये। ईचिंग ने बताया है कि तीसरे शतक के मध्य में बीस चीनी मुनियों ने भारत की यात्रा की थी। एक गुप्त

सम्राट ने उनके लिये बोधगया में एक विहार बनवा दिया था, जो चीनी संघाराम कहाता था। इनमें सबसे उत्साही फाहियान (399–414 ई. में) स्थल मार्ग से आये और समुद्र मार्ग से लौटे। ची मांग ने 404–424 ई. में, सुंग यून ने 530 ई. में, ह्यूआनत्सांग ने 629–645 ई. में, वांग ह्यूआनत्सो ने 634–647 ई. में और ईचिंग ने 671–685 ई. में भारत की यात्रा की थी। वांग ह्यूआनत्सो ने बाद को भारत की कई यात्राएं कीं। इनके सिवा भी जो आये, उनमें ह्यूआनत्सांग सर्वश्रेष्ठ है। ये तो मानो चीन–भारत के सांस्कृतिक सहयोग की मूर्ति है। इनकी यात्रा का वर्णन बालवृद्ध सबके लिये लोकप्रिय श्रेष्ठ साहित्य बन गया है।

ह्यूआनत्सांग 622 में पूर्ण भिक्खू बन गये थे और 629 में भारत के लिये चल पड़े थे। यात्रा के आरम्भ में उन्होंने यह प्रार्थना की थी, 'इस यात्रा में मुझे न धन का लोभ है और न प्रशंसा वा कीर्ति का। मेरा एकमात्र उद्देश्य उच्चतर ज्ञान और सच्चे धर्म का उपार्जन करना है। हे बोधिसत्व, तुम्हारा हृदय जीवन के कष्टों से प्राणी के उद्धार के लिये सदा व्यग्र रहता है और मुझसे घोरतर कष्ट क्या किसी ने भोगे हैं? क्या तुम उन्हें नहीं देख सकते? भारत में ह्यूआनत्सांग ने 16 वर्ष बिताये, उत्तर–दक्षिण की यात्रा थी, शक्तिमान् भारतीय नरेशों–कन्नौज के सम्राट् महाराज हर्ष और कामरूप, आसाम के राजा भास्कर वर्मा से परिचय प्राप्त किया। नालन्दा विश्वविद्यालयों में धर्मपाल के शिष्य शीलभद्र के नीचे काम किया। धर्मपाल प्रसिद्ध नैयायिक दिंगनाग के शिष्य थे, जिन्हें असंग और बसुबन्धु जैसे महाध्यापकों से शिक्षा मिली थी। ह्यूआनत्सांग ने विज्ञानवाद के सिद्धान्त का गम्भीर अध्ययन किया था।

खोतान की राह से ह्यूआनत्सांग ने लौटने पर सम्राट को एक प्रार्थना पत्र भेजा था। इसमें उन कारणों का उल्लेख तो था ही जिनसे वे सम्राट् की अनुमति के बिना ही लम्बी और कठिन यात्रा पर निकल पड़े थे, साथ ही यह भी लिखा था कि 'यदि ज्ञान की खोज में हम दूर की यात्रा करने वाले मनीषियों की प्रशंसा करते हैं, तो जो बौद्धधर्म के लाभप्रद गुप्त चिह्नों और त्रिपिटक के आश्चर्यजनक शब्दों की खोज करते हैं, वे संसार के बंधन से लोगों को छुड़ाने में कितने समर्थ हैं? हम ऐसे परिश्रम का मूल्य घटाने का साहस कैसे कर सकते हैं कि उत्साहपूर्वक उनका आदर न करें? मैं ह्यूआनत्सांग बुद्धदर्शन में बहुत पहले से कुशल हो चुका हूँ, जो पश्चिमी जगत् को भगवान् ने प्रसाद स्वरूप दिया है और जिसके नियम और उपदेश पूर्व में अपूर्ण रूप में पहुँचे हैं, सदा सत्य ज्ञान को खोज निकालने के उपाय पर विचार करता रहा और कभी अपनी वैयक्तिक रक्षा की चिन्ता नहीं की। इसके अनुसार चेंगकुआन (630 ई0) के युग के तीसरे वर्ष के चौथे महीने में विपद् और बाधाओं की कोई परवा न कर मैं गुप्त रूप से भारत पहुँच गया। मैंने रेतीले, लम्बे मैदानों की यात्रा की, हिमाच्छादित ढालू पर्वतशृंगों पर चढ़ा और लोहे के फाटकों से लम्बे दर्रों से होता हुआ गर्मसागर की क्षुब्ध लहरों के पास से निकाला। इस प्रकार मैंने 50000 ली (1 ली=आध

मील) की यात्रा की। आचार-विचारों में मैंने वहाँ जो हजारों भेद देखें, उनके रहते हुए भी मुझे जो लाखों आपदाओं का सामना करना पड़ा, मैं बिना किसी दुर्घटना के ईश्वर की कृपा से स्वस्थ शरीर से लौट आया और अपने व्रत का उद्यापन करने से मन को जो सन्तोष हुआ है, उससे आपको अपनी सेवान्जलि अर्पण करता हूं। मैंने गृध्रकूट पर्वत को देखा और बोधिद्रुम की पूजा की। मैंने ऐसे चिह्न देखे जो पहले नहीं देखे गये थे और पवित्र वचन सुने जो पहले नहीं सुने गये थे। अद्‌भुत आध्यात्मिक विषय देखे जो संसार के सब आश्चर्यों से बढ़कर है। अपने सम्राट के उच्च गुणों का साक्ष्य दिया और उनके लिये प्रजा का उच्च आदर और प्रशंसा अर्जन की।'

सम्राट ने कृपापूर्वक इस अभिनन्दन पत्र की प्राप्ति स्वीकार की और खोतान में अपने अधिकारी को आदेश दिया कि प्रख्यात यात्री की सहायता करे। जब ह्यूआनत्सांग चीन पहुंचे, तब सम्राट ने बड़े प्रेम से उनका स्वागत किया। उनकी भारतयात्रा और इसके बाद बौद्ध धर्म के लिये उन्होंने जो काम किया, उससे चीनी लोगों में भारतीय संस्कृति के प्रति बहुत अनुराग उत्पन्न हो गया। कहाँ तो पुराने यात्रियों की यह लगन और धर्मभाव थे कि यात्रा के कष्टों की कोई परवा न कर वे सत्य के अन्वेषण में तत्पर हो जाते थे और कहां यात्रा के सुलभ साधनों की वृद्धि के साथ ही उन भावों का लोप हो गया। शारीरिक क्रूरता घट गयी, पर मानसिक बढ़ गयी।

राजनीतिक विपर्यय के कारण दोनों देशों में विद्वानों का गमनागमन बन्द ही हो गया। परन्तु चीन के प्रति भारत की सहानुभूति में कमी नहीं हुई। भारत से चीन को जो अफीम जाती थी, उससे भारतवासी लज्जित थे, पर व्यवस्था दूसरों के हाथ में होने से मन मसोस कर रह जाते थे। भारत सरकार की आय का बड़ा साधन अफीम का व्यवसाय भी था, परन्तु भारतीय देश-भक्त जिनमें स्वर्गीय गोपाल कृष्ण गोखले का नाम अमर रहेगा, भारत की इस कलुषित आय को त्यागने के लिये सरकार को बराबर दबाते रहते थे और अन्त को सरकार को इस आय का मोह त्यागना पड़ा। 1911 में चीन में प्रजातन्त्र की स्थापना से भारत को बड़ा हर्ष हुआ। चीनी क्रान्ति के नेता डा. सन यात सेन का नाम यहां श्रद्धा से लिया जाने लगा और कलकत्ते की एक सड़क का नाम ही सन यात सेन स्ट्रीट उनके सम्मान में रख दिया गया। 1924 में चीन सरकार के निमंत्रण पर यहां से स्व. कवीन्द्र रवीन्द्रनाथ ठाकुर चीन गये थे, जिससे पारस्परिक सहानुभूतियों में वृद्धि हुई। चीन-जापान के युद्ध में भारत की सहानुभूति चीन से ही रही और भारतवासियों ने इस युद्ध के लिये जापान की निन्दा भी की। उसके इस दुर्दिन में पं. जवाहर लाल नेहरू चीन गये और संसार को दिखा दिया कि चीन के साथ भारत की हार्दिक सहानुभूति है। व्यावहारिक सहानुभूति स्वरूप डा. अटल के नेतृत्व में एक मेडिकल मिशन चीन भेजा गया। इस महायुद्ध में ही मार्शल च्यांग काई शेक सपत्नीक भारत पधारे थे और समय को देखते इनका अच्छा स्वागत हुआ था। अनन्तर माननीय ताई चिताओ और डा0 कू की अध्यक्षता में कई वर्ष पहले एक सांस्कृतिक प्रतिनिधि

मण्डल चीन से भारत आया था, उससे भी चीन-भारत के सांस्कृतिक सम्बन्ध में उन्नति हुई है। विद्यार्थियों का दोनों देशों में गमनागमन आरम्भ हो ही गया है और इसी प्रकार यदि शिक्षकों का गमनागमन बढ़ा, तो दोनों देशों में अनुराग और हित की वृद्धि अनिवार्य है। भारत से हिन्दी पढ़ाने के लिये शान्ति निकेतन ने एक शिक्षक भेजा है यह विशेष महत्त्व की बात है। चीन कठिनाइयों और संकटों को पार कर रहा है, उनमें भारत की सहानुभूति यहां चीन दिवस मनाकर दिखायी गयी। 1944 में चीन के निमन्त्रण पर डा. सर सर्वपल्ली राधाकृष्णन चीन पधारे थे।

(साभार : चीन और भारत, लेखक— अम्बिका प्रसाद वाजपेयी)

कमलापति त्रिपाठी

[युगधारा, जुलाई 1947 में प्रकाशित लेख 'हमारी राजनीतिक समस्या']

भारत नवयुग में प्रवेश करने जा रहा है। उसके एक अध्याय के अन्त का समय निकट आ रहा है और दूसरे अध्याय के आरम्भ का सूत्रपात होने जा रहा है। इस समय हमारा देश दो युगों के सन्धि काल में संचरण कर रहा है। सन्धि युग के सारे लक्षण स्पष्टत: दृष्टिगोचर हो रहे हैं। जो विक्षोभ, जो आकुलता, जो अस्पष्टता, जो गतिशीलता, जो संघर्ष और जो भय संक्रमण काल में स्वभावत: उत्पन्न होते हैं वे हमारे सामने हैं। संधि युग निश्चितता और अनिश्चितता को अपने उदर में लिये हुए उपस्थित हुआ करता है–निश्चितता इस बात की कि वर्तमान अतीत होने जा रहा है और अनिश्चितता भविष्य के सम्बन्ध में जिसकी रूपरेखा इस काल में अत्यन्त धूमिल हुआ करती है। एक का खत्म होना निश्चित है पर दूसरे का स्वरूप वैसे ही अनिश्चित हैं। यह निश्चितता और अनिश्चितता दो प्रकार की मन:स्थिति उत्पन्न किया करती है। निश्चितता के कारण उल्लास, प्रेरणा और गति मिलती है परन्तु उसी प्रकार अनिश्चितता के कारण भय, आशंका और आकुलता प्राप्त होती है। भारत के इस ऐतिहासिक काल में आप इन दो परिस्थितियों को व्यापक रूप से जनजीवन को प्रभावित करते पावेंगे।

स्वभावत: इस प्रकार की मन: स्थिति जीवनतुला को डगमगा देने में समर्थ होती है। यही कारण है कि संक्रमण काल में सारी स्थिति डाँवाडोल देख पड़ती है। जिधर देखिये सब कुछ हिलता हुआ, काँपता हुआ दिखाई देता है मानो भयावना भूकम्प आ गया हो। समझ में नहीं आता कि इस कंपन के कारण गिरकर धराशायी होने से क्या बच रहेगा और भूमिसात हुए खण्डहरों पर क्या बनकर खड़ा हो जावेगा। हम इसी प्रकार की विकम्पित परिस्थिति से पार हो रहे हैं। युग के स्वभाव से परिचित होने वाले के लिए घबड़ाने की आवश्यकता नहीं है। उसका कर्तव्य तो यह है कि वह उस समय भी जब सब कुछ थर-थर हिल रहा हो अपनी दृष्टि और बुद्धि को यथासम्भव स्थिर रखने की चेष्टा करे और पूर्वापर का अध्ययन करते हुए चेष्टा करे उस निकट किन्तु अज्ञात भविष्य के धुँधले प्रांगण में प्रवेश करने की जिसे स्वीकार करना हमारे लिए अनिवार्य है। यही मार्ग है जिसके द्वारा हम जीवन में भी क्रमश: स्थिरता ला सकेंगे, जिसके बिना भविष्य की रचना करना सम्भव न होगा। आवश्यकता इस बात की है

कि हम अपने राष्ट्र के इतिहास का प्रवाह देखें। देखें अतीत के प्रवाह को, वर्तमान के प्रवाह को और निश्चित करें कि भविष्य का प्रवाह क्या हो सकता है तथा हम उसे क्या बनाना चाहते हैं।

हमारी कल्पना का भारत

इसके पूर्व कि हम इस बात की विवेचना करें कि हमारी वर्तमान राजनीतिक स्थिति तथा वर्तमान राजनीतिक समस्या क्या है, यह बात सोच लें कि हम अपने लिए कैसे भविष्य का निर्माण करना चाहते हैं। अपने भविष्य का चित्र उपस्थित कर हम यह देखें कि हम आज कहाँ हैं, हमारी परिस्थिति क्या है, हम सम्प्रति किस दिशा की ओर उन्मुख हैं। तभी हम यह भी देख सकेंगे कि हम उस चित्र की ओर बढ़ रहे हैं अथवा नहीं जिसे सजीव बनाना हमारा लक्ष्य है। उसी समय वास्तव में हम अपनी समस्याओं का स्वरूप निश्चित कर सकेंगे। अब संक्षेप में अपने वांछनीय और कल्पित भविष्य का चित्र अंकित कर देखिये। भारत की राष्ट्रीयता का जागरण अंग्रेजी राज्य की स्थापना के बाद हुआ है। परिस्थितियों ने आरम्भ से ही हमारे जागरण और हमारी राष्ट्रीयता को एक दिशा प्रदान की। धीरे-धीरे उसी दिशा में हमारा विकास होता गया। यह निश्चित है कि हमारी राष्ट्रीयता ने जो दिशा पकड़ी और जिस रूप को ग्रहण करके विकसित हुई उसके परिणामस्वरूप हमने अखण्ड भारत और एक भारतीय राष्ट्र की ही कल्पना की। हमारे राष्ट्रवाद ने सदा ऐसे ही चित्र की पूजा की जिसमें भारत का स्थान अखण्ड था और जिसमें एक भारतीय राष्ट्र की कल्पना निहित थी। हम विवाद में नहीं पड़ते कि भारत की अखण्डता की और एक राष्ट्रीयता की कल्पना नयी है अथवा पुरानी। हम यह भी सिद्ध करना नहीं चाहते कि यदि पुरातन काल से अर्थात जब से भारत की प्राचीन संस्कृति ने सजीवता प्राप्त की तबसे ही अखण्ड भारत और अक्षुण्ण भारतीयता की कल्पना बराबर चली आ रही है। हम यह भी सिद्ध करना नहीं चाहते कि वैदिक आर्यों के समय से लेकर अब तक बराबर अखण्डता के आधार पर भारत और भारतीयता की कल्पना की जाती रही है। हम इस विवाद में भी नहीं जाना चाहते कि प्रकृति और भौगोलिक परिस्थितियों ने भारत को एक बनाया है अथवा नहीं। इन सबको छोड़कर हम आज केवल इतना कहना चाहते हैं कि ब्रिटिश सत्ता की स्थापना के बाद इस देश के इतिहास पर जो प्रतिक्रिया हुई उसके फलस्वरूप इस देश में जिस राष्ट्रवाद ने जन्म ग्रहण किया उसने निःसंदेह अपने उदय काल से ही एक निश्चित दिशा में कदम बढ़ाया। उसी दिशा में वह विकसित होता गया और वह दिशा यह थी कि भारतीय राष्ट्रवाद ने आरम्भ से ही अपना आधार भारत की अखण्डता और एक राष्ट्रीयता को बनाया।

इसी प्रतिमा को हृदय में लेकर राष्ट्रीय भारत जाग्रत हुआ, उठा, आगे बढ़ा, विरोधी शक्तियों से अनेक टक्करें उसने लीं और इसी मूर्ति की प्रतिष्ठा करने के लिए अथक

प्रयास किया। इस कल्पना के मूल का अभिसिन्चन न जाने कितने भारतीय देश–भक्तों और त्यागी नवयुवकों ने अपने रक्त से किया। हमारे इतिहास पर ऐसी प्रतिक्रिया अनिवार्य थी क्योंकि ब्रिटिश सत्ता के आगमन ने अपनी नीति और गति से ऐसी ही प्रतिक्रिया अनिवार्य कर दी थी। अंग्रेजी केन्द्रीय शासन के अधीन सारे भारत का अथवा देश की समस्त जनता का समान रूप से पराधीन होना, सब प्रदेशों का और सब वर्गों का समान रूप से ब्रिटिश शासन के कारण प्रभावित होना और सबके लिए एक समान स्वार्थ का उदीयमान होना आदि कारण थे जिन्होंने अनिवार्यतः उस एक भावना, एक प्रेरणा की सृष्टि की जिसने एक राष्ट्रीयता का परिपोषण किया। फलतः हमारे आधुनिक इतिहास में राष्ट्रवाद का उदय जहाँ उसकी एक विशेषता रही है उसकी दूसरी विशेषता यह रही है कि उसने भावी भारत को ऐसे भारत को रूप में देखा जो अखण्ड हो और एक राष्ट्र के आधार पर निर्मित हुआ हो। स्पष्ट है कि आज जब हम भविष्य की कल्पना करने बैठते हैं तो अपने अतीत के संस्कारों और अब तक की अपनी गति के कारण ऐसे ही भारत की कल्पना करने के लिए बाध्य हैं जो अपनी समस्त अखण्डता और एकता को लिये हुए निर्मित हो। भविष्य सम्बन्धी हमारी कल्पना का यह पहला अंग है।

दूसरा अंग यह है कि हम अक्षुण्ण रूप से स्वतंत्र भारत की कल्पना करते हैं। हम कल्पना करते हैं ऐसे भारत के निर्माण की जिसकी स्वतंत्रता सम्पूर्ण, अबाध, सर्वांगीण और अक्षुण्ण हो–ऐसी स्वतंत्रता जिसमें भारत को अपने आंतरिक और अन्तर्राष्ट्रीय जीवन के संचालन का पूर्णाधिकार हो, जिसमें सारी प्रभुता भारत के हाथ में हो, जिसमें सन्धि और विग्रह का अधिकार उसी का हो, जिसमें अपने जीवन को स्वेच्छानुसार जैसे चाहे वैसे ढालने का अधिकार उसी को हो। हम किसी के उपनिवेश होकर रहने की कल्पना को भी विजातीय समझते हैं, फिर चाहे उपनिवेश बनने में कितनी भी स्वतंत्रता क्यों न हो। हमारी राष्ट्रीयता ने और हमारी जाग्रति ने जो धारा पकड़ी उसके फलस्वरूप हम क्रमशः स्वतंत्रता सम्बंधी अपनी कल्पना में विकसित होते हुए अन्त तक उस स्तर तक पहुँचे हैं जहाँ हमने स्वतंत्रता को सागोपांग अक्षुण्ण रूप से प्रतिष्ठित करना अपना लक्ष्य समझा है। याद रखिये कि उपनिवेश बनते हैं उनके! जिनका रक्त, जिनकी संस्कृति, जीवन दृष्टि, जिनकी भाषा, भाव और भावना किसी एक मूल पर प्रतिष्ठित रहते हैं। भारत स्वयं किसी का उपनिवेश नहीं रह सकता। यह न केवल उसकी परम्परा और गौरव के प्रतिकूल है प्रत्युत उस परिस्थिति के भी प्रतिकूल है जो उसे किसी का उपनिवेश बना सकती है। यदि इतिहास का अध्ययन कीजिये तो आप समझ जायेंगे कि भारत में ब्रिटिश सत्ता का आगमन कोई आकस्मिक घटना नहीं थी। वह परिणाम था विश्व में उठी हुई एक महती सांस्कृतिक तरंग का। अधिक विस्तार में न जाकर हम कह सकते है कि 17वीं शताब्दी के अन्त में और 18वीं के आरम्भ में नयी वैज्ञानिक संस्कृति का जन्म हुआ जिसने पश्चिम की जातियों में नयी स्फूर्ति

और प्रेरणा भर दी। उसी का संदेश लेकर ये जातियाँ भूमण्डल के दूसरे भागों में बढ़ चलीं और एक विदेशी जाति हमारे देश में भी आ धमकी।

स्पष्ट है कि अंग्रेजों का आगमन केवल आकस्मिक राजनीतिक घटना नहीं प्रत्युत भारत के ऊपर एक महान सांस्कृतिक आघात के रूप में हुआ। तब से लेकर अब तक इस देश में जो राष्ट्रीय संघर्ष होता रहा है वह मूलत: अंग रहा है उस सांस्कृतिक संघर्ष का जिसका सूत्रपात अंग्रेजों के आते ही इस देश में आरम्भ हो गया था। अंग्रेजों की पराधीनता हमारे लिए वास्तव में महती सांस्कृतिक पराजय थी और उनके शासन के विरुद्ध भारतीय राष्ट्र का प्रतिरोध और विद्रोह केवल राजनीतिक नहीं एक पराभूत संस्कृति की आकुल आत्मा का महान् विक्षोभ भी था। फिर जिस राष्ट्रवाद ने इस प्रकार अनुप्राणित होकर संघर्ष किया हो वह एक ऐसी विजातीय शक्ति का उपनिवेश नहीं रह सकता जिसके सांस्कृतिक प्रवाह का प्रतिरोध करने में उसने अपनी सारी शक्ति लगायी। अर्थ चाहे जो हो पर विक्षुब्ध भारतीय राष्ट्र आज अपने विद्रोह की सफलता में अपनी पराभूत संस्कृति का पुनरुत्थान और उसकी विजय देखता है। इस अनुभूति में ही उसकी आत्मा शान्ति का अनुभव करती है। जब स्थिति यह हो तब भला भारत-राष्ट्रीय भारत-उपनिवेश बनकर रहना कैसे स्वीकार कर सकता है? वह तो अक्षुण्ण स्वतंत्रता चाहता है इसलिए कि वह अपने सांस्कृतिक संदेश को लेकर विकल मानवता के पथ का निर्देश कर सकता है। उसे आशा है कि वह अपनी स्वतंत्रता के द्वारा मानव समाज की सेवा उसी प्रकार आज कर सकेगा जैसे कालांतर में उसने की थी। फलत: हमारी कल्पना का दूसरा अंग ऐसे भारत का निर्माण करना है जो पूर्णत: स्वतंत्र हो।

हमारी कल्पना का तीसरा अंग यह है कि हम भावी भारत का वह स्वरूप चाहते हैं जिसमें सारी शक्ति जनता के हाथों में हो और जनता ही स्रोत हो जिससे अधिकार धाराएँ निर्गत होकर उनको अधिकार प्रदान करेंगी जिन्हें जनप्रभु जनहित के लिए अधिकारी बना कर अपना संचालन करना उचित समझें। लोकतंत्रात्मक भारत बने जिसकी विशाल छाया में लोक-समाज का सर्वांगीण सर्वोदय हो और जीवन के तथा समाज के अंग-प्रत्यंग समान रूप से विकसित, परिपुष्ट और स्वतंत्र बन सकें। ऐसे भारत की रचना हो जिसमें वह जनता जो उत्पादक है, अपने परिश्रम का फल भोग सके और उसके हाथों में वास्तविक शक्ति सत्ता हो। ऐसा लोकतंत्र हो जिसमें केन्द्र में प्रतिष्ठित हुई सरकार के हाथ में सारी शक्ति इस प्रकार केन्द्रित न हो कि सारी जनता अधिकार-वंचित हो जाय और केन्द्रीयभूत शक्ति, केन्द्रीभूत हिंसा पर आश्रित होकर अधिकार को अधिकाधिक केन्द्रीभूत करने जाने की चेष्टा में जन समाज को अधिकारापहृत बना डालें। हम वह लोकतंत्र चाहते हैं जो ऊपर नहीं नीचे से हो, जनता-जर्नादन को आधार बना कर अंकुरित हो और क्रमश: विकसित होता चला जाय। यह हमारी कल्पना का तीसरा अंग है।

चौथा अंग यह है कि भारत में बसने वाले सभी विभिन्न प्रकार के सम्प्रदायों और विशेषकर अल्पसंख्यकों को वही स्वतंत्रता, वही अवसर, वही सुरक्षा प्राप्त हो जो किसी बहुसंख्यक सम्प्रदाय को प्राप्त होती है। हमारी कल्पना में वह भारत है जिसमें वर्ग-प्रभुता न हो, सम्प्रदाय न हो, व्यक्ति और जाति की प्रभुता भी न लादी जाती हो। संक्षेप में यही है कल्पना जिसे लेकर हम इतने वर्षों से संघर्ष करते रहे और जिसकी मोहकता ने हमें विभोर किया है।

वर्त्तमान स्थिति

अब विचार करना है कि आज हम जिस बिन्दु पर पहुँचें हैं और जिस दिशा की ओर उन्मुख हैं और जो परिस्थिति उत्पन्न हो रही है वह क्या हमें उपर्युक्त कल्पना को चित्रित करने की और उसे सजीवता प्रदान करने की ओर बढ़ाती है। यह निश्चित है कि ब्रिटिश शासन का अंत होने जा रहा है। कारणों के विवाद में न पड़िये कि अंग्रेज क्यों छोड़कर जाना चाहते हैं। ऐतिहासिक गति का प्रभाव बड़ा प्रचण्ड हुआ करता है। आज की परिस्थिति उस प्रकार के साम्राज्यवाद के विरुद्ध है जिसकी रचना ब्रिटेन ने की थी। उसका आर्थिक स्वार्थ, उसकी अंतर्राष्ट्रीय आवश्यकता, उसके अंतर्राष्ट्रीय प्रतिस्पर्द्धियों की शक्ति, उसके द्वारा दबायी गयी जातियों की प्रतिरोधिनी और विद्रोहिनी भावनाएं उसे बाध्य कर रही हैं कि वह अपनी नीति में परिवर्तन करे। उसका कल्याण इसमें है कि भारत पर अपने राजनीतिक प्रभुत्व को समाप्त करके वह इस देश को अपना मित्र बनाये और मित्रता के नाते यदि सम्भव हो तो भारत से आर्थिक तथा सामरिक लाभ उठाये। यही कारण हैं जो उसे जाने के लिए बाध्य कर रहे हैं। अपने जाने के साथ-साथ वह एक युग को समाप्त करता जा रहा है। इस समय इस देश में वह स्थिति उत्पन्न हो गयी है जो कदाचित मुगल साम्राज्य के पतन के समय रही होगी। यह निश्चित है कि जब एक अधिकार-सत्ता विसर्जित होती है तो उस सत्ता पर अधिकार स्थापित करने के लिए विविध प्रकार की शक्तियां उमड़ आती हैं। फिर अंग्रेजी सरकार ने तो डेढ़ सौ वर्षों तक इस देश में घास नहीं छीली है। अपने शत्रु राष्ट्रवाद के विरुद्ध अपनी नीति से उसने न जाने कितनी शक्तियां उत्पन्न कर दी हैं जो अब तक यदि दबी हुई थीं तो अब उभड़ पड़ी हैं और सत्ता-प्राप्ति के लिए लोलुप हो गयी हैं। हमारे इतिहास ने जो विरासत छोड़ी है उसमें जहां बहुत सी भलाइयां है वहाँ बुराइयाँ भी रही हैं। भारत में यदि इतिहास ने पारस्परिक दुर्भावनाओं की सृष्टि की है तो उसे भी ब्रिटिश शासन ने प्रेरणा प्रदान की है क्योंकि उनके द्वारा वह हमारे बल को क्षय करने में समर्थ होता रहा है। अंग्रेजी राज की मृत्यु के समय वे तमाम विकार जो उससे उत्पन्न होते रहे हैं अन्तिम साँस लेने के पूर्व सहसा जाग्रत हो उठे हैं। इस परिस्थिति में भारत पड़ा हुआ है। इस परिस्थिति से लाभ उठा कर ब्रिटिश सरकार अपना स्वार्थ साधन करने से आज भी चूकती नहीं है। 3 जून को जो ब्रिटिश घोषणा हुई है वह देश के सामने है।

इस घोषणा को सामने रखिये और उस कल्पना को सम्मुख रखिये जिसका चित्र ऊपर खींचा जा चुका है तो सहज में ही आप की समझ में आ जायगा कि आप किस परिस्थिति में पड़ गये हैं। वास्तव में यदि विवेचनात्मक ढंग से विचार कीजिए तो इस परिणाम पर पहुँचियेगा कि यह घोषणा जिसके द्वारा तत्काल भारत के भाग्य का निपटारा हो रहा है हमारी कल्पना के मूल पर कुठाराघात करती है। एक प्रकार से वह उसका ही हनन करती है जिसे हृदय में लेकर भारतीय राष्ट्रवाद अब तक चलता रहा है।

भारतीय राष्ट्रवाद दुश्चक्र में

निर्विवाद है कि भावी भारत की हमारी जो कल्पना रही है हम आज उसके बिलकुल प्रतिकूल दिशा की ओर मुख किये हुए खड़े हैं। इसके लिए किसी को दोष देना व्यर्थ है और ब्रिटेन को दोष देना और भी अधिक बेकार है। जो शत्रु रहा है उससे दूसरी किसी बात की आशा करना मूढ़ता ही होगी। उसकी घोषणा तो परिणाम है उस रोग का जिसे उसने स्वयं उत्पन्न किया था। भारत की एकता, अखण्डता और राष्ट्रीयता की भावना इस देश की महती शक्ति थी जिससे ब्रिटिश सत्ता भी काँपती रही है। उसने उस शक्ति का प्रतिरोध करने के लिए भारत की उस साम्प्रदायिकता को जाग्रत किया जो स्वभावत: आज भारत के विभाजन और दो राष्ट्रीयता की मांग लेकर सामने डट गयी है। फिर आज समस्या सुलझती कैसे? ब्रिटेन ने जिस विभीषिका का पोषण किया है उसी की अटल माँग को सामने रखकर सत्ता विसर्जित करते हुए भारत को खण्डित करना ही एकमात्र मार्ग था। राष्ट्रवाद भी विचित्र दुश्चक्र में है। उसके अपने शरीर में वह भयावना उपसर्ग उत्पन्न हो गया जिसकी उपेक्षा वह नहीं कर सकता। राष्ट्रीयता सत्ता का विसर्जन चाहती है पर सत्ता जिनके हाथों में है वे उसी दशा में उसका विसर्जन करेंगे जब भारत खंडित हो। राष्ट्रवाद व्याकुल है सत्ता विसर्जन के लिए, फलत: उसके सामने प्रश्न है कि खंडित होकर भी सत्ता ग्रहण करे अथवा अखंड पराधीनता में पड़ा रहे।

इन दो में से एक चुनाव करना है और चुनाव जो किया जा रहा है वह स्पष्ट ही है। भारत के विभाजन का उपाय, अनिच्छापूर्वक ही सही, स्वीकृत होने जा रहा है क्योंकि इसी प्रकार सत्ता-विसर्जन शीघ्र से शीघ्र सम्भव दिखाई दे रहा है। अब भारत के सामने समस्या है कि देश का विभाजन हो जाने के बाद उसकी क्या प्रतिक्रिया भावी भारत के इतिहास पर होने वाली है। आज इस पर अधिक विस्तार से कहना असामयिक होगा पर इतना अवश्य कह सकते हैं कि इस विभाजन में सबसे बड़ा भय इस बात का है कि भारत में पीछे के मार्ग से बाह्य शक्तियों को पुन: घुस आने का मौका है। याद रखिये कि ब्रिटेन ने अपनी घोषणा से एक ओर जहाँ राष्ट्रीय भारत की कल्पनाओं को खण्डित किया है वहीं भारत की प्रतिगामी शक्तियों को स्वतंत्रता प्रदान की है। एक ओर पाकिस्तान बनेगा, दूसरी ओर देशी राज्यों को स्वतंत्रता घोषित करने

की स्वतंत्रता दे दी गयी। निश्चित है कि पाकिस्तान के सिवा कुछ देशी रियासतें स्वतंत्र होंगी ही और अपनी रक्षा के लिए ब्रिटेन की सहायता लेंगी। राष्ट्रीय भारत को छोड़कर प्रतिगामी शक्तियों का वह केन्द्र बन रहा है जहां ब्रिटिश शक्ति भी रह सकती है और खण्डित भारत की स्वतंत्रता के लिए हमेशा कण्टक के रूप में बनी रह सकती है। यह है राजनीतिक स्थिति जो हमारे सामने उपस्थित हो रही है। क्या यह संभव होगा कि हम अपनी कल्पना को सजीव कर सकें? यदि नहीं तो क्या जो खतरे पैदा किये जा रहे हैं उनके निराकरण का कोई उपाय निकल सकेगा? देखना है भारत की राष्ट्रीय आत्मा इनका क्या उत्तर देती है।

(साभार : जनक दुलारी संग्रह)

पं. भवानी प्रसाद तिवारी

[प्रहरी (जबलपुर), 15 अगस्त, 1947 में प्रकाशित संपादकीय 'फिरंगी का डेरा कूच!']

भवानी प्रसाद तिवारी, रामेश्वर गुरु (संपादक)

सन् 1941 में राष्ट्रीय तेज लोहे के पिंजरे में कैद था तब एक अंग्रेज महिला का दम्भ इतराया। उसने कहा कि भारत को अंगरेजों ने सभ्य बनाया नहीं तो यहां के लोग बर्बर और जंगली ही रहते।

उस समय गुरुदेव रवीन्द्रनाथ ठाकुर जीवित थे। वे चुप न रह सके, बोल उठे, जैसे भारत का स्वाभिमान ही मुखरित हो उठा। उन्होंने कहा, अंगरेज जब भारत से जायेंगे तब अपने पीछे जो धूल, कीच और मिट्टी छोड़ जायेंगे उसी से जाना जायेगा कि उनकी सभ्यता क्या है और वे हमें क्या दिये जा रहे हैं।

गुरु देव दृष्टा थे, आगे तक देख सकते थे इसलिए उनकी वाणी सत्य हो गई। आज अंगरेज जा रहे हैं और अपने पीछे छोड़े जा रहे हैं–धूल, कीच, मिट्टी!

अंगरेजों ने शासक की हैसियत से कर लगाए, व्यापारी के वेश में नफा खाया, अफसरों के रूप में मोटी-मोटी तनखाहें लीं। गोया हर तरह से यहां की सम्पति लूटी-खसूटी, मनमाना शोषण किया। भारत कंगाल हुआ और भारत-वासी कंकाल! एक अकाल से हम उभर नहीं पाए और दूसरा अकाल मुंह बाए खड़ा है। शस्य श्यामला भारत-भूमि में आज धूल उड़ रही है।

अंग्रेजों ने 1857 में यह जान लिया था कि भारतवासी मिलकर विद्रोह कर सकते हैं। तब उन्होंने सेना की रचना साम्प्रदायिक ढंग से की। जाट कम्पनी, मराठा रेजीमेन्ट, सिक्ख पल्टन, गोरखा बटेलियन अलग-अलग बनाई गई। नागरिक जीवन में भी यही जहर घोल दिया गया, बहुमत और अल्पमत, हिन्दू और मुसलमान, ब्राह्मण और हरिजन, पारसी और ईसाई, मोमिन और पठान और न जाने कितने फिरके! इनका छीन और उनको दे की नीति का ज्वलंत प्रमाण है विभाजित मत-दान का आविष्कार! राजनीतिक अधिकारियों के बंदर-बंटवारे का नतीजा है पाकिस्तान! हमें दो टुकड़े करके कमजोर बना दिया गया! हमारे न चाहते हुए भी

यह होकर रहा! नहीं तो इसके बदले गुलामी ही तो रहती। जहर पिया गया कि अंग्रेज जावें। पर अंग्रेज की तैयारी है कि वह फिर आवे। इसलिए वह सम्प्रदायवाद का जहर घोले जा रहा है–मारकाट, खून-खराबी, निर्मम हत्याएं! जैसे इन्सान इन्सान ही न हो! आकाश सी उदार और शुभ संस्कृति के देश में आज भेद-प्रभेद की कीच मची है।

अंग्रेज ने भारतवासी को बाबूगिरी की सभ्यता प्रदान की, उसे 'यस सर' 'जी हुजूर' कहना सिखाया। आत्मभिमान का गला घोंट डाला। देशाभिमान को देश निकाला दिया। भाई-चारे को बेवकूफी कहा। आत्मा को ही निर्जीव कर दिया। भारतवासी प्राणहीन शरीर पिंड ही तो है। उसकी प्राणवानता मर चुकी है और आत्मा मिट्टी हो चुकी है।

आज अंग्रेज जा रहे हैं और अपने पीछे छोड़े जा रहे हैं, धूल, कीच और मिट्टी। हमें इस धूल, कीच और मिट्टी से ऊपर उठना है।

आर्थिक सम्पन्नता के लिए समाज व्यवस्था बदलनी होगी। श्रमिक वर्ग के लिए, शोषण का अन्त करने के लिए समाजवादी व्यवस्था ही एक उपाय है। उसके साथ ही सांस्कृतिक उदारता अपनाना होगी जो मानवता की भित्ति पर आधारित हो। प्रजातांत्रिक अधिकारों की चेतना पर सोई हुई आत्मा को जगाना होगा।

सावधान रहना होगा उस प्रतिगामी से जो सम्प्रदाय-वाद का थोथा नारा लगाकर बाधा पैदा करेगा, उस स्वार्थी से जो खादी के वेश में राशन की दूकान और परमिट के लिए देश का हितकारी बनेगा और जनता की लूट पर पूंजीवाद को दृढ़ करेगा, जो उससे अधिकार केवल अपने लिए चाहेगा, जनता के लिए नहीं।

राजनीति आज चारित्र्य चाहती है। जो कहो उसे करो भारतवासी को देश औरं विदेश इसी कसौटी पर कसेगा। आज फिरंगी जा रहा है।

31 अगस्त, 1947 में प्रकाशित संपादकीय
'यह नरसंहार-खूनखराबी किसलिए?'

पूर्वी और पश्चिमी पंजाब में, सिलहट में, केटा में यह अशांति, अराजकता, नर-संहार और खून-खराबी किसलिए हो रही है?

15 अगस्त तक तो यह समझा जा सकता था कि हिन्दुस्तान से अलग होने की यह भयंकर विध्वंसक प्रेरणा है जो पिशाच बनकर भाई-भाई को गले नहीं मिलने देती। 15 अगस्त तक यह कहा जा सकता था कि यह उपद्रव और अशांति उस जबरदस्ती का परिणाम है जो राष्ट्रीयता का बाना पहिनकर प्रोपगेंडा के सहारे भारत को अखंड बनाये रखना चाहती है।

15 अगस्त का महान् पर्व आया। खुशी हुई कि हम अलग-अलग हुए पर कोई बात नहीं आजाद तो हुए। अपने-अपने घरों में सुख-चैन से तो रह सकेंगे। अपनी-

अपनी उन्नति तो कर सकेंगे। दोस्त बनकर सच्चे पड़ोसी के रूप में तो अब हम रह सकेंगे। इन्हीं सब विचारों के कारण हिन्दुस्तान के अनचाहे हिस्से होते भी हमने देखना पसन्द किया।

तब यह नर-संहार और खून-खराबी किसलिए? लाहौर, गुजराँवाला, मुलतान, केटा, अमृतसर, सिलहट में भयंकर अराजकता है। हजारों मर चुके हैं। लाखों बेघरबार हो गये हैं। करोड़ों और अरबों की सम्पत्ति नष्ट हो चुकी है। सरकार की शासन व्यवस्था कमजोर पड़ गई है और इतना सब होकर भी अभी तक शांत नहीं हो सका है रक्त का प्यासा आदमजात! आज यह नर-संहार और खून-खराबी वहां हो रही है जहां फीरोजखाँनून चंगेज खां को उतार देना चाहते थे, जहां पाकिस्तान न मिलने पर खून के दरिया बहा दिये जाने की धमकियां दी जाती थीं। धमकियां कारगर हो गईं, मन की मुराद पूरी हो गई।

फिर यह नर-संहार और खून-खराबी किसलिए? पंडित जवाहलाल नेहरू और उनकी सरकार इस अराजकता को खत्म करने पर तुली है। सारी शक्तियां लगाकर जवाहरलाल इस अराजकता को खत्म कर देना चाहते हैं। जवाहरलाल साम्प्रदायिकता का जहर निकालने के लिए जो कुछ भी बन सक रहा है कर रहे हैं। सरदार बलदेव सिंह अमृतसर के गांवों में दौरा कर रहे हैं। पूर्वी पंजाब के गवर्नर सर चन्दूलाल त्रिवेदी सारे प्रान्त में शान्ति स्थापित करते फिर रहे हैं। जवाहरलाल ने अपने वक्तव्य में और अपने भाषणों में इस जहर को निकालने की अपील की है। इसके विपरीत हमें ऐसा कोई रूप लियाकत अली खां का देखने में नहीं आता। उनके राज में यह नर-संहार और उनकी सरकार चुप बैठी रहे इससे बड़ा आश्चर्य और क्या होगा? हिज एक्सलेंसी कायदे-आजम मुहम्मदअली जिन्ना का वक्तव्य निकलता है पूर्वी पंजाब के मुसलमानों के प्रति हमदर्दी का, सहानुभूति का। लाहौर और केटा में उनके लिए जैसे कुछ हुआ ही नहीं है। पश्चिमी पंजाब के गवर्नर बदनाम मूडी, लाहौर के महलों में बैठे हुए नीरो के समान, जलते हुए लाहौर को देख कर खुश हो रहे हैं। हिन्दू बेघरबार हो रहे हैं, सिक्ख बेघरबार हो रहे हैं और फिर भी यह अराजकता रोकने का कोई इन्तजाम नहीं हो रहा है।

आखिर यह नर-संहार और खून-खराबी अब किसलिए?

अल्पसंख्यकों की क्या कोई सुनाई कायदे-आजम के देश में न होगी? क्या अब उन्हें हिन्दुस्तान के मुसलमानों पर की गई काल्पनिक ज्यादतियां ही दिखाई पड़ेंगी और उन्हें नजर में रखते हुए वे अपने देश को तैयार करेंगे और उस पर राज करेंगे? जो कुछ हो चुका है क्या वह पर्याप्त नहीं है कि अब शान्ति और अमन-चैन स्थापित हो सके? क्या यह दिखलाया जा रहा है कि भड़काये जाने पर किसी देश के लोग इतने धर्मान्ध हो सकते हैं? क्या पाकिस्तान के इस स्वरूप से हिन्दुस्तान पर एक आतंक-सा फैला देना चाहते हैं? हरी-भरी बस्तियों को तोड़कर मरुस्थल बना देने

में आखिर क्या उद्देश्य है? क्या जो कुछ है उससे तृष्णा और प्यास की तृप्ति नहीं होती?

संसार का महान पुरुष प्राणों की बाजी लेकर अपने जीवन के अंतिम चरण में शांति और एकता स्थापित कर रहा है। उसकी विह्वल वाणी गूंजती है–''वह आजादी किस मूल्य की जो भाइयों के खून से रंग कर आवे, देश को बरबाद बनाती हुई आवे?'' आज उसके कारण कलकत्ते का नर-संहार बंद हो गया। बंगाल के भूतपूर्व प्रधानमंत्री सुहरावर्दी आज गांधी जी के साथ घूमते हैं। उन्हें यह अनुभव हो गया कि देश के परम कल्याण के लिए सबसे बड़ी आवश्यकता है शांति। किन्तु आज पश्चिमी हिन्दुस्थान में उसी अमानुषिकता और बर्बरता का अभिनय हो रहा है जो 15 अगस्त के पहले हो रहा था।

सभ्यता पूछती है–यह नर-संहार किसलिए?
संस्कृति पूछती है–यह नर-संहार किसलिए?
मानवता पूछता है–यह नर-संहार किसलिए?
क्या कायदे-आजम इसका उत्तर देंगे?
ऐसा न हो अवसर हाथ से निकल जावे।

सुभद्रा कुमारी चौहान

[नारी (जबलपुर), 1947 में प्रकाशित संपादकीय 'नारी का प्रकाशन']

आज हम अपनी बहिनों के सम्मुख यह पत्रिका उपस्थित कर रहे हैं। नारी समाज की उन्नति के लिए और जाग्रति उत्पन्न करने और एक-दूसरे के विचारों का आदान-प्रदान कराने के लिये कोई उपयुक्त पत्र न था। इस आवश्यक कमी की पूर्त्ति के लिये हमने नारी का प्रकाशन आरंभ किया है। आज हमारा देश स्वतंत्र हो गया है और सभी दिशाओं में जागरण के लक्षण प्रकट हो रहे हैं। नारी-समाज सदा से सब देशों में उत्थान में सहायक रहा है। आज भी हम अनुभव करते हैं कि भारतीय नारी समाज को देश के सभी भागों में सक्रिय सहयोग देना आवश्यक है। इसलिये महिला जगत् को समाज में अपनी स्थिति का बोध हो जावे, वे उचित शिक्षा द्वारा अपना विकास कर सकें और उनमें सांस्कृतिक चेतना उत्पन्न हो। हम चाहतें हैं कि वे देश और समाज के प्रति अपने कर्तव्य का पालन पूर्ण रूप से कर सकें और नारियों के द्वारा राष्ट्र तथा समस्त विश्व में बन्धुत्व की भावना का प्रसार भली-भाँति हो। आधुनिक युग के साथ सामंजस्य रखते हुए हमारे देश की महिलाएँ भारतीय संस्कृति की परम्परा का अनुसरण करती हुई अपने को योग्य बना सकें तथा अपने घरेलू जीवन को सुन्दर, सुखमय, वैज्ञानिक तथा कलापूर्ण कर सकें । अपने स्वास्थ्य की रक्षा स्वयं कर सकें। अपने बच्चों का लालन-पालन सुचारु रूप से कर सकें । महिलाएं स्वयं बाल-मनोविज्ञान तथा शिशु-सिद्धान्तों का अध्ययन कर अपने बालकों को योग्य शिक्षक, वैज्ञानिक, योग्य, शासक तथा नेता बना सकें और देश की रक्षा करने को योग्य सैनिक प्रदान करने में सहायक हों। आर्थिक सुविधाओं से वंचित नारी समाज को गृह-उद्योग तथा कला-कौशल की शिक्षा देकर आर्थिक क्षेत्र में सदा परमुखापेक्षी न रहना पड़े। अशिक्षित नारी समाज भी शिक्षित हो सके तथा ग्रामीण अनुन्नत नारी समाज का जीवनस्तर उन्नत हो। इन्हीं उद्देश्यों को साथ लेकर आज हम पाठिकाओं के सम्मुख 'नारी' लेकर उपस्थित हो रहे हैं।

हमारी उत्कट अभिलाषा थी कि 'नारी' का कार्य केवल महिला लेखिकाओं द्वारा ही हो किन्तु हमें समय की कमी के कारण पर्याप्त महिला लेखिकाएं नहीं मिल सकीं हैं। शिक्षित महिलाओं से मेरी प्रार्थना है कि वह अपने बहुमूल्य विचार तथा भाव सुन्दर लेख 'नारी' को प्रदान करने का कष्ट उठावें। पाठिकाओं से भी मेरी अपील है कि

नारी की कठिनाइयां दूर कर तन-मन-धन से वे अपना सहयोग देकर 'नारी' की उन्नति में हमारी सहायक हों।

15 अगस्त, 1947 की श्रद्धांजलि

हमारे देश के इतिहास का 15 अगस्त एक महान् पुण्य पर्व है। भारतीय स्वातंत्र्य संग्राम के जिस युद्ध का बीजवपन 17857 के वीरों ने प्रारम्भ किया वह आज सफल वृक्ष के रूप में हमारे सम्मुख प्रतिष्ठित दिखाई पड़ रहा है। स्वातंत्र्य युद्ध के इस महायज्ञ में न जाने कितने वीरों ने अपने प्राणों की आहुतियां हंसते-हंसते समर्पित की हैं। न जाने कितनी माताओं की गोदियाँ सूनी हुई हैं और न जाने कितनी भारतीय ललनाओं ने अपने सौभाग्य सिन्दूर से इसका शृंगार किया है।

विदेशियों के अत्याचार से जो भारत अनेक शताब्दियों से असह्य यातनाएँ भोग रहा था, जिसकी संस्कृति, सभ्यता और उन्नति विदेशियों की क्रूरताओं से कुचली जा रही थी और जिसकी समस्त धनजनशक्ति दूसरे देशवालों के भोग-विलास का साधन बनी था वह भारत आज स्वतंत्र हो गया अत: आज उसके परम उत्सव का पुण्य पर्व है।

चालीस करोड़ जनता की अपार शक्ति से सम्पन्न जो भारत मुट्ठी भर विदेशगत स्वार्थियों की निर्ममताओं से विचूर्ण होकर विश्व के छोटे-छोटे स्वतंत्र देशों के बीच से सदा अपने लज्जा-विनत मस्तक का भार वहन कर रहा था आज वह अपने पाप के भार को दूर फेंक रहा है और अपना मस्तक गर्व से उठाने का अवसर पाने जा रहा है। आर्य सभ्यता की इस पुण्य भूमि के लिये सचमुच यह असह्य लज्जा की बात थी कि अनेक सहस्राब्दियों की परम समुन्नत संस्कृति की जननी होकर भी, अपने ज्ञान-विज्ञान और सभ्यता की ज्योति से समस्त विश्व के देशों और मानवों को प्रकाशित करने वाला होकर भी वह ऐसी जातियों और सभ्यताओं का चरण चुम्बन करती हुई प्रताड़ित, उपेक्षित और दास बनी हुई थी।

किन्तु आज उसके मस्तक का वह कलंक देश-प्रेमी वीरों, तपस्वियों और साधकों की साधना से धुल रहा है। अत: हमारे इतिहास का यह सर्व महान् पुण्य पर्व है और इस पुण्य पर्व पर हमारा हृदय उल्लास से चंचल हो रहा है।

यद्यपि यह कहा जाता है कि भारत का विभाजन हो गया और भौगोलिक तथा सांस्कृतिक दृष्टि से भारत माता का पूज्य कलेवर खण्ड-खण्ड हो गया अत: यह दिन हमारे लिये दु:ख की वेला है, तथापि हमें इस अप्रिय घटना के लिये रोने की आवश्यकता नहीं है। भारत जैसे विशाल देश का एकता के सूत्र में बंधे रहना सरल कार्य नहीं है। भारत का इतिहास साक्षी है इस बात का कि यह विशाल देश, हिमालय से लेकर कन्याकुमारी तक तथा हिन्दूकुश से लेकर पूर्वी बंग समुद्र तक कभी अधिक दिनों तक एक सम्राट के शासन में स्थायी नहीं रहा है। ऐसे सुयोग्य, वीर और यशस्वी शासक

अवश्य इस पुण्य भूमि में उत्पन्न हुए हैं जो समस्त महादेश को एक छत्र की छाया में लाने का महाकार्य कर सके, पर उनका प्रयास एक या डेढ़ शताब्दी से अधिक स्थायी न रह सका। साथ भारत की पश्चिमोत्तरी सीमा के देश का इतिहास संघर्ष और संग्राम का इतिहास रहा है।

अत: यद्यपि देश के इस बंटवारे का हमें दु:ख है, हमारा हृदय मां के अंगविच्छेद से अनुतप्त है और सांप्रदायिकता की विषम ज्वाला में दग्ध हजारों नर-नारियों की असीम यातनाओं की स्मृति अन्तस्तल में सर्पदंश की पीड़ा उत्पन्न कर रही है तथापि हमें इस स्वतंत्रता प्राप्ति के अवसर पर महान् हर्ष भी है और यह हर्ष इसलिये भी अधिक महत्त्वपूर्ण है कि सहस्राब्दियों की दासता का बंधन दूर फूंक कर जिस शान्ति और जिस सुविधा के साथ भारत स्वातंत्र्य-लाभ कर रहा है वह विश्व के इतिहास में अपूर्व और अनुपम है। स्वातंत्र्य-प्राप्ति में देश को जितना रक्त बहाना पड़ता है, जितनी कठिनाइयों, विपत्तियों और क्रूरताओं का सामना करना पड़ता है उसकी तुलना में भारत की स्वतंत्रता एक प्रकार से बिना पर्याप्त मूल्य के ही प्राप्त हो रही है। साथ ही हमें यह भी विश्वास है स्वतंत्र होते ही अंग्रेजों के द्वारा हमारे अन्त:करण में व्याप्त सांप्रदायिक वैमनस्य का विष शीघ्र ही दूर हो जायगा और विभक्त भारत एक हो जायगा।

अत: हमारे राष्ट्रीय इतिहास का यह आज सबसे बड़ा पर्व है और हम इस पुण्य पर्व पर अपनी श्रद्धांजलि उन वीरों के चरणों में समर्पित करते हैं जिनकी तपस्या और साधना से आज हम स्वतंत्र हुए।

आतताइयों से आत्मरक्षा तथा स्त्री सैनिक संगठन

नोवाखाली, पंजाब आदि में जो घटनाएं घट चुकी हैं और उन स्थानों में महिलाओं को जिन-जिन आपत्तियों का सामना करना पड़ा है, उनका उल्लेख करना यद्यपि हमारी लेखनी के बाहर है फिर भी हम उन्हें भूल नहीं सकते। स्त्रियों को अपने सतीत्व की रक्षा के लिए कुंओं में कूदना, आग लगा कर भस्म होना, अर्धवस्त्रहीन होकर भागना आदि दृष्टान्त हमें राजपूत स्त्रियों के जौहर का स्मरण दिलाता है। जब देश या समुदाय पर इस प्रकार की विपत्ति आवे तब महिलाओं को अपनी आत्म-रक्षा के लिए सतर्क रहना चाहिए। महिलाओं को अपने शरीर व सतीत्व की रक्षा के लिए स्त्रियों का संगठन दृढ़ करना चाहिए और प्रत्येक स्त्री को सैनिक बनने के लिए तत्पर रहना चाहिए। हरेक गांव, नगर अथवा मुहल्ले की महिलाओं को स्त्री सैनिक-संघ बनाने में योग देना चाहिए। ये महिला-सैनिक संघ महिलाओं को शरीर-रक्षा के सब साधनों से अवगत करायें। महिलाएं भी तलवार, बन्दूक, छुरा व लाठी चलाने के प्रयोगों को सीखने को अग्रसर हों। साथ ही हम भारतीय सरकार से अपील करती हैं कि आततायों और गुण्डों से रक्षा करने के लिये जनता को विशेष कर महिलाओं को छुरा, तलवार, बन्दूक आदि कोई अस्त्र रखने की आज्ञा दी जाय जिससे वे अपनी रक्षा विपत्ति से स्वयं कर सकें। भारतीय

सरकार से हमारी अपील तथा प्रार्थना है कि वह प्रत्येक नगर व ग्राम में महिला सैनिक संघ खुलवाने में अपना सहयोग दे। रेलों में स्त्रियों पर गुण्डों के आक्रमण की कई घटनाएं सुनी व देखी गई हैं। अत: सरकार को चाहिए कि रेलों के जनाने डिब्बों में सब प्रकार की सुविधाएं प्रदान करने तथा उनकी रक्षा के लिए पुलिस आदि का पूरा आयोजन हो।

भारतीय स्वातन्त्र्य युद्ध में स्त्रियों का योग

भारतीय स्वतंत्रता संग्राम में सन् 1857 से लेकर आज तक महिलाओं का जो योग रहा है इससे नारी जाति का मस्तिष्क गर्वोन्नत है। झांसी की रानी लक्ष्मी बाई के बाद सरोजिनी नायडू, भारत की प्रथम राजदूतिका श्रीमती विजयलक्ष्मी पंडित तथा राजकुमारी अमृत कौर आदि प्रमुख महिलाएं हैं। आज हमारे लिए गौरव की बात है कि श्रीमती सरोजिनी नायडू संयुक्त प्रान्त की गवर्नर बनाई गई हैं और भारत की प्रथम राजदूतिका श्रीमती विजयलक्ष्मी पंडित तथा केंद्रीय सरकार की सदस्या राजकुमारी अमृत कौर चुनी गयी हैं। आज जब हमें सदियों की परतंत्रता की बेड़ी के टूटने पर स्वतंत्रता मिल रही है तब इस अवसर पर हम इन प्रमुख महिलाओं को बधाई देते हैं जिनके कारण भारतीय महिलाओं का मुख उज्ज्वल हो गया है।

हमारी राष्ट्रभाषा हिन्दी

आज भारत स्वतंत्र हो रहा है। स्वतंत्र भारत में सबसे महत्त्व का प्रश्न आज हमारे सम्मुख राष्ट्रभाषा का है। स्वतंत्र देश, स्वतंत्र राष्ट्र में एक दृढ़ शासन पद्धति, समस्त राष्ट्र को सुसंगठित और सुव्यवस्थित रखने के लिए उसमें राष्ट्रभाषा का होना अनिवार्य है। राष्ट्र की उन्नति के लिए, जनता में विचारों का आदान-प्रदान होना आवश्यक है। भारत के विभिन्न प्रान्तों की विभिन्न जातियों में तथा धर्मावलम्बियों में राष्ट्रीयता की भावना का संचार तथा प्रचार करने के लिए समस्त देश में सरलतम व्याकरणवाली सुगम और सुबोध व्यावहारिक भाषा होनी चाहिए क्योंकि भाषा द्वारा ही व्यक्ति, समाज तथा राष्ट्र की सभ्यता और संस्कृति का आभास मिलता है। अतएव समस्त राष्ट्र की संस्कृति एवं एकता के लिए भी राष्ट्रभाषा का होना आवश्यक है।

अब प्रश्न उठता है कि भारतवर्ष में अनेक भाषायें बोली जाती हैं। इन भाषाओं में से कौन सी भाषा राष्ट्रभाषा के पद पर विराजमान हो सकती है। इतिहास हमें बताता है कि समय-समय पर जैसे-जैसे परिवर्तन होते रहते हैं वैसे-वैसे हमारी भाषा का रूप भी बदलता रहा है। प्राचीन काल में भारत की भाषा संस्कृत थी। जनता संस्कृत भाषा में ही बोलती तथा विद्याध्ययन करती थी। वैदिक धर्म की उच्च भावनाएं संस्कृत भाषा में ही जनता को प्राप्त हुई हैं। हिन्दी उसी भाषा का परम्परागत प्रसाद है। हमारे देश में हिन्दी का महत्त्व है क्योंकि हिन्दी भाषा सरल एवं शुद्ध है। देश के अधिकांश भागों में बोली जाती है। और इसका भविष्य अधिक व्यापक और उज्ज्वल है। इस भाषा के

द्वारा धार्मिक, सामाजिक, राजनैतिक, वैज्ञानिक तथा साहित्यिक आदि सभी व्यवहार सुगमता एवं सरलता से हो सकते हैं। क्योंकि हिन्दी हमारी सभ्यता तथा संस्कृति का प्रतीक है, हमारी जननी का स्मारक है, हमारे हृदय का प्रतिबिंब है तथा हमारी बुद्धि का वैभव है।

बालिकाओं की शिक्षा

आज के नेता, समाजवादी, शिक्षाशास्त्री, सुधारक और उपदेशक सभी अनुभव कर रहे हैं कि कन्याओं के लिए जो शिक्षा-विधान चल रहा है, वह सर्वथा व्यर्थ और अनुपयुक्त है। क्योंकि आज की शिक्षा पाश्चात्य शिक्षा के आधार पर हो रही है। अभारतीय शिक्षा-शास्त्रियों ने हमारी कन्याओं के लिए जिस पाठयक्रम को निर्धारित किया है, वह उन्हें न तो सद्‌गृहस्थी के योग्य बनाता है और न उन्हें समाज व राष्ट्र की सच्ची सेविका बनाता है। अब हमारे देश में राष्ट्रीय सरकार स्थापित हो गयी है इस कारण घर, समाज, राष्ट्र व देश के उपयुक्त बालक व बालिकाओं के पाठयक्रम का प्रबंध होना चाहिए और शिक्षा का दृष्टिकोण बदलना चाहिए। हमारी शिक्षा की योजना ऐसी होनी चाहिए कि हमारे देश की कन्याएं आदर्श गृहिणियां, वीर माताएं, आदर्श सभ्य-सुसंस्कृत पत्नियां तथा समाज व राष्ट्र की सच्ची सेविका बनें। उनकी शिक्षा का क्रम ऐसा बने कि वे संसार की ज्ञान-विज्ञान, साहित्य-कला आदि से अवगत हों। उनमें कला का पूर्ण विकास हो। साथ ही शिक्षा के बोर्ड में बालिकाओं का पाठयक्रम बनाने के लिए महिला प्रतिनिधियों की संख्या बढ़ा दी जाये जिससे कन्याओं की शिक्षा सुचारु रूप से हो और कन्याएं राष्ट्र के उत्तरदायित्व को स्वयं समझ सकें।

(साभार : जनक दुलारी संग्रह)

बनारसी दास चतुर्वेदी

[निराला, 24 अक्टूबर, 1947 में प्रकाशित संपादकीय]

आज संसार घोर अशांति का केंद्र बना हुआ है। सर्वत्र स्वार्थान्धता का साम्राज्य है, आपाधापी की अन्धाधुन्ध आँधी चल रही है, तास्सुब का तूफ़ान आया हुआ है। सम्प्रदायवाद की सड़ाँयद से जनता का जीवन जर्जर और बड़ा ही विषाक्त बन गया है। रंग-भेद का बोल-बाला है। जात-पांत के भेद-भाव ने ग़जब ढा रखा है। ऊँच-नीच की अभद्र भावना विषमता की विष-बेल बोने के लिए बुरी तरह व्याकुल हो रही है। मत-पंथों की विनाश-कारिणी विकराल ज्वाला ने धर्म के सात्विक सुन्दर स्वरूप को भस्मीभूत कर दिया है। सांस्कृतिक प्रभुता मिटती जाती है। आज का मानव भले ही विद्वान, वीर, व्यापारी, कलाकुशल, कवि, पंडित, सेनानी सही, परन्तु वह मानव नहीं और सब कुछ है अर्थात मनुष्य मनुष्य नहीं है और सब कुछ है। नृशंस पशु या खूँख्वार जानवर जिन कुकृत्यों को कभी नहीं कर पाये, उन्हें आज 'अशरफ-उल-मखलूक़ात' या सर्व-शिरोमणि कहलाने वाला मनुष्य करके दिखला रहा है। मानवता के मनोमोहक पवित्र मंदिर में पशुता-पिशाचिनी का नग्न नृत्य हो रहा है। मनुष्य की पशुता दूर करने के लिये ज्यों-ज्यों विधानों के बंडल या कानूनों के पुलन्दे तैयार होते जाते हैं, त्यों-त्यों वह अपना उग्र रूप और अधम औद्धत्य और भी अधिक उग्रता से दिखाये चली जा रही है। इस समय सबसे बड़ी आवश्यकता हृदय-परिवर्तन द्वारा दृष्टि-कोण बदलने की है। कृत्रिमता को विनष्ट कर वास्तविकता और सद्‌भावना भरने की है। स्वतंत्र भारत के लिए तो इस प्रकार का सुरुचिपूर्ण सच्चा वायुमण्डल अत्यन्त आवश्यक ही नहीं अनिवार्य है।

आज हमारे देश में हमारी सरकार है। सैकड़ों वर्षों के बाद आज यह सौभाग्य प्राप्त हुआ है, जब हम अपना शासन अपने आप कर रहे हैं। अब ब्रिटिश शासन-सत्ता के कुटिल कुचक्र और सफल षड्‌यंत्र की भर्त्सना करते रहने से काम नहीं चल सकता। सारे दोषों का गट्ठर स्वार्थान्ध नौकरशाही के सिर पर पटकने का भी अब अवसर नहीं रहा। अब तो जनता के दोष ही सरकार के दोष और जनता के गुण ही सरकार के गुण हैं। सरकार का बल विक्रम कानूनों का कोष या अस्त्र-शस्त्रों का भंडार नहीं, बल्कि जनता की सद्‌भावना और सहयोग ही उसका बल हैं। 'निराला' का जन्म जनता में

सद्भावना जाग्रत करने और सहयोग की मात्रा बढ़ाने के लिए हो रहा है। वह अपनी प्रत्येक भाव-भंगी और विचार-धारा में मानवता, निष्पक्षता, निर्भयता और यथार्थता को उचित अधिकार देगा। प्रत्येक प्रसंग की मीमांसा मारालिक महिमा को दृष्टि-पथ में रखते हुए, बिल्कुल विशुद्ध भावना से करने-कराने में अपना गौरव समझेगा। 'निराला' का हँसना, रोना, घृणा, प्रेम, आश्चर्य, उत्साह, आवेश, शान्ति इत्यादि सब कुछ जन-जागरण की मंगल-कामना और लोक की भद्र भावना को लक्ष्य में रखकर ही होगा। हिन्दी के हास्य-रस-प्रधान साप्ताहिक पत्रों में 'मतवाला' का बहुत नाम हुआ, 'हिन्दू पंच' की भी काफी तारीफ रही। इन पत्रों के परलोक-प्रयास के पश्चात ऐसा कोई साप्ताहिक नहीं निकला, जिसने हँस-हँस कर देश का रोना सुनाया हो। अथवा हास्य की चसकदार चाशनी में लपेट कर कष्ट कथा की कुटकी फँकाई हो। 'निराला' इसी दिशा में अपना कुछ कर्त्तव्य-पालन करने के लिए आगे पग बढ़ाना चाहता है। इसमें हास्यमय और गम्भीरतायुक्त दोनों प्रकार की सामग्रियों का समावेश रहेगा। हिन्दी संसार के प्राय: सब ही कवि-कोविदों ने अपने कृपा-पूर्ण सहयोग का आदरणीय अभिवचन देकर हमें कृतार्थ किया है। 'निराला' 'कलम के मजदूरों' का पत्र है। उसके लिए निराला प्रेस की व्यवस्था हो चुका है, और उसी में छपकर वह प्रकाशित भी हुआ है। 'निराला' की पूँजी, साहित्यकारों के असीम अनुग्रह, सहृदय पाठकों के सराहनीय सहयोग और 'निराला' परिवार की परिश्रमशीलता के अतिरिक्त कुछ नहीं है। 'निराला' के संबंध में अधिक दृढ़ता और बल से जो बात कही जा सकती है, वह यह है कि 'निराला' पत्र संसार में एकदम 'ईमानदार' रहकर जीवित रहना पसंद करेगा। जिस दिन उसे अपने में विपरीत भावना के कीटाणु कुलबुलाते दिखाई देंगे, उस दिन वह अपनी मृत्यु समझ लेगा और आत्मघात करने में भी किसी प्रकार का संकोच या संदेह न करेगा। परमात्मा हमें बल दे जिससे 'निराला' अपने उद्दिष्ट पथ पर अग्रसर होता हुआ देश, समाज और सबसे बढ़कर मानवता की सेवा करने में समर्थ हो सके।

पाकिस्तान की शव-परीक्षा

भारतवर्ष का विभाजन पाकिस्तान और हिन्दुस्तान में हो गया है और हम जिन्ना साहब की इस गर्वोक्ति को भी समझते हैं कि पाकिस्तान मुस्लिम राष्ट्रों में सबसे बड़ा राष्ट्र है। सवाल बड़े और छोटे का नहीं है। वरन् देखना तो यह है कि क्या पाकिस्तान अपने बल-बूते उन्नति के मार्ग पर अग्रसर हो सकता है। क्या उसमें इतनी क्षमता है कि वह स्वावलंबी बन कर पाकिस्तान के निवासियों का ही नहीं वरन् अपने पड़ोसी राष्ट्रों का हित कर सके, और स्वयं एक बलशाली राष्ट्र बन सके। अभी पिछले दिनों एक समाचार छपा था कि पाकिस्तान के प्रसिद्ध स्थान लाहौर में लगभग चार लाख की रेलवे आमदनी के स्थान में केवल चार हजार आमदनी हुई। और औद्योगीकरण के लिए पाकिस्तान में न लोहा है न कोयला। उपद्रवों के कारण पाकिस्तान के प्रमुख सूबे पश्चिमी पंजाब

में खेती का सफाया हो गया है। उचित शासन के स्थान में घोर अराजकता है। पूर्वी पाकिस्तान में तो हालत यहाँ तक पहुँची है कि पूर्वी बंगाल की खास फसल जूट को बीस रुपए मन का कोई खरीदार नहीं मिल रहा। और पाकिस्तान की सीमा पर निकट ही सैंतीस रुपए मन जूट मिलना दुश्वार हो गया है। आवश्यक वस्तुएँ खरीदने के लिए अधिक दाम देने पड़ते हैं और जिन वस्तुओं से उनकी कुछ आमदनी होती, उनकी क़ीमतें गिर गई हैं। फलस्वरूप किसानों में वहाँ काफी असंतोष है।

जिन्ना साहब को पाकिस्तान की परिस्थिति का कुछ पता है, और इसलिए उन्होंने ब्रिटिश साम्राज्य के सदस्यों से अपील की है कि पाकिस्तान रक्षा के लिए उन्हें कुछ करना चाहिए। हम इस अपील से इस नतीजे पर आते हैं कि जिन्ना साहब की अपील केवल सहायता के लिए नहीं है, वरन् उसमें यह चाल भी निहित है कि पाकिस्तान ब्रिटिश साम्राज्य के अंतर्गत एक उपनिवेश बनने को तैयार है। हिन्दुस्तान तो स्वतंत्र होगा ही और वह कभी यह सहन नहीं करेगा कि वह किसी परराष्ट्र का उपनिवेश हो। ऐसी दशा में स्पष्ट है कि अंग्रेज लोग भारतवर्ष के पूर्ण आज़ाद होने पर–लॉर्ड लुई माउंटबेटन के चले जाने के बाद पाकिस्तान को आगामी महायुद्ध के लिए अपना एक दृढ़ मोर्चा बनाना चाहते हैं। इस प्रकार पाकिस्तान के ब्रिटिश साम्राज्य का एक अंग बन जाने से भारतवर्ष को एक खतरा पैदा हो जायेगा।

औद्योगीकरण बनाम ग्रामोद्योग

हमारा देश आज स्वतंत्र है और इस स्वतंत्रता–प्राप्ति पर हमारी प्रसन्नता स्वाभाविक है। कांग्रेस नेता आज देश के औद्योगीकरण की प्राण–पण से चेष्टा कर रहे हैं। सबसे मज़े की बात तो यह है कि हमारे वे नेता जो पूँजीपतियों के नाश का नारा लगाते थे, वे ही आज उन पूँजीपतियों का स्वागत ही नहीं वरन् आलिंगन कर रहे हैं। सोचना यह है कि इस प्रवृत्ति का फल क्या होगा। फल तो साफ दिखाई दे रहा है और वह यह कि हमारी राष्ट्रीय सरकार की सहायता से पूँजीपति–वर्ग संगठित होगा और वह संगठन संभव होगा विदेशी पूँजीपतियों के सहारे। इसके मानी यह हुए कि देश के आर्थिक जीवन पर ऐसे ही पूँजीपतियों का अधिकार होगा और हमारे देश में पश्चिमी राष्ट्रों के समान एक नए प्रकार की तानाशाही जनम लेगी। ऐसी दशा में जनता के राज्य और स्वराज की कल्पना स्वप्न मात्र रहेगी। विदेशी शासन के स्थान में होगा स्वदेशी शासन। और गोरी नौकरशाही के स्थान में काली या भूरी नौकरीशाही के स्थापित होने की पूरी आशंका है। यदि हमारे इस दृष्टिकोण से लोग सहमत हैं तो हमारा आग्रह है कि वह स्वतंत्रता के चौराहे पर आकर स्वदेशी नौकरशाही की स्थापना का ख़्याल छोड़कर अपने राज्य–स्वराज की स्थापना में योग दें और यह तभी सम्भव है जब हम ग्रामोद्योगों को बढ़ाएं और केन्द्रीय सरकार के हाथ में अपनी सब शक्ति सौंप दें। कपड़े, तेल या खली के लिए हम परमिटों के पीछे न पड़ें और इन आवश्यक वस्तुओं को गांव में ही

तैयार करें ताकि हम बड़े-बड़े कारखानों की विभीषिका से बच सकेंऔर दूषित पूंजीवाद के शिकंजे में न फँस सकें। आशंका इस बात की है कि कहीं हम लोहे की जंजीरों को काट कर सोने की बेड़ियां अपने पैरों में न डाल लें। हमारा आग्रह है कि पाठक इस बात पर भली-भाँति विचार करें कि आवश्यक वस्तुओं का उत्पादन यदि उद्योगवादी ढंग से किया गया तो देश के सम्पूर्ण आर्थिक जीवन पर पूंजीपतियों का अधिकार हो जायेगा। यदि देश में जनता का राज कायम करना है तो उत्पादन के वे ही ढंग होने चाहिए जिनके संचालन में जनता का हाथ हो और वह तभी संभव है जब आवश्यक वस्तुओं का उत्पादन चर्खे और ग्रामोद्योग द्वारा हो।

निवेदन

'निराला' का प्रथम अंक पाठकों के हाथ में है। यह पहला ही अंक है। पूरा प्रयत्न किया जायेगा कि वह उत्तरोत्तर उन्नति-पथ पर अग्रसर हो। शिष्ट हास्य की पर्याप्त सामग्री देने की व्यवस्था की गई है। 'निराला' के सब सम्पादक अनुभवी और सिद्धहस्त हैं, उनके कारण उसे हिन्दी के सभी साहित्यकारों का सहयोग प्राप्त रहेगा। ऐसी दशा में पाठकों को इस बात का दृढ़ विश्वास दिलाया जा सकता है कि 'निराला' का रूप मनोरंजन तथा सच्ची लोक-सेवा का सुन्दर साधन सिद्ध होगा। पूर्ण आशा है कि सहृदय साहित्य-समाज इसे अपना आशीर्वाद देगा और प्रेमी पाठक प्रेम पूर्वक अपनाएंगे।

व्यवस्थापक

(साभार : जनक दुलारी संग्रह)

रामविलास शर्मा

[दृष्टिकोण, 1948 में प्रकाशित लेख 'हिन्दी समालोचना का उत्तरदायित्व']

बुद्धि का भरोसा न करके साहित्य निर्माण का सारा बोझ मन की उमंग पर डाल दें तो आलोचना का उत्तरदायित्व बहुत कम हो जाय। मन की उमंग तो आलोचकों में भी होती है लेकिन इस उमंग को अक्ल का दुश्मन नहीं कहा जा सकता। तर्क और बुद्धि के विपरीत 'समालोचना' की कल्पना नहीं कही जा सकती। उसका आधार मन की उमंग के साथ तर्क और बुद्धि भी है। इसीलिए उसके उत्तरदायित्व की बात कहने का भी साहस होता है।

अभी तक हिन्दी आलोचना बहुत कुछ विश्वविद्यालयों की परिधि में बन्द रही है। विश्वविद्यालयों के अध्यापक अच्छे आलोचक ही नहीं होते, उनकी लिखी हुई समालोचना विद्यार्थियों के सफलता पाने का एक साधन भी होती है। इसी से मिलती-जुलती साहित्य-सम्मेलन की परीक्षाओं के लिए लिखी हुई समालोचना है। इसकी रूपरेखा का निर्णय एक हद तक प्रश्न-पत्र कर देते हैं। परीक्षक जिस तरह के अनगढ़ प्रश्न पूछते हैं, उन्हीं के अनुकूल अनगढ़ आलोचना भी विद्यार्थियों के लिए सफल समालोचना समझी जाती है। किसी लेखक-विशेष पर बहुत सी पुस्तकें निकलने का रहस्य भी यही है कि उसकी पुस्तकें प्रकाशकों के अध्यवसाय के कारण पाठ्यक्रम में अनिवार्य कर दी गई हैं। विद्यार्थियों के पाठ्यक्रम और समालोचना का यह संबंध ऐसा अवांछनीय भी नहीं है कि उसे तोड़ने की मांग की जाय। आवश्यकता इस बात की है कि पाठयक्रम में इस तरह परिवर्तन किया जाय कि विद्यार्थियों का प्रकाशकों की सुविधा के प्रतिकूल भी-अपने साहित्य का समुचित ज्ञान हो सके।

विश्वविद्यालयों से संबंध रखनेवाली अधिकांश आलोचना-जिसे हम ऐकेडेमिक कहते हैं-निष्प्राण और पुराणपंथी मालूम होती है, तो इसका कारण उसके रचयिताओं का पिछड़ा हुआ दृष्टिकोण है। उन्होंने देश और समाज के संघर्ष के संदर्भ में आलोचना-साहित्य को नहीं देखा या देखा है तो उसे इस संदर्भ से अलग रखने की कोशिश की है। ऐकेडेमिक आलोचना का मतलब ही यह समझा जाता है कि वह सामाजिक जीवन की समस्याओं से परे हो। जिस तरह कहानी, उपन्यास, कविता या साहित्य का दूसरा कोई

अंग समाज के संघर्ष से अलग रह कर पनप और फल-फूल नहीं सकता, उसी तरह आलोचना भी कुछ गिने-चुने साहित्यमर्मज्ञों और कला विवेचकों के वाग्विलास की वस्तु रह कर पनप और फल-फूल नहीं सकती। आलोचकों के सौभाग्य या दुर्भाग्य से देश में ऐसे वर्ग का भी जन्म हो गया है जो साहित्य को अपनी निधि भी समझता है। साक्षरता-प्रसार के साथ-साथ यह वर्ग बड़ी तेजी से विस्तार पाएगा, इसमें कोई संदेह नहीं। अगले 10 वर्षों में हिन्दी साहित्य के पाठकों की संख्या हजारों गुना बढ़नेवाली है। हमारे साहित्य के ये करोड़ों नये पाठक साहित्य के ऊपर व्यापक प्रभाव न डालेंगे, यह कौन कह सकता है? निश्चित है कि इस प्रभात से हिन्दी समालोचना का रूप भी बदलेगा।

दस साल बाद हिन्दी आलोचना का क्या रूप होगा, इसके बारे में हमें संकल्प-विकल्प नहीं करना है। देखना यह है कि सामाजिक विकास के इस संदर्भ में आज हमें किस प्रकार श्रीगणेश करना है।

एक बात आरंभ में ही स्पष्ट कर देनी चाहिये कि आलोचना या साहित्य का अन्य कोई अंग अपने से पूर्व की रचनाओं का ध्यान रखे बिना सम्यक् रूप से विकास नहीं कर सकता। साहित्य का पौधा वर्तमान की धरती पर उगता है लेकिन उसकी जड़ें अतीत के गर्भ में फैली होती हैं। इसलिए हम नये समालोचना-साहित्य की सृष्टि करते समय लक्षण-ग्रन्थों, टीकाओं, पुरानी परिपाटी और परंपराओं की अवहेलना नहीं कर सकते। रीतिकालीन समालोचना का आधार कवि के वाग्वैचित्र्य का निदर्शन है। जिस प्रकार उस समय के कवि काव्य की पराकाष्ठा उक्ति-चातुरी में मानते थे, उसी प्रकार उस समय के आलोचक भी-जो बहुधा कवि भी होते थे-उक्ति-चातुरी के निदर्शन को ही आलोचना की पराकाष्ठा मानते थे। फिर भी उन्होंने टीका लिखने की जो परिपाटी चलाई थी, उसका उपयोग हम पिछले दस वर्षों के साहित्य-विशेष रूप से छायावादी कविता के बुझाने के लिए कर सकते हैं। इस परिपाटी में यदि अंग्रेजी साहित्य की टीका-परंपरा को जोड़ दें तो नये-पुराने दोनों ही तरह के कठिन ग्रन्थों को समझने में सहायता मिलेगी। उदाहरण के लिए रामचरितमानस का एक ऐसा संस्करण निकलना चाहिए जिसमें टीका के साथ-साथ यह भी बताया जाय कि पहले के टीकाकारों का क्या क्या मत रहा है, विशेष पंक्तियों के पाठान्तर कौन-कौन से हैं, संस्कृत ग्रन्थों से कहाँ-कहाँ पर गोस्वामी जी ने भाव लिये हैं, इत्यादि। छायावादी कवियों की रचनाओं के ऐसे भरे-पूरे संस्करण तो और भी सफलता से निकाले जा सकते हैं।

इसी प्रकार लक्षण-ग्रन्थों को भी साहित्यिक कलाबाजी के नाम पर इकबारगी टाला नहीं जा सकता। निस्संदेह इन ग्रन्थों में साहित्य को उसके भेदों-उपभेदों में जकड़ दिया गया है, फिर भी उस विश्लेषण के आधार पर अथवा उससे प्रेरणा लेकर हम साहित्य के मूल्यांकन के नये मापदंड स्थापित कर सकते हैं। उदाहरण के लिए रस-सिद्धांत एक बहुत ही भरा-पूरा और विस्तार पाया हुआ सिद्धांत है। उसके आध्यात्मिक रूपक को हटाने के बाद उसमें बहुत सा सार, तत्व बच रहता है जो आधुनिक समालोचना

के लिए महत्त्वपूर्ण होगा। कुछ लोग रस-सिद्धांत और नायिका-भेद को कथित मनोविज्ञान की कसौटी पर परख कर उसे साहित्य-शास्त्र का इत्यलम् मान बैठते हैं। ऐसा करने से पहले इन लोगों को यह सिद्ध करके दिखा देना चाहिए कि उनका कथित मनोविज्ञान कहाँ तक वैज्ञानिक है।

प्राचीन समालोचना साहित्य की निधि को बटोरते हुए संत कवियों की देन को भी न भूल जाना चाहिए। इन्होंने लक्षण-ग्रंथ भले न लिखे हों, परंतु मध्यकालीन आलोचना-साहित्य को इनकी देन शायद सबसे महान है। उस समय के साहित्य में विवाद के कौन-से प्रश्न थे, इस बात को ध्यान में रखें तो उनकी अनेक उक्तियों की व्यंजना स्पष्ट हो जाय। उदाहरण के लिए उस समय भी कट्टरपंथियों का एक ऐसा दल था जो जनसाधारण की भाषाओं को हेय समझता था और इस बात का दावा करता था कि श्रेष्ठ साहित्य की रचना संस्कृत में ही हो सकती है। इसी वर्ग को लक्ष्य करके गोस्वामी तुलसीदास ने बार-बार अपने भदेसपन का उल्लेख किया है और चुनौती के स्वर में कह डाला है-

का भाषा का संस्कृत, प्रेम चाहिए साँच।
काम जु आवै कामरी, का लै करै कुमाँच॥

इसी प्रकार प्रबंध काव्य कैसा हो, छन्द-सौंदर्य किस कोटि का हो, काव्य का विषय क्या होना चाहिए-इत्यादि प्रश्नों पर गोस्वामी जी ने बड़ी स्पष्टता से अपने विचार प्रकट किये हैं। इनसे हमें मध्यकालीन साहित्य के अंतर्विरोधों को समझने में सहायता मिलती है।

हिन्दी के समालोचक पुराने साहित्य का मूल्यांकन तो करेंगे ही, उसके पहले यह और भी आवश्यक है कि वे पुरानी साहित्यिक मान्यताओं का मूल्यांकन कर डालें।

हिन्दी के पुराने साहित्य पर आलोचनात्मक ग्रन्थों की कमी नहीं है, परन्तु क्या हम कह सकते हैं, कि इनसे उस साहित्य का समुचित मूल्यांकन हो जाता है? इन ग्रन्थों ने एक हद तक नये मूल्यांकन की भूमि तैयार कर दी है, फिर भी उनमें जो कमी है उसका कारण एक सही दृष्टिकोण का अभाव है। उदाहरण के लिए जब हम सूरदास की काव्य-वस्तु और उनकी कला को परखते हैं तो बहुधा यह भूल जाते हैं कि ये दोनों ही एक सांस्कृतिक प्रवाह का अंग हैं। हम उन्हें जड़ मानकर आलोचना की खुर्दबीन के नीचे रखकर परखते हैं। समाज के समान साहित्य भी गतिमूलक है और हम उसके प्रवाह को अगतिमूलक, जड़ अथवा अनैतिहासिक दृष्टिकोण से नहीं परख सकते। ऐतिहासिक दृष्टिकोण का यह मतलब नहीं है कि हम हर पुराने लेखक को यह फतवा दें कि कल तक वह प्रगतिशील था, आज नहीं रहा। ऐतिहासिक दृष्टिकोण साहित्य के चिरंतन सौंदर्य से हमें परिचित कराने में सहायक होता है। रीतिकालीन साहित्य की पृष्ठभूमि समझने पर मीरा के गीतात्मक पदों का महत्त्व कम होने के बदले और भी निखर उठता है। भाव और रूप दोनों को ही हृदयंगम करने में ऐतिहासिक

दृष्टिकोण से सहायता मिलती है। इसके बिना अपनी सांस्कृतिक परंपराओं को वैज्ञानिक रूप से हम दूसरे देशों के सामने प्रस्तुत नहीं कर सकते।

पुराने साहित्य का मूल्यांकन जब परीक्षाओं में सफलता पाने के लिए या अपनी ज्ञान-गंभीरता दिखाने मात्र के लिये न होगा, तब समालोचक आज के साहित्य से भी उसकी कड़ी जोड़ेंगे। इसका यह मतलब नहीं है कि वर्तमान साहित्य की आवश्यकताओं के अनुसार पिछले साहित्य को तोड़ा-मरोड़ा जाय। उद्देश्य यह है कि पुराने साहित्य के अंतर्विरोधों को भी हम समझें और उसके जो रचनात्मक तत्व हैं, उन्हें अपने नये साहित्य में विकसित करें। ब्रजभाषा के साहित्य से शब्दों के प्रयोग के बारे में हम बहुत सी बातें सीख सकते हैं। एक ओर तो इस साहित्य में देशज और तद्भव शब्दों को बड़ी खूबी से अपनाया गया है, दूसरी ओर जहाँ-तहाँ उक्ति-चातुरी के फेर में शब्दों के साथ खिलवाड़ भी किया गया है। यह एक अंतर्विरोध है जिसे नये समालोचकों को स्पष्ट करना चाहिए, नहीं तो नई पीढ़ी के पाठक या तो सभी प्राचीन काव्य-रूपों के अंध-उपासक बन जायेंगे-या उनसे वैसे ही अंधघृणा करने लगेंगे।

यह कहने की आवश्यकता नहीं कि रूप मात्र का विवेचन हमें अभीष्ट नहीं हो सकता। साहित्यकार जिस भाव-समुद्र में डूबकर अनूठे मोती निकालता है, समालोचक 'कला कला के लिए' कहकर उस समुद्र से तटस्थ नहीं रह सकता। प्रत्येक महान साहित्यकार अपनी काव्य-वस्तु से उदासीन होने के बदले उससे यहाँ तक तन्मय होता है कि वह उसके जीवन का एक अंग बन जाती है। इस तन्मयता के बिना, काव्यरूप की उपासना के बल पर ही, आजतक किसी साहित्यकार को सिद्धि नहीं मिली। इसलिए यह आवश्यक है कि हम साहित्य का मूल्यांकन सामाजिक संघर्ष की पृष्ठभूमि में भी करें। यह आक्षेप कि इस तरह हम साहित्य की साहित्यता कम कर देते हैं और उस पर राजनीति आदि इतर-विषय लाद देते हैं, भ्रामक हैं। परंतु निश्चय ही साहित्य की कसौटी राजनीति की कसौटी नहीं है; परन्तु क्या इससे साहित्यकार अपने सामाजिक और राजनीतिक उत्तरदायित्व से बरी हो जाता है। साहित्य-रचना एक सामाजिक क्रिया है जो मनुष्य के मन पर अपना प्रभाव छोड़ती है और इन संस्कारों द्वारा उसके कार्यों को बांध लेती है। यदि मनुष्य के सामाजिक कर्म पर साहित्य का प्रभाव न पड़े तो समालोचक का कार्य बहुत सरल हो जाय, यद्यपि इसके साथ ही साहित्यकार का दर्जा भी घटकर बहुत छोटा हो जायेगा।

आलोचक सामयिक साहित्य के सामाजिक महत्त्व की ही ओर इंगित नहीं करता, उसे इस बात का भी अधिकार है कि वह साहित्य-रचना के लिए पथ-निर्देश करे। मन की उमंग की बात सही है; बिना उमंग के पथ-निर्देश करने पर भी साहित्यकार सफल रचना न कर पायेगा। परन्तु उमंग के नाम पर साहित्यकार और समालोचक दोनों ही समाज के प्रति अपने उत्तरदायित्व को नहीं भुला सकते। साहित्यकार को छूट है कि वह रेगिस्तान पर कविता लिखे या पहाड़ों की उपत्यका पर लेकिन यदि समालोचक

उसका ध्यान पहाड़ों की उपत्यका की ओर भी आकर्षित करता है तो इतने से ही वह अपराधी नहीं हो जाता। ऐसा भी होता है कि समाज की किन्हीं विशेष परिस्थितियों की ओर से अचेत रहने पर आवश्यक उमंग मन में पैदा ही नहीं होती। समालोचक का अधिकार है कि वह सचेत करके इस उमंग को पैदा करने में सहायक हो। उदाहरण क लिए बंगाल का अकाल या पंजाब का हत्याकांड ऐसी परिस्थितयाँ हैं जिनका हमारी संस्कृति और सामाजिक जीवन पर गहरा प्रभाव पड़ा है। यदि कोई आलेचक इस बात की मांग करता है कि इनकी ओर सचेत होकर साहित्यकार अपनी प्रतिक्रिया लिखे तो उसकी मांग अनधिकार-पूर्ण नहीं कही जा सकती।

आज की परिस्थिति में समालोचक का उत्तरदायित्व पहले की अपेक्षा बहुत बढ़ गया है। उसके कंधों पर भार है कि वह अपने साहित्य और संस्कृति की उदार और जन-हितैषी परंपराओं की रक्षा करे। जो लोग साहित्य को ठेल कर बर्बरता के युग में ले जाना चाहते है, घृणा और हत्या के भाव उकसाने के लिए उसे एक साधन बनाना चाहते हैं और इस प्रकार अप्रत्यक्ष रूप से शोषक वर्ग के स्वार्थों की रक्षा करना चाहते हैं, उनका विरोध करना प्रत्येक साहित्यकार और विशेष रूप से प्रत्येक समालेचक का कर्त्तव्य है। यह उत्तरदायित्व समालोचकों पर है कि वे देश के नये जनजागरण को वास्तविक जागरण बनायें। साक्षर होने वाली नवीन जनता को उसकी सांस्कृतिक निधि से उन्हें परिचित कराना है। जो नया साहित्य दिन-प्रतिदिन रचा जाता है, उस तक जनता को लाना और जनता में सुसंस्कृत रुचि और ज्ञान के विस्तार करने का भार भी समालोचकों पर है। इसके लिए यह अत्यंत आवश्यक है कि समालोचक जनता के साथ-साथ अपनी शिक्षा का भी ध्यान रखें। उनके लिए आवश्यक है कि वे अपने देश के ही नहीं, विदेश के भी भिन्न-भिन्न साहित्यों, विशेषकर समालोचना-साहित्यों से परिचय प्राप्त करें। उनका अनुवाद करना और उन पर निबंध लिखकर अपनी और दूसरों की जानकारी बढ़ाना, उनका बहुत ही महत्त्वपूर्ण तात्कालिक कर्त्तव्य है। साम्राज्यवादी शासन में हम अंग्रेजी समीक्षा से बंध गये थे और समीक्षा में बहुधा वही चीजें देखते थे जो अंग्रेजी विश्वविद्यालयों के प्रोफेसर हमें दिखाना चाहते थे। अब समय आ गया है कि हम पूर्व और पश्चिम की विचारधाराओं का समुचित अध्ययन करें और अपने साहित्य में ऐसी मान्यतायें स्थापित करें जो साहित्य के भाव और रूप दोनों के लिए ही कल्याणकारी हो।

हिन्दी समालोचकों पर बहुत बड़ा उत्तरदायित्व है और कोई एक आदमी अकेले ही उसे निभा भी नहीं सकता। परन्तु यदि सभी लोग एक लक्ष्य से सहमत होकर मिलजुलकर प्रयास करें तो कोई कारण नहीं कि भारतीय साहित्य में हिन्दी के समालोचना साहित्य को भी अन्यतम स्थान प्राप्त न हो।

(साभार : जनक दुलारी संग्रह)

माता सेवक पाठक

[दैनिक विश्वामित्र (कलकत्ता), 17 मई, 1948 में प्रकाशित संपादकीय 'जादू इसे कहते हैं']

इलाहाबाद के क्रिश्चियन कालेज के प्रिंसिपल किसी समय डा. ईर्विंग नामक अमरीकन पादरी थे। वे अपने धर्मोपदेश में जादू की व्याख्या करते हुए उसे जादूगर के हाथ की सफाई से भिन्न और कुछ नहीं कहते थे और उसकी परिभाषा वे किया करते थे कि जिसे देख कर आश्चर्यचकित हो जाना पड़े और जो अपनी समझ में नहीं आये, वही जादू है। हमारी समझ से फिलस्तीन के यहूदी राज्य के सम्बन्ध में जो कुछ हुआ है, वह एक जादू से कम नहीं है। ब्रिटेन के एक भूतपूर्व परराष्ट्र मंत्री मि. बालफोर ने यहूदियों के लिये वहां पर एक राष्ट्रीय देश देने का वादा किया था और साथ ही अरबों को स्वतंत्रता देने का वादा भी किया गया था। तभी से यहूदियों ने उसका अर्थ स्वतन्त्र यहूदी राज्य लगा रखा था और अब उन्होंने इसरायल नाम से उसकी स्थापना कर भी ली है। प्रथम विश्वव्यापी युद्ध में तुर्की ने जर्मनी के साथ मिलकर ब्रिटेन और उसके मित्र राष्ट्रों से लड़ाई की थी और लार्ड अलेनबी ने 1917 ई0 में फिलस्तीन को उस तुर्की शासन से स्वतन्त्र किया था, जो चार सौ वर्षों से वहां स्थापित था। इतिहास से प्रकट है कि पहले इस देश पर यहूदियों का बोलबाला भी शताब्दियों तक रह चुका था इसलिये अरबों और यहूदियों के दावे एकदम नहीं उड़ाये जा सकते। परन्तु अरब तो अपनी स्वतन्त्रता का दावा अपनी बहुसंख्या के आधार पर करते हैं, इसलिये वे अल्पसंख्यक यहूदियों का स्वतन्त्र राज्य का दावा स्वीकार करने को किसी तरह तैयार नहीं हैं। संयुक्त राष्ट्र संघ की असेम्बली ने तो फिलस्तीन को अरब और यहूदी दो स्वतंत्र राज्यों में विभक्त करने का निश्चय कर लिया था, किन्तु अरब राज्यों की ओर से घोर विरोध होने से उसको कार्यान्वित करने का विचार पीछे त्याग दिया गया और जिस तरह विभाजन का सबसे बड़ा समर्थक अमरीका हाल में समर्थन से हाथ खींचता देखा गया, उससे सारे संसार को भारी आश्चर्य हुआ था। अब इसरायल की स्थापना के कुछ ही घंटों के भीतर उसी अमरीका ने उसे जिस तरह स्वीकार कर लिया है, यह तो किसी भारी जादूगर का ही काम हो सकता है। अमरीका के राष्ट्रपति ट्रूमैन ने नये यहूदी राज्य इसरायल की अस्थायी सरकार को भी स्वीकार कर लिया है। ग्वाटीमाला

राज्य ने भी इस यहूदी राज्य को स्वीकार कर लिया है और खबर तो यह भी आयी थी कि स्वीडेन और न्यूजीलैंड ने भी नये राज्यों को स्वीकार कर लिया है, किन्तु पीछे स्वीडेन की ओर से उसका खंडन हो गया है। मालूम हुआ है कि पोलैंड के राष्ट्रसंघ के प्रतिनिधि ने यह तो कहा है कि हमारी सरकार भी शीघ्र ही इसरायल राज्य को स्वीकार कर लेगी, लेकिन अभी सरकारी तौर पर घोषणा इसकी नहीं हुई है। सोवियत रूस तो आरम्भ से अब तक बराबर ही विभाजन के पक्ष में रहा है, इसलिये उससे आशा तो यही की जाती थी कि इसरायल को स्वीकार करने में कदाचित् वही सर्वप्रथम रहेगा और कहा भी जाता है कि रूस से एक कदम आगे रहने के विचार से ही अमरीका ने इतनी जल्दी इसराइल को स्वीकार किया है। परन्तु इन पंक्तियों को लिखते समय तक रूस का विचार कुछ भी नहीं मालूम हो सका है। जब से अमरीका ने विभाजन से अपना समर्थन लौटाया था, अमरीकी राष्ट्रपति के निर्वाचन के क्षेत्र में रा. ट्रूमैन की डेमोक्रेटिक पार्टी को कुछ धक्का पहुंचा था। इसीसे अब इस कार्रवाई द्वारा वहां खोया हुआ प्रभाव फिर से प्राप्त करने का प्रयत्न किया गया है। अमरीका की इस कार्रवाई के कारण चाहे जो हों, परन्तु जादू का चमत्कार तो संसार के सामने ही है।

यदि अमरीका ने राष्ट्रसंघ की असेम्बली के विभाजन वाले निश्चय से अपना समर्थन न लौटाया होता, तो उसे कार्य रूप देने के लिए कोई अन्तर्राष्ट्रीय सेना सुरक्षा कौंसिल को फिलस्तीन में भेजनी पड़ती। किसी ऐसी सेना में रूस के सैनिकों का भी रहना निश्चित होता और यही ब्रिटेन और अमरीका किसी भी अवस्था में नहीं चाहते। इसलिये जो मार्ग अमरीका द्वारा ग्रहण किया गया, वह स्पष्ट ही इस उद्देश्य से है कि सांप भी मर जाये और लाठी भी न टूटे। मध्यपूर्व में रूसी सेना का पदार्पण भी न हो और यहूदी राज्य भी बन जाये। परन्तु नये राज्य की स्थापना होने के साथ ही उत्तर, पूर्व और दक्षिण-तीन दिशाओं से फिलस्तीन पर अरबों की चढ़ाई हो गयी है। लन्दन के अरब आफिस ने ब्रिटेन को ऐसी अवस्था बनाने का अपराधी बताया है, जिसके भीतर अरबों और यहूदियों का संघातिक संग्राम अनिवार्य हुआ है। और तो और, भूतपूर्व भारत-सचिव मि. एमरी ने भी ब्रिटेन का यह भारी अपराध कहा है कि उसने फिलस्तीन को गृह-युद्ध में फंसा दिया है। सच है-'जहं जहं चरन पड़े संतन के तहं तहं बंटाढार करें।' अब तक मिस्र, ट्रांस-जोर्डन, सीरिया, लेबनान और इराक की सेनाओं ने विभिन्न दिशाओं से फिलस्तीन पर आक्रमण किये हैं और इनके विरुद्ध नये यहूदी राज्य 'इसरायल' को जीवन-मरण के संग्राम में प्रवृत्त होना पड़ रहा है। यदि अमरीका और रूस के प्रभाव एक ही दिशा में लगें, तब तो फिलस्तीन की लड़ाई के उसके बाहर भी फैलने का कोई तात्कालिक खतरा नहीं दिखाई देता। वैसे आज अवस्था यह है कि जहां धनकुबेर यहूदियों के पक्ष में अमरीका जैसा सम्पत्तिशाली देश तो है ही, उसके अन्य कई साथी भी हैं और सोवियत रूस के साथ ही उसके गुट के अन्य राज्यों की भी हार्दिक सहानुभूति और समर्थन है, वहां आक्रमणकारी अरब राज्यों के समर्थन पर कोई

भारी शक्ति नहीं दिखाई पड़ती है। इस तरह फिलस्तीन की इस लड़ाई का अन्त यदि शीघ्र नहीं हुआ तो अरब लोग अपने मजहबी जोश के पीछे बर्बाद हो जायेंगे और देखने में यह आ सकता है कि यहूदी अपने महान् धनबल से अपने राज्य को बचा ले गये। कोढ़ में खाज की भांति यदि अरब राज्यों में फूट पैदा हो गयी, तब तो उनकी जैसी बर्बादी हो सकती है, उसकी कोई कल्पना भी नहीं की जा सकती है।

जमीन का मालिक कौन

मालूम हुआ है कि संयुक्त प्रांत की सरकार भी अपने प्रांत से जमींदारी का अन्त करने के लिये शीघ्र-से-शीघ्र कानून बना लेना चाहती है। उसके सम्बन्ध में जो कमेटी बनायी गयी थी, उसकी बैठक 8 जून को लखनऊ में होगी, तब जमींदारी का अन्त करने के लिये अन्तिम प्रस्ताव तैयार किये जायेंगे। उसके बाद जुलाई के अन्त में अथवा अगस्त के आरम्भ में प्रांतीय असेम्बली में प्रस्तावित कानून का मसविदा पेश होगा। कहते हैं कि अन्य सारी बातों पर तो फैसला किया जा चुका है पर जमींदारी का अंत करने वाली कमेटी अभी तक इसका निश्चय नहीं कर पाई है कि जमींदारी का अन्त कर दिये जाने पर जमीन का मालिक कौन हो–किसान ही अपनी जमीन के मालिक माने जायें अथवा राज्य। 'कृष्णा: पृथ्विपति:' की उक्ति प्रसिद्ध है। किसानों का दावा सदा से यही रहा है कि जो भूमि को जोतता-बोता है, वही उसका मालिक है। परन्तु जमींदारी का अन्त करने के पश्चात् स्वयं राज्य को ही भूमि का मालिक होना चाहिए, इसके समर्थक भी कितने ही लोग हैं। ये कहते हैं कि जब जमींदारों को मावजा (क्षतिपूर्ति) की रकम राज्य के सरकारी खजाने से चुकायी जायेगी, तब जिस चीज–जमीन के लिये वह चुकायी जायेगी, वह राज्य की ही होनी चाहिए। परन्तु साधारण विवेक तो यही कहता है कि जमींदारी का अन्त कर जमीन के मालिक किसान ही बना दिये जायें, जिनके अधिकार में वह हो। जब तक ऐसा नहीं होगा किसानों की शिकायतों का अन्त नहीं होगा। अब तक जमींदारों के विरुद्ध उनकी शिकायत रही तो उनका स्थान लेने पर राज्य के विरुद्ध होगी। इसलिये राज्य को तो अपने राजस्व से ही प्रयोजन होना चाहिये और जमीन के मालिक किसानों को ही बना देने से झगड़े का अन्त वास्तव में होगा।

बाबूराव विष्णु पराड़कर

[आज (बनारस), 1 अक्टूबर, 1948 में प्रकाशित संपादकीय 'समाजवादी का स्वप्न']

डाक्टर राममनोहर लोहिया ने अगले दस वर्ष में समाजवादी राज्य में क्या सुधार करेंगे, इसका परिचय दिया है। आपके व्यक्तव्य का केवल सारांश हमें तार से मिला है और उसी के भरोसे हम कार्यक्रम की टीका नहीं कर सकते। इसमें अन्याय होने का डर है, डाक्टर लोहिया के साथ या अपने साथ। फिर भी चुप रह जाना सम्भव नहीं है अतएव केवल व्यापक सिद्धान्त के सम्बन्ध में हम कुछ कहेंगे। समाजवाद का सिद्धान्त तो अब बहुत बड़े अमीरों और उद्योगपतियों के सिवा प्राय: सभी मानते हैं। प्राकृतिक सम्पत्ति का उपयोग केवल कतिपय धनियों के लाभार्थ न किया जाना चाहिये। यह बात कम से कम सिद्धान्तत: किसी को अमान्य नहीं है। पर प्रश्न यह है कि उस सम्पत्ति को भूगर्भ से अथवा अन्यत्र से निकाल कर जनता के काम में लाना क्या पूंजीपति और व्यक्ति के परिश्रम, अध्यवसाय तथा योग्यता के बिना संभव हो सकता है? हमें इसमें सन्देह है। किसी देश में जहाँ उद्योग-धन्धे पनप चुके हैं तथा जनता इतनी शिक्षित हो गयी है कि वह स्वेच्छा से समूह के हितार्थ परिश्रम करे न कि केवल स्वार्थ के लिए, अथवा सरकार वा समाजवादी दल का नैतिक और शास्त्रीय बल इतना बढ़ गया है कि वह जनता से अपने मन की करा ले सके, वहां समाजवाद के सिद्धान्तनुसार काम करना सम्भव हो सकता है अथवा है। सबके ऊपर एक बात तो है ही। जब सबकी बुद्धि, कार्यशक्ति और रुचि एक-सी नहीं होती तो सबकी आर्थिक वा सामाजिक दशा एक-सी कैसे होगी? रूस में ही क्या स्टालिन और मोलोटोव तथा प्रसिद्ध सेनापतियों की आर्थिक दशा ठीक वैसी ही है जैसी जूते के कारखाने में शारीरिक परिश्रम करने वाले मनुष्य की? इसीलिए महात्मा गांधी ने धनियों का उच्छेद अच्छा न समझकर उन्हें गरीबों का ट्रस्टी बनाना चाहा था। आप भी सबको सुखी देखना चाहते थे पर सबको समान करने की भूल नहीं करते थे। अब डाक्टर लोहिया के स्वप्न अथवा कल्पना पर विचार किया जाय। आप कहते हैं कि यदि राज्यसूत्र समाजवादियों के हाथ में आ जायं तो वे अगले दस वर्ष में इतने काम कर दिखावेंगे-जमींदारी प्रथा उठा दी जायगी और हर एक किसान को कम से कम 20 बीघा जमीन और एक गाय मिले इसकी व्यवस्था

की जायगी। सारी परती जमीन काम में लायी जायगी और गांव वालों का हक पूरा कर दिया जायगा। पहले इसी पर विचार करना चाहिये। जमींदारी प्रथा उठा देने को कांग्रेस भी कृतप्रतिज्ञ है अत: यह समाजवादी पार्टी की विशेषता नहीं है तथा इसीलिए इस प्रसंग में विचारणीय भी नहीं। जो घोषणा कांग्रेस पहले कर चुकी है वही समाजवादी आज कर रहे है। अत: राज्यनीति की दृष्टि से इसमें विशेषता कुछ भी नहीं है। हां, कार्य का प्रश्न है। कहा जा सकता है और कांग्रेस के विरोधी कहते भी हैं कि कांग्रेस ने प्रतिज्ञा तो की है पर अब टाल-मटोल कर रही है। वस्तुत: वह टाल-मटोल नहीं कर रही है। पर उस काम के मार्ग की कठिनाइयां उसे आगे बढ़ने नहीं दे रही हैं। बिहार की व्यवस्थापक सभा ने जमींदारी उठा देने का कानून तो बना दिया पर उससे उत्पन्न होने वाले आर्थिक संकट की कल्पना करके गवर्नर-जनरल उस पर हस्ताक्षर करने से इतस्तत: कर रहे हैं। भारत सरकार ने अभी इस सम्बन्ध में प्रादेशिक सरकारों को जो आदेश दिये हैं उनसे उसके सन्देह तथा भय का भी पता चलता है। (सुनते हैं कि हमारे प्रांत के प्रधान मंत्री श्री गोविन्द बल्लभ पन्त समझते हैं कि केन्द्रीय सरकार से धन मांगे बिना हम यह काम केवल करों से कर लेगें। पर इसके सम्बन्ध में अभी कोई बात प्रकाशित नहीं हुई है।) कहना सहज और करना कठिन होता है। फिर हमारी समझ में यह बात नहीं आती कि जमीन का मालिक व्यक्ति न होकर सरकार वा समाज हो तो उससे किसान का क्या काम होगा। यदि प्रत्येक किसान के पास 20 बीघा जमीन रहना आवश्यक कर दिया जायगा तो इतनी जमीन वह न बेच सकेगा और संकट के समय उसे उस पर ऋण ही मिलेगा। क्या वह किसान को मंजूर होगा? जमीन के बंटवारे का प्रश्न भी सहज नहीं है। सबको बीस-बीस बीघा दे देने से ही सबकी अवस्था एक-सी न होगी और न सब समान-रूपेण सुखी होंगे। जमीन भी तो अच्छी-बुरी होती है। कहीं बीस बीघे में जितना उत्पन्न होता है अन्यत्र उतना सौ में भी नहीं होता। कहीं परिश्रम बहुत कम लगता है और कहीं बहुत अधिक। फिर भूमि के समान वितरण से अवस्था-साम्य कैसे होगा? यह तो तभी होगा जब सारे देश की खेती सामूहिक रूप से की जायेगी, सबसे समान रूप से परिश्रम लिया जाय और देशभर में जो उत्पन्न हो उसका सबमें समान रूप से वितरण कराया जाय। पर इसके लिए भारत का किसान भी तैयार न होगा।

उद्योग-धन्धों के सम्बन्ध में डाक्टर लोहिया कहते हैं कि समाजवादी बैंक, बीमा, पत्थर का कोयला, बिजली तथा कुछ और मूलभूत उद्योग-धन्धों का समाजीकरण चाहते हैं। आश्चर्य है कि आपने लोहा और इस्पात और वस्त्र तथा सीमेंट का नाम नहीं लिया। शायद इनका 'कुछ और' में समावेश किया गया है अथवा आपके भाषण का संक्षेप करने वाले ही इन्हें भूल गये। पर यह महत्त्व की बात नहीं। प्रश्न समाजीकरण का है। इस पर शांत चित्त से विचार करना चाहिये। समाजीकरण का अर्थ है सरकार का प्रबन्ध और लाभ का सरकारी खजाने में जाना। इस अर्थ में भारत में रेलवे का समाजीकरण

पूर्ण हो चुका हैं। कोई कह सकता है कि वह प्रबन्ध कम्पनियों के प्रबन्ध से अच्छा हैं तथा जनता की शिकायत की ओर अधिक ध्यान दिया जाता है? क्या कोई कह सकता है कि साधारण बाजारों में और कारखानों में जैसी घूसखोरी और चोरबाजारी होती है उससे कम रेलों में होती है? यदि नहीं तो लाभ के सरकारी खजाने में जाने से ही क्या होगा, जब प्रत्येक यात्री और व्यापारी को कष्ट उठाते ही रहना पड़ेगा? बिजली लीजिये? क्या बिजली के सरकारी उद्योग ऐसे पनपे हैं कि हम छाती पर हाथ धर के कहें कि कम्पनी ऐसा कभी नहीं कर सकती? इसके विपरीत कानपुर बिजली कम्पनी का वार्षिक लाखों का लाभ समाजीकरण के बाद एक ही वर्ष में हानि में परिणत हो गया। हम यह नहीं कहते कि सामाजिक वा सरकारी प्रबन्ध कभी अच्छा हो ही नहीं सकता। हो सकता है पर इसके लिए 'सरकार' के रूप और वृत्ति में बहुत बड़ी क्रान्ति की आवश्यकता है। पीढ़ियों के अनुभव और शिक्षण के बाद ऐसे योग्य कर्मचारी तैयार हो सकते हैं। यह दाल-भात का कौर नहीं है कि उठाया और डाल दिया मुंह में। केवल यही नहीं। इसके लिए सारी जनता की मनोवृत्ति बदलना आवश्यक है। जब तक स्वार्थ (स्व = व्यक्ति) का रूप व्यापक स्वार्थ (स्व = समाज वा समूह) अथवा परार्थ ग्रहण न करेगा तब तक समाजवाद सफल न होगा। वह आज ही कार्यान्वित क्यों नहीं किया जाता, यह पूछना अपने अज्ञान का परिचय देना है। सोशलिस्टिक गवर्नमेण्ट में भी अधिकारी स्वार्थ के लिए जनता का शोषण कर सकते हैं और करेंगे। समाजवादी शासन में जनता का अधिक सावधान रहना और अधिक विज्ञ होना आवश्यक है बनिस्वत अन्य प्रकार के शासन में। वह दिन कब आयेगा?

कृष्णकांत व्यास

[नई दुनिया (इंदौर), 6 अप्रैल, 1948 में प्रकाशित संपादकीय 'विभाजित मालवा पर कुछ विचार']

इन्दौर के पत्रकारों तथा पत्र प्रतिनिधियों के साथ रियासती विभाग के सेक्रेटरी श्री व्ही पी. मेनन ने आधे घंटे तक जो चर्चा की, उससे ऐसा प्रतीत होता है कि मालवा का भी विभाजन होगा। अर्थात हममें से कुछ लोगों ने महामालव का जो स्वप्न अपने दिल से चिपटा रखा था वह पूरा न होगा। मध्यभारत की रियासतों की एक इकाई न होकर इन्दौर समूह और ग्वालियर समूह ऐसे दो भाग बनेंगे। यद्यपि इस सम्बंध में कोई अंतिम घोषणा की नहीं हुई है फिर भी काफी निश्चयपूर्वक कहा जा सकता है कि महामालव के बजाय इन्दौर तथा महाग्वालियर का ही निर्माण होगा। हम इस बात को जानते हैं कि एक अंतिम प्रयास कर देखने की गरज से कुछ सज्जन ग्वालियर तथा दिल्ली गये हैं। वे काफी वजनदार व्यक्ति हैं यह भी हम जानते हैं फिर भी हमारी मान्यता है कि अपने मिशन में सफल न होंगे। इसके अनेक कारण हैं:

सबसे बड़ा कारण तो यह है कि जो लोग इस यात्रा के लिये निकल पड़े हैं वे स्वयं अपनी मांग के उचित या अनुचित होने के बारे में साफ नहीं हैं। उनके दिलों में यह दृढ़ विश्वास नहीं है कि वे जो कुछ भी कर रहे हैं वह सही है ही। आत्मविश्वास के इतने बढ़े अभाव के बाद सफलता की आशा करना गलत होगा। इसके सिवाय दूसरी और अधिक महत्त्व की बात यह है कि शुरू से ही महामालव के बारे में सब के दिल में एक आशंका सी रही है कि न जाने कैसे इतनी सारी रियासतों की पटरी बैठ सकेगी? क्योंकि एक महामालव के प्रति लोगों ने नकली उत्साह से मुंहभर आशावाद प्रकट किया था फिर भी दिल में स्वार्थ तो बसा था ही। बातें करते थे महामालव की और सोचते थे अपनी रियासत की। ऐसी परिस्थिति में महामालव का स्वप्न कैसा साकार हो सकता था?

श्री मेनन की प्रेस कान्फ्रेंस के कुछ ही घंटों बाद मध्यभारत रीजनल कौंसिल के अध्यक्ष श्री विजयवर्गीयजी की भी प्रेस कान्फ्रेंस हुई और उन्होंने एक वक्तव्य

भी अखबारों में दिया। इसमें उन्होंने सारा दोष दिल्ली के माथे चिपका दिया है जो कि न तो सही है और न उचित ही है। वास्तविक परिस्थिति विजयवर्गीयजी के वक्तव्य के अनुसार नहीं ही है। हमारा यह निश्चित विचार है कि ग्वालियर के नेतागणों का विचित्र और ढुलमुल रुख ही इस विभाजित मालव के लिए एक बड़ी हद तक जिम्मेदार है।

महामालव की चर्चा शुरू होते ही जनहित किन बातों में है, इस ओर ध्यान देने के बजाय राजप्रमुख, प्रधानमंत्री, राजधानी तथा मंत्रिमण्डल की संख्या और बनावट की ओर ही ज्यादा ध्यान दिया गया। खास कर राजधानी के प्रश्न पर तो भयंकर मतभेद हो गये।

इन मतभेदों को साफ-साफ समझकर उन्हें दूर करने के बजाय, वास्तविकता से आंखें मिलाने के बजाय, तथा मालव की समस्त जनता के हित में क्या है यह सोचने के बजाय, उन्हें गौण प्रश्न कहकर टाल दिया गया जबकि हर एक अपने दिल में यह महसूस कर रहा था कि यह प्रश्न ही वह चट्टान है जिसपर महामालव की नौका टकरा कर फूट जाएगी। एक बार भी ग्वालियर वालों ने खुले दिल और बुलन्द आवाज से यह नहीं कहा कि वे चाहते क्या हैं। इसके बाद आपसी एकता की बातें करना जरा कम ही जंचता है।

राजा-महाराजाओं की बात मानने का आरोप दिल्ली वालों पर करने के पहिले हम अपने दिल पर हाथ रख कर यह तो पूछें कि क्या हममें से किसी ने भी राजा-महाराजा की आड़ न ली थी? अपने-अपने स्वार्थ हासिल करने की गरज से राजा-महाराजाओं की ज्यादतीपूर्ण मांगों का मूक समर्थन हमारे ही लोगों ने किया। दिल्ली के पास इतना समय नहीं कि वह हमारी मान-मनौवल के तमाशों को देखती रहे। साथ ही इस सत्य से कौन इन्कार कर सकता है कि जनता की कुर्बानी के साथ ही दिल्ली के सहयोग के कारण ही रियासतों में जनता के मंत्रिमण्डल आज बने हुए हैं?

इस विभाजन के एक और अप्रिय पहलू पर हम नजर डालें, यह करीब-करीब तय सा हो चुका था कि रीजनल कौन्सिल की बैठक इन्दौर में होगी। लेकिन उसके बजाय उसे उज्जैन में करना किस मनोवृत्ति का परिचायक है यह बात क्या आंखों में उंगली डालकर ही दिखानी होगी? इसके पहिले हमने बार-बार विनती की थी कि देशी राज्य लोक परिषद की मध्यभारतीय रीजनल कौन्सिल के अध्यक्ष समय-समय पर स्पष्ट वक्तव्य निकालकर जनता के सामने सारी परिस्थति रख दें। किन्तु तब फुरसत किसे थी? आज जब हममें से किन्हीं लोगों के स्वप्न मिट रहे हैं, जब पहल हमारे हाथों से निकल चुकी है तब हम सारा दोष दिल्ली के मत्थे मढ़ने पर तुले हुए हैं।

ग्वालियर के इस रुख का एक कारण है उस रियासत के बड़े-बड़े सरदार और जागीरदार भी। मालव प्रांत में उनके हितों को खतरा था। उन्होंने महाराजा की आड़ से असंभव शर्तों पर तूल देना शुरू किया। ग्वालियर के नेता अपने नरेश की मर्जी संभालने में व्यस्त रहे। शायद यह दिखाने के लिए कि वहां राजा-प्रजा में बड़ा सौहार्द है, एकता है। क्योंकि इस दिखावे से वे दिल्ली से कुछ अधिक ही पाने की आशा करते थे। इस बाजी का नतीजा जो है उसे भुगतना ही पड़ेगा, बबूल गाड़कर हम आमों की अपेक्षा कैसे कर सकते हैं।

अंबिका प्रसाद वाजपेयी

[नवजीवन (लखनऊ), 2 अक्टूबर, 1949 में प्रकाशित लेख 'भावी महाभारत']

अगला महासमर कब छिड़ेगा यह कोई नहीं कह सकता, पर यह सभी कह सकेंगे कि वह अवश्यम्भावी है। इसका कारण यह है कि यद्यपि सोवियत रूस शांति की बातें करता है, तथापि अमेरिका युद्ध की तैयारी कर रहा है। सोवियत की शांति की बातें सुनकर लोग समझ सकते हैं कि वह अमेरिका की अपेक्षा दुर्बल है इसलिए शांति चाहता है और अमेरिका सबल है, इसलिए युद्धाकांक्षी है। किसी अंश में यह समझ ठीक हो सकती है, परन्तु सर्वांश में ठीक नहीं है। यह सच है कि अमेरिका प्रभूत साधनसंपन्न है, पर युद्ध में विजय साधनों से ही नहीं प्राप्त होती। और भी बातें हैं जो विजय में सहायक होती हैं और ऐसे भी बानक बन जाते हैं जो विजय में बाधक होते हैं। इसलिए साधक-बाधक प्रमाणों और अनुमानों के आधार पर हम यह विचार करना चाहते हैं कि अवस्था महासमर के अनुकूल है या नहीं।

साधनों और युद्धोपकरणों तथा योद्धाओं के बल पर यदि विजय निश्चित होती, तो महाभारत अथवा कुरुक्षेत्र युद्ध में कौरव क्यों हारते और पांडव क्यों जीतते? कौरवों के पास 11 अक्षौहिणी सेना थी और पांडवों के पास 7 ही। इसके सिवा कौरव पक्ष में भीष्म, द्रोण, कर्ण, कृपाचार्य, अश्वत्थामा, विकर्ण, सौमिदत्त इत्यादि बड़े शूर योद्धा थे। पांडव पक्ष में अर्जुन, भीम, द्रुपद और द्रुपदपुत्र धृष्टद्युम्न, विराट, सात्यकि इत्यादि थे। फिर भी कौरव पक्ष में योद्धाओं के सामने ये कुछ नहीं थे। तो भी इनकी जीत क्यों हुई? इसका कारण है कि इधर योगेश्वर कृष्ण थे। योगेश्वर का अर्थ वर्तमान भाषा में होगा स्ट्रेटजिस्ट- रणनीतिकुशल। यदि स्ट्रेटेजी के संचालक कृष्ण पांडवों के नेता न होते तो 178 दिन कुरुक्षेत्र न चलता और न पांडव जीतते ही।

परन्तु महाभारत से आजकल के युद्धों में बड़ा अंतर है। उस समय शस्त्रपाणिगण योद्धा से ही योद्धा लड़ते थे। पर यह जमाना ऍटोटल (व्यापक) युद्ध का है। इसमें जो लड़ते हैं, उनको मारने का अवसर भी मिलता है, पर जो नहीं लड़ते, वे बेमौत

मारे जाते हैं। उन पर हवाई जहाजों से बम बरसाये जाते हैं। उनकी खेती, कारखाने और उद्योग-धंधे नष्ट किये जाते हैं। और भी एक नया शस्त्र एटम बम है जिसे चला कर नगर ही नहीं ध्वस्त किये जाते हैं, हजारों लाखों निर्दोष मनुष्य यमपुर भेज दिये जाते हैं। इसी से पिछले महासमर में जापान के हीरोशिमा और नागासाकी के लाखों निरीह, निरस्त्र निर्दोष मानुष्य मारे गये थे। इसी एटम बम के घमंड में अमेरिका फूला नहीं समाता और संसार को तृणवत समझता था।

अमेरिका ने मार्शल योजना और एटलांटिक पैक्ट करके संसार को यह दिखाना चाहा है कि हमने जो मोर्चेबंदी की है उसके सामने रूस ठहर नहीं सकता। पर अवस्था क्या है? यदि हम अमेरिका की तैयारी की तुलना फ्रांस की मैजिनो लाइन या उस किलेबंदी से करें, जो जर्मनी को रोकने के लिए उसने पूर्वी सीमा पर की थी और जिसे जर्मनी सहज में ही तोड़ सका, तो अनुचित न होगा। कारण यह है कि मार्शल योजना से यूरोप की आर्थिक अवस्था सुधरने के बदले बिगड़ी ही अधिक है। वे तो इसी चिंता में डूबे हैं कि कैसे संसार चलावें। मनुष्य व राष्ट्र जब सुखी होता है, धन-धान्य से परिपूर्ण रहता है, तभी आमोद-प्रमोद का ध्यान उसे आता है। लड़ाई की भी यही बात है। भूखे पेट या पेट बांध कर कोई लड़ाई नहीं कर सकता।

अमेरिका ने पश्चिमी यूरोप को कच्चे माल के पेटे और शस्त्र सज्जित करने के लिए 100 करोड़ डालर देने की बात कही हैं, परन्तु यू.एस. न्यूज ऐंड वर्ल्ड रिपोर्ट के अनुसार इसका अभी कोई भरोसा नहीं है और यूरोप के उसके मित्र बुभुक्षित हो रहे हैं। पश्चिमी यूरोप के शस्त्रास्त्र का बजट अभी 550 करोड़ डॉलर है, पर इसके सिमटने की ही संभावना है, फैलने की नहीं। ब्रिटेन में अर्थ संकट है। करदाता कर घटाने को दबा रहे हैं पर कर घटेगा कैसे? फौजी बजट कम करने से। फ्रांस हिंद-चीन में युद्ध खाते बहुत अधिक खर्च कर रहा है। इसलिए 'अहमद की पगड़ी मुहम्मद के सिर' कहावत चरितार्थ कर के जब वह फ्रांस का सैनिक व्यय घटावेगा, तभी वह हिंद-चीन में खर्च कर सकेगा। हालैंड ने हिंदेशिया में इतनी रकम वहां के लोगों के दमन में लगायी है कि उससे कोई आशा नहीं की जा सकती कि यूरोप में वह अपना सैनिक बजट बढ़ायेगा। ये ही अमेरिका के मुख्य यूरोपियन मित्र हैं। इन पर तो 'भोजन यत्र संदेह : तत्र आशा की दूशी' कहावत ही चरितार्थ होती है।

मार्शल योजना की अगली रकमों में भी कमी होनी है। इसलिए पश्चिमी यूरोप के इन मित्रों को जमा-खर्च के आंकड़े मिलाना ही कठिन हो रहा है, युद्ध के लिए रकम कहां से लावेंगे? अपने देश का माल ये बाहर भेजना चाहेंगे, तो उत्पादन का खर्च घटाना होगा, क्योंकि महंगा माल बिकेगा नहीं। इतने से ही काम न चलेगा, सरकारी खर्च भी घटाना पड़ेगा। इसलिए शस्त्रास्त्र के लिए अमेरिका की सहायता

न मिलने पर एटालांटिक पैक्ट का सहारा गुड़-गोबर हो जायेगा। धूमधाम के साथ जिस एटलांटिक पैक्ट की शंखध्वनि हुई थी वह शंखध्वनि में ही उड़ गया। अब तो कुछ समय के लिए वह पैक्ट कागज की शोभा ही बढ़ावेगा क्योंकि शस्त्र सज्जा का काम बहुत मंद गति से होगा।

अमेरिका की मार्शल योजना का उत्तर रूस ने मोलोटोफ योजना से दिया है। कुछ समय पहले तक मुद्रा वा करेन्सी के दो ही क्षेत्र थे स्टर्लिंग क्षेत्र और डालर क्षेत्र। स्टर्लिंग क्षेत्र के देशों में वे हैं, जिनकी करेन्सी पाँड स्टर्लिंग अर्थात अंग्रेजी सिक्के से बंधी हुई है अर्थात स्टर्लिंग की अवस्थानुसार ही घटती बढ़ती है। डालर क्षेत्र अमेरिका का है, जो इस समय संसार का साहूकार है और जिसके हाथ खोलने से सबका हाथ खुलता है और जिसके हाथ सिकोड़ लेने से सबका हाथ सिकुड़ जाता है। इसलिए डालर को दुर्लभ मुद्रा व हार्ड करेन्सी कहते हैं। और स्टर्लिंग को सुलभ मुद्रा वा साफ्ट करेन्सी कहते हैं। इस समय डालर ही मुख्य है, क्योंकि अमेरिका से व्यापार करने में डालर में ही लेन-देन करना होता है। डालर और स्टर्लिंग क्षेत्रों के बाहर रूस आदि पूर्वी राज्य हैं। इसलिए उनकी अर्थव्यवस्था ठीक करने की मोलोटोफ योजना से रुबल क्षेत्र बना है। रुबल क्षेत्र में रूस, फिनलैंड, चेकोस्लोवाकिया और पोलैंड का कोयले, खाद्य पदार्थ और प्रिफैब्रिकेटेड (बने-बनाये) लकड़ी के घरों का आदान-प्रदान होता है। पूर्वी जर्मनी को पौलैंड और चेकोस्लोवाकिया से सहायता मिलती है। रुमानिया के उद्योग-धंधों का नियंत्रण रुमानिया और रूस की संयुक्त कंपनियों के हाथ में है। मुख्य-मुख्य सभी उद्योग-धंधे इनके अंतर्गत हैं और इस प्रकार रूस के अधीन हैं। इसके लिए मास्को में रुबल पूल व रुबल निधि स्थापित की गयी है। रूस के साथियों को व्यापार से जो लाभ होता है, वह इसी निधि में जमा होता है। अवश्य ही यह सब व्यापार रूस की सम्मति से होता है। रूस की राजधानी मास्को में ही खाते-बहियां रहती हैं और वहीं से जाना जाता है कि किसका कितना जमा है। एक्सचेंज व विनिमय की दर रूस ही स्थिर करता है।

जैसे चोरी-डकैती में पहले सब साथी ऐसे आपस में बंधे रहते हैं कि स्वप्न में कोई नहीं सोच सकता कि ये कभी लड़ेंगे, वैसे ही युद्ध में भी सब आक्रमणकारी मित्र रहते हैं, पर जब जीत का बंटवारा होने लगता है, तब उनमें जूता उछलता है। यह पहले हुआ है और आगे भी होगा। दूसरे महासमर में सब मित्र रहे, पर उसका अंत होते न होते ही पहले रूस और उसके दोनों मित्रों में तनातनी बढ़ी और कम्युनिज्म को घेर लेने का अपना ट्रूमैन डाक्ट्रिन (सिद्धांत) अमेरिका ने निकाला। जर्मनी के आत्मसमर्पण के पहले फ्रांस भी तीन बड़े राष्ट्रों में शामिल कर लिया गया था। इसलिए अमेरिका, ब्रिटेन और फ्रांस एक ओर से तथा रूस में दूसरी ओर से नोक-झोंक शुरू होते-होते अब ब्रिटेन और अमेरिका में भी काट-

पेंच चलने लगे। पहले भी अमेरिका ही युद्ध चलाता था, इसलिए यद्यपि ब्रिटेन की सलाह भी लिया करता था, तथापि कभी-कभी समझ लेता था कि उसकी सलाह है ही। जैसे 1943 में कसाब्लांका में रूजवेल्ट ने चर्चिल को दबाया था कि जर्मनी से बिना किसी शर्त के आत्मसमर्पण कराया जाये। अब चर्चिल कह रहे हैं कि यदि मेरी चलती तो ऐसा न करने देता। रूजवेल्ट ने तो मुझे या मेरे मंत्रिमंडल को विचार करने का समय दिये बिना ही इसकी घोषणा कर दी थी। कसाब्लांका का रहस्य अब तक प्रकट नहीं हुआ था, क्योंकि अब तक ब्रिटेन और अमेरिका में दांत-काटी रोटी थी।

कसाब्लांका का रहस्य अब भी न खुलता यदि पश्चिमी जर्मनी अमेरिका के सर्वथा अधीन न हो गया होता। ब्रिटेन और अमेरिका में जर्मनी के विषय के मतभेद गहरे हो रहे हैं। बिना शर्त के आत्मसमर्पण कराने से जर्मनी में कुछ रह नहीं गया। इसलिए आज मित्र उसे ठीक नहीं कर पाते। यह मि. बेबिन ने कामन सभा में कहा है। चर्चिल बेबिन के संवाद से अब संसार को पता लग गया कि अमेरिका और ब्रिटेन में भीतरी संबंध कैसे हैं। जर्मनी पर अमेरिका का प्रभुत्व बढ़ रहा है और ब्रिटेन का घट रहा है। पहले लंदन में कुछ लोग समझ रहे थे कि जेनरल लुशियस क्ले की जगह दूसरा अमेरिकन हाई कमिश्नर जर्मनी में पहुंच जायेगा तो ब्रिटेन की भी कुछ सुनवाई होगी। परन्तु अब जान मैक्लाय ने पहले जो कुछ ब्रिटेन के अधिकार थे, वे भी कम कर दिये। व्यवस्था यह है कि जर्मन सरकार को काम करने की स्वतंत्रता रहे, परन्तु डालरों की थैली मैक्लाय के हाथ में रहे। मार्शल योजना से जर्मनी को सहायता दी जा रही है और इसकी व्यवस्था अमेरिका के हाई कमिश्नर के हाथ में रहेगी।

ब्रिटेन इस पर सहमत नहीं है कि जर्मन उद्योग-धंधे तोड़ दिये जायें। इस पर और राष्ट्रीयकरण आदि पर भी उसे अमेरिका की राय मान कर ही चलना होगा। रूस के कोयले और इस्पात के उद्योगों के समाजीकरण का अमेरिका दृढ़ता से विरोध करेगा। इसी प्रकार समाजवादियों के ये विचार भी कि उद्योगों में श्रमिकों की सभाएं हों इत्यादि, वह न मानेगा। आर्थिक व्यवस्था का उत्तरदायित्व यथासाध्य नई जर्मनी सरकार पर शीघ्र ही चलाया जायेगा, पर थैली अमेरिका के हाथ में ही रहेगी। पूर्वी देशों अर्थात् रूस, और उसके साथियों के साथ मैक्लाय की चलेगी तो व्यापार होने लगेगा। मैक्लाय की समझ है कि पूर्व 20 प्रतिशत जर्मन माल लेगा। पूर्व से व्यापार जर्मनी का ही न खुलेगा, ब्रिटेन आदि का भी खुल जायेगा, क्योंकि अमेरिका से तो डालर बिना व्यापार हो नहीं सकता और इधर वह मुसीबत न होगी। अर्जेंटाइना से ब्रिटेन ने व्यापारिक समझौता किया था, तब अमेरिका बहुत बिगड़ा था। परन्तु इसके बिना तो गति ही नहीं दिखती। रानी रूठेंगी, अपना सुहाग लेंगी।

इस वर्णन से पाठकों की समझ में आ जायेगा कि रूस व कम्युनिज्म को जीत लेना जैसा सहज अमेरिका ने समझ रखा है, वैसा नहीं है। पश्चिम यूरोप में अड्डा बनाने का अमेरिका का उद्देश्य यही है कि महासमर की लपटें अमेरिका तक न पहुंचें और वह आनंद से अपना व्यापार, उद्योग-धंधों द्वारा बढ़ता रहे। माल्टा में स्टालिन और रूजवेल्ट की कान्फरेंस में चीन-जापानी युद्ध और संयुक्त राष्ट्र संघ में रूस के अधिकारों और वोट के विषय में जो समझौता हुआ था उसी से स्टालिन अथवा रूस के अधिकारों और शक्ति में वृद्धि हुई है। अब अमेरिका व ट्रूमैन भले ही समझें कि यह समझौता ठीक नहीं हुआ, पर आज इसे रद्द करने की शक्ति किसमें है?

सारांश, यदि रूस के दल से टिटो का युगोस्लाविया निकल गया है, तो अमेरिका का दल भी मजबूत नहीं है। जर्मनी के उद्योग-धन्धों की वृद्धि से फ्रांस को डर है कि कहीं वह युद्ध के शस्त्रास्त्र बनाकर हम पर चढ़ाई न कर दे। ब्रिटेन देख रहा है कि रूस वा पश्चिम जर्मनी पर पूर्ण रूप से अमेरिका का ही अधिकार है। वहां हमारी दाल ही नहीं गलती। जर्मन उद्योग-धन्धों की उन्नति और वृद्धि से हमारे व्यापार की हानि ही होगी। पहले तो बहुत से बाजार अमेरिका ने ही छीन लिये और जो बच गये, उन्हें जर्मनी छीन लेगा। ऐसी अवस्था में वह यही समझ रहा है कि अमेरिका ने हमें मिलकर मारा और इसलिये वह लाख पैक्ट करे और रूस से लड़ने को ताल भी ठोंके, पर लड़ नहीं सकता। इच्छा करे भी तो साधन नहीं है। जापान को रूस के विरुद्ध वह खड़ा कर रहा है, पर जापान में उद्योगों पर अमेरिका का प्रभुत्व बढ़ने पर भी जापानी असंतुष्ट हैं। उनमें यह भाव बढ़ रहा है कि हमारी सब मुसीबतों की जड़ अमेरिका है। छोटे व्यापारियों को लगाने को रुपये की तंगी है। माल बनाने का खर्च बहुत है। किसान और श्रमिक ऊंचे दामों और ऊंचे टैक्सों के कारण पीड़ित हो रहे हैं। जापान में कम्युनिस्ट बढ़ रहे हैं। फिर भी अमेरिका जापान से हटना नहीं चाहता। अगले चार वर्षों में जापान में अमेरिका का खर्च 140 करोड़ डालर से भी ऊपर हो जायेगा।

संक्षेप में दोनों दलों की वर्तमान अवस्था का वर्णन हमने कर दिया। अब एटम बम की भी थोड़ी चर्चा सुन लीजिए। अभी तक अमेरिकन समझते थे कि एटम बम का रहस्य अमेरिका ही जानता है। वह ब्रिटेन को बताना चाहता है ब्रिटेन कुछ बने-बनाये बम चाहता है, कुछ सामान और उसके उपयोग की प्रक्रिया जानना चाहता है। कैनेडा एटम का उपयोग उद्योग और कृषि की उन्नति के लिये करना चाहता है। अमेरिका के बाहर फ्रांस ही एटम बम का काम कर रहा है। फ्रांस का इस काम का व्यवस्थापक डा. फ्रेडिक जोलियो क्यूरी है। क्यूरी कम्युनिस्ट है और भी कई फ्रेंच वैज्ञानिक कम्युनिस्ट हैं। रूस को यह सब बातें बताते हैं, यह नहीं

कहा जा सकता। अब तो अमेरिका को भी निश्चय हो गया है कि रूस के पास भी एटम बम है, यद्यपि रूस ने 1941 में ही एटम बम का रहस्य जानने का दावा किया था, तथापि अमेरिका समझ रहा था कि यह उसका आस्फालन है। पर अब तो अमेरिका का भ्रम भी दूर हो गया।

ऐसी अवस्था में कौन लड़ेगा और कौन जीतेगा?

अशोक जी

[स्वतंत्र भारत (लखनऊ), 27 नवंबर, 1949 में प्रकाशित संपादकीय 'हमारा भावी विधान']

लगभग तीन वर्ष के लम्बे समय के बाद विधान परिषद में देश का भावी विधान स्वीकृत हो सका है और ब्रिटिश सरकार की छत्रछाया में सन् 1946 में जब यह विधान परिषद स्थापित हुई थी उस समय बहुतों का ख्याल था कि वह भारतीय स्वतंत्रता के मार्ग में ब्रिटिश सरकार की एक चाल सिद्ध होगी पर देश के सबसे अधिक प्रभावशाली राजनीतिक दल कांग्रेस ने उस पर विश्वास कर उसमें भाग लेने का निश्चय किया। हमें हर्ष है कि कांग्रेस व दक्षिणपंथी नेताओं की आशाएं सफल हुई हैं और यह परिषद हमारे सामने एक सुनिश्चित विधान पेश कर सकी है। इस विधान की कुछ धाराएं तो शीघ्र ही लागू हो जायेंगी पर पूरा विधान आगामी 26 जनवरी से लागू होगा जिस तिथि पर हम पिछली तीन शताब्दियों से अपना स्वतंत्रता दिवस मनाते रहे हैं।

विधान के सभी अंशों से सभी वर्गों व राजनीतिक दलों को संतोष होना तो असम्भव है। फिर भी यह आसानी से कहा जा सकता है कि जहां तक राजनीतिक व सामूहिक अधिकारों का प्रश्न है कांग्रेस पार्टी ने अपना मत ही सर्वोपरि समझकर उसे स्वीकार किया है। यों तो विधान की आलोचनाएं कई प्रकार के दृष्टिकोण से की गयी हैं। पिछले दिनों उसे 'पूंजीपतियों का स्वर्ग', 'फासिस्ट', 'अति केन्द्रीयकृत', 'गांधी आदर्शों से गिरा हुआ' इत्यादि नामों से संबोधित किया गया है। हम इन आलोचनाओं-प्रत्यालोचनाओं पर इन स्तम्भों में समय-समय पर अपने विचार व्यक्त करते रहे हैं। अतः उस ओर यहां कुछ न लिखते हुए हम यह कहना चाहेंगे कि विधान की सभी मदों व अंशों पर विचार करने से पता चलता है कि उसमें देश को सुदृढ़ व सुसंगठित बनाने का पूरा प्रयास किया गया है कि सारे देश को एकता के सूत्र में बांधने के लिए केन्द्रीय सरकार को प्रान्तीय सरकारों के मुकाबले अधिक व्यापक अधिकार दिये गये हैं, सांप्रदायिकता को दूर भगाने के लिए असांप्रदायिक राज्य की घोषणा की गयी है, फूट का विष न फैलने देने के लिए प्रथम निर्वाचन पद्धति के स्थान पर संयुक्त निर्वाचित पद्धति स्वीकृत हुई है, एक राष्ट्रीय ध्वज अपनाया गया है

तथा एक राष्ट्रभाषा की घोषणा की गयी है। खेद व आश्चर्य केवल इसी बात का है कि राष्ट्रीय एकता के एक प्रमुख सूत्र राष्ट्रभाषा को व्यवहार में लाने के लिए विधान परिषद ने 15 वर्ष की लम्बी अवधि स्वीकार की है। राष्ट्रीयता के विकास में एक राष्ट्रभाषा का कितना हाथ रहता है वह किसी से छिपा नहीं है। फिर भी विधान परिषद इस विषय में उचित निर्णय न कर सकी।

विधान परिषद की मसौदा समिति के अध्यक्ष डा. भीमराव अम्बेडकर ने अपने भाषण में कहा कि हमने इस विधान को अपने देशकाल की स्थिति को देखते हुए पूर्ण बनाने का यथाशक्ति प्रयत्न किया। उसकी सफलता व असफलता बहुत कुछ उन लोगों की बुद्धिमत्ता व दूरदर्शिता पर निर्भर है जो कि उसे कार्यान्वित करेंगे। आपने आशा प्रकट की है कि यदि विधान की धाराएं होशियारी से कार्यान्वित की जायें तो विधान परिषद की वे आशाएं व भावनाएं सफल होंगी जिन्हें लेकर यह विधान बनाया गया है। विधान की सरलता के बारे में आपने कहा कि हमने भावी व्यवस्थापकों पर किसी प्रकार का प्रतिबन्ध नहीं लगाया है। यदि वर्तमान विधान को परिस्थितियों के अनुकूल नहीं समझते तो दो तिहाई व्यवस्थापकों की स्वीकृति से चाहे कभी उसमें आवश्यकतानुसार संशोधन कर सकते हैं। यदि कोई संशोधक इतने भी मत अपने पक्ष में नहीं कर सकते तो इसका अर्थ यही है कि जनता उस संशोधन के पक्ष में नहीं है। विधान के सामने आने वाले सम्भावित खतरों का जिक्र करते हुए डा. अम्बेडकर ने कहा है कि यदि सभी पार्टियां अपने राजनीतिक व आर्थिक कार्यक्रम के पूरा करने के लिये वैधानिक मार्गों का ही अवलम्बन करें तो प्रस्तुत विधान की सफलता निश्चित है। इसका अर्थ है कि सभी अवैधानिक तरीके जिनमें खून-खराबी होने की सम्भावना हो, छोड़ देने चाहिए। इसी प्रकार अवज्ञा आन्दोलन, असहयोग तथा सत्याग्रह इत्यादि का रास्ता भी नहीं अपनाना चाहिए वरन् जनता की समझ व शक्ति में विश्वास कर उसे प्रचार द्वारा अपने पक्ष में करना चाहिए और निर्वाचन क्षेत्र में अपनी नीति की सफलता आजमानी चाहिए। इस प्रकार डा. अम्बेडकर ने हमारे विधान निर्माताओं व भावी व्यवस्थापकों के सामने बड़ी मार्के की बात रखी है। क्योंकि अवैधानिक उपायों के अपनाने से सदा अव्यवस्था व अराजकता फैलने की सम्भावना है जो देश व राष्ट्रहित दोनों के विरुद्ध है।

डॉ. अम्बेडकर ने विधान के लिए दूसरा खतरा तानाशाही बताया है। आपका कहना है कि कहीं ऐसा न हो कि हम नेता भक्ति या वीर पूजा में इस हद तक बढ़ जायें कि अपना सम्मान व कर्तव्य छोड़कर उसके प्रति अंधभक्ति रखने लगें। ऐसे ही वातावरण में तानाशाही सरकारें स्थापित होती हैं। यद्यपि हमारे देश में व्यक्तिगत भावनाएं व विचार स्वतंत्रता अन्य देशों की अपेक्षा बहुत अधिक है फिर भी तानाशाही की संभावना बदमगजी कहकर नहीं टाली जा सकती। यदि यह तानाशाही एक ओर कम्युनिस्टों की हो सकती है तो दूसरी ओर हिन्दूसभा या संघियों की भी हो सकती

है। कांग्रेस की भी हो सकती है। यदि कांग्रेस सरकारें अपनी नीति निर्धारण में अन्य किसी वर्ग या दल की बात न सुन कर केवल अपनी पार्टी की घोषणाएं ही कार्यान्वित करें तो उन्हें तानाशाही के अतिरिक्त और किसी नाम से न पुकारा जायेगा । डा. अम्बेडकर के ये शब्द इतने महत्त्वपूर्ण हैं कि उन्हें किसी भी दल को भूलना न चाहिए। हमें आशा है कि यह विधान उसी भावना व लगन के साथ कार्यान्वित किया जायेगा जो कि इस समय प्रदर्शित की गयी है।

सुरेन्द्र बालूपुरी

[आलोक (साप्ताहिक) (उ.प्र.), 16 मार्च, 1950 में प्रकाशित संपादकीय 'शांति-संघर्ष का अस्त्र-आलोक']

किसी बुजुर्ग ने कहा था :

खीचों न कमानों को न तलवार निकालो,
जब तोप मुकाबिल हो तो अखबार निकालो।

और आज संसार भर की जनता के सामने साम्राज्यवादियों की तोपें तनी हुई हैं। आज विश्व-शांति खतरे में है। आज युद्ध भड़काने वाले मौत के सौदागर फिर देश-देश में फेरी लगाने लगे हैं। ये डॉलर की ढेरियाँ दिखा कर देश, देश की जनता और जन नायकों को सुख और समृद्धि का सब्जबाग दिखाकर तीसरे विश्व-युद्ध की ज्वाला की ओर धूर्ततापूर्वक लिये जा रहे हैं। ऐसे समय इस षड्यंत्र का पर्दाफाश करने के लिये 'आलोक' जन्म ग्रहण कर रहा है। वह विश्व को शांतिप्रिय जनता, शांतिवादी जननायकों और शांति संघर्ष का नेतृत्व करने वाले देशों का उज्ज्वल हथियार बनाने में अपना गौरव समझेगा।

जनता के साथ गद्दारी करके इन मौत के सौदागरों के हाथ भी जनता की आजादी को बन्धक रखने का प्रयत्न करने वाले राजपुरुष अपनी काली करतूतें छिपाने की कोशिश करते हैं; उन जघन्य जनद्रोही कोशिशों को शब्दों की भड़कीली लिबास पहनाकर जनता को धोखा देना चाहते हैं; समाजवाद और गांधीवाद के लुभावने नारे देकर अपने विश्वासघाती इरादों पर पर्दा डालने की कोशिश करते हैं। 'आलोक' इन सब का भंडाफोड़ करेगा, ताकि जनता का शांति-संघर्ष का मार्ग आलोकित हो उठे, ताकि जनता अपना शत्रु-मित्र, दोस्त-दुश्मन पहचान सके और अपनी शांति की लड़ाई को अपने सच्चे रहनुमाओं के नेतृत्व में सफलता की मंजिल तक ले जाकर युद्ध भड़काने वाले राजपुरुषों और नेताओं की कोशिशें नाकाम कर दें।

हमारे देश में आज उस राष्ट्रीय कांग्रेस का शासन है, जिसने स्वतन्त्रता की लड़ाई में एक गौरवपूर्ण हिस्सा लिया, तथा अन्य साम्राज्यवाद-विरोधी पार्टियों और दलों के

साथ मिलकर अंग्रेजों की गोलियों–लाठियों का मुकाबला किया। उस कांग्रेस ने ही इन पंक्तियों के लेखक को जन्म दिया था और उस कांग्रेस के लिये आज भी उसके कलेजे में दर्द है। पर वह कांग्रेस–हमारी उससे दुश्मनी न होते हुए भी–यदि आज जनता के हितों पर कुठाराघात करना चाहती है, कर रही है, तो वह हमारी कटु आलोचना से बच नहीं सकती। इसका तात्पर्य यह कि कांग्रेस या कोई भी दल जन–विरोधी कार्य करने पर हमारी निन्दा का पात्र बनेगा और जनहित के कार्य करने पर हमारा साधुवाद प्राप्त करेगा। हम किसी पार्टी के ट्रेड मार्क को देख कर नहीं, बल्कि उस पार्टी की नीति और कार्यकलाप देखकर उसे बुरा या भला कहेंगे। हम दलों या पार्टियों से अलग स्वतंत्र रूप से जनहित को कसौटी मान कर अपना कार्य करते जायेंगे। हमें विश्वास है कि भविष्य हमारे साथ है, संसार का जन–वर्ग हमारे साथ हैं और हैं इतिहास की शक्तियां हमारे साथ।

किन्तु उन आदर्शों को लेकर चलना तो दूर जिन्दा रहना भी आसान नहीं है। आज इन आदर्शों को सामने रख कर चलने वाले पत्रों का गला फांसी के फंदे में ही समझना चाहिये। आज शहीद गणेश शंकर विद्यार्थी के सहकारी गणेश जी के गुणों को अवगुण मानने लगे हैं, गणेश जी की भाषा जैसे उनके लिये अपरिचित बन गयी है, गणेश जी की सत्य और न्याय के प्रति अटूट आस्था आज ध्वंसात्मक आलोचना कह कर टाल दी जाती है। इसलिये हमारे पाठकों, साथियों और सहकारियों की यह जिम्मेदारी हो जाती है कि 'आलोक' के आदर्शों के प्रति जनता के मन में आस्था पैदा करें; और 'आलोक' के आदर्श और कुछ नहीं हैं, केवल न्याय और सत्य के प्रति आग्रह ही उन आदर्शों का निचोड़ है।

आज घर से लेकर बाहर तक, देश से लेकर विदेश तक सर्वत्र आलोक और अन्धकार का संघर्ष चल रहा है। एक ओर अणुशक्ति का प्रयोग कर सुख–समृद्धि पैदा कर नयी संस्कृति का आलोक उत्पन्न करने के लिये अथक कोशिशें हो रही हैं तो दूसरी ओर अणुशक्ति का प्रयोग कर भयानक संहारकारी अस्त्र तैयार कर प्रलय को निमंत्रण देने की सतत चेष्टा जारी है। इस संघर्ष में हमारा अखंड विश्वास है–आलोक विजयी होगा, अन्धकार की पराजय होगी।

निर्भय और निस्संग

अपराधी या शहीद?

पिछले दिनों लखनऊ में अखिल भारतीय अपराध–विज्ञान सम्मेलन हुआ था। उस सम्बन्ध में एक प्रदर्शनी भी हुई थी, जिसमें कुख्यात अपराधियों द्वारा व्यवहार में लाये गये हथियार और यन्त्र आदि एकत्रित करके दिखाये गये थे। इस प्रदर्शनी में 'कुख्यात अपराधी' चन्द्रशेखर आज़ाद के बनाये चार बम भी प्रदर्शित किये गये थे, जिससे एक बार 'साम्राज्य' कांप उठा था।

आज 'आजाद' भारत में स्वतन्त्रता के लिये जीवन होम देने वालों का और कोई स्मारक तो बन नहीं रहा है, उनकी गणना 'अपराधियों' में अवश्य होने लगी है और उनके 'अपराधों के साधनों' को उनकी स्मृति रक्षा-स्वरूप सुरक्षित रखा जा रहा है।

हम और हमारा विश्वास है हमारे साथ देश की जनता और आज़ादी के सभी ईमानदार सिपाही हैं—प्रदर्शनी के संयोजकों से यह पूछना चाहते हैं कि शहीद आज़ाद, को अपराधियों की श्रेणी में रखकर उसकी स्मृति का अपमान क्यों किया गया? क्या उस बहादुर का एकमात्र और आजीवन अपराध देश की आज़ादी के लिये लड़ना ही नहीं था? हम प्रदर्शनी के संयोजकों से यह मांग करना चाहते हैं कि वे शहीद आज़ाद की याद को इस प्रकार अपमानित करने का प्रायश्चित करें और खुलेआम अपनी भूल के लिये खेद प्रगट करें।

अधूरी विजय

बरेली दुर्घटना के समाचारों के संबंध में उत्तर प्रदेश की सरकार ने अखबारों के लिये जो गलाघोंटू हुक्म पास किया था और लखनऊ के पत्रकार साथियों ने जिस प्रकार उसका विरोध करके सरकार को उक्त आज्ञा वापस लेने पर बाध्य किया, उसका पूरा विवरण अन्यत्र छाप रहे हैं। पर लखनऊ के पत्रकार साथियों की यह विजय अधूरी है, क्योंकि प्रांतीय पत्रकार संघ की स्थायी समिति तथा प्रांतीय प्रेस सलाहकार समिति ने (जिसकी ही एक उपसमिति की सलाह से सरकार ने उक्त आज्ञा निकाली थी) उक्त आज्ञा का समर्थन किया है। यद्यपि उक्त आज्ञा तत्काल वापस ले ली गयी, तथापि यह विजय अधूरी ही रही, जिसका कारण सरकार की शक्ति नहीं हमारी अपनी कमजोरी ही है। यदि हमारे प्रतिनिधि रूप में चुने गये स्थायी समिति और सलाहकारी समिति के पत्रकार सरकार की जी हजूरी न बजाते तो कोई शक्ति नहीं थी, जो पत्रकारों की पूर्ण विजय को रोक सकती। पत्रों की स्वतंत्रता पर कुठाराघात को सहन ही नहीं उसका समर्थन करने वाले पत्रकार श्रमजीवी पत्रकारों के प्रतिनिधि नहीं हो सकते। प्रांत भर के पत्रकारों को इसके विरुद्ध आन्दोलन करना चाहिए और शीघ्र ही इस महत्त्वपूर्ण प्रश्न को लेकर प्रांतीय पत्रकार संघ का एक विशेष अधिवेशन बुलाया जाना चाहिये और सरकारी कृपा की छत्र-छाया में पनपने वाले सुविधाप्राप्त उन पत्रकारों को इस बात के लिये मजबूर कर दिया जाना चाहिए कि या तो वे पत्रकार-समाज का सही प्रतिनिधित्व करें या उक्त समितियों से इस्तीफा दे दें।

लोकतंत्रात्मक गणराज्य?

हमारे शासक लोकतंत्र के पुजारी हैं और वे कहते हैं कि किसी भी विचार से यहां तक कि कम्युनिस्ट विचार से भी उन्हें कोई दुश्मनी नहीं है। शर्त यह अवश्य है कि अपने विचारों का प्रचार शांतिमय ढंग से किया जाय और जनता को समझा कर अपने विचारों

का अनुयायी बनाया जाय। और इस प्रकार समझा कर यदि जनता का वोट प्राप्त कर शासन की बागडोर भी हथिया ली जाय तो उन्हें कोई आपत्ति नहीं होगी। बड़े साधु विचार हैं ये, इसमें तनिक भी संदेह नहीं। पर कार्यरूप में इस विचार को जिस तरह आगे बढ़ाया जाता है, इसका एक नमूना हमारे विशेष सम्वाददाता के उस समाचार से सामने आता है, जिसे हम अन्यत्र छाप रहे हैं; और जिसके अनुसार कम्युनिस्टों के साप्ताहिक पत्र 'मशाल' को पढ़ने की मनाही सरकारी कर्मचारियों के लिए की गई है। हम कम्युनिस्टों की वकालत नहीं करना चाहते पर लोकतन्त्रात्मक गणराज्य की वकालत में इतना जोरदार शब्दों में कहना चाहते हैं कि एक विशेष राजनीतिक दल के विचारों के प्रचार में बाधा डाल कर आप उस दल की वैधानिक लड़ाई का रास्ता बंद कर उसे अवैधानिक कार्यों की ओर धक्का दे-दे आगे बढ़ा रहे हैं।

(साभार : जनक दुलारी संग्रह)

रामवृक्ष बेनीपुरी

[नई धारा, अप्रैल, 1950 में प्रकाशित संपादकीय 'हमें यह कहना है']

लीजिये, यह 'नई धारा'। मैं इसके संबंध में क्या कहूँ? अपने तीस वर्षों के पत्रकार-जीवन की परिणति के रूप में इसे हिन्दी-संसार के समक्ष पेश करना चाहता हूँ। किन्तु, पहले अंक में ही कई स्थायी शीर्षक छूट गये; कई उपयोगी लेख छूट गये। समय और स्थान की खींचातानी। इसके बावजूद यह जो कुछ है, आप लोगों की सेवा में है। 'नई धारा' को साहित्य और संस्कृति की नवीनतम प्रवृत्तियों की प्रतिनिधि-पत्रिका बनाने की आकांक्षा है। नई धारा के लिए यह सौभाग्य की बात है कि हिन्दी के सुप्रसिद्ध कलाकार श्रीमान् राजा राधिकारमण प्रसाद सिंह जी ने इसे अपनी साधन-सम्पन्नता की उर्वर भूमि से होकर प्रवाहित होने का सुअवसर दिया है। इसलिए अर्थचिन्ता से यह मुक्त है और मैं भी इस बार बचा हुआ हूँ सम्पादक-जीवन के उस अभिशाप से जब वह एक ही साथ 'पीर, बबर्ची, भिस्ती, खर' बन जाता है। किन्तु कारूँ का खजाना भी किसी पत्र-पत्रिका को जीवित नहीं रख सकता, जब तक गुणग्राही जगत उसे दिल खोलकर नहीं अपनावे! क्या आशा करूँ, अब राष्ट्रभाषा हिन्दी के हितैषियों और सेवकों में गुणग्राहिता की कमी नहीं रह गई है?

अब जबकि देश आजाद हो चुका है, यह स्वाभाविक है कि हमारा ध्यान राजनीति की ओर से हटकर धीरे-धीरे संस्कृति की ओर आकृष्ट हो। हमारे जीवन में अभी आर्थिक अड़चनें हैं–अपने देश, अपने समाज, समाज के व्यक्ति-व्यक्ति को धन-धान्य से पूरा किये बिना हम सम्यक रूपेण संस्कृति की ओर ध्यान दे नहीं सकते–यह भी सही है कि अभी एक दूरी और तय करनी है। किन्तु, जीवन एकांगी नहीं है और वर्तमान के गर्भ में ही तो भविष्य छिपा रहता है, पलता है। अत: गेहूँ की दुनिया में फँसे होने पर भी हमें गुलाब की दुनिया को भूल नहीं जाना है–शायद भूल भी नहीं सकते! फिर बागबान का ध्यान फल पर हो; किन्तु मंजरी देखकर ही कोयल कूक उठती है। क्या समाज में कलाकार की स्थिति कोयल की नहीं है? यही कारण है कि हमारे समूचे देश में, देश के कोने-कोने में इस समय संस्कृति-साहित्य और कला-के लिए एक अजीब उत्साह दृष्टिगोचर हो रहा है। हमारे राजनीतिक पुरुष गेहूँ की समस्या में ही उलझे हुए हैं; वहां हमने गुलाब के गीत के गुंजार से अन्तरिक्ष को भरना

प्रारम्भ कर दिया है। कह लीजिए, तुम स्वप्नदर्शी हो, हवाई महल के रहने वाले हो–आप कभी–कभी हमें कायर, बुजदिल, पलायानवादी, रजतपसंद आदि शुभ नामों से भी सम्बोधित कर लेते हैं। किन्तु इसका जवाब हम इसके अतिरिक्त और क्या दे सकते हैं कि आप अपने स्वभाव से लाचार हैं तो हम अपनी तबीयत से भी कम मजबूर नहीं हैं। हम गाते चलेंगे, आप गालियां देते रहिये। देखना है, कौन हारता है।

हां, मैं स्पष्ट कह दूँ, 'नई धारा' द्वारा मैं गुलाब का गीत गाना चाहता हूँ। हमें वादों और विवादों से कुछ लेना–देना नहीं है। जीवन का उनसे संबंध है, गहरा संबंध है, मानता हूँ, जानता हूँ, देखता हूँ, उनसे दिलचस्पी भी है। किन्तु, क्या एक स्थान ऐसा नहीं हो सकता, जहाँ वाद–विवाद भूलकर हम मिलें, मिलाएं; रस में भीगें, भिगाएं? कलाकार भी धरती का प्राणी है–धरती के सुख–दुख उसे भी प्रभावित करते हैं। किन्तु, जिस तरह फुहारा सूर्य की किरणों का एक खास अंदाज से विक्षेप पाकर इंद्रधनुष बन जाता है; वही हालत इन सुख–दुखों की कलाकार–हृदय पर होती है! जो सिर्फ बिन्दु–बिन्दु हैं वे ही सतरंगी बन जाते हैं, वहाँ। भगवान के नाम पर उस सतरंगी पर कोई दूसरा रंग चढ़ाने की दया न कीजिये! जरा गहरे देखिये, आंखों के पर्दे हटा कर देखिये–वहां वह सबकुछ है, जो धरती दे सकती है। उसे अपने ही रूप में, रंग में निखरने दीजिए। आइये, जब कभी इन वादों और विवादों से आपको थकावट मालूम हो, अवसाद का अनुभव हो, तो इस गुलाब की दुनिया में, रस की सतरंगी दुनिया में आ जाइये! मेरा विश्वास है हम आपको रंग और गंध ही नहीं देंगे, जीवन और ज्योति भी देंगे।

गुलाब की दुनिया! यह क्या–कहीं मुर्झाहट; कहीं सकुचाहट! कोई कली संकोच में खिल नहीं रही–कोई फूल असमय मुर्झा रहा है। 'नई धारा' ऐसे फूलों पर से धूल झाड़ेगी; उनकी जड़ में जीवन डालेगी, उनके रेशे–रेशे में नये रस का संचार करेगी। और, कलियों को सहलायेगी, गुदगुदायेगी, उन्हें खिलने को, विकसित होने को उकसायेगी! वह चाहेगी कि दिगदिगन्त रंग और सुगंध से परिपूरित हो उठे! और हाँ, जो बबूल के ठूँठे पेड़ से इस पाक जमीन पर आ जमे हैं, उन्हें जड़मूल से उखाड़ कर ही दम लेगी। बहुत हुआ; बहुत। आपके काँटों के कहर से यह दुनिया तबाह हो चली है! काश, आप जान पाते, आपके नुकीले बर्छों ने कितनी कोयलों के कलेजे छेदे हैं, आपकी इन खूसट जड़ों ने कितनों के जीवनाधार रस को चूसा है? सावधान, बबूलो! खुशियाँ मनाओ कलियो, फूलो!

हिन्दी राष्ट्रभाषा हो चुकी। किन्तु छाती पर हाथ रख कर कहिए, क्या हमारा साहित्य इस पद के अनुरूप सभी अंगों से पूर्ण है? संतों की वाणी को ही बानगी में पेश करके हम कब तक संतोष करते रहेंगे? हमारी भूमि में कविता के पौदे आपसे आप पैदा होते हैं; खूब बढ़ते हैं! किन्तु यहाँ भी क्या जंगली घास का दृश्य नहीं है? और कहानी, उपन्यास, नाटक, निबंध आदि का क्या हाल है? टेकनिक के ख्याल से

तो हम बहुत ही पिछड़े हुए हैं। बस लकीर पीटते जा रहे हैं। मालूम होता है, हमारे साहित्य-स्रष्टाओं में दम नहीं कि वे विद्रोही की तरह खम ठोक कर खड़े हो सकें ! समाज को विद्रोही चाहिये, उससे अधिक विद्रोही चाहिए साहित्य को, कला को। 'नई धारा' ऐसे विद्रोहियों की वाणी कहकर जिस दिन बदनाम की जायगी; हमारी चरम सफलता का दिन तब होगा! वह दिन निकट आवे-यही आशीर्वाद दीजिये।

(साभार : जनक दुलारी संग्रह)

अर्जुन अरोड़ा

[मजदूर समाचार (श्रमजीवी वर्ग की मासिक पत्रिका) (दिल्ली), जनवरी, 1951 में प्रकाशित संपादकीय]

अर्जुन अरोड़ा, हरिहर नाथ शास्त्री, सूरज प्रसाद अवस्थी (संपादक)

मजदूर समाचार का प्रकाशन भारतीय मजदूर आंदोलन की एक विकट परिस्थिति में प्रारंभ हो रहा है। मंहगाई के बोझ से चिन्तित मज़दूर वर्ग राजनैतिक मतभेदों के कारण फूट का शिकार हो रहा है, अपने जीवन का स्तर ऊँचा करने की उसकी आकांक्षाओं को सहानुभूतिपूर्ण राष्ट्रीय सरकार भी आंशिक रूप से ही पूरा करने का प्रयत्न कर सकी है, एक ओर प्राप्त होने वाली सुविधाओं को दूसरी ओर बढ़ने वाली मंहगाई निरर्थक कर देती है, देश के उद्योग-धंधों का उत्पादन निरन्तर प्रयत्न करने पर भी बढ़ नहीं रहा है। मातृभूमि के विभाजन ने देश के प्रमुख उद्योगों को कच्चे माल के संबंध में विचित्र उलझन और परेशानी में डाल दिया है जिसके कारण कई क्षेत्रों में बेकारी बढ़ रही है और सामाजिक सुरक्षा संबंधी कई उपयोगी नियम भी लागू नहीं किये जा रहे हैं।

हमारा मज़दूर वर्ग एक पीड़ित, दरिद्र और शोषित वर्ग रहा है। पिछले 30 वर्षों में उसने इस अवस्था का अंत करने के लिये शानदार संघर्ष किया है। भारतीय मज़दूर आंदोलन ने देश के स्वतंत्रता-संग्राम में वीरतापूर्वक हिस्सा लिया था। अपनी आर्थिक अवस्था सुधारने में प्रयत्नशील भारतीय मज़दूर वर्ग ने अपने शोषण के विरुद्ध जो आंदोलन किये वे हमारी मातृभूमि के शोषण के विरुद्ध, साम्राज्यवादी शोषण के विरुद्ध जनसाधारण के व्यापक संघर्ष के गौरवपूर्ण अंग थे। यह कोई आकस्मिक घटना नहीं कि हमारे स्वतंत्रता संग्राम के सभी महत्त्वपूर्ण आन्दोलनों के पूर्व और उनके दौरान मजदूर वर्ग की विशाल हड़तालें और आन्दोलन हुए।

स्वतंत्रता प्राप्ति के साथ मज़दूरों को स्वभावत: आशा हुई थी कि उनकी आकांक्षाओं की पूर्ति शीघ्र होगी। सन् 1947 और 48 में होने वाली हड़तालें उनकी बढ़ती हुई आशाओं की प्रतीक थीं। साथ ही वे अपने उद्धार के लिये मज़दूर वर्ग के अधीर होने का स्पष्ट चिन्ह थीं। फिर भी, यह निर्विवाद है कि देश के पुनर्निर्माण के संबंध में मज़दूर वर्ग का विशाल उत्तरदायित्व है। मज़दूर वर्ग उनसे विमुख होकर सुखी नहीं हो

सकता। यही कारण है कि देश के जिम्मेदार मज़दूर नेताओं ने 1947 के अंत में औद्योगिक संधि स्वीकार की थी और अपवादस्वरूप कुछ अवसरों के अलावा उसका भरसक पालन किया है।

हमारी स्वतंत्रता का यह संक्षिप्त समय भीषण मंहगाई का काल रहा है। युद्धकाल में, उसके बाद और स्वतंत्रता प्राप्ति के बाद आज भी मंहगाई बढ़ती ही जा रही है। इस प्रकार पिछले दस वर्षों में मज़दूरों के सम्मुख सबसे बड़ा प्रश्न यह रहा है कि किस प्रकार ऐसी मज़दूरी प्राप्त करें जिससे कि बढ़ती मंहगाई का वे सामना कर सकें, अपने जीवन का स्तर कम न होने दें और वास्तविक मजदूरी कम न होने दें। युद्ध काल में ओवर टाइम और पैदावर अधिक होने के कारण मज़दूरों की आमदनी ज्यादा थी। इस कारण किसी प्रकार उन्होंने अपने जीवन का स्तर कम नहीं होने दिया। युद्ध समाप्त होते ही पैदावार तेजी के साथ कम होने लगी, फलस्वरूप मज़दूर वर्ग की आमदनी कम हुई और उसके लिये मंहगाई की समस्या की भीषणता बढ़ गई। मज़दूरों को मालूम हुआ कि यद्यपि उनकी अपनी पैदावार बढ़ी हुई थी और नगद धन के रूप में मिलने वाली मज़दूरी भी बढ़ी हुई थी उस बढ़ी हुई मुद्रा भृत्ति से वे उन आवश्यक वस्तुओं को भी नहीं खरीद सकते थे जो कि युद्ध के पूर्व उनके लिये सुलभ थीं। दुर्भाग्य से यह विषम परिस्थिति आज भी है। यही कारण है कि देश के पुनर्निर्माण सरीखे पुण्य कार्य में हमें वह सफलता नहीं मिली जिसकी कि हमारे प्राचीन देश में सामर्थ्य थी।

मज़दूरी के संबंध में पिछले कुछ वर्षों में सरकार का महत्त्वपूर्ण कार्य कम से कम मज़दूरी निश्चित करने का निश्चय है। इस निश्चय की पूर्ति के लिये कम से कम मज़दूरी निश्चित करने वाला कानून (मिनिमम वेजेज ऐक्ट 1948) बनाया गया है। इस कानून के अनुसार प्रान्तीय सरकारों को अधिकार दिया गया है कि वे उन उद्योगों के कर्मचारियों के लिये कम से कम मज़दूरी निश्चित करें जिनमें मजदूरों का अत्याधिक शोषण होता है अथवा इस प्रकार के शोषण की सम्भावना हैं। खेद है कि अभी तक इस कानून का उपयोग नहीं किया गया है। उन उद्योगों के लिये कम से कम मजदूरी 15 मार्च सन् 1950 तक निश्चित हो जाना चाहिये थी। परन्तु वह समय बढ़ा दिया गया और अब भी केन्द्रीय और प्रान्तीय सरकारें इस महत्त्वपूर्ण कानून को लागू करने के संबंध में विचार कर रही हैं। व्यावहारिक रूप से कम से कम मज़दूरी निश्चय करने का कार्य विभिन्न प्रान्तों की औद्योगिक अदालतों और जांच कमेटियों ने किया है। इस प्रकार सूती वस्त्र व्यवसाय में बम्बई और कानपुर के सूती मिल मजदूरों के लिए कम से कम मजदूरी 30) प्रति मास, अहमदाबाद और देहली में 278) प्रति मास; शोलापुर, मध्य प्रदेश, मद्रास प्रान्त और इन्दौर में 26) प्रति मास और पश्चिमी बंगाल में 20।।) प्रति मास निश्चित की गई है। देश के जूट मिल मज़दूरों में 90 फीसदी पश्चिमी बंगाल के जूट मिलों में काम करने करते हैं जहां इंडस्ट्रीयल ट्रिब्यूनल द्वारा उनकी कम से कम मजदूरी 26) प्रति मास निश्चित की गई है। इसी प्रकार वेज बोर्ड के फैसले के

अनुसार बम्बई के रेशम के कारखानों के मजदूरों के लिये कम से कम मजदूरी 30) महीना निश्चित की गई है। पश्चिम बंगाल में इंजीनियरिंग कारखानो के मज़दूरों के लिए कम से कम मज़दूरी 30) प्रति मास और 35) प्रति मास निश्चित की गई है। बम्बई में सरकारी फैसलों के फलस्वरूप इंजीनियरिंग कारखाने के मजदूरों के लिये 30) प्रति मास और 35।।।) प्रति मास कम से कम मजदूरी निश्चित की गई है। बिहार के अनेकों बड़े इंजीनियरिंग कारखानों में वे ही कम से कम वेतन दिये जा रहे हैं जो कि टाटा आइरन एण्ड स्टील वर्क्स के मजदूरों को मिलता है। यू.पी. में बिजलीघरों के मजदूरों की कम से कम मजदूरी कानपुर, लखनऊ सरीखे बड़े शहरों में 30) और छोटे शहरों और कस्बों में 28) निश्चित की गई है। कलकत्ता के ट्रामवे कर्मचारियों की कम से कम मजदूरी 37।।) महीना निर्धारित की गई है जबकि देहली में 30) और मद्रास में 22।।।) प्रति मास। सेन्ट्रल पे कमीशन द्वारा निर्धारित कम से कम मजदूरी का प्रभाव सरकारी कारखानों और अन्य सरकारी कर्मचारियों पर पड़ा है। हमारे देश में सरकार सबसे अधिक मजदूरों को काम पर रखती है। किसी उद्योग विशेष में मजदूरों की संख्या उतनी नहीं है। केन्द्रीय सरकार द्वारा कम से कम मज़दूरी निश्चित करने का इस कारण व्यापक प्रभाव पड़ा है।

फिर भी, यह सत्य है कि मिनिमम वेजेज़ ऐक्ट 1948 के लागू न होने के कारण मजदूर वर्ग का अत्यधिक शोषित वर्ग अब भी इस न्यूनतम वेतन से कम मज़दूरी प्राप्त कर रहा है। उचित वेतन की निरन्तर मांग करने के बाद भी न सिर्फ खेतिहर मजदूर और घरेलू उद्योगों में काम करने वाले मज़दूर, बल्कि सुसंगठित कारखानों में, जिनकी बड़ी पूंजी है मजदूरों की दयनीय दशा को स्पष्ट करने वाली मज़दूरी मिल रही है। एक सरकारी रिपोर्ट के अनुसार कानपुर सरीखे औद्योगिक नगर में भी हजारों मजदूर सन् 1951 में भी 11) माहवारी मजदूरी प्राप्त कर रहे हैं। मुख्यत: केवल बड़े-बड़े उद्योगों के बड़े-बड़े केन्द्रों में इंडस्ट्रीयल ट्रिब्यूनल्स, एडजुडिकटर्स, जाँच कमेटियों आदि के फैसलों के अनुसार मजदूरी को वैज्ञानिक आधार देने का प्रयत्न किया गया है अथवा कम से कम मजदूरी नियत की गई है।

कानूनों के क्षेत्र में यद्यपि 1946 से ही प्रगति हुई है उसे हम संतोषजनक नहीं कह सकते। मजदूरों के सुख और सुविधा की दृष्टि से अब भी फैक्ट्रीज़ ऐक्ट ही सब से उपयोगी और व्यापक कानून है। देश में प्रथम फैक्ट्रीज ऐक्ट सन् 1881 में पास हुआ था। सन् 1891 में नया फैक्ट्रीज ऐक्ट बना और सन् 1922 में और भी व्यापक फैक्ट्रीज ऐक्ट पास हुआ। शाही मज़दूर कमीशन की सिफारिशों के आधार पर सन् 1934 में नया फैक्ट्रीज एक्ट पास हुआ था जिसमें सन् 1936, 1940, 1941, 1944, 1945, 1946 और अन्त में 1947 में संशोधन हुए। सन् 1948 में एक नया फैक्ट्रीज ऐक्ट पास किया गया है जो कि 1 अप्रैल सन् 1949 से लागू हो गया है। इस ऐक्ट के अनुसार पावर से चलने वाले उस सभी कारखानों का शुमार फैक्ट्री में किया जायगा

जिनमें कि 10 मजदूर काम करते हैं। पावर का प्रयोग जिन कारखानों में नहीं होता उनमें यदि 20 मजदूर काम करते हैं तो फैक्ट्री कानून उन पर लागू हो जाता है। इस ऐक्ट के अनुसार प्रान्तीय सरकारों को यह भी अधिकार है कि वे उन सभी इमारतों पर फैक्ट्री ऐक्ट लागू कर दें जहाँ पावर से अथवा बगैर पावर के उत्पादन कार्य होता है, उनमें काम करने वाले मजदूरों की संख्या कुछ भी हो। प्रांतीय सरकारों को केवल उन स्थानों पर फैक्ट्री कानून लागू करने का अधिकार नहीं है जहाँ कारीगर केवल अपने परिवार के सदस्यों की मदद से उत्पादन करता है। सन् 1948 के फैक्ट्रीज ऐक्ट में मजदूरों के स्वास्थ्य, सुरक्षा और वेलफेयर संबंधी प्रबंधों के लिये कई नियम हैं और 18 वर्ष से कम उम्र के लोगों को कानून ने वयस्क नहीं माना है। साप्ताहिक छुट्टियों के साथ ही बारह महीने लगातार काम करने के बाद मज़दूरों को प्रति 20 दिनों के काम के लिए एक दिन की छुट्टी और इस प्रकार साल में कम से कम 10 दिन की छुट्टी देने का भी नियम है।

यद्यपि फैक्ट्रीज ऐक्ट 1948 ने उचित दिशा में प्रगति की है ऐक्ट के लागू करने का प्रबंध अब भी संतोषजनक नहीं है। अधिकांश प्रदेशीय सरकारों ने फैक्ट्री इंस्पेक्टरों की संख्या नहीं बढ़ाई है और यदि बढ़ा दी है तो उसे पर्याप्त नहीं बढ़ाया है। ऐक्ट ने प्रदेशीय सरकारों को अधिकार दिया है कि वे नियम बना कर मजदूरों के प्रतिनिधियों को मिलों के अन्दर मालिकों द्वारा होने वाले श्रम हितकारी (वेलफेयर) कार्यों के संचालन में हिस्सा दिलायें। ऐक्ट की दूसरी धारा के अनुसार उन कारखानों में फैक्ट्री वेलफेयर अफसर की नियुक्ति की व्यवस्था है जिनमें 500 अथवा 500 से अधिक मजदूर काम करते हैं। प्रदेशीय सरकारों को इस संबंध में नियम बनाने का अधिकार है। केवल यू.पी. सरकार ने फैक्ट्री वेलफेयर आफिसर्स रूल्स 1949 लागू किए हैं यद्यपि उन पर भी अभी तक अमल नहीं हुआ है। श्रम हितकारी (वेलफेयर) कार्यों के प्रबंध में अभी तक मजदूरों को वह अधिकार नहीं प्राप्त हुए हैं जिनका कि उन्हें नियमानुसार हक है। इस प्रकार इस महत्त्वपूर्ण ऐक्ट से भी मजदूर पूर्ण लाभ नहीं उठा सके हैं।

इधर बाज़ार कर्मचारियों की सुविधा के लिये महत्त्वपूर्ण कदम उठाये गये हैं। बम्बई प्रान्त में सन् 1939 में बाजार कर्मचारियों की सुरक्षा के लिये कानून बना था। बंगाल और पंजाब में सन् 1940 में इस प्रकार के कानून बने। सन् 1947 में इस दिशा में उल्लेखनीय प्रगति हुई। यू.पी. मद्रास और सी.पी. एवं बरार की सरकारों ने बाजार कर्मचारी कानून इसी वर्ष बनाये। जून सन् 1948 में आसाम में शाप्स एंड कमर्शियल इस्टैबलिशमेंट ऐक्ट पास हुआ जो कि मई सन् 1949 से लागू किया गया। सन् 1949 में बम्बई में एक नया शाप्स ऐक्ट पास हुआ जिसके अनुसार कर्मचारियों के काम के घंटे कम किये गये।

कोयले की खानों में काम करने वाले मजदूरों के हितार्थ सन् 1947 में कोल माइन्स लेबर वेलफेयर ऐक्ट पास किया गया है जिसके अनुसार खदानों से रवाना होने वाले

कोयले पर चार आना टन से आठा आना टन तक कर (सेस) लगाया जा सकता है। इस वेलफेयर फन्ड में जमा होने वाले धन का प्रयोग मजदूरों के लिये गृह निर्माण और उनके लिये कल्याणकारी अन्य वेलफेयर कार्यों में होना चाहिए। भारत सरकार ने 6 आना टन सेस लगाया है। इन 6 आनों में एक आना चार पाई फी टन गृह निर्माण फण्ड में जायगा और शेष आना आठ पाई श्रम हितकारी कार्यों में! इस योजना के अन्तर्गत भारत सरकार ने अनेकों अफसर और कर्मचारी रखे हैं; मजदूरों के लिये गृह निर्माण, चिकित्सा के प्रबंध और कल्याणकारी कार्यों पर धन व्यय करना प्रांरभ किया है। हमें खेद है कि अफसरों की अनुभवहीनता के कारण इस धन का उचित उपयोग नहीं हुआ।

इन पंक्तियों के लेखक ने दुःख के साथ देखा कि लाखों रुपया खर्च कर कोयलों की खानों में काम करने वाले मजदूरों के निवास के लिए जो सैकड़ों सुन्दर मकान बनवाए गए हैं उन्हें ऐसी जगह बनवाया गया है कि मजदूर उनका उपयोग नहीं कर सकते और वे खाली पड़े है क्योंकि वे खदानों से मीलों दूर हैं। इस सिलसिले में अंतिम खबर है कि भारत सरकार ने फिलहाल कोयले की खानों के मजदूरों के लिए मकान बनवाना मुल्तवी कर दिया है।

सामाजिक सुरक्षा संबंधी महत्त्वपूर्ण कानून है इम्पलायीज़ स्टेट इंश्योरेन्स ऐक्ट, 1948 जिसके अनुसार मौसमी कारखानों के अलावा सभी कारखानों में काम करने वाले मजदूरों और क्लर्कों के स्वास्थ्य संबंधी बीमे की व्यवस्था होनी है। चार सौ रुपए मासिक से कम वेतन वाले कर्मचारियों के स्वास्थ्य के बीमे की यह सुन्दर योजना दुर्भाग्य से अभी तक एक कागजी योजना ही है। भारत सरकार ने इस ऐक्ट द्वारा निर्धारित इम्पलायीज़ स्टेट इंश्योरेंस कारपोरेशन बना दिया है जिसमें भारत सरकार के श्रम मंत्री, स्वास्थ्य मंत्री, केन्द्रीय सरकार द्वारा नामज़द सदस्य, मालिकों और मजदूरों के प्रतिनिधि, डाक्टरों के प्रतिनिधि और संसद द्वारा निर्वाचित दो प्रतिनिधि हैं। यह भी घोषित हो चुका है कि यह योजना सर्वप्रथम सूती वस्त्र उद्योग में कार्यान्वित की जायेगी। देहली और कानपुर में प्रयोग के रूप में इस विशाल योजना के कार्यान्वित करने के लिए कई बार तिथियां घोषित हुई हैं, परन्तु इसके विरोधियों ने येन-केन-प्रकारेण इसे लागू नहीं होने दिया है।

औद्योगिक झगड़ों के निपटारे के लिये भारत सरकार ने 1947 में इंडस्ट्रियल डिस्प्यूट्स ऐक्ट बनाया था। उसी वर्ष यू.पी. और सी.पी. की सरकारों ने भी इंडस्ट्रियल डिस्प्यूट्स ऐक्ट बनाये थे। इस सिलसिले में भारत सरकार का महत्त्वपूर्ण कदम 1950 में लेबर अपीलैट ट्रिब्यूनल की स्थापना है जिसके द्वारा देश के विभिन्न प्रदेशों में औद्योगिक विवादों में होने वाले फैसलों पर पुनर्विचार किया जाता है। इस प्रकार सभी प्रदेशों में एक फैसले करने का प्रयत्न किया जा रहा है।

संसद के सम्मुख विचारणीय विषयों में मजदूरों के संबंध में दो महत्त्वपूर्ण बिल हैं-इंडस्ट्रियल रिलेशन्स बिल और ट्रेड यूनियन्स बिल। सन् 1947 में सन् 1926 के

ट्रेड यूनियन्स ऐक्ट में संशोधन किया गया था जिसके अनुसार मालिकों द्वारा कुछ दशाओं में मजदूर संघों को मान्यता देना लाज़िमी था। इस संशोधन ऐक्ट के अनुसार नियम नहीं बने हैं क्योंकि नया बिल एक अर्से से संसद के समक्ष है।

पिछले दो वर्षों में मज़दूरों की चिन्तायें दुर्भाग्य से बढ़ गई हैं। देश के प्रमुख उद्योगों–सूती वस्त्र, जूट, कोयले की खदान और बागान–के मजदूरों में सिर्फ बेकारी ही नहीं बढ़ी, जो मजदूर बेकार नहीं हुए उन्हें भी पूरा काम नहीं मिल रहा है। जूट मिलों को पाकिस्तान से उचित कीमत पर कच्चा माल नहीं मिलता इस कारण वे अपने मजदूरों से पूरे समय काम नहीं ले सकते। रूई की कमी के कारण बम्बई प्रान्त के अनेकों सूती मिल बन्द हैं। उत्तर प्रदेश में अनेकों सूती मिलों ने सन् 1950 में अपने एक तिहाई मजदूरों को महीने 'प्ले आफ' किया और अनेकों मिल लगातार बन्द रहे। कोयले की खदानों में किसी समय काम करने वालों की कमी थी, इधर वहाँ मजदूरों के लिये काम की कमी हो गई है। भारत सरकार ने खर्च कम करने के लिए अपने दफ्तरों और उद्योगों में कर्मचारियों की छँटनी की है और साथ ही विकास संबंधी अपनी योजनाओं को मुल्तवी कर दिया है जिसके कारण हजारों व्यक्ति बेकार हो गये हैं। आम तौर पर कारखानेदार रेशनलाइजेशन कर रहे हैं। रेशनलाइजेशन एक उचित तरीका है, परन्तु जब उसका प्रयोग नियमित और वैज्ञानिक रूप से, पैदावार बढ़ाने के लिए और मजदूरों के हितों की रक्षा करते हुए नहीं होता तो वह बेकारी बढ़ाने, काम बढ़ाने और शोषण बढ़ाने का एक तरीका हो जाता है। भारतीय मज़दूरों के सम्मुख रेशनलाइजेशन इसी भयावने रूप में आ रहा है।

इस विकट परिस्थिति में हम इस आशा के साथ मजदूर समाचार का प्रकाशन प्रारम्भ कर रहे हैं कि देश के हिन्दी भाषी मज़दूरों को उनका संगठन प्रबल बनाने में सहायक हो सकें। सुसंगठित मजदूर वर्ग न सिर्फ अपनी समस्याओं–उचित मजदूरी, पूरी मंहगाई, मुनासिब मकान, स्वास्थ्य, बुढ़ापे और बेकारी की बीमा, औद्योगिक विवादों का शांतिपूर्ण और शीघ्र निपटारा को–हल कर सकेगा मजदूर देश के पुनर्निर्माण में योग्यतापूर्वक हिस्सा लेंगे और विकास संबंधी योजनाओं को सफल बनायेंगे।

(साभार : जनक दुलारी संग्रह)

गजानन माधव मुक्तिबोध*

[नया खून (नागपुर), 18 सितम्बर, 1953 में प्रकाशित लेख 'जिन्दगी के नये तकाजे और सामाजिक त्यौहार']

किसी जमाने में मैंने एडिनबरा (स्कॉटलैंड, ब्रिटेन) के बारे में किसी प्रसिद्ध इंग्लिश निबन्धकार का एक लेख पढ़ा था। अपने नगर के विकास के सम्बन्ध में लिखते हुए उसने यह कहा कि शहर का जो हिस्सा पुराना पड़ जाता है (एक जमाने में वह नया था और उसमें बड़े-बड़े सरदार और धनी लोग रहते थे), उसमें अब ग़रीब लोग रहते हैं, और धनियों ने अपने मुहल्ले अलग बसा लिये हैं। जो मुहल्ला बहुत पुराना पड़ जाता है, गरीबों के पल्ले पड़ता है और नया धनियों के जिम्मे आता है। यह प्रक्रिया स्पष्ट होती है ठीक पचास सालों के दरमियान, लेकिन वह चलती रहती है सदा-सर्वदा।

हमारे नागपुर का भी ठीक यही हाल है। जो मुहल्ले आज वीरान हो गये हैं वहां घोर-गरीब रहते हैं, जो मुहल्ले पुराने या आधे पुराने हैं वहां गरीब मध्यम वर्ग रहता है। और पहले महायुद्ध के अनन्तर दूसरे विश्वयुद्ध के बाद नये बन गये धनियों ने अपने लिए तथा धनी शिक्षित मध्यम-वर्ग के लिए नये-नये मुहल्ले बना लिये हैं, जैसे रामदास पेठ, न्यू कालोनी। एडिनबरावाला नियम लगता सब जगह है।

कहने का सारांश यह कि आजकल के शहरों में नयी बस्ती, पुरानी बस्ती, नया इलाहाबाद, पुराना इलाहाबाद, नयी देहली, पुरानी देहलीवाला सत्य सब जगह लागू है।

यह नये और पुराने का भेद असल में गरीब और अमीर का भेद है। एक ही शहर की दो संस्कृतियां हैं-एक गरीब की संस्कृति और दूसरी अमीर की संस्कृति। एक ही शहर में दो राष्ट्र हैं। एक राष्ट्र गरीब है, काम करता है, कुलीगीरी करता है, मजदूरी करता है, रिक्शा चलाता है, क्लर्की करता है, टाइमकीपरी करता है, दर्जीगीरी करता है। और एक दूसरा राष्ट्र है जो मैंगनीज की खदानें लेता है, अंग्रेजी, हिन्दी, मराठी अखबार निकालता है, चुनाव लड़ता है, और सरकार चलाता है, और उद्योगों में पैसा लगाता है।

---

* लेखक के नाम बिना प्रकाशित

नागपुर–जैसे शहर के सम्बन्ध में बाहर के लोग यह कल्पना करते हैं कि वह एक बड़ा ही माडर्न, अपटुडेट सुशिक्षित शहर होगा, किन्तु जुम्मा दरवाजा, महल इतवारा चौक और इनके आगे–पीछे की गलियों में घूम जाने पर उसे कई दृश्य दिखायी देते हैं, जिन्हें हम गरीबों की संस्कृति के प्रकट स्वरूप कह सकते हैं।

मिसाल के लिए, अगर पुराने शहर में माता का रोग फैला हुआ हो और मौतें होती हों, तो मराठी कुम्हारों, कुनबियों, बुनकरों और महारों की औरतें एक मंजी हुई चमचमाती थाली में कुछ पवित्र पानी भरे बरतन और कुछ फूल–चन्दन इत्यादि रखकर, माता की कृपा के लिए ओवी छन्द गाती हुई सड़कों और बाजारों में निकलती हैं। उनके इस छोटे प्रोसेशन को देखकर एक ओर तो उनके अज्ञान पर ग्लानि होती है, तो दूसरी ओर (माता के रोग के कारण), उनकी विवश दुःख कातरता को देखकर मन पानी–पानी हो जाता है। आखिर वे क्या करें!! देवी–देवताओं को भी न मनायें!! उनके अज्ञान और अशिक्षा पर छींटाकशी करके फ़ायदा क्या है! अपना दुख भुलाने के लिए उनके पास, मैं सच कहता हूं, सिवा उनके अपने ईश्वर के और कोई रास्ता उनके लिए खुला नहीं छोड़ा गया है। उनके मुहल्ले गन्दे हैं जहां गटर नहीं हैं। औरतें और मर्द म्युनिसिपैलिटी द्वारा बनाये पैख़ानों में जाते हैं और गन्दे पानी के बहने का जो गली में रास्ता है वहां बच्चे हगते हैं। वीरानी गलियों में अंधेरा बनकर ऊंघा करती है। सरकारी दवा–खानों में दवा के बदले पानी मिलता है। तो वे क्या करें! मौतें धड़ाधड़ होती हैं। बच्चों की मौतों का तो कहना ही क्या!!

और मां का दिल तब किसी ईश्वर की कृपा के लिए गाने लगता है। और मातृ–हृदय औरतें जिनके चेहरों पर स्त्रीत्व का कोई आकर्षण नहीं है, केवल उस जीवन के दुःख का पीला पलिस्तर पड़ा हुआ है, सड़कों और गलियों में गाती हुई निकलती हैं। यह उनकी संस्कृति है, हमारी संस्कृति नहीं।

और इन अंधेरी गलियों में रहने वाले हमारे नागपुर के नौजवान भी खूब हैं। बुधवारी बाजार में जब एक से मुलाकात हुई तब बड़ा ही मजा आया। वह तरकारी बेचने वाला था। किन्तु उसके पास सिर्फ़ एक बड़े कद्दू और थोड़े धनिये के अलावा कुछ न था। किसी जमाने में उसने मुझे जबलपुर में देखा था। बस इत्ती–सी बात हमारे आपसी आनंद के लिए काफ़ी थी। अपनी जिन्दगी की खूबी बतलाते हुए उसने बड़े ही मनमौजीपन से कहा, 'क्या है, बाबूजी, इसी तरह सुबह–शाम काम करते–करते बीच ही में खट से...!!' उसका मतलब हार्ट–फ़ेल से था।

मैंने उसके चेहरे की तरफ ध्यान से देखा। उस पर निराशा की कोई छाया न थी। उसके बदले, उद्दाम उद्धत सुनहले आनंद की झांई उसके मुख पर डोल रही थी। मैंने कहा, 'नहीं भाई, अच्छा जमाना भी आयेगा। घर में बाल–बच्चे भी तो होंगे!!' उसने कहा, 'कौन करता है, बाबूजी, शादी ऐसे जमाने में। अपन ही भूखों मर रहे हैं, उनको

भी भूखों मारने का पाप कौन अपने सिर पर ले!!' और फिर वह हंसा एक कृतज्ञता-भरी हंसी कि आखिर बाबूजी ने (अर्थात मैंने) उसके दिल की नाजुक बात, कम से कम, पूछ तो ली। मैंने ठीक निम्न-मध्यवर्गीय पद्धति से उससे दो पैसे का कद्दू मोल लिया और अपना रास्ता नापा।

बरबस दो निष्कर्ष सामने आये-एक तो यह कि उस कद्दू वाले ने अपनी जिन्दगी पर खूब सोचा है। अपनी जिन्दगी के प्रति उसका जो रुख है, उसमें भयानक यथार्थताओं की स्वीकृति तो है है, किन्तु साथ ही अपनी मस्ती कम न करने की उसमें दुर्दान्त वृत्ति भी है। उसकी इस भीतरी शक्ति का ही प्रफुल्ल रूप उसके चेहरे पर मनमौजी आनंद बनकर झांक रहा है। मन में यह माना और अनुमाना कि इस व्यक्ति ने खूब क्षितिज देखे हैं। सुबहें और सांझें खूब देखी हैं। मैदानों की दूरियों के आर-पार प्रसार का लुत्फ़ उसने खूब लिया है और दूर-दूर से आती हुई हवाओं की लहरों में यह ख़ूब डोला है। प्रकृति की सौन्दर्य-शक्ति के अनुभव के बिना मनुष्य भला इतना मनमौजी आत्मविश्वास रख ही कैसे सकता है!! वह कद्दू वाला एक घुमक्कड़ प्राणी होना चाहिये, उसके पैरों पर अनेक गांवों और उनकी अनेक पगडण्डियों की धूल होनी चाहिये!!

किन्तु शहर में ऐसे लोग कम होते हैं। फिर भी, अलावा मुसीबतों की काली छायाओं के, जो उनकी पैदा की हुई नहीं हैं, कुछ ऐसे सुनहले क्षण भी होते हैं जो उनके पैदा किये हुए होते हैं। रात के डेढ़ बजे तिलक पुतले के पास किसी तारों भरी रात में जब रिक्शे वाले (रिक्शा एक किनारे छोड़कर) गाली बककर कमर में हाथ डाले हुए, एक-दूसरे के शरीर पर वजन डालकर जब एक-दूसरे से झूमते हैं-झूमते हुए लड़ते हैं, लड़ते हुए झूमते हैं, एक-दूसरे की ओर दौड़कर झपटते हैं, झपटकर लड़ते और पटकते हैं, और अन्य रिक्शे वाले उनको ठहाका मारते प्रोत्साहित करते जाते हैं, तब हंसी के फुहारे छूटते हैं-ऐसे झरने मानो जो अब तक पत्थरों में दबे हुए थे और जरा-सी दरार पाकर बड़ी तेजी के साथ, बड़े वेग से, बहुत मस्ती से, एकाएक फूट पड़े हों। बाबूजियों की दुनिया बौनी भीतों वाले कमरों में सो गयी है, पर रिक्शे वालों की दुनिया सड़कों पर जाग रही है!!

किन्तु, ऐसे दृश्यों से यह सिद्ध नहीं किया जा सकता कि जनता के फ्रन्ट पर सुख-शांति है!! होटलों में फटी चड्डी पहने होटलों के लड़कों के पीले चेहरों को किसने नहीं देखा है!! काटन मार्केट के पास एक गन्दे होटल में जब मैं चाय पीने गया तब मैं हैरत में रह गया। एक लड़का जिसकी आंखों में पीलिया का पीलापन घनीभूत था, मेरे सामने आया, उसकी आंखों की बीमार पीली झांई को देखकर मुझसे वहां चाय न पी गयी। मोढ़े पर बैठे हुए होटल वाले से जब मैंने यह कहा तो उसने मेरी तरफ़ ऐसे देखा जैसे उसे मेरी बात अलजेब्रा का कोई गणित मालूम हो रही हो, बेकार और बेकाम।

चूंकि वह मेरे ही वर्ग का था, इसलिए उसने रुखाई से सिर्फ़ इतना ही कहा, 'हाँ, मैं उसे अस्पताल भिजवा दूंगा।' लेकिन शायद वह मुझसे ज्यादा जानता था। उसे मालूम था कि उस लड़के के कारण उसकी मां के पास जो चार रुपये माहवार पहुंचते हैं, वे भी बन्द हो जायेंगे और इसके अलावा उस होटल में दो बार जो उसे खाना मिलता है, वह भी बन्द हो जायेगा। और, तब वह न केवल मर जायेगा, लेकिन अपने घरवालों को भी ले डूबेगा। किन्तु शायद उस होटल मालिक में उदारता का भयानक अभाव था। वह उस लड़के की दवा तो करा ही सकता था, उसके गन्दे कपड़े तो उतरवा ही सकता था, और थोड़ा उसे आराम दे सकता था!! लेकिन उसने ऐसा नहीं किया, और जब मैंने उसकी बीमारी की बात कही तब उसने मेरी तरफ़ ऐसे देखा मानो मैंने उससे कोई ऐसी नयी बात कही है जो अब तक दुनिया में देखी नहीं गयी और इसीलिए जो सन्देहास्पद और ग़लत हो उठी हो।

लोग अपने दिल-ही-दिल में हाय खाकर ऐसे ही दृश्य देखा करते हैं!! जिसमें से एक तजुर्बा तो मैं आपको सुनाऊंगा ही। शाम के सांवले धुंधलके में भोंसलों की छत्री के इसी तरफ़ नयी शुक्रवारी रोड के दाहिने गटर में औंधी पड़ी हुई एक लगभग दो बरस की बच्ची, जोर-जोर से 'माँ' 'माँ' करते हुए रो रही थी। उसकी वह बेतहाशा भयानक निर्विराम रोने की आवाज (पछाड़ खाकर रोते हुए नि:सहाय दिल के झरने की तरह) सारी सड़क पर गूंज रही थी, और गैलरियों में लड़कियाँ, माएँ, बूढ़ी औरतें, और जवान स्त्रियां, माताएं और बहनें इकट्ठा हो गयी थीं। उन एकत्र लोगों के फटे-फटे करुण चेहरों को देखकर, निचली मंजिल के दरवाजे पर खड़े क्लर्कों की, स्कूली लड़कों की और फटी चड्ढीवाले बहती हुई नाक वाले बच्चों की स्तब्ध व्यथित क़तारों को देखकर, मेरे मन में तड़ाक से यह बात आ गयी कि कोई मां अपनी दुधमुंही बच्ची को छोड़कर चल दी है। (इस 'भारतीय संस्कृति' वाले हिन्दुस्तान में अब तक जो नहीं हुआ सो हो रहा है) और वह बच्ची शाम के सांवले करुण धुंधलके में धाड़ मारकर रो रही हैं। 'माँ..! माँ!...माँ!...' वह बछड़ी आक्रोश करते हुए रंभा रही है अपनी गाय माँ के लिए। और गैलरियों में, निचली मंजिल के दरवाजों में इकट्ठा माएं, बहनें, बच्चियां और बच्चे फटे-फटे चेहरों से देख रहे हैं यह भयानक करुण दृश्य!!

कि इतने में नाटकीय आकस्मिकता से एक घटना होती है। म्युनिसिपैलिटी का एक ठेला ठहर जाता है। ठेले में एक मरी हुई गाय और एक कुतिया पड़ी हुई है जिसकी दुर्गन्ध सड़क पर फैल रही है। और एक अधेड़ व्यक्ति ठेले से उतर-कर हम लोगों में शामिल हो जाता है। जाहिर है कि वह कर्मचारी भंगी है। वह पांच मिनिट यह दृश्य देखता है। और फिर सबकी एकटक नजरों के सामने बच्ची को पुचकारता है, अधगीले गटर में से 'माँ-माँ' रोती हुई, उबलती हुई बिलखती हुई बच्ची को उठाता है। उसे कन्धे पर डालता है, पीठ थपथपाता है, पुचकारता है, और उस रोती हुई

बच्ची को लिये वह मोटर ठेले के खुले पिछले भाग पर चढ़कर खड़ा होने को होता है कि उसकी ओर मेरी घूरती हुई नजर से किंचित् विचलित होकर मुझसे कहता है, 'पुलिस-थाने में रिपोर्ट कर आऊँगा, बाबूजी।'

उसके इस उद्‌गार से मेरा वह ख़्याल हवा हो जाता है जिसके कारण मैं उसकी ओर घूर रहा था। मेरी नाराजी उससे इसलिए थी कि जब उसने उस बच्ची को उठाया तब मैंने यह समझा कि वह उसका बाप है!!

उसके उद्‌गार से आहत होकर मैंने जब जाते हुए म्युनिसिपल मोटर की तरफ देखा, तब मोटर ठेले के पिछले खुले आंगननुमा बाजू पर मरी हुई गाय और मरी हुई कुतिया के पास खड़े हुए उस भंगी के चेहरे को और उसके कन्धे पर बिलखती हुई उस बालिका को मैं अपने मन में यों उतारने लगा जैसे जो चीज सदा के लिए चली जायगी उसका थोड़ा-सा अक्स अपने मन में तो खींच लूं।

यह एक सच्ची आंखों-देखी घटना है। इसी से अन्दाज लगाया जा सकता है कि इन अंधेरी गलियों में जिन्दगी के कितने विद्रूप चित्र हैं। और हमारे ये ग़रीब लोग कितनी अस्वाभाविक परिस्थितियों में रहते हैं।

अतएव, जब वे अपने अखाड़े के अस्त्रों का जुलूस निकालते हैं, और ढोलक की जुझार बेतहाशा बुलन्द तड़तड़ के छन्द में लाठियों के पैंतरों की हरकत के जोशीले दृश्य दिखाते हुए आगे बढ़ते हैं तब देखने वाले धड़क जाते हैं और किसी अबूझे जोश की थिरकन उनके रोमों में बिंध जाती या हृदय की जितनी भावात्मक शक्ति है, मन के भीतर जितनी भी सृजनशील मनोवृत्तियां हैं, वे सब अपने रूप परिवर्तित कर मात्र शारीरिक अग्नि की शक्ति की धारा में बहती हुई पैरों की उछाल, भवों की तनावट, कनपटी की गरमाहट और लाठियों के इन पैंतरों में दिखायी देती हैं।

ठीक है कि यह एक असांस्कृतिक रूप है। किन्तु इस सम्बन्ध में उनका भी क्या इलाज है। उसी तरह हमारे नागपुर में बाघ निकलते हैं। एक जमाने में ताजियों के सामने वे नाच-नाचकर अपना जोशोख़रोश दिखाया करते थे। लेकिन अब हिन्दू-मुस्लिम तनाव के बाद वे अलग से निकलते हैं। ग़रीब लोगों के सांवले नौजवान पुत्र अपने सारे शरीर को रंग लेते हैं। और वह रंग क्या है, पेण्ट है। सारे शरीर को रंग-बिरंगे पेण्ट से ढांककर, और पीछे एक लम्बी कड़ी घुमावदार गुच्छेदार पूंछ खड़ी कर, वे सचमुच समझने लगते हैं कि वे बाघ हैं। अपने को पेण्ट कर वे एक डोज टिंच्कर चढ़ा लेते हैं और फिर देखिये उनका जोशोख़रोश!! शरीर पर किसी जगह लिखा रहता है, 'पेण्टर नागेश'।

निश्चय ही, यह ग़रीबों की संस्कृति है। ये उनके सांस्कृतिक कार्यक्रम हैं। हमें भले ही वे न रुचें, लेकिन उनकी अंधेरी जिन्दगी के ये ही सर्वोच्च क्षण हैं।

हर आदमी बहादुर बनना चाहता है, हीरो बनना चाहता है, अर्थात, आधुनिक शब्दावली में, वह कुछ 'कर दिखाना' चाहता है। उसकी यह उमंग और उछाह उसके

जिन्दगी के पहियों में तेजी भरती है। लेकिन, जिनकी खुद की जिन्दगी का ही तेल निकाला जा रहा है, उनके पास सिवा इस प्रकार बाघ बनने के, और रहा ही क्या है!!

फिर भी यह कौन न मानेगा कि उनके सांस्कृतिक कार्यक्रमों में सुधार होना चाहिये। सांस्कृतिक रूप में उनके पास उत्तम मानसिक खाद्य पहुंचने की जरूरत है। अच्छाई, ईमानदारी में इन लोगों का सहज विश्वास है। अतएव केवल सांस्कृतिक कार्यक्रमों से कभी भी वह बात पैदा नहीं की जा सकती जो कि जिन्दगी की परिस्थितियों के बदल देने से होती है। किन्तु सांस्कृतिक कार्यक्रमों का अपना महत्त्व तो है।

आश्चर्य तो इस बात का है कि कांग्रेस सरकार के अधिष्ठित होते ही, एक जमाने में गणेशोत्सव, जो राष्ट्रीय सामाजिक और सांस्कृतिक त्यौहार माना जाता था उसमें अब बैण्ड-बाजे के बदले लाउड-स्पीकरों और सस्ते सिनेमा गीतों को लगाया जाता है। इसका वह पुराना सामाजिक सत्य अब नष्ट हो गया है।

गणेशोत्सव के वर्तमान स्वरूप से अब यह स्पष्ट पता चलता है कि नये युग के अनुसार इसमें नये परिवर्तन आवश्यक हैं। एक तो यह उत्सव दस दिनों तक चलता है। यह काफ़ी लम्बा समय है। इस अवधि को अल्प कर, इसके द्वारा हम नवीन सांस्कृतिक-सामाजिक आन्दोलन का सूत्रपात कर सकते हैं।

अगर हमारे मध्यवर्गीय इस कार्य में सफल हुए तो निश्चय ही हमारे भिन्न वर्ग इस उदाहरण का अनुगमन करेंगे। आज तक हमारे पास सांस्कृतिक नेतृत्व रहा। अब उसमें ह्रास के चिह्न दृष्टिगोचर हो रहे हैं।

आवश्यकता इस बात की है कि हम नयी सामाजिक आवश्यकताओं के अनुसार, जनता के हित की दृष्टि से, अपने में और अपने सांस्कृतिक कार्यक्रमों में परिवर्तन करें।

(साभार : मुक्तिबोध समग्र रचनावली)

पदुमलाल पुन्नालाल बख्शी

[सरस्वती (इलाहाबाद), मार्च, 1954 में प्रकाशित लेख 'श्राद्ध-दिवस']

पदुमलाल बख्शी, देवीदयाल चतुर्वेदी (सम्पादक)

17 मार्च स्वर्गीय बाबू हरिकेशव घोष का श्राद्ध-दिवस है। गत वर्ष इसी दिन उनका अचानक देहावसान हो गया था। एक वर्ष व्यतीत हो गया। इस एक वर्ष के भीतर कितनी ही घटनाएं हो गई हैं। बात यह है कि संसार की गति कभी रुद्ध नहीं होती। विश्व के कर्मक्षेत्र में सभी काम होते रहते हैं। जो एक व्यक्ति काल के अनंत गर्भ में लीन हो जाता है, वह अपने पीछे केवल अपनी स्मृति छोड़ जाता है। मृत्यु के बाद केवल कीर्ति ही विद्यमान रहती है। श्राद्ध-दिवस कीर्ति का दिवस होता है, वह दिवंगत आत्मा के प्रति श्रद्धांजलि अर्पित करने का दिन होता है। काल की गति की सबसे बड़ी विशेषता है यह है कि वह अपने साथ सुख और दुख दोनों की तीव्रता को क्रमश: शिथिल कर देता है। शोक का कितना ही प्रबल आघात क्यों न हो, कुछ समय के बाद उस आघात की प्रबलता आप से आप क्षीण हो जाती है। निष्ठुर आघात भी सह्य हो जाता है। इसलिए श्राद्ध-दिवस में शोक का इतना भाव नहीं रहता, जितना श्रद्धा का भाव रहता है। मनुष्य का शरीर तो नष्ट हो ही जाता है, परन्तु उसका यश: शरीर कभी नष्ट नहीं होता। सच्ची बात यह है कि अपने जीवन-काल में यदि किसी ने कोई गौरव अर्जित किया है, तो वह उसकी मृत्यु के बाद ही अपने यथार्थ रूप में प्रकट होता है। एक विज्ञ का कथन है कि यदि हम किसी के जीवन की यथार्थता देखना चाहते हैं, तो उसे हम उसके जीवन-काल में नहीं देख सकते। मृत्यु के बाद ही उसके जीवन की यथार्थता प्रकट होती है। मृत्यु ही जीवन के गौरव की सच्ची कसौटी है। वह जीवन की सभी बातों को नष्ट कर देती है केवल जो गौरव रहता है, उसी को वह छोड़ देती है। उसी से यह अच्छी तरह विदित हो जाता है कि किसने सचमुच अपने जीवन को कितना सफल बनाया है।

कुछ लोग दीर्घ काल तक जीवित रहते हैं। कुछ लोगों का जीवन अल्पकालीन होता है। जीवन का जो यथार्थ गौरव है, वह अधिक या कम जीवन-काल पर निर्भर नहीं रहता। इतिहास में ऐसे कितने ही लोगों का वर्णन आया है, जिन्होंने जीवन भर

अज्ञात रहकर केवल एक ही क्षण में असीम गौरव प्राप्त कर लिया । ग्रीक उपाख्यानों के प्रसिद्ध योद्धा एकीलस के संबंध में प्रसिद्ध है कि उसकी माता ने उससे कहा कि तुम चाहो, तो मैं तुमको दीर्घकालीन जीवन दे सकती हूं। तुम उस जीवन में सुख और ऐश्वर्य के पात्र हो सकते हो, परन्तु तुम गौरव के पात्र नहीं हो सकोगे। यदि तुम अक्षय गौरव प्राप्त करना चाहते हो, तो तुम्हारा जीवन अल्पकालीन होगा। छोटी अवस्था में ही तुम्हारी मृत्यु हो जायेगी। एकीलस ने गौरवयुक्त अल्पकालीन जीवन को ही स्वीकार किया। जीवन के प्रति प्राय: सभी को एक मोह रहता है और मृत्यु के प्रति एक भय का भाव। मृत्यु का धाम अज्ञात है और रहस्यमय भी। अपनी सारी ऐहिक कामनाओं को छोड़कर हम लोग मृत्यु के उस रहस्यमय धाम में प्रवेश करते हैं, जिसके संबंध में किसी को भी कुछ ज्ञान नहीं है, इसीलिए मृत्यु के संबंध में सभी के मन में एक आशंका का भाव रहता है। मृत्यु का समय अनिश्चित अवश्य है, परन्तु वह अनिवार्य है। सभी अवस्थाओं में मृत्यु हो सकती है। सभी लोग यह जानते हैं कि मृत्यु आने पर वह टाली नहीं जा सकती। मृत्यु की अनिवार्यता को स्वीकार करने पर जो लोग यथार्थ में कर्मवीर होते हैं, वे जीवन के प्रत्येक क्षण में उल्लास और स्फूर्ति का अनुभव करते हैं। उन्हें मृत्यु की चिंता ही नहीं होती। उन्हें जरा की जीर्णता से भी आशंका नहीं होती। उन्हें रोग की यातना शिथिल नहीं करती। वे सभी स्थितियों में विश्व के कर्मक्षेत्र में निरत रहते हैं।उनमें ऐसी क्षमता रहती है कि वे विषम परिस्थितियों में भी एक आनन्द का अनुभव करते हैं। यही नहीं विषम परिस्थितियों में पड़ने पर उनकी यथार्थ क्षमता प्रकट होती है। उनका जीवन एक संघर्ष का काल होता है। उस संघर्ष में ही उन्हें स्फूर्ति मिलती है, उन्हें प्रेरणा प्राप्त होती है। उनमें उत्साह की दीप्ति आती है। एक कवि के कथनानुसार उनके सिर पर मौत खेलती रहती है और वे स्वयं उस मौत के सिर पर खेलते रहते हैं। वे कर्मक्षेत्र में ऐसे व्यस्त रहते हैं, मानो उनके जीवन में न कहीं जरा है और न मृत्यु।

कितने ही महापुरुषों के जीवन में कितनी ही आश्चर्यपूर्ण बातें होती रहती हैं। एक से एक विलक्षण घटनाओं से पूर्ण उनका जीवन होता है। कुछ लोगों के जन्म और मृत्यु में भी एक असाधारणता देखी जाती है। असाधारण स्थानों में और विलक्षण परिस्थितयों में उनका जन्म होता है। उसी प्रकार उनसे भी अधिक असाधारण समय में असाधारण रीति से उनकी मृत्यु हो जाती है। भगवान श्रीकृष्णचन्द्र के संबंध में यह बात सभी जानते हैं कि एक कारागार में उनका जन्म हुआ था। यही नहीं, उस समय विकट निशाकाल था। इसी प्रकार ईसामसीह का भी जन्म एक अस्तबल में हुआ। आधुनिक युग में एक देहाती सराय की एक अंधेरी कोठरी में मुसोलिनी का जन्म हुआ था। रूस के अधिनायक मार्शल स्टालिन का जन्म हुआ था एक मोची के घर में–कच्चे चमड़ों से ढंके हुए फर्श पर। जिस टूटी-फूटी कोठरी में प्रसिद्ध वैज्ञानिक माइकेल फराडे का जन्म हुआ था, वह इतनी छोटी थी कि उनको अधिकांश

समय सड़क पर व्यतीत करना पड़ता था। अमेरिका के एक जंगल में एक काष्ठ-निर्मित कुटीर के भीतर अब्राहीम लिंकन का जन्म हुआ था। आज प्रसिद्ध चित्रकार रेनाल्ड्स के एक-एक चित्र की कीमत हजारों रुपए हैं। जिस कमरे में उनका जन्म हुआ था, वहां उनके पिता ने एक स्कूल खोलकर अर्थोपार्जन करने का अंतिम प्रयास किया था परन्तु कुछ दिनों के बाद उन्होंने देखा कि स्कूल में उनके पुत्र के सिवा और कोई छात्र नहीं आया। फ्रांस की रक्षा करनेवाली जोन आफ आर्क फ्रांस के एक छोटे गांव की एक कुटीर में पैदा हुई थी। भारत के इतिहास में प्रसिद्ध सम्राट अशोक के विषय में कहा जाता है कि जब उनका जन्म हुआ था, तब बिन्दुसार के शत पुत्रों के बीच में उस बालक की ओर किसी ने दृष्टिपात तक नहीं किया। अवहेलना और उपेक्षा में ही उनका बाल्यकाल व्यतीत हुआ। शिलादित्य की महिषी पुष्पवती ने मंदिर से लौटते समय सुना कि हूणों ने उनके स्वामी की राजधानी को स्वायत्त कर लिया है। राजधानी में प्रवेश करना असंभव था। तब उन्होंने एक पर्वत की गुफा में आश्रय लिया। वहीं उनकी संतान का जन्म हुआ। संतान के जन्म के साथ उनका जीवन-प्रदीप बुझ गया। भाग्यवश एक स्त्री ने उस शिशु को पाला, जो मेवाड़ के इतिहास में प्रख्यात है। जब हुमायूं राज्यच्युत, सिंहासनहीन और नि:सहाय था, तब अकबर का जन्म हुआ। अपने मित्रों को बुलाकर उन्होंने कहा-दोस्तो, राजकुमार के जन्म के उपलक्ष्य में आप लोगों को उपहारस्वरूप देने लायक कोई चीज मेरे पास नहीं है। मेरे पास केवल यह कस्तूरी है। मैं यही आप लोगों को उपहारस्वरूप देता हूं। कस्तूरी के सौरभ की तरह उस अकबर की कीर्ति भी विश्व में व्याप्त हो गई। इतिहास में ऐसे कितने ही महात्माओं की जन्मकथाएं प्रसिद्ध हैं। इसी प्रकार कितने ही महापुरुषों की मृत्यु-कथाएं भी कम आश्चर्यजनक नहीं हैं। प्राचीन काल में नार्वे में वाइकिंग नामक एक वीर जाति थी। उस जाति में यह प्रथा थी कि जब लोग अपनी मृत्यु को सन्निकट समझते थे, तब एक छोटी नाव लेकर वे समुद्र में निकल पड़ते थे। नीले आकाश के नीचे ऊंची-ऊंची विकराल लहरों के ऊपर समुद्र का भयंकर गर्जन सुनते हुए वे मृत्यु का आलिंगन करते थे। वे बिस्तर में लेटकर मरना नहीं स्वीकार करते थे। इसमें संदेह नहीं कि कितने ही महापुरुष हमें मृत्यु-भय पर विजय प्राप्त करने की शिक्षा देते हैं। उनके जीवन से यह बात स्पष्ट रूप से प्रकट हो जाती है कि मनुष्य के भीतर ऐसी कोई शक्ति है, जिसके कारण वह मृत्युंजय हो सकता है। कितने ही लोगों ने देश-सेवा और जन-सेवा में निरत रहकर स्वेच्छा से मृत्यु को स्वीकार किया है। एक कवि का तो कथन है कि गौरव का पथ हमें सदैव मृत्यु की ही ओर ले जाता है।

यह देखा गया है कि कितने ही ऐसे विचारशील विज्ञ हो गए हैं जो ज्ञान की साधना में निरंतर मग्न रहने पर भी अपने जीवन के प्रति सदैव एक विरक्ति का ही भाव रखते आए हैं। उन्होंने कभी अपने जीवन को सुख और संतोष का काल नहीं

समझा। उन्होंने सदैव दुख, वेदना, नैराश्य और असंतोष का ही अनुभव किया। भारतीय दार्शनिकों के संबंध में यह प्रसिद्ध है कि उन्होंने सांसारिक जीवन को सदैव दुख:मय ही माना है। स्विफ्ट नामक विज्ञ ने सदैव अपने जीवन को एक अभिशाप माना। जर्मनी के प्रसिद्ध कवि गेटी का जीवन शांतिमय था, फिर अपने एक सहचर से अपनी वृद्धावस्था में उन्होंने कहा कि मेरे जीवन में एक दिन भी ऐसा नहीं आया, जो मेरे लिए सुखमय रहा हो। इंग्लैंड के प्रसिद्ध साहित्यकार जानसन से जब यह पूछा गया कि क्या किसी भी अवस्था में मनुष्य सुख का अनुभव नहीं करता, तब उन्होंने कहा कि शराब के नशे में भले ही कोई व्यक्ति अपने को सुखी समझ ले, अन्यथा वह कभी अपने को सुखी नहीं बना सकता। सच्ची बात तो यह है कि जीवन में सच्चे उल्लास की भावना उन्हीं लोगों की होती है, जो कर्मवीर कहे जाते हैं, जो विश्व के कर्मक्षेत्र में सदैव व्यस्त रहते हैं। जीवन के अन्तकाल तक उनकी स्फूर्ति नष्ट नहीं होती। वे विपत्तियों का स्वागत करते हैं। जितना ही अधिक कष्ट उनको अपने जीवन-पथ पर सहना पड़ता है, उतनी ही अधिक क्षमता उनमें प्रकट होती है। यह बात केवल महापुरुषों के संबंध में ही नहीं कही जा सकती। साधारण स्थिति में रहकर भी जो लोग अपने पुरुषार्थ के द्वारा संसार में महिमा प्राप्त करना चाहते हैं, वे जीवन के संघर्ष से त्रस्त नहीं होते। वे कठोर परिश्रम करते हैं। वे विषम परिस्थितियों पर अपने पौरुष के द्वारा विजय प्राप्त कर सच्चे उल्लास का अनुभव करते हैं।

स्वर्गीय बाबू हरिकेशव घोष के जीवन में हम एक कर्मवीर की कार्यक्षमता और स्फूर्ति पाते हैं। यह सच है कि किसी कुल में जन्म लेना दैवायत बात है। परन्तु अपने जीवन में सफलता प्राप्त करना अपने पौरुष पर ही निर्भर रहता है। स्वर्गीय बाबू चिंतामणि घोष ने अपने पुरुषार्थ से जिस ऐश्वर्य का निकेतन स्थापित किया, उसमें अनायास ही सुख-समृद्धि का उपभोग किया जा सकता था। ऐश्वर्य का भवन कितने ही लोगों को पथ-भ्रष्ट कर देता है। जो वस्तु अनायास ही प्राप्त हो जाती है, उसे नष्ट होने में भी अधिक विलम्ब नहीं लगता। यही कारण है कि लक्ष्मी चंचला समझी जाती है। उसको स्वायत्त करने के लिए पुरुषार्थ की ही आवश्यकता होती है। स्वर्गीय बाबू हरिकेशव घोष का लालन-पालन ऐश्वर्य के निकेतन में अवश्य हुआ, परन्तु उन्होंने उसमें एक कर्मवीर के जीवन की शिक्षा प्राप्त की। इसी से उनका जीवन कठोर परिश्रम और दृढ़ निश्चय का काल था। तभी उन्होंने कर्मक्षेत्र में सच्चे सुख और उल्लास का अनुभव किया। सन् 1920 में उन्होंने इंडियन प्रेस का सारा कार्यभार स्वीकार किया। तब से वे सदैव कार्यों में ही व्यस्त रहे। न स्वास्थ्य उनके कार्यों में बाधक हुआ और न कोई विषम परिस्थिति ही। प्रेस में सबसे अधिक परिश्रमशील वही थे। उन्होंने अपना कार्यक्षेत्र खूब बढ़ा लिया। जिस कार्य को उन्होंने आरम्भ किया, उसकी सर्वांगीण उन्नति के लिए वे सदैव सचेष्ट रहे। उन्होंने अपनी ओर से किसी भी कार्य में शिथिलता नहीं आने दी। उनकी दिनचर्या ही ऐसी थी

कि एकमात्र कार्यों में ही व्यस्त रहकर वे आनन्द का अनुभव करते थे। वे प्रातः काल पांच बजे से उठकर अपने कार्यों में संलग्न हो जाते थे और रात में ग्यारह-बारह बजे तक काम करते रहते थे। व्यापार के कामों से अवकाश पाने पर वे पुस्तकें पढ़ा करते। उनके एक परिचित व्यक्ति का कहना है कि वे सदैव बारह बजे रात तक एक विद्यार्थी की तरह पुस्तकों का अध्ययन करते रहते थे। ऐश्वर्य में विलास की जो भावना उत्पन्न होती है, वह मनुष्यों को आलस्य की ओर प्रेरित करती है। इसी से अधिकांश श्री सम्पन्न व्यक्तियों में कर्मशून्यता आ जाती है। इसी कर्मशून्यता के कारण उनमें सच्चे आनन्दोपभाग की शक्ति भी क्षीण हो जाती है। तब कृत्रिम विलास के साधनों की आवश्यकता होती है। कर्म की अक्षमता के साथ ऐसे लोगों के जीवन में आपसे आप कितने ही दुर्व्यसन आ जाते हैं परन्तु जिन्हें कर्म में आनन्द आता है, वे निरन्तर अपने कार्यक्षेत्र को विस्तृत करते जाते हैं। कार्यों का जितना ही अधिक विस्तार होता है, उतने ही अधिक आनन्द की भी वृद्धि उनमें होती है। इसी से एक क्षुद्र कार्यक्षेत्र में बद्ध रहने से उन्हें संतोष नहीं होता। उनमें महत्त्व की एक विशेष आकांक्षा उत्पन्न हो जाती है। तब वे लोग अपने कार्यक्षेत्र में उन्नति की चरम सीमा तक पहुंचने का प्रयास करते हैं। यही कारण है कि इंडियन प्रेस की उन्नत अवस्था होने पर भी पटल बाबू ने मुद्रण और प्रकाशन के संबंध में विशेष ज्ञान प्राप्त करने के लिए यूरोप की यात्रा की। यूरोप में विशेष ज्ञान प्राप्त करने के बाद उन्होंने इंडियन प्रेस को उन्नति की चरम सीमा तक पहुंचा दिया। प्रेस की उन्नति के साथ उन्होंने अन्य कितने ही कार्यों की ओर ध्यान दिया। सच तो यह है कि निर्माण के सभी कार्यों में उन्हें सुख होता था। इसलिए एक के बाद एक कितने ही निर्माण के कार्य उन्होंने किए और उन सबके लिए सुव्यवस्थाएं कीं। यह बात नहीं है कि उन्हें अनायास ही सफलता प्राप्त हो गई। अपने कार्यों में उन्हें कितने ही विघ्नों का अतिक्रमण करना पड़ा। उन्हें असफलता का भी अनुभव हुआ। उन्हें हानि भी उठानी पड़ी; परन्तु असफलता या हानि से वे कभी उद्विग्न नहीं होते थे। एक कार्य के बाद वे तुरन्त ही अन्य किसी कार्य में संलग्न हो जाते थे। कार्य की ही ओर उनकी सदैव प्रवृत्ति रहती थी। उन्होंने जब भवनों के निर्माण की ओर ध्यान दिया, तब उन्होंने एक से एक सुन्दर भवनों का निर्माण किया। उनकी कार्यक्षमता का एक बड़ा प्रमाण शीतलपुर शुगर मिल है। कहा जाता है कि जब बाढ़ के कारण मिल पर विपत्ति आई, तब यह विचार किया गया कि मिल का स्थानान्तरण कर दिया जाय। इस कार्य को उन्होंने बड़ी कुशलता और धैर्य के साथ सम्पन्न किया। उन्होंने उसके संचालन में अपनी सारी शक्ति लगा दी। एक बार उन्होंने अपने एक मित्र से कहा कि भविष्य में चाहे कुछ भी हो, उसकी मुझे चिंता नहीं है। मेरा तो लक्ष्य यही है कि देश के निर्माण कार्य में मैं भी अपना कुछ सहयोग दे सकूं। इसीलिए राष्ट्रीय निर्माण के प्रति उनमें सदैव उत्साह रहता था। व्यवसाय की कितनी ही शाखाओं में उन्होंने अपनी

व्यवसाय क्षमता का परिचय दिया। वे एक सुन्दर फार्म भी चलाने की बात सोच रहे थे। उन्होंने अपने एक मित्र से कहा था कि झूंसी या उसके आसपास कुछ एकड़ भूमि मिल सके तो मुझे सूचित करना ताकि एक सुन्दर फार्म बन सके। इसीलिए उन्होंने अलोपीबाग के पास पड़ाव लिया था, पर उनका यह लक्ष्य पूर्ण नहीं हुआ। सभी मनुष्यों की सभी कामनाएं पूर्ण नहीं होतीं। परन्तु कामनाओं की पूर्णता पर जीवन का गौरव निर्भर नहीं होता। जीवन की सच्ची गरिमा केवल श्रम पर ही निर्भर रहती है।

एक लेखक ने उनके संबंध में लिखा है कि उनके सभी व्यापारों में एक गौरव की गरिमा थी। अधिकांश लक्ष्मी पुत्रों में एक दर्प या दम्भ का भाव देखा जाता है। उस दर्प या दम्भ में क्षमता नहीं, हीनता ही लक्षित होती है। संपत्ति जो शक्ति लाती है, वह केवल सच्ची कर्मशक्ति में ही लक्षित होती है। कर्म की क्षमता नष्ट हो जाने से केवल दम्भ या दर्प ही रह जाता है। श्रम की सच्ची गरिमा हम लोग स्वर्गीय बाबू हरिकेशव घोष के जीवन में पाते हैं। उनके संबंध में कहा गया है कि जब कभी उनके मित्र उनसे अधिक श्रम न करने का अनुरोध करते थे, तब वे यही कहते थे कि मैं समय कैसे काटूं। समय को सुखपूर्वक व्यतीत करने का एकमात्र साधन उनके लिए श्रम था। अधिक श्रम करने के कारण वे अस्वस्थ हो जाते थे, पर स्वस्थ होते ही वे फिर अपने कामों में व्यग्र हो जाते थे। अपने व्यवसाय के विकास में उनकी यह जो व्यग्रता थी, उसके मूल में उनकी यह इच्छा थी कि उनका व्यवसाय राष्ट्र के नवनिर्माण में सहायक हो। यही उनके जीवन का सच्चा गौरव है, जो चिरस्मरणीय रहेगा।

मुकुट बिहारी वर्मा (संपादक)

[हिन्दुस्तान (नई दिल्ली), 1955 (संवत् 2012) में प्रकाशित संपादकीय 'माध्यमिक शिक्षा']

माध्यमिक शिक्षा पुनर्गठन का सवाल केन्द्र और राज्य सरकारों के सामने है। भारत सरकार ने इस प्रश्न पर विचार करने के लिए एक आयोग नियुक्त किया था। उसकी सिफारिशों को मोटे तौर पर केन्द्र और राज्य सरकारों दोनों ने ही स्वीकार कर लिया है और इसलिए अब केवल उन सिफारिशों को कार्यान्वित करने का सवाल ही बाकी रह जाता है। देश के भविष्य की दृष्टि से शिक्षा प्रणाली के पुनर्गठन का प्रश्न तात्कालिक महत्त्व रखता है और सारी शिक्षा प्रणाली में माध्यमिक शिक्षा को महत्त्वपूर्ण स्थान प्राप्त है। विश्वविद्यालयों में शिक्षा प्राप्त करने वालों की संख्या चाहे जितनी बढ़ रही हो, फिर भी विद्यार्थियों की कुल संख्या के अनुपात में वह थोड़ी ही है और भविष्य में भी थोड़ी ही रहने वाली है। विश्वविद्यालयों की शिक्षा के लिए वर्तमान में जो आकर्षण है, उसका कारण यह है कि सरकारी नौकरियों के लिए विश्वविद्यालयों की डिग्री को आवश्यक मान लिया गया है। सरकार इस अनिवार्यता को खत्म करने के बारे में विचार कर रही है और जब ऐसा हो जाएगा, तो अधिक प्रतिभाशाली विद्यार्थी ही विश्वविद्यालयों में प्रविष्ट होंगे; बाकी अधिकतर विद्यार्थियों की शिक्षा माध्यमिक दर्जे तक ही समाप्त हो जाएगी और उसके बाद वे अपने चुने हुए काम-धंधों में लग सकेंगे।

भारत सरकार ने माध्यमिक शिक्षा के पुनर्गठन के बारे में परामर्श देने लिए अखिल भारतीय माध्यमिक शिक्षा परिषद की स्थापना की है। उसका दो दिन का अधिवेशन अभी-अभी नई दिल्ली में होकर चुका है। प्राथमिक शिक्षा की अवधि पांच वर्ष और माध्यमिक शिक्षा की 6 वर्ष रखने की कल्पना की जा रही है। इसके अनुसार हाई स्कूलों को जिनमें दसवीं कक्षा तक पढ़ाई होती है, हायर सकेण्डरी स्कूलों में बदलना होगा और माध्यमिक शिक्षा ग्यारहवीं कक्षा में पूरी होगी। इस प्रकार इण्टरमीडिएट का प्रथम वर्ष सेकण्डरी स्कूल में जुड़ जाएगा और दूसरा वर्ष बी.ए. के कोर्स में शामिल हो जाएगा। बी.ए. के कोर्स की पढ़ाई तीन वर्ष में समाप्त होगी। देश के कुछ भागों में इस नई पद्धति को कार्यान्वित कर दिया गया है, किन्तु इस दिशा में बहुत कुछ करना बाकी है। विश्वविद्यालयों और हाई स्कूलों दोनों को अपनी व्यवस्था में परिवर्तन करना

होगा। माध्यमिक शिक्षा परिषद ने यह सुझाया है कि सन् 1956 के शिक्षासत्र से कालेजों में इण्टरमीडिएट के प्रथम वर्ष में भरती बंद कर दी जाए और सन् 1958 में इण्टर की आखिरी परीक्षा हो। यह काम राज्य सरकारों के शिक्षा विभागों और विश्वविद्यालयों को करना है। केन्द्रीय सरकार उनसे अनुरोध ही कर सकती है।

हमारे ख्याल से माध्यमिक शिक्षा की अवधि में प्रस्तावित परिवर्तन का उतना महत्त्व नहीं है, जितना कि उसके पाठ्यक्रम में परिवर्तन का। माध्यमिक शिक्षा परिषद ने अपनी हाल की बैठक में कोई उल्लेखनीय निर्णय नहीं किया प्रतीत होता। हम जानते हैं कि कुछ माध्यमिक शालाओं को बहुउद्देश्यीय शालाओं में बदलने की केन्द्रीय शिक्षा मंत्रालय की योजना हैं और प्रथम पंचवर्षीय योजना के अन्त तक देश में पांच सौ ऐसे स्कूलों का वह श्रीगणेश देखना चाहता है। आज की भांति केवल साहित्यिक अथवा किताबी शिक्षा से काम नहीं चलेगा। यह शिक्षा ऐसी होनी चाहिए कि जो विभिन्न रुचि और मनोवृत्ति के बालकों की विभिन्न आवश्यकताओं को पूरा कर सके और उनके भावी जीवन में सहायक हो। माध्यमिक शिक्षण के बाद विद्यार्थी के लिए यह संभव होना चाहिए कि वह अपने-आपको किसी उपयोगी काम-काज में लगा सके। श्री हुमायूं कबीर ने शिकायत की है कि शिक्षा का स्तर गिर रहा है और कहां तो यह आशा की गई थी कि मातृभाषा को शिक्षा का माध्यम बना देने के बाद शिक्षा-स्तर ऊंचा उठेगा और कहां वह नीचा गिर रहा है। श्री कबीर की यह शिकायत सही है और इसका कारण अध्यापन की वर्तमान असन्तोषजनक व्यवस्था में खोजा जाना चाहिए। आज के शिक्षकों पर या तो जरूरत से ज्यादा बोझ डाल दिया गया है या वे अपने कर्त्तव्य का ठीक पालन नहीं कर रहे हैं। परीक्षा-प्रणाली भी काफी दोषपूर्ण है और यह संतोष का विषय है कि माध्यमिक शिक्षा परिषद का ध्यान उनकी ओर आकर्षित हुआ हैं और उसने एक कमेटी नियुक्त कर दी है जो उसकी छानबीन करेगी और समय-समय पर अपनी सलाह देगी। परिषद अपने आधीन कुछ कार्यकर्ता भी नियुक्त करने जा रही है जो उसके निश्चयों को अमली रूप देने में सहायता देंगे। इस प्रकार परिषद को सक्रिय बनाने की चेष्टा की जा रही है। यह अच्छी बात है। शिक्षा को पुनर्गठित करने की दिशा में जब तक पूरी तत्परता के साथ काम नहीं किया जाएगा, तब तक किसी बड़े परिणाम की आशा नहीं की जा सकती और न शिक्षा-प्रणाली के प्रति लोक-असन्तोष ही कम होगा, जो दिन-प्रति-दिन अधिक तीव्र ही होता जा रहा है।

गोपाल प्रसाद व्यास

[हिंदुस्तान (दिल्ली), 1955 में प्रकाशित कॉलम 'यत्र तत्र सर्वत्र']

हैदराबाद के इरमनमा तपेदिक अस्पताल से एक भाई हमें लिखते हैं :

''काश्मीर के मामले पर पाकिस्तानी सत्याग्रह करने वाले हैं अतएव मैं तथा इस अस्पताल के कई व्यक्ति और बाहर के लोग दिल्ली में पाकिस्तानी उच्चायुक्त के निवास-स्थान पर प्रति-सत्याग्रह करना चाहते हैं। ...हम इस मांग को लेकर सत्याग्रह करेंगे कि पाकिस्तान अपनी सेनाओं को वापस ले ले और गिलगित क्षेत्र पर से जिसे कि उसने जबर्दस्ती अपने कब्जे में कर रखा है, अपना नियंत्रण हटा ले। काश्मीर वैधानिक रूप से भारत में मिला है और पाकिस्तान को काश्मीर के किसी भाग में रहने का कानूनी हक नहीं।''

पत्र लेखक ने हमसे पूछा है कि क्या उनको तथा उनके समान विचार रखने वाले दूसरे व्यक्तियों को प्रति सत्याग्रह करने दिया जाएगा। साथ ही उन्होंने हमें प्रति-सत्याग्रह के पक्ष में प्रचार करने की सलाह दी है।

उपर्युक्त पत्र को पढ़कर हमें एक साथ हर्ष व दुःख हुआ। हर्ष इस बात पर कि स्वदेश-प्रेम और न्याय की पुकार पर भारत में रोगी भी अपने रोग को भूलकर कुर्बानी के लिए तैयार हो सकते हैं और दुःख इस बात पर कि कुछ पाकिस्तानी विदूषकों अथवा बाजीगरों की तमाशबीनी को वे सच मानकर व्यर्थ में क्षुब्ध हुए। 'प्रति-सत्याग्रह' की बात तो तब उठती है जब 'सत्याग्रह' हो। और यह भी स्मरण रहे कि 'सत्याग्रह' सत्याग्रह के विरुद्ध नहीं किन्तु दुराग्रह के ही विरुद्ध हो सकता है। वास्तव में 'प्रतिसत्याग्रह' शब्द का प्रयोग गलत तथा भ्रामक है। 'प्रत्याक्रमण' की भांति हम सत्याग्रह के संबंध में शब्द नहीं गढ़ सकते।

कोपता-कवाब के प्रेमी पाकिस्तानियों की सेहत के लिए 'जिहाद' ही ठीक रहता है। इधर दो-तीन वर्षों से कई लोगों ने मानसिक स्वास्थ्य-संतुलन के लिए मुक्के तानने का भी अभ्यास किया है। सत्याग्रह जैसे सात्विक भोजन का एक कौर भी वे गले न उतार सकेंगे। कहा जाता है कि भूत के मुंह से राम नाम नहीं निकल सकता और यदि निकल जाए तो उसका उद्धार हो जाए किन्तु पाकिस्तानी प्रदर्शकों की मनोवृत्ति लाख बार 'सत्याग्रह' पुकारने पर भी न बदलेगी। कराची के औद्योगिक मेले में एक नाई ने

तथाकथित सत्याग्रह किया तो उसके साथी भारतीय नक्शे को ही उठाकर ले जाने लगे लेकिन कैलास पर्वत को उठाने वाले रावण की तरह उन्हें हताश होना पड़ा। जब बिल्ली खिसिया जाए तो खंभा नोचना भी स्वाभाविक है अतएव एक छोकरे ने एक भारतीय अधिकारी पर पत्थर दे मारा। यह है 'पाकिस्तानी सत्याग्रह' का एक नमूना!

यदि पाकिस्तानी नाई भारतीय मानचित्र के सिर पर चुटिया की तरह काश्मीर को देखकर क्षुब्ध हो उठे तो उसकी बात समझ में आ सकती है। नाई का काम ही सिर के बाल काटना है। लेकिन आंतरिक तथा वैदेशिक मामलों में भी 'नाई–नीति' के समावेश से पाकिस्तान को ही खतरा पैदा हो सकता है। इस नाई–नीति का तथाकथित आजाद काश्मीर में खुलकर प्रयोग हुआ है। पाकिस्तान सरकार के एक पदच्युत तथा निष्कासित मंत्री ने पुंछ के इलाके में लूटमार व हत्याकांडों का जो लोमहर्षक चित्र खींचा था, वह काल्पनिक चित्र नहीं किन्तु फोटोग्राफ ही था। अब विश्वस्त सूत्रों से यह ज्ञात हुआ है कि 1500 आदमियों की जानें गईं।

जो पाकिस्तानी 'सत्याग्रह' का शोर मचा रहे हैं वे जानते हैं कि गोआ के सत्याग्रहियों की तरह उन्हें अपनी जान गंवाने तथा अंगहीन होने का खतरा तो है नहीं इसलिए शोर मचाकर ही क्यों न तीसमारखां बन जाएं। लेकिन उन्हें उन्हीं के एक नेता उल्लामा मशरिकी ने जो प्रमाणपत्र दिया है उसे यहां दुहराने की जरूरत नहीं। उन्होंने साफ शब्दों में कहा है कि सत्याग्रह मखौल नहीं और यदि 100 आदमी सत्याग्रह का शोर मचाएं तो काश्मीर की सीमा पर पहुंचते–पहुंचते एक भी न दिखाई देगा।

अतएव हम यही कहेंगे कि तेल की धार देखो। भारत ने 'जिहाद' के शोरोगुल तथ प्रदर्शनों के बावजूद गालिब का यह रुख अपनाया है :

"ना सुनो गर बुरा कहे कोई,
ना कहो गर बुरा करे कोई।
रोक लो गर गलत चले कोई,
बख्श दो गर खता करे कोई।"

जहां तक गलत चलने वाले को रोकने का सवाल है, भारत पाकिस्तान के भीतर गुमराह लोगों को ठीक रास्ते पर नहीं लगा सकता लेकिन काश्मीर की युद्ध–विराम पंक्ति का उल्लंघन करने पर उनको सही रास्ता दिखाने में विलम्ब न होगा।

द्वारकाप्रसाद मिश्र

[सारथी (नागपुर), 25 मार्च, 1956 में प्रकाशित संपादकीय "पाकिस्तान और पंचशील"]

लोकसभा में प्रधानमंत्री श्री जवाहरलाल नेहरू ने गत मंगलवार, 20 मार्च, 1956 को अंतर्राष्ट्रीय घटनाओं पर एक लिखित वक्तव्य दिया है। भारत के प्रत्येक विचारवान नागरिक को इस वक्तव्य में अपने अंत:करण की आवाज सुनाई पड़ेगी मानो समूचा भारत श्री नेहरू के शब्दों में मुखरित हो उठा है। जहां तक वैदेशिक नीति का प्रश्न है, आज श्री नेहरू जिन विचारों को प्रकट करते हैं, कल उन्हें भारतवासी इस तरह स्वीकार करते हैं जैसे वे हमारे मन में ही उठे हों। तात्पर्य यह है कि वैदेशिक नीति के अनुसरण में श्री नेहरू के साथ समस्त राष्ट्र एकचित्त से चलता है। यह स्थिति सचमुच प्रसन्नता का विषय है। इसका मतलब यह नहीं होता है कि नेहरू के व्यक्तित्व का दबाव जनता को स्वतंत्रतापूर्वक सोचने नहीं देता। यथार्थता यह है कि प्राचीन परम्परा के अनुकूल और अपनी संस्कृति के व्यापक प्रभाव में डूबी हुई भारतीय दृष्टि ही ऐसी है। श्री नेहरू इस बुनियादी दृष्टि से प्रेरित होकर ही वैदेशिक नीति का संचालन कर रहे हैं। इसीलिए भारतवासी को उनपर अटूट निष्ठा है और वह उनके विचारों को अपनी ही मानसिक प्रक्रिया का व्यक्त रूप मानता है।

पिछले कुछ महीनों से विदेश के बड़े-बड़े नेताओं ने आकर श्री नेहरू से अंतर्राष्ट्रीय स्थिति पर खुलकर बातचीत की है। यह बात प्रत्येक विदेशी नेता ने स्वीकार की है कि श्री नेहरू सही माने में शांति के उपासक हैं। वे यह भी जान गए हैं कि राजनीति और कूटनीति के जिन हथकंडों की चपेट में बड़े-बड़े मुल्कों का शासक-वर्ग दबा हुआ है, उनसे श्री नेहरू कोसों दूर हैं। मेलजोल में उनका स्वाभाविक विश्वास है। यही कारण है कि रूसी नेताओं से लेकर श्री डलेस तक उनसे खुली-खुली बात करने के लिए बाध्य हो जाते हैं। श्री डलेस से उनकी कुछ बातचीत हुई उसका संकेत देते हुए श्री नेहरू ने बताया कि कई बातों में उनमें मतभेद रहा है। लेकिन इसमें कोई शक नहीं है कि श्री डलेस को भारत की नीति का सही तरीके से अध्ययन करने का मौका जरूर मिला होगा।

हम अंतर्राष्ट्रीय क्षेत्र के अन्य प्रश्नों में दिलचस्पी रखते हुए भी पाकिस्तान और भारत के आपसी मनमुटाव पर विशेष रूप से विचार करेंगे। श्री नेहरू ने असंदिग्ध शब्दों में कहा है:–"सीटो की कराची बैठक में काश्मीर के प्रश्न को शामिल करके और उसे अपने अंतिम निर्णयों के पत्रक में स्थान देकर भारतीय जनता ने इस संगठन के विरुद्ध बढ़ते हुए विश्वास को पुख्ता कर दिया है। अमरीकी सामरिक सहायता का चाहे जो उद्देश्य हो, पाकिस्तान खुद इस फौजी तैयारी को इसलिए नहीं ले रहा है कि उसकी प्रतिरक्षात्मक योग्यता बढ़े बल्कि इसलिए कि इस सैनिक दृढ़ता से वह भारत के साथ अपने झगड़ों का निपटारा करा लेगा।" इसको आगे समझाते हुए प्रधानमंत्री ने कहा है:–"जिस संगठन (सीटो) के कई सदस्यों से हमारा बहुत अच्छा संबंध है, जो राष्ट्रमंडल के सदस्य हैं, उसे एक मित्र राष्ट्र(भारत) के मामले में (काश्मीर) दखलंदाजी करना बहुत बेढंगी बात है। हमने इन देशों को अपनी शिकायत भेजी है।" श्री नेहरू ने अत्यंत संयम और सहिष्णुता के साथ इन बातों को प्रकट किया यद्यपि 'सीटो' की इस हरकत से समूचे देश में गहरा क्षोभ तथा रोष हुआ है।

इतना ही नहीं, पाकिस्तान की ओर से 'सीटो' में मिली दाद के बाद भारत की सीमा पर ऊधम मचाने का काम तेजी से बढ़ाया जा रहा है। पाकिस्तान के अखबारों में आए दिनों भारत को पानी पी-पी कर गालियां दी जाती हैं, झूठे, बेबुनियाद लांछन लगाए जाते हैं। वहां के बड़े-बड़े नेता और मंत्री दुश्मनी पैदा करने वाली तकरीरें देते हैं, जिहाद का नारा बुलंद किया जाता है। इसके विपरीत भारत के पत्र बहुत संजीदगी और शराफत के साथ अपने विचार रखते हैं। 18 मार्च को पाकिस्तान के प्रधानमंत्री चौधरी मोहम्मद अली ने वहां की संविधान सभा में ऐसी ही एक गरमागरम तकरीर की। मजा यह है कि एक सांस में वे भारत से 'अच्छा रिश्ता' रखने की बात करते हैं और दूसरी सांस में 'बुरे नतीजे' की धमकी देते हैं। पिछले बारह दिनों में पांच बार भारत की सीमा पर गोलाबारी और उपद्रव किया गया जिसमें से एक स्थान पर तेरह घंटे तक गोली चलती रही। श्री मोहम्मद अली इन घटनाओं को भारत की 'आक्रामक इच्छा का सुबूत' कहकर पुकारते हैं। प्रधानमंत्री श्री नेहरू ने मोहम्मद अली की इस पैंतरेबाजी का उत्तर देते हुए कहा:–"निखोवाल में पिछले वर्ष जो घटना हुई थी उसके बारे में पाकिस्तान ने आश्वासन दिया था कि वह पाकिस्तानी गुनहगारों को सजा देगा। अभी तक इस वादे पर अमल नहीं किया गया।" इसी तरह जो सरहदी घटनाएं अब घट रही हैं उनको देखकर कोई भी निष्पक्ष न्यायाधीश कह सकता है कि पाकिस्तान ही इन घटनाओं के लिए उत्तरदायी है।

इसके बावजूद श्री नेहरू ने मोहम्मद अली का यह सुझाव मान लिया है कि भारत और पाकिस्तान 'युद्ध-वर्जन' की संधि पर विचार करें। वैसे कई वर्ष पहले प्रधानमंत्री नेहरू ने युद्ध-वर्जन संधि का सुझाव पाकिस्तान को भेजा था जिसे उसने ठुकरा दिया था। इसके साथ ही श्री नेहरू ने मोहम्मद अली को यह संदेश भी भेजा

है कि यदि पंचशील को आधार मानकर भारत और पाकिस्तान के आपसी संबंधों का रूप स्थिर किया जावे तो इन दोनों देशों के बीच छाया हुआ भय और संदेह मिट सकता है। इस प्रसंग में हम स्पष्ट ही कह देना चाहते हैं कि हमारी हार्दिक इच्छा पाकिस्तान से मेलजोल़ रखने की है। इन दो पड़ोसी देशों के संघर्ष से इन्हीं को सबसे अधिक क्षति उठानी पड़ेगी। भारत शुरू से ही पाकिस्तान का शुभ चाहता रहा है। यद्यपि पाकिस्तान ने इसके बिलकुल विपरीत आचरण किया है। इस कटु अनुभव के बाद भी हम आशा करते हैं कि खुदा पाकिस्तान को ठीक रास्ता सुझावे। लेकिन हमें लगता है कि पाकिस्तान और पंचशील दो ऐसे परस्पर विरोधी तत्व हैं जैसे वेश्यावृत्ति और सतीत्व! पाकिस्तान की भौगोलिक स्थिति भी उसे गलत रास्ते पर चलने का बढ़ावा देती है। अमरीका की सामरिक सहायता ने उसकी रही-सही स्वतंत्रता और विवेक को समाप्त कर दिया है। अफगानिस्तान में सोवियत रूस का गहरा प्रभाव है। रूस ने इस पहाड़ी मुल्क को एक करोड़ डॉलर की मदद देकर उसे अपनी जमात में करीब-करीब मिला लिया है। अमरीका इसीलिए रूसी प्रभाव का डर खाकर पाकिस्तान में अपना गढ़ तैयार कर रहा है। हम मानते हैं कि अगर अफगानिस्तान और पाकिस्तान के जरिए अमरीकी-रूसी तनातनी बढ़ी तो उससे भारत को बड़ा धक्का लगेगा। लेकिन रूस पंचशील को मान चुका है। यही एक आशा है जिससे हम इन दो मुस्लिम मुल्कों की टक्कर को बरकाने का मार्ग ढूंढ़ सकते हैं। परन्तु यह तभी संभव होगा जब पाकिस्तान भी पंचशील को ईमानदारी के साथ ग्रहण करे।

नरेश मेहता

[भारतीय श्रमिक (दिल्ली), अक्टूबर, 1956 में प्रकाशित संपादकीय]

गांधी जी का जन्मदिन, कालपुरुष का जन्म दिन है। ऐसे कालपुरुष, युगों तथा वेदनाओं के पुंजीभूत हो जाने पर ही सूर्योदय के रूप में हुआ करते हैं। यदि हम इस गांधी-युग के संसार पर एक दृष्टि डालें तो हमें गांधीजी के अवतरण की ऐतिहासिक आवश्यकता ठीक तरह से समझ में आ सकती है। इसके पहले कि हम विवेचना करें यह बोध आवश्यक है कि व्यक्ति, केवल जन्म के कारण ही बड़ा नहीं होता बल्कि कर्म करने से। गांधी जी का कर्मक्षेत्र स्पष्ट रूप से प्रथम विश्वयुद्ध के बाद आरम्भ होता है। 'प्रथम विश्वयुद्ध' को हम यूरोपीय औद्योगिक विकास की अन्तिम परिणति मानते हैं। 19वीं शताब्दि में यूरोप ने व्यवसाय के लिए मंडियां एवं राज्यसत्ता के लिए उपनिवेश के हेतु जिस राष्ट्रीय कटुता के साथ युद्ध तथा षड्यंत्र किये थे, उनका अन्त यही होना था। सम्पूर्ण एशिया अपने सामन्तवादी स्वरूप में जीवित था। 15वीं तथा 16वीं शताब्दि के बर्बर आक्रमणकारी मध्य-एशिया, मंगोलिया, चीन तथा भारत में राज्य अथवा साम्राज्य स्थापित करने यायावरीवृत्ति (खानाबदोशपन) छोड़कर, सभ्य तथा सुसंस्कृत होने की चेष्टा कर रहे थे तथा उनमें से अनेक सुसंस्कृत हो भी चुके थे। ऐसे ही समय यूरोप में इंग्लैंड की औद्योगिक क्रांति तथा फ्रांस की राज्य-क्रांति दोनों ने मिलकर सामन्तवादी यूरोप की प्रगति में भयंकर गति उत्पन्न कर, एक नया पूंजीवादी वर्ग विश्व ऐतिहासिक मंच पर सामने खड़ा कर दिया, जो कि कालान्तर में न केवल व्यापारी ही रहा वरन् अपनी पूंजी के बल पर राज्यसत्ता को भी नियंत्रित करने लगा। इस प्रकार राज्य और पूंजी दोनों का सम्मिलन हुआ। जहां एक ओर इस औद्योगिक क्रांति ने उत्पादन में गति तथा परिर्वतन ला दिये, वहां दूसरी ओर दस्तकार रोजगारहीन कर दिये गये क्योंकि मिलों के उत्पादन के सामने उनका वैयक्तिक उत्पादन न तो मात्रा में ही और न मूल्य में ही ठहर सकता था। कृषि प्रधान यूरोप अब औद्योगिकता प्रधान महान देश बन गया। लेकिन इस क्रांति से एक वर्ग-विशेष को ही लाभ हुआ और वह था पूंजीवादी वर्ग। उत्पादन करने वाला मजदूर उतना ही गरीब रहा, जितना कि औपनिवेशिक एशिया का सर्वहारा मजदूर। प्रत्येक वाद के अपने पोषक तत्व होते हैं तथा इन्हीं पोषक तत्वों में से,

प्रगतिशील न रहने पर, विनाश के कारण भी उत्पन्न होते हैं। ऐसे ही समय जर्मनी में कार्ल मार्क्स के नाम से एक व्यक्ति उत्पन्न हुआ है, जो पूंजीवाद के इस विरोधी कारणों को स्पष्ट घोषित करता है, और इस प्रकार हम देखते हैं कि यूरोप में सर्वहारा मजदूर में फिर एक सामूहिक शक्ति का प्रादुर्भाव हुआ है। यह युग पूंजीवाद के उत्कर्ष तथा राज्यसत्ता के अपकर्ष का युग है। यूरोप की विभिन्न राष्ट्रीयता, फिर से अपने उत्कर्ष के लिए एक बार युद्ध के लिए कटिबद्ध होती है और यह विस्फोट प्रथम विश्व-महायुद्ध कहाता है।

अब एशिया में नयी चेतना के लक्षण दिखाई देने लगते हैं। यहां सन् 1905 ई. में जापान द्वारा यूरोप की एक महान् शक्ति रूस को पराजित कर देना ऐतिहासिक दृष्टि से अत्यन्त महत्त्वपूर्ण है। एशिया में अपने अधिकारों तथा स्वत्व के लिए लोगों में बेचैनी पाते हैं। भारतवर्ष का भयंकर रूप से शोषण इंग्लैंड करने में लगा था तथा उसके शोषण के पंजे अफगानिस्तान से लेकर सुदूर मलय देश तक फैले हुए थे। चीन पर तो यूरोप की लगभग सभी शक्तियां जोंक की भांति चिपकी हुई थीं, इसलिए शोषण की इस पराकाष्ठा में यदि एशिया की जनता अपनी स्वाधीनता के लिए कटिबद्ध होती है, तो इसमें आश्चर्य नहीं, क्योंकि यह भी एक ऐतिहासिक शक्ति ही है। हमें यह नहीं भूलना चाहिए कि हमारी स्वाधीनता के पीछे हमारा औद्योगिक पिछड़ापन बहुत बड़ा कारण था, और यह बात सन् 1857 ई. में सिद्ध हो चुकी थी कि औद्योगिक आविष्कारों के सामने सामन्ती हथियार व्यर्थ हो चुके हैं। ऐसी ही ऐतिहासिक संकटपूर्ण स्थिति में महात्मा गांधी का देश की राजनीति में अवतरण होता है। गांधी जी, औद्योगिक पूंजीवाद तथा औपनिवेशिक पिछड़ेपन को भली-भांति समझते थे। इसलिए उन्होंने शस्त्रबल के सामने जनबल को स्वाधीनता के आदर्श में होम हो जाने के लिए आह्वान किया। भारत, कृषकों का देश है न कि यूरोप की भांति सिपाहियों का। इस मूलभूत पूर्व और पश्चिम के भेद को गांधी जी ने समझ लिया था। इसलिए शान्ति, मैत्री, अहिंसा तथा सत्य के शस्त्रों को ही उन्होंने श्रेयस् समझा, क्योंकि इंग्लैंड संसार का सबसे बड़ा साम्राज्यवादी तथा औद्योगिक कूटनीतिज्ञ था।

गांधी जी के ये चारों शस्त्र, आज भारतीय राजनीति की सीमाओं को लांघ कर, विश्व की वर्तमान समस्त राजनीति तथा शान्तिप्रिय मानवता के लिए एकमात्र गति तथा नियति सिद्ध हो रहे हैं। गांधी जी का आदर्श व्यक्ति-मानव कुंठित या समाज-विरोधी मानव नहीं है, बल्कि वह व्यक्ति-मानव महान सामाजिकता की श्रेष्ठ प्रतिमूर्ति है। गांधी जी ने ऐसे सामाजिक व्यक्ति-मानव के निर्माण के लिए न केवल स्वयं ही तपस्या की, बल्कि भारत की कोटि-कोटि जनता का इस तपस्या के लिए समय-समय पर आह्वान किया और आज यह हमारी सामूहिक तपस्या, स्वाधीनता के नगरकोट के भीतर विशाल मानवता के सामूहिक कल्याण के लिए शोषणविहीन समाज का भवन निर्माण करने में रत है।

मानव की यह महान तपस्या, एक बार फिर इस कालपुरुष के जन्मदिन पर अपने जीवन-मन्त्रों को दोहराती है कि विश्व हमारा कुटुम्ब है, हम सब श्रमिक हैं और हमारा लक्ष्य मानव-मानव के बीच के सारे अवरोधों को मिटा कर, ऐसे स्वर्ग की स्थापना करना है, जहां चतुर्भुज मनुष्य के हाथ में सत्य, अहिंसा, शांति और मैत्री के अमूल्य रत्न दिशा-पर्यन्त में जाज्वल्यमान रहें।

(साभार : जनक दुलारी संग्रह)

गजानन माधव मुक्तिबोध*

[नया खून (नागपुर), 12 जुलाई, 1957 में प्रकाशित लेख 'सिंहासनों पर वृद्धों के मनोरंजक योगासन']

अगर बेचारे मोलोतोव पद से निकाले जाने के पहले ही रिटायर हो जाते, तो उन्हें इस बुढ़ापे में बदनामी और बदनसीबी का शिकार नहीं होना पड़ता। फ्रांस के स्वर्गीय मार्शल पेतां अस्सीवें साल में बदनाम, पराजित, धिक्कृत और क्या-क्या नहीं हुए!! यह उनके बुढ़ापे की ही सूझ थी कि वे गुप्त रूप से हिटलर से मेल-जोल बढ़ाये रहे, जबकि देश इसके खिलाफ था। अन्त में विश्वयुद्ध में हार हुई और उनकी फ़जीहत।

इस बुढ़ापे में, महात्मा गांधी-सरीखे बहुत कम लोग हैं जिन्होंने अपने जीवन और मरण में इतनी महान और व्यापक ख्याति प्राप्त की हो। लेकिन इसका कारण एक यह भी था कि वे किसी पद पर नहीं थे, यहां तक कि कांग्रेस से भी उन्होंने पद-वद के मामले में कोई ताल्लुक नहीं रखा। लेकिन ऐसे भाग्यवान और बुद्धिमान बूढ़े बहुत कम होते हैं। आज के अणु-युग में गांधीवाद अपरिहार्य हो गया है।

ऐसे बूढ़े बहुत कम हैं जिन्हें बुढ़ापे में पद की लालसा न हो। वे अपनी मौत की खाई पर प्रभाव के पुल से काम लेना चाहते हैं। स्तालिन इसी का ज्वलन्त उदाहरण है। किन्तु मौत होते ही उसकी कीर्ति की हत्या कर दी गयी। लेकिन रूस की मौजूदा प्रवृत्ति को देखते हुए कहा जा सकता है कि उसकी जिन्दगी में ही वह स्वयं अपनी पार्टी में लोकप्रिय नहीं रहा था। यह बुढ़ापे की खास कमजोरी है कि उसमें पद की लालसा तो भयंकर हो उठती है, लेकिन वह नयी पीढ़ियों की नयी तमन्नाओं को पहचान नहीं सकता।

बुढ़ापे में पद की लालसा का एक कारण तो यह है कि मनुष्य अमर बनना चाहता है, चाहे वह बाल-बच्चों के हृदय में क्यों न सही। इसीलिए भारतीय उस बूढ़े को बड़ा मानते हैं, जिसके लिए रोने वाले बहुत हों। उनके हृदय में तो उसने अपना पद बना ही लिया है। उनके हृदय में पद बनाने के लिए अगर सरकारी पद का उपयोग हो सकता है तो क्या कहना! फिर तो पद बिलकुल न छोड़ा जाये।

---

* लेखक के नाम बिना प्रकाशित

आज की दुनिया में बूढ़ों का राज है। पहले बूढ़े घर की हुकूमत करते थे, अब वे सरकार में हैं। पश्चिमी जर्मनी का चांसलर एडिनॉवर बहुत बूढ़ा है, उसकी तुलना में नेहरूजी जवान हैं। फ्रांस और ब्रिटेन की जल-थल-नभ सेनाओं में बूढ़े मार्शलों का बड़ा रोब है। हम तो दुनिया में सिर्फ़ एक विश्व-प्रसिद्ध राजनीतिज्ञ की दाद देंगे, जिसने बीच बुढ़ापे में पद छोड़ दिया। उसका नाम, मानो या मत मानो, चर्चिल है!! उसने तो पहले ही कह रखा था कि नष्ट-भ्रष्ट होते हुए ब्रिटिश साम्राज्य की अध्यक्षता करने के लिए पैदा नहीं हुआ है। ध्यान में रखने की बात है कि कितने ही बादशाह बुढ़ापे में भी सन्नत पर जमे रहे तो उनके बेटों ने विद्रोह किया। शाहजहाँ का बुरा हाल आप जानते हैं। चर्चिल शाहजहाँ से ज्यादा सयाना था।

बुढ़ापे की यह कमजोरी बड़ी व्यापक है। वह अपने लिए अधिक से अधिक सम्मान चाहती है। यही वजह है कि बुढ़ापे में वर्ड्सवर्थ ने 'दरबारी शायर' बनना स्वीकार किया। वर्ड्सवर्थ की जिन्दगी में ही कवियों की कम से कम तीन निचली पीढ़ियां काम कर रही थीं-यहां तक कि शेली, कीट्स और बायरन समाप्त होकर, टेनिसन और उनसे छोटे ब्राउनिंग भी आगे आ गये। आख़िरकार, विक्षुब्ध होकर वर्ड्सवर्थ के विरुद्ध ब्राउनिंग ने अपनी प्रख्यात कविता भी लिख डाली।

और आज नयी दिल्ली में बूढ़े पके-बाल साहित्यिकों का जमघट इकट्ठा हो गया। उनको स्वर्गवास नहीं वरन दिल्लीवास हुआ। अर्थात उनकी प्रतिभा की मृत्यु हो गयी और उन्होंने लिखना-पढ़ना छोड़ दिया। अब वे प्रतिष्ठा और सम्मान के स्वर्ग में हैं, और उस स्वर्ग में वे अधिक से अधिक आदर, श्रद्धा और पद के लिए राजनीति करते हैं, सूत्र हिलाते हैं, किन्तु सूत्रधार होने के बदले, वस्तुतः, वे विदूषक हो जाते हैं।

बूढ़ों की लड़ाई बहुत मनोरंजक होती है। दिल्ली की साहित्यिक मंडली में इन लोगों का क्या कहना! मुश्किल यह है कि दोनों एक-दूसरे की इतनी जानकारी रखते हैं कि जब गालियाँ देने पर उतर आते हैं तब इस बात का ध्यान भूल जाते हैं कि मैं मैथिलीशरण गुप्त हूं, और मुझे इतना नीचा नहीं उतरना चाहिए! दूसरा बूढ़ा उन्हें चिढ़ाने के लिए उनके नाम की व्याख्या इस प्रकार करता है-'मैं-थैली-शरण-गुप्त'। बिहार के दो बूढ़ों की लड़ाई प्रसिद्ध है, वे हैं श्रीकृष्ण सिन्हा और अनुग्रहनारायण सिंह। बेचारे अनुग्रहजी हमेशा के लिए पूरी पृथ्वी व बिहार की राजनीति से जल्दी यानी इकहत्तरवें साल रिटायर हो गये। नहीं तो और मजा आता।

यह प्रसिद्ध बात है कि दिल्ली के बूढ़ों और एक गांधीवादी बूढ़े विनोबा में बहुत ज्यादा खटक गयी है-उनमें नहीं बनती। बन नहीं पाती। दिल्ली के बूढ़ों ने मनाने की काफ़ी कोशिश की। लेकिन विनोबाजी ने दिल्ली के बूढ़ों से डपटकर कह दिया कि वे राजनीति से रिटायर हो जायें।

विनोबा जी का यह भयानक वक्तव्य दिल्ली पर बम के रूप में फट पड़ा। भला इतनी बड़ी जुरअत!! बूढ़ों को उनकी गद्दियों से पृथक करने की तजवीज!! भयानक,

भयानक!! किन्तु इससे केरल के कम्यूनिस्टों की बन आयी। मसीहा के पद पर विनोबा जी का आसन तो जम ही गया है!! दिल्ली के बूढ़े यह तो कह ही नहीं सकते कि विनोबा जी रिटायर हो जायें, क्योंकि वे किसी पद पर नहीं हैं।

बूढ़े आदर-सम्मान और शक्ति के लोभ में यह सोच नहीं पाते कि उनसे आयु में छोटे जिम्मेदारी उतनी ही अच्छी तरह संभाल सकते हैं जितने कि वे स्वयं। जब सरदार वल्लभ भाई पटेल बीमार होकर दिल्ली से बम्बई गये, तो अपने साथ अपने मन्त्रालय के महत्त्वपूर्ण काग़जात भी साथ लेते गये। उन्हें पूरा यक़ीन था कि सम्बन्धित मामले इतने महत्त्वपूर्ण हैं कि उनके बग़ैर सुलझ नहीं सकते! उनकी मृत्यु के बाद वे सब हल कर लिये गये!!

लेकिन, मुश्किल यह है कि वृद्धों के राज में सब कुछ उनके टेस्ट और अभिरुचि से चलता है। उदाहरण के लिए, हिन्दी भाषा ही लीजिये। पारिभाषिक शब्दावली बनाने के नाम पर उन्होंने ऐसे-ऐसे शब्द ढलवाये जिनका उच्चारण भी कठिन होता है, मसलन, कानून माल के लिए भू-राजस्व-संहिता, आदि-आदि। अब मजा यह है कि हर प्रांत के बूढ़ों ने अपने पद का दुरूपयोग करके अपनी-अपनी रुचि के अनुसार ऐसे शब्द गढ़वाये यानी, बिहार की सरकारी हिन्दी का जानकार मध्यप्रदेश की सरकारी हिन्दी के शब्दों को आसानी से नहीं समझ सकता। केंद्र की सरकारी हिन्दी भी अलग चीज है। लेकिन बूढ़ों को यह नहीं सूझा कि जो शब्द हिन्दी में सदियों से प्रचलित हैं उनकी जगह दूसरे शब्द बनाने की जरूरत नहीं।

सम्मानसूचक पदवियां देते वक्त 'बहादुर' शब्द से बूढ़ों को शायद आपत्ति है इसलिए कि वह अहिंसा का सूचक नहीं है!! हमको तो यह समझ में नहीं आया कि पद्मभूषण कहते किसे हैं, और इन दो शब्दों का कहां क्या किस तरह जोर है!! वैसे ही शब्द है भारतरत्न!! यह वह पदवी है, जो सर्वश्रेष्ठ समझी गई। लेकिन हम देखते हैं कि ऐसी पदवियाँ तो पुरानी पण्डित-सभाओं ने न मालूम कितनों ही को दे रखी हैं।

अगर पदवियों के लिए जोरदार संस्कृत शब्दावली की आवश्यकता थी तो वह भी मिल सकती थी। अगर 'बहादुर'-जैसे पुराने परम्परागत शब्दों पर एतराज था, तो प्राचीन आर्यों द्वारा सामन्तों, पण्डितों और कवियों को दी गयी उपाधियों का कम से कम अध्ययन तो किया जाता! लेकिन बूढ़े हैं कि हमारे लिए कहीं-कहीं माननीय न होते हुए भी सम्माननीय हैं!

खैर, अभिरुचि का सवाल इतना बड़ा नहीं है, जितना इस बात का कि उन्हें नयी पीढ़ियों की विशेष हालतों, उनकी आकांक्षाओं, उनकी प्रवृत्तियों और विचारों का ज्ञान नहीं होता, और होता है तो बहुत ही विचित्र और विकृत रूप में।

इसमें वृद्धों का इतना दोष नहीं है जितना उनके बुढ़ापे का। उनके खयाल, उनके संस्कार, एक बीते युग के होते हैं। और जमाना आगे बढ़ चलता है।

इसका मतलब यह नहीं है कि सभी बूढ़े अपने जमाने से पिछड़े हुए हैं। पण्डित नेहरू यद्यपि वृद्ध ही हैं, किन्तु उन्हें बूढ़ा कहने में जी घबराता है। ऐसे भविष्यद्रष्टा बूढ़े बहुत थोड़े होते हैं।

किन्तु बूढ़ों का पूरा रिकार्ड देख जाने से पता चलता है कि अपने पद से वृद्धापकाल शुरू होते ही रिटायर हो जाने में उनका कल्याण है। नयी परिस्थितियों में नयी प्रवृत्तियों को खुलकर खेलने का मौक़ा देना जरूरी है। क्या विनोबा की वाणी सुनकर दिल्ली के बूढ़े रिटायर होना चाहेंगे!! असम्भव!! असम्भव !! वे सिंहासनों पर बैठकर देश की सेवा करते-करते मर जाना पसन्द करते हैं!!

श्रीकांत ठाकुर विद्यालंकार

[आर्यावर्त (बिहार), 1 अक्टूबर, 1957 में प्रकाशित संपादकीय 'भ्रष्टाचार के उन्मूलन का प्रश्न']

स्वराष्ट्र मन्त्रणालय के मंत्री श्री बलवंत नागेशदातार ने सरकारी कर्मचारियों को चेतावनी देते हुए कहा है कि "सरकार भ्रष्टाचारियों के विरुद्ध कठोर कदम उठाने के लिए कृत संकल्प है।" उन्होंने इस सम्बन्ध में एक नयी बात यह बतायी है कि "भारत सरकार फौजदारी कानूनों में इस दृष्टि से संशोधन करने पर विचार कर रही है जिसमें यह कानून अधिक कठोर बना दिया जाय और भ्रष्टचारियों को कठोर दण्ड दिया जा सके।" इसके पहले हाल ही में स्वराष्ट्र मंत्री पण्डित गोविन्द वल्लभ पन्त ने भी यह बात कही थी कि सरकार भ्रष्टाचारी अफसरों के विरुद्ध कार्रवाई करने की व्यवस्था कर रही है। ऐसा बहुत आवश्यक प्रतीत होता है। जब तक इस ओर उचित रूप में ध्यान नहीं दिया जायेगा तब तक शासनयंत्र को सुचारु रूप से चलाने में तो कठिनाई होगी ही, समाज के निर्माण कार्य भी उचित रूप में नहीं हो पायंगे और भारतीय समाज उत्तरोत्तर दूषित होता जायेगा तथा पद-पद पर अमंगल दिखाई देते रहेंगे। समाज का अच्छा या बुरा होना शासनयंत्र पर अवलम्बित है। 'यथा राजा तथा प्रजा' वाली बात सोलहो आने सही है। शासन यदि भ्रष्टचारी हो तो समाज को भी भ्रष्टाचारी बनने का अवसर मिलेगा। महाभारतकार ने बताया है कि दुर्योधन क्रूरकर्मी और आततायी था इसलिए उसके सम्पर्क में रहने वाले भी वैसे ही बन ग़ये थे। ऐसा स्वाभाविक है और यह बहुत अधिक आवश्यक है कि शासनयंत्र भ्रष्टाचारमुक्त किया जाय। किन्तु इसके लिए केवल सरकारी बड़े और छोटे कर्मचारी ही दोषी नहीं माने जा सकते, भ्रष्टाचार के उन्मूलन के लिए मंत्रियों तक पर ध्यान रखना कि उनकी शिथिलता के कारण अफसरों तथा अन्य कर्मचारियों को भ्रष्टचार में प्रवृत्त होने के लिए प्रोत्साहन तो नहीं मिलता है। यही नहीं उस राजनीतिक दल के कामों पर भी निगरानी रखनी पड़ेगी जो दल देश पर शासन करता है। बहुधा ऐसा देखा जाता है कि शासक दल के प्रभावशाली व्यक्ति सरकारी अधिकारियों और कभी-कभी मंत्रियों पर भी किसी अनुचित काम के लिए अनुचित ढंग से दबाव डालते हैं जिसका समाज पर बहुत ही बुरा प्रभाव पड़ता है। इस दु:स्थिति का अंत हो सकता है यदि सरकार इसके लिए कृतसंकल्प हो जाए।

भ्रष्टाचार-उन्मूलन के लिए साधारण दण्ड व्यवस्था से भी काम नहीं चल सकता और श्री दातार ने जो कठोर दण्ड व्यवस्था की बात कहीं है वह बहुत आवश्यक है। जब तक कठोर दण्ड की व्यवस्था नहीं होगी तब तक यह आशा नहीं की जा सकती कि दण्डित होने पर भी सरकारी अधिकारी या साधारण कर्मचारी भ्रष्टचार से अलग होंगे। जिस समय इस देश में चोरों का दाहिना हाथ काट लेने की व्यवस्था थी उस समय इस देश में चोरी नहीं होती थी। रामराज्य में सुख और शान्ति इसलिए थी कि उस समय साधारण अपराध के लिए बहुत कठोर दण्ड की व्यवस्था थी। कठोर दण्ड-व्यवस्था अपराधकर्म करने से रोकती है और लोगों को भ्रष्टाचारी बनने तथा अपराध करने का दुस्साहस नहीं होता। वस्तुतः समाज सुव्यवस्थित दो कारणों से रहता है-देश में कठोर दण्ड व्यवस्था रहने से और समाज में नैतिकता की मान्यता रहने से। इस देश में जब तक धार्मिक भावना प्रबल रही तब तक नैतिकता भी प्रश्रय पाती रही और उसे मानकर लोग चलते रहे, किन्तु जैसे-जैसे धार्मिक भावना पर लोगों का विश्वास उठता जाता है वैसे-वैसे नैतिकता का बन्धन भी ढीला होता जाता है। ऐसी स्थिति में एक दण्ड व्यवस्था ही है जिससे यह आशा की जाती है समाज विशृंखलता से अलग रहेगा और भ्रष्टाचार को प्रोत्साहन नहीं मिल पायगा। अभी तो देखना है कि फौजदारी कानून में किस प्रकार के संशोधन किये जाने वाले हैं और उनका प्रभाव भी समाज और शासन यंत्र पर कैसा पड़ता है, किन्तु यह सर्वमान्य बात है कि यदि कठोर शासनदण्ड की व्यवस्था लागू की जायगी तो भ्रष्टाचार का उन्मूलन किया जा सकेगा।

किन्तु केवल कठोर शासनदण्ड की व्यवस्था हो जाने से भी इस विकट समस्या का समाधान सम्भव नहीं है। अच्छे-से-अच्छा कानून भी यदि उचित रूप में उपयोग में नहीं आवे तो उसकी उपयोगिता कुछ नहीं रह जाती है। इसलिए कठोर शासनदण्ड व्यवस्था के साथ यह देखना भी अति आवश्यक है कि वह कानून उचित रूप में उपयोग में आवे और वह कानून किसी के साथ पक्षपात न करे तथा किसी पर दया न दिखावे। इसके लिए देश और प्रशासन के प्रति ईमानदार होने की भी आवश्यकता है। जब तक ऐसा नहीं होगा और यह नहीं देखा जायेगा कि कठोर शासनदण्ड का उपयोग समान रूप से सब पर लागू होता है तब तक भ्रष्टाचार के उन्मूलन में कभी सफलता नहीं मिल सकती। तब उसका समाज पर बुरा प्रभाव भी पड़ेगा। यदि एक उस कानून से दण्डित हुआ और दूसरे अपराधी पर दया दिखायी गयी अथवा आत्मीय या प्रभावशाली होने के कारण छोड़ दिया गया तो फिर उस कानून की कठोरता की महत्ता जाती रहेगी। कठोर शासनदण्ड व्यवस्था तभी सार्थक है जब उसके माध्यम से सबके साथ न्याय किया जाय। अपराधी को दण्ड मिले और निर्दोष को बचावे। दण्ड व्यवस्था साधारण व्यवस्था नहीं और इस व्यवस्था को हाथ में लेने वाला तभी सफलता पा सकता है जब तक वह ईमानदार हो, भावना से काम नहीं लेता हो और कर्त्तव्याकर्त्तव्य

का ध्यान रखकर काम करना जानता हो। शासनयंत्र में ऐसे लोगों की भी कमी है किन्तु सुयोग्य सरकार के लिए इस स्थिति में सुधार करना कठिन काम नहीं। क्या आशा की जाय कि जहां भ्रष्टाचार के उन्मूलन के लिए कठोर शासनदण्ड--व्यवस्था के लिए विचार किया जा रहा है वहां इससे सम्बद्ध इन आवश्यक बातों पर भी गम्भीरतापूर्वक विचार किया जायेगा और तदनुकूल व्यवस्था करने के लिए भी प्रयत्न किये जायेंगे?

शरद जोशी

[नई दुनिया (इंदौर), 1958 में प्रकाशित कॉलम 'परिक्रमा']

विशेषज्ञ

आजकल शासन और निर्माणी चक्कर के कारण एक नई नस्ल तैयार हो रही है, जिसे 'विशेषज्ञ' कहते हैं। योजना की हर शाखा पर यह परिन्दा पाया जाता है। इसमें सुरखाब के पर जड़े रहते हैं। यह काना हो चाहे आँखों वाला पर इसे अन्धों में शाहंशाही प्राप्त रहती है।

निर्माण के क्षेत्र में प्रशिक्षित जीव 'ट्रेन्ड एनिमल' तो कुछ जापानी पद्धति से तैयार हुए धान के पौधे की तरह होता है, जिससे उत्पादन अधिक हो सकता है, पर वह सारे फार्म में एक अलग ही ऐसा वृक्ष होगा जिसे नर्सरी में तैयार किया गया हो और जो विशेष स्वाद के फल देता हो। चाहे दे नहीं।

सरकार उसे विशेष खाद का अलाउन्स देती है। उसके पत्ते की ओर से प्यार से देखती है, उसके फल को बेचती नहीं पर प्रदर्शिनी में रखती है; विदेशी यात्री और केन्द्रीय मंत्री से उसका हाथ मिलवाती है। प्रांत और विदेश जाने के लिए उसे ढीला छोड़ देती है।

विशेषज्ञ की स्थिति कुछ उस साधु की तरह होती है जो सट्टे के अंक बता सकता है, पर चुप है, और लोग उसकी शकल खड़े-खड़े जोहा करते हैं कि यह बोलेगा, पर वह बोलता नहीं।

वह हमारे किए हुए कामों की तरफ ऐसे देखता है जैसे किसी इंसानी कृति की ओर देख कर खुदा मुस्करा रहा हो।

आप जानते हैं कि जीवन के सबसे सुखद क्षण वे होते हैं जब हम किसी व्यक्ति को एक गलत काम करते देखते हैं, और उसका सही ढंग क्या है यह हमें पता है, पर हम बोलते नहीं।

अज्ञानियों की बात सुन कर जो मुस्कराहट आपके चेहरे पर आती है, वैसी मुस्कराहट विशेषज्ञ के चेहरे पर हर व्यक्ति से मिलते समय आ जाती है।

इसके सिवाय विशेषज्ञ में एक और विशेषता होती है, और वह यह कि जिसको वह जानता है, वह दूसरे में भी नजर आ जाए तो प्रतिक्रिया के कारण वह नाराज हो

जाता है। उस समय उसके विशेष आचरण फूटते हैं और उसकी आत्मा चिड़चिड़ाती है।

विशेषज्ञ समाज के सहारे और सहयोग के कारण बना हुआ व्यक्तिवादी होता है। जिसके अहं का कारण उसका ज्ञान ही नहीं दूसरों का अज्ञान भी होता है। उसकी समझ ज्ञान की चरम सीमा होती है और इसी कारण वह अपने आपको बोधिवृक्ष के नीचे से उठकर आया मानता है और समाज की सुजाता से खीर की अपेक्षा करता है।

संसार के हर क्षेत्र में विशेषज्ञ होते हैं। कहीं भी जाइए, कोई बेतुका, बेरुखा व्यक्ति आपको इधर-उधर घूमता या खामोश किसी तरफ ताकता मिल जाएगा, और लोग दूर खड़े उसकी तरफ उँगली उठाकर आपको बताएंगे कि वह विशेषज्ञ है।

हम भारतीय मूर्तिपूजक, व्यक्तिपूजक लोग हैं, अपनी हर अच्छाई, हर परिवर्तन और हर क्रांति के लिये किसी व्यक्ति विशेष का आभार मानते रहे हैं, और उसके कहे को संगमरमर पर बनी खुदाई लकीर समझते रहे हैं।

अभी पिछले समय तक पारलौकिक प्रश्न हमारे सामने थे, तब साधु हमारे देवता थे। फिर आजादी की जंग हमारे सामने आई तो नेता हमारे देवता हो गए और अब योजनाओं के पंच-वर्षीय प्रहर में विशेषज्ञ हमारे देवता हैं।

जिस पत्थर में ईश्वर बैठा होता है, वह पत्थर ही माना जाता है, पर जिस पत्थर पर सिन्दूर लगा हो उसे ईश्वर समझा जाता है।

विशेषज्ञ सिन्दूर लगे पत्थर हैं, जो हर जगह अटल खड़े हैं, आपकी पूजा मांगते हैं। और जहां अनुभव का ईश्वर है वह पत्थर ही समझा जाएगा, क्योंकि उस पर शासकीय प्रामाणिकता का सिन्दूर नहीं।

दो शब्द

भारत भाषणों के युग से गुजर रहा है। अधिक पेड़ों की तरह अधिक नेता हैं। अधिक अनाज की जगह अधिक भाषण हैं।

संघर्ष और चिन्तन के काल में भाषण लम्बे कम होते है और उनमें विचारों की गहराई अधिक होती है। पर इस युग में गहराइयां कम और लम्बाइयां अधिक हैं।

दुनिया के इतिहास में केवल कुछ इने-गिने काल ऐसे रहे हैं जब कि भाषण हुए। ईसा के पूर्व छठी शताब्दी, सीजर का युग, पुनर्जागृति का काल, अठारहवीं शताब्दी और उन्नीसवीं।

सुमेरियन और सेमेटिक सभ्यता में केवल महंत ही भाषण देते थे। भाषणों का विषय जादू, टोना, भूत, प्रेत आदि थे। ये भाषण कुछ इस प्रकार के थे कि जिन्हें न वक्ता समझता था न श्रोता।

आज भी साहित्यिक सभाओं में मैंने इस प्रकार के भाषण सुने हैं।

सुमेरियन और सेमेटिकों जैसे महन्तवादी युग की प्रतिक्रिया में ग्रीस, इजराईल, भारत और चीन की सभ्यताएं आईं। नये प्रकार के भाषण प्रारम्भ हुए।

यूनान के सुकरात तर्क प्रणाली से, और इजराईल के एजेकियल और इसाईयाह, जिन्होंने ईश्वरवाद उभारा, भावुकतापूर्ण सरलता से बोलते थे। भारत में बुद्ध जनभाषा के समर्थक थे, और चीन में कांफुत्से तथा लाओत्से प्रसिद्ध वक्ता थे।

सुकरात और डेमोस्थनीज का युग गुजर गया। रोम की सामाजिक नैतिकता नष्ट हो गई। जब जूलियस सीजर के काल का सिसेरो प्रसिद्ध वक्ता था।

आज के युग के भाषणों में सिसेरो प्रवृत्ति है, ये अधिकांश भाषण सत्ता बनाए रखने के इरादे से अक्सर प्रभावित होते है।

पर सुन्दर वक्ता होने के बावजूद सिसेरो मार डाला गया।

प्रजातंत्र के जन्म के साथ भाषण की आदत जोर पकड़ गई। पुनर्जागृति के काल में ल्यूथर, विक्लिफ और शंकराचार्य के भाषणों में चिन्तन की स्पष्ट गहराई थी।

और अब...''आज शाम को सुभाष चौक में नगर कांग्रेस की ओर से एक ग्राम सभा आयोजित की गई है, जिसमें अमुक नेता भाषण देंगे।''

अधिकता से सम्मान खत्म हो जाता है। लोग अब भाषणों के श्रोता कम और पारखी अधिक होते हैं। भाषण के बाद में यही सुनाई पड़ता है, बोले अच्छा। खूब फटकारा। पहले आए थे, तब भी अच्छे बोले थे। जनता काफी थी। भाषण शानदार था।

''हाँ यार, भाषण तो शानदार था। पर मुझे लग रही थी ठंड। मैं तो चला आया।'' याने भाषण में क्या कहा गया, उस वस्तु की ओर ध्यान देना सिर्फ सी.आय.डी. और पुलिस का काम है। जनता तो जैसे संगीत की प्रेमी और पारखी होती है वैसे ही भाषण पारखी होती है।

कोई कोटि का पत्र उठा लीजिए। कम से कम 18 सभाओं की रिपोर्ट और सूचना देता है। यह सुझाव जंचता है कि एक वक्ता विभाग खोल दिया जाए।

स्वतंत्रता आन्दोलन के समय से एक गलती हुई है। नेता वकीलों में से आये, जिनमें भाषण का ही गुण था। यदि किसानों और मजदूरों में से आते तो देश आजादी के बाद बोलता कम और काम ज्यादा करता।

मैं सोचता हूँ कि सरकार प्रत्येक राजनीतिक पार्टी के एक निश्चित संख्या के वक्ता स्वीकार करे और उन्हें रजिस्टर कर ले। इससे देश में आवाज कम और मेहनत ज्यादा होगी।

भाषण भाषण को जन्म देता है। पर जनता अक्लमंद होती है। जब सिसेरो बोलता था तब लोग कहते थे, क्या सुन्दर बोला, पर जब डेमोस्थनीज बोलता था तो लोग कहते थे–आओ, फिलिप को खत्म करें।

पंचवर्षीय योजना का भाषण पहलू ही नहीं है। सबसे बड़ा काम पहलू है। घंटियां बजती हैं पर वक्ता चुप नहीं होता। जिस प्रकार रिनेसाँ के युग में 'अवर-ग्लास' रखा जाता, पर पादरी बोले जाते।

माना कि भाषण एक कला है। पर फॉक्स, बर्क और ग्लेडस्टन कम भी हों तो देश और युग प्रसिद्ध हो जाता है।

26 जनवरी को दो शब्द कहना जरूरी है, "मत बोलो"।

देश के लिये दो शब्द जानना जरूरी है, "काम करो"।

(साभार : परिक्रमा)

गोपाल प्रसाद व्यास

[हिन्दुस्तान (दिल्ली) में प्रकाशित कॉलम 'नारद जी खबर लाये हैं']

हमारे नारद जी ने 'हिन्दुस्तान' के पाठकों को प्रथम बार 26 सितंबर, 58 को दर्शन दिए। फिर तो वह 1 मार्च, 78 से पहले प्रति सप्ताह इस पत्र के द्वारा मेरे कल्पना लोक में आते रहे और उनके साथ मेरे संवाद नियमित रूप से छपते रहे। कोई बीस वर्ष तक नारदजी हिन्दी-जगत में छाए रहे। केवल 'हिन्दुस्तान' में ही नहीं, प्रयाग से निकलने वाले 'भारत' तथा पटना से निकलने वाले 'प्रदीप' में भी इनका साथ-साथ प्रकाशन होने लगा। हिन्दी के कई छोटे-बड़े दैनिक, साप्ताहिक और मासिक पत्र भी इन्हें कभी साभार और कभी आभार रहित छापने में रुचि लेते रहे। हिन्दी के अतिरिक्त भारत की अन्य भाषाओं में भी जब-तब नारद जी की दी हुई खबरें छपती रहती थीं। 'हिन्दुस्तान' में पहले यह स्तंभ मंगलवार को छपता था, बाद में रविवासरीय में छपने लगा। पाठक बड़ी उत्सुकता से इसकी प्रतीक्षा किया करते थे। पाठकों पर ही नहीं, मुझ पर भी इस स्तंभ का नारदीय असर पड़ा।

7 अक्टूबर, 1958 में प्रकाशित 'नई दाशमिक प्रणाली'

"हलो मैं नारद बोल रहा हूं।"

"प्रणाम मुनिवर, आइए न? हम तो यहां आपकी प्रतीक्षा कर रहे हैं।"

"अजी, क्या प्रतीक्षा कर रहे हो? जब आते हैं, तब मिलते नहीं। फोन भी आपको 10वीं बार करने पर मिला है।"

"लेकिन आप बोल कहां से रहे हैं?"

"मैं नेहरू जी की कोठी से 10 कदम दक्षिण में दाहिने हाथ के 10वें मकान से बोल रहा हूं। तुम जरा कागज-कलम निकालो। लिखते चलो-मैं जरा जल्दी में हूं।"

तो पाठको, नारद जी खबर लाए हैं कि नए पैसों के सफल प्रचलन और नाप-तौल की दाशमिक मीटरी प्रणाली को व्यवहार में लाने के बाद भारत सरकार ने यह निश्चय किया है कि देश के दैनिक जीवन के समस्त कार्य दाशमिक प्रणाली के अनुसार ही हुआ करें और यह तब तक नहीं हो सकता जब तक कि घण्टा, मिनट और सेकिण्ड का हिसाब सही नहीं हो जाता। इसलिए सरकार ने निश्चय किया है कि सन् 1958

के 10वें महीने की समाप्ति के बाद से 100 सेकिण्ड का एक मिनट, 100 मिनट का एक घण्टा, 10 घण्टे का एक दिन, 10 घण्टे की एक रात, 10 दिन का एक महीना और 10 महीने का एक वर्ष हुआ करेगा। भारत सरकार का विचार है कि बीसवीं शताब्दी में मनुष्य को शतायु बनाने का यही तरीका है। इस योजना द्वारा मनुष्य के जीवन में सहज ही खुशियों का संचार किया जा सकेगा। लोग अपने और अपने नेताओं की रजत, स्वर्ण और हीरक जयन्तियां रोज-रोज मना सकेंगे।

भारत सरकार ने अपने सूचना एवं प्रसारण मंत्रालय को कहा है कि वह अपने आकाशवाणी, साहित्य अकादमी और संगीत नाटक अकादमी की मार्फत दस दिसंबर तक इस बात की अविलम्ब घोषणा कर दें कि भारत सरकार रस नौ नहीं, दस मानती है और षड़ज, रिषभ, गांधार यानी सा,रे,गा,म,प,ध,नी, के रूप में संगीत में जो सात स्वरों की योजना अब तक चली आई है, वह अशुद्ध है। स्वर भी इस देश में आगे से दस ही बजा करेंगे।

ज्ञात हुआ है कि शीघ्र ही कवियों, लेखकों, नाटककारों और नटों का एक सेमीनार भारत की राजधानी में बुलाया जाएगा, जिसमें सरकार के सुझाव पर कलाकार लोग अपनी राय जाहिर करेंगे कि श्रृंगार, हास्य, वीर, करुण आदि नव रसों के साथ नवनीत रस को भी शामिल कर लिया जाए। क्योंकि देश में मक्खनबाजी या मक्खनवादिता से जो जनोपयोगी मखनिया साहित्य प्रचुर मात्रा में निर्मित हो रहा है, उसको सही प्रतिनिधित्व न देना दूरंदेशी न होगी।

इसी प्रकार स्वरों में भी गर्द्धभ स्वर को प्राचीन आचार्यों ने बिल्कुल छोड़ दिया है। भारत सरकार अब यह गल्ती दुरुस्त कर लेना चाहती है।

नारद जी की सूचना है कि भारत सरकार का शिक्षा मंत्रालय तेजी से इस बात पर विचार कर रहा है कि हिन्दी वर्णमाला में से स्वरों की संख्या 12 के बजाय 10 और व्यंजनों की संख्या 33 से बढ़ाकर 50 कर दी जानी चाहिए। भारत सरकार के वाणिज्य मंत्रालय ने भी शिक्षा मंत्रालय से यह अनुरोध किया बताते हैं कि वह बालकों की प्रारम्भिक शिक्षा में से 3, 7 और 9 के पहाड़े निकलवा दे। इससे अंकगणित की दुरूहता तो दूर होगी ही, बालकों की कोमल बुद्धि पर भी विषमता का अनावश्यक बोझ नहीं पड़ेगा।

भारत सरकार का गृह मंत्रालय भी दाशमिक प्रणाली को बड़ी दत्तचित्तता से अपनाने के 'मूड' में है। नारद जी ने विश्वस्त सूत्र से सुना है कि भारत सरकार के 10वें मंत्री श्री दातार संसद का अधिवेशन प्रारम्भ होते ही यह घोषणा करने वाले हैं कि भारत के किसी भी कोने में स्त्री, पुरुष, बालक किसी को भी, किसी भी जुर्म में 3,5 या 7 साल की सजा हुई हो तो वह आज रात के 10 बजे से पूरे 10 साल की कर दी जाएगी।

लेकिन कुछ मामलों में भारत सरकार अभी अपने आपको परेशान भी अनुभव करती है। उसकी बड़ी इच्छा है कि वेद 4 नहीं 10 माने जाएं, पुराण 18 नहीं 20 हों,

उपनिषद 6 नहीं 10 हों, नवग्रहों में शनि के बाद नेता-ग्रह और जोड़कर 10 ग्रह मान लिए जाएं। स्वतंत्रता के 10 साल बाद भी आकाश वृद्धि होने पर भी देवताओं की संख्या 33 करोड़ ही क्यों रही आए।

लेकिन भारत की धर्म-निरपेक्ष सरकार इस मामले में सीधा कोई दखल नहीं देना चाहती। लेकिन उसके अध्यात्म-अधिवेत्ताओं ने यह प्रबल तर्क उपस्थित किया है कि जब हाथों, पैरों में दस-दस अंगुलिया हैं, शरीर में इन्द्रियां भी दस मानी गई हैं, मनुस्मृति में धर्म के भी 10 लक्षण कहे गए हैं, दिशाएं भी दस हैं, ईश्वर ने भी दशावतार ही धारण किए हैं, तब सृष्टि की शेष चीजें दाशमिक प्रणाली से भिन्न कैसे हो सकती हैं?

जो भी हो, फिलहाल तो भारत सरकार ने यह मामला भारत सेवक समाज की मार्फत साधु-समाज पर हल करने के लिए छोड़ दिया है और उसे 10 महीने की अवधि प्रदान की है।

नारद जी को पक्का भरोसा है कि चाहे आसमान टूट पड़े, लेकिन सरकार भारत के जनजीवन में, कार्य-व्यवहार में दशमलव प्रणाली को लागू करके रहेगी। अपनी इस योजना को लोकप्रिय बनाने के लिए उसके विशेषज्ञों ने बड़े तर्कपूर्ण पैम्फलैट तैयार किए हैं, जिनमें कहा गया है कि जब बालक का जन्म दसवें महीने होता है, जब भारत के बच्चे-बच्चियां 10वें साल से ही रोमान्टिक फिल्में देखने और प्रेम के तराने गाने लगते हैं, 10वां दर्जा पास करते ही उन्हें सरकारी नौकरी मिल सकती है और दस नम्बरी मनुष्य संसार में सबसे अधिक सफलता प्राप्त करते देखे गए हैं, तब हमें दाशमिक प्रणाली को अपनाने में परहेज क्यों होना चाहिए?

भारत सरकार इस योजना के अनुसार कुछ मामलों में पहले ही कदम उठा चुकी है। जैसे कि उसने लोकसभा के सदस्यों की संख्या 420 (नारद जी को पुराने आंकड़े ठीक याद नहीं) से 500 कर दी है। इसी प्रकार राज्यों की विधानसभाओं, नगरपालिकाओं के सदस्यों की संख्या भी दाशमिक प्रणाली के अनुसार नियत की जाएगी। किसी भी विदेशी शिष्टमण्डल में आगे से 10 से कम सदस्य नहीं भेजे जायेंगे। केन्द्रीय कैबिनेट के सदस्यों की संख्या भी इसी सत्र में 10 दूनी 20 हो जाने वाली है।

इस सम्बन्ध में भारत सरकार जो सबसे बड़ा परिवर्तन करने जा रही है, वह यह है कि उसकी राज-मुद्रा में जो अशोककालीन तीन सिंहों की मुद्रा अंकित होती है, उसकी जगह अब परम प्रतापी, परम विद्वान, परम वैज्ञानिक, परम दुर्द्धर्ष महाराजा, महात्मा रावण की दशानन मूर्ति अंकित हुआ करेगी।

नारद जी के मतानुसार भारत सरकार का ख्याल है कि इससे उत्तर-दक्षिण के बीच की खाई को सहज ही पाटा जा सकेगा और लंकावासियों के साथ भारत के संबंध और भी अधिक अच्छे हो जाएंगे।

नारद जी आगे कुछ और भी बताने जा रहे थे कि सहसा फोन बीच में ही कट गया। उसके बाद हमने नारद जी से फिर संपर्क स्थापित करने का बड़ा यत्न किया, लेकिन वह सफल नहीं हो सका। नारायण हरि!

16 मार्च, 1959 में प्रकाशित 'मलाई ऊपर ही ऊपर'

''नारद जी! आज तो कोई ऐसी कथा कहिए जो देश पर भी घटती हो, समाज पर घटती हो। कल जो बीत चुका है, उस पर भी और आज जो चल रहा है, उस पर सही बैठती हो।''

''सुना तो सकता हूं, लेकिन एक शर्त है।''

''वह क्या भगवन?''

''यही कि आप बीच में टोकेंगे नहीं। अगर आपने कहीं बीच में टोक दिया तो मैं कथा कहना बंद कर दूंगा।''

''शर्त स्वीकार है, प्रभु! कहिए,'' हमने सिर झुकाकर नारदजी से निवेदन किया।

''तो सुनिये वेद व्यास जी–एक थे नवाब। बड़े खुशदिल, बड़े हर दिल अजीज, बड़े रंगीन! बाल पके, दांत गिरे, खाल सिकुड़ी, बीनाई बुझी; लेकिन उन्होंने दिल से कभी बुढ़ापे को मंजूर नहीं किया और न कभी मुंह से जवानी को इंकार ही किया।

लेकिन मौत कमबख्त किसी की मंजूरी या इंकारी की बाट नहीं देखती। जैसे बरसात के दिनों में मलेरिया, जाड़ों के दिनों में निमोनिया और गर्मी के दिनों में चेचक और हैजा बिना निमंत्रण के ही तशरीफ लाते चलते हैं, उसी तरह मौत भी एक दिन बिना बुलाए ही आ धमकती है। और जिस तरह ख्रुश्चेव के जवाब में आइक को या आइक के जवाब में ख्रुश्चेव को बोलना लाजिमी हो जाता है, इसी तरह आदमी को मौत के बुलावे पर जाना ही पड़ता है। बेचारे नवाब साहब को लाख न चाहने पर भी मुल्के अदम को कूंच करना पड़ा।

नवाब साहब के कमसिन शहजादे सत्रनत पर रौनक अफरोज हुए। मुसाहिबों ने, मतलब कि यार लोगों ने सोचा कि बस अब चांदी चीरने के दिन आ गए। वे रोज-रोज नए नवाब को नए-नए फंदों में फंसाने की कोशिश करते। लेकिन नया बछेड़ा अभी चौकन्ना था और बात-बात पर बिदक उठता था।

सबने सोचा ऐसे नहीं, पहले नवाब साहब को कोई शौक लगाना चाहिए।

उसके बाद मंजिल आसान हो जाएगी। लिहाजा अफीम का शौक लगा दिया गया। अब नए नवाब अफीम का अंटा चढ़ाकर पीनक में धुत्त रहते और राजकाज मुंह लगे वजीर संभालते। मुसाहिबों ने सोचा कि अफीम खिलाना सिखाया हमने, लेकिन मजा चख रहे हैं यह वजीर लोग। यह तो ठीक नहीं हुआ। कुछ करना चाहिए।

एक दिन मुसाहिब नवाब साहब के पास पहुंचा और कहने लगा– ''हुजूर आपके दुश्मनों की सेहत को क्या हो गया है। बन्दापरवर अभी आपकी जवानी का यह सिन,

मगर चेहरे की रौनक न जाने कौन सोख ले गया? इस कमबख्त अफीम को छोड़िए, इसने सरकार की सेहत को निहायत खराब कर दिया है।''

नवाब बोले–''अब अफीम नहीं छूट सकती। हां, सेहत के लिए कुछ हो सकता हो तो बताओ? वह किया जाए।''

मुसाहिब ने उत्तर दिया–''हुजूर अफीम पर तो एक ही चीज फायदा पहुंचा सकती है। यह है मलाई। सरकार मलाई खाया करें।''

नवाब कुछ सोचकर बोले–''हां, बात तो तुमने ठीक कही है। लेकिन हम तो उस वक्त पिनक में रहते हैं, हमें मलाई खिलाएगा कौन?''

मुसाहिब ने तत्काल उत्तर दिया–''सरकार इसकी फिक्र न करें। मेरे साले को मलाई की बड़ी अच्छी पहचान है। वह भरोसे का आदमी है। उसे अपनी खिदमत में ले लीजिए, वह आपको मलाई खिला जाया करेगा।''

तो हुआ यह कि नए नवाब ने मुसाहिब के साले को अपनी नौकरी में रख लिया। उसे रहने को महल में जगह दी गई। उसको माकूल तनख्वाह मिली और वह रोज पावभर मलाई नवाब साहब को खिलाने लगा। लेकिन दो-तीन दिन ही नवाब साहब के पेट में मलाई पूरी पहुंची। बाद में मुसाहिब के साले साहब ने सोचा कि इसे पावभर खिलाओ तो जैसा, आध पाव खिलाओ तो जैसा। पिनक में नवाब साहब को पता ही क्या चलता है। लिहाजा चौथे रोज से उसने आधा पाव अपने पेट में और आधा पाव नवाब साहब के हलक में डालनी शुरू कर दी।

दूसरे मुसाहिब ने सोचा कि यह पहला तो बड़ा तेज निकला। इसने अपने साले को लगा दिया और वह मलाई भी खाने लगा। एक दिन वह भी मौका निकालकर नवाब साहब की खिदमत में पहुंचा और कहने लगा–''हुजूर आप और चाहे जो कीजिए। जरा आईने में झांकिए तो सही, बिना बरसात के आफताब को बादलों ने घेर लिया है। सरकार की सेहत चौपट हुई जा रही है। आप इस अफीम को छोड़िए।''

नवाब कहने लगे–''और जो कुछ कहना हो कहो, लेकिन अफीम छोड़ने के बारे में कहना मुझे पसंद नहीं, अफीम खाता हूं, तो क्या, अब तो मलाई भी खाने लगा हूं।''

मुसाहिब नम्बर दो बोले–''कैसी मलाई खाते हैं, हुजूर आप। मलाई खाने वाले का तो मुंह अलग ही दिखता है। मुझे तो आपके मलाईं खाने-खिलाने में कोई जाल मालूम पड़ता है।''

नवाब कहने लगे–''नहीं! मैंने एक भरोसे के आदमी को इस काम पर रखा है, इसमें कोई जाल नहीं हो सकता।''

''लेकिन सरकार आप तो पिनक में रहते हैं, अगर वह खुद मलाई खा जाए तो आपको क्या पता चलेगा?''

नवाब ने सिर खुजलाते हुए कहा–''हां यह नामुमकिन तो नहीं। लेकिन किया क्या जाए?''

मुसाहिब ने चट उत्तर दिया–''सरकार तदबीर मैं बताता हूं। आप एक दरोगा तैनात कीजिए। मलाई उसके सामने आपको खिलाई जाए फिर कोई गड़बड़ नहीं हो सकती।''

नवाब बोले–''हां! यह बात ठीक है। कोई दरोगा तुम्हारी निगाह में है?''

मुसाहिब जैसे इस प्रश्न की बाट ही देख रहा था–''हां हुजूर मेरा भतीजा है, बड़ा नेक और ईमानदार आदमी है। उसे आप यह ड्यूटी सौंपिए, फिर देखिए कोई गड़बड़ी नहीं हो पाएगी।''

सो व्यासजी, मलाई वाले सिपाही के ऊपर एक दरोगा साहब तैनात किए गए। उनके लिए एक अच्छा मकान, महल के पास दिया गया और अच्छी तनख्वाह भी उनकी बांध दी गई। अब सिपाही मलाई खिलाता। दरोगा हाजिर रहता। नवाब को पूरी मलाई मिलने लगी।

लेकिन यह कुल चार दिन चला। पांचवें दिन सिपाही ने घर जाकर दरोगा साहब को सलाम किया और बताया कि वह दरोगा साहब से कुछ नहीं छुपाएगा। उसने अब अपने बच्चों के पेट पर पट्टी बांधना कबूल कर लिया है। और उसकी तजबीज यह है कि वह अपनी आध पाव मलाई में से एक छटांक खुशी–खुशी कम कर देगा और उतनी ही दरोगा साहब के घर पर चुपचाप दे आया करेगा। नवाब साहब के लिए तो छटांक भर मलाई काफी होती है। इस प्रकार तीन छटांक मलाई सिपाही और दरोगा के बीच बंट गई।

तीसरे मुसाहिब ने सोचा कि इन दोनों ने मैदान मार लिया। मैं ही रह गया। निदान वह भी एक दिन मौका पाकर नवाब साहब की खिदमत में जा पहुंचा और लगा उन्हें अफीम छोड़ने का उपदेश देने। नवाब साहब ने उसे भी वही उत्तर दिया कि अफीम नहीं छूट सकती, कुछ और कहना हो तो कहो।

मुसाहिब ने कहा–''हुजूर मलाई ही आपकी सेहत को सुधार सकती है।''

नवाब ने कहा–''वह तो मैं खाता हूं और खिलाने वाला गड़बड़ न कर दे, इसलिए एक दरोगा भी उस पर तैनात किया हुआ है।''

मुसाहिब बोला–''सरकार, आप मालिक हैं, कुछ भी कहें, लेकिन मुझे तो शक होता है कि यह सिपाही और दरोगा आपस में मिल गए हैं और मलाई खुद ही खा जाते हैं। वरना हुजूर पावभर मलाई रोज खाएं और चेहरे पर जरा भी नूर दिखाई न दे! हुजूर हो न हो इसमें कोई फरेब है।''

नवाब साहब भी सोचने पर विवश हुए। लाचारी के लहजे में कहने लगे–''हां भई, हो क्या नहीं सकता। सब कुछ हो सकता है। लेकिन किसका यकीन किया जाए? जो आता है, ऐसा ही आता है।''

मुसाहिब बोला–"हुजूर मायूस न हों, यह ऐसी कोई बात नहीं, जो दुरुस्त न हो सकती हो। मेरे पास इसका एक हल है।"

"तो बताइए न?" नवाब साहब ने बेसब्री से पूछा।

"हुजूर आप सिपाही और दरोगा के ऊपर एक कंट्रोलर बैठा दीजिए, सिपाही खिलाए, दरोगा देखे और कंट्रोलर जांच करे। हुजूर फिर गड़बड़ की गुंजाइश नहीं रह सकती।"

नवाब साहब ने खुशी से उछलकर कहा–"हां यह बिल्कुल ठीक है।"

और नम्बर तीन मुसाहिब के मामूजान उसी दिन से कंट्रोलर तैनात कर दिए गए। एक बड़ी कोठी, एक बड़ी तनख्वाह, एक बड़ी सवारी, एक छोटा अर्दली, उनके लिए लगा दिया गया। अब मलाई पूरी की पूरी नवाब साहब के पेट में पहुंचने लगी।

लेकिन यह भी चार दिन ही चला। एक दिन सिपाही और दरोगा दोनों मिलकर कंट्रोलर साहब की खिदमत में पेश हुए और उन्होंने कहा–"हुजूर हम अपने-अपने पेट पर पट्टी बांधकर सवा-सवा छटांक मलाई ही स्वीकार कर लेंगे, लेकिन हुजूर के घर पर डेढ़ छटांक मलाई रोजाना पहुंचती रहेगी।"

कंट्रोलर ने पूछा–"लेकिन फिर नवाब साहब के लिए क्या बचेगा?"

उत्तर मिला–"सरकार पत्ते में फिर भी कुछ न कुछ रह ही जाएगी। इसे हम नवाब साहब की मूंछों से रगड़ दिया करेंगे...।"

"हम समझ गए नारद जी! आपकी कहानी का रूपक पूरी-पूरी तरह हमारी समझ में आ गया। यह नवाब जनता है। यह मुसाहिब लोग, यह मलाई खाने वाले, नए-नए दफ्तर, यह भाई-भतीजावाद, वाह! नारद जी, कमाल कर दिया आपने।" हमने बीच में ही नारद जी से निवेदन किया।

नारद जी बोले–"बस व्यासजी, आपने शर्त तोड़ दी। अब मैं कथा आगे नहीं कहूंगा। और आप कुछ भी नहीं समझे। जो समझे गलत समझे। नवाब कभी जनता हो सकती है? मैं कितनी बार आपसे कह चुका हूं कि मैं राजनीति में नहीं पड़ता। अच्छा, नारायण हरि!"

(साभार : नारद जी खबर लाये हैं)

इंद्र विद्यावाचस्पति (संपादक : वीर अर्जुन)

[1959 के आस-पास प्रकाशित लेख 'भारत में पत्रकारिता-क्या मिशन से व्यवसाय बनेगा?']

जब तक देश पराधीन था और देशवासियों का ध्यान स्वाधीनता प्राप्त करने की ओर लगा हुआ था, तब तक देश के समाचार पत्र स्पष्ट रूप से दो भागों में बंटे हुए थे। कुछ पत्र ऐसे थे जिनका लक्ष्य व्यवसाय था। वे संकट से भरे हुए रास्ते को छोड़कर सदा सुरक्षित राजमार्ग पर चलना पसंद करते थे और यह ध्यान रखते थे कि उनके किसी लेख अथवा समाचार से अधिकारियों को असंतोष न हो। वे या तो राजनीति में उदासीन वृत्ति रखते थे अथवा सरकार के समर्थक बने रहते थे।

दूसरी श्रेणी के समाचार पत्र वे थे जिनका लक्ष्य देश को पराधीनता से मुक्त कराना था। उन्हें प्रचलित भाषा में 'मिशन वाले पत्र' कहा जा सकता है। उनका लक्ष्य धन कमाना नहीं था। इस कारण वे संकटों की परवाह न करके कंटकाकीर्ण मार्ग पर चलने के लिए सदा उद्धत रहते थे।

यों तो मिशन वाले समाचार पत्रों का जन्म बहुत पहिले हो गया था। सन् 57 की राज्यक्रांति के इतिहास की सामग्री संग्रह करते हुए ऐसे कई समाचार पत्रों के अंक मिले हैं जिनका उद्देश्य अंग्रेजी राज्य के विरुद्ध क्रांति पैदा करना था। परन्तु अर्वाचीन काल में लक्ष्य सिद्धि के लिये निकाले गये समाचार पत्रों का प्रारंभ लोकमान्य तिलक के 'केसरी' से होता है। बम्बई, कलकत्ते और मद्रास से कई प्रभावशाली समाचार पत्र इससे भी पूर्व निकल आये थे। पर वह जान हथेली पर लेकर नहीं निकले थे। उन्हें प्रचारक तो कहा जा सकता है, किन्तु सिपाही नहीं कहा जा सकता। पूना के 'केसरी' ने समाचार पत्रों की उस शृंखला का प्रारम्भ किया जिन्हें स्वाधीनता के सिपाही कहा जा सकता है। उनका एक विशेष लक्ष्य था, जिसकी पूर्ति के लिये वे अपना सब कुछ बाजी पर रख देते थे।

देश में ज्यों-ज्यों शिक्षा की वृद्धि और स्वाधीनता प्राप्ति की भावना का प्रसार होता गया, त्यों-त्यों ऐसे समाचार पत्रों की संख्या बढ़ती गयी। यह ठीक है कि उन समाचार पत्रों पर संकट आते थे, परन्तु यह भी सत्य है कि उन संकटों का कुछ पुरस्कार भी था। संकट प्रायः उन लोगों की ओर से आते थे, समाचार पत्रों में जिनकी कड़ी

आलोचना होती थी। अंग्रेजी सरकार, देशी रियासतें और कभी-कभी सरकार भक्त भारतवासी भी उन समाचार पत्रों के आलोचना रूपी शेरों के शिकार बनते थे। समालेचना के उत्तर में समाचार पत्रों को जो प्रहार सहने पड़ते थे, उन्हें अस्त्रों का नाम दिया जा सकता है। सरकार के पास '124 ए', नरेशों के पास 'प्रिंसेज प्रोटेक्शन ऐक्ट' और धनी व्यक्तियों के पास 'अर्थ दण्ड' आदि अस्त्र ऐसे थे, जिनका प्रयोग बिना किसी खटके के किया जा सकता था।

यह तो थे संकट। ये असह्य हो जाते यदि इनके साथ लगे हुए पुरस्कार न होते। वे पुरस्कार जनता की ओर से प्राप्त होते थे। ध्येय पर मर मिटने वालों को ऐसे ही पुरस्कार मिलते हैं। सर्वसाधारण जनता उनसे प्रेम करती थी, आदर करती थी और आवश्यकता पड़ने पर शक्ति के अनुसार उनकी आर्थिक सहायता भी करती थी।

उन दिनों पत्रकारिता एक मिशन था। पेशा नहीं था। जो पत्रकार लक्ष्य वाले समाचार पत्रों में काम करने जाते थे वे अपने मन को आने वाले संकटों के लिये तैयार कर लेते थे। वे सोच लेते थे कि संभव है, पत्र के बन्द हो जाने के कारण हमें शीघ्र ही बेरोजगार हो जाना पड़े, पत्र के चलते रहने की दशा में भी सम्भव है निर्वाह मात्र वेतन मिले और यह भी सम्भव है कि '124 ए' की धारा जेल में घसीट ले जाए-वे इन सब सम्भावनाओं को मन में रखकर पत्रकार बनते थे। इस कारण उनका हृदय संतुष्ट रहता था। एक ऊँचे ध्येय की गरमी उनके शरीर को गरम रखती थी और उन्हें संकटों के नीचे दब कर मरने से बचाती थी।

अंग्रेजी सरकार और उसके सहायकों को यह आशा थी कि वे दमन के साधनों द्वारा स्वतंत्र समाचार पत्रों को या तो समाप्त कर देंगे अथवा उनके पर काट देंगे। परन्तु जनता की सहानुभूति और सहायता ने स्वतंत्र समाचार पत्रों को न मरने दिया और न निर्बल होने दिया। दमन का प्रभाव उलटा ही हुआ। जिन समाचार पत्रों पर शक्तिशालियों द्वारा प्रहार किये गये, उनकी ग्राहक संख्या बढ़ती गयी और उसके साथ आर्थिक स्थिति भी अच्छी होती गयी। इस परिस्थिति का प्रभाव पत्रकारों पर भी पड़ा। उनका आत्मसम्मान तो कायम रहा ही, धीरे-धीरे वेतन का स्तर भी ऊँचा होता था जो राजनीतिक नेताओं, धर्मप्रचारकों अथवा शिक्षकों को प्राप्त होता है।

पूंजीपतियों का प्रवेश

राष्ट्रीय विचार के समाचार पत्रों की बढ़ती हुई ग्राहक संख्या और सुधरती हुई आर्थिक स्थिति ने देश के कुछ पूंजीपतियों का ध्यान अपनी ओर आकृष्ट किया। स्वतंत्र समाचार पत्रों में सरकार और नरेशों के साथ-साथ कभी-कभी पूंजीपति भी आलोचना के पात्र बन जाते थे। संभवत: इस बात ने भी उनके मन में समाचार पत्रों की उपादेयता का भाव उत्पन्न कर दिया। वे लोग बड़ी थैलियां लेकर समाचार पत्रों के बाजार में प्रविष्ट हो गये। उन्होंने अपने पत्रों की सफलता के लिये कौन से और

कैसे साधनों का प्रयोग किया, इसकी अनावश्यक चर्चा को छोड़कर मैं, यहाँ केवल उन परिणामों का उल्लेख करूँगा जो ब्रिटिश काल में समाचार पत्र जगत में पूंजी के प्रवेश से हुए।

1. पूंजीपति घाटा उठा सकते थे इसलिये उन्होंने पत्रों की पृष्ठ संख्या बढ़ा दी। मूल्य वही रहा और पृष्ठ संख्या बढ़ गई। पाठकों का तो इसमें लाभ ही था, परन्तु मध्यम श्रेणी के समाचार पत्रों के लिए घोर प्रतिस्पर्द्धा की मुसीबत खड़ी हो गयी। उनके लिये दो ही रास्ते खुले थे–या तो ग्राहक घटने के कारण बंद हो जाएं अथत्रा पृष्ठ संख्या बढ़ाकर आर्थिक बोझ के नीचे दब जाएं।

2. नये सम्पन्न समाचार पत्रों में काम करने वाले पत्रकारों का वेतन स्तर ऊँचा हो गया। प्रत्यक्ष में यह बात पत्रकारों के लाभ की थी। प्रतिस्पर्द्धा में खड़े रहने के लिये अन्य समाचार पत्रों के संचालकों को भी वेतन स्तर ऊँचा करना पड़ा। इसका भी स्वतंत्र समाचार पत्रों की आर्थिक स्थिति पर बहुत बुरा प्रभाव पड़ा।

3. इन दोनों प्रतिस्पर्द्धाओं का सम्मिलित प्रभाव यह हुआ कि बहुत से सामान्य स्थिति के पत्र बंद हो गये। धीर-धीरे चलने वाले पत्रों की संख्या कम और बंद होने वाले पत्रों की संख्या अधिक होती गयी। दृष्टान्त रूप में यदि दिल्ली को ही लें तो बात समझ में आ जायेगी। गत 15 वर्षों में इस प्रान्त में बंद हुए हिन्दी दैनिक पत्रों की संख्या एक दर्जन से अधिक है, और इस समय चलने वाले हिन्दी दैनिकों की संख्या तीन है। जो पत्र बन्द हुए, उनके सम्पादकीय विभाग में काम करने वाले अधिकतर पत्रकार बेरोजगार हो गये और कई अब तक बेरोजगार हैं। यह ठीक है कि तीन पत्रों के पत्रकारों की स्थिति सुधर गयी, परन्तु यह भी मानना पड़ेगा कि उससे चौगुने पत्रों में कार्य करने वाले पत्रकारों की स्थिति बिगड़ गयी। यह अच्छा हुआ या बुरा, उसका उत्तर पाठक स्वयं दे सकते हैं। जब तक अंग्रेज भारत में रहे, तब तक ये सम्पत्ति प्रणाली नये पत्र राजभक्ति और राजद्रोह के बीचोंबीच अपनी कश्ती को चलाते रहे। वे पाठकों की नब्ज को पहचानते थे और साथ ही स्वभाव से सावधान थे। इस कारण उनका बच-बच कर चलना संभव था।

1947 के अगस्त मास में भारत में स्वराज स्थापित हो गया। नयी परिस्थिति के धनिक समाचार पत्रों ने पूरा लाभ उठाया। अब उनके लिए उतनी सावधानता की आवश्यकता नहीं रही, क्योंकि राजभक्ति और देशभक्ति में कोई विरोध न रहा। उनमें सब प्रकार की शक्ति अधिक मात्रा में थी। अत: राष्ट्रीय सरकार का ध्यान भी उनकी ओर ही खिंच गया। परिणाम यह हुआ कि जो मध्यम श्रेणी के स्वतंत्र समाचार पत्र स्वाधीनता के युद्ध में वर्षों तक जूझते रहे, वे एक-एक करके बन्द होने लगे अथवा धनिक पत्रों के पेट में विलीन होने लगे। यह निश्चित बात है कि पिछले आठ वर्षों में भारत भर में जितने समाचार पत्रों का जन्म हुआ, उससे कई गुना अधिक समाचार पत्रों की मृत्यु हुई। जो जीवित रहे, उनमें से अधिकतर धनिक

पत्रों के संचालकों के कुनबे में शामिल हो गये। इस उलट-फेर ने बीसियों पत्रकारों को बेरोजगार करके शिक्षितों की बेरोजगारी की समस्या को बढ़ा दिया।

यही परिस्थिति थी जिसका उपाय सोचने के लिये सरकार ने प्रेस आयोग का निर्माण किया था। उसके सामने जो प्रश्न रखे गये थे, उन्हें संक्षेप में मोटे तीन प्रश्नों के रूप में परिवर्तित किया जा सकता है।

1. क्या यह उचित है कि समाचार पत्र धीरे-धीरे कुछ थोड़े से पूँजीपतियों के हाथ में आ जाएं, जो अनेक स्थानों से निकलने वाले विविध पत्रों अथवा एक ही नाम से अनेक शृंखलाबद्ध पत्रों द्वारा सम्पूर्ण समाचार पत्र-व्यवसाय को अपने हाथ में ले लें?

2. यह आवश्यक नहीं है कि साधारण श्रेणी के स्वतंत्र समाचार पत्रों की रक्षा की जाए?

3. क्या पत्रकारों की स्वाधीनता और आर्थिक भलाई की रक्षा के लिये उनके वेतन स्तर और अधिकारों की कानून द्वारा रक्षा करना उपयुक्त नहीं है?

मोटे रूप में आयोग के सामने ये प्रश्न थे। आयोग ने इन प्रश्नों का थोड़ा बहुत समाधान करने का यत्न किया। उसकी रिपोर्ट पर संसद के दोनों भागों में जो वाद-विवाद हुआ उसने प्रकट कर दिया है कि देश में प्रतिनिधियों का बहुमत आयोग की सिफारिशों के अनुकूल है। यह असंदिग्ध है कि यदि आयोग की सिफारिशों को पूरी तरह कार्यान्वित किया जाए तो अब भी समाचार पत्रों को व्यवसाय का पुछल्ला बनने से रोका जा सकता है। यदि पत्रों का ध्येय केवल अर्थोपार्जन ही हो गया, तो समाज का जितना कल्याण करेंगे उससे अधिक अकल्याण भी हो सकता है। सरकार की ओर से संसद की बहस का उत्तर देते हुए प्रसारमंत्री ने जो भाषण दिया उससे यह ध्वनित होता था कि पत्रकारों को कारखाने के मजदूरों वाला वेतनादि संबंधी अधिकार देने के अतिरिक्त अन्य विषयों में सरकार पत्रकार व्यवसाय को भी प्रतिस्पर्द्धा के क्षेत्र में संघर्ष के लिये छोड़ देना चाहती है। समाचार पत्र को साधारण व्यवसाय नहीं बनाया जा सकता, वह देश की जनता का शिक्षक है, वह लोकमत बनाता है और देश को शान्ति अथवा युद्ध की ओर ले जाने का मुख्य साधन है। सरकार यदि उसे साधारण व्यवसाय समझ कर प्रतिस्पर्द्धा को अर्पण कर देगी तो कोई ऐसा समय आयेगा जब स्वयं उसे पछताना पड़ेगा। वह अपने आपको नीति के निर्माण में पराधीन पाएगी, क्योंकि देश का लोकमत थोड़े से अर्थपतियों के हाथों में केन्द्रित हो जाएगा।

प्रसारमंत्री के भाषण से प्रतीत होता था कि अभी प्राय: सभी कुछ विचाराधीन है। आशा रखनी चाहिये कि आयोग की रिपोर्ट पर सरकारी विचार का जो पैबन्द लगेगा, उससे देश के समाचार पत्र केवल व्यवसाय के अंग न बन कर एक स्वतंत्र गणराज्य की आत्मा के पहरेदार बने रह सकेंगे।

(साभार : पत्रकारिता के अनुभव, लेखक—इंद्र विद्यावाचस्पति)

हरिशंकर परसाई

[देशबन्धु (रायपुर, छ.ग.), 26 जून, 1961 में प्रकाशित कॉलम 'सुनो भई साधो']

मिलावट की सभ्यता

साधो, एक सप्ताह बीत गया, जब मैंने तुम्हारे सामने 'उम्मीदवार' और 'नाउम्मीदवार' की व्याख्या की थी। इस बीच तुममें से कई ने चुनाव टिकिट के लिए अर्जियां दे दी होंगी। तुम्हारी क्षीण संख्या देखकर मैं समझ गया कि तुममें से आधे, भोपाल या दिल्ली गये हैं–दूसरों की पत्ती काटने और अपनी गोट जमाने।

खैर, छोड़ो इस चक्कर को। मुझे तुमसे एक अक्ल की बात कहनी है। चुनाव-प्रपंच में फंसे तुम लोग इस बात पर ध्यान नहीं दे रहे हो कि हमारी सभ्यता पर विदेशों से प्रहार हो रहे हैं। हाल ही में भारत सरकार के एक ऊंचे अफसर ने कहा है कि विदेशों में भारतीय माल की खपत में कठिनाई आती है, क्योंकि भारतीय व्यापारी मिलावटी माल देते हैं। अफसर ने बताया कि स्विटजरलैंड के व्यापारियों ने शिकायत की कि भारत से उन्होंने जो इलायची खरीदी उसमें कचरा मिला हुआ था।

साधो, बात बहुत गम्भीर है। ये विदेशी भारत को अभी तक समझ ही नहीं पाये हैं। भूल जाते हैं कि हमारी हजारों सालों की महान संस्कृति है और यह समन्वित संस्कृति है, यानी यह संस्कृति द्रविड़, आर्य, ग्रीक, मुस्लिम आदि संस्कृतियों के समन्वय से बनी है। इसलिए स्वाभाविक है कि महान समन्वित संस्कृति वाले भारतीय व्यापारी इलायची में कचरे का समन्वय करेंगे, गेहूं में मिट्टी का, शक्कर में सफेद पत्थर का, मक्खन में स्याहीसोख कागज का। जो विदेशी हमारे माल में 'मिलावट' की शिकायत करते हैं, वे नहीं जानते कि यह मिलावट नहीं है, 'समन्वय' है जो हमारी संस्कृति की आत्मा है। और चाहे कोई हमसे एक पैसे का पान भी न खरीदे, पर हम अपनी प्यारी प्राचीन संस्कृति को नहीं छोड़ सकते। साधो, मुझे उस अफसर पर बड़ा क्रोध है, जिसने शिकायत को स्वीकार किया। भारत सरकार को फौरन स्विस सरकार को एक विरोध-पत्र भेजना चाहिए कि तुमने मिलावट की शिकायत करके हमारी राष्ट्रीय संस्कृति का अपमान किया है। यदि तुम्हारी गरज हो तो खरीदो। हम जैसे

तटस्थ विदेश नीति नहीं छोड़ रहे हैं, वैसे ही मिलावट की सभ्यता नहीं छोड़ेंगे। कोई विदेशी 'शुद्ध' माल मांगकर भारतीय व्यापारी का अपमान न करे।

साधो, भारतीय व्यापारी को बड़ा गलत समझा जाता है। कोई नहीं समझता कि उसने भारत में एक नवीन सभ्यता का सूत्रपात किया है। अपनी पूर्ववर्तिनी सामन्ती सभ्यता से यह बिल्कुल भिन्न है। सामन्त इज्जत के लिए जान दे देता था, व्यापारी पैसे के लिए इज्जत दे देता है। सामन्त को कोई एक जूता मार देता था, तो वह मारने वाले की जान ले लेता था और अपनी दे देता था। पर व्यापारी को कोई कहे कि एक जूता मारकर 5 रुपया दूँगा, तो वह कहेगा कि तू मुझे दस जूते मार ले और पचास रुपये दे दे–कमीशन काटकर चालीस में भी मार सकता है। साधो, यह हमारी नवीन 'महाजनी सभ्यता' है, जिसे न समझने के कारण विदेशी मिलावट की शिकायत करते हैं।

साधो, हमारे दूतावास कुछ काम नहीं कर रहे हैं। उन्हें भारत के सम्बन्ध में सही जानकारी विदेशों को देना चाहिए, जिससे कुप्रचार का प्रभाव न पड़े। न जाने किसने विदेशों में यह भ्रम फैला रखा है कि भारतीय व्यापारी बिना 'समन्वय' के माल भेजता है। हमारे दूतावासों को स्पष्ट रूप से बता देना चाहिए कि हमारे यहाँ किस चीज में किसकी मिलावट की जाती है। स्विस व्यापारी को अगर हमारा दूतावास पहिले बता देता कि भाई, इलायची में कचरा मिलाकर भेजा जाता है, तो इतना हल्ला-गुल्ला क्यों होता? स्विस व्यापारी हमारी इलायची को नमन करके स्वीकार करता और हमारी सरकार को लिखता कि धन्य है भारतीय व्यापारी, जो एक चीज मंगाने पर दो भेज देते हैं। यह भारतीय उदारता के अनुकूल ही है। अभी पश्चिम को भारत से बहुत कुछ सीखना है। आप हमें आशीर्वाद दें। हम लोग भी घड़ी के पुर्जों में मिलावट करने का प्रयत्न कर रहे हैं। इस बार तो इलायची में कचरा मिलाया है, आशा है अगली बार कचरे में इलायची मिलायी जायगी।

साधो, भलाई का इतना अनादर कभी नहीं देखा। लोग भारतीय व्यापारी को बदनाम करते हैं कि वे विदेशी व्यापार को धक्का पहुंचा रहे हैं, विदेशी बाजारों में भारत की साख मिटा रहे हैं। ये लोग कहते हैं कि 'स्विस वाच' और 'शेफील्ड' के चाकू की तरह विश्वसनीय वस्तु का नाम भारत के साथ नहीं जुड़ सकेगा। साधो, इनका सोचने का ढंग गलत है। ये यह नहीं देखते कि भारतीय व्यापारी मिट्टी से और कचरे से विदेशी मुद्रा कमा रहा है और भारत के विदेशी विनिमय को बढ़ा रहा है। जिस विदेशी मुद्रा के लिए और देश अपना अच्छा माल बाहर भेजते हैं, उसे भारतीय व्यापारी मिट्टी और कचरे के बदले में ले लेता है। पर उसकी इस राष्ट्र-सेवा पर कोई ध्यान नहीं देता।

साधो, मुझे प्रसन्नता है कि व्यापारियों को लेकर यहाँ राजनैतिक दल बन गये हैं। जिस दिन इनके हाथों में सत्ता आ जायगी, उस दिन संसार को भारतीय संस्कृति का पता लगेगा। तब बोरे में एक भी इलायची नहीं मिलेगी। तब 'ब्लडबैंकों' में

शीशियों में पानी भरा रखा रहेगा। अभी तो यह सरकार संस्कृति छोड़ चुकी है, इसलिए स्विस व्यापारी शिकायत कर लेता है कि इलायची में कचरा था। तब अगर ऐसी बदतमीज़ी करेगा, तो हम युद्ध की घोषणा कर देंगे।

साधो, कुछ भी हो; अपनी संस्कृति-सभ्यता नहीं छोड़े जाते। यह राष्ट्रीय विशेषता है और हम यह बच्चों को छोटी उम्र से ही सिखाते हैं। उनके संस्कार के लिए गणित में यह पढ़ाते हैं–एक ग्वाला 21 रु. मन के भाव से 2 मन दूध खरीदकर उसमें 20 सेर पानी मिलाता है और एक रुपये में दो सेर के भाव बेचता है, तो उसे कितना लाभ होगा?

साधो, आगे चलकर यही बालक देश के कर्णधार बनेंगे, यही व्यवसायी होंगे और महाजनी सभ्यता का विकास करेंगे। साधो, 'संस्कृति' का नारा लगाने वाले दलों को यह मामला एकदम उठाकर आन्दोलन खड़ा कर देना चाहिए। नारे ये हो सकते हैं–'शुद्ध माल मुर्दाबाद! मिलावटी संस्कृति जिन्दाबाद! महाजनी सभ्यता अमर हो!'

धर्मवीर भारती

[धर्मयुग (दिल्ली), 12 फरवरी, 1961 में प्रकाशित कॉलम 'कहनी-अनकहनी']

अभी उस दिन रामायण मेला की योजना पढ़ रहा था तो तो देखा कि उसमें विभिन्न प्रान्तों और देशों के रामकथा के प्रतिनिधि विद्वान बुलाये जायेंगे, पर यह देखकर जी बड़ा उदास हो गया कि उस लंबी-चौड़ी सूची में अपने मेरठ शहर का कहीं नाम ही नहीं था। लोग समझते हैं कि मेरठ सिर्फ पिछली शताब्दी में गदर करके रह गया। जी नहीं! उसने रामकथा के मामले में भी जो क्रांतिकारी कदम उठाया है उसकी आपको खबर ही नहीं। लोग मेरठ नाम से ही मुंह लटका लेते हैं कि वहां क्या हो सकता है। पर नहीं, कुछ हुआ और वहीं हुआ। अब सुनिये क्या हुआ...

समाचार के अंक यथावत पेश किये जा रहे हैं।

''मेरठ कॉलेज में यूनियन सप्ताह प्रारम्भ हुआ। उसी दिन रात्रि को 'आधुनिक रामायण' नामक एक कार्यक्रम का आयोजन किया गया।...स्टेज पर रामायण को प्रस्तुत करने के नाम पर राम, लक्ष्मण एवं सीता को सिनेमा के एक्टरों और उनके गीतों से इस प्रकार ला घसीटा...

रामायण को छ: भागों में विभाजित कर निम्न प्रकार से प्रस्तुत किया है:

1. जब राम और लक्ष्मण विवाह के पूर्व जनकपुरी जाते हैं तो राम से कहलाया गया–''यह शहर बड़ा अलबेला, हर तरफ हसीनों का मेला।'' ''मेरी जां मेरी जां, प्यार किसी से हो ही गया तो हम क्या करें।'' पुष्पवाटिका में सीताजी को देखकर जो भाव उठे उन्हें इस प्रकार प्रकट कराया गया–''चौदहवीं का चांद हो या आफताब हो, जो भी हो तुम...''

2. धनुषयज्ञ के समय (जयमाल राम के गले में पड़ जाने के बाद) लक्ष्मणजी ने गाया–''मेरा यार बना है दूल्हा और फूल खिले हैं दिल के, मेरी भी शादी हो जाये दुआ करो सब मिलके।'' (पंचवटी में डराये-धमकाये जाने के बाद) सूर्पणखा लक्ष्मण से कहती है–''प्यार किया तो डरना क्या। इश्क़ में जीना इश्क में मरना और हमें है करना क्या?''

समाचार लंबा है मगर एक-एक स्थल पर एक-एक गीत मेरठ के जांबाज बहादुरों ने ऐसे नगीने की तरह जड़ दिया है कि कुछ स्थलों को पेश करने का लोभ संवरण नहीं कर पा रहा :

एक स्थिति : लक्ष्मण रेखा के बाहर लंका के महाराज रावण जटाजूट बांधे सीता को लुभा रहे हैं। गाना : "तेरे द्वार खड़ा भगवान, भगत भर दे रे झोली।" (रावण जी का बांकपन देखिये। अपने को भगवान माना, सीता को भगत। मेरठ में रावण के प्रति काफी हमदर्दी दीखती है!)

दूसरी स्थिति : काव्य की उपेक्षिता विरहिणी उर्मिला बाल बिखेरे। गाना : "छोड़ गये बालम, हाय अकेला छोड़ गये। दिल की लगी को क्या कोई जाने, मैं जानूं या दिल ही जाने।" (जाने क्यों उर्मिला जी ने ऐसा सोचा। उनके दिल की लगी तो महावीर प्रसाद द्विवेदी जी ने जान ली थी और उसके बाद कई कवियों ने जानी। मगर हां, इस रूप में सिर्फ मेरठ वालों ने जानी।)

तीसरी स्थिति : अशोक वाटिका में विटप तले सीताजी। गाना : "भीगा-भीगा है समां, ऐसे में है तू कहां, मेरा दिल ये पुकारे आजा।" (अन्य पूछेंगे भीगा-भीगा समां तो तुलसीदास ने अशोक वन में नहीं दिखाया। दिखाते कैसे? मेरठ कॉलेज में जुगराफिया तो पढ़ी नहीं थी, उन्होंने। कोलम्बो में कितना पानी बरसता है! सोचिए। भीगा-भीगा समां नहीं होगा तो क्या रूखा-रूखा समां होगा।)

मैं तो मेरठ के इन नौजवानों की सूझ पर चकित हूं। बंबई में यह सब होता तो मुझे जरा आश्चर्य न होता। इस महानगरी में तो सांस्कृतिक प्रदर्शनों के नाम पर यह सब आये दिन होता ही रहता है, मगर सोचता था कि उत्तर प्रदेश, बिहार, राजस्थान, मध्य प्रदेश आदि में अभी सुरुचि और सांस्कृतिक बिरवा कुम्हलाया-मुरझाया सही, पर जीवित बचा रह गया है।

कुछ लोग तो केवल हंसकर ऐसी बातों को टाल जायेंगे, मगर ऐसी बातों पर क्रोध आना भी स्वाभाविक है। वे लोग जो इसको रामायण का अपमान कहकर क्रोधित हुए, जिन्होंने इसके खिलाफ आवाज उठायी, वे बिल्कुल ठीक हैं। ऐसी प्रवृत्तियों को बिल्कुल समाप्त कर देना चाहिये। लेकिन उनको समाप्त करने का रास्ता क्या है? केवल ऐसे छिटपुट समारोहों के विरुद्ध आन्दोलन या जैसा विनोबा जी कर रहे हैं, कुछ कुरुचिपूर्ण पोस्टरों को भस्म करना! क्या यह स्थायी इलाज है? ये आयोजन या ये पोस्टर तो केवल रोग के बाहरी लक्षण है। रोग का मूल कारण नहीं पहचाना जायेगा तो एक लक्षण दबाने से दस और व्याधियां घेर लेंगी। आन्दोलन करने वाले यह क्यों नहीं सोचते?

फिर क्या पढ़े-लिखे अनास्थावान नौजवान छात्रों में ही यह प्रवृत्ति है। मान लिया कि सीता से फिल्मी गीत गवाना अनुचित है, मगर किसी कस्बे में जाकर अखंड कीर्तन सुनिये : 'मोहे छोड़ गये बालम' की जगह आप सुनेंगे 'मोहे छोड़ गये मोहन,

हाय अकेला छोड़ गये' या 'कृष्ण कन्हैया, छोड़ मोरी बहियां, हो गयी आधी रात, अब घर जाने दे', कीर्तन के नाम पर ये फिल्मी धुनें क्या धर्म का सम्मान है? क्या ये कीर्तन पढ़े-लिखे अनास्थावान छात्र ही करते हैं?

हर समझदार आदमी अश्लील पोस्टरों के विरोध से भी पूर्णतया सहमत होगा। लेकिन जरा आप किसी पान की दुकान में टंगे कैलेंडरों पर नजर डालिये, किसी मध्यवर्गीय परिवार के पूजाघर में टंगी तस्वीरों पर निगाह डालिये। पार्वती जी तपस्या कर रही हैं। मगर उनके सुंदर सुडौल शरीर पर नाइलन का दुपट्टा होगा और नाखूनों पर नेल पेण्ट। सीता, पार्वती, राधा-एक से एक फिल्मी सज्जा और पोज में इन भड़कीले कैलेण्डरों और तस्वीरों में मिल जायेंगी। क्या ये कैलेण्डर और तस्वीरें सुरुचि और निर्वेद जगाती हैं? क्या ये सारे सस्ते व्यावसायिक चित्रकार और उन्हें प्रश्रय देने वाले धर्म का सम्मान कर रहे हैं?

केवल कुरुचि के विरोध में आन्दोलन करना व्यर्थ साबित होगा, जब तक सामान्य जन को यह न बताया जाए कि सुरुचि और कलात्मकता क्या होती है? मनुष्य की प्रवृत्ति तो जिधर दौड़ती आयी है, उधर ही दौड़ेगी। ऊंची और गहरी कला उस प्रवृत्ति को संस्कार देती आयी है और वास्तविक लक्ष्य की ओर प्रेरित करती आयी है। धर्म ने जब-जब कला का आश्रय लिया तो जनता में पैठ कर सुरुचि जगाता रहा। धर्म और कलात्मक सुरुचि हमारे देश में एक सूत्र में बंधे हुए थे। तभी बल्लभ के आन्दोलन ने सूर और नंददास पैदा किये, रामानन्द के आन्दोलन ने कबीर और तुलसी। आज एक सामान्य जन चाहे वह किसी धर्म का क्यों न हो, उसके मन में धर्म की भावना जिस रूप में भी जीवित है, उसे कलात्मक सुरुचि देना; यही वास्तविक काम है। आन्दोलन करने वाले गहरे पैठकर भारतीय जनता के मन की धर्म-भावना को कलात्मक सुरुचि देने का प्रयास नहीं करेंगे तो एक ओर से प्रवाह बांध देने पर वह दूसरी ओर से फूटेगा। आप ''छोड़ गये बालम'' का विरोध करेंगे तो वह ''छोड़ गये मोहन'' होकर लाउड स्पीकर में गूंजेगा और अश्लील पोस्टरों को फाड़ियेगा तो वे सीता, पार्वती, राधा के नाम पर फिर चिपका दिये जायेंगे।

इस ऊपरी समाधान के बजाय जरा धीरज, मेहनत और लगन से लोगों के मन में कलात्मक सुरुचि जगाने की कोशिश कीजिए तो देखिये कि कुरुचि कैसे काई की तरह फट जाती है और निर्मल जल निखर आता है।

बहुत दिनों पहले एक ऐसी ही स्थिति आयी थी हिन्दी के एक लेखक के सामने। वह गया था अभिज्ञान शकुन्तला का अभिनय देखने। कमर मटकाकर शकुन्तला ने गाना गाया तो वह आहत होकर उठ आया। उसके बाद उसने शपथ ली कि वह सुरुचिपूर्ण रंगमंच की स्थापना करेगा और दस बारह वर्षों में उसने रंगमंच की एक नयी ज्योति जगा दी। वे थे भारतेन्दु हरिश्चन्द्र। अगर वे केवल पारसी थियेटरों के खिलाफ प्रस्ताव पास करते घूमते या उनके तम्बू उखाड़ते घूमते तो क्या कुरुचि समाप्त

हो जाती। धर्म और संस्कृति के क्षेत्र में थोड़ा कष्ट सहकर भी जनता के अंदर छिपे हुए कला-बोध पर विश्वास न खोना और उसमें सच्ची सौंदर्य दृष्टि और रुचि जगाना यही एकमात्र रास्ता है।

इन गुमराह नौजवानों का ध्यान तो इस ओर नहीं है, पर दूसरों का ध्यान इधर क्यों नहीं है? दूसरे केवल एक खंडनात्मक आन्दोलन करके एक झूठे समाधान के पीछे क्यों भटकते हैं? उससे क्या वे सीता या पार्वती या राधा या शकुन्तला का अपमान बचा लेंगे।

11 जून, 1961 में प्रकाशित कॉलम 'कहनी-अनकहनी'

युद्ध, गोलियां, नेताओं के जोशीले भाषण, राकेट और निशस्त्रीकरण के समाचारों के मोटे-मोटे शीर्षकों के बीच एक छोटी सी खबर पिछले दिनों अखबारों में छपी थी, जो पता नहीं आपकी निगाह से गुजरी या नहीं! एक मौन क्रांति एक छोटे से कस्बे में, एक छोटे से वर्ग में हुई मगर उस क्रांति में एक भी भाषण नहीं दिया गया, एक भी जलूस नहीं निकला, एक भी दंगा नहीं हुआ। सिर्फ हमदर्दी के दो बोल, प्यार की एक थपकी, इन्सानी जज्बात की समझ और कष्ट की लहरों से जूझते हुए एक बच्चे को जरा सा स्नेह भरा सहारा-और लो, उसकी दुनिया में और उसके जैसे तमाम लोगों की दुनिया में एक रोशनी फूट पड़ी।

घटना एक छोटे से कस्बे की है। गोंडा की अदालत में वकील संघ के कमरे में जहां फुरसत के वक्त वकील बैठकर आराम करते हैं, पढ़ते-लिखते हैं, चर्चाएं करते हैं, एक छोटा सा बच्चा दरवाजे पर आकर भीख मांगने लगा। 15 वर्ष का बच्चा, मुरझाया हुआ चेहरा, डरा-डरा सा, और मुख पर वह दुखद भाव जो पेशेवर भिखारियों के चेहरे पर नहीं होता। एक वकील ने उधर देखा और जाने कैसे उसे महसूस हुआ कि इस बच्चे को सिर्फ भीख की नहीं हमदर्दी की भी जरूरत है। उसने बच्चे को अन्दर बुलाया। पास बिठा लिया। बच्चा और भी सहम गया। धीरे-धीरे उससे ममता से बात करके वकील ने उसका विश्वास जीता तो बच्चा फूट-फूटकर रोने लगा। रोते रोते उसने बताया कि उसके पिता की मृत्यु हो चुकी है, उसके पांच छोटे भाई-बहन हैं जिनके भरण-पोषण का जिम्मा उसी पर आ पड़ा है। 15 वर्ष की कच्ची उम्र में! उसके खान्दान में कभी किसी ने दूसरे के सामने हाथ नहीं फैलाया। छोटे से बच्चे की अबोध प्रतिक्रियाएं! रोते-रोते उसने कहा कि वह भीख मांगने से बेहतर मानता है कि रेल के नीचे जाकर कट मरे लेकिन वह मर जायेगा तो उसकी बीमार मां बिस्तर से उठकर उसे देखने भी तो नहीं आ सकेगी। फिर उसे सहारा देकर बिस्तर से उठायेगा कौन?

पर वकील ने उसे भीख नहीं दी। उसे सहारा दिया और जिन्दगी को नये स्वाभिमानपूर्ण ढंग से जीने की प्रेरणा दी-उसे बताया कि भीख मांगने से मेहनत का

कोई काम करके इन्सान की तरह जीना बेहतर है। उसने उसे अपने साथ ले जाकर बूट पालिश का सामान खरीदवाया और जब तक वह सातों के लिए पर्याप्त आमदनी न करने लगे तब तक एक रुपया रोज देने का वायदा किया। एक हफ्ते के अन्दर वह इतना कमाने लगा कि उसे किसी की मदद की जरूरत न रही। उसके बाद उस बच्चे ने प्रेरणा की वह परम्परा आगे बढ़ायी। भीख मांगने वाले बच्चों से सम्पर्क स्थापित किया और जिस तरह वकील ने उसके लिए सामान खरीदा था, वैसे ही उसने दूसरे बच्चों के लिए सामान खरीदा। आज उस छोटे कस्बे में 6 बच्चे ऐसे हैं जो पहले भीख मांगते थे, आज मेहनत करते हैं। एक पूरे के पूरे वर्ग में क्रांति का एक खामोश सिलसिला जारी हो गया—एक प्यार के बोल ने, एक हमदर्दी की थपकी ने कम से कम सात बच्चों की जिन्दगी का अन्धेरा दूर किया, उन्हें स्वाभिमान का अर्थ समझाया।

दैनिक अखबार सुबह खोलिये। मोटे-मोटे टाइप में पूरे-पूरे पेज पर फैले हुए हर राजनीतिक दल के नेताओं के झूठ, स्वार्थ और चालबाजी भरे वक्तव्यों की खबर महत्त्व देकर छपी होगी; दंगा, खून, बलात्कार, डाका, विद्रोह, जासूसी के समाचार से अखबार भरे होंगे। लेकिन क्या सचमुच अपने घर में, मुहल्लों में, कस्बों में, शहरों में, दफ्तरों में, कारखानों में, दूकानों पर, विद्यालयों में आदमी सिर्फ राजनीति और अपराध के ही स्तर पर जी रहा है? क्या इतिहास की जो प्रगति हो रही है वह सिर्फ नेताओं के खोखले भाषणों के ही द्वारा हो रही है? क्या आदमीयत सिर्फ रूस और अमेरिका के झगड़े और सुलह के सहारे ही मुरझाती या पनपती चल रही है। अगर अपनी और अपने चारों ओर के लोगों की जिन्दगी को ध्यान से देखें तो वे तमाम चीजें जो हमें जीने का अर्थ देती हैं, हमारे मन में, रस और प्रेरणा का संचार करती हैं, जो हमें मनुष्य होने का गौरव देती हैं उनमें स्वार्थपूर्ण राजनीति कितनी गौण है, और नेकी, ममता, आत्म-त्याग, प्यार, एक-दूसरे के लिए कुछ न कुछ करने की मानवीय भावनाएं कितनी प्रमुख हैं। जब हम दुख और निराशा में होते हैं, चारों तरफ अन्धेरा होता है तो पता नहीं किस अपरिचित की एक हमदर्द मुस्कान, एक प्रोत्साहन भरा प्यारा सा वाक्य हमें मौत के दरवाजे से खींचकर फिर प्रकाश भरे, उत्साह भरे, आशा भरे जीवन पथ पर लाकर खड़ा कर देता है और मानवीयता से भरी उस नितान्त साधारण सामान्य व्यक्ति की वह ईमानदार हमदर्दी ऐसी बड़ी मगर खामोश क्रांति हमारे जीवन में कर जाती है जिसकी तुलना में नेताओं के गरमागरम भाषण हास्यापद, खोखले और मिथ्या लगते हैं।

लेकिन फिर हम इस धरती पर जीने वाले साधारण इन्सान सीधे-सादे मन में पलने वाली नेकी, आपसी प्यार और प्रेरणा देने की अदम्य शक्ति को उतना मूल्यवान क्यों नहीं मानते जितना भारी, भरकम खोखले वक्तव्यों को? ऐसी मर्मस्पर्शी घटना हर सड़क चौराहे, हर गांव, कस्बे में, हर राजधानी की गलियों में रोज होती है मगर अखबार उन खबरों को छापना निरर्थक क्यों समझते हैं?

मगर इसमें कसूर अखबारों का नहीं है। असल में शताब्दियों से चला आता हुआ एक इन्सानी दृष्टिकोण था जो आज के जमाने में बदल गया है। आज एक अजब सा विरोधाभास चारों ओर आ गया है। हम इन्सान के नाम पर सिद्धान्त बनाते हैं मगर जब उन सिद्धान्तों की लड़ाई लड़ते हैं तो उसमें इतने मशगूल हो जाते हैं कि हाड़-मांस के वास्तविक इन्सान की समस्याओं को भूल जाते हैं। अब इसी एक घटना को लीजिये। इस बारे में एक चिन्तन-पद्धति दया का सहारा लेगी। सहायता देगी, भण्डारा करायेगी, भूखों को भोजन करायगी-अध्यात्म के नाम पर उसको भौतिक सहायता तो देगी पर उसकी आत्मा को कुचल देगी, उसमें स्वाभिमान कभी नहीं जागने देगी। धन-धान्य भरे मन्दिरों की सीढ़ियों पर या सामन्तों और धनपतियों के दरवाजों पर भिखारियों की शर्मनाक भीड़ देख लीजिये। उन पर दया की जाती है और पीढ़ी दर पीढ़ी वे भिखारी के भिखारी बने रहते हैं। दूसरी ओर क्रांति की चिन्ता में दुबले, इस व्यवस्था को आमूल बदल देने के लिए गला फाड़ भाषण देने वाले क्रांतिकारी भी मिल जायेंगे जो बजातखुद चरम स्वार्थी, अहमवादी, मौकापरस्त और विदेशों में पूंजी बटोरकर रखने के इच्छुक होंगे। आज का यही चलन है। इन्सानियत के नाम पर सिद्धान्त बनाना मगर इन्सानियत से दूर रहना।

हमारी मध्यकालीन व्यवस्था में लाखों बुराइयां तो थीं-धर्मान्धता, कट्टरता, जातिवाद, रूढ़ि पूजा...लेकिन एक अच्छाई थी जो निभायी जा सके तो बहुत अच्छा हो! यथासमय इन्सानियत के नाते दूसरे पर विश्वास करने, दूसरे को सहारा देने, अपने दुश्मन के भी पारिवारिक कष्ट में जाकर उसे मदद देने की एक परम्परा थी जो धीरे-धीरे खत्म हो रही है। कुछ ये बड़े शहर उसे मिटा रहे हैं, कुछ राजनीति की हवाई सिद्धान्तवादी कट्टरता और निहित स्वार्थों की मुठभेड़ उसे मिटा रही है। लेकिन जब कभी इक्का-दुक्का ऐसी खबरें दीख जाती हैं तो एक खुशी होती है, मन को एक राहत मिलती है कि हमारे देश के छोटे गांव-कस्बों के, नितांत साधारण लोग इन्सानियत के स्तर पर हमदर्दी, प्यार, आपसी समझदारी और सहारे से अपने ढंग से राष्ट्र-निर्माण का काम करते चल रहे हैं जो धुआंधार भाषणों से ज्यादा ठोस और महत्त्व का है। उन हजारों अज्ञात लोगों के ऐसे हजारों महत्त्वपूर्ण कामों की चाहे कोई खबर अखबार में न छपे-लेकिन इस देश के असली निर्माता वे ही अज्ञात साधारण लोग हैं। इस झूठ और दम्भयुक्त प्रचार के कोलाहल में मन की सचाई, ईमानदारी, नेकी और मानवीयता के बीज वे ही लोग बो रहे हैं। अगर देश के एक भी बच्चे के मन में उन्होंने स्वाभिमान जगाया और उसे प्रकाश दिया तो वह दस हजार वोट इकट्ठा करने से ज्यादा ठोस काम है।

बांकेबिहारी भटनागर

[साप्ताहिक हिन्दुस्तान (दिल्ली), 12 सितंबर, 1965 में प्रकाशित संपादकीय 'यह रात-दिन की चख-चख कब तक चलने दी जाएगी?']

राष्ट्रभाषा और राजभाषा की समस्या आज देश की जटिलतम समस्याओं में से एक है। किन्तु वास्तव में यह समस्या जटिल है नहीं। राजनीतिक दांव-पेंच में आनंद लेने वाले व्यक्तियों ने इसे स्वार्थ-सिद्धि का साधन बना लिया है और इसके स्वाभाविक विकास में रोड़े अटकाने के उद्देश्य से कुछ पेचीदे प्रश्न ला खड़े किए हैं। परिणाम यह हुआ है कि आज देश में हिन्दी-समर्थक और हिन्दी-विरोधी नाम से दो दल बन गए हैं। पहला दल हिन्दी को राष्ट्रीय एकता का माध्यम मानता है, जबकि दूसरा दल अंग्रेजी के झुके झण्डे को थामे रखने के लिए प्रयत्नशील है।

राष्ट्रभाषा राष्ट्र की ही कोई भाषा हो सकती है, यह एक ऐसा सत्य है, जो मोटी-से-मोटी बुद्धि में भी घुस सकता है-यह बात और है कि बुद्धि के द्वार पर जान-बूझ कर नासमझी की दीवार खड़ी कर ली जाए और जो राष्ट्रभाषा है वही राजभाषा हो सकती है, यह भी सहज ही समझ में आ जाने वाली बात है।

अब प्रश्न यह है कि भारत की राष्ट्रभाषा क्या है? यों तो राष्ट्र में जितनी भी भाषाएं बोली और समझी जाती हैं वे सभी राष्ट्र की भाषाएं हैं। किन्तु जिस प्रकार राष्ट्रीय भावना से ओत-प्रोत सभी गीत राष्ट्रीय गीत कहलाने के अधिकारी हैं, किन्तु उनमें से केवल एक गीत-जनगण-मन ही राष्ट्रगीत माना जाता है उसी प्रकार राष्ट्र के विभिन्न प्रदेशों में बोली और समझी जाने वाली सभी भाषाएं राष्ट्रीय भाषाएं भले ही कही जाएं, किन्तु उनमें से राष्ट्रभाषा केवल एक ही हो सकती है। संयोग की बात है हिन्दी ही भारत की राष्ट्रभाषा है, यह बात सब लोगों को ठंडे मन से राग-द्वेष त्यागकर अविलम्ब स्वीकार कर लेनी चाहिए। यदि सत्य के विरोध में हठधर्मी की जाएगी तो वह आज नहीं तो कल और कल नहीं तो परसों अवश्य खण्डित होकर रहेगी।

जब हिन्दी भारत की राष्ट्रभाषा है तब वही यहां की राजभाषा भी है, इस सत्य को जितनी जल्द स्वीकार कर लिया जाएगा, उतनी ही देश के विकास की गति बढ़ेगी। इस गति को रोकने की चेष्टा करना देशद्रोह है। यों तो देश की किसी भी भाषा की

श्रीवृद्धि में बाधा डालना देशद्रोह है, किन्तु राष्ट्रभाषा और राजभाषा की उन्नति से विद्वेष करना जघन्यतम अपराध है।

अब सोचना यह है कि आज हिन्दी के प्रति कुछ लोगों में विद्रोह की जो निन्दनीय प्रवृत्ति दिखाई दे रही है, उसे कैसे रोका जाए! कुछ लोग विद्रोह के प्रति विद्रोह करना चाहते हैं और कुछ लोग निरपेक्षता का मार्ग अपनाकर यह उपदेश देते हैं कि हिन्दी को तो एक-न-एक दिन राष्ट्रभाषा और राजभाषा बनना ही है, उसके समर्थन में जितना शोर मचाया जाएगा, उतनी ही विरोध की ज्वाला भड़केगी। यह गांधीवादी उपदेश है और कुछ परिस्थितियों में अत्यंत उपयोगी भी है। किन्तु आज परिस्थितियां बदल गई हैं। आज 'शान्ति-शान्ति' चिल्लाने से शान्ति स्थापित नहीं होती, आज ईंट का जवाब पत्थर से देने से शान्ति मिल पाती है। बात अनुचित चाहे कितनी भी हो, किन्तु है सत्य और इसलिए आवश्यक है। पाकिस्तान को ही ले लीजिए। जब तक हम भाईचारे की बातें कहते आए तब तक वह हमारे सिर पर चढ़कर नाचने का प्रयत्न करता रहा। अब हमने बन्दूकें तान ली हैं। तब उसके होश ठिकाने आ गए हैं। हो सकता है कि बन्दूकों का ताना जाना नए-नए संकटों का जन्म दे, किन्तु नए संकटों के डर से सामने के संकट को बढ़ते रहने देना कभी बुद्धिमानी का काम नहीं कहला सकता। निर्णय दृढ़ता के साथ करना चाहिए-इधर या उधर। दो नावों पर पैर फैलाकर चलने की अपेक्षा जलधारा में कूदकर तैर लेना कहीं अच्छा होता है। जो कुछ बुरा है उस पर कुठाराघात करना ही श्रेयस्कर होता है। सांप कहीं काट न खाए, इस डर से यदि हम अपनी ओर बढ़ते हुए क्रुद्ध नाग के सामने से भाग खड़े हों तो वह निश्चय ही हमारा पीछा करेगा और अवसर पाकर हमें डसे बिना न छोड़ेगा। किन्तु यदि हम साहस बांधकर उस पर प्रहार करेंगे तो अधिक सम्भावना इसी बात की है कि उसे परास्त करने में हम सफल हो जाएंगे। इसलिए हमें मन से भय की भावना निकालकर निर्भीकता के साथ भाषायी समस्या के नाग पर गहरी चोट करनी चाहिए। उदारता, सहिष्णुता और अहिंसा की नीति सब जगह काम नहीं देती। इस तर्क में कोई अर्थ नहीं कि यदि हम आत्मा-रक्षा का प्रबंध करेंगे तो विरोधी हमसे चिढ़ जाएंगे। हम कहते हैं कि रात-दिन की चख-चख से कहीं अच्छा है कि एक बार खुलकर मुठभेड़ हो जाए। जो लोग भाषा के नाम पर देश के विभाजन की आशंका करते हैं वे कायर हैं। हां, यदि दृढ़ता नहीं दिखाई गई, और तुष्टीकरण की नीति से ही काम लिया गया तब भला सर्वनाश को कौन रोक सकेगा!

4 सितम्बर, 1966 में प्रकाशित संपादकीय 'हमें क्या हो गया है'

समझ में नहीं आता कि हम भारतवासियों को क्या हो गया है कि हम अपने भविष्य की ओर से बिलकुल बेखबर हो गए है। चारों ओर संकट की बिजलियां चमक रही हैं, परिस्थितियों के बादलों से टकराकर वे रह-रहकर कड़कड़ा भी उठती हैं, किन्तु

हम हैं कि अपने राग-रंग में खोए हुए हैं और स्वतंत्रता की वारुणी पिए ऐसे झूम रहे हैं कि जो कोई भी हमें नशा तोड़ने की सलाह देता है, उसी की ओर अपने होंठों पर वर्जना की तर्जनी रखकर ठुमक उठते हैं–"शी...बड़ी मुश्किल से मौज की शराब मिली है, जरा छककर पी लेने दो। और भाई, हमें देश-वेश से क्या मतलब है, तो उसके लिए इन्दिरा, नंदा, कामराज और न जाने कौन-कौन।"

अपने को इन्दिरा और नन्दा से अलग समझना ही हमारी आज की सबसे बड़ी भूल है। माना कि हमने कुछ लोगों को शासन के काम-काज का भार सौंप रखा है और उस काम-काज को कुशलता के साथ सम्पन्न करना उनका कर्तव्य है, किन्तु कोई भी स्वामी कभी अपने सेवकों पर सारा भार छोड़कर निश्चिंत नहीं बैठ सकता। यदि वह ऐसा करता है तो उसका सारा व्यवसाय ठप्प पड़ जाता है और सर्वनाश के सिवाय और कोई चीज उसके हाथ नहीं लगती। ध्यान रहे, हमारे देश में जन-राज्य है, अर्थात जनता इस देश की स्वामिनी है और राष्ट्रपति, प्रधानमंत्री आदि के रूप में जो लोग दिखाई रहे हैं वे इसके प्रतिनिधि मात्र हैं। जनता जब चाहे तब इन्हें हटाकर दूसरे प्रतिनिधि चुन सकती है। किन्तु यदि जनता लापरवाह होकर लम्बी चादर ताने सोती रहेगी, छोटे-छोटे ऐश्वर्यों और वैभवों से चौंधियाकर उनकी ओर तृष्णा के साथ लपकेगी और उनकी मदिरा का पान कर अपनी सुध-बुध खो देगी तो क्या होगा? उसके प्रतिनिधि स्वयं लापरवाह बन जाएंगे। या लापरवाह न भी बने तो पथभ्रष्ट और अशक्त अवश्य हो जाएंगे, क्योंकि आखिर जनता ही तो वह स्रोत है, जिससे उन्हें बल, साहस, पराक्रम और ओज मिलता है। इसलिए हममें से प्रत्येक भारतवासी को अपने व्यक्तिगत महत्त्व तथा उत्तरदायित्व को समझना चाहिए और यह ध्यान रखना चाहिए कि यह राष्ट्र जिसे हमने अपना रक्त बहाकर विदेशी सत्ता से मुक्त किया है, किसी एक व्यक्ति और दल का नहीं बल्कि हम सब का है, हममें से एक-एक का है और इसलिए इसकी रक्षा तथा उन्नति में हम सबको अपनी-अपनी सामर्थ्य तथा बुद्धि के अनुसार योग देना है।

इसी योग-दान को तथा योग देने की भावना को हम राष्ट्रीयता कहते हैं। हमारा एक राष्ट्र है, उसके लिए हमें मर-मिटना है, उसके सुख में सुख और दुख में दुख अनुभव करना है, यदि वह भूखा है तो हमें भी भूखा रहना है और यदि वह प्यासा है तो हमें भी प्यासा रहना है। हमारी अपनी कोई हस्ती नहीं है, हमारा धन हमारे निजी भोग-विलास के लिए बाद में और राष्ट्र की सेवा के लिए पहले है–ये ही वे भावनाएं हैं जिन्हें राष्ट्रीयता तथा राष्ट्रीय-प्रेम की संज्ञा दी जाती है। ये ही वे भावनाएं हैं, जिन्होंने पचास-साठ साल तक हमें सम्पूर्ण एकता में बांधे रखा, ये ही वे भावनाएं है जिन्होंने चीनी आक्रमण के समय हमें एक बार फिर संगठित किया और ये ही भावनाएं है, जिन्होंने हमारे रणबांकुरों को पाकिस्तानी शत्रु की ईंट का पत्थर से जवाब देने की शक्ति प्रदान की और तीन सप्ताह के भीतर-भीतर उसे धूल चटा दी।

माना कि हमारी ये भावनाएं मरी नहीं हैं, आवश्यकता पड़ते ही वे सर्प की तरह

फुंकार उठती हैं। किन्तु पिछले कुछ वर्ष की घटनाओं ने सिद्ध कर दिया है कि हमारे पास एक भी क्षण आलस्य, अकर्मण्यता अथवा ऐश्वर्य में बिताने के लिए नहीं है। हमारी सीमाओं पर शत्रु हमें ललकारें, अपने शस्त्र चमका-चमकाकर हमें आतंकित करने की चेष्टा करें। हमारे नगरों और गांवों में अनेक प्रकार की विपदाओं की कराहें सुनाई दें और हम कान में तेल डाले पड़े रहें, मातृभूमि के प्रति इससे बड़ी कृतघ्नता क्या हो सकती है। इसलिए देश के सपूतो, सोचो कि आज-सौ-सौ, डेढ़-डेढ़ सौ रुपए प्रतिदिन देकर होटलों में रंगरेलियां मनाने का समय नहीं है, एक-एक व्यक्ति के लिए आठ-आठ, दस-दस रुपए खर्च करके रेस्तरां में रसना को खुली छूट देने का समय नहीं है, ब्याहों और जन्म-दिवसों पर दो-दो, चार-चार सौ व्यक्तियों को शान के साथ जिमाने का समय नहीं है, दफ्तरों में हाथ पर हाथ धरे बैठकर राष्ट्रीय विकास के पहियों को विलमाने का समय नहीं है, राष्ट्र पर छाए हुए संकटों के बादल की अंधियारी से लाभ उठाकर व्यक्तिगत तिजोरी भरने के लिए चोर-बाजारी का समय नहीं है, बहुमूल्य विदेशी वस्त्रों और शृंगार-प्रसाधनों पर पानी की तरह धन बहाने का समय नहीं है, सच पूछिए तो सिनेमा और नाटकों जैसे मनोरंजन के साधनों तक में व्यर्थ ही पैसे फूंकने का समय नहीं है। आज तो राष्ट्र का एक-एक पैसा राष्ट्र में संचित होना चाहिए-संचित ही नहीं होना चाहिए बल्कि राष्ट्र-रक्षा और विकास-कार्यों में व्यय के लिए उपलब्ध होना चाहिए। राष्ट्रीय भावनाओं को प्रखर और सबल बनाने की जितनी आवश्यकता आज है उतनी पहले कभी नहीं थी। यदि हमने इस आवश्यकता को अनुभव नहीं किया और हम विलासिता में पड़े सोते रहे तो आश्चर्य नहीं कि गांधी, नेहरू और उनके करोड़ों सहयोगियों के खून-पसीने से अर्जित की गई हमारी स्वतंत्रता हमसे छिन जाए। हमें उन गिद्धों से सावधान रहना है जो हमारी ओर कीचड़भरी ललचाई नजरों से देख रहे हैं।

(साभार : हिन्दी पत्रकारिता के गौरव, संपादक— हरिवंश राय बच्चन)

सच्चिदानंद हीरानंद वात्स्यायन 'अज्ञेय'

[दिनमान (दिल्ली), 21 जनवरी, 1966 में प्रकाशित संपादकीय 'अंधेरा–और खोज']

अठारह वर्ष, अठारह मास; आठ सप्ताह और आठ दिन...अंकों में कोई जादू होता है ऐसा हम नहीं मानते, पर उनके सहारे जमे हुए दु:ख को द्रवित हो कर बहने देने के लिए एक मार्ग हम पा सकते हैं। आज़ादी के अठारह वर्ष और स्व. लालबहादुर शास्त्री के प्रधानमन्त्रित्व के अठारह मास; भारत–पाक युद्ध के आठ सप्ताह और शास्त्री जी के निधन के बाद पिछले आठ दिन–एक मर्मस्पर्शी संगति इन में दीखती है जो हमें बल देती है कि एक दारूण आघात सहते हुए भी एक राष्ट्र के रूप में आगे की ओर देख सकें अठारह वर्षों में देश निरन्तर आगे ही बढ़ता गया, यद्यपि बीच–बीच में अप्रत्याशित संकट भी उस पर आये; पर एक समस्या न हल हुई न हल की ओर बढ़ती दीखी–भारत के अंग कश्मीर को लेकर भारत–पाक तनाव की समस्या। यहां तक कि सब इसी को एक प्रकार का हल मानने के आदी हो गये कि ज़िच की अवस्था ही एक स्थितिशील रूप ले ले–समस्या हल न हो रही हो तो और उभरे भी नहीं। पर शास्त्री जी के प्रधानमन्त्रित्व के अठारह महीनों में वह न केवल उभरी बल्कि एकाएक भड़क कर एक विस्फोट में परिणत हो गयी–यद्यपि पहला विस्फोट कच्छ–गुजरात की सीमा पर हुआ और उसके ऊपरी शमन के बाद ही युद्ध वहाँ प्रकट हुआ जहाँ विष का संचय वर्षों से होता रहा था। पर भारत–पाक तनाव की काली छाया जैसे–जैसे क्षितिज पर उमड़ती गयी, लघुकाय प्रधानमंत्री के व्यक्तित्व की छिपी हुई शक्ति भी वैसे–वैसे लक्षित होती गयी; युद्ध के आठ सप्ताहों में सारे राष्ट्र ने मानो अपनी चमत्कृत आँखों के सामने उस व्यक्तित्व को एक विशाल रूप ग्रहण करते हुए देखा और एक आत्म–विश्वास से भर आया जिसकी उसे अठारह वर्षों से तलाश रही थी। युद्ध की सुरसा 'जस–जस बदन बढ़ावा' लालबहादुर के नेतृत्व में राष्ट्र संकल्प 'तासु दून रूप दिखावा'। जो व्यक्ति भारत की ओर से बात करने ताशकन्द गया था, वह शरीरत: वही था जिसे स्व. नेहरू के बाद हमने शासन–सूत्र संभालते देखा पर, हमारे मन में उसका बिम्ब बिल्कुल बदल गया था–और यह भी हम जानते थे कि पाकिस्तान के नेताओं के सामने भी उसका नया बिम्ब उस मूर्ति से बिल्कुल भिन्न

है जो युद्ध से पहले उनके सामने रही–और जिसे और भी व्यंग्य–विकृत रूप देने का प्रयत्न उनके प्रचार संगठनों ने किया...

और ताशकन्द–वार्ता के दौरान वह बिम्ब कुछ और बढ़ा; ताशकन्द–समझौते के बारे में देश में एकमत नहीं था, न अभी है, पर एक संयत आशावादिता के साथ उसे व्यावहारिक रूप देकर देखने का आत्मविश्वास देश में अवश्य था और रहेगा।

पर वह विशालतर व्यक्तित्व ताशकन्द से लौटा नहीं। लौटी केवल उसकी मूर्त मिट्टी और उसकी अमूर्त्त यश:काया और एक को हम अग्नि को सौंप कर राख कर चुके हैं जिसे इसी सप्ताह गंगा में प्रवाहित कर दिया जायेगा। और दूसरी? दूसरी...

दूसरी के प्रकाश–पंख के नीचे हम लोकतंत्र प्रणाली को अपनी थाह लेते देख रहे हैं : पिछले आठ दिन उसी की सरगर्मियों के रहे हैं। नये प्रधानमंत्री का वरण ज्ञात मतैक्य से नहीं होगा। चुनाव होगा ही, यह तो स्पष्ट हो चुका है। इन पंक्तियों के प्रकाशित होते न होते उसका परिणाम भी सामने आ गया होगा। सिद्धान्त: लोकतंत्र पद्धति में चुनाव की दलील की काट नहीं हो सकती, और अगर मतैक्य नहीं है तो बहुमत जानने का उससे अच्छा साधन नहीं हो सकता। पर वर्तमान परिस्थिति में वही सर्वोत्तम तात्कालिक उपाय था इस बारे में दो राय हो सकती है। चक्रवर्त्ती राजगोपालाचारी के मन्तव्य अब सब ग्राह्य नहीं होते और प्राय: स्पष्ट रूप से दल के हित द्वारा मर्यादित भी होते हैं पर इस बारे में उनका सुझाव कदाचित् उससे अधिक मनन का पात्र था जितना उसे मिला : प्रधानमंत्री के चुनाव को भी राष्ट्रीय चुनाव तक स्थगित रखना उतना कठिन न होना चाहिए था और कदाचित् कांग्रेस दल के भी हित में ही होता।

अब भी, असम्भव नहीं कि 'चुनाव के बिना चुनाव' का जो प्रयत्न कई प्रदेशीय मुख्यमंत्रियों के मत–प्रकाशन द्वारा हो रहा है, उसके बाद 'मतैक्य के बिना मतैक्य' की–सी स्थिति भी प्राप्त हो जाये–उसका भी प्रयत्न हो ही रहा है। मुख्यमंत्री अपने विचार प्रकट करें, सिद्धान्त: इसका भी विरोध नहीं हो सकता–इस आधार पर तो और भी नहीं कि 'वे मतदाता नहीं हैं।' मतदाता न होकर भी वे मंत्रदाता हो सकते हैं–बल्कि संघीय व्यवस्था में यह उनसे अपेक्षित भी है। अगर उनके मन्तव्य के पीछे कुछ यह आशा भी रही कि इस प्रकार केन्द्र के समक्ष राज्यों की स्वायत्तता बढ़ेगी, तो यह आशा भी स्वाभविक ह और सिद्धान्तत: निर्दोष भी; आगे राष्ट्रीय एकता की पुष्टि के लिये केन्द्र को दृढ़तर बनाने का उत्तरदायित्व तो संसद और पूरे राष्ट्र पर है। जो भी प्रधानमंत्री हो, आशा करनी चाहिए कि शासन का पूरा समर्थन उसे मिलेगा; यह हो तो फिर राष्ट्र की प्रतिमा किसी भी प्रधानमंत्री को अपनी आवश्यकता के साँचे में ढालती भी चलेगी।

17 जून 1966 में प्रकाशित संपादकीय 'व्यावहारिकता, हाँ; मगर दूरदर्शिता?'

प्रधानमंत्री इन्दिरा गांधी ने भारतीय राजनीति और प्रशासन को स्त्री–सुलभ व्यावहारिकता प्रदान की है। आलेचकों को भी यह मानना पड़ा है कि प्रिय–अप्रिय कैसा भी निर्णय

करने में नेहरू की प्रियदर्शिनी, नेहरू-वादी ऊहापोह से उभरकर समय रहते साहस से काम लेती है। मुद्रा-अवमूल्यन का अप्रीतिकर किन्तु अनिवार्य निर्णय इसी व्यावहारिक दृष्टि का परिचय देता है। अवमूल्यन भारतीय सिक्के की अन्तर्राष्ट्रीय साख घट जाने के कटु तथ्य का कटुतर स्वीकार है। हर अल्पविकसित, विकासरत देश आयात और निर्यात का सन्तुलन बनाये रखने में अपने को किसी हद तक असमर्थ पाता है। यह असमर्थता उसकी देनदारी को बढ़ाती और उसके सिक्के की साख को घटाती है। भारतीय सिक्के की साख कुछ ज्यादा ही पतली होती गयी तो इसीलिए कि दफ़्तरशाही के वातावरण में समाजवादी नारेबाज़ी को सम्बल देने वाली विराटताप्रिय योजनाओं के लिए हम विदेशों से बगैर कुछ सोचे-समझे तटस्थ मुद्रा में बड़े पैमाने पर उधार लेते चले गये! इससे हमारी हालत उस किसान के जैसी हो गयी जो साहूकार को पिछले कर्ज़ का सूद चुकाने के लिए साहूकार से ही नया कर्ज लेता रहता है। साहूकार अमेरिका था और जब अमेरिका ने यह स्पष्ट कर दिया कि अन्तर्राष्ट्रीय सहायता संस्थानों के माध्यम से भारत को भारतीय मुद्रा के नक़ली सरकारी मोल पर और कर्ज़ नहीं दिया जायेगा तो अवमूल्यन के अतिरिक्त कोई मार्ग रह नहीं गया। इस मजबूरी को आर्थिक सूझ-बूझ की संज्ञा देने का प्रयास करना, जैसा कि वित्तमंत्री ने किया भी है, शुद्ध आत्म-प्रवंचना है। यह संतोष का विषय है कि प्रधानमंत्री इन्दिरा गांधी ने राष्ट्र के नाम अपने रेडियो भाषण में आत्मप्रवंचना के कांग्रेसी आदर्श को तिलांजलि दे कर देश की विषम स्थिति पर से आँकड़ेबाजी और सिद्धान्तसाज़ी का आवरण उठाने का साहस किया। उन्होंने स्वीकार किया कि अवमूल्यन भारत की आर्थिक बीमारियों के लिए कोई जादुई रामबाण नहीं है।

इस कठिन दौर को बिगड़ती हुई आर्थिक परिस्थिति ही नहीं, हमारे दो पड़ोसी देशों और परम्परागत दुश्मनों की आन्तरिक उथल-पुथल भी कठिनतर बना सकती है। पूर्व पाकिस्तान में स्वायत्तता की माँग को ले कर जो उथल-पुथल मची हुई है वह अय्यूब सरकार को 'पाकिस्तान खतरे में हैं' का नारा बुलन्द करने और कश्मीर के सवाल पर आक्रामक मुद्रा अपना कर देश की जनता का ध्यान देश की समस्याओं से हटाने का आज़मूदा नुस्खा फिर आज़मा देखने को लालायित कर दे तो कोई आश्चर्य नहीं। चीन में माओ को बीमारी के बाद जो सत्ता-संघर्ष चल रहा है, वीएतनाम में चीनी आकांक्षाओं को अमेरिकी सैनिक शक्ति के सामने जिस तरह झुकना पड़ रहा है, उससे-जानकार लोगों के अनुसार-भारतीय सीमाओं को फिर कभी भी चीन की ओर से खतरा हो सकता है। भारत पर हमला करके चीनी नेता, सेना को ज्यादा अनुशासन और नियन्त्रण में रख कर सत्ता-संघर्ष में सैनिक हस्तक्षेप की आशंका टाल सकते हैं, सत्ता-संघर्ष से आम जनता का ध्यान हटा सकते हैं। एशिया में चीन जैसे विशाल देश की प्रतिद्वन्द्विता एकीकृत और समृद्ध भारतीय उपमहाद्वीप द्वारा ही सम्भव है; इसलिए भारतीय उपमहाद्वीप की एकता और खुशहाली घटाने वाली हर चाल चीन के हित में

है। अगर हमारे देश पर युद्ध के बादल फिर मँडराये तो अवमूल्यन का आसरा भी नाकाफ़ी साबित होगा। तब सहायता पाने के लिए शायद हम और भी ज्यादा झुकने के लिए प्रस्तुत होंगे!

इन्दिरा गांधी के शासन की व्यावहारिकता के विषय में कोई संदेह नहीं है। संदेह है तो उसकी दूरदर्शिता और प्रतिबद्धता के विषय में। अवमूल्यन के बाद अर्थ-व्यवस्था में आवश्यक सुधार करने का बीड़ा उठाना जितना आसान है, भ्रष्ट प्रशासन, अनास्थापूर्ण वातावरण और सामन्ती सुविधाप्रियता की बेड़ियां तोड़ कर कुछ कर दिखाना उतना ही मुश्किल है। इस बात का क्या आश्वासन है कि नये उपाय भी निरुपाय साबित नहीं होंगे? यह कैसे मान लिया जाये कि 'सिद्धान्त त्यागो और व्यावहारिक बनो' का जो नया नारा दिया गया है वह सिद्धान्तहीनता, अनुशासनहीनता, अवसरवादिता और सुविधाप्रियता का सहारा बन कर नहीं रह जायेगा? इस समय आवश्यकता है राष्ट्र के तात्कालिक और दूराधिरूढ़ हितों को ध्यान में रखकर कोई सर्वांगीण आर्थिक, राजनैतिक और कूटनीतिक कार्यक्रम बनाने और किसी भी कीमत पर उसका दृढ़ता से पालन करवाने की। इस तथ्य से इनकार करना मुश्किल है कि हमारा एक पड़ोसी अमेरिका से सैन्य सन्धि का नाता जोड़ कर नफ़े में रहा है और दूसरा पड़ोसी कठोर शासन और कठोरतर स्वहित-साधना के प्रताप से बड़े राष्ट्रों की जमात में जा बैठा है। और हम ने राष्ट्रीय तथा अंतर्राष्ट्रीय आदर्शवाद और प्रादेशिक तथा स्थानिक अवसरवाद के कारण अपने सिक्के की साख चौपट कर डाली है! तीसरे गुट और मध्य के मार्ग की बातें कर के हम अपने को एक भुलावे में रखते आये हैं। निरपेक्ष समन्वय की हर बात किसी महंगे समझौते पर जाकर ही टूटी है। हमें समझना होगा कि हमारे लिए एक ही रास्ता हो सकता है-राष्ट्रहित का रास्ता। राष्ट्रहित के लिए यह आवश्यक है कि हम जल्दी से जल्दी अपने पाँव पर खड़े हों और एशिया की राजनीति में चीन से बढ़ कर हैसियत रखें। इसके लिए अमेरिका से हमें जो भी सौदा करना हो वह खरा होना चाहिए।

मायाराम सुरजन

[देशबन्धु (रायपुर, छ.ग.), 7 जून, 1966 में प्रकाशित संपादकीय 'रुपए का अवमूल्यन']

पिछले छह माहों में लगातार यह अफवाह चल रही थी कि भारतीय मुद्रा का अवमूल्यन किया जा रहा है। यद्यपि केन्द्रीय योजना मंत्री श्री अशोक मेहता और वित्त मंत्री श्री सचिन चौधरी इस अफवाह का खण्डन करते रहे किन्तु कल रात्रि को जिस नाटकीय ढंग से उसकी घोषणा की गई, उसने सारे देश को आश्चर्य में डाल दिया है।

आकाशवाणी पर घोषणा करते हुए देश के वित्त मंत्री श्री चौधरी ने कहा है कि पाउंड, रूबल्स तथा डॉलर के मुकाबले में रुपए का विनिमय मूल्य 57 प्रतिशत कम कर दिया गया है। श्री चौधरी ने राष्ट्र को आश्वस्त किया है कि इस कदम से अर्थ-बाजार में कोई विपरीत असर नहीं पड़ेगा और न कीमतों में किसी तरह की वृद्धि ही संभावित है। यह भी कहा गया है कि सोने के अंतर्राष्ट्रीय मूल्य में 36.5 प्रतिशत की वृद्धि होगी जबकि मुद्रा केन्द्र विनिमय में 57 प्रतिशत अंतर आता है।

पिछले दो माह में अनेक बार यह घोषणा करने के बावजूद कि रुपए का अवमूल्यन नहीं किया जा रहा है केन्द्रीय शासन पर आकस्मिक रूप से ऐसी कौन-सी विपत्ति आ गई जिसके कारण यह कदम उठाना आवश्यक हो गया। इस विषय पर केन्द्रीय वित्त मंत्री एकदम मौन रह गए हैं। दरअसल, यह विश्वास किया जाना स्वाभाविक है कि इस संबंध में निर्णय बहुत पहले ही लिया जा चुका था किन्तु संसद का सत्र चालू रहने के कारण इस समय कोई घोषणा नहीं की गई ताकि विरोध का सामना न करना पड़े। संसद में नकारात्मक घोषणा कर देने के पश्चात अचानक निर्णय बदलना देश की प्रजातांत्रिक परम्परा के प्रतिकूल है और केन्द्रीय शासन के कमजोर मानस का प्रतीक है।

यों विश्व बैंक और खासतौर पर अमरीका जिसका कि विश्व बैंक पर लगभग आधिपत्य है, लगातार इस बात पर जोर दे रहे थे कि भारतीय मुद्रा का विनिमय दर कम किया जाना चाहिए ताकि भारतीय माल पश्चिमी बाजार में प्रतिस्पर्धी मूल्य पर मिल सके। उनका तर्क था कि रुपए के अवमूल्यन से भारत अपना निर्यात बढ़ा सकेगा और विदेशी मुद्रा अधिक मात्रा में अर्जित करके अपनी पंचवर्षीय योजनाओं को अधिक

आसानी से निबाह सकेगा। यह कटु सत्य है कि भारत में अमरीकी पूंजी सबसे ज्यादा मात्रा में लगी है और सहायता की दृष्टि से अमरीका का नम्बर भी पहिला है। इसलिए इसके दबाव के सामने भारत सरकार का झुक जाना अस्वाभाविक नहीं है। प्रश्न यह है कि यदि भारत शासन को यह कदम उठाना ही था तो कम से कम देश को अंधेरे में रखने की कोई जरूरत नहीं थी; संसद में गलतबयानी भी फिजूल की गई और उन तमाम तत्वों की आस्था को गहरा धक्का पहुंचाया गया जो समाजवादी अर्थव्यवस्था को पश्चिमी सांचे में ढालने के विरुद्ध है।

श्रीमती इंदिरा गांधी के प्रधानमंत्री होने के बाद यह धारणा मजबूत हुई थी कि स्वर्गीय नेहरू की नीतियों का अब अधिक दृढ़तापूर्वक पालन किया जाएगा। इसीलिए कांग्रेस के समाजवादी तबके ने बिना किसी शर्त और हीले-हवाले के उन्हें अपना समर्थन दिया। धीरे-धीरे उन तमाम नीतियों में ह्रास होता गया तथा देश के बुद्धिजीवी वर्ग में इसकी कटु आलोचना भी की गई। किन्तु केन्द्रीय शासन ने बार-बार यह आश्वासन दिया कि वह ऐसा कोई कदम नहीं उठा रहा है जिससे स्वीकृत नीतियों में कोई फर्क पड़े। इन आश्वासनों की घुट्टी के बावजूद जनता उन्हें अपने गले के नीचे नहीं उतार सकी और दिन-ब-दिन केन्द्रीय शासन ने जिस तरह के समझौते किए उसने जनता के इस भ्रम की पुष्टि की कि हम समाजवाद के रास्ते से बहक रहे हैं।

हो सकता है कि स्वयं इंदिरा जी इस पक्ष में न रही हों तथापि मंत्रिमंडल का जिस तरह गठन हुआ और बम्बई में अखिल भारतीय कांग्रेस कमेटी की पिछली बैठक में केन्द्रीय चुनाव समिति के समय जो अवसरवादी गठबंधन हुए, उनसे यह साफ होता जा रहा है कि देश समाजवाद के सिद्धांतों के अनुकूल आचरण करने में असफल होता जा रहा है और जाने-अनजाने इंदिरा जी पूंजीवादी शिकंजे में फंसती जा रही हैं।

चाय, तम्बाकू और जूट पर निर्यात कर बढ़ाकर यद्यपि शासन ने यह आश्वासन देना चाहा है कि इससे विदेशी मुद्रा अधिक प्राप्त की जा सकेगी किन्तु आयात की तुलना में हम निर्यात कितना बढ़ा सकेंगे, यह संदिग्ध ही है। एक बात तो निश्चित ही है कि एक ओर हम आयात में कमी नहीं कर सकते और उसके लिए हमें अब लगभग 57 प्रतिशत मूल्य अतिरिक्त देना होगा। इसी अनुपात में देश की आयात कर (चुंगी) का दर भी बढ़ जाएगा और इसी अनुपात में देश में बाहिर से तथा खासतौर पर कठोर मुद्रा क्षेत्र से आने वाले हर माल की कीमत भी उपभोक्ता को ज्यादा चुकानी पड़ेगी। फिर तस्वीर का एक पहलू और भी है। अखबारी कागज, मशीनें तथा अमरीकी समझौते के अंतर्गत आने वाला गेहूं अब और महंगा हो जाएगा। इस गेहूं के लिए अभी हमें जितनी भारतीय मुद्रा अलग रखना पड़ती थी अब उसे 60 प्रतिशत और बढ़ा देना होगा। उस पर अमरीका की इस घोषणा को भी नहीं भुला देना चाहिए

जिसमें यह कहा गया है कि अमरीका में सूखा पड़ने के कारण भारत को भेजे जाने वाले एक करोड़ टन गेहूं में कमी करना जरूरी हो गया है।

अमरीका की हर मांग के आगे जिस तरह हम झुकते चले जा रहे हैं उससे जनता गुमराह हो रही है। समाजवाद की जगह पर उसे आश्वासनों के भरोसे भुलावे में रखा जा रहा है, यह कहना जरा भी अतिशयोक्तिपूर्ण नहीं होगा।

यद्यपि वित्त मंत्री ने अपने जनोपयोगी और कृषि सामग्री आदि के भाव यथावत बनाए रखने के प्रयास के आश्वासन देते हुए अनेक वस्तुओं के आयात कर की दर कम कर देने या समाप्त कर देने की भी घोषणा की है किन्तु क्या खाद, गंधक अथवा अन्य कच्चे माल पर 60 प्रतिशत चुंगी थी जिसे कि समाप्त करने पर भाव आज के स्तर पर ही बने रहेंगे। दरअसल, इन आश्वासनों में कोई ठोस वजन नहीं है। देश की अर्थव्यवस्था को 57 प्रतिशत अवमूल्यन से झकझोर देने वाला यह निर्णय अमरीका को संतुष्ट रखने में भले ही सहायक हो लेकिन इससे भारत की आर्थिक नीति को धक्का लगने के साथ ही उस तटस्थतावादी नीति को भी जिस संदेहात्मक त्रिकोण में डाल दिया गया है, उससे भारत के वर्तमान समाजवादी स्वास्थ्य की नींव ही खतरे में पड़ गई है।

हमारा निश्चित मत है कि इस प्रकार के निर्णय लेकर भारत अपने निश्चित मार्ग से न केवल हट रहा है वरन उपयोगी सामग्री जिसमें खाद, मिट्टी का तेल और अमरीकी गेहूं भी शामिल है, बढ़े दरों पर लेने के लिए मजबूर हो गया है। दूसरी ओर हम उन पड़ोसी और समाजवादी राष्ट्रों से भी दूर होते जा रहे हैं जो न केवल हमारी आर्थिक नीति के समर्थक रहे हैं, वरन राजनीतिक धरातल पर भी (काश्मीर, शामिल करते हुए) जो हमारे साथ रहे हैं। देश की जनता का मनोबल गिराने, उसकी आर्थिक स्थिति को और अधिक जर्जर कर देने के अलावा, इस घोषणा का कोई ठोस लाभ हम उठा सकेंगे, यह संशयास्पद है। अंत में हम इतना ही कह सकते हैं कि केन्द्रीय शासन जनभावना के साथ जो छल कर रहा है, उससे देश प्रतिमार्गी होगा और समाजवाद तथा प्रजातंत्र की स्वस्थ परम्पराओं के आधार धीरे-धीरे नष्ट होते चले जाएंगे।

कर्पूरचंद कुलीश

[राजस्थान पत्रिका (जयपुर), 7 नवंबर, 1969 में प्रकाशित संपादकीय 'सुखाड़िया किधर हैं, इधर या उधर?']

मुख्यमंत्री सुखाड़िया ने आखिर संगठन का अर्थात केन्द्रीय कांग्रेस के खण्डित संगठन का साथ छोड़ दिया और प्रधानमंत्री का हाथ पकड़ लिया। यह बात उनके नजदीकी साथियों तक के गले नहीं उतरी होगी। जनसाधारण में भी उनके बदले हुए रवैये पर आश्चर्य प्रगट किया जा रहा है लेकिन उनकी राजनीति को जानने वाले कतई अचरज नहीं करते और यह मानते हैं कि राजनीति कोई परमार्थ का काम नहीं है बल्कि सम्भावनाओं का और संभाव्य का खेल है।

राष्ट्रपति के चुनाव संघर्ष में और हाल के हस्ताक्षर अभियान तक सुखाड़िया ने गुट निरपेक्षता की नीति अपनाई थी और नई दिल्ली में बीच-बचाव करने का बीड़ा उठाया था लेकिन ज्यों ही उन्होंने देखा कि होम करते हाथ जलने लगे, दिल्ली को नमस्कार करके जयपुर (डीडवाना) पहुंच गये। उन्होंने साफ देख लिया कि अब कांग्रेस के दोनों पक्ष तनिक भी झुकने को तैयार नहीं, तो उस पक्ष का हाथ पकड़ लिया जिसके साथ राजस्थान कांग्रेस का भाग्य बंधा हुआ देखा। यह पक्ष प्रधानमंत्री का ही हो सकता था। जहां तक संगठन का संबंध है, राजस्थान में राजस्थान प्रदेश कांग्रेस का संगठन जैसा है वैसा ही काम आयेगा और वह पूर्णतः सुखाड़िया के साथ है। दिल्ली से अगर कोई भी सहारा मिल सकता है, तो वह केवल प्रधानमंत्री की ओर से मिल सकता है, यह सहारा चाहे राजनीतिक हो चाहे प्रशासनिक।

डीडवाना से जयपुर आकर उन्होंने एक भेंट में कांग्रेसी मुख्यमंत्रियों को जो चेतावनी दी है, वह इस प्रसंग में ध्यान देने योग्य है। उन्होंने कहा कि अगर प्रधानमंत्री के विरुद्ध किसी कार्यवाही का मुख्यमंत्रियों ने समर्थन किया, तो राज्यों की कांग्रेसी सरकारें खतरे में पड़ सकती हैं। उन्होंने यह भी कहा कि फिलहाल उनका दिल्ली जाने का कोई इरादा नहीं है।

सुखाड़िया के इस कथन से सब कुछ समझा जा सकता है। उन्होंने आज की ही नहीं, बल्कि अगले आम चुनावों तक की राजस्थान की तस्वीर को ध्यान में रखकर अपना रास्ता बदला है। वे जानते हैं कि आम चुनावों में केन्द्रीय कांग्रेस के नेताओं

में केवल प्रधानमंत्री का ही राजस्थान में प्रभाव पड़ सकता है। वे यह भी मानते हैं कि अगर आज भी प्रधामंत्री राजस्थान में दखल करना शुरू कर दें, तो वे यहां अस्थिरता उत्पन्न कर सकती हैं।

कांग्रेस अध्यक्ष निजलिंगप्पा ने भी अपने पत्र में प्रधानमंत्री से यह शिकायत की है कि वे राज्य सरकारों को उलट-पुलट करने की धमकियां देती हैं निजलिंगप्पा एक संजीदा और अनुभवी नेता होने के कारण मुख्यमंत्रियों की स्थिति को भली-भांति समझते हैं।

यह तो कहने की जरूरत ही नहीं कि राजस्थान की दिल्ली में पूछ ही तब तक है जब कि यहां एक स्थिर सरकार मौजूद है। राज्य में कांग्रेस की सरकार न रहने पर न प्रधानमंत्री कोई पूछ करेंगी, न निजलिंगप्पा। दोनों में मेल हो जाय तब भी बात वही है। सत्य पूछो तो सुखाड़िया न प्रधानमंत्री के साथ हैं न निजलिंगप्पा के। वह तो उसके साथ है जो राजस्थान के साथ है और राजस्थान के काम आ सके।

(साभार : हस्ताक्षर, 1969-86 तक के अग्रलेखों का दस्तावेज, राजस्थान पत्रिका)

डोरीलाल अग्रवाल

[अमर उजाला (आगरा), 17 जून, 1970 में प्रकाशित संपादकीय 'राष्ट्रीयता के नये माप']

दक्षिण वियतनाम की अस्थायी क्रांतिकारी सरकार को कई देशों की सरकारों ने मान्यता दे दी है। उसमें न केवल कम्यूनिस्ट देश ही शामिल हैं बल्कि एशिया और अफ्रीका के गैर कम्यूनिस्ट देश भी हैं। भारत सरकार से भी राष्ट्रीय मुक्ति मोर्चे की सरकार को मान्यता देने के लिये प्रयास हो रहे हैं। आम जन-भावना नई भारत सरकार के पक्ष में है। इसमें एक बात तो यह देखनी है कि जहाँ तक सचाई और वस्तुस्थिति का सम्बन्ध है, अब कम्यूनिस्ट और गैर कम्यूनिस्ट का भेद-भाव दुनिया के पर्दे पर से कम होता जा रहा है। वीतकोंगों का प्रभाव दक्षिण वियतनाम के चार पंचमांश भाग पर है। अमेरिका की कठपुतली दक्षिण वियतनाम सरकार का राज अब देश के चौथाई भाग पर भी नहीं रह गया है। दूसरी सबसे महत्त्वपूर्ण बात वीतकोंग और मुक्ति मोर्चे की देशभक्ति की भावना और उनका स्वतंत्रता प्रेम है जिस पर वे परवाने की तरह जले हैं। विदेशी शक्ति, चाहे वह कितनी ही महान हो, दूसरे देश के मामले में क्यों हस्तक्षेप करे? अमेरिका के प्रति यही सबसे बड़ा आरोप है। इस बारे में विश्व जनमत ने कम्यूनिस्ट विरोधी अमेरिका की परवाह नहीं की और कम्युनिस्टों की देशभक्ति, उनके बलिदान और स्वतन्त्रता प्रेम को मान्यता दी है।

कोरिया में दो सरकारें हैं और इसी प्रकार जर्मनी में। कोरिया और जर्मनी की भौगोलिक और जातीय एकता विभक्त है और जैसा कि स्व. जवाहरलाल नेहरू ने कहा था (भारत सरकार भले मान्यता न दे पर) पूर्वी जर्मनी का लोकतन्त्रीय गणराज्य एक तथ्य है, उसके स्वतन्त्र अस्तित्व से कैसे इन्कार किया जा सकता है। इसी आधार पर दो चीन का भी अस्तित्व स्वीकार करना पड़ेगा। उत्तर कोरिया और पूर्वी जर्मनी की सरकार को मान्यता देकर-चीन ताईवान की च्यांगकाई शेक सरकार को स्वीकार नहीं करता तो उसका कारण यही है कि चीन की मथुरा तीन लोक से न्यारी है। बीस वर्षों से दहाड़ते हुये जो फार्मोसा को चीन का अंग नहीं बना सका वह मंगोलिया के स्वतन्त्र राज्य को हड़पने का दुस्साहस दिखला रहा है।

पूर्वी पाकिस्तान और पश्चिमी पाकिस्तान में भौगोलिक एकता नहीं। मलेशिया और सरावाक का क्या एक भौगोलिक सम्बन्ध है? मलेशिया में चीनी भी मंत्रिमंडल के सदस्य हैं। जंजीबार और ब्रिटिश गायना की सरकार में भारतीय हैं। इससे क्या यह जाहिर नहीं होता कि राष्ट्रीयता के पुराने आधार भी टूटते जा रहे हैं और आर्थिक सम्बन्ध तथा देशभक्ति की समान विचारधारा राष्ट्रीयता के आधार बन गये हैं। दक्षिण अफ्रीका और रोडेशिया में विदेशी गोरे वहां के निवासी बन गये हैं और देश को अपना देश कहते हैं तो वे विदेशी नहीं हैं। आपत्ति यह है कि वे वहाँ के मूल निवासियों को एक ही राष्ट्रीयता का अंग नहीं मानते, इसी प्रकार हर देश में विदेशी नागरिक रहते हैं और प्रवासियों के इस प्रवाह को रोका नहीं जा सकता, तब किसी देश की नागरिकता एक जाति, एक धर्म तथा भाषा के आधार पर नहीं होगी, न यही होगा कि नागरिकता उस देश की जहाँ वह रह रहे हैं और राष्ट्रीयता अपने पितृ देश की। नागरिकता और राष्ट्रीयता–दो अलग–अलग चीजें नहीं हैं, दक्षिण वियेतनाम में बौद्ध, कैथोलिक ईसाई, अनीश्वरवादी सभी को एक सूत्र में बाँधने का आधार उनका मातृप्रेम है और इस प्रेम के लिये किया गया उनका संघर्ष और बलिदान।

(साभार : डोरीलाल अग्रवाल स्मृति अभिनंदन ग्रंथ, संपादक– प्रतापचंद जैसवाल)

अक्षय कुमार जैन

[नवभारत टाइम्स (नयी दिल्ली), 28 फरवरी, 1972 में प्रकाशित लेख 'डायरी क्यों?']

इतिहास साक्षी है कि जब-जब नारी जाति का अपमान हुआ, बौद्धिकों को अकारण सताया गया, सांस्कृतिक थाती को नष्ट किया गया या अपनों का ही वध किया गया, तब-तब ऐसी शक्ति का उदय हुआ जिसने ऐसे अमानवीय कार्य करने वाले तानाशाहों अथवा आसुरी वृत्ति वालों का हनन किया।

त्रेता में रावण ने शक्ति के मद में आकर सती सीता का अपहरण किया। भाई विभीषण को धक्का देकर निकाल दिया। अनेक साधु-संतों को विवश किया कि अपनी आस्था के अनुसार अपनी धार्मिक क्रियाएं न करें और मात्र उसकी ही जय-जयकार करें। उसका जो हश्र हुआ, कहने की आवश्यकता नहीं।

द्वापर में दुर्योधन (सुयोधन) ने भी तानाशाही प्रवृत्ति का परिचय दिया। पाण्डवों के अधिकार को न केवल हड़प लिया बल्कि उन्हें दर-दर भटकने पर विवश किया। पाण्डवों ने सिर्फ पांच गांव मांगे। उन्हें वे भी न दिए गए। सन्नारी द्रोपदी का भरी सभा में चीर हरण किया। फलत: महाभारत हुआ और उसमें भी सत्य और न्याय की विजय हुई।

इसी प्रकार की घटनाओं की पुनरावृत्ति इस बीसवीं सदी के उत्तरार्ध में घटी। पूर्व पाकिस्तान की जनता ने अपनी संस्कृति, भाषा, साहित्य आदि की रक्षा के लिए अपनी आवाज उठायी जिसे पाकिस्तानी शासकों ने अनसुना कर दिया। स्वधर्मी होते हुए भी पश्चिम पाकिस्तान के शासकों ने उनका शोषण किया और जब यह देखा कि जनता की मांग बलवती होती जा रही है तब तलवार के बल पर जनता की भावनाओं को कुचलने का निश्चय किया। दमन चक्र चला। साहित्यकार, डाक्टर, वकील, प्राध्यापक, पत्रकार तथा बुद्धिजीवियों का कत्लेआम किया गया। नारी जाति पर जो अत्याचार हुए उनकी मिसाल दुनिया में नहीं मिलती। पाकिस्तानी सेना ने आबाल-वृद्ध, नारी किसी को भी नहीं बख्शा।

हमारी प्रधानमंत्री श्रीमती इन्दिरा गांधी की हरचंद कोशिश यही रही कि पाकिस्तान लोकतंत्र का अनुगामी बने और पूर्व बंगाल में लोकतंत्र प्रक्रिया द्वारा चुने हुए

प्रतिनिधियों के हाथ में सरकार की बागडोर सौंप दे, किन्तु तानाशाह कभी किसी की नेक सलाह नहीं मानते। पाकिस्तान के सदर याहिया खां ने भी इस सत्परामर्श का निरादर किया और बंगबंधु मुजीबुर्रहमान को काल कोठरी में डाल दिया। पूर्व पाकिस्तान बंगलादेश बना और अपनी स्वाधीनता के लिए वहां की जनता ने हर प्रकार के बलिदान दिए। लोकतंत्री होने के कारण भारत की जनता तथा प्रधानमंत्री का सहयोग उन्हें प्राप्त हुआ। मुक्तिवाहिनी मित्रवाहिनी के सहयोग से अपने लक्ष्य की प्राप्ति में सफल हुई।

पाकिस्तान ने खीझकर भारत पर हमला कर दिया। नतीजा यह निकला कि भारत ने भी अपनी सुरक्षा और अखंडता के लिए कमर कस ली। युद्ध हुआ और जीत सत्य एवं न्याय की हुई। प्रधानमंत्री ने तीन बातें कही थीं, वे पूरी हुईं। उन्होंने कहा था कि (1) बंगलादेश आजाद होगा, वह हुआ। (2) भारत आए एक करोड़ विस्थापित स्वदेश आएंगे। वे चले गए। (3) शेख मुजीबुर्रहमान अपने देश लौटेंगे। वे लौट आए।

हमारी प्रधानमंत्री श्रीमती गांधी ने भारत की एक और प्राचीन परंपरा का निर्वाह किया। राम ने दुर्नीतिवादी रावण को परास्त कर राजतिलक उसके अनुज और अधिकारी विभीषण का ही किया था। लंका को अयोध्या में विलय नहीं किया। कृष्ण ने महाभारत के बाद शासन की बागडोर अधिकारी पाण्डव-ज्येष्ठ धर्मराज युधिष्ठिर को सौंपी थी। उसी प्रकार भारत की नेता इंदिराजी ने बंगलादेश की मुक्ति के तुरंत बाद बंगलादेश का शासन वहां की जनता के ही प्रतिनिधि अधिकारियों को सौंप दिया और पश्चिमी मोर्चे पर अपनी ओर से युद्ध-विराम कर दिया। गत छह फरवरी 1972 को कलकत्ता में बंगलादेश के सर्वमान्य नेता और प्रधानमंत्री शेख मुजीब के साथ बातचीत में यह बतला दिया कि 25 मार्च तक भारत की सेना स्वदेश लौट आएगी। उस 25 मार्च के ठीक एक वर्ष बाद जब पाकिस्तानी सेना ने बंगवासियों का नरमेघ शुरू किया था रक्षामंत्री श्री जगजीवनराम ने भी तीन बातें कही थीं- एक, यदि भारत-पाक युद्ध हुआ तो सिर्फ दो सप्ताह ही चलेगा। दूसरे, युद्ध शत्रु की भूमि पर ही होगा-और तीसरे, जो भूमि हमारे सेनानी शत्रु से छीनेंगे उसे लौटाया नहीं जाएगा। दो बातें पूरी हुईं। तीसरी बात का पता भारत-पाक समझौते के बाद ही चलेगा, क्योंकि हर युद्ध समझौते में समाप्त होता है।

इन कार्यों को सम्पन्न करने में हमारी प्रधानमंत्री की कुशल नीति, रक्षामंत्री का सफल नेतृत्व और हमारी सेनाओं के तीनों सेनाध्यक्ष-जनरल मानेकशा, एडमिरल नंदा तथा एयर चीफ मार्शल लाल का शानदार संचालन एवं सभी का योगदान सराहनीय रहा। पर मैं यहां उन सभी भारतीय वीरों को नमन किए बिना नहीं रहूँगा जिन्होंने बलिदान देकर और शौर्य के सीमा-चिह्न स्थापित करके विश्व में भारतीय पताका को ऊंचे-से-ऊंचे स्थान पर फहरा दिया है।

वास्तव में जिस दिन तीन दिसम्बर' 71 को पाकिस्तान ने हमला किया उसी रात से मुझे मानसिक उद्वेग के कारण नींद नहीं आई थी, हृदय में एक अजीब-सी चुभन अनुभव होती थी। उन दिनों मैंने प्रतिदिन की घटनाओं का विवरण डायरी के रूप में लिखना आरंभ किया। वही युद्ध के दिनों की डायरी उसी रूप में आगे के पन्नों में पाठक पढ़ेंगे। मेरे निर्बल स्वास्थ्य के कारण यह पाठकों के हाथ में देर से पहुंच रही है, उसके लिए मुझे खेद तो है, पर वह मेरे वश की बात नहीं।

पहला दिन, दिल्ली, 3 दिसम्बर, 71

शाम साढ़े पांच बजे दिल्ली विश्वविद्यालय के टैगोर हॉल में संस्कृत के सुप्रसिद्ध विद्वान पं. चारूदेव शास्त्री के अभिनंदन के लिए एक सभा का आयोजन है। इस समय सभा चल रही है। छह बजे के लगभग एक साथ कुछ अधिकारी बाहर से आए और उन्होंने भवन की बत्तियां एक साथ बंद करना शुरू कर दिया। हमारे मंच की बत्ती के अलावा सामने दर्शकों के ऊपर जलने वाली केवल एक बत्ती जलती रही।

मुझे यह संदेह हुआ कि 4 दिसम्बर को होने वाले ब्लैक आऊट के अभ्यास की गलतफहमी में ये अधिकारी बत्तियां बंद कर रहे हैं। मैंने यह बात पास ही बैठे एक सज्जन से कही कि अभ्यास कल होना है, आज नहीं। वे उठकर उस व्यक्ति के पास पहुँचे जो बत्तियां बंद कर रहा था। तब उस व्यक्ति ने आकर मेरे कान में कहा ब्लैक आऊट का भोंपू बज रहा है, रेडियो ने यह घोषणा भी कर दी है कि पाकिस्तान ने हमारे बहुत से हवाई अड्डों पर बमबारी की है।

मुझे फिर भी विश्वास न आया। मन में विचार आया कि अक्टूबर के महीने के अन्त में ब्लैक आऊट के अभ्यास को नागरिकों ने गंभीरता से नहीं लिया था। फिर भी गत मास नवंबर के अंत का अभ्यास बहुत सफल रहा था और कल 4 दिसंबर को फिर अभ्यास होने वाला ही है। शायद नागरिक सुरक्षा के अधिकारी जनता की आपात-स्थिति में तत्परता देखना चाहते हैं। अच्छा ही है बंगलादेश में मुक्तिवाहिनी की गतिविधियां बढ़ी हैं। पाकिस्तान बौखलाता जा रहा है और वहां के फौजी-शासक प्रयत्नशील हैं कि किसी प्रकार बंगलादेश-वासियों के नर-संहार की करतूतों पर पर्दा डालने के लिए उस संघर्ष को भारत-पाकिस्तान की लड़ाई का रूप दे दिया जाय और फिर जैसा स्वाभाविक है सारे मामले की नौइयत ही बदल दी जाय। कुछ देश 'इस्लाम खतरे में है' के नाम पर पाकिस्तान का समर्थन करने लगेंगे, जो आज इसलिए नहीं कर सकते कि बंगलादेश भी तो मुस्लिम-बहुल प्रदेश है। दूसरे, वे देश जो किसी कारण से भारत के वैभव को पसंद नहीं करते और एशिया के इस क्षेत्र में दिन-दिन बढ़ते जा रहे भारत के यश और शक्ति को अपनी चौधराहट के लिए चुनौती मानते हैं, वे भी पाकिस्तान का समर्थन करेंगे। भारत के साथ युद्ध होते ही सुरक्षा-परिषद युद्ध विराम के लिए तत्काल प्रयत्नशील हो जायेगी। इस प्रकार बंगलादेश में मुक्तिवाहिनी की

कार्रवाइयां स्वत: रुक जायेगी। इस ख्याल से पाकिस्तान भारत से अटक लड़ाई लेने के लिए अधिकाधिक आतुर होता जा रहा है। ये सब होते हुए भी मैं यह कल्पना नहीं कर रहा कि पाकिस्तान इतना बड़ा हवाई हमला करने की जुर्रत और भूल कर सकता है।

सायं साढ़े सात बजे सभा समाप्त हुई पर भवन में आशंका का वातावरण अजाने ही घुस आया और जैसे ही हाल से बाहर निकले तो देखा कि दिल्ली शहर घोर अंधकार में डूबा हुआ है। जगह-जगह बस-स्टैंडों पर लंबी कतारें वाहनों के इंतजार में खड़ी हैं। संतोष की बात एक ही हुई कि थोड़ी-सी देर में चंद्रमा निकल आया। टैक्सियां और स्कूटरों वाले भी कुछ डरे हुए दिखाई दिये। कुछ वक्त की नजाकत समझे बिना मनमाने दाम मांगकर परिस्थिति का अनुचित लाभ उठा रहे थे।

आठ बजे जब कार्यालय पहुंचा तो वहां अप्रत्याशित तनाव था और सभी साथी टेलीप्रिंटर मशीन के सामने समाचार देखने में व्यस्त थे। आंखों में आशंका और चेहरों पर चिंता थी। पर पाकिस्तान द्वारा लादे इस युद्ध में जीत हमारी होगी, इसमें किसी को संशय न था।

आज संयोग से प्रधानमंत्री कलकत्ता गई हुई हैं। रक्षामंत्री श्री जगजीवन राम पटना में हैं और वित्तमंत्री श्री यशवंतराव चव्हाण भी दिल्ली से बाहर बम्बई गए हुए हैं। इसका साफ मतलब यह है कि पाकिस्तान का यह हमला आकस्मिक ही हुआ। समाचारों में बताया गया है कि रात होते-होते प्रधानमंत्री, रक्षामंत्री और वित्तमंत्री तीनों ही दिल्ली लौट आए हैं।

आते ही प्रधानमंत्री ने मंत्रिमंडल की बैठक बुलाई और यह निश्चय हुआ कि अर्द्धरात्रि को इंदिरा जी आकाशवाणी से राष्ट्र के नाम संदेश प्रसारित करें और सारी स्थिति से जनता को अवगत करा दें।

इस समय रात के बारह बजे हैं।

अंधेरे कमरे में हम सब बैठे हैं। रेडियो खुला है और बेचैनी से प्रधानमंत्री के संदेश की प्रतीक्षा है। दो मिनट और गुजरे अंग्रेजी में बताया गया कि एक महत्त्वपूर्ण प्रसारण की प्रतीक्षा कीजिए। दो मिनट और गुजरे, फिर कहा गया कि महत्त्वपूर्ण प्रसारण की प्रतीक्षा कीजिए। पांच मिनट और गुजरे हिन्दी में सूचना दी गई कि एक महत्त्वपूर्ण प्रसारण की प्रतीक्षा कीजिए। अंग्रेजी और हिन्दी में प्रतीक्षा करने की बात कई बार दोहराई। पल-पल भारी पड़ रहा है। समझ में नहीं आता कि देर क्यों हो रही है? प्रतीक्षा की घड़ियाँ कितनी कठोर होती हैं, यह आज और भी स्पष्ट हो गया। सितारवादन बड़ा मधुर लगता है किंतु आज यह भी कठोर और अप्रिय लग रहा है। इस समय तो रणभेरी बजनी चाहिए, मार्चिंग सांग सुनाना चाहिए। आखिर पन्द्रह मिनट में प्रतीक्षा समाप्त हुई। प्रसारण प्रारम्भ हुआ। प्रधानमंत्री ने बताया कि पाकिस्तान ने जो युद्ध बंगलादेश

के विरुद्ध चला रखा था उसे अब पूरे जोर-शोर के साथ भारत के खिलाफ भी शुरू कर दिया है। राष्ट्रपति ने आपातकालीन स्थिति की घोषणा कर दी है और भारत हमले का मुंहतोड़ जवाब देने को तैयार है। उन्होंने पाकिस्तानी हमले का विवरण भी दिया और जनता से अपील करते हुए आशा व्यक्त की कि संकट की इस घड़ी में सब एक होकर अनुशासन और एकता कायम रखते हुए शत्रु को बता दें कि भारत पर हमला करने का नतीजा क्या होता है।

अंग्रेज़ी के बाद प्रधानमंत्री ने हिन्दी में संदेश दिया। ऐसा लगता है कि मूल संदेश अंग्रेजी में था। सो या तो पहले ही हिन्दी में अनुवाद नहीं हुआ या प्रधानमंत्री साथ से साथ अनुवाद करती गईं या फिर प्रधानमंत्री ने अनुवाद में पढ़ते-पढ़ते परिवर्तन किया। जो भी हो ऐसा लगा कि प्रधानमंत्री अपने स्वाभाविक स्वर में नहीं बोल रही हैं।

हमले इस प्रकार हुए, आज शाम पांच बजकर चालीस मिनट पर श्रीनगर, पठानकोट और अमृतसर पर हमले किए। श्रीनगर से पन्द्रह मील दूर अवन्तीपुर पर छह बजकर आठ मिनट पर। राजस्थान के बाड़मेर जिले के उत्तरलाई हवाई अड्डे पर रात आठ बजे आक्रमण हुआ। यहीं पर दो बार बाद को फिर हमले हुए। बाड़मेर चौहटन तहसील पर साढ़े नौ बजे हमला किया गया।

रात के नौ बजे आगरा पर हमला हुआ और थोड़ी-थोड़ी देर बाद तीन हमले और यहीं किए गए। जोधपुर पर रात को ग्यारह बज कर बीस मिनट पर हमला हुआ। यहां तो पाकिस्तान ने 1965 में भी हमले करने में अति कर दी थी।

इस प्रकार अमृतसर, पठानकोट, श्रीनगर, अवन्तीपुर, उत्तरलाई, जोधपुर, अम्बाला और आगरा के हवाई अड्डों पर सुबह तक कितने ही हमले पाकिस्तानी जहाजों ने किए। सैबर जेट और मिराज विमानों का इस्तेमाल इन हमलों में किया गया।

इसके साथ ही पाकिस्तान ने सुलेमंकी, खेमकरण, पुंछ, छम्ब आदि स्थानों पर थल-सेना से हमला भी किया।

रात के दो बजे हैं। सूचनानुसार आकाशवाणी से हर घंटे समाचार दिए जा रहे हैं। हमारे घर की तरह बहुत-से घरों में लोग सो नहीं सके हैं। नौ दिन पहले पाकिस्तान के सदर याहिया खां ने जो कहा था वह कर दिखलाया। उसने कहा था कि दस दिन के भीतर लड़ाई शुरू हो जाएगी, सो एक दिन पहले ही उसने हमला कर दिया। कम-से-कम एक बार तो वह सच बोला।

इस समय जबकि रात्रि का अंतिम पहर है और कहीं दूर किसी अंधेरी खिड़की से आकाशवाणी से प्रसारित समाचारों की भनक सुनाई पड़ रही है। मैं यह सोच रहा हूं कि क्या पाकिस्तान ने इस्राइल रणनीति अपनाने की कोशिश की है। सन् 1967 में इस्राइल ने अकस्मात् मिस्र के दस-बीस हवाई अड्डों पर एक साथ हवाई हमला बोल दिया था। उसने उन हवाई अड्डों पर खड़े मिस्र के विमानों को नष्ट कर दिया था। हवाई अड्डे इतने तोड़ दिए थे कि मिस्र की फौजें जिनके पास आधुनिक हथियार भी थे, और

लड़ाकू विमान तथा टैंक भी, कुछ न कर सकी और उसे अपने पूरे सिनाई प्रायद्वीप से हाथ धोना पड़ा और स्वेज के उस किनारे पर उसका प्रभुत्व जाता रहा। परिणाम यह निकला कि तब से स्वेज नहर का जलमार्ग बंद कर दिया है और इस्राइल ने मिस्र को इतना आर्थिक धक्का लगा दिया है कि उसे उन अन्य अरब देशों की सहायता पर, जो तेल-उत्पादन के कारण आज दुनिया के मालदार देशों में गिने जाने लगे हैं-जीना पड़ रहा है। यही कारण है मिस्र की स्वतंत्र विदेशी नीति बदली हुई नज़र आती है। अब तो यह कहना भी मुश्किल है कि राष्ट्रपति नासर का अरब गणराज्य इस वर्तमान पाक-भारत युद्ध में सत्य का समर्थन भी कर सकेगा। क्योंकि सऊदी अरब और युर्दन आदि देशों की आर्थिक सहायता पर निर्भर रहकर वह स्वतंत्र-नीति अपनाने में कैसे समर्थ रह सकता है।

अगर पाकिस्तान ने इस गलतफहमी में अपने सौ लड़ाकू विमान हमारे चौदह हवाई अड्डों को नष्ट करने के लिए भेजे तो उसने अपने पैरों पर आप कुल्हाड़ी मारी है। भारत के सभी हवाई अड्डों पर हमला करने की ताकत अभी किसी देश में पैदा नहीं हुई। अंगुलियों पर गिने जाने योग्य एक-दो हवाई अड्डों को कुछ क्षति पहुंची होगी। अव्वल तो उसकी भी आशंका हमारे मन में नहीं है, फिर क्षतिग्रस्त स्थलों को हमारे कुशल जवान इंजीनियर चुटकी बजाते ठीक कर डालेंगे। (बाद को पता चला केवल एक अड्डे की पटरी को थोड़ी क्षति पहुंची थी, वह दो-तीन घंटे में ही दुरुस्त कर ली गई।)

दूसरी बात भारत और मिस्र में यह अंतर है कि हमारी सेना के अफसर और जवान आलसी और विलासी नहीं हैं। जिस समय इस्राइल ने मिस्र के हवाई अड्डों पर हमला किया वहां के अधिकांश फौजी अफसर और सिपाही रेस्तरांओं, शराबखानों और नाइट क्लबों में थे। हमारे अफसर और जवान काफी समय से विशेषकर जब से बंगलादेश पर पाकिस्तानी फौजों ने हमला किया और बर्बरता की अति कर दी, तबसे इतने सतर्क हैं कि विद्यार्थी के जो लक्षण किसी नीतिकार ने गिनाए हैं वे सब प्रचुर मात्रा में उनमें विद्यमान है। कहा गया है :

> काक चेष्टा बको ध्यानं श्वाननिद्रा तथैव च,
> स्वल्पाहारी गृहत्यागी विद्यार्थी पंचलक्षणम्।

यानी काक जैसी चेष्टा जिसे अंग्रेजी में कहेंगे 'स्मार्ट'; बक यानी बगुले सा ध्यान (अपने लक्ष्य की ओर पूरी तन्मयता); कुत्ते की-सी नींद, अर्थात् थोड़े से खटके में चैतन्य हो जाने वाला; स्वल्पाहारी-थोड़ा भोजन करने वाला जिससे पूर्ण सचेष्ट और स्वस्थ रहे; मेद-मज्जा जिसके शरीर पर चढ़ने न पाए और घर त्यागकर अपने कार्यस्थल पर रहने वाला। विद्यार्थियों के ये पांच लक्षण हैं। हमारे सैनिकों में भी यही सुलक्षण अधिकाधिक मात्रा में हैं।

इसलिए इस्राइली आकस्मिक हवाई हमले की रणनीति भारत के विरुद्ध कारगर नहीं हो सकती।

तीन बजे के समाचार आने वाले हैं। क्या पाकिस्तानी जहाज़ रात-भर चैन से नहीं बैठेंगे? लगता है सचमुच याहिया खां और उसकी सैनिक जनता का अंतिमकाल निकट आ गया है। बेचारी पाकिस्तानी जनता को अकारण ही इन पापियों और अपराधियों के कृत्यों का फल भोगना पड़ेगा। रेडियो ने अभी-अभी बता दिया है कि पाकिस्तान के हवाई हमले जारी हैं।

कुछ ही घंटे पीछे हमारी संसद का विशेषाधिवेशन होने वाला है। मुझे इसमें कोई संदेह अथवा संशय नहीं कि सभी राजनीतिक दल, विरोधी-पार्टियां हमारी लोकप्रिय प्रधानमंत्री श्रीमती इंदिरा गांधी को अपना नेता स्वीकार करेंगी और फिर एक बार दुनिया के सामने यह जाहिर हो जाएगा कि हमारे देश में संसार के सभी धर्मावलंबी रहते हैं। यहां अनेक भाषाएं बोली जाती हैं। यहाँ के नर-नारी भांति-भांति की वेशभूषा, रंग-बिरंगे परिधानों में रहते हैं। यहां कई प्रकार के भोजन पाकशालाओं में बनते हैं। हम सब लोकतंत्र में विश्वास करते हैं। इसलिए भांति-भांति की विचारधाराएं हमारे यहां चलती हैं, पर इस अनेकता में एकता इस प्रकार बैठी है जैसे शरीर में भिन्न-भिन्न अवयवों के होते हुए भी रीढ़ हड्डी में चलता हुआ स्नायुमंडल। समस्त 56 करोड़ भारतवासी एक हैं। हमारी यह एकता 1962 में चीनी आक्रमण के समय प्रकट हो गई थी। यही 1965 में पाकिस्तानी हमले के समय फिर सामने आ गई थी और अब जबकि बंगलादेश में पाक अत्याचारों के कारण हर भारतीय के दिल में बर्बर पाकिस्तानी फौजी दरिन्दों के विरुद्ध रोष और दुख है तब यह एकता और भी तीव्र होकर ही प्रकट होगी।

हमारी सेनाओं ने भी अर्द्धरात्रि के लगभग जवाबी कार्रवाई शुरू कर दी है। उसके समाचार तो कल ही मिल पायेंगे।

(साभार : भारत-पाक युद्ध की डायरी, लेखक— अक्षय कुमार जैन)

राजेन्द्र माथुर

[नई दुनिया (इंदौर), 1974 में प्रकाशित लेख 'सिक्किम का नया दीवान तंत्र']

सिक्किम में इन दिनों चुनाव हो रहे हैं, और भारत के अधिकांश लोग शायद भूल गए हैं कि गए साल इसी अप्रैल महीने में सिक्किम की जनता ने अपने चोग्याल के खिलाफ बगावत कर दी थी और तब भारत को सेना भेजकर देश की हुकूमत अपने हाथ में लेनी पड़ी थी, मानो सिक्किम भारत का कोई सूबा हो। वह दूसरा मौका था, जब सिक्किम का भविष्य भारत के हाथों में आया। पहला मौका 1949 में आया था, जबकि सिक्किम रियासती कांग्रेस ने प्रजातंत्र की स्थापना के लिए तथा भारत में विलय के लिए आन्दोलन चलाया था। 1949 का यह आन्दोलन इतना उग्र हुआ कि दरबार की हुकूमत खत्म हो गई, जनता ने राजमहल को घेर लिया, और राजा को भारतीय रेसिडेंसी में शरण लेनी पड़ी। यदि भारत में तब प्रसार की जरा भी आकांक्षा होती, तो कुछ भी हो सकता था। लेकिन 1950 में भारत और सिक्किम के बीच जो संधि हुई, उसने सिक्किम को एक ऐसा अर्धस्वाधीन देश का दर्जा दे दिया, जिसका असली मालिक हिन्दुस्तान ही है। यों संधि में प्रकाशित दस्तावेजों के अनुसार केवल रक्षा, यातायात तथा विदेश-संपर्क का जिम्मा भारत सरकार का है, लेकिन संधि के बाद हुए गोपनीय पत्र-व्यवहारों के अनुसार शायद सिक्किम में अंदरूनी सुशासन बनाए रखने की जिम्मेदारी भी भारत ने ले ली है।

जिम्मा लेने के तीन साल बाद 1953 में सिक्किम को हमने एक चुनाव प्रणाली दी, जो अपने ढंग की सचमुच अनोखी चीज थी। इस प्रणाली की तुलना केवल उन बंदोबस्तों से की जा सकती है, जो रियासतों के राजा कांग्रेसी आन्दोलन के दबाव तथा वाइसराय की सलाह के कारण अपने राज्यों में कायम कर देते थे। अगर होल्कर रियासत में, मान लीजिए, ऐसी कोई विधानसभा बना दी जाती, जिसमें ढेर सारे सदस्य महाराजा द्वारा नामजद होते, और मराठी बोलने वालों को भी हिन्दीभाषियों के बराबर ही सीटें मिलतीं और असली सत्ता इसके बावजूद अगर दिल्ली द्वारा नियुक्त दीवान और स्थानीय राजा और मराठीभाषी अल्पसंख्यकों के पास ही होती, तो आप इंदौर में सिक्किम का जायजा ले सकते थे। सिक्किम में राजा बौद्ध और तिब्बत प्रभावित

है तो प्रजा का अधिकांश हिन्दू नेपाली है। राजा के समर्थक लेपचा और भोटिया जातियों में हैं, तो प्रजातंत्र की लड़ाई छेड़ने वाले अधिकांश गुरखे हैं। यदि 'एक आदमी, एक वोट' का उसूल सचमुच लागू हो, तो सिक्किम एक लघु नेपाल बन जाएगा, जो न तो सिक्किम के महाराजा को पसंद होगा, न भारत को। इसलिए 1953 के प्रथम चुनाव से लेकर आज तक सारी कोशिशें इस बात की हुई हैं कि जातियों का संतुलन कायम रखने के नाम पर, सिक्किम की विशिष्टता बनाए रखने के नाम पर गुरखों को (जिनकी संख्या आबादी की 75 प्रतिशत है) किसी विधानसभा में वाजिब बहुमत न मिले, और राज करने का मौका न मिले। हिन्दू और मुसलमान के बीच न्याय करते समय यही मनोविज्ञान अंग्रेज सरकार का था, और कई कैबिनेट मिशन तथा गोलमेज परिषदें इसलिए नाकामयाब हुईं कि महाराजाओं, हरिजनों और मुसलमानों के हितों की रक्षा के लिए जो संवैधानिक प्रबंध अंग्रेज लोग करना चाहते थे, वह कांग्रेस को मंजूर नहीं था। लेकिन उससे मिलता-जुलता बंदोबस्त सिक्किम में हमें मंजूर है, क्योंकि सिक्किम को बांटना राज करने के लिए शायद हमें भी सुविधाजनक नहीं लग रहा।

सिक्किम इस बात का सबूत है कि जानकर अथवा अनजान में जवाहरलाल नेहरू ने हिमालयी रियासतों के सिलसिले में वही नीति अपनाना पसंद किया, जिसकी परंपरा हमें ब्रिटिश साम्राज्य से विरासत में मिली थी। अत: विलीनीकरण के बजाय हमने सिक्किम को अपरिभाषित अर्धस्वाधीनता दी, और बहुमत राज का आग्रह करने के बजाय हमने उसे जातियों और प्रथाओं में अजायबघर बनाए रखा। यह निर्णय इतिहास करेगा कि नेहरू की नीति सही थी या नहीं। उसे हम एकदम गलत तो इसलिए नहीं कह सकते कि कश्मीर से लेकर नागालैंड और मिजोरम तक जहां भी संपूर्ण विलय तथा बहुमत-राज आजमाया गया है, वहां कौन-सा अमन-चैन कायम है? नेपाल में किसी शेख अब्दुल्ला का और सिक्किम में किसी अंडरग्राउंड आन्दोलन का सामना हमें नहीं करना पड़ रहा है, यह भी अपने-आपमें एक उपलब्धि है। लेकिन एक बात स्पष्ट है-नेहरू जी की यह आशा पूरी नहीं हुई कि चीन भी हिमालय के उस पार एक बफर-मेखला कायम करेगा और पर्वतीय जातियों को अपरिभाषित अर्धस्वाधीनता की स्थिति में जीने का अवसर देगा। यह आशा नेहरू की हिमालयी नीति का एक प्रमुख आधार थी, लेकिन अब अपने शिकारों को उदरस्थ करने के बाद चीन कभी भी ताने कसकर हमें कह सकता है कि साम्राज्यवादियों की तरह आधे आजाद, आधे पराधीन राज्यों की माला हमने भारत के उत्तर में पिरो रखी है।

अप्रैल 1973 में सिक्किम की जनता ने उस तंत्र के खिलाफ बगावत कर दी जो बीस साल पहले भारत ने लागू किया था। लेपचा-भोटियों द्वारा समर्थित राजभक्त नेशनल पार्टी ने हमेशा की तरह तब भी सत्ता हथिया ली, और कार्यकारिणी में भी राजा ने इन्हीं जातियों के ज्यादा लोग नामजद किए। गांधीजी ने तो सिर्फ प्रस्ताव ही

रखा था कि अगर स्वाधीन भारत पर अकेली मुस्लिम लीग ही राज करे, तो मुझे कोई एतराज नहीं होगा। लेकिन सिक्किम पर अल्पसंख्यक जाति की पार्टी ने न केवल राज किया, बल्कि वह चुनाव में छल-फरेब भी करती रही। अंतत: कांजी लेंदुपा दोरजी, कृष्णाचंद्र प्रधान, नहकुल प्रधान, भीम बहादुर गुरुंग आदि के नेतत्व में सिक्किम के विरोधी दलों ने गए साल जब आन्दोलन शुरू किया, तो 15 हजार लोग देश के कोने-कोने से आकर गंगटोक में इकट्ठे हो गए और स्थिति यहां तक आ गई कि विरोधी दल तथा महाराजा दोनों भारतीय सेना को आकर शांति स्थापति करने का निमंत्रण देने लगे। शायद चोग्याल के मन में शक रहा कि हंगामा भारत ने ही करवाया है, लेकिन उनका सिंहासन भी भारत के बिना बच नहीं सकता था। लोकतंत्र की आस भी तब भारत था और राजतंत्र की भी, और यह स्थिति हमारे लिए सुहावनी थी, क्योंकि 1950 की संधि को रद्द करने के लिए तथा सिक्किम को अधिक स्वाधीनता देने की जो आवाजें पहले उठ रही थीं, वे 1973 में बिलकुल थम गईं और सब लोग उस नए चुनाव की प्रतीक्षा करने लगे, जो भारतीय चुनाव आयुक्त के तत्वावधान में इन दिनों हुआ है।

भारत ने जो नया तंत्र सिक्किम को दिया, उसे प्रजातंत्र कहना भ्रामक ही होगा। आज भी सिक्किम में कोई संविधान नहीं है, और ऐसी स्थिति में कोई किताब नहीं है, जिसमें लिखा हो कि विधानसभा तथा कार्यकारिणी (जी हां, मंत्रिपरिषद का निरीह नाम सिक्किम में यही है) के अधिकार क्या होंगे। 32 सदस्यों की विधानसभा में 15 नेपाली और 15 लेपचा-भोटिया चुने जाएंगे। हालांकि अविभाजित भारत में भी हिन्दू-मुसलमान आबादी का अनुपात 80 : 20 था, लेकिन अंग्रेजों ने भी यह कभी नहीं सुझाया कि दिल्ली की असेंबली में दोनों धर्मों के प्रतिनिधि 50 : 50 रहें। सिक्किम में नेपाली पुन: अल्पमत में होंगे, क्योंकि बौद्ध मठों का एक प्रतिनिधि उनका साथ कभी देगा नहीं, और हरिजन का एक नेता भी हिन्दुओं के बजाय बौद्धों के साथ जाना ज्यादा पसंद करेगा।

यों यह सारी गिनती ही फिजूल है, क्योंकि विधानसभा को अपना प्रधानमंत्री चुनने का अधिकार ही नहीं है। भारत के दीवान की सलाह से (यानी आज्ञा से) सिक्किम के चोग्याल कार्यकारिणी के सारे सदस्य नामजद करेंगे, और भारतीय दीवान इस कार्यकारिणी का अध्यक्ष होगा। यानी वही सर्वेसर्वा होगा। दीवान की नियुक्ति भारत सरकार की सलाह से (यानी आज्ञा से) सिक्किम के महाराजा करेंगे। अगर प्रशासन या जातियों के सिलसिले में कोई मतभेद चोग्याल और दीवान के बीच हुआ, तो वह गंगटोक स्थित राजनीतिक अधिकारी को सौंपा जाएगा, और यह अधिकारी दिल्ली से पंच फैसला प्राप्त करेगा, जिसे मानना सबके लिए अनिवार्य होगा।

9 मई 1973 को उपर्युक्त समझौते पर सिक्किम की सभी पार्टियों के नेताओं ने भी दस्तखत किए हैं जिससे यह स्पष्ट है कि भारत पर कितनी बड़ी जिम्मेदारी उन्होंने

सौंपी है। उन्होंने अपने लिए ऐसा प्रधानमंत्री तक नहीं मांगा, जो विधानसभा के वोटों द्वारा चुना और गिराया जा सके। लेकिन भारत के लिए यह स्थिति जरा खतरनाक है क्योंकि अगर बहुमत असंतुष्ट रहा तो अगला आन्दोलन भारत-विरोधी हो सकता है। जब जिम्मेदारी हमारी है, तो देश भी हमारा माना जाएगा। यह सुखद है कि नेपाली लोग देश पर हावी होने को स्वयं उतावले नहीं हैं, और चोग्याल की भी उनके अपने मन में इज्जत है। लेकिन यह नाजुक संतुलन तभी तक बना रहेगा, जब तक वह राजा को तथा जनता के दोनों वर्गों को संतुष्ट रख सके। सिक्किम कांग्रेस की नौजवान पीढ़ी आज भी अपने बुजुर्गों से नाराज है कि उन्होंने भारत के तत्वावधान में ऐसी अप्रजातांत्रिक प्रणाली को मंजूर कैसे कर लिया जिसमें नेपालियों को स्थायी रूप से अल्पसंख्यकों के लिए बराबर सीटें दी गई हैं।

(साभार : भारत एक अंतहीन यात्रा)

कमलेश्वर

[सारिका (दिल्ली), जून, 1974 में प्रकाशित कॉलम 'मेरा पन्ना' आम आदमी के आसपास : आज की कहानी]

पिछले अंक में बात इस मुद्दे पर रुकी थी कि आम आदमी क्रांति में कैसे शामिल होता है।

इस संदर्भ में मुझे एक अत्यंत महत्त्वपूर्ण बातचीत याद आती है–अभी कुछ दिन पहले आंध्र के क्रांतिकारी युवा लेखकों (जिन्हें नक्सलवादी कहा जाता है) से पूरी रात बहस और बातें हुई थीं। उनकी उग्रता प्रणम्य थी, क्योंकि वे सिर्फ नाराज ही नहीं थे, अपनी कार्रवाई के लिए दिशा भी खोज रहे थे। बातचीत के दौरान यह मसला भी उठा था कि किसी पुलिस कांस्टेबल को गोली मारने से क्या हासिल होता है? एक तेज-तर्रार लेखक का उत्तर था–हम उसे मारते हैं, क्योंकि वह व्यवस्था का अंग है और हमारे खिलाफ सरकारी बंदूक का घोड़ा दबाता है।

सरकारी बंदूक का घोड़ा दबाने वाला सरकार के साथ कितना है?

इस प्रश्न पर कुछ सोच-विचार शुरू हुआ।

जवाब था--जितनी देर वह नौकरी करता है।

और लंबी बहस और सोच-विचार के बाद तथ्य यह निकला कि अपने चौबीस घंटों में से यदि कोई आदमी काम के आठ घंटों के लिए व्यवस्था या प्रतिष्ठान में है, जीने का और कोई विकल्प न होने के कारण, तो भी उन्हीं तकलीफों और परेशानियों का मारा हुआ है जो कि सामान्य जन की आधारभूत तकलीफें हैं। अपनी समझ के अनुपात के अनुसार परिवर्तन की आकांक्षा के साथ होते हुए भी वह पूरी तरह प्रेरित परिवर्तनवादी नहीं है। लेकिन उसके दैनिक अस्तित्व के सोलह घंटे सरकार या व्यवस्था के पोषक नहीं हैं। आदमी और आदमी में यह अनुपात समझ और चेतना के अनुसार ज्यादा या कम हो सकता है। इसलिए यह जरूरी है कि आम आदमी को यदि सचमुच परिवर्तन में शामिल करना है तो हमें उसके समय और समझ को आनुपातिक रूप में जीतना होगा। और वह क्रांति में इसी तरह शामिल हो सकता है; इसी तरह शामिल होता रहा है। उसके जीवित रहने की शर्तों को नकार कर उसे शामिल नहीं किया जा सकता। वह आनुपातिक रूप में शामिल होता रहा है और आगे भी होगा। उसी आदमी

के बीच जन्मे लेखन को क्रांति के लिए एक ज्यादा बड़ी, उत्कट और स्पष्ट भूमिका निभानी पड़ती है। लेखन के लिए जरूरी है कि वह संबद्ध और संपूर्ण क्रांतिवादी हो। तभी वह आनुपातिक रूप में परिवर्तनकामी को परिवर्तनवादी में बदल सकता है– और यह महत्त्वपूर्ण भूमिका वह समांतर लेखन ही निभा सकता है, जो अपने समय की पेचीदा स्थितियों में व्याप्त मूर्त और अमूर्त प्रतिरोधों की गहरी वैज्ञानिक जानकारी से रचनात्मक उत्स ग्रहण करता है और हर तरह के परिवर्तन और क्रांति के लिए मानसिकता का निर्माण करता है। मानसिकता का यह निर्णय उस फैशनपरस्त, दृष्टांतवादी, इकहरे लेखन से नहीं होता जो ताबीज की तरह किसानों–मजदूरों को बाहों पर बांधे घूमता है। जिसके पास सीमित स्वार्थों की राष्ट्रवादी चौहद्दियाँ हैं और जो आदमी के विचारों की सतह पर सक्रिय न हो कर सिर्फ उसके क्षणिक गुस्से और तैरते जज्बात को इस्तेमाल करता है, जो कारणों की खोज नहीं करता और न उन कारणों की इतिहासगत जानकारी देता है, जो झूठे राजनीतिज्ञों की तरह हर सुबह क्रांति करने का भरोसा दिलाता है।

आइए, अब निहंग होकर कहें कि आपा–धापी के इस चालू लेखन ने भी राजनीतिज्ञों की तरह सामान्य जन को धोखा दिया है। सही लेखन के प्रति इस सतही लेखन ने अविश्वास पैदा किया है। क्रांति, विद्रोह, संघर्ष, परिवर्तन आदि शब्दों को उसी तरह इस्तेमाल किया गया है, जैसे मैखाना, मीना, सागर, मै और प्याला को किया गया था, और सवाल यह उठते हैं कि क्या आम आदमी हमारे उस साहित्य को पढ़ पाता है जिसके लिए या जिसके बारे में लेखन किया जाता है? क्या वह आम आदमी इस लायक है कि वह साहित्य की इस परिवर्तनवादी आवाज को समझ सके?

ऐसे लेखक आम आदमी के 'लायक' होने की शर्त खड़ी करते हैं, खुद 'नालायक'– होने की अपनी कमी की ओर नहीं देखते। वे घटिया 'क्रांतिकारी' रचनाएं उन चंद लोगों के लिए लिखते हैं, जो उनके इर्दगिर्द हैं और क्रांति को मात्र एकांगी घटना समझते हैं... एक दुर्ग–विजय मान कर चलते हैं!

आम आदमी को 'लायक' न समझना, या कहना कि वह अनपढ़ और जाहिल है, और यह प्रश्न उठाना कि वह व्यवस्था से बाहर क्यों नहीं आ जाता...अपने को ज्यादा क्रांतिकारी जाहिर करते हुए उसे जलील करने की राजवंशीय मनोवृत्ति है! यह रवैया उन तथाकथित क्रांतिकारियों यानी आक्रांतियों का ही हो सकता है, जो क्रांतियों के कहीं से आने में भरोसा रखते हैं और 'उस आने वाली क्रांति' की जमीन तैयार करने की बातें करते हैं।

अपनी जनता को जलील करके, उससे ऊपर उठ कर क्रांति की जमीन तैयार करने की बात करके आप आम आदमी से क्रांति में हिस्सा–बरदारी की मांग नहीं कर सकते! उसे जाहिल, अनपढ़ करार दे कर अपने साथ शामिल भी नहीं कर सकते। आप सामान्य जन को क्रांति का वाहन और स्वयं अपने को क्रांति का वाहक मान

कर जिस राजवंशीय मनोवृत्ति का परिचय देते हैं; वह क्रांति का पथ प्रशस्त नहीं करती–बल्कि अवरुद्ध करती है। विकास के द्वंद्वात्मक कारणों को देखने के साथ-साथ जो साहित्य स्वयं अपने समाज की अंतर्निहित प्रकृति और संघर्षशील सामान्य जन की अंतरविरोधी परिस्थितियों में पलती क्रांति-कामना को समझने से इनकार करता है, वह एकांगी ही नहीं होता, बल्कि आगे चलकर क्रांतिविरोधी भी साबित हो जाता है। सामान्य जन क्रांति का वाहन नहीं वाहक है! उसे नेतृत्व देने की बात करना साहित्यिक मक्कारी है। और इस मक्कारी से आगाह होना इस वक्त की एक बड़ी जिम्मेदारी है...इसलिए यह कहना भी जरूरी हो गया है कि सामान्य जन का समांतर साहित्य क्रांति का वाहन नहीं, वाहक है! क्योंकि वह उसे नेतृत्व प्रदान करने की सामंती समझ से ग्रस्त नहीं है, बल्कि आम आदमी के क्रांति-बोध का स्वर है, जो समाज में अंतर्निहित और सामान्य जन की अंतरविरोधी परिस्थितियों में पलती और प्रज्ज्वलित होती क्रांति-कामना को रेखांकित करता है और उस मानसिक कामना को दुर्दमनीय इच्छा में बदलता है!

क्रांति एकांगी क्रिया नहीं है। वह एक समग्र और परस्पर-क्रिया है। उसे टुकड़ों में बांट कर प्राप्त नहीं किया जा सकता। यह समग्रता और पारस्परिकता तभी प्राप्त की जा सकती है, जब उसमें मामूली आदमी शामिल होगा–क्योंकि जीवन के तमाम क्षेत्रों में वही 'कॉमन लिंक' है और क्रांतिधर्मी साहित्य इस 'कॉमन लिंक' के बोध से ही दिशा ग्रहण करता है, और संपूर्ण क्रांति की चेतना का वाहक बनता है।

साहित्य सिर्फ लिखा और पढ़ा ही नहीं जाता, वह वातावरण भी तैयार करता है, कामना को इच्छा में बदलता है, आम आदमी के मिजाज और तेवर को भी परिवर्तित करता है, इसलिए यह जरूरी नहीं है कि वह उन लोगों द्वारा तत्काल पढ़ा ही जाये, जिनके लिए वह होता है...जिनके लिए ऐसा साहित्य सृजित होता है, वे उसे अपने बोध के जरिए वातावरण से भी ग्रहण करते हैं! आम आदमी के इस प्रखर बोध ('ज्ञान' नहीं) पर विश्वास न करना एक और राजवंशीय आदत है। उसका यही सहज विवेक उसे साहित्य से परोक्ष रूप में जोड़ता है और 'ज्ञान' प्राप्त कर लेने के बाद वह उसी साहित्य का अध्येता या पाठक भी बनाता है।

क्या इससे कोई इनकार करेगा कि हमारे सामान्य जन को आज की राजनीति का जरूरी बोध प्राप्त नहीं है? इस सही विवेक और चेतना के लिए (कि उसे राजनीति द्वारा छला जा रहा है) कितने स्कूल और विश्वविद्यालय स्थापित किये गये थे, जहां उसने यह 'ज्ञान' प्राप्त किया है? यदि राजनीति को वह वातावरण से बोध के स्तर पर इतने सही रूप में ग्रहण कर सकता है, तो यह कहना कि वह साहित्य द्वारा पैदा किये गये वातावरण से अछूता रह जायेगा, एक वंचना है! और आम आदमी के विवेक और सहज बोध को नकारने की यह साजिश एक भयंकर लेखकीय मक्कारी और 'स्नॉबरी' है।

सच्चिदानंद हीरानंद वात्स्यायन 'अज्ञेय'

[नया प्रतीक (दिल्ली), जनवरी, 1975 में प्रकाशित संपादकीय ''हिन्दी : 'घरे' और 'बाहिरे' '']

नि:संदेह 'विश्व हिन्दी सम्मेलन' पर टिप्पणी सम्मेलन हो जाने के बाद, उसका ब्यौरा पढ़ कर (या स्वयं सम्मेलन देख कर) भी लिखी जा सकती। सम्मेलन होने से पहले उस के बारे में कुछ लिखना उस में बाधक नहीं है: बल्कि यह भी हो सकता है कि पहले लिखी हुई और बाद में लिखी गयी दोनों टिप्पणियों को साथ-साथ रख कर न केवल सम्मेलन का अधिक सही और सन्तुलित मूल्यांकन हो सके, वरन् उस के साथ-साथ हिन्दी के विषय में स्वयं अपने निराधार आग्रह अनिवार्य हो जाये। (और जन्म से ही हिन्दी से जुड़ा हुआ कौन व्यक्ति दावे के साथ कह सकता है कि भाषा के विषय में समस्त पूर्वग्रहों से वह सम्पूर्णतया मुक्त हो चुका है?)

पहले दो-एक पूर्वाग्रहों से ही आरम्भ करें। यह क्यों मान लिया जाये कि विश्व हिन्दी सम्मेलन को हिन्दी साहित्य से किसी तरह भी सम्बद्ध होना चाहिए? वह आरम्भ से ही और संकल्पपूर्वक हिन्दी साहित्य को एक ओर रख कर चले, अपने को हिन्दी भाषा तक ही सीमित रखे, तो भी ऐसा नहीं है कि वह उपयोगी नहीं हो सकता। बल्कि यह तर्क भी निराधार नहीं माना जाना जायेगा अगर कोई कहे कि किसी भाषा का साहित्य तो उस देश का ही होता है जिस की वह भाषा हो; साहित्यिक रचनाएँ उस कोटि की भी हो सकती हैं जिसे 'विश्व साहित्य' कहा जा सके, पर इस का निर्णय फिर दूसरे भाषा-समाजों अथवा देशों पर छोड़ देना चाहिए। 'विश्व हिन्दी सम्मेलन' के आयोजन में हमें कहीं साहित्य-सम्बंधी किसी चिन्ता, चिन्तन, लगाव या सरोकार की कोई गन्ध तक नहीं मिली; उस के संयोजन-संगठन में भी एक उपन्यासकार महासचिव को छोड़ कर साहित्य के संस्पर्श वाले व्यक्ति कहीं नहीं दीखते। (यह असम्भव नहीं है कि सम्बद्ध अन्य महामहिम प्रशासक/अधिकारी/सत्ताधारीगण साहित्य पढ़ने वाले तो हों ही।) पर अगर सम्मेलन का साहित्य से सरोकार आवश्यक नहीं है, तो स्पष्ट ही उसके संयोजन में साहित्यकारों की स्पष्ट लक्ष्य अनुपस्थिति भी कोई दोष की बात नहीं है।

अब दूसरे पूर्वाग्रह की बात : विश्व हिन्दी सम्मेलन क्यों किया जा रहा है, और ठीक इस समय क्यों किया जा रहा है, हम अभी तक नहीं समझ पाते हैं, और संयोजकों की ओर से जो कुछ प्रचार हुआ है उस ने हमारी कुछ सहायता नहीं की है। इतना आश्वासन दिया है कि व्यवस्था बड़े पैमाने पर की जा रही है और अगर हम वहाँ पहुँचे तो एक अन्तर्राष्ट्रीय हिन्दी मेले का-सा सुख हम ज़रूर पा सकेंगे। (उस मेले का बिल्कुल आकर्षण नहीं है, यह हम नहीं कहेंगे!) लेकिन उस सब प्रचार सामग्री से यही अनुमान पुष्ट होता है कि यह एक विराट् राजनैतिक आयोजन है। क्या इस अनुमान के आधार पर सम्मेलन के प्रति एक प्रतिकूल भाव रखना या उसे अवहेलना का पात्र मानना भी एक पूर्वाग्रह मात्र न होगा? भाषा को लेकर कोई आयोजन राजनैतिक होने के कारण ही गलत नहीं हो जाता। बल्कि यही पहचानना चाहिए कि आज जब निरे अस्त्र-बल का प्रदर्शन करने में बड़े शक्तिशाली देश भी थोड़ा सकुचाते हैं, तब भाषा एक प्रबल राजनैतिक अस्त्र की सम्भावनाएँ लेकर सामने आती है–और आज सारे संसार में सभी भाषाएँ-भाषा मात्र–एक राजनैतिक शक्ति के रूप में पहचानी जाती और एक अस्त्र के रूप में काम में लायी जाती है। भारत जैसे नव-स्वतंत्र, बहु-भाषी, विविध-संस्कृतिमय देशों में यह बात और भी सच है : उन में भाषा एक मंत्र-बलपूत अस्त्र है जिस का प्रयोग सत् और असत् दोनों ही प्रकार के उद्देश्यों के लिए किया जा सकता है...तो यह धारणा कि विश्व हिन्दी सम्मेलन राजनैतिक लक्ष्यों की पूर्ति के लिए बुलाया जा रहा है, अपने-आप में उसे दूषित नहीं करता; केवल यह प्रश्न उठाता है कि वह राजनैतिक लक्ष्य क्या है, क्या हो सकता है, क्या होना चाहिए, जो इस सम्मेलन को औचित्य दे और उस की सफलता की भूमि प्रस्तुत करे?

यह प्रश्न इस रूप में सम्मेलन से पूर्व अपने सामने रखने की दोहरी संगति है। हम ने कहा कि आज भाषा मात्र एक राजनैतिक शक्ति के रूप में पहचानी जाती है और अस्त्र के रूप में काम में लायी जाती है। जब वह शक्ति है तो वह उपयोग्य भी है; यदि वह उपकरण है तो तुरन्त प्रश्न उठता है कि उस अस्त्र का किस के हाथ में जाना या रहना हम वांछनीय समझते हैं, किस के हाथ से उसे बचाना (या छीनना भी) हम आवश्यक मानते हैं? माना कि भाषा की सत्ता पहचानते ही, क्योंकि वह भाषा हमारी भाषा है, इसलिए हमारा उस के साथ पक्षधरता का सम्बन्ध हो जाता है। यह प्रश्न हम आज–यानी सम्मेलन से पूर्व–अपने, हिन्दी-समाज के और भारतीय भाषा-समाज के समक्ष रखना चाहते हैं, कि यह जान कर कि भाषा आज राजनीति का उपकरण है, हम भाषा के मामले में किसके पक्षधर हैं? भाषा-भाषी के नाते हमारी प्रतिबद्धता–हमारा कमिटमेंट–क्या है? और भाषा से साहित्यिक के नाते क्या हैं–क्या भाषा-भाषी और भाषा-साहित्यिक का पक्ष अलग-अलग भी हो सकता है या कि सम्पूर्णतया एक और एक-रस है?

हिन्दी भाषा को आज ऐसे हितों का साधन भी बनाया जा सकता है जिनके प्रति हम साहित्यक के नाते उदासीन हों, भाषा-भाषी के नाते उदासीन नहीं तो कम से कम पक्षधर कर्म को अनावश्यक मानते रहें। जैसे उन अनेक छोटे, नव-स्वाधीन और नव-विकासशील द्वीप-देशों या भूखंडों में, जिनमें भारतीय मूल के आप्रवासियों की संख्या काफी है, भारत का प्रभाव बढ़ाने के लिए हिन्दी को साधन बनाया जा सकता है। कुछ देशों में तो ऐसे आप्रवासियों में हिन्दी-भाषियों की संख्या अधिक रही हो; अन्यत्र अगर हिन्दी के अलावा गुजराती भाषी या द्रविड़ भाषा-भाषी काफ़ी संख्या में रहे भी तो एक तो ये उस युग में देश से बाहर गये जब राष्ट्रीय एकता का स्वप्न हिन्दी माध्यम से देखा जाता था, दूसरे यों भी एक-न-एक प्रकार की हिन्दुस्तानी हिन्दी ही सामान्य सम्पर्क की भाषा मानी जाती थी : इन दोनों बातों में जो सम्बन्ध था वह तो प्रत्यक्ष ही है। तो भारत का प्रभाव-क्षेत्र बढ़े, और उसके लिए भारतीय मूल के लोगों और भारतीय भाषा बोलने वालों को साधन बनाया जाये, यह हमारे अपने प्रयत्नों का लक्ष्य न होकर भी ऐसा कुछ नहीं है, जिसे हम गलत कहें। और उस से अगर हिन्दी का पाठक-समुदाय और बड़ा होता है तो इसे रूँगे में मिलने वाला लाभ ही मानना होगा। इतना ही क्यों, अगर हिन्दी के निमित्त से इन देशों के विभाजित भारतीय समाज में–और सच्चाई यही है कि हम चाहे जगह-जगह छोटे-छोटे भारतों की सुखद कल्पना में डूबे रहें, ये 'छोटे भारत' इस देश की अपेक्षा कहीं अधिक भीतरी फूट और जाति, वर्ग, भाषा, सम्प्रदाय आदि पर आधारित तनावों और वैमनस्यों के शिकार हैं!–एकता बढ़े, या एकता न बढ़े तो कम से कम वह पक्ष हावी हो जो भारत के अनुकूल होगा, तो इस राजनयिक लक्ष्य को भी अनुचित कैसे कहा जायेगा?

लेकिन हम नहीं जानते कि सम्मेलन के ये ही लक्ष्य हैं–कि इन्हीं की ओर बढ़ने का प्रयत्न होगा। न यही जानते हैं कि वही होता तो सम्मेलन का रूप ठीक ऐसा होना चाहिए था जैसा बनता दीखता है। न अध्यापक वर्ग पर जितना जोर है, वह कुछ और संकेत करता है, विदेशों में जहाँ-जहाँ हिन्दी के तद्देशीय जो-जो अध्यापक हैं उन्हें वहाँ से आमन्त्रित करना इस के विरुद्ध भी जा सकता है। क्योंकि (फिर हमारे सुख-स्वप्नों के बावजूद!) विदेशों में जहाँ-जहाँ हिन्दी पढ़ायी जा रही है वहाँ-वहाँ उन देशों का हित ही प्रधान मान कर पढ़ायी जाती है, कोई भारत की हित-साधना के लिए नहीं। और वहाँ के अध्यापक आयेंगे तो स्वभावतः उन देशों का प्रभाव-क्षेत्र बढ़ाने के प्रयत्न करेंगे। यह नहीं कि उन में कोई सच्चा हिन्दी-प्रेमी नहीं हो सकता; पर यह बिल्कुल समझ में आने वाली बात है कि उन के लिए हिन्दी भारतवासियों तक अपनी बात पहुँचाने का माध्यम हो, भारतीय मामलों के अध्ययन का अध्याय हो। हिन्दी सारे संसार में फैले, यह उन का लक्ष्य नहीं हो सकता, वे ही हिन्दी भाषा को पहचानें और उसके देश में प्रवेश पायें यही उनका लक्ष्य हो सकता है। (हमीं

अगर अंग्रेजी या रूसी या फ्रांसीसी पढ़ते हैं तो क्या उन भाषाओं को बढ़ाने के लिए या अपने को बढ़ाने के लिए?)

और यहाँ हम उस केन्द्रीय प्रश्न के सामने आ जाते हैं जो सम्मेलन से पूर्व उस के सारे आयोजन को लेकर हमारे मन में उठता रहा है और जिस ने हमें बार-बार उद्वेलित किया है। हम हिन्दी का विस्तार चाहते हैं, उसे विश्व-भाषा बनाने का स्वप्न देख रहे हैं, संयुक्त राष्ट्र में मान्यता दिलाने की बात सोच रहे हैं–वह सब किस आधार पर? देश में हम ने हिन्दी के लिए क्या किया है–उस की क्या स्थिति बनायी है? क्या हम हिन्दी को उसी तरह विश्व-भाषा बनाना चाहेंगे जिस तरह हम ने बौद्ध-धर्म को विश्व-धर्म बनाया था उस दूसरे देशों को देकर और स्वयं भारत में उन्मूलित कर के? विदेशों के लिए हम कहने को तैयार हैं कि हिन्दी विश्व की चौथी सब से बड़ी भाषा है–पर यहाँ वह न शासन के काम आती है न चिन्तन के, न उच्चतर अध्ययन-अध्यापन के; यह देश ऐसा घर है जिस में अंग्रेजी-रूपी खिड़की न हो तो घर-भर अन्धा मान लिया जायेगा। नहीं, यह भी न्यूनोक्ति है; यहाँ यह देश ऐसा घर है जिस की ईंट-से-ईंट बजाने को हम तैयार हैं सिर्फ इसलिए कि वह खिड़की बनी रहे जिससे हमें दुनिया दीखती है!

हम नहीं जानते कि सम्मेलन में विदेशों से कौन-कौन प्रतिनिधि आ रहे हैं। जिन दो-चार का हमें पता है (सम्मेलन के माध्यम से नहीं) उन से सम्बद्ध दो-एक घटनाएँ इस संदर्भ में याद आती हैं। भारतीय साहित्यकारों की एक बहस में एक विदेशी ने कहा था कि वह भारतीय साहित्य भारतीय भाषाओं के साहित्य को मानता है : इस पर भारतीय साहित्यकार नाराज़ हुए थे क्योंकि वे सभी अंग्रेजी लिखने वाले थे! (बहस भी अंग्रेजी में हो रही थी; विदेशी हिन्दी में बोला था क्योंकि बात दिल्ली में हो रही थी। इसी तरह और एक सभा में; जहाँ अंग्रेजी में इस बात पर विवाद हो रहा था कि क्या हिन्दी राष्ट्र भाषा होने की जिम्मेदारी सँभाल सकती है? दूसरे विदेशी ने हिन्दी का एक समाचार साप्ताहिक दिखाते हुए कहा था कि 'जिस भाषा में ऐसा पत्र निकल सकता है, उस को अपनी सफ़ाई देने की कोई जरूरत नहीं है।' ये बातें विदेशी कहते हैं: शहरों की सड़कों पर ताँगे-ठेले वालों तक के लिए हिदायतें अंग्रेजी में लिखी जाती हैं; अंग्रेजी का लेखक 'भारतीय लेखक' कहलाता है और बाकी सब 'भाषा लेखक'!

ये सब बातें सम्मेलन के पूर्व लिखी जा रही हैं। वह हो ही रहा है, तो हम चाहेंगे कि सफल हो, चाहे जितनी और जैसी भी कमोबेश सुनियोजित तैयारी उस के लिए हुई हो। विश्व में हिन्दी का अधिकाधिक प्रसार हो, यह हम भी चाहेंगे पर हम जानते हैं कि इतने बड़े पैमाने पर सरकारी अभियोजना द्वारा जमाया जाने वाला सम्मेलन हिन्दी को उधर तभी बढ़ा सकता है जब पहले देश में सरकार ने उसे इस के योग्य स्थान दिया हो। विश्व में हिन्दी जाये, यह हम चाहते हैं, परदेश से उठ कर जाये यह

हमारा अभीष्ट नहीं है, न हो सकता है। 'विश्व हिन्दी सम्मेलन' अगर 'अपने ही घर में प्रवासिनी' हिन्दी को घर लाने में भी योग दे (चाहे विदेशी विद्वानों के आग्रह या उद्यम से ही!) तो हम इसे उस की बड़ी सफलता मानेंगे। नहीं तो मेले तो इस गरीब देश में बहुत होते हैं : कभी पर्व-त्यौहार पर होते थे और अब राजनीति के निमित्त से होते हैं, इस से अंतर क्या! सिवा इस के कि अगर यह मेला भी एक छद्म चुनाव-मेला ही बन कर रह गया, तो पूछना पड़ेगा कि अपना दिवालियापन दिखाने के लिए क्या इतने गवाह बुलाना जरूरी था।

रामगोपाल माहेश्वरी (प्रधान संपादक)

[नवभारत (जबलपुर), 4 जनवरी, 1975 में प्रकाशित संपादकीय 'गरीबी और जनता']

स्थानीय संपादक : कालिकाप्रसाद दीक्षित 'कुसुमाकर'

प्रदेश कांग्रेस के अध्यक्ष श्री नन्दकिशोर शर्मा ने चुनावी भाषण में कहा है कि कांग्रेस का गरीबी हटाओ लक्ष्य जन-सहयोग पर ही निर्भर है। आपके कथनानुसार गरीबी एक महामारी के समान है। इससे मुक्ति पाने के लिए कांग्रेस ने प्रधानमंत्री श्रीमती इंदिरा गांधी के सुयोग्य नेतृत्व में एक जेहाद आरम्भ किया है। हम यह तो मानते हैं कि श्रीमती गांधी के सक्षम और प्रतिभापूर्ण नेतृत्व के कारण इस देश ने विगत चुनाव में समाजवादी व्यवस्था की ओर बढ़ने का दृढ़ निश्चय किया था। प्रधानमंत्री बनने के बाद श्रीमती गांधी ने जिस दृढ़ता का परिचय दिया उतनी दृढ़ता उनके पिता स्वर्गीय पंडित जवाहरलाल नेहरू में भी नहीं थी क्योंकि वे विरोधियों की भी इज्जत करते थे, जरूरत पड़ने पर उनकी बात मान भी लेते थे। उन्होंने कभी किसी विरोधी को देशद्रोही या भ्रष्टाचारी नहीं कहा। जबकि श्रीमती गांधी अपने दृढ़ स्वभाव के कारण अपना सर्वप्रथम काम विरोधियों को कुचलना समझती हैं। यही कारण है कि उनके और श्री जयप्रकाश के बीच मतभेद दूर नहीं हो सके। श्री जयप्रकाश नारायण का आन्दोलन कहां तक उचित है अथवा अनुचित यह हम नहीं कह सकते। यह तो भविष्य बतलायेगा, लेकिन कांग्रेसी नेता जिस प्रकार श्री जयप्रकाश जैसे नेता को भ्रष्टाचारी और नैतिकता से हीन सिद्ध करने में लगे हैं उससे उन्हीं की हानि हो रही है। श्री जयप्रकाश ने राजनीति में समय-समय पर जो रंग बदले और विनोबाजी का भूमिदान आन्दोलन किस प्रकार असफल हुआ यह हम जानते हैं, परन्तु आज यह बात कोई मानने को तैयार नहीं कि देश का प्रशासन भ्रष्ट हो गया है और फलस्वरूप जनता भी भ्रष्ट हो गई है क्योंकि भारतीय संस्कृति के अनुसार राजा 'कालस्य कारणं' के होता है। प्रधानमंत्री अपने आदेशों में कहाँ तक सफल रहीं यह बात तो नरोरा सम्मेलन में स्वीकार की जा चुकी है, स्वयं कांग्रेसी नेताओं द्वारा उस समय में आदेशों की पूर्ति के लिए तीन मास की अवधि निर्धारित हुई थी परन्तु आज तक कोई ऐसा कदम नहीं उठाया गया जिससे जनता यह समझती कि उसके जीवन में परिवर्तन आने वाला है, समाजवाद

का सूर्योदय होने वाला है। पंडित नेहरू तो साफ-साफ कहते थे कि हम समाजवाद क्या लायें, क्या गरीबी बांट दें? अपनी असमर्थता को छिपाने के लिए प्रदेश कांग्रेस के अध्यक्ष अब कहते हैं कि गरीबी हटाना जनता का काम है। जनता तो इन लोगों की गरीबी हटा देती है या अधिक संपत्तिवान बना देती है जो चुनकर विधान सभाओं या संसद में जाते हैं। चुनावी वायदों का हाल यह है कि शहरी संपत्ति का विधेयक हर एक सत्र में लाने की घोषणा की जाती है परन्तु बिल्ली रास्ता काट जाती है। विलंब का लाभ लोग उठाते हैं अपनी सम्पत्ति को सीमित रखकर पुत्र-पुत्रियों और पत्नी में बांट कर। देश में महंगाई बढ़ी, रुपए की कीमत गिरी, अधिकारी प्रजातांत्रिक भावनाओं से प्रेरित नहीं हो सके, मंत्रियों के विरुद्ध कोई शिकायत सुनने को तैयार नहीं। उन्हें महंती देवता एवं नर रुपेण तिष्ठति या सीजर की पत्नी मान लिया गया। उनमें से अधिकांश अपना उत्तरदायित्व जनता पर मढ़ते हैं, प्रदेशाध्यक्ष की भांति शायद जनता ही नए कर लगवाती है, वस्तुओं के मूल्य बढ़वाती है और मन्त्रियों को भ्रष्ट करती है। गरीबी हटाने के लिए आज तक क्या प्रयत्न हुआ। शिक्षित युवकों को किस प्रकार ठोकरें खाना पड़ती हैं और लोक-सेवा- आयोग द्वारा योग्यता से परिपूर्ण होने पर भी नौकरी उन्हीं को मिलती है, जो किसी मंत्री, विधायक या संसद सदस्य के रिश्तेदार हों। इतना ही नहीं ठेके भी इन्हीं लोगों को मिलते हैं और आर्थिक सहायता भी इन्हीं को। मोनोपोली कमीशन भी कहता है कि देश में अमीर अधिक अमीर हो गए और गरीब का पेट काटने के लिए अनिवार्य बचत योजना चला दी गई। बेचारा मेहनत कर कमाई करे और खर्च करने का अधिकार भी न रहे। यह कितने आश्चर्य की बात है। ''मुई खल की स्वांस तो, सार भस्म हुई जाए'' वाली स्थिति देश में पैदा हो रही है जिसकी जिम्मेदारी देश के नेता नहीं लेना चाहते, यह खेद की बात है।

श्रीनारायण चतुर्वेदी

[सरस्वती (इलाहाबाद), मई, 1975 में प्रकाशित संपादकीय 'वियतनाम के युद्ध का अंत और दक्षिण-पूर्व एशिया में शांति']

यों तो वियतनाम में प्राय: तीस वर्षों से युद्ध चल रहा था, किन्तु इधर कई वर्षों से उसने बड़ा भयंकर रूप धारण कर लिया था।

दक्षिण-पूर्व एशिया एक प्रायद्वीप है जिसमें चार राज्य हैं : वियतनाम, लाओस, कम्बोडिया और थाईलैंड। वियतनाम और लाओस उत्तर में हैं और उनकी सीमाएं चीन से मिली हैं। वियतनाम के पश्चिम में लाओस और कम्बोडिया हैं और पूर्व की ओर समुद्र है। लाओस की सीमाएं चीन, बर्मा, वियतनाम और कंबोडिया तथा थाईलैण्ड से मिली हैं। यह समुद्र से दूर है। कंबोडिया के तीन ओर पूर्व से क्रमश: वियतनाम, लाओस और थाईलैण्ड हैं। दक्षिण में समुद्र है। थाईलैण्ड उत्तर और पश्चिम में बर्मा, उत्तर में लाओस, पूर्व में कंबोडिया तथा दक्षिण में मलेशिया और समुद्र से घिरा है। इसके अधिकार में 'क्रा' का प्रसिद्ध स्थल डमरूमध्य है जो अत्यंत सैनिक महत्त्व का है। यदि इस में पनामा की तरह नहर बना दी जाय (जो इस युग में कोई कठिन काम नहीं है) तो बंगाल की खाड़ी तथा प्रशान्त महासागर की थाईलैण्ड और टानकिन की खाड़ियां तथा चीन समुद्र मिल जायँ। कलकत्ते या मद्रास से अभी जो सिंगापुर का चक्कर लगाकर जाना पड़ता है, वह बच जाय और जिस शक्ति या राज्य के पास वह नहर हो वह बंगाल की खाड़ी तथा हिन्द महासागर पर भी सरलता से घुसपैठ कर सकता है।

ये देश जनसख्या की दृष्टि से छोटे हैं। इनका क्षेत्रफल और जनसंख्या इस प्रकार है :

	वर्गमील	जनसंख्या
वियतनाम (उत्तरी)	61,293	2,11,50,000
वियतनाम (दक्षिणी)	67,108	1,83,32,000
लाओस	91,428	29,62,000
कम्बोडिया (खमेर)	69,898	67,01,000
थाईलैण्ड (स्याम)	1,98,455	3,58,14,000

प्राचीन काल में इन देशों का अधिकांश विशाल भारत का अंग था। वियतनाम का मुख्य भाग अनाम कहलाता था, जिसका पुराना नाम 'चम्पा' था। यहां बहुत दिनों पूर्व हिन्दू धर्म, और बाद में बौद्धधर्म भारतवासियों ने फैलाया। कम्बोडिया या खमेर में संसार प्रसिद्ध अंगोरवाट का अत्यंत विशाल मंदिर आज भी मौजूद है जो अपनी विशालता और उच्च श्रेणी की स्थापत्य कला के कारण दर्शकों को चकित कर देता है। सारे संसार से लोग इसे देखने आते हैं। इन देशों की विशेषकर थाईलैण्ड की भाषा पर संस्कृत का विशेष प्रभाव है। यहां असंख्य पुराने मंदिर और हिन्दू राजाओं के शिलालेख जहां-तहां मिलते हैं। इन देशों का मुख्य धर्म बौद्धधर्म है। थाईलैण्ड और लाओस के अधिकांश निवासी थाई वंश के, कम्बोडिया के खमेर वंश के और वियतनाम के अनाम वंश के हैं। वियतनाम पर कई बार चीन ने चढ़ाई की और बहुत से भाग पर अधिकार भी कर लिया था। अन्त में उसे निकाल दिया गया, किन्तु उसके कारण वहां के बौद्धधर्म पर चीनी बौद्धधर्म की छाप है। फ्रांस के पादरी उन्नीसवीं शती में वहां गये और उन्होंने वहां रोमन कैथलिक धर्म फैलाना प्रारम्भ किया। जब वहां के निवासियों ने उनका सक्रिय विरोध किया तब फ्रांस ने अपनी आधुनिक सेना भेजकर उस पर अधिकार कर लिया। किन्तु अनाम (वियतनाम) लाओस और कम्बोडिया के राजाओं के अधिकार हरण करके उनको उसी तरह बने रहने दिया जिस तरह भारत में अंग्रेजों ने नरेशों को बने रहने दिया था। द्वितीय महायुद्ध में जब फ्रांस के बहुत से भाग पर जर्मनी ने अधिकार कर लिया और जापान युद्ध में कूदा तब उसने फ्रांसीसियों को वहां से निकाल बाहर किया। किन्तु थाईलैंड में वहां के शासकों ने दूरदर्शिता दिखायी। उन्होंने निरुपाय होने के कारण जापानियों से समझौता कर लिया। इस प्रकार उनके राज्य की स्थिति बनी रही। किन्तु इस बीच मास्को में प्रशिक्षण पाये हुए हो ची मिन्ह नामक एक नेता का उदय उत्तरी वियतनाम में हुआ। उन्होंने पहले फ्रांसीसियों के विरुद्ध और बाद में जापानियों के विरुद्ध छापामार युद्ध आरंभ कर दिया। हो ची मिन्ह कम्युनिस्ट थे और कम्युनिस्ट सिद्धान्ततः राष्ट्रीयता के विरुद्ध हैं। उनका दृष्टिकोण अंतर्राष्ट्रीय होता है, किन्तु हो ची मिन्ह कम्युनिस्ट होने पर भी राष्ट्रीयता में विश्वास करते थे और उन्होंने साम्यवाद और देशभक्ति का ऐसा सुंदर समन्वय किया कि कम्युनिस्टों के अतिरिक्त कितने ही गैर कम्युनिस्ट भी जिनमें राष्ट्रीयता की प्रबल भावना थी, उनके दल में सम्मिलित हो गये। इसलिए उनकी 'वियतकांग' सेना शक्तिशाली हो गयी और अंत में द्वितीय महायुद्ध के बाद जब वियतनाम पर फ्रांस का एक बार फिर अधिकार हो गया तब हो ची मिन्ह ने उनके विरुद्ध लड़ाई छेड़ दी। वह उत्तरी वियतनाम में काम कर रहे थे जो चीन से मिला हुआ है। चीन कम्युनिस्ट हो गया था। हो ची मिन्ह भी कम्युनिस्ट थे। अतएव चीन जो स्वभावतः दक्षिण एशिया में अपना प्रभाव बढ़ाना और कम्युनिज्म का प्रचार करना चाहता था, हो ची मिन्ह की भरपूर सैनिक सहायता करने लगा। अंत में हो ची मिन्ह ने फ्रांसीसी सेना को 1954

में पराजित कर दिया। दक्षिण में अनाम के राजा को फ्रांस ने शासन सौंप दिया था। यहां के निवासी भी अधिकतर कम्युनिस्ट विरोधी थे। अतएव उत्तर वियतनाम (हो ची मिन्ह की सेना) और दक्षिण वियतनाम में युद्ध होने लगा। उत्तर वियतनाम के कम्युनिस्ट विरोधी निवासी भागकर दक्षिण में आने लगे। अभी तक फ्रांसीसी दक्षिण वियतनाम की सहायता कर रहे थे, पर हारने के बाद वह सहायता बंद हो गयी। उन दिनों अमरीका की विदेशी नीति यह थी कि कम्युनिस्टों का विस्तार न होने दिया जाय। अतएव वह दक्षिण वियतनाम की सहायता करने लगा। उन्हीं दिनों रूस और अमरीका में ठनी हुई थी। हो ची मिन्ह तो मास्को में रहकर वहां के कम्युनिस्ट नेताओं से व्यक्तिगत संपर्क स्थापित कर चुके थे। अतएव अमरीका ने जब दक्षिण वियतनाम की सहायता आरंभ की तब रूस ने उत्तर वियतनाम की सहायता आरंभ कर दी। 1966 में रूस तथा सात अन्य कम्युनिस्ट देशों ने उत्तरी वियतनाम की सहायता करने का निश्चय किया और युद्ध भीषण हो गया। इस विभीषिका से बचाने के लिए पेरिस और जिनेवा में अंतर्राष्ट्रीय सम्मेलन हुए। उत्तर और दक्षिण वियतनाम अलग-अलग राज्य अस्थायी रूप से मान लिये गये, और दोनों के एकीकरण के लिए एक त्रिराष्ट्रीय आयोग द्वारा मतदान कराने का निश्चय किया गया। दोनों की सीमा निश्चित कर दी गयी। पर कम्युनिस्टों ने दक्षिण वियतनाम में कम्युनिस्टों का जो एक विद्रोही संगठन बना दिया था उसको सैनिक सहायता देने के लिए अंतर्राष्ट्रीय निर्धारित सीमा ही का नहीं लाओस का भी अतिक्रमण कर दिया। विद्रोही संगठन को रूस और चीन से प्राप्त सैनिक समान ही नहीं मिलने लगा अपितु उसका साथ देने के लिए उत्तर वियतनाम ने अपनी सेना भी भेजनी आरंभ कर दी और इस प्रकार वियतनाम के युद्ध का नया दौर आरंभ हुआ जो अब समाप्त हुआ है।

वास्तव में यह युद्ध अमरीका और रूस के बीच था। उत्तर और दक्षिणी वियतनामी तो निमित्त मात्र थे। विभीषिका और नाश में यह युद्ध अभूतपूर्व रहा। जिस प्रकार द्वितीय महायुद्ध के पूर्व स्पेन के गृह युद्ध में विभिन्य शक्तियां कूद पड़ी थीं और उसमें उन्होंने अपने-अपने नवनिर्मित हथियारों का प्रयोग कर उनका परीक्षण किया था, उसी प्रकार रूस और अमरीका ने वियतनाम युद्ध में अपने अनेक नये-नये अस्त्र-शस्त्रों का प्रयोग करके उनकी उपयोगिता और उनकी त्रुटियों का व्यावहारिक परीक्षण किया, जिसके आधार पर वे उनका सुधार कर सकेंगे। उत्तर वियतनामी और विद्रोही सैनिक दक्षिणी वियतनाम के उत्तरी भाग के विस्तृत और घने जंगलों में छिपे रहते थे, जिससे विमानों से उनका पता नहीं लगता था। इसलिए अमरीका ने ऐसे विषाक्त बम बनाये जिनके विस्फोट से ऐसे रासायनिक पदार्थ जंगलों में फैल जाते थे जो पेड़ों को नष्ट कर देते थे। इन बमों की अंधाधुंध वर्षा ने वियतनाम के जंगलों के हजारों वर्गमील क्षेत्र के पेड़ों को नष्ट कर दिया। वैज्ञानिकों का अनुमान है कि इन जंगलों के फिर से पनपने में कई पीढ़िया लग जायेंगी। रूस ने यहां अपने अनेक नये हथियारों विशेषकर

तरह-तरह के प्रक्षेप अस्त्रों (मिसाइल) के प्रयोग कर उनका परीक्षण किया। अमरीका ने जिस पैमाने पर इस युद्ध में विमानों से बमबारी की उसने द्वितीय महायुद्ध में मित्रराष्ट्रों द्वारा की गयी जर्मनी की बमबारी को भी मात कर दिया। रूसी मिसाइलों ने अमरीकी विमानों के गिराने में बड़ी सफलता प्राप्त की। अमरीका के कई हजार विमान नष्ट हुए। युद्ध के कारण उत्तरी और दक्षिणी वियतनाम की जो बर्बादी हुई है, उसका ठीक-ठीक अनुमान लगाना भी अभी संभव नहीं है। एक-दो लाख अमरीकी सैनिक हताहत हुए। उत्तरी और दक्षिण वियतनामों के हताहतों की संख्या का पता लगाना और भी कठिन है। कई लाख बच्चे अनाथ हो गये, जिनके भरण-पोषण की समस्या अत्यंत जटिल है। अमरीकियों ने कई हजार अनाथ बच्चों को वहां से निकाल लिया है और वे उनके पुनर्वास की विषम समस्या को हल करने में लगे हैं। हजारों दक्षिण वियतनामी जो कट्टर कम्युनिस्ट विरोधी होने के कारण वहां रहने में खतरा समझते हैं, भागकर पास के देशों में चले गये हैं। अमरीका ने खरबों डालर इस युद्ध पर व्यय किये। अनुमान है कि उनका तीन अरब डालर का सैनिक सामान विजयी उत्तर वियतनामी सेना के हाथ लगा। युद्ध में विशेषकर युवक ही मारे गये हैं। इसलिए वहां स्त्रियों और पुरुषों के अनुपात में बहुत असंतुलन हो गया है। इसके नैतिक और सामाजिक परिणामों का नयी सरकार को सामना करना होगा। दोनों ही वियतनामों में घोर बम वर्षा के कारण कितने ही नागरिक (स्त्री, पुरुष, बच्चे) मरे या घायल हुए। गांव के गांव उजड़ गये। शायद ही कोई नगर हो जिसकी भारी क्षति न हुई हो। यदि शांति बनी रहे तो भी वियतनाम की आर्थिक और सामाजिक व्यवस्था ठीक करने में खरबों डालर की आवश्यकता होगी। राष्ट्रसंघ तथा अन्य देशों की सहायता के बिना यह काम नहीं हो सकता।

कम्बोडिया में भी कम्युनिस्टों की जीत हुई। इनके प्रमुख नेता राजकुमार नरोत्तम सिंहनख हैं जो वामपंथी होने के कारण दक्षिणपंथी सेना द्वारा अपदस्थ कर दिये गये थे। उन्होंने पीकिंग (चीन) में शरण ली तथा चीन की सहायता से वे अपनी सेना का संचालन करते रहे। उनकी सेना खमेर रूज (लाल खमेर) कहलाती है। राजधानी नामपेन्ह पर अधिकार करने के बाद जो विरोधी नेता मिले उनको उसने गोली मार दी। लाओस में दो सौतेले राजकुमारों की अनबन के कारण एक राजकुमार कम्युनिस्टों से मिल गया और चीन तथा उत्तरी वियतनाम की सहायता से उसने 'पाथेटलाओ' नामक संगठन बनाया। वियतनाम और कम्बोडिया में कम्युनिस्टों की विजय के बाद पाथेटलाओ का मनोबल बढ़ गया है और वह दिन दूर नहीं जब वहां भी लाल सितारे के झंडे का एकाधिकार हो जायेगा।

थाईलैण्ड की सरकार अभी तक अमरीका के साथ थी। किन्तु अपने पड़ोसियों के कम्युनिस्ट हो जाने से उसकी नयी सरकार ने भी अमरीका विरोधी रुख अपनाया है और शीघ्र ही वहां से अमरीकी सेना और सैनिक अड्डे हटा लेने की मांग की है।

थाईलैण्ड से लाओस और कम्बोडिया के खमेरों से पुश्तैनी बैर है। इसलिए वह अपने यहां अमरीका को प्रश्रय देकर उन्हें आक्रमण करने का बहाना या अवसर नहीं देना चाहता। थाईलैण्ड के उत्तरी भाग में (जो लाओस से मिला है) कम्युनिस्ट छापामारों के दल बन गये हैं। ऐसा समझा जाता है कि इनके बनाने और इन्हें प्रोत्साहन और सहायता देने में लाओस, उत्तरी वियतनाम तथा चीन का यदि प्रत्यक्ष हाथ नहीं, तो शह अवश्य है।

इस प्रकार बर्मा के पूर्व में स्थित हिन्द चीन प्रायद्वीप पर कम्युनिस्टों का अधिकार हो गया गया है। बर्मा अब उत्तर में चीन से और पूर्व में इन कम्युनिस्ट राज्यों से घिर गया है। वहां भी वर्षों से भूमिगत या जंगलों में छिपे कम्युनिस्ट सक्रिय हैं। अतएव हमें आश्चर्य न होगा यदि बर्मा में भी लाल सितारे की गतिविधियां निकट भविष्य में तेज हो जायें और अंत में वह भी कम्युनिस्ट हो जाए।

इस युद्ध में अमरीका को नीचा देखना पड़ा। इसका एक बड़ा कारण यह था कि अमरीकी संसद (कांग्रेस) राष्ट्रपति और सेना के नेताओं की नीति की विरोधी हो गयी और उसने वियतनाम युद्ध के लिए व्यय पर अंकुश लगा दिया। इस कारण अमरीका को वियतनाम की सैनिक सहायता में पहले तो कमी करनी पड़ी और बाद में वह उसे बंद करने को बाध्य हो गया। अमरीकी जनता भी इस लंबे युद्ध से ऊब गयी थी और वह दूसरे देशों के लिए इतना अपार धन व्यय करने और उनके लिए अपने जवानों को कटाने की बड़ी विरोधी हो गयी थी। रूस और उसके साथियों को ऐसी कोई बाधा न थी। इसके अतिरिक्त हो ची मिन्ह ने अपने अनुयायियों में ऐसी भावना उत्पन्न कर दी थी जिसने उन्हें दीर्घकाल तक युद्ध करने के लिए तैयार कर दिया था। पिछले प्राय: तीस वर्षों से लगातार लड़ते-लड़ते (पहले फ्रांसीसियों से, फिर जापानियों से और अंत में अमरीकियों और दक्षिण वियतनामियों से) वे युद्ध के आदी हो गये थे। उनमें से अधिकांश युवकों ने कभी शांति देखी ही नहीं थी। वे युद्ध ही में पैदा हुए, युद्ध ही में पले और बड़े हुए तथा एकमात्र युद्ध ही से परिचित थे। आदर्शवादी और व्यक्तिगत रूप से संत के समान सादा जीवन बिताने वाले हो ची मिन्ह ने उन्हें जो आदर्शवाद सिखलाया था, उसे उन्होंने जीवन में उतार लिया था। वे लंबे युद्ध के लिए तैयार थे। रूस से उन्हें सैनिक सामान की तथा अन्य प्रकार की भरपूर सहायता मिल रही थी। उनका मनोबल बहुत ऊंचा था। वे अपने देश के लिए लड़ रहे थे। इसके विपरीत अमरीकी सैनिकों के सामने कोई आदर्श न था। वे भिन्न संस्कृति, भिन्न धर्म और भिन्न वंश के लोगों के लिए केवल सरकार की आज्ञा से लड़ रहे थे।

जो भी हो, यह युद्ध समाप्त हो गया और दक्षिण पूर्व एशिया में भयंकर विनाश और नरसंहार रुक गया। इससे अमरीका की प्रतिष्ठा को गहरा धक्का लगा। छोटे राष्ट्र अब बहुत-सोच विचारकर अमरीकी सहायता पर भरोसा करेंगे। अमरीका को इस क्षेत्र ही में नहीं अन्य क्षेत्रों में भी अपनी साख स्थापित करने में, और जहां वह बच

रही है, वहां उसे बनाये रखने में कठिनाई का सामना करना पड़ेगा। अमरीका विश्वशक्ति है और उसके नेता राजनीति को विश्वयुद्ध व्यूह तथा शक्ति-संतुलन की दृष्टि से देखते और निर्णय लेते हैं। किंतु अमरीकी जनता जो ऐश-आराम में रहती है और जो गैर-गोरे लोगों में विशेष रुचि नहीं लेती, दूसरों के झगड़ों में पड़ना पसंद नहीं करती। इसके दो कारण हैं: एक तो इस खर्चीले युद्धों के कारण उस पर कर भार बढ़ जाता है, दूसरे वह इन अश्वेतों के लिए अपने जवानों का कटाना पसंद नहीं करती। वहां की संसद के अधिकांश सदस्य उन्हें वोट देने वाली जनता की भावना को समझते हैं। अनेक सदस्य तो स्वयं इन्हीं विचारों के हैं। अतएव अमरीकी सरकार को (जिसे प्रत्येक पांच वर्ष बाद चुनावों में जनता से मत मांगने पड़ते हैं) जन भावना के सामने झुकना पड़ता है और वह आत्मविश्वास से युद्ध संबंधी निर्णय जो जनता को प्रिय नहीं है, एक सीमा से आगे नहीं ले सकती, और न उन्हें जनता का विरोध होने पर चला ही सकती है। अधिनायकवादी देशों के नेताओं के सामने ऐसी कोई कठिनाई नहीं है।

फिर भी, इस समय वास्तविक स्थिति यह है कि संसार में दो महान शक्तियां है-रूस और अमरीका। एक तीसरी शक्ति उभर रही है, जो विश्वशक्ति होना चाहती है। वह है चीन। यद्यपि चीन रूस और अमरीका की तरह शक्तिशाली नहीं है, फिर भी यह तो सभी मानते हैं कि उसकी सेना इतनी बड़ी और इतनी शक्तिशाली है कि उसकी उपेक्षा नहीं की जा सकती। उसने परमाणु बम भी बना लिया है। रूस और चीन दोनों कम्युनिस्ट देश हैं। पहले दोनों में प्रगाढ़ मित्रता थी। किन्तु अब षडाष्टक योग पड़ गया है। और वे एक-दूसरे को अपना परम शत्रु समझने लगे हैं। इस टिप्पणी में इस स्थिति के कारण बताने का न तो अवकाश है और न अवसर। ये दोनों ही देश पहले अमरीका के विरोधी थे। किन्तु अब रूस को भय है कि यदि अमरीका चीन के साथ हो गया तो उसके लिए बड़ी समस्या खड़ी हो जायेगी। और चीन भी यह सोचता है कि यदि अमरीका और रूस एक हो गये तो उसकी खैर नहीं। अतएव संसार आश्चर्य से देख रहा है कि एक ओर रूस और अमरीका में सद्भावना और मैत्री स्थापित करने का प्रयत्न चल रहा है तो दूसरी ओर चीन और अमरीका में मित्रता का संबंध बनाने का प्रयत्न हो रहा है। यों तो इस समय संसार में और भी राजनीतिक शक्तियां और शक्तियों के छुटपुट दल हैं, किन्तु संसार की राजनीति और रणनीति पर ये तीन ही देश छाये हुए हैं और वर्तमान राजनीति इन तीनों के घात-प्रतिघात, कूटनीतिक चालों और गोटी बैठाने की कुशलता में सिमट गयी है। दक्षिण पूर्व एशिया में भी यही स्थिति है।

वियतनाम की विजय से उसे संपूर्ण सहायता देने वाले रूस का प्रभाव उस क्षेत्र में बढ़ गया है। चीन को यह सह्य नहीं है। इसके दो कारण हैं : एक तो यह कि वह इस समय उसका शत्रु है। दूसरे यह कि चीन स्वयं दक्षिण पूर्व एशिया में बढ़ने की

योजना बहुत पहले से बनाये बैठा है। वह अपने शत्रु देश रूस का वहां प्रभाव या वर्चस्व सहन नहीं कर सकता। इसीलिए चीन के नेताओं ने कहा है कि अमरीका को इस क्षेत्र से हटना चाहिए। इसीलिए उसने रूस का प्रभाव कम करने के लिए अमरीका द्वारा हिन्द महासागर के डिगो गार्शिया द्वीप में सैनिक नाविक अड्डा बनाने का समर्थन किया है। अतएव इस त्रिकोण स्पर्द्धा का परिणाम इस क्षेत्र दक्षिण (और दक्षिण पूर्व एशिया) में स्पष्ट नहीं है। देखना है कि ऊंट किस करवट बैठता है। भारत भी इस क्षेत्र में है। पाकिस्तान को अमरीका और चीन द्वारा अपार सैनिक सहायता इसीलिए दी जा रही है कि रूस भारत को सहायता दे रहा है। चीन और अमरीका इस क्षेत्र में रूस का प्रभाव सहन नहीं कर पा रहे।

द्वितीय महायुद्ध के बाद समझा जाता था कि अब युद्ध न होंगे, किन्तु शायद ही कोई ऐसा वर्ष बीता हो जिसमें संसार के किसी न किसी क्षेत्र में युद्ध न हो रहा हो। ये स्थानीय युद्ध होते, किन्तु यदि इनमें से एक पक्ष का एक महाशक्ति और दूसरे का दूसरी महाशक्ति समर्थन न करती तो ये शीघ्र ही समाप्त हो जाते और इनमें न इतना नरसंहार होता और न इतनी बरबादी होती, किन्तु अपना प्रभाव क्षेत्र बढ़ाने की ताक में ये दोनों महान शक्तियां इन स्थानीय छोटे युद्धों में कूद पड़ीं और धन-जन का संहार बड़े पैमाने पर करती तथा अपने आधुनिकतम हथियारों का व्यावहारिक परीक्षण करके उन्हें और अधिक उन्नत करती हैं। यदि ये शक्तियां हस्तक्षेप न करतीं तो अरब-इसराइल, वियतनाम, कम्बोडिया, लाओस, कोरिया के युद्ध इतना भयंकर रूप न ले लेते, और शायद भारत-पाकिस्तान के युद्धों की नौबत ही न आती। अतएव यदि देखा जाय तो संसार की शांति भंग करने और नरसंहार को इतने विशाल पैमाने पर करने का उत्तरदायित्व इन्हीं बड़ी शक्तियों पर है।

ये छोटे युद्ध भी न आरंभ हों यदि संसार के मौत के सौदागर अपना व्यवसाय बंद कर दें। अमरीका, रूस और चीन तो मुख्यत: अपने प्रभाव के विस्तार के लिए मुफ्त या नाममात्र के मूल्य पर अपने पिट्ठुओं को शस्त्र देते हैं, किन्तु कुछ देश रुपया कमाने के लिए बड़ी निष्पक्षता और निरपेक्षता से रुपया लेकर छोटे और बड़े भयंकर हथियार बेचते हैं। यह बात उनकी अंतरात्मा को उद्वेलित नहीं करती कि उन हथियारों से हजारों या लाखों निरीह व्यक्तियों को अपने प्राण गंवाने पड़ेंगे। ये तीन महान शक्तियां तो हथियार बेचती ही हैं, किन्तु इनके अतिरिक्त सबसे बड़ा 'मौत का सौदागर' फ्रांस है जिसे सैनिक विमानों, सैनिक जलयानों तथा अन्य आधुनिक अस्त्र-शस्त्रों से अरबों रुपयों का लाभ प्रति वर्ष होता है। अन्य मौत के सौदागर ब्रिटेन, चेकोस्लाविया, स्वीडन, इटली, जर्मनी और बेलजियम है। क्या हशीश, कोकेन आदि की तरह इन भयंकर प्राणघाती और विनाशक हथियारों का व्यापार राष्ट्रसंघ द्वारा अवैध नहीं घोषित किया जा सकता? महान शक्तियां तो युद्धों और नरसंहारों को बढ़ावा देने के लिए उत्तरादायी हैं ही, किन्तु ये 'विशुद्ध' व्यापारी मौत के सौदागर उनसे कम उत्तरादयायी नहीं हैं।

हमें हाल में समाचार पत्रों में यह पढ़कर आश्चर्य हुआ कि महात्मा गांधी के देश के सैनिक-सामान उत्पादन मंत्री ने कुछ संवाददाताओं से कहा कि हम अब छोटे हथियार इतने परिमाण में बनाने लगे हैं कि उनका निर्यात भी कर सकते हैं या कुछ किया भी है। विदेशी मुद्रा कमाना आवश्यक है। इसमें दो राय नहीं, किन्तु क्या बुद्ध, शंकर, महावीर और गांधी के देश को भी कुछ विदेशी मुद्रा के लोभ में मौत के सौदागरों की सूची में अपना नाम दर्ज कराना उचित है?

स्त्रियों का अंतर्राष्ट्रीय वर्ष

यह वर्ष सारे संसार में अंतर्राष्ट्रीय महिला वर्ष के रूप में मनाया जा रहा है। महिलाओं की स्थिति पाश्चात्य जगत में इतनी ऊंची है और उन्होंने इतनी स्वतंत्रता प्राप्त कर ली है कि उन्हें प्रत्येक क्षेत्र में मनमाने अवसर मिलने लगे हैं। रूस में तो एक महिला अंतरिक्ष यात्रा भी कर चुकी है। यदि वे वहां अब भी परिवार के बंधन में हैं तो अपनी इच्छा से। इसरायल में गोल्डा मेयर, लंका में श्रीमाओ भंडारनायके और भारत में इंदिरा जी प्रधानमंत्री पद को सुशोभित कर चुकी हैं या कर रही हैं। वियतनाम में सैगोन विरोधी सेना और मुक्ति दल के पीछे एक महिला का मस्तिष्क ही काम कर रहा है। वे मर्दों की बराबरी में चाहे खेल हो, युद्ध हो, व्यापार हो, उच्च शिक्षा का अध्यापन हो, शोध हो, विज्ञान हो या अन्य सेवा हो, उनसे पीछे नहीं। पुरुषों का उन पर उतना ही नियंत्रण रह गया है जितना स्त्रियों को सुविधाजनक है। पुरुषों की बराबरी करने के लिए अब वे उनकी नकल करके पतलून और शर्ट भी पहनने लगी हैं। किन्तु इस बराबरी में केवल प्रकृति ही बाधक है। चाहे कोई देश हो स्त्री की औसत ऊंचाई मर्द की औसत ऊंचाई से कुछ इंच कम ही होती है। चाहे स्वीडन या अमरीका ऐसे आधुनिकतम देश हों और चाहे अफ्रीका के पिछड़े किन्तु मुक्त समाज के देश हों स्त्री की ऊंचाई पुरुष से कुछ इंच कम होती है। प्रकृति ने और भी कुछ भेद किये हैं जो उन्हें पुरुष की बराबरी नहीं करने देते, किन्तु उनके लिए पुरुष जिम्मेदार नहीं, प्रकृति जिम्मेदार है। आज प्रबुद्ध नारी प्राचीन मर्यादाओं और बंधनों से मुक्त होकर स्वतंत्र जीवन व्यतीत करना चाहती है और करती भी है। जो स्त्रियां अब भी बंधन में हैं, उन्हें मुक्ति दिलाने की ओर ध्यान दिलाने के लिए यह अंतर्राष्ट्रीय वर्ष मनाया जा रहा है। अवश्य ही इस युग में कुछ स्त्रियों को अब भी तरह-तरह के बंधनों में रहना पड़ रहा है। उनसे मुक्ति दिलाना स्त्री स्वातन्त्र्य आन्दोलन का मुख्य ध्येय है। हम मॉडर्न नहीं हैं और न हमें मॉडर्न लोगों की ओर से बोलने का ही अधिकार है। किन्तु इस वय में हम स्त्री समस्या पर तटस्थ भाव से विचार कर सकते हैं और हमें इस स्वतंत्रता के युग में जब विद्यार्थी तक परीक्षाओं में नकल करने की स्वतंत्रता चाहते हैं स्त्रियों की पूर्ण स्वतंत्रता की मांग असामयिक या अनुचित नहीं मालूम होती। वह युग-धर्म है और अनिवार्य परिवर्तन को शोभनीय ढंग से स्वीकार कर लेना ही बुद्धिमत्ता है।

स्त्री का जीवन इस देश में परिवार की सेवा या यों कहिये कि चूल्हा चक्की में व्यतीत हो जाता है। कहा जाता है कि वह अपने व्यक्तित्व को विकसित नहीं कर सकती। जब हम अपनी दादी, चाची या मां की बात सोचते हैं तब हमें याद आता है कि घर के भीतर उनकी इच्छा ही कानून थी और वही चलती थी। मुहल्ले में भी उनकी धाक थी। पर वे राजनीति या अन्य सार्वजनिक कामों में भाग नहीं लेती थीं। घर का प्रबंध और घर का बजट ठीक रखने में तथा अन्य गृहकार्यों में वे अत्यंत कुशल थीं। पर इससे उनको सार्वजनिक महत्त्व नहीं मिलता था और उनके काम का क्षेत्र बहुत संकुचित था। पुरानी स्त्रियां कैसी होती थीं इसका एक जीवित उदाहरण हमारे सामने है–

लखनऊ नगर महापालिका की सीमा से कुछ ही दूर औरंगाबाद खालसा एक छोटा सा गांव है। इस गांव में मुराऊ जाति का एक वृद्ध रहता है। मुराऊ वे खेतिहर हैं जो शाक-भाजी की खेती करते हैं। उस मुराऊ वृद्ध का नाम बालगोविन्द है। उसे अपनी वर्तमान वय ठीक-ठीक नहीं मालूम किन्तु वह कहता है कि मेरी मां कहा करती थी कि गदर (प्रथम स्वतंत्रता संग्राम) के समय तू डेढ़-दो महीने का था। इस हिसाब से वह इस समय 117 वर्ष का है। उसके दो पुत्र थे जो अच्छी आयु 70-80 वर्ष पाकर कई वर्ष पूर्व मर गये। गांववालों का कहना है कि उसकी अवस्था 115 और 125 के बीच है। वह 40 वर्ष गांव का चौकीदार रहा। उसके पास 90 बीघा जमीन है। उसकी खेती का काम उसके दो पौत्र और विधवा बहुएँ देखती हैं। इस वय में भी उसका शरीर अच्छा और चेहरा भरा हुआ है। इधर कुछ दिनों से वह अधिक चल-फिर नहीं सकता। लाठी के सहारे थोड़ा बहुत चल लेता है, पर चलने में किसी व्यक्ति का सहारा नहीं लेता। उसे कोई रोग नहीं है। किन्तु अब उसे ऊंचा सुनायी देता है। बातचीत करते समय वह कोई असंबद्ध बात नहीं करता, ठीक उत्तर देता है। कहता है कि चौकीदारी के समय मुझे 40 बदमाशों की निगरानी करनी पड़ती थी।

प्राय: बीस-पचीस वर्ष की बात है। वह किसी बात पर अपने लड़कों से रूष्ट होकर घर छोड़कर जाने लगा। लड़कों ने बहुत मनाया, वह रुकने को राजी न हुआ। उसकी छोटी बहू ने (जिसकी वय इस समय 70 और 80 के बीच है) उससे कहा- ''दादा जिन जा। तुंहका कोई तकलीफ न होई। हम तुंहका लरिकन की तरह राखब।'' बहू की बात उसने मान ली और वह घर पर रह गया।

बहू ने (जो अभी भी जीवित है) उसकी ऐसी सेवा की कि बालगोविन्द घर पर रह जाने से पूरी तरह प्रसन्न है। इधर कई वर्षों से उसे याद नहीं रहता कि मैंने भोजन किया है कि नहीं। ऐसा बहुधा होता है क़ि संध्या को भोजन करने के बावजूद वह भूल जाता है कि मैंने भोजन कर लिया है। रात में जब एक-दो बजे उसकी नींद खुलती है तब वह बहू से कहता है कि आज मैंने भोजन नहीं किया। बहू कभी यह नहीं कहती कि तुमने भोजन कर लिया है। वह केवल यह पूछती है कि क्या बनाऊं।

वृद्ध ने जो चीज बनाने को कहा वह उसे बनाने को तैयार हो जाती है। जाड़ों में भी भोजन बनाने के पहले वह रात में एक-दो बजे स्नान करती है, और स्नान करने के बाद वह वृद्ध के बताये भोजन को बनाकर उसे खिलाकर और सुलाकर फिर सोने के लिए चली जाती है। सप्ताह में एक-दो बार, और कभी और अधिक बार ऐसे प्रसङ्ग आते हैं। वह अपने ससुर की सबेरे से रात तक इसी प्रकार मनोयोग से सेवा करती है। जब उससे इस बात की पुष्टि करने के लिए कहा गया तब वह संकोचवश मुस्कुराकर रह गयी।

वह महिला भारत की स्त्रियों की प्राचीन परिपाटी का निर्वाह आज भी कर रही है। वह स्वतंत्रता के 28वें वर्ष और स्त्रियों के अंतर्राष्ट्रीय वर्ष ईसा के सन 1975 में आज भी जीवित है। खेती-पाती का काम, पुत्र-भतीजे की देखभाल, गृहस्थी के अनेक कार्यों के साथ वह अपने 117 वर्षीय श्वसुर की भी ऐसी सेवा कर रही है। सारा गांव उसकी लगन और सेवा की प्रशंसा करता है। और वह सुखी और संतुष्ट है। सामान्यत: उसके मुख पर मुस्कान खेलती रहती है। अब जब संयुक्त परिवार प्रथा समाप्त हो गयी है और परिवार मी एण्ड माई हसबेंड (मैं और मेरा पति) तक सीमित रह गया है, तब यह महिला (जो पुरानी प्रथा के अनुसार संकोचवश अपना नाम नहीं बता सकी) इस अंतर्राष्ट्रीय स्त्री वर्ष में एक विसंगति (एनाक्रोनिज्म) मालूम होती है। वह स्त्री-स्वतंत्रता युग के पूर्व काल का एक अवशेष है।

किन्तु हम ऐसे लोग इस अंतर्राष्ट्रीय स्त्री वर्ष में भारतीय महिलाओं के आदर्शों के इस अवशेष के प्रति आदर से नत हैं। बड़े आदमियों की छोटी-बड़ी बातें बहुत छपा करती हैं। किंतु कभी-कभी बहुसंख्यक, अज्ञात और उपेक्षित छोटे लोगों के सामान्य जीवन के रोचक दुख-सुख मिश्रित दैनन्दिन जीवन का सच्चा अंकन भी समाज के चित्र को संतुलित बनाये रखने के लिए आवश्यक मालूम होता है। पता नहीं कि उस महिला तक अंतर्राष्ट्रीय महिला वर्ष का प्रेरक संदेश पहुंचा या नहीं, या वह दिल्ली, कलकत्ता, बंबई, लखनऊ की मोटरवाहिनी पर्स सज्जिता प्रबुद्ध महिलाओं के ड्राइंगरूमों और वातानुकूलित हॉलों की सभाओं तक ही सीमित रह गया।

'सरस्वती' सम्पादक के लिए एक नया पेशा

हमारे पास एक पत्र आया है। वह एक नवोदित कहानीकार का है। उसका एक अंश आगे दिया जाता है।

''मनुष्यता के नाते ही मैं आपको एक कष्ट दे रहा हूं। पता नहीं क्यों मुझे पूर्ण विश्वास है कि आप जैसे परोपकारी और सज्जन व्यक्ति मेरा काम अवश्य कर देंगे। इस महान कृपा के लिए मैं आपका आजन्म अभारी रहूंगा। मेरे काम में आपका जो बहुमूल्य समय नष्ट होगा उसकी क्षतिपूर्ति के रूप में (भूमिका प्राप्त हाने पर) मैं पचास रुपये की तुच्छ धनराशि आपके पास मनीआर्डर द्वारा अवश्य और शीघ्र भेज दूंगा...

मैं एक छोटा-मोटा कहानीकार हूं, आपको इस समाचार से प्रसन्नता होगी कि मेरा दूसरा कहानी संग्रह प्रकाशित होने जा रहा है। अतः आपसे मेरी करबद्ध प्रार्थना है कि आप मेरे इस दूसरे कहानी संग्रह की ऐसी भूमिका लिखने का कष्ट करें जो आलोचनात्मक न होकर सराहनापूर्ण एवं उत्साहवर्द्धक हो। आप मेरी कहानियों की समीक्षा मुझे अलग से लिख सकते हैं पर भूमिका में मेरी त्रुटियों की ओर इंगित करना उचित नहीं रहेगा। क्योंकि इससे पुस्तक के प्रकाशन और बिक्री पर बहुत बुरा असर पड़ेगा। नये लेखकों के माग में वैसे ही कदम-कदम पर अड़चनें आती रहती हैं। यदि आप अपनी सराहनापूर्ण भूमिका भेज देंगे तो आपकी कोई हानि न होगी किन्तु मेरी पुस्तक की शोभा बढ़ जायेगी। आपको कम से कम कष्ट करना पड़े इसलिए मैं इस पत्र के साथ आपके पास एक टाइप की भूमिका भी भेज रहा हूं। अतः यदि आप उचित समझें तो इस टाइप की हुई भूमिका पर अपने हस्ताक्षर करके और तारीख तथा अपना पता लिखकर मेरे पास शीघ्र भेजने का कष्ट करें। अन्यथा आप इस भूमिका के आधार पर दूसरी भूमिका अपने लेख में लिखकर मेरे पास शीघ्र भेजने की कृपा करें। आपकी कृपादृष्टि मेरे आगे बढ़ने में बड़ी सहायक सिद्ध होगी सिर्फ आपके कलम चलाने की बात है।..."

अपने जीवन में हमें पहली बार ऐसा पत्र मिला है। इसे पढ़कर हमें क्रोध नहीं आया। आश्चर्य अवश्य हुआ। अभिव्यक्ति और प्रकाशन के लिए अति उत्सुक नवयुवक की छटपटाहट की हम कल्पना कर सकते हैं। उससे हमारी पूर्ण सहानुभूति है। मालूम होता है कि इस युग के बड़े साहित्यकारों के अर्थ बोध और रुपया देकर उनसे मनमाना काम करा सकने में उसका अखंड विश्वास है। किन्तु उसके भोलेपन ने हममें आक्रोश उत्पन्न नहीं होने दिया। हमें आक्रोश के बदले उस पर दया आयी और उसके प्रति सहानुभूति भी उत्पन्न हुई। इंग्लैण्ड में उच्चवर्ग की तरुणी 17-18 वर्ष की वय तक सामाजिक समारोहों (जैसे बॉल डांस आदि)में भाग नहीं ले सकती जब तक वह महारानी के वार्षिक दरबार में औपचारिक रूप से पेश न की जाय।

इस क्रिया को डिबट (Debut) कहते हैं। किन्तु उसे महारानी के सामने पेश करने का अधिकार दरबार की किसी वयस्क महिला ही को होता है जो उस तरुणी की चैपरन या शैपरन (Chaperon) कहलाती है। दरबार में पेश होने के बाद तरुणी को सामाजिक समारोहों में भाग लेने का अधिकार प्राप्त हो जाता है। उसी प्रकार शायद नवोदित कवियों, कहानीकारों, लेखकों को भी हिन्दी देवी के दरबार में पेश करने के लिए हमारे ऐसे बूढ़े चैपरन की आवश्यकता हमारा भोला कहानीकार अनुभव करता है। एक बार उस दरबार में प्रवेश पाने के बाद वह हिन्दी संसार में 'चालू सिक्का' हो जाएगा। अतएव उसकी हमसे चैपरन बनने की प्रार्थना अनुचित नहीं है।

हम न कवि हैं, न उपन्यासकार, न नाटककार, न कहानीकार और न समीक्षक। अतएव हमें संदेह है कि हमें हिन्दी की साहित्य देवी या माखनलाल चतुर्वेदी के शब्दों

में साहित्य देवता के दरबार में चैपरन का काम करने का अधिकार है भी या नहीं। यह नहीं कि हमने कभी कोई भूमिका लिखी ही नहीं। किन्तु प्रत्येक भूमिका यह जानते हुए भी कि हम अनधिकारी हैं, हमें विशेष परिस्थिति में लिखनी पड़ी।

किन्तु इस पत्र ने हमारे सामने एक सुखद स्वप्न उपस्थित कर दिया। भूमिका लेखन से भी आय हो सकती है, यह हमारे कूढ़ दिमाग में अब तक नहीं आया था। पत्र लेखक ने जो अंटसंट बातें लिखी हैं, उन पर विचार करना व्यर्थ है। सार की बात यह है कि भूमिका लिख देने या टंकित भूमिका पर हस्ताक्षर मात्र कर देने से हमें पचास रुपये मिल सकते हैं। हिन्दी के मूर्धन्य लोगों के लिए इसने आय का एक नया स्रोत खोल दिया है। इस अर्थप्रधान युग में कोई क्यों किसी के लिए भूमिका लिखने में अपना समय नष्ट करे? इतनी देर में तो वह एक लेख, कहानी और कविता लिखकर आय कर सकता है। अतएव भूमिका लिखने के लिए फीस लेना (कवि सम्मेलनों में कविता पढ़ने के लिए फीस लेने की तरह) बिल्कुल जायज है। सिद्धांतत: इससे कौन मतभेद करेगा, और जो पैसा देकर भूमिका लिखायेगा उसकी प्रशंसात्मक भूमिका प्राप्त करने की अभिलाषा भी सर्वथा उचित है क्योंकि जो पैसा देता है उसके इच्छानुसार वादक को गत सुनानी पड़ती है। अतएव हम इस महंगाई में सोचते हैं कि इस पेशे को करने लगें। किन्तु रुपये का अवमूल्यन इतना अधिक हो गया है कि हम अपने को इतना सस्ता नहीं बनाना चाहते हैं कि पचास रुपये पर भूमिका लिख दें। सामान्य भूमिका के लिए हमने अपनी दर पचास रुपया प्रति पृष्ठ और सराहनापूर्ण भूमिका के लिए 100 रुपया प्रति पृष्ठ रखी है। साथ ही यह शर्त भी है कि हम पांच पृष्ठ से कम की भूमिका लिखना अपनी शान के खिलाफ समझते हैं। हमें आशा है कि हिन्दी के भूमिका लेखक इमसे सहमत होंगे और वे भी भविष्य में मुफ्त भूमिका लिखकर पेशेवर भूमिका लेखकों का अहित न करेंगे। वे भी अपनी दर अपनी पद मर्यादा से बढ़ा भले ही लें, किन्तु इससे कम करके हमारे ऐसे अपने सहयोगियों का अहित न करें।

हमने पत्र लेखक को क्या उत्तर दिया यह व्यावसायिक रहस्य है। अत: गोपनीय है।

हिन्दी की बड़ी संस्थाएं और उनको मुफ्त पुस्तकें और पत्रिकाएं

हमारे पास हिन्दी की एक प्रमुख संस्था की ओर से पत्र आया है कि हम अपनी हाल की प्रकाशित एक पुस्तक उसे मुफ्त भेंट में भेज दें। हिन्दी की उस संस्था को एक महान हिन्दी सेवक ने स्थापित किया था और उसकी सेवा में अपने जीवन का अधिकांश अर्पित कर दिया था। उससे उन्होंने कभी लाभ नहीं उठाया। उस संस्था ने उनके मार्गदर्शन में हिन्दी की जो सेवा की वह स्वर्णाक्षरों में लिखे जाने योग्य है। किन्तु जब वह 'जम' गयी तब कुछ उच्चभिलाषियों ने 'प्रजातांत्रिक' तरीके से उन्हें निकाल दिया और धीरे-धीरे उसका ह्रास होने लगा। उसके नये संचालकों ने राजनीतिज्ञों का

अभिनंदन और वंदन करके सरकार से प्रचुर सहायता भी प्राप्त की। अब वह कुछ इने-गिने लोगों की संस्था है। उसका आय-व्यय भी लंबा-चौड़ा है। एक दूसरी 'अखिल भारतीय' हिन्दी संस्था है। उसके पास भी प्रचुर धन है। वह कितने ही पूंजीपतियों से हिन्दी और अंग्रेजी के पत्र अपने वाचनालय के लिए खरीदती है। अपनी बैठकों में सदस्यों के जलपान के लिए बड़ी उदारता से व्यय करती है। किन्तु कई वर्ष पूर्व उसके एक अधिकारी ने हमसे 'सरस्वती' को मुफ्त भेजने के लिए कहा। हमने उस अधिकारी से स्पष्ट कह दिया कि जब आप पूंजीपतियों के हिन्दी और अंग्रेजी पत्र रुपये देकर अपने वाचनालय के लिए खरीद सकते हैं और खरीदते भी हैं, तब क्या आप सरस्वती नहीं खरीद सकते? उसे क्यों मुफ्त चाहते हैं? अतएव हमने उस संस्था को मुफ्त सरस्वती देना अस्वीकार कर दिया। पहली संस्था को भी हमने अपनी पुस्तक भेंट देना उचित नहीं समझा क्योंकि उसके पास भी प्रचुर धन है और उसका व्यय भी बड़ी उदारता से किया जाता है। इन संस्थाओं के व्यय के बारे में अनेक बातें सुनी जाती हैं। कहीं हिसाब-किताब की गड़बड़ी की तो कहीं अपव्यय की शिकायतें सुनने में आती हैं। बहुत से लोगों को यह भी संदेह है कि ये हिन्दी की कोई ठोस सेवा भी कर रही हैं। ये कुछ लोगों की जेबी संस्थाएँ हो गई हैं। जब ये संस्थाएँ निष्काम भाव से हिन्दी की सेवा करती थीं और जब इन्हें हमारे ऐसे सामान्य व्यक्तियों और सामान्य हिन्दी प्रेमियों की सहायता की आवश्यकता थी तब हमारा कर्त्तव्य था, और हम उसका निर्वाह भी करते थे, कि इन संस्थाओं की भरसक सहायता करें। किन्तु आज यह स्थिति बदल गयी है।

इस समय हिन्दी में चार प्रकार की संस्थाएं हैं–एक तो सरकारी संस्थाएं। (जैसे, उप्र. की हिन्दी समिति) दूसरी अर्द्ध सरकारी संस्थाएं, जिन पर सत्ताधारी दल के लोगों का वर्चस्व है और जिन्हें समय-समय पर प्रचुर सरकारी सहायता मिली है या मिलती रही है। तीसरी विशुद्ध छोटी-छोटी संस्थाएं हैं जो किसी दल विशेष के लोगों के हाथ में नहीं हैं और न जो सरकार से सहायता ही प्राप्त करती हैं। चौथे प्रकार की संस्थाएं वे हैं जो हिन्दी प्रोफेसरों की हैं। ये शास्त्रीय बातों, शोध, वादों तथा अपने वर्ग के हितों और समस्याओं की बात करती हैं। हिन्दी की समस्याओं पर कम ही ध्यान देती हैं। हमारे एक मित्र ने तो साहित्यकारों का भी वर्गीकरण कर दिया है। सरकारी साहित्यिक, सरकार विरोधी साहित्यिक, राजनीति निरपेक्ष साहित्यक और हिन्दी प्रोफेसर।

ऐसा नहीं है कि हम 'सरस्वती' या अपनी पुस्तकें मुफ्त भेंट नहीं करते। 'सरस्वती' घाटे पर चलते हुए भी कितने ही वरिष्ठ साहित्यकारों और कई संस्थाओं को उनके सम्मानार्थ भेंट की जाती है। किन्तु जो संस्थाएं पूंजीपतियों के हिन्दी या अंग्रेजी के पत्र पैसा देकर अपने वाचनालयों के लिए खरीदती हैं और जो वर्ष में अपनी बैठकों के जलपान या नेताओं के अभिनंदनों में हजारों रुपये खर्च कर देती हैं, उन्हें हिन्दी की पुस्तकों या पत्रिकाओं को मुफ्त भेंट देने का हमें कोई औचित्य नहीं मालूम होता।

यदि ये धनी संस्थाएं हिन्दी की पुस्तकें और पत्र-पत्रिकाएं पैसे देकर लें तो हम इसे भी इनकी एक प्रकार की हिन्दी सेवा ही समझेंगे। इन धनी संस्थाओं से हिन्दी साहित्यकार, पत्रकार और प्रकाशक इतनी अपेक्षा तो कर ही सकते हैं। हम वास्तविक हिन्दी सेवा संस्थाओं को दान देना पवित्र कार्य समझते हैं, किन्तु भगवान शंकराचार्य ने कहा है "दानं परं किम्? च सुपात्रदत्तमं-दान वही है जो सुपात्र को दिया जाय।" हमारी सम्मति में ये धनी संस्थाएं जो नेताओं के अभिनंदन समारोहों पर तथा उच्च श्रेणी में भ्रमण के व्यय तथा जलपान पर इतना अधिक व्यय करती हैं, सुपात्र नहीं हैं। इन्हें मुफ्त पुस्तकें या पत्रिकाएं देना 'गुनाह बेलज्जत' है।

इन संस्थाओं के प्रकाशन भी अब व्यापारिक दृष्टि से निकाले जाते हैं। उनके मूल्य इतने अधिक रखे जाते हैं कि यह स्पष्ट है कि इनके सामने प्रचार का प्रश्न नहीं है। वास्तव में ये सामान्य प्रकाशकों की श्रेणी में आ गयी हैं। अब ये इतनी संपन्न और समर्थ हैं कि अपने पुस्तकालयों और वाचनालयों के लिए सभी पुस्तकें खरीद सकें। अतएव जिस समय ये साधनहीन और वास्तव में हिन्दीसेवी थीं, उस समय इन्हें सहायता देना उचित था। किन्तु अब परिस्थिति बदल गयी है। अब ये संस्थाएं मोटी हो गयी हैं। अब इन्हें परमुखापेक्षी नहीं रहना चाहिए, और लेखकों तथा प्रकाशकों को स्थिति का पुनरीक्षण करके सोचना चाहिए कि क्या अब भी ये मुफ्त हिन्दी पुस्तकें और पत्रिकाएं पाने की अधिकारिणी हैं। ये सरलता से अपने पुस्तकालय का बजट बढ़ा सकती हैं और सरकार पर इनका इतना प्रभाव है कि ये उस बढ़े खर्च के लिए अनुदान बढ़वा या नया अनुदान प्राप्त कर सकती हैं।

कृष्ण कुमार मिश्र

[नवजीवन (लखनऊ), 7 दिसंबर, 1976 में प्रकाशित संपादकीय 'चिकित्सा : सही दृष्टिकोण']

केन्द्रीय स्वास्थ्य मंत्री, डाक्टर करनसिंह, ने देश में चिकित्सा सेवाओं के विस्तार के संबंध में कहा है कि बीमारियों की रोकथाम के काम में प्राइमरी स्कूलों के अध्यापकों और गांवों के डाकियों तक की सेवाओं का उपयोग किया जायेगा और देश की परंपरागत चिकित्सा पद्धतियों का भी इस्तेमाल किया जायेगा। इस वक्तव्य से जो व्यावहारिकता झलकती है, उसका स्वागत किया जायेगा। आजादी के बाद जब भी चिकित्सा व जन-स्वास्थ्य सुविधाओं को गांव तक पहुंचाने की बात हुई है, उसे आधुनिक चिकित्सा प्रणाली के परिप्रेक्ष्य में देखा गया है और इसका नतीजा यह है कि अभी भी लाखों गांवों में यह चेतना भी नहीं आ सकी है कि कुएं के पानी में लाल दवा डालने से हैजा, अतिसार, मोतीझाला आदि से बचा जा सकता है। चिकित्सा सेवाओं को इतने टुकड़ों में नियोजित किया गया है कि एक विभाग मलेरिया की रोकथाम में लगा है, दूसरा चेचक, तीसरा सामान्य चिकित्सा में, पांचवां परिवार नियोजन में, छठवां शिशुकल्याण में और न जाने कितने अन्य खण्ड हैं। स्वास्थ्य मंत्री ने कहा है कि स्वास्थ्य बहुत महत्त्वपूर्ण विषय है, इसे केवल डाक्टरों के भरोसे नहीं छोड़ा जा सकता। अभिप्राय यह है कि समाज और शासन के उपलब्ध चिकित्सा साधनों का समन्वित उपयोग हो और जो विभाग भी गांव के स्तर पर अमला रखते हैं, वे भी स्वास्थ्य शिक्षा और बीमारियों की रोकथाम में हाथ बटायें।

देशी चिकित्सा प्रणालियों की उपादेयता को जांच-परख के बिना ही नकारा गया है जो कि वैज्ञानिक दृष्टिकोण नहीं है। स्वास्थ्य लाभ की दृष्टि से उनमें जो कुछ भी उपयोगी हो, उसे स्वीकार करते जाना चाहिए। उदाहरण के लिए चार हजार वर्ष पहले भी संतति निग्रह के कुछ नुस्खे देश में काम आते थे और अब भी पाये जा सकते हैं। उनके बारे में खोजबीन होनी चाहिए। यह तर्कसंगत लगता है कि जो समाज तीन-चार हजार वर्ष पहले नियोजित परिवार के प्रश्न पर सचेत था, उसकी नियोजन विधि भी व्यावहारिक रही होगी। उस समाज में गृहस्थ जीवन पच्चीस वर्ष से शुरू करके पचास वर्ष की उम्र तक सीमित रहता था आज बाल विवाह रोकने के लिए कानून

बनाना पड़ता है। कुछ सामाजिक रीतियां शायद इसलिए बनायी गयी थीं जिससे परिवार नियोजन में सहायता मिलती थी। महात्मा गांधी भी संतति-निग्रह पर जोर देते थे और उसके कुछ उपाय बताते थे। यदि देशी नुस्खेकार आमद हों, सामाजिक रीतियां अनुकूल हो, पच्चीस वर्ष की अवस्था तक ब्रह्मचार्य पालन इस दिशा में सहायक हो, तो उनके प्रचार की व्यवस्था में कोई रुकावट नहीं होनी चाहिए। आवश्यक यह है कि इस महत्त्व के राष्ट्रीय कार्यक्रम में खुले दिमाग से सभी साधन अपनाये जायें।

डाक्टर करनसिंह ने परिवार नियोजन कार्यक्रम को व्यक्ति के स्तर पर सीमित न रख कर उसमें समाज का सहयोग लेने की योजना बनायी है जिसके अंतर्गत कार्यक्रम की सफलता के अनुपात में जिलों और पंचायतों को पुरस्कार दिये जाया करेंगे। इससे पूरा गांव-समाज कार्यक्रम में दिलचस्पी ले सकेगा और लक्ष्य दम्पतियों को प्रेरित करने के लिए प्रोत्साहित होगा। कार्यक्रम अपनाने के लिए प्रेरणा का बहुत महत्त्व है क्योंकि यह जोर-जबरदस्ती से चलाया जाने वाला काम नहीं है। प्रेरणा और समझाने-बुझाने के लिए सरकारी अमले से गैरसरकारी सामाजिक कार्यकर्त्ता अधिक उपयोगी सिद्ध हो सकते हैं। यदि किसी को ठीक से इस प्रश्न पर शिक्षित कर दिया जाये और उनकी प्रेरणा मिले जिनका वह आदर करता है, तो वह अवश्य ही किसी न किसी तरीके को अपना कर अपना परिवार नियोजित कर लेगा। यह स्वाभाविक है कि किसी को एक तरीका पसंद आये और किसी को दूसरा, पर यह आभास तो होना चाहिए कि उद्देश्य सीमित परिवार है, जो उसके अपने हित में हो और देश के हित में है। संतति निग्रह के संबंध में गांव-समाज खुल कर बेझिझक बात कर सकता है और हर व्यक्ति को समझा सकता है।

चिकित्सा, जनस्वास्थ्य, परिवार नियोजन, बीमारियों की रोकथाम आदि सभी विषयों में खुले दिमाग से सोचने की जरूरत है, किसी एक तरीके या प्रणाली तक ही प्रयास सीमित रखना उचित नहीं होगा।

वयस्क शिक्षा की समस्याएं

उत्तर प्रदेश शासन ने निरक्षरता समाप्त करने के लिए वयस्क शिक्षा की दिशा में हो रहे काम के मूल्यांकन और उसमें सुधार के सुझाव देने के लिए एक समिति बनायी है। अभी इसके लिए राज्य में ढ़ाई-तीन हजार स्कूल चल रहे हैं और समिति देखेगी कि ये स्कूल कितने उपयोगी हैं और उन्हें किस प्रकार अधिक उपयोगी बनाया जा सकता है।

निरक्षरों की संख्या लगातार बढ़ रही है, क्योंकि शिक्षा की सुविधा जिस गति से बढ़ रही है, उससे ज्यादा तेजी से आबादी बढ़ रही है। जो बच्चे स्कूलों में भरती भी होते हैं, उनमें से लगभग तीन-चौथाई प्राइमरी स्कूल तक की शिक्षा पूरी नहीं करते और बीच में ही स्कूल छोड़ जाते हैं। इसका एक कारण यह भी है कि अध्यापन और

पाठ्यक्रम नीरस है। शिक्षा प्रणाली में परिवर्तन पर जो जोर दिया जा रहा है, उसका एक कारण यह भी है कि वर्तमान व्यवस्था में बरबादी बहुत है।

शिक्षा के नये ढंग में वयस्क छात्र को पढ़ाने में उस काम पर जोर दिया जाता है, जिसमें वह लगा है। यह भी बहुत जरूरी नहीं है कि हर वयस्क नियमित पाठ्यक्रम को पूरा करे ही। जिसमें उसकी दिलचस्पी है, वह बात वह आसानी से समझ लेगा। उसकी दिलचस्पियां जितनी बढ़ती जायेंगी, उतनी ही शिक्षा भी बढ़ती जायेगी। इसी तरह, शिक्षा में धंधों का प्रशिक्षण शामिल करने की भी बात है। धंधे सीखकर छात्र काम में, कमाने में लग सकते हैं। उन विषयों पर जोर देना आवश्यक नहीं होगा जिनका छात्र के जीवन से कोई सरोकार नहीं है।

अनौपचारिक शिक्षा देने के लिए उपयुक्त व्यक्ति का जाब्ते से अध्यापक होना आवश्यक नहीं है। गांव के पढ़े-लिखे लोग अपने फालतू समय में इस काम को अपने हाथ में ले सकते हैं। शिक्षा का असली उद्देश्य ज्ञानवर्धन है, शिक्षार्थी को बेहतर और समाज के लिए अधिक उपयोगी इन्सान बनाना है। यह काम हर मुहकमे के लोग कर सकते हैं, गैर सरकारी लोग भी कर सकते हैं।

आज जो बहुत से काम कठिन लगते हैं, वयस्क शिक्षा और साक्षरता से वे स्वयमेव आसान हो सकते हैं। उदाहरण के लिए, ऐसी शिक्षा के बाद व्यक्ति बेहतर किसान हो सकता और राष्ट्रीय परिप्रेक्ष्य में उत्पादन वृद्धि का महत्त्व समझ सकता है। वह परिवार नियोजन के महत्त्व को समझ सकता है। वह धंधे चलाने में अधिक कुशल हो सकता है।

युवक कांग्रेस ने कार्यक्रम चलाया है कि हर पढ़ा-लिखा व्यक्ति कम से कम एक व्यक्ति को जरूर शिक्षित बनाये। यदि उसके कार्यकर्ता देहात जाएं और सही दृष्टिकोण से काम करें तो वे वयस्क शिक्षा की समस्या को काफी हद तक हल कर सकते हैं। शिक्षा-सामाजिक आर्थिक परिवर्तन का माध्यम बन सकती है।

रामशरण जोशी

[दिनमान (दिल्ली), 9-15 जनवरी, 1977 में प्रकाशित लेख 'आदिवासी और नयी आबकारी नीति']

लगभग 9 महीने पहले मध्यप्रदेश सरकार ने बाहर के धनी तत्वों द्वारा आदिवासियों के शोषण को समाप्त करने के उद्देश्य से राज्य के पाँच जिलों (बस्तर, रायगढ़, मंडला, सरगुजा और झाबुआ) में शराब की भट्ठियों की ठेकेदारी की प्रथा समाप्त कर दी। तब से इन जिलों के आदिवासी व्यक्तिगत उपयोग के लिए अपने घरों में सुराम और कल (महुआ से बनी कच्ची और पक्की शराब का स्थानीय नाम) बनाने के अपने अधिकार का उपयोग करते आ रहे हैं। अपने घरों में शराब बनाने का यह अधिकार उन्हें लगभग आधी सदी के बाद मिला है। आज वे निजी उपभोग के लिए प्रतिव्यक्ति डेढ़ लिटर तथा प्रति परिवार पांच लीटर सुराम और कल बनाने के लिए स्वतंत्र हैं।

आश्चर्य नहीं कि सरकार की आबकारी की यह नयी नीति धनिक वर्गों के निहित स्वार्थ वाले लोगों को रास नहीं आयी। इधर ऐसे प्रचार का काम शुरू हो गया है जिस से यह नीति असफल हो जाये और आदिवासी वर्ग पर उस का अनुकूल प्रभाव न पड़ने पाये। स्पष्ट है कि समाज की संगठित और जोरावर शक्तियाँ हमेशा ऐसी कोशिश करती रही हैं कि कमजोर वर्गों के उत्पीड़न की कीमत पर वे अपनी व्यवस्था और अपनी वरीयता को बनाये रख सकें। यही वजह है कि जब भी ऐसी कोई जगहितकारी योजना सामने आती है यह वर्ग उसे प्रत्यक्ष या परोक्ष रूप से असफल और निरस्त करने की अपनी ओर से कोशिश करता है। इधर यह प्रचार जोरों पर है कि 1 आदिवासियों में अपराध वृत्ति बढ़ी है, 2. वे काहिल बने हैं और 3. उन की आर्थिक स्थिति को आघात पहुँचा है। इन प्रचारों की तह तक पहुँचने के लिए क्षेत्र का सर्वेक्षण करने पर जो तथ्य सामने आये वे कम दिलचस्प नहीं हैं।

इसमें तो कोई शक नहीं कि इस नयी नीति से आदिवासियों के वर्षों से हो रहे शोषण का अंत हुआ है। दक्षिणी बस्तर के युवा मुरिया विधायक लक्ष्मण कर्मा के शब्दों में "बाहरी ठेकेदार (कोयतूर नेतुर बमी पैसा वसूल की दर) शराब के रूप में खून का पैसा वसूल करते थे, वे रक्तपिपासु से अधिक कुछ नहीं हैं।"

सरकारी आंकड़ों के अनुसार चंद ठेकेदारों को प्रति वर्ष करोड़ों रुपए का मुनाफा होता रहा है। नयी आबकारी नीति लागू होने से पहले 1975-76 के वित्तीय वर्ष में शराब की 1787 भट्ठियों से ठेकेदारों को लगभग 5 करोड़ रुपए का मुनाफा हुआ जिस में एक करोड़ रुपए की सरकारी आय (कर) शामिल नहीं है, अधिकृत सूत्रों के अनुसार ठेकेदारों की भट्ठियों को गरम रखने में प्रति आदिवासी परिवार करीब 200 रुपए से लेकर 250 रुपए तक हर वर्ष हवन करता रहा है। इन में से अधिकतर ठेकेदार अन्य व्यापारों से भी जुड़े रहे हैं। जैसे गल्ले का व्यापार, दुकान, सिनेमाघर, महाजनी और कृषि आदि। वे आम तौर पर ऊँची जातियों के लोग थे जो इस राज्य के अलावा बिहार, ओड़िसा और उत्तर प्रदेश के रहने वाले थे।

शराबबंदी की नीति पर विचार और अमल पूरे देश में पिछले कितने ही वर्षों से हो रहा है। विभिन्न राज्यों ने उस नीति का अपने अपने ढंग से पालन किया है या कर रहे हैं। कुछ साल पहले ढेबर आयोग ने भी सरकार का ध्यान इस शोषण की ओर खींचा था। इधर दो-तीन वर्षों में केंद्रीय सरकार की तरफ से विशेष पहल हुई और बिहार तथा मध्य प्रदेश ने इस क्षेत्र में विशेष रुचि दिखायी।

महुवा झाड़ : राज्य सरकार की आबकारी नीति ने आदिवासियों के उस अधिकार को पुन: स्थापित किया है जो उनकी समूची सामाजिक संरचना का अभिन्न अंग है। उन के समस्त पारिवारिक और सामाजिक जीवन में मंद या बारंगो (आदिवासी बोली में नशा या मद्य) महत्त्वपूर्ण स्थान रखती है। दैनिक जीवन से अलग विभिन्न पारिवारिक अवसरों पर मंद का प्रयोग किया जाता है। सट्टी (जन्म), माहला (लगन), पेंडुल (विवाह), सगादिन (अतिथि का आगमन), सिरहा-गुनिया (देव-भूत पूजा), मरनी (मृत्यु), आदि मंद आदि का उपयोग उन के पर्वों त्योहारों के अवसर पर भी होता है। त्योहार को यहाँ की बोली में पंडूम कहते हैं। नया खानी (नयी फसल का आगमन) भूमि पंडुम (भूमि पूरा) करसाड (देवी पूजन) मड़ई (वार्षिक मेला) और आंगा पूजा (देवता की पूजा) आदि। आदिवासी लोग दो माध्यमों से मंद पेय पदार्थ प्राप्त करते है एक है प्राकृतिक साधन जैसे झाड़ रस और फूल तथा दूसरा है स्वनिर्मित। पहले माध्यम के रूप में ताड़ के झाड़ों से सलफी, छिंद और ताड़ी प्राप्त की जाती है। ताड़-झाड़ से प्राप्त इन रसों में मंद गुण ही नहीं होता बल्कि उस में पौष्टिक आहार तत्व भी होते हैं। सबेरे और शाम के वक्त इस में मंद की मात्रा नहीं के बराबर होती है। सूखे के दौरान आदिवासी इस प्रकार के रसों पर काफी निर्भर रहते हैं। जिन के पास यह झाड़ नहीं होते वे इसे दूसरों से प्राप्त करते हैं। मुद्रा प्रणाली के चलन से पहले वस्तुओं के पारस्परिक विनिमय के जरिये वे मंद रस प्राप्त करते थे। आज भी दूरदराज़ के ग्रामीण क्षेत्रों में इस के मूल्य का आधार वस्तुओं का विनिमय है।

इस के अलावा महुआ भी एक प्रमुख प्राकृतिक स्रोत है। लगभग सभी आदिवासी क्षेत्रों में महुआ-झाड़ बहुतायत से उपलब्ध है। महुआ झाड़ से आदिवासियों का संबंध

जीवन-मृत्यु जैसा है। इस का उपयोग न सिर्फ सुराम और कल बनाने के लिए होता है बल्कि यह उन के लिए एक प्रमुख खाद्य पदार्थ भी है। कहना चाहिए कि अन्न और गोश्त के अभाव में यही उन के प्रमुख खाद्य यानी जीवन का आधार हैं। चूंकि आदिवासी कृषि की फसल बरस में सिर्फ एक बार होती है इसलिए महुवे के फूलों की उपयोगिता पूरे वर्ष बनी रहती है और उस के फूलों को सुखा कर रख लिया जाता हैं। बसंत ऋतु में महुवा झाड़ अपनी यौवनावस्था में होता है। भूमिहीन और भूमिवान दोनों ही वर्गों के लोग इस के फूलों को बीनने में जुट जाते हैं और यह सिलसिला हफ्ते में 6 दिन चलता रहता है। सातवें दिन नजदीक के हाट में आवश्यकता के अनुसार उसे बेच दिया जाता है। उस के बदले दैनिक उपयोग की अन्य वस्तुओं : नमक, तेल, कपड़ा आदि खरीद लिया जाता है।

इस के अलावा चावल और कोसरा (धान की एक किस्म) से लांदा तैयार किया जाता है। अंग्रेजी में इसे राइस बियर कहा जा सकता है। शादी-विवाह के अवसरों पर इसका भारी मात्रा में प्रयोग किया जाता है। साप्ताहिक हाट में भी हंडियों में भर कर आदिवासी इसे लाते हैं। जिन आदिवासियों के पास धान या कोसरा नहीं होता है, वे पड़ोसी से उधार ले कर इसे तैयार करते हैं। चावल को सड़ा कर इसे तैयार किया जाता है।

अत: यह कहा जा सकता है कि इन तीनों प्रकार के मंदों के निर्माण में आदिवासी प्राय: आत्मनिर्भर होता है। ऐसी स्थिति में वनपुत्रों का इन मंदों पर बुनियादी अधिकार होना स्वाभाविक एवं न्यायोचित है क्योंकि यह उन के जीवन निर्वाह यहाँ तक कि आर्थिक व्यवस्था का प्रमुख आधार है।

अपने-अपने हित : धीरे-धीरे बाहर की संगठित व्यवस्था वाली शक्तियों के दैत्याकार फैलाव के साथ-साथ वनपुत्र इस अधिकार से वंचित होते चले गये। आदिवासियों पर निर्बाध शासन करने के लिए तत्कालीन शासकवर्ग (सामंती एवं उपनिवेशवादी) ने दलाल वर्ग को जन्म दिया। क्योंकि बस्तर के ये बेज़ुबान वनपुत्र शोषण और उत्पीड़न के विरुद्ध विद्रोह की आवाज़ बुलंद कर चुके थे। 1880 और 1910 में जिले में व्यापक पैमाने पर विद्रोह हुए। ऐसी स्थिति में आर्थिक क्षेत्र में दलाल वर्ग का पैदा करना लाजमी हो गया था। महुआ शराब के मुक्त आस्वन पर प्रतिबंध लगाकर हाथ भट्ठी प्रणाली लागू कर दी। 1920 के आस-पास पहली बार भट्ठियों की नीलामी हुई, जिस से सरकारी खजाने को करीब 10 हजार रुपए की आय हुई। भट्ठियों की नीलामी के साथ-साथ गैरआदिवासी शोषक तत्व सक्रिय होते चले गये। शोषण की प्रक्रिया इस सीमा तक बढ़ गयी थी कि बस्तर राज्य में अंग्रेजी सरकार के तत्कालीन राजनीतिक प्रतिनिधि एवं प्रसिद्ध मानवशास्त्री डब्ल्यू.बी. ग्रिगसन को लिखना पड़ा कि ब्रिटिश इंडिया की आबकारी नीति लागू करने से स्थानीय लोगों को कोई फायदा नहीं हुआ है। यद्यपि व्यापार बढ़ा है परंतु ठेकेदारों की संख्या बढ़ने से इस स्त्रोत पर

नैतिक दृष्टि से बुरे प्रभाव पड़े हैं। (ग्रिगसन-दीमाड़िया-गोंड आफ बस्तर, 1938, पृ. 16 व 17)

इस ठेकेदारी प्रथा की शोषण प्रक्रिया के प्रभावों की तुलना क्रांतिपूर्व चीन में साम्राज्यवादियों के अफ़ीमी व्यापार के प्रभावों से की जा सकती है। ठेकेदारों ने एक ओर वनपुत्रों के सांस्कृतिक मूल्यों को भ्रष्ट किया, दूसरी ओर उन की भौतिक संपदाओं का अमानवीय ढंग से दोहन भी किया। उस पर बलात् शराब लादी गयी। इस के लिए वाजिब-गैरवाजिब सभी ढंग अपनाए गये। मंडला, छिंदवाड़ा आदि आदिवासी जिलों की भी यही स्थिति रही। 1940 तक बाहरी ठेकेदारों ने आदिवासियों को व्यापक पैमाने पर उन की भूमियों से बेदखल किया। यहाँ तक कि गाँव के गाँव उजड़ गये (इंद्रजीत सिंह : दी गोडवाना ऐंड दी गोंड, 1944)। बस्तर जिले में भूमि संक्रमण और इमारती वृक्षों की लूट में भट्टियों ने प्रमुख भूमिका निभायी। उस दौरान आदिवासियों का तिहरा शोषण चलता रहा। प्रथम सस्ती दरों पर महुआ की खरीदी, (2) उन्हीं को शराब की बिक्री और (3) पैसा न होने पर कर्जा देना। एक ऐसा कर्ज जो कभी पटाने पर भी पटता नहीं था। ऐसी घटनाएं भी होती रहीं कि लठैतों के माध्यम से आदिवासियों को पीटा जाता रहा। आतंक के बल पर भट्टियाँ धधकती रहीं।

विभिन्न क्षेत्रों के सर्वेक्षण से यह बात स्पष्ट उभर कर सामने आयी है कि नयी आबकारी नीति से आदिवासियों को निश्चित लाभ पहुँचा है और खुल कर इस का स्वागत किया गया है। आज वे अपने घरों में स्वतंत्रतापूर्वक निर्भय हो कर कल बना रहे हैं। वे लठैतों के आतंक से मुक्त हैं। पहले शराब की प्राप्ति के लिए मीलों पैदल चलना पड़ता था। भट्ठी वालों के तिरस्कारपूर्ण व्यवहार का दर्द भोगना पड़ता था।

इस वर्ष महुवा भी काफी हुआ था। फलस्वरूप अधिकांश आदिवासी परिवारों ने अगले फूल उतरने तक की मात्रा घर में एकत्रित कर ली है। प्रत्येक परिवार में ढुसी (बांस के बर्तन) होती है जिसमें एक या दो कोड़ी (प्रति कोड़ी-25 किलो) महुवा (सूखा) संग्रहित रहता है। भूमिहीन आदिवासियों ने भी कुछ न कुछ मात्रा में महुवा जमा कर रखा है। बैलाडीला क्षेत्र के औद्योगिक आदिवासी श्रमिकों ने महुवा जमा नहीं किया है। यद्यपि वे शराब बनाने के लिए स्वतंत्र हैं। परंतु गांव से निरंतर संपर्क होने के कारण इस की उन्हें आवश्यकता महसूस नहीं हुई है। आदिवासी सामाजिक व्यवस्था की बनावट ऐसी है, जिस में विषमताओं को वह स्थान नहीं मिल पाया है, जो कि हमारे समाज में है। ऐसी स्थिति में जिन व्यक्तियों के पास महुवा नहीं है वे पारस्परिक लेन-देन एवं परंपरागत सद्भावना के आधार पर कल प्राप्त कर लेते हैं। पूरा गांव एक बड़े कुटुंब के रूप में रहता है। ऐसा नहीं कि उस में दरारें बिल्कुल ही नहीं हैं, परंतु उस से अंतर्निहित रागात्मकता अप्रभावित है। सड़क के किनारे एवं औद्योगिक क्षेत्र की परिधि में बसे गांवों में अवश्य मुद्रा के आधार पर गुप्त रूप से कल की आदिवासियों में परस्पर बिक्री होती है। परंतु यह नगण्य है। ठेकेदारी प्रथा

के विषय को देखते हुए, इस ओर ध्यान देना भी उचित नहीं होगा या जल्दबाजी होगी।

आदिवासी क्षेत्रों की यात्रा के दौरान कुछ प्रचार देखने को मिले कि नयी आबकारी नीति का आदिवासियों के जनजीवन पर प्रभाव सिर्फ नकारात्मक पड़ा है। आदिवासियों में अपराध की प्रवृत्ति बढ़ने के प्रचार की वास्तविकता आंकड़ों से ही हो जाती है। दक्षिण बस्तर के दो प्रमुख थानों दंतेवाड़ा और किंरपुत में चालू वर्ष में आबकारी कानून के तहत क्रमशः 55 एवं 124 मुकदमें दर्ज हुए हैं, जिन में से आदिवासियों का संबंध क्रमशः 25 एवं 40 से है। शेष गैरआदिवासी हैं। इसी प्रकार गत वर्ष में इन दोनों थानों की स्थिति इस प्रकार थी : करीब 75 मुकदमे दर्ज हुए जिनमें से आदिवासी 20 से 25 मुकदमों से संबंधित रहे। इन आँकड़ों से साफ हो जाता है कि आदिवासियों का अपराध प्रतिशत स्थिर रहा है। आबकारी विभाग के अनुसार जिले भर में आबकारी अधिनियम के तहत चालू वर्ष में 1200 मुकदमे दाखिल हुए जिन में से आदिवासी 250 से 300 मुकदमों से संबंधित हैं जब कि गत वर्ष इसी अवधि में 1350 मामले दर्ज किये गये थे। इस प्रकार चालू वर्ष में आदिवासियों का अपराध प्रतिशत करीब 25 रहा है। जिले की कुल आबादी का 87 प्रतिशत होने के बावजूद यह अपराध प्रतिशत गैरआदिवासी जनसंख्या प्रतिशत की अपराध दर के अनुपात में कुछ भी नहीं।

यह प्रचार भी था कि शराब की छूट से हत्या की घटनाएं बढ़ेंगी, परंतु यह भी सच नहीं है। प्रसिद्ध मानवशास्त्री बेरियर एलविन ने बस्तर के आदिवासियों से संबंधित 100 हत्याओं के मामलों का परीक्षण किया था। इन हत्याओं में से केवल चार हत्याओं में महुवा शराब कारण रहा अथवा 4 प्रतिशत। वैसे कुल 19 मामलों में मंद (सल्फी व लांदा) कारण बनी। इसी प्रकार 245 आत्महत्याओं में से केवल एक ही से मंद का संबंध पाया गया (एलविन : माड़िया, मर्डर एंड सूसाइड–पृष्ठ क्रमशः 140 एवं 57, 1950)। अपराधों के आँकड़ों से यह तथ्य स्थापित हो जाता है कि शराब की खुली छूट से आदिवासियों में अपराध संख्या नहीं बढ़ी है। अतः गैर आदिवासियों का यह प्रचार स्वार्थों से प्रेरित लगता है।

दूसरा प्रचार यह है कि आदिवासियों में काहिली को जन्म मिला है क्योंकि खुली मंद ने उन्हें निष्क्रिय व निकम्मा बना दिया है। विभिन्न क्षेत्रों के दौरे ने इस प्रचार की सत्यता को भी निहित स्वार्थों से प्रेरित पाया। आदिवासी अपने कृषि व अन्य आवश्यक कार्यों से विमुख नहीं हुए हैं। लगभग 15 दिन कुआकोंडा थाने में बिताने के दौरान पता चला कि आदिवासी अपने कार्यों के प्रति पूरे सक्रिय हैं। समय पर धान की रोपाई–कटाई, सिंचाई तथा अन्य सामाजिक कार्यों में सक्रियता के साथ हिस्सेदारी। आदिवासी विकास अधिकरणों ने जो विकास योजनाएं चलायी हैं उनमें आदिवासियों ने पूरी-पूरी दिलचस्पी दिखायी है। युवा परियोजना अधिकारी और हाकिम परगना

(एस.डी.एम.) संजीव दुग्गल के अनुसार आदिवासियों में उन्नत कृषि के प्रति लगाव बढ़ने लगा है। चालू वर्ष में सिंचाई के साधनों की आपूर्ति की मांग बढ़ी है। ग्रामीण क्षेत्रों में लघु उद्योग-धंधे स्थापित करने और ग्रामीण बेरोजगारी को दूर करने की मांग प्रतिवर्ष बढ़ती जा रही है।

यह प्रचार कि शराब के कारण श्रम बाजार में मंदी आयी है बेबुनियाद है। दक्षिण बस्तर के मुख्य अधिकारी अभियंता श्री भद्रसेन तथा जिला वन अधिशास्त्री श्री सूरी के अनुसार आदिवासी श्रमिक आसानी से प्राप्त होते रहे हैं। शराब के कारण उनके विभागीय कार्यों (सड़क निर्माण, जंगल कटाई आदि) में कोई अंतर नहीं आया है। एक निजी ठेकेदार श्री मिश्रा (जिन का औद्योगिक क्षेत्र से संबंध है) का भी यही मत है कि शराब की छूट ने उन की 'लेबर' पर कोई प्रभाव नहीं डाला है बल्कि आदिवासी उन के निर्माण कार्य समय से पूर्व ही समाप्त कर देते हैं। काम पर मीलों पैदल चल कर आते हैं, फिर भी नहीं थकते। आदिवासियों से काम लेने वाले व्यक्तियों का आम मत है कि काम में उसी समय गिरावट आती है जब लेने वाला स्वयं उनके साथ गैरजिम्मेदारी और बेईमानी बरते।

आखिरी प्रचार का संबंध शराब की छूट होने से आदिवासियों की आर्थिक स्थिति को आघात लगने से है। ठेकेदारी प्रथा के दौरान खुले बाजार में जो महुवा 40-50 रु. प्रति कुंतल बिका करता था, इस वर्ष 10-15 रु. प्रति कुंतल की दर से बिका है। सतही स्तर पर सामान्य व्यक्ति को यह प्रचार सही लग सकता है परंतु वास्तविकता कुछ और ही है। श्री करमा के अनुसार एक आदिवासी परिवार महुवा ऋतु में डेढ़-दो कुंतल से अधिक महुवा फूल नहीं बेच सकता। कहने को 45-50 रु. की दर से महुवा खरीदा जाता था। परंतु आदिवासियों को 30-35 से अधिक नहीं पड़ता था। महुवा तुलाई में खुली लूट होती थी। यदि प्रति परिवार दो से तीन कंतुल जो कि लगभग असंभव है, लेकर भी चले तो सरकारी आंकड़ों के हिसाब से प्रति आदिवासी परिवार को 75 रु. की शुद्ध बचत होती है। परगना अमेर माझी (25-30 गांवों का परंपरागत प्रमुख थाना कुआगोंडा) के अनुसार नयी आबकारी नीति से आदिवासियों की आर्थिक स्थिति में सुधार हुआ है। वे इस पैसे का उपयोग कृषि कार्यों में कर रहे हैं। यद्यपि इस वर्ष बस्तर में आंशिक सूखा की स्थिति है परंतु संग्रहीत महुवा से सूखे का एक सीमा तक सामना किया जा सकता है। ठेकेदारी व्यवस्था के दौरान यह असंभव था। आदिवासी को दोहरी मार सहनी पड़ती थी : मानव निर्मित एवं प्राकृतिक।

कुल मिला कर नई आबकारी नीति का प्रभाव सकारात्मक हो रहा है। परंतु इस की दीर्घकालीन एवं स्थायी सफलता के लिए सरकार का सतर्क रहना आवश्यक है क्योंकि निहित स्वार्थी तत्व आदिवासियों को महुवा शराब बेचने के लिए प्रोत्साहित कर रहे हैं। उन से अधिक मात्रा में शराब बनवा कर गैर आदिवासियों के बीच बिकवायी

जाती है। इस प्रकार की घटनाएं शहरी एवं औद्योगिक क्षेत्रों के आसपास अधिक हो रही हैं। एक तरफ उसे लालच दे कर शराब बिकवायी जाती है और दूसरी तरफ पुलिस को सूचना दे कर उसे पकड़वा भी दिया जाता है। जब अधिक मात्रा में आदिवासी दंडित होने लगेंगे तब संभव है कि उन में असंतोष फैले और निहित स्वार्थी तत्व पूर्व-स्थिति लागू करने की आवाज उन्हीं के माध्यम से उठवा दें।

जब से नयी नीति लागू हुई है तब से सरकार ने नयी प्रदान प्रणाली लागू की है। इसके अंतर्गत उन स्थानों पर सरकारी शराब की 15 दूकानें खोली गयी हैं, जहां 40 प्रतिशत से अधिक गैरआदिवासी रहते हैं। इस प्रणाली के अंतर्गत प्रति बोतल मूल्य 5 रु. 25 पै. है। सफ़ेदपोश और गैरआदिवासी उपभोक्ता आदिवासियों से महुवा शराब सस्ते दामों (दो से तीन रु. प्रति बोतल) पर खरीदते हैं। इस अवैध व्यवसाय में कुल मिला कर आदिवासियों को ही घाटा होता है। अपराध की प्रकृति को बढ़ावा मिलता है। अतः इस ओर ध्यान देना आवश्यक हो गया है।

रघुवीर सहाय

[दिनमान (दिल्ली), 23-29 जनवरी, 1977 में प्रकाशित संपादकीय 'नया दौर']

मार्च में लोकसभा के चुनाव होंगे, प्रधानमंत्री की इस घोषणा का चारों ओर स्वागत किया जायेगा। यह वर्त्तमान राजनैतिक वातावरण में एक बड़ा परिवर्तन लायेगी। आपातकालीन व्यवस्था के नियमों की जकड़ ढीली करना जिसका प्रधानमंत्री ने अपने 18 जनवरी के प्रसारण में वायदा किया है इस संभव परिवर्तन का केवल एक पक्ष है। 18 महीने पहले 'क्रांति के नाम पर अवरोध के कारण देश को विपत्ति से बचाने के लिए' जिस लोकतंत्रीय पद्धति पर अंकुश लगाया गया था, उसकी फिर से स्थापना के लिए आपतकालीन नियम ढीले कर देना ही काफी नहीं है। इसके बाद जब तक यह प्रकट न हो कि राजनैतिक दलों का व्यवहार और जनता के प्रति उनका संबोधन क्या है, तब तक केवल बोलने की आजादी से लोकतंत्रीय पद्धति की सही मायनों में फिर से स्थापना नहीं हो सकती। प्रधानमंत्री ने कहा है कि प्रत्येक चुनाव 'आस्था की अभिव्यक्ति होता है, सार्वजनिक जीवन को भ्रांति से मुक्त करने का अवसर देता है' और राष्ट्र को 'जनता की वाणी फिर से जानने के लिए तथा सौमनस्य, शांति और प्रगति के पथ पर चलने को प्रतिश्रुत होने के लिए मतदाताओं के पास जाना चाहिए।' राजनैतिक दलों को अपनी वैधानिक गतिविधियों के लिए सुविधा मिले और वे अपने हित में चुनाव प्रचार कर सकें तो उन्हें चुनाव की चुनौती एक बार आकर्षक लग सकती है लेकिन 26.जून 1975 के ठीक पहले भारतीय राजनीति की दशा में पहुँच कर कोई स्वस्थ राजनीति कर नहीं सकते। वह दशा राजनैतिक दलों के भीतरी संगठन, कार्यक्रम और नीतियों के बिखराव और सिर्फ शुद्ध सत्ता की राजनीति से लगाव का परिचय देती थी। यह माना नहीं जा सकता कि सिर्फ सत्ता के लिए चुनाव राजनैतिक जीवन की इस अपंग स्थिति को पूरी तरह बदल देगा। नये सिरे से जनसाधारण से अपने संबंध और उस के प्रति अपने दायित्वों को समझना और चुनाव के तात्कालिक नतीजों से अधिक महत्त्व देते हुए लोकतंत्रीय पद्धति के व्यापक और दूरगामी स्वरूप के निर्माण में हाथ बँटाना राजनैतिक दलों के लिए अधिक श्रेयस्कर होगा।

कांग्रेस पार्टी के आर्थिक कार्यक्रमों को पिछले 18 महीनों में जो कार्यरूप मिला और उससे जो व्यापक सुधार हुआ, वह सारे देश के सामने है। अन्य दलों के आर्थिक कार्यक्रमों के बारे में इस समय कुछ ज्ञात नहीं है। उनके सामने अपनी नीतियों को स्पष्ट कर के बताने की चुनौती आ खड़ी हुई है। आशा है वे इसे स्वीकार करेंगे। कहने की जरूरत नहीं कि इस चुनाव में आर्थिक जनकल्याण ही मुख्य प्रश्न होगा।

भारतीय राजनीति चुनाव जीतने के परंपरागत आसान रास्तों की ओर बार-बार आकृष्ट होती रही है और बार-बार इस के विरुद्ध आवाज उठायी गयी है। एक ओर हिंसा, घृणा, चरित्र हत्या और इनसे भी बढ़कर जाति और धर्म के नाम पर निरक्षर जनता को संगठित करना और दूसरी ओर सिद्धांतों की बातें करना हमारे नेतृत्व की पुरानी बीमारी रही है। यह रातोंरात और केवल कुछ दलों के प्रयत्न से दूर नहीं हो सकती। इन के निवारण में गैर राजनीतिक संस्थाओं और व्यक्तियों को भी खुल कर हाथ बंटाना होगा। लेकिन प्रधानमंत्री का सभी राजनैतिक दलों से इन दुर्गणों से दूर रहने का अनुरोध और अफवाहों और मनगढ़ंत खबरों पर विश्वास न करने की सलाह बहुत सामयिक है। उनका यह कहना कि संसद और सरकार को राष्ट्र की शक्ति और कल्याण के हित में अपने कार्यक्रम और नीतियाँ चलाने के लिए जनता के पास जाना और उन से अनुमति लेना आवश्यक है, आज के समय में एक ऐसी आस्था की पुनरावृत्ति है जिसे यह राष्ट्र अपनी आजादी के संघर्ष के दिनों से ही धारण किये रहा है। तमाम कठिनाइयों के बावजूद मार्च में चुनाव के द्वारा इसी आस्था को एक बार और प्रकट करना इस समय देश के सभी शुभचिन्तकों का कर्त्तव्य हो गया है। यह आस्था यदि केवल किताबी आस्था नहीं है तो इस का कोई अर्थ तभी हो सकता है जब गैरबराबरी मिटाना, उत्पादन और उस से मिलने वाले जीवन के आनंद में सब को समान अधिकार दिलाना और सदियों से चले आते जातपांत, ऊँचनीच और मानव द्वेष को खत्म करना राजनीति का मूल उद्देश्य हो : भारत जैसे विशाल देश में संसदीय प्रणाली राजनीति से यह आशा भी करती है कि सत्ता ही उस का लक्ष्य न हो, जनजागरण भी हो और विचारविमर्श भी।

22-28 मई, 1977 में प्रकाशित संपादकीय 'क्या जनता पार्टी कांग्रेस की तरह है?'

जनता पार्टी में टिकट बांटने को लेकर केंद्र और राज्य के स्तरों पर जो आपसी आपाधापी सामने आ रही है उसकी बड़ी निर्भीकता से आलोचना हो रही है। यह खास तौर से कुछ बड़े अंग्रेजी अखबारों में देखी जा सकती है जो कि अपनी भाषा के बूते समाज के यथास्थितिवादी वर्ग के सब से प्रगल्भ और प्रभुत्वशाली माध्यम बने हुए हैं। इसके अलावा यह शहरों के हिंदी भाषी मध्यवर्गीय विचारकों का भी सब से आसान

निर्भीकतावादी शगल बन गया है। हां, इस आलोचना में वे भी शामिल हैं जो सच्चे मन से हर चीज पर तानाशाही प्रभुत्व के विरुद्ध थे, पर आलोचना उनका मनोरंजन न था न है।

अफसोस की बात है कि ये दोनों वर्ग केवल 20 महीने के तानाशाही काल को देख रहे हैं। भारत में 1947 से लेकर आज तक राजनैतिक और सामाजिक तंत्र के केंद्रीयकरण के इतिहास को नहीं। इसी से ऐसे आलोचक ग्रामीण लोगों की भावनाओं से अपरिचित हैं जो बीस महीने में एकाएक पुष्पित हुई हैं: पौधा तो पहले से ही लगा था पर बिना गरम धूप के पिपरा रहा था। अंग्रेजी में अविष्कृत (एक्सेसेज) ज्यादतियां शब्द को हिंदी ने अनुवाद कर के जिस तरह स्वीकार कर लिया है वह दिखाता है कि कांग्रेसी एकाधिकारी राजनीति के ईमानदार हिंदी भाषी विरोधी भी अभी तक मूल बात नहीं समझे हैं। ये ज्यादतियां ज्यादतियां नहीं थी, कांग्रेस पार्टी में नेहरू के समय से बढ़ती हुई सर्वसत्तावादी प्रवृत्ति और तत्कालीन विरोधी दलों में इस प्रवृत्ति के खिलाफ केवल मित्रवत विरोध के कारण एक समय ऐसा आ गया था जब देश पर एकछत्र शासन करने का एकमात्र साधन एकदम नीचे के वर्गों को शिक्षा, खेती, शिल्प आदि सभी क्षेत्रों में कुचलते रहते रहना और साथ ही दया का ढोंग कर उन्हें धोखे में रखना रह गया था। पर शोषितों की गरीबी शासकवर्ग के अस्तित्व की रक्षा के लिए आवश्यक थी और उनका वोट भी इसलिए 'गरीबी हटाओ' शब्द बना, 'शोषण मिटाओ,' या 'गैरबराबरी' मिटाओ नहीं।

पर आगे चलकर तानाशाह को संपूर्ण सत्ता का उपयोग करने में दो दिक्कतें पेश आने लगीं। एक अपनी निजी पार्टी में बराबर उलटपुलट करते रहने की जरूरत से पैदा थी, दूसरी, इस बात से पैदा थी कि हिन्दुस्तानी जो निरक्षर और अधपेट रहकर भी किसी तरह जिंदा बने हुऐ हैं वे पहले लोहिया और फिर जयप्रकाश की शिक्षा से जाग कर भारतीय नागरिकों की तरह रहना चाहने लगे हैं। राजा की प्रजा बनकर नहीं, यद्यपि इस भ्रष्ट सामंती विचार को कांग्रेस ने अनेक रूपों में बहुत फैलाने की चेष्टा की थी। दोनों दिक्कतों का दमन करने के लिए तानाशाही लायी गयी, कांग्रेसियों को नौकरी दिये रह कर संसदीय लोकतंत्रीय ढांचा बनाये रखा गया। यही इस बीस महीने की बर्बरता का तीस साल पुराना रहस्य है।

'गरीबी' सही शब्द नहीं है, शोषण या गैरबराबरी है, इसी तरह 'ज्यादती' तानाशाही की एक गलती नहीं है, उसका अनिवार्य अंग है। केवल बार-बार ज्यादतियों का नाम लेकर अनजाने में हम तानाशाही की असलियत को उघाड़ने में असफल हो रहे हैं। यही नहीं, हम में से जाने कितने माने बैठे हैं कि जनता ने 'ज्यादतियों से' गुस्से के मारे कांग्रेस को उखाड़ फेंका। यह तो एक अर्द्धसत्य है, बीस महीनों में बिना किसी प्रतिष्ठित राजनैतिक नेतृत्व की सहायता से समाज रचना की विषमता के प्रतिकूल चेतना फैली है क्योंकि दमन, पिता के नसबंदी कराने पर 15 बरस के प्रतिभाशाली

ग्रामीण छात्र को वजीफे से वंचित किये जाने से लेकर उन भूमिहीन मजदूरों तक का हुआ है जिन्हें न्यूनतम मजूरी की घोषणा के बाद भी वह नहीं दी गयी है और जवाब में जिन्होंने इस झूठ के खिलाफ और अपने अधिकार के लिए संघर्ष किया।

इस चेतना से अभी शहरी खास कर अंग्रेजी बुद्धिजीवियों का परिचय हुआ नहीं दीखता। इसलिए केवल जनता पार्टी के भीतर के पुराने दलों की टिकट संबंधी छीनाझपटी से ही, जिसकी खबरें प्रेस के बंधनमुक्त होने से खूब आ रही है, अपनी चिंता प्रकट करते रहे हैं। यह चिंता सही चिंता है। पर इसमें नासमझी इतनी ही है कि इसकी परंपरा को भुला दिया जाता है और जनता पार्टी के आचरण की कांग्रेस से समानता बतायी जाने लगी है। हम लोग क्यों भूल जाते हैं कि कांग्रेस के भीतर टिकटों को लेकर होने वाली हायहत्या एक व्यक्ति द्वारा दबा दी जाया करती थी और मोरारजी देसाई कितने ही खतरे उठाते हुए यह नहीं कर रहे हैं बल्कि बातचीत का रास्ता बना रहे हैं।

सही बात यह होगी कि समझ रखने वाले लोग बजाय कांग्रेस पार्टी की तरह आचरण करने का दोष ज.पा. पर हर बात में लगाने के समझें कि प्रधानमंत्री और उनके पंचमेल साथी दूरगामी लोकतंत्र की रक्षा के लिए वर्तमान में कितने राजनैतिक साहस से और प्रेस का दमन न करने की प्रतिज्ञा की रक्षा करते हुए जाने कितने खतरे उठाने को तैयार हैं। क्या अपने को भारत मानने वाली इंदिरा गांधी इसके हजारवें हिस्से का खतरा भी उठाने को कभी तैयार रही हैं? ज.पा. द्वारा रेडियो-टीवी पर विरोधी दलों को भी चुनाव प्रचार का समय देना एक बड़ी बात है। इससे भी बड़ी बात है पांच दलों के पुराने वफादारों को चुनाव के जरिए अपने-अपने राज्य में अपने गढ़ मजबूत करने का कांग्रेस से विरासत में मिली इच्छा संपदा झगड़ों का दूरदर्शिता से निपटाया जाना। चरणसिंह का उत्तर प्रदेश को लेकर जो कि हमारी वर्तमान चुनाव व्यवस्था के चलते असली सत्ताजनक केंद्र बना हुआ है अड़ जाना उतना बड़ा अशकुन नहीं है जितना बड़ा शुभ लक्षण पार्टी की परम आवश्यकता एकता के हित में उनका मान जाना है। इस दल के पुराने घटकों में आपसी समझदारी बढ़ने और समाज परिवर्तन के कार्यक्रमों में मतैक्य होने की और भी संभावनाएं हैं, यह इसी बात से स्पष्ट है कि इसने अपने किसी मंत्री को पार्टी का अध्यक्ष नहीं बनाया है। गांवों में 17 से 20 बरस की उम्र के लड़कों में जागृति आयी है, उसके कारण वे समाज के ढांचे में शक्तिसंतुलन बदलने के लिए शहरी वाचालों के मुकाबले जनता पार्टी सरकार को अब तक के दो महीने से अधिक समय देने को तैयार है। शहरी बुद्धिजीवी या नौकरी पेशा को शोषितों के हित में समाज परिवर्तन होने पर कुछ न कुछ त्याग करना ही पड़ सकता है। यदि वे जनता पार्टी की चुनाव संबंधी या शिखर राजनीति संबंधी गड़बड़ियों पर बहुत शोर मचाते हैं तो वे गांव की असंगठित और शहर की संगठित समाजवादी युवा शक्ति पर अविश्वास प्रकट कर रहे हैं और मानो अनजाने में कांग्रेस

राज का स्मरण कर रहे हैं जिसमें उनके अधिकार हमेशा के लिए सुरक्षित थे। सूरतबदलुओं को छोड़ दें। (वे तो 'कोई नृप होय हमें ही लाभ' के हामी हैं।) परंतु विचारवान निष्ठायुक्त बुद्धिजीवियों को समझना चाहिए कि बिना खेती और उस के शोषण की समस्या को नजदीक से समझे हुए वे किसी सतही आलोचना से अधिक न कुछ कर सकते हैं और न कांग्रेस पार्टी से भिन्न एक लोकतंत्रीय पार्टी बनाने में सचमुच हाथ बंटा सकते हैं। इससे स्वतंत्र आलोचना का उनका अधिकार दूषित हो जाने की ही नहीं, दुबारा कांग्रेस के लौट आने की आशंका बढ़ ही सकती है।

जनता पार्टी की आलोचना हर दिन होनी चाहिए पर उस तरह नहीं जैसे शौकिया और आक्रोशवादी बुद्धिजीवी जमात वर्षों से कांग्रेस की करती आयी थी और कांग्रेस उसे इस कान से सुनकर उस कान से निकाल दिया करती थी। स्मरण रहे कि उसने अपनी आलोचना से तभी सचमुच डर खाया जब हजारों ग्राम-नगरवासी युवकों ने मिलकर 1974 में जयप्रकाश नारायण के नेतृत्व में भूमि, शिल्प, पूंजी, विद्या और साहस विहीन करोड़ों भारतीयों की शोषण मुक्ति के ठोस कार्यक्रम के पक्षधर बन कर इंदिरा सरकार की यह आलोचना आरंभ की कि वह भारत नहीं है।

राहुल बारपुते (संपादक)

[नई दुनिया (इंदौर), 2 मई, 1977 में प्रकाशित संपादकीय 'एक दिन का गत्यवरोध']

यदि कार्यवाहक राष्ट्रपति श्री जत्ती मंत्रिमंडल परिषद की सलाह मानने से इंकार कर देते, और नौ राज्यों की विधान सभाओं को भंग करने की घोषणा पर दस्तखत नहीं करते, तो भारत के इतिहास में पहली बार हम यह भयावह दृश्य देखते कि संविधान की स्पष्ट आज्ञा का उल्लंघन स्वयं राष्ट्रपति द्वारा हो रहा है, जिन्होंने इस बात की शपथ ली है कि वे संविधान का आदर करेंगे और उसकी रक्षा करेंगे। तब देश में पहले दर्जे का संवैधानिक संकट खड़ा हो जाता, क्योंकि राष्ट्रपति यदि संविधान के खिलाफ काम करें, तो आप महाभियोग के अलावा उनके खिलाफ कोई कार्रवाई नहीं कर सकते। महाभियोग बहुत उग्र और अंतिम हथियार है, और उसका उपयोग हलके-फुलके ढ़ंग से नहीं किया जा सकता है। फिर उसके लिए लोकसभा और राज्यसभा दोनों में दो तिहाई बहुमत की भी जरूरत है। यदि केन्द्रीय सरकार के पास इतना बहुमत नहीं हो, तो यह स्पष्ट है कि कोई भी राष्ट्रपति संविधान के स्पष्ट आदेशों का भी उल्लंघन कर सकता है, और बार-बार अपनी मंत्रिपरिषद् की सलाह के खिलाफ जाकर काम कर सकता है। एक तिहाई बहुमत के सहारे वह भारत का शासक बन सकता है।

इसका मतलब यह नहीं कि श्री जत्ती कोई संवैधानिक संकट खड़ा करना चाहते थे। हो सकता है कि उन्होंने नौ विधान सभाओं को भंग करने के पहले सचमुच जानकारियां और स्पष्टीकरण चाहे हों। इसका अधिकार तो उन्हें है। यही नहीं, मंत्रिमंडल यदि बहुत गलत राह पकड़ रहा है, तो अपना पूरा नैतिक वजन लगा कर वे यह आग्रह भी कर सकते हैं कि मंत्रिमंडल अपनी राह बदले। अगर मंत्रियों की सलाह के बारे में राष्ट्रपति शंकाएं भी न उठा सकें, और जवाब-सवाल भी न कर सकें, तो उनके होने का फायदा ही क्या है? लेकिन इस सारे सलाह-मशविरे के बाद भी यदि मंत्रिपरिषद् अपने संकल्प पर कायम रहे, तो राष्ट्रपति के सामने इसके अलावा कोई चारा नहीं रहता कि वे दस्तखत कर दें। 1950 में भारत का संविधान लागू हुआ, तब से देश में यही स्थिति है। लेकिन दुविधा की कोई भी

गुंजाइश न रहे, इसके लिए स्वयं इंदिरा गांधी ने अनुच्छेद 74(1) में साफ-साफ यह लिखवा दिया है कि राष्ट्रपति अपने कर्त्तव्यों के निर्वाह में मंत्रिपरिषद् की सलाह से ही काम करेगा। अगर कोई राष्ट्रपति यह महसूस करता है कि अमुक-अमुक निर्णय पर हस्ताक्षर करना संविधान के अनुसार अनिवार्य होते हुए भी अंतरात्मा की आवाज के खिलाफ है, तो उसे क्या करना चाहिए? उत्तर स्पष्ट है, उसे स्वेच्छा से इस्तीफा दे देना चाहिए। 25 जून, 1974 को जब इंदिरा गांधी आपातकाल की सिफारिश लेकर फकरुद्दीन अली अहमद के पास गईं, तब वे पहले तो यह आग्रह कर सकते थे कि पूरी कैबिनेट की बैठक बुलाकर फैसला किया जाए, फिर वे कैबिनेट के साथ अपने नैतिक प्रभाव का उपयोग कर सकते थे, और इसके बाद भी यदि उन्हें लगता कि संविधान का नाम लेते हुए संविधान को नष्ट किया जा रहा है, तो वे पद से इस्तीफा दे सकते थे।

राष्ट्रपति जत्ती ने कोई चौबीस घंटों का जो विलम्ब किया, वह सामान्य दिनों में इतना सनसनीखेज नहीं होता। लेकिन ये दिन सामान्य नहीं हैं। हाल ही में हम देख चुके हैं कि आपातकाल के नाम पर कांग्रेस ने किस तरह जनता के खिलाफ युद्ध छेड़ दिया था और संविधान की एक भी धारा का उल्लंघन किए बगैर देश को तानाशाही में बदल दिया था। अतः जब श्री जत्ती ने शनिवार की सुबह दस्तखत से इन्कार कर दिया, तो देश भर में शंकाएं उठ खड़ी हुईं कि कहीं बाहरी सलाह मान कर राष्ट्रपति ने मंत्रिमंडल के कामकाज में अड़ंगे डालने का निर्णय तो नहीं कर लिया है। अशोक मेहता ने तो यहां तक कह दिया कि यह इंदिरा गांधी का षड्यंत्र है। लोग सोचने लगे कि अगर राष्ट्रपति इतनी बड़ी बाधा बन सकता है, तब तो यह सचमुच जरूरी ही है कि नौ विधान सभाएं भंग की जाएं, और ताजे जनमत के आधार पर ऐसा राष्ट्रपति चुना जा सके, जो जनता पार्टी की सरकार को मंजूर हो। जो लोग पहले रबर स्टाम्प राष्ट्रपति का मजाक उड़ाते थे, उन्हें पहली बार समझ में आया कि हमारे संविधान के अन्तर्गत राष्ट्रपति का रबर स्टाम्प होना लाजमी है।

श्री जत्ती एक धर्मप्राण, शिवभक्त आदमी हैं। संभव है कि विधान सभा भंग की आज्ञा पर दस्तखत के पहले वे निजी संतोष भी कर लेना चाहते थे। अनुच्छेद 356 में लिखा है कि राष्ट्रपति को यदि संतोष हो जाए कि किसी राज्य का कारोबार संविधान के अनुसार नहीं चल सकता, तो वे राष्ट्रपति शासन लागू कर सकते हैं। अब यह स्पष्ट है कि राष्ट्रपति के संतोष का मतलब मंत्रिमंडल का संतोष ही होता है। लेकिन फिर भी राष्ट्रपति यह मांग तो कर सकते हैं कि जिन आधारों पर आपको संतोष हुआ है, उन्हें कृपया मुझे भी बतला दीजिए। यह मांग केवल राष्ट्र के कारोबार की जानकारी की मांग है, और उस हद तक वह उचित है।

एक मुद्दा यह भी है कि मंत्रिमंडल ने क्या सलाह दी और राष्ट्रपति ने क्या जानकारी मांगी, यह बात सघन अखबारबाजी का विषय क्यों बनाना चाहिए? जब

उच्चतम न्यायालय में इतने दिन बहस चल रही थी, तभी कैबिनेट और राष्ट्रपति के बीच परामर्श संभव क्यों नहीं हो सका? क्या इसका अर्थ यह कि राष्ट्रपति और मंत्रियों के बीच संवाद का अभाव है?

26 जुलाई, 1977 में प्रकाशित संपादकीय 'संजीव रेड्डी : नए राष्ट्रपति'

इन्दिरा गांधी पवनार में है और संजीव रेड्डी ने राष्ट्रपति पद की शपथ ले ली है। बरसों बाद देश एक सर्वानुमति की ओर लौटा है, जो पिछले दिनों तार-तार हो रही थी। राष्ट्रपति पद के लिए पहला गंभीर संघर्ष 1967 की गर्मियों में हुआ। तब कांग्रेस काफी घटे हुए बहुमत के साथ लोकसभा में जीती थी और कई राज्य उसने खो दिए थे। इसलिए प्रतिपक्ष ने सोचा कि एक गैर कांग्रेसी राष्ट्रपति को जिता कर इस संस्था को गर्भगृह में शिकस्त दी जाए। इसलिए डॉ. जाकिर हुसैन के खिलाफ उच्चतम न्यायालय के चीफ जस्टिस श्री कोका सुब्बाराव को खड़ा किया गया। आज की जनता पार्टी और तब की कम्युनिस्ट पार्टी के लोग उस समय सुब्बाराव के साथ थे। जाकिर हुसैन उस साल जीत गए। लेकिन दो साल बाद उनका देहावसान हुआ, तो और भी बड़ा संकट खड़ा हो गया और कांग्रेस के अन्दर महाभारत मच गया। तब प्रतिपक्ष के एक उम्मीदवार चिन्तामणि देशमुख थे और दूसरे वराहव्यंकट गिरी। उपराष्ट्रपति के रूप में अपनी वरीयता की उपेक्षा से खिन्न होकर श्री गिरि ने बिना किसी से पूछेताछे फार्म भर दिया था। उनकी हार निश्चित थी, क्योंकि तब उन्हें मालूम भी न था कि इन्दिरा गांधी संजीव रेड्डी के खिलाफ बगावत करके उन्हें जिता देंगी लेकिन इन्दिराजी ही नहीं, आज के सारे प्रगतिशीलों ने गिरि का साथ दिया और वे जीत गए।

फिर 1974 में जब फखरुद्दीन अली अहमद खड़े हुए, तब कोई मुकाबले का संघर्ष तो नहीं हुआ, लेकिन जनसंघ के अखबारों ने उनके चरित्र हनन का लम्बा अभियान चलाया और उन्हें रबर की मुहर बताया गया। तानाशाह के रूप में इन्दिरा गांधी की प्रगति के रास्ते में गिरि और अहमद ने कोई बाधा नहीं डाली, यह तो स्पष्ट ही है।

अब संजीव रेड्डी राष्ट्रपति हैं, और वे 1982 तक रहेंगे। क्या जनता पार्टी संविधान में संशोधन करके अब यह शर्त खत्म करेगी कि मंत्रिमंडल की सलाह मानना राष्ट्रपति के लिए अनविार्य होगा ? शायद वह न करे। लेकिन इस शर्त के बावजूद अगर मंत्रिमंडल की सलाह गलत हो, तो राष्ट्रपति पुनर्विचार का आग्रह कर सकता है, और संविधान के खिलाफ हो तो वह मानने से इंकार कर सकता है।

संजीव रेड्डी देश के पहले निर्विरोध राष्ट्रपति हैं। लेकिन जनता पार्टी की विजय के साथ जो नई सर्वानुमति देश में पैदा हुई है, उसका सार्थक उपयोग क्या

हम देश को आगे ले जाने के लिए करेंगे? या यह गत्यावरोध की सर्वानुमति सिद्ध होगी।

उनकी भर्त्सना

प्रजातंत्र को नष्ट करने की कोशिश के लिए लोकसभा ने श्रीमती गांधी की भर्त्सना की है। यह पहला मौका है, जबकि किसी भूतपूर्व प्रधानमंत्री की निन्दा इस तरह की गई हो। (दरअसल यह पहला मौका है जबकि कोई भूतपूर्व प्रधानमंत्री हमारे बीच मौजूद है।) जाहिर है कि भर्त्सना का यह प्रस्ताव उस डर और दहशत के वातावरण में पास नहीं हुआ है, जो कि सुब्रह्मण्यम स्वामी की भर्त्सना करते समय मौजूद थी।

लेकिन इन्दिरा गांधी को कोई खेद नहीं है। डेविड फ्रॉस्ट के साथ अपनी मुलाकात में और चरणसिंह के बयान के खिलाफ जारी अपने प्रतिवाद में उन्होंने कहा कि आपातकाल के दौरान हुई तकलीफों के लिए मैंने चुनाव प्रचार के समय ही अफसोस जाहिर किया था और जिम्मेदारी मान ली थी। लेकिन सवाल सिर्फ तकलीफों और ज्यादतियों का नहीं है। अगर संसद, कैबिनेट, पार्टी, अखबार, अदालत, सबको डंडा दिखाकर एक व्यक्ति सर्वेसर्वा बन जाए, तो जनता के साथ जुल्म होंगे ही। ऐसा आपातकाल लगाना संभव ही नहीं था, जिसमें अन्याय एक भी नहीं होता, और सारा देश प्रधानमंत्री की पूजा करता रहता। अन्यायों के लिए माफी मांगना काफी नहीं है। माफी 25 जून 1974 के निर्णय के लिए मांगी जानी चाहिए, जो कि अन्यायों का उद्‌गम स्थल था।

इधर कांग्रेस के संसद सदस्यों में भी यही विचार उठ रहे हैं, लेकिन वे प्रबल नहीं हैं। यशवन्तराव चह्वाण अब भी चुप हैं, हालांकि जयप्रकाश ने आह्वान किया है कि वे इन्दिरा को भूलकर सच्चे नेता बनें, ताकि कांग्रेस के सत्ता में लौटने की गुंजाइश हो। लेकिन चव्हाण का मामला यह है कि इन्दिरा जबर्दस्त हों, तो विरोध कैसे करें, और इन्दिरा परास्त हों, तो विरोध से फायदा क्या?

भाषाएं : एक, दो, तीन?

तमिलनाडु के मुख्यमंत्री की यह शिकायत वाजिब है कि उत्तर भारत के राज्य तो अपने लड़कों को सिर्फ एक भाषा पढ़ाना चाहते हैं–हिन्दी, जबकि तीन भाषा फार्मूले के अन्तर्गत दक्षिण के छात्रों से कहा जा रहा है कि वे मातृभाषा पढ़ें, हिन्दी पढ़ें और अंग्रेजी पढ़ें। इसलिए एम.जी. रामचन्द्रन का कहना है कि हम तो सिर्फ मातृभाषा के अलावा अंग्रेजी पढ़ेंगे।

उत्तर भारत में कई बार कहा गया कि कोई तीसरी भाषा हम पढ़ाएंगे। लेकिन हरियाणा के औसत छात्र को अगर तेलगु भी दी गई तो इसका उपयोग क्या होगा? तेलगु को वह संस्कृत के भी पहले भूल जाएगा।

मूल बात यह है कि जनता पार्टी के नेता हिन्दी को अखिल भारतीय भाषा बनाना चाहते हैं। लेकिन वे यह भी कहते हैं कि हिन्दी लादेंगे नहीं। याने जब तक एक भी राज्य असहमत हो, तब तक अंग्रेजी ही सम्पर्क भाषा रखनी होगी। फिर जब तक अखिल भारतीय प्रबुद्धों की भाषा अंग्रेजी है तब तक हिन्दी का आग्रह हमारे लड़कों को शासक वर्गों के ऊंचे क्लब में शामिल होने से रोकता है।

उदयन शर्मा

[रविवार (दिल्ली), 28 अगस्त-3 सितंबर, 1977 में प्रकाशित कॉलम 'कुतुबनामा']

मुख्यमंत्री नहीं, प्रधानमंत्री!

जम्मू-कश्मीर विधानसभा में दो-तिहाई बहुमत प्राप्त करने के लिये शेख अब्दुल्ला को तीन विधायक अभी और चाहिए। सोनम नर्बू के आने से नेशनल कानफ्रेंस की शक्ति 48 हो गयी है। जिन विधायकों से शेख अब्दुल्ला बात कर रहे हैं, वे हैं अब्दुल रशीद काजली (जनता), अब्दुल गनीलोन (जनता) और गिलानी (जमाते इस्लामी)। श्री काबली उस जमाने में शेख के खास आदमी थे, जब पाक समर्थक तत्व शेख अब्दुल्ला के साथ थे। पर राज्य में कांग्रेस का जोर बढ़ने पर वे कांग्रेस के साथ हो गये। लोकसभा चुनावों में इन्होंने कांग्रेस का जोरदार प्रचार किया था और विधानसभा चुनावों से कुछ दिनों पहले ही ये जनता पार्टी में आये थे। पाक लॉबी के स्तंभों में से एक-काबली भारत विरोधी वक्तव्य देकर नेशनल कानफ्रेंस में जाने की सोच रहे हैं। उपर्युक्त तीनों विधायकों के फूट आने पर भी शेख साहब के सामने एक समस्या है। जम्मू में उनके लेफ्टीनेंट हैं, राज जो विधानसभा में सभी प्रस्तावों का समर्थन शायद ही करें। इसलिए नेशनल कॉनफ्रेंस सुरक्षात्मक रुख लेकर एक और दलबदलू की खोज में है। दरअसल शेख अब्दुल्ला खुद भी ज्यादा संशोधनों के इच्छुक नहीं है, पर केंद्र विरोधी रुख बनाये रखने के लिए वे पहला संशोधन विधानसभा में यही लायेंगे कि जम्मू-कश्मीर का मुख्यमंत्री, प्रधानमंत्री व राज्यपाल सदर ए-रियासत कहलाये। जनता पार्टी की स्थानीय इकाई ने शेख को इस तरह के काम करने पर मजबूर कर दिया है।

कांग्रेस अभी और टूटेगी

कांग्रेस का एक और विभाजन निश्चित है। इसमें समय कितना लगेगा, यह भविष्य ही बता सकता है। श्री चह्वाण और श्रीमती इंदिरा गांधी अब स्पष्ट रूप से दो खेमों में बँट चुके हैं। मजेदार बात यह है कि कांग्रेस के एक धड़े को ठुकरा कर दूसरे को

अपनाने की आदत अभी तक कांग्रेस विरोधियों में गयी नहीं है। जनता पार्टी में भी नये समीकरण इसी आधार पर बन रहे हैं। दरअसल जनता पार्टी का आंतरिक झगड़ा बहुत सीधा है। 1979 में जो महागठबंधन में थे, उनमें और उस समय जो श्रीमती इंदिरा गांधी की कांग्रेस के साथ थे, उनमें फर्क सिर्फ यह आया है कि 1979 में संगठन कांग्रेस इस मोर्चे में थी और चरण सिंह दोनों से अलग थे। दरअसल पुराने कांग्रेसियों व कांग्रेस विरोधियों का झगड़ा ही जनता पार्टी का आंतरिक संकट है। कांग्रेस का भावी विघटन इसी परिप्रेक्ष्य में देखना चाहिए।

जनता पार्टी में कहा जाता है सिर्फ बहुगुणा श्रीमती इंदिरा गांधी से पुनः दोस्ती करने को तैयार हैं। इस मुद्दे पर उनमें व बाबूजी में काफी मतभेद है। क्योंकि बाबू जगजीवन राम चह्वाण से मेल करने को तैयार हैं, इंदिरा जी से नहीं। इसीलिए पिछले दिनों बहुगुणा जी ने लखनऊ जाकर हरिजनों की एक बैठक संबोधित की। विश्वस्त सूत्रों के अनुसार इसमें उन्होंने बाबू जी पर कुर्सी-प्रेमी होने का आरोप लगाकर कहा, 'देखो, उन्हें हरिजनों से क्या मतलब। इतने अत्याचारों के बाद भी एक वक्तव्य नहीं दिया।' दरअसल बहुगुणा जी अपनी चाल में सही हैं। राजनीतिक दृष्टि से उनके पास आज खोने को कुछ नहीं है। किसी भी नये गठबंधन से उन्हें लाभ ही होगा।

कांग्रेस में चह्वाण का गुट श्रीमती गांधी को हटाने को तत्पर है। उनका साथ सिद्धार्थ शंकर राय, चंद्रजीत यादव, महाराष्ट्र के कांग्रेसी, रघुनाथ रेड्डी तथा कर्नाटक के अर्स-विरोधी कांग्रेसी दे रहे हैं। पंडित कमलापति त्रिपाठी श्रीमती गांधी के खेमे से बाहर हैं, पर पूर्णतः तटस्थ हैं। चह्वाण गुट के लोगों का प्रयास है कि किसी तरह श्रीमती इंदिरा गांधी एवं गिरोह को अलग करके मोरारजी भाई, चंद्रशेखर व पी.एस.पी. वालों तथा जगजीवन राम से एका हो जाये। यानी 1965 की स्थिति वापस आ जाये। कहा जाता है कि इस पक्ष ने यह प्रस्ताव रखा है कि मोरारजी भाई प्रधानमंत्री बने रहें व बाबू जगजीवन राम गृहमंत्री पद संभालकर दूसरे नंबर पर हों। पार्टी अध्यक्ष के रूप में भी वे चंद्रशेखर को स्वीकारने को तैयार हैं। यह तथ्य सभी मान रहे हैं कि कांग्रेस के 950 में से करीब 900 लोकसभा सदस्य चह्वाण के साथ हैं।

उधर श्रीमती इंदिरा गांधी सक्रिय राजनीति में वापस आने का फैसला करने के बाद से कांग्रेस पर पूर्ण कब्जे का अंतिम प्रयास करने जा रही हैं, जिसमें सर्वश्री कृष्णचंद्र पंत, कर्ण सिंह, ओम मेहता, द्वारका प्रसाद मिश्र, विद्याचरण शुक्ल तथा देवराज अर्स उनके साथ हैं। के. ब्रह्मानंद रेड्डी उन्हीं के गुट में हैं। पर वे खुश नहीं हैं क्योंकि इंदिरा जी उन्हें हटाकर खुद ही अध्यक्ष बनने का फैसला कर चुकी हैं।

अपनी राजनीतिक वापसी के लिए श्रीमती इंदिरा गांधी यदि कांग्रेस संगठन पर पूरी तरह कब्जा करने में असफल रहती हैं तो वे हरिजनों पर अत्याचार का मामला शीशे की तरह उछाल कर हरिजन-ब्राह्मण धुरी के आधार पर एक नया दल बनायेंगी। दरअसल श्रीमती गांधी ने इस दिशा में काम करना शुरू भी कर दिया है। पवनार जा

कर बाबा से मिलने में उनके दो मुख्य ध्येय–थे एक, बाबा जे.पी. से कहें कि वे कोई इंदिरा विरोधी वक्तव्य न दें तथा दूसरा, बाबा से हरिजनों के प्रश्न पर जनता पार्टी के खिलाफ वक्तव्य दिलाना। फिलहाल बाबा वक्तव्य नहीं देंगे। पर श्रीमती गांधी के प्रति उनका झुकाव जगजाहिर है। श्रीमती इंदिरा गांधी के नजदीकी सूत्रों का मानना है कि वे नयी पार्टी की घोषणा की तैयारी में काफी गंभीरता से जुटी हैं। नये दल का नाम किसान मजदूर प्रजा पार्टी बताया जा रहा है। पर यह अंतिम फैसला नहीं है, क्योंकि राजनीतिक जोड़-तोड़ की प्रक्रिया इतनी तेज है कि कोई भी कयास आने वाले घटनाचक्र का सही अंदाजा नहीं दे सकता।

15-21 जनवरी, 1978 में प्रकाशित कॉलम 'कुतुबनामा'

नाटक अभी जारी है

इंदिरा गांधी ने कांग्रेस तोड़ दी। कांग्रेस जनों को राष्ट्रीय सम्मेलन में इसीलिए बुलाया गया था। इस सम्मेलन में ए.आई.सी.सी. के कितने सदस्य आये, इसका जवाब कोई भी न दे सका। पहले दिन मंच से लगातार 423 ए.आई.सी.सी. सदस्यों के आने का दावा किया जाता रहा, एक इंदिरा समर्थक ने यह संख्या 300 से ऊपर बतायी। बार-बार पूछे जाने के बावजूद कोई भी सम्मेलनवादी राज्यवार ब्योरा नहीं दे सका। किंतु ब्रह्मानंद रेड्डी के खेमे ने नाम बता कर राज्यवार ब्योरा प्रेस को दिया कि कौन-कौन इंदिरा समर्थक सम्मेलन में मौजूद हैं। ब्योरा है–असम के 22 में से 2, आंध्र के 34 में से 5, बिहार के 54 में से 22, दिल्ली के 8 में से 2, गोवा के 7 में से 1, गुजरात के 23 में से 5, हरियाणा के 10 में से 1, जम्मू-कश्मीर के 8 में से 2, कर्नाटक के 32 में से 11, केरल के 27 में से 3, मध्य प्रदेश के 56 में से 5, बंबई के 12 में से 2, महाराष्ट्र के 51 में से 3, मणिपुर, मेघालय, मिजोरम, उड़ीसा, त्रिपुरा, अरुणांचल, अंडमान, सिक्किम और नागालैंड के क्रमशः दो, चार, पांच, चार, पांच, दो, एक, एक, एक में से एक भी नहीं, पंजाब के 21 में से 11, राजस्थान के 32 में से सात, तमिलनाडु के 72 में से 21, उत्तर प्रदेश के 82 में से 22, बंगाल के 49 में से 11, चंडीगढ़ के दो में से एक और पांडिचेरी के तीन में से दो।

अधिवेशन में बोलने वाले प्रत्येक वक्ता का मुख्य थीम इंदिरा गांधी थीं। आर्थिक प्रस्ताव पर हुई बहस में एक भी वक्ता ने कांग्रेस की आर्थिक नीतियों, जनता पार्टी सरकार की आर्थिक नीति, या इसी सम्मेलन ने जो आर्थिक प्रस्ताव पारित किया, उस पर भी एक वाक्य तक नहीं कहा। प्रत्येक वक्ता जोकर लगता था। सिर्फ कमलापति त्रिपाठी का भाषण नीतिबद्ध और सभ्य था। उन्होंने किसी पर व्यक्तिगत हमला नहीं किया न ही इंदिरा गांधी ही कांग्रेस है, यह कहा। इनके अतिरिक्त प्रत्येक वक्ता ने

यही सिद्ध किया कि इंदिरा का मतलब ही कांग्रेस है। पहले दिन देवराज अर्स ने कहा, ''उत्तर भारत में हम चुनाव हारे थे, क्योंकि हमने ऊंची जातियों और निचली जातियों को जोड़ने की कोशिश की थी। हमें यह गलती दोहरानी नहीं चाहिए। इस ऊंची जाति का विश्वास मत करो। ये हमारे साथ नहीं हैं।''

आंध्र के डी. आंजय्या ने कहा, ''अगर कांग्रेस में दस बार टूट नहीं होती तो कांग्रेस जिंदा नहीं रहती। पी.एस.पी., स्वतंत्र पार्टी, जनसंघ में कोई टूट नहीं हुई। आज वे कहां हैं?'' अनंत प्रसाद शर्मा ने गरजते हुए घोषणा की, ''जहां इंदिरा हैं, वहां कांग्रेस है, वहीं देश है।'' मोहसिना किदवई फफक-फफक के रोयीं, ''वह (मार्च का चुनाव) जनता का फैसला नहीं था, साजिशों का फैसला था।''

दूसरे दिन तारकेश्वरी सिन्हा वही शेरो-शायरी करती रहीं, जो 1969 में उन्होंने इंदिरा गांधी के खिलाफ की थी। तब वे मोरारजी के खेमे में थीं, पर इंदिरा समर्थकों का सम्मेलन विट्ठलभाई पटेल भवन के इसी हिस्से में हो रहा था। यूनुस सलीम धर्म-निरपेक्षता के नाम पर फिरकापरस्ती सिखा रहे थे। पर संजय गांधी के चहेते ललित माकन ने चमत्कार किया, ''यह देश पत्थरों की पूजा करता है। हम इंसान की पूजा क्यों न करें। हम इंदिरा गांधी की पूजा करेंगे।'' किंतु अनंत प्रसाद शर्मा, देवराज अर्स और यशवंत सिंह परमार ने बीच में रामायण डाल दी जहां राम हैं, वहां अयोध्या है। जहां इंदिरा हैं, वहां कांग्रेस है। शर्मा जी ने कहा, तो अर्स ने खुद को हनुमान और चह्वाण और रेड्डी को रावण की संज्ञा दी। परमार ने इंदिरा गांधी में सीता को देखा। किंतु नारायण दत्त तिवारी खासे जमे, ''उत्तर प्रदेश की दस करोड़ जनता इनके (इंदिरा गांधी) साथ है।''

सर्वाधिक अश्लील भाषण वहां के.के. जैन ने दिया। रेड्डी चह्वाण से उन्होंने गुजारिश की, ''वे कहीं जा कर मजदूरी करें, खेत में हल चलायें।'' ये भी आर्थिक प्रस्ताव पर बोल रहे थे। लोकनायक जयप्रकाश के खिलाफ गलीज और अपमानजनक शब्दों को उछालने का जिम्मा इन्हें सौंपा गया था।

विश्वस्त सूत्रों के अनुसार यह सम्मेलन देवराज अर्स की देन थी। उनके समर्थक ने इस पर करीब 15 लाख रुपया खर्च किया। इसमें करीब दो लाख रुपया तार भेजने में ही खर्च हुआ होगा। भीड़ इकट्ठी करने का जिम्मा संजय गांधी का था। सम्मेलन में सफेद टोपी लगाये घूम रहे कार्यकर्ता एन.एस.यू.आई. के थे। मंच पर ललित माकन, के.के. जैन, राजेंद्र शर्मा, जनार्दन गहलोत, एफ.एम. खान और नारायण दत्त तिवारी की मौजूदगी के बाद संजय का होना या न होना बेमानी था। पूरा 'शो' संजय का ही था। दूसरे दिन ललित माकन ने अपने भाषण में संजय की तारीफ भी की।

अधिवेशन से पहले एक प्रेस कांफ्रेंस में पंडित कमलापति त्रिपाठी ने नम्रता से बात की थी। फलस्वरूप 'स्टीयरिंग' कमेटी में चेन्ना रेड्डी और देवराज अर्स ने उन

पर काफी नाराजगी जाहिर की। इसलिए इस उत्पाती भीड़ में त्रिपाठी जी कब तक फिट रहते हैं, यह भी एक प्रश्न है।

'नेशनल हेरल्ड' का बंद होना और फिर 1 जनवरी से चालू होना, यह साबित करता है कि इंदिरा गांधी को अखबारनवीसी पर विश्वास नहीं रहा। इस सम्मेलन में सबसे ज्यादा अखबार वालों को ही धिक्कारा गया। पर चूंकि इस धड़े को माध्यम चाहिए ही था इसलिए 22 लाख रुपया देकर यशपाल कपूर, कर्नल जैदी आदि की देखरेख में इसका प्रकाशन पुनः शुरू हुआ। भागवत 'आजाद' ने सम्मेलन में कहा कि सच्चे कांग्रेस जन सिर्फ नेशनल हेरल्ड, नवजीवन और कौमी आवाज ही पढ़ें। 2 जनवरी के नेशनल हेरल्ड के मुखपृष्ठ पर चार कॉलम की एकमात्र खबर इस सम्मेलन की थी, जबकि अन्य अखबारों ने कार्टर यात्रा या विमान दुर्घटना को चार कॉलम की खबर बनाया।

राजकिशोर

[रविवार (दिल्ली), 24 सितंबर-1 अक्टूबर, 1977 में प्रकाशित लेख 'ग्रह-मुक्ति या मानव-मुक्ति']

राजनीति का तंत्र-मंत्र या जादू-टोने से रिश्ता आज का नहीं है, इसकी जड़ें इतिहास के लंबे-चौड़े रास्ते से होते हुए प्रागैतिहासिक युग तक जाती हैं। दरअसल राज्य या समाज की शुरुआत के वर्षों में ही यह रिश्ता पनपने लगा था। कबीले या राज्य का प्रधान कोई शक्तिशाली व्यक्ति ही हो सकता था, पर आदिम समाज व्यवस्था में धार्मिक कर्मकांडों की जो भूमिका थी, उसके कारण अदृश्य शक्तियों को अपने तंत्र-मंत्र, पूजा-अर्चना से प्रसन्न कर सकने वाले लोगों को भी महत्त्वपूर्ण स्थान मिला हुआ था। भारत में राज्यसत्ता मुख्यत: क्षत्रियों और ब्राह्मणों के बीच की चीज रही है।

दरअसल, जब तक हम यह मानते हैं कि राज्य (या वर्तमान संदर्भ में मंत्रि पद) भोग की वस्तु है और हमारा भोग हमारे कार्यों द्वारा नहीं बल्कि ग्रहों के योग या अदृश्य शक्तियों द्वारा निर्धारित होता है, तब तक राजपुरुष ऐसे क्रियाकांडों का सहारा लेने को विवश हैं, जिनसे उनकी गद्दी पर मंडराते खतरे दूर हो सकें या वे उससे वंचित हैं तो उसे हासिल कर सकें। जनता के प्रतिनिधियों द्वारा जनता का शासन यह लोकतांत्रिक धारणा अपने वर्तमान रूप में आधुनिक चेतना की उपज है और आधुनिक चेतना अपने मूल रूप में इहलौकिक है, सही अर्थों में धर्मनिरपेक्ष। लेकिन जो विचार लेखकों और बुद्धिजीवियों को शीघ्र आकर्षित करते हैं, राजनीतिक गलियारों में उनकी पहुंच उसी वक्त हो पाती है, जब वे लोकप्रिय हो जाते हैं या उनको स्वीकार किये बिना नेताओं को स्वयं के लोकप्रिय होने में बाधा दिखायी पड़ती है। इसका एक अच्छा उदाहरण है समाजवाद, जिसे किसी न किसी रूप में भारत की हर राजनीतिक पार्टी स्वीकार करने को विवश हुई है। पर राजनीतिक आचरण के साथ भी क्या यही बात सच है? दुर्भाग्य से नहीं, क्योंकि भारत भी धार्मिक मामलों में एक कट्टर देश है और यहां के नेता और किसी मामले में हों या न हों, इस मामले में जरूर सच्चे जनप्रतिनिधि हैं। तभी तो आणविक भट्ठी अप्सरा का उद्घाटन तत्कालीन प्रधानमंत्री ने नारियल फोड़ कर किया था। और यह इस तरह का कोई अकेला उदाहरण नहीं है, न अंतिम।

सवाल उद्‌घाटन समारोहों में नारियल फोड़ने या महत्त्वपूर्ण कार्यों के लिए सरकारी स्तर पर भी शुभ दिन की गणना तक सीमित नहीं है। ये तो एक बुनियादी बीमारी के मामूली लक्षण हैं, जिन्हें हम संस्कारों का प्रभाव कह कर सिर्फ हल्की सी मुस्कराहट के साथ खारिज भी कर सकते हैं। असल सवाल यह है कि हमारे नेता लोग राजनीति या प्रशासन को आखिर समझते क्या हैं? क्या वे चाणक्य-नीति या मुगलों के जमाने के गृह-कलह से आगे नहीं बढ़ पाये हैं? मुख्यमंत्री या प्रधानमंत्री पद के लिए जो योग्यताएं होनी चाहिए, देश के साथ जो लगाव और व्यापक क्रांतिकारी दृष्टि होनी चाहिए, उसके बजाय स्वामी और बाबा लोगों के आशीर्वाद, ज्योतिषियों की गणना और प्रतिद्वंद्वियों को पछाड़ने के लिए जादू-टोना और तांत्रिक क्रिया-कलाप की शरण में जाने के पीछे राजनीति की कौन सी समझ काम करती है? अपने प्यासे खेतों की सिंचाई के लिए नियोजित जल व्यवस्था की जगह जैसे हम आज भी बादलों की कृपा पर निर्भर हैं, क्या राजनीतिक परिवर्तन के लिए मालाओं, ग्रहों, जापों, यज्ञों और कौड़ियों को ही सौंपना होगा? यह कैसी विडंबना है, जिसका शिकार हमारा देश बीसवीं शताब्दी के उत्तरार्ध में भी बना हुआ है। मानव मुक्ति के बजाय ग्रह मुक्ति और जनहित की दिशा में मुख्यमंत्री के कार्य देखने के बजाय उसकी कुंडली का अध्ययन आज भी क्यों अति महत्त्वपूर्ण माना जाता है?

एक बात और। सार्वजनिक जीवन में काम करने वाले व्यक्तियों के लिए अपनी व्यक्तिगत धार्मिक या तांत्रिक निष्ठाओं या विश्वासों का सार्वजनिक प्रदर्शन किस हद तक उचित है? महत्त्वपूर्ण लोगों के विश्वास जनता के लिए संक्रामक होते हैं, इसीलिए यह उचित है कि कम से कम इस धर्म-निरपेक्ष देश में नेता और मंत्री ऐसी चीजें अपने तक ही सीमित रखें अन्यथा उनका लोगों पर गलत प्रभाव पड़ सकता है। पिछले दिनों राजनारायण जी ने इस हिसाब से जो किया वह जनता सरकार के निर्माता के राजनीतिक आचरण के एक पहलू को उजागर करता है। अगर श्रीमती गांधी पर राजनारायण की विजय किसी बाबा के स्वप्न की वजह से हुई जैसा कि उन्होंने कई बार घोषित किया तो इसका मतलब है कि तानाशाहों, अनाचार और अपशासन की कोई भूमिका कांग्रेस के पराभव में नहीं रही। राजनारायण द्वारा अपना सार्वजनिक धर्म प्रदर्शन, संसद में पेड़ा-वितरण और ऐसी कई हरकतें जनता में व्याप्त अंधविश्वासों को बल देती हैं। श्रीमती गांधी रुद्राक्ष की माला पहनती हैं। सुना है, लोकनायक भी साईं बाबा की अंगूठी धारण करते हैं।

भारत को आजादी देने के लिए जब शुभ दिन का विचार किया था। (देखिए रविवार का पहला अंक पर्दे के पीछे क्या हो रहा था।) मानवेतर अंधास्थाओं का सिलसिला देश में जल्द समाप्त होने वाला नहीं है, इतना तो निश्चित है पर क्या इसी वजह से हम इन ऊल-जुलूल नुकसानदेह और प्रतिगामी चीजों को बर्दाश्त करते रहेंगे और उनके खिलाफ आवाज नहीं उठायेंगे?

6–12 नवंबर, 1977 में प्रकाशित लेख 'कांग्रेस का इतिहास क्या कहता है?'

जैसे हर व्यक्ति का एक चरित्र होता है वैसे ही प्रत्येक राजनीतिक पार्टी का भी एक चरित्र होता है। भारत की कांग्रेस पार्टी का चरित्र कभी भी क्रांतिकारी नहीं रहा–सिवाय उस अवधि के जब गांधी इसके साथ थे। गांधी के कांग्रेस–प्रवेश के पहले यह अंग्रेजी सरकार के सामने पिटीशन और प्रार्थना पत्र उपस्थित करते रहने वाली पार्टी थी। ज्ञातव्य है कि कांग्रेस की स्थापना के पीछे एक 'भारत–हितैषी' अंग्रेज का मुख्य हाथ था। उस समय इसके साथ कुलीन वर्ग के प्रतिनिधि थे, जो अंग्रेजी शासन से चिरौरी–मिनती करके 'भारतीय प्रजा' के लिए कुछ सुधारमूलक रियायतें उपलब्ध करने को ही देश का बहुत बड़ा काम मानते थे। गांधी जी तूफान की तरह इस देश की स्वातंत्र्य पूर्व राजनीति में आये और उन्होंने कांग्रेस को अपने क्रांतिकारी काम का माध्यम बनाया। तब कांग्रेस के शरीर में वह चीज कहीं नहीं थी, जिसे रीढ़ की हड्डी कहते हैं : वह हुक्काम के इशारों पर बेतरह लचकती थी : गांधी महात्मा ने कांग्रेस की 'अनाटमी' दुरुस्त की। उसे एक स्वत:स्फूर्त, राष्ट्रव्यापी, जनाभिमुख संगठन बनाया, जो राष्ट्र की आशा–आकांक्षाओं का प्रतीक बन सकता था और काफी हद तक बना भी। यदि हम गौर से गांधी और कांग्रेस के अंतर्संबंधों का अध्ययन करें, तो साफ दिखाई देगा कि गांधी कांग्रेस के उस अर्थ में नेता नहीं थे, जिस अर्थ में नेहरू, पटेल या राजेंद्र प्रसाद थे। दरअसल, गांधी जी एक राष्ट्रीय नेता थे और उन्हें एक साथ ढेर सारे काम करने थे। उन्होंने कांग्रेस को अपनी क्रांतिकारी कार्रवाइयों का माध्यम बनाया। उन्होंने कांग्रेस को इतने सारे कार्यक्रम दिये कि उन्हीं को अच्छी तरह चलाते हुए यह कम से कम पचास वर्षों तक राष्ट्रीय निर्माण का काम कर सकती थी। स्वाधीनता की लड़ाई को गांधी ने बहुमुखी, बहुआयामी बनाया और उसे सामाजिक समानता, ग्राम–स्वराज, आर्थिक आत्मनिर्भरता और विकेंद्रीकरण इत्यादी अनेक स्थायी महत्त्व के कामों से जोड़ा। यही कारण है कि कांग्रेस उस समय एक राष्ट्रीय समग्र क्रांति के आन्दोलन का रूप ले सकी। पर गांधी अंदर ही अंदर कांग्रेसजनों से पूरी तरह संतुष्ट नहीं थे। वे उनमें पल रही लिप्साओं को देख–परख रहे थे। सभी को मालूम है कि बाद में गांधीजी ने कांग्रेस की चार आने वाली मेंबरी भी छोड़ दी थी। आज़ादी के बाद गांधी से ज्यादा दुखी और संतृप्त कोई नेता हिन्दुस्तान में नहीं था। शरीर टूटने से पहले उनकी आत्मा टूट चुकी थी–कांग्रेसी नेताओं की सत्ता–लिप्सा और समझौतावाद को देख–सुनकर।

गांधी की छत्र–छाया हट जाने के बाद कांग्रेस का क्रांतिकारी चरित्र खत्म हो गया। गांधी द्वारा चलाये गये रचनात्मक कार्यक्रमों को कांग्रेसी राज में सिर्फ प्रतीकात्मक स्वीकृति मिली–उन्हें एक झटके से कैसे खत्म किया जा सकता था। आजाद भारत में निहित स्वार्थ वो तमाम लोग कांग्रेस की ओर उसी तरह लपके, जैसे चींटियां चीनी के ढेले के इर्द–गिर्द इकट्ठी हो जाती हैं। कांग्रेस के हाथ में सत्ता थी, लगभग पचीस वर्षों के जनांदोलन की पूंजी थी, नेहरू, पटेल जैसे बड़े-बड़े नामों का चकाचौंध था।

अगर कुछ छूट कर पीछे रह गया था, तो लोगों के दुख-दर्द के साथ आत्मीयतापूर्ण लगाव।

नीति और संगठन, दोनों ही स्तरों पर कांग्रेस एक निकम्मी और अलोकतांत्रिक पार्टी रही है। यह सच है कि कांग्रेस में हमेशा किसी साफ दिशा या सोच का अभाव रहा। उसने देश में जैसे 'मिश्रित अर्थव्यवस्था' की अवधारणा चालू की, वैसे ही नीति और सिद्धांत के हर स्तर पर अद्‌भुत घालमेल और मिलावट का परिचय दिया। कांग्रेस पार्टी ने स्वाधीन भारत को सैद्धांतिक स्तर पर एक भी संगत कार्यक्रम नहीं दिया। उसने कुटीर उद्योगों के नाम पर खादी को भोंडे ढंग से प्रश्रय दिया तो बड़े-बड़े आधुनिक संयंत्रों का गुणगान भी किया। अस्पृश्यता के खिलाफ कानून बनाये तो देश में हजारों नये वर्ग भी बनाये। कांग्रेस का संगठन कभी जनाभिमुख नहीं रहा। वह नीचे से नहीं ऊपर से परिचालित होता आया है। मुहल्ले का 'बड़ा आदमी' या गांव का भूमिपति या 'बाबू साहब' उसकी सबसे निचली शक्ति-इकाई रही। सामान्य कार्यकर्ता की आवाज हरदम उपेक्षित रही।

जहां तक लोकतंत्र का सवाल है, यह तो कांग्रेस में कभी रहा ही नहीं। गांधी जी भी इस मामले में कभी-कभी गड़बड़ कर बैठते थे–सुभाष बोस का त्यागपत्र इसका परिचित प्रमाण है। स्वाधीन भारत में नेहरू की तानाशाही खूब फली-फूली। उनकी नाजुकमिजाजी लोकतंत्री सहिष्णुता के सर्वथा विपरीत थी। वे चाहते थे कि हर निर्णय उनकी मर्जी के मुआफिक होना चाहिए। कामराज योजना पार्टी के अंदर फैले हुए व्यक्तिवाद का थोक प्रमाण है। दरअसल, कांग्रेस का नेता वही होता रहा है, जो सरकार की चोटी पर हो। लालबहादुर शास्त्री इसके एकमात्र अपवाद थे–और यही कारण है कि वे देश में जितने लोकप्रिय हुए, उतने पार्टी के शिखर-नेतृत्व में नहीं। इंदिरा गांधी का उत्थान पार्टी और सरकार के कांग्रेसी समीकरण का अच्छा उदाहरण है। जो पार्टी अपने अंदर तानाशाही को पालती-पोसती है, वह देश में कभी लोकतंत्र नहीं चला सकती। कांग्रेस ने 1975 में जो किया, वह उसके चरित्र का अंतर्विरोध नहीं, उसकी सहज परिणति थी।

सवाल यह है कि अब कांग्रेस का भविष्य क्या है? पार्टी के इतिहास का संकेत साफ है। यदि जनता पार्टी कांग्रेसी तौर-तरीकों को अपना लेती है और अपने को स्थायी बनाने में सफल हो जाती है तो चींटे इसी से चिपकेंगे–कांग्रेस उनके लिए आकर्षण खो देगी और धीरे-धीरे खत्म हो जायेगी। पर अगर वह जोड़-तोड़ करके फिर सत्ता में आने की संभावनाएं उत्पन्न कर लेती है, तो पुनर्जीवन भी प्राप्त कर सकती है। कांग्रेस में आज जितने लोग हैं, उन सभी के रोम-रोम में सत्ता का नशा रमा हुआ है। यह नशा हिरन होने की संभावना दिखते ही वे दूसरा मयखाना तलाश करने लगेंगे–औंधी सुराहियों और खाली प्यालों के पास कौन फटकता है, जनाब!

कर्पूरचंद कुलीश

[राजस्थान पत्रिका (जयपुर), 8 जनवरी, 1980 में प्रकाशित संपादकीय '1980 का फैसला']

प्रस्तुत चुनाव में देश के मतदाता ने लगातार तीसरी बार अपना इकतरफा फैसला दिया है। पहली बार 1971 में उसने गरीबी हटाओ के नारे पर आंख मींच कर श्रीमती गांधी को भारी-भरकम बहुमत के साथ शासन सौंपा, परन्तु 1977 में उसे लगा कि वह ठगा का ठगा रह गया और आपातकाल की ज्यादतियों के विरुद्ध आजादी और रोटी के नारे पर जनता पार्टी को अन्धाधुंध समर्थन प्रदान किया। वह फिर छला गया। और 1980 में फिर श्रीमती गांधी के साथ हो गया। इन दस सालों में मतदाता का जो इकतरफा व्यवहार रहा है, वह भारतीय राजनीति में एक प्रश्नचिन्ह के समान है। मतदाता क्या चाहता है, यही प्रश्न है। वह हर बार आशा और विश्वास के साथ किसी के साथ होता है और हर बार छला जाता है।

पिछले एक दशक के तीन चुनावों में एक तथ्य जरूर सामने आया कि मतदाता मूलत: कांग्रेस की ओर देखता है। 1977 में जो उसने कांग्रेस का साथ छोड़ा, तो गैर कांग्रेसी विकल्प का अन्तिम प्रयोग एक बार फिर असफल सिद्ध हुआ। यदि यही एक कारण माना जाय, तो अब कांग्रेस के सामने फिर अवसर है कि अपनी पिछली भूलों को सुधारे।

1980 के चुनावों में दूसरी भी कुछ विशेषतायें सामने आईं। प्रथम यह कि जात-पांत का असर मतदान में देखने को नहीं मिला। दूसरी यह कि अकाली, द्रमुक, अन्नाद्रमुक आदि क्षेत्रीय दलों का वर्चस्व समाप्त हो गया। इधर प्रधानमंत्री चरणसिंह का यह हौव्वा समाप्त हो गया कि अमृतसर से पटना तक उनकी तूती बोलती है। जगजीवन राम हरिजनों पर कोई प्रभाव नहीं रखते, बल्कि उनके नाम पर अब तक भारतीय राजनीति में छाये रहे। यदि कभी उनका प्रभाव रहा भी, तो वह इन चुनावों में समाप्त हो गया। एक तथ्य यह भी है कि मतों के विभाजन की हानि कांग्रेस को नहीं, जनता पार्टी व लोकदल को हुई। साफ जाहिर है कि जनता पार्टी के झगड़े से लोग ऊब गये थे।

पिछले दो चुनावों की भांति ही इन चुनावों में भी परिणामों के बारे में सारे अनुमान विफल हो गये और आकलन का कोई मापदण्ड काम नहीं आया। अलबत्ता यह निरन्तरता देखने में आई कि लोकतंत्र में भारतीय मतदाता की गहन आस्था है। चुनाव का आह्वान होते ही वह अपना मन बनाकर मतदान केन्द्र पर पहुंच जाता है। इसी तरह सात चुनाव शांतिपूर्वक हो चुके हैं। किसी भी लोकतांत्रिक देश को मतदाता की इस परिपक्वता पर गर्व होगा। उसके फैसले को नतमस्तक होकर स्वीकार करना होगा और सभी राजनीतिक दलों को नये सिरे से देश की समस्याओं के समाधान में अपने-अपने तरीके से योगदान करना होगा। इस समय देश में जो आर्थिक गिरावट आ गई हैं और विश्व में जो तनाव बढ़ता जा रहा है, उसे देखते हुए आवश्यक है कि राजनीतिक दल एक स्वस्थ राष्ट्रीय सहमति का दृष्टिकोण अपनाएं।

महावीर अधिकारी

[करंट (मुंबई), 8 अगस्त, 1981 में प्रकाशित कॉलम 'कलम कलाम']

आप तैयार हैं?

भारतीय समाज के कुछ प्रचलन जो परम्परा का अंग बन गये हैं, बड़े विचित्र हैं, बुराई को दबाना या छिपाना और अच्छाई को उभारना यहां अच्छी आदतें मानी जाती हैं। सामान्य काल में ऐसा करते रहने की हानि बहुत उजागर नहीं होती, लेकिन परिस्थितियां जब असाधारण हों, तब ऐसी आत्मछलना का परिणाम आत्मघाती होता है। हरिजन समस्या इन दिनों एक ऐसी ही जटिल समस्या बन गयी है और भारतीय हिन्दू समाज आत्मछलना के एक ऐसे दौर से गुजर रहा है जिसे यदि हृदय की पूरी सच्चाई के साथ समझा न गया तो परिणाम भयानक हो सकते हैं।

हरिजन समुदाय कमर कसे बैठा है कि वह दूसरे दर्जे का नागरिक बनकर नहीं रहेगा और सवर्ण समाज यह समझ रहा है कि हरिजनों के मन में कोई आधारभूत विद्रोह नहीं है। चूंकि आरक्षण के खिलाफ देश भर में विपरीत वातावरण बन रहा है। शायद हरिजन केवल धमकी दे रहे हैं कि वे धर्म परिवर्तन कर लेंगे। समस्या केवल इतनी ही नहीं है, समस्या पूरी तरह बुनियादी है। सवर्ण समाज उसकी समुचित सराहना करना नहीं चाहता।

जहां प्रतिशोध हो, वहां देशभक्ति कैसे?

कुरुक्षेत्र में गृह मंत्रालय के राज्य मंत्री योगेन्द्र मकवाना ने हिन्दू नेताओं की एक सभा में कहा है, "आप सदियों से हमारा दमन करते आ रहे हैं और आज भी हकीकत को समझने के लिए तैयार नहीं हैं।" उनके इस कथन से सभा में सम्मिलित कुछ स्वामी नाराज दिखाई पड़े, लेकिन मकवाना पर उस नाराजगी का मुतलक कोई असर नहीं पड़ा।

उन्होंने आगे कहा, "धर्म परिवर्तन से देश का रक्षा पक्ष दुर्बल पड़ रहा है, क्योंकि उसके पीछे प्रतिशोध की भावना है, जिस दिमाग में प्रतिशोध की आग जल रही हो, उसमें देशभक्ति के लिये जगह कहां व कैसे रह सकती है?"

उनकी यह प्रतिक्रिया जानकर हिन्दू नेता ने कहा कि यह फर्ज हरिजन नेताओं का है कि वे अपने समाज में जायें और लोगों से कहें कि हिन्दू समाज में बने रहने के कारण ही उनमें से कुछ को समाज में इतना ऊंचा पद मिला है तो मकवाना साहब ने जवाब दिया, "हम क्यों जायं, आप और आपके स्वामी ही जाएं और उनसे क्षमा-याचना करें, जिन लोगों ने सदियों तक जिस समाज का शोषण किया है, उसे ही जाना चाहिये।" अगर किसी हरिजन को ऊंचा पद प्राप्त हुआ है तो यह उसका वाजिब हक है।

सवर्ण, भंगी वाला काम खुद नहीं करेंगे

इस सभा में अनेक हिन्दू नेता थे, स्वामी थे, भू.पू. गृहमंत्री गुलजारी लाल नन्दा थे, राज्यपाल जी.डी. तपासे थे और कुरुक्षेत्र विश्वविद्यालय के कुलपति डा. रामप्रकाश भी थे, इस सभा में हरियाणा के मुख्यमंत्री भजनलाल भी पहुंचे, उन्होंने उन लाभकारी कार्यक्रमों की सूची भी पढ़कर सुनाई जो हरिजनों के हितार्थ शुरू किये गये हैं और भविष्य में किये जायेंगे। योगेन्द्र मकवाना इस सभा के निष्कर्षों से प्रसन्न नहीं दीख पड़े। वे जानते हैं कि उपस्थित संकट का सही जायजा नहीं लिया जा रहा है। वे जानते हैं कि हरिजनों की समस्या केवल गरीबी ही नहीं है, उनकी बुनियादी समस्या है कि उन्हें बराबरी का दर्जा प्राप्त नहीं हो रहा है।

धर्म परिवर्तन के दो आधारभूत और क्रांतिकारी पहलू हैं, जिन पर आज पूरी गंभीरता से विचार नहीं हो रहा है; हरिजन समाज को हमने यह गरिमापूर्ण नाम देकर पूर्व क्षति की पूर्ति करने का उपक्रम किया है।

वास्तव में ग्रामीण क्षेत्रों में चमार आज भी चमार हैं और भंगी आज भी भंगी हैं। पुरानी कहावतें ज्यों की त्यों प्रचलित हैं। चमड़े का काम या व्यापार करने वाले किसी सवर्ण को आज भी कोई चमार नहीं कहता। यदि कोई चमार चमड़े का व्यापारी बनकर सवर्ण की बराबरी करना चाहे तो उसे वैसा नहीं करने दिया जाता।

अपवाद कोई हो तो अच्छा है, लेकिन चमार को चमार यानी छोटे, मरे ढोर की खाल निकालने वाला, अस्पृश्य कर्म करने वाला ही बनाकर रखने का षड्यंत्र ज्यों का त्यों चल रहा है, यह वक्तव्य अनुमान पर आधारित नहीं है, भंगी के काम की बात ही जाने दीजिये। यदि भारत में मशीनी यानी तकनीकी क्रांति भी आ जाय तो आज की सवर्ण जहनियत को देखकर यह कहा जा सकता है कि वे भंगी वाला काम खुद नहीं करना पसंद करेंगे। यदि हरिजन समुदाय धर्म परिवर्तन कर लेता है तो उसे जातीय हीनता की इस ग्रन्थि से मुक्ति मिल सकती है।

दूसरा पक्ष जो तत्काल परिणाम लाने वाला है, वह यह है कि धर्म परिवर्तन करने के बाद वे, वैयक्तिक और सामूहिक अत्याचार से मुक्त होकर एक बड़े और समान

दर्जे वाले समुदाय से मिल जायेंगे। उस स्थिति में अत्याचार होगा तो वह सांप्रदायिक श्रेणी में चला जायेगा। संप्रदाय के साथ उन्हें कानून व्यवस्था कायम करने वाले शासन तंत्र से भी सहयोग मिलेगा।

मेहतर का काम सवर्णों के स्वामी करें!

धर्म परिवर्तन के साम्प्रदायिक एवं राजनीतिक खतरों पर विचार करने वाले सवर्णों और गैर सवर्णों का मत यह है कि अधिकांश हिन्दू समाज आज केवल संख्या बल में कमी आने की संभावना से आतंकित है। वह मन से यह अनुभव नहीं करता कि हमने अपने ही भाइयों को आज तक सताया है और अब नहीं सताना चाहिये।

यदि ब्राह्मण, क्षत्रिय और वैश्य सच्चे मन से हरिजनों को चाहते हैं तो वे ऐसा निर्णय क्यों नहीं करते कि कल से भंगी-मेहतर का काम सवर्णों के स्वामी करेंगे। जो संन्यासी बन गया उसने जाति-पाति वाला संसार छोड़ दिया तो वह क्यों न मेहतर के संतोष के लिये मैले का टोकरा सिर पर रखकर कूड़ी पर डालने का काम करे। मैला ढोने वाले छकड़ों पर बैठकर वह उन्हें समता का आश्वासन क्यों नहीं देता, यह निर्णय क्यों नहीं लिया जाता कि आर्थिक क्रांति की हर दहलीज तक पहुंचने की अवधि में हर मंदिर में पुजारी का काम हरिजन को सौंपा जायेगा। मंदिर, तीर्थ और पवित्र धामों के प्रहरी हरिजन होंगे।

यह बात कितनी बार दोहरायी जाय कि हरिजन समाज अब रोटी के दो टुकड़े या चांदी के चंद सिक्के पाकर संतुष्ट नहीं होगा। अगर उसमें थोड़ी भी गैरत है तो उसे चाहिये कि वह आरक्षण को भी ठुकरा दे, उसे भूखे रहकर मर जाना चाहिये लेकिन किसी दूसरे का मैला अपने सिर पर ढोकर रोटी नहीं कमानी चाहिए।

हरिजन के हाथों में हथियार तो दीजिये!

राज्यपाल महोदय जी.डी. तपासे ने कुरुक्षेत्र में आयोजित सभा में कहा हरिजनों को सशस्त्र बनाना बेकार काम है। उन्होंने इतिहास सम्मत बात नहीं कही। उन्होंने कैसे कहा कि उनके हथियार छीन लिये जायेंगे। ऐसा कहते समय उन्होंने शिवाजी महाराज की सेना के जवानों के इतिहास की तरफ ध्यान नहीं दिया। उन्होंने भारत में प्रचलित एक कहावत नहीं सुनी कि चमार के शरीर में आधी पसली ज्यादा होती है। वह बिल्ली के समान लचकीला होता है, उसे मारकर खाई में फेंक देने से भी वह शाम को खुद चलकर घर पहुंच जाता है। उसके हाथों में हथियार देकर तो देखिये। अगर दिये होते तो यह देश कभी गुलाम न हुआ होता।

हरिजन सत्याग्रह क्यों करें? जबकि उसे धर्म परिवर्तन करने मात्र से सहस्राब्दियों के अपमान से मुक्ति मिलती है, तो वह पुलिस के लात-घूंसे क्यों बर्दाश्त करें, उसे

इस बात की चिंता क्यों सताये कि संख्या बल कम होने पर ब्राह्मण की तौहीन होगी, कौन कहता है कि इस देश में जाति युद्ध शुरू नहीं हो चुका है। यह युद्ध हरिजनों द्वारा शुरू नहीं किया गया है वरन सवर्णों ने शुरू किया है। यह युद्ध बढ़ता ही जायेगा, इसके नेता नक्सलवादी हैं।

यह रहस्य क्या भारत के गृह मंत्रालय को सुविदित नहीं है कि नक्सलियों की सेना में अधिकांश लोग वे ही हैं जो छत्रपति शिवाजी की सेना में थे, दुनिया के गैर हिन्दू समाजों में क्षत्रिय जाति के लोग कहां हैं? जो कोई शस्त्र संभालता है, वही सहज क्षात्रधर्मी हो जाता है। अगर एकलव्य के दाहिने हाथ का अंगूठा द्रोणचार्य ने गुरु दक्षिणा में न मांग लिया होता तो हरिजन, गिरिजन और आदिम जातियों जैसी कोई चीज इस समाज में न होती?

द्रोणाचार्य को समस्या का हल खोजना था, तो उन्होंने एकलव्य का अंगूठा गुरुदक्षिणा में मांग लिया था। आज अगर इस समस्या का हल खोजना है, तो वर्ण व्यवस्था को ही बदलना पड़ेगा।

हरिजन समस्या का समाधान उतना ही मुश्किल है

हरिजन धर्म परिवर्तन करने पर बजिद है। कानपुर में 25 हजार हरिजन 15 अगस्त की खुशियां धर्म परिवर्तन करके मनायेंगे। बिजनौर जिले के बस्ती-किरतपुर कस्बे में 16 हरिजनों ने ईसाई धर्म स्वीकार कर लिया। दक्षिण के अनेक स्थानों सें खबरें आ रही हैं कि बड़ी संख्या में धर्म परिवर्तन हो रहा है। हिन्दू समाज ये खबरें सुन-सुनकर परेशान होता है। लेकिन कुछ कर नही सकता, और करना भी नहीं चाहता। सवर्ण हिन्दू समाज हरिजनों को आत्मसात कर ही नहीं सकता वहां रोटी-बेटी, नाते-रिश्ते बनने की कोई गुंजाइश है ही नहीं। केंद्र सरकार और राज्य सरकारें हरिजनों को आर्थिक सुविधायें दे सकती हैं, तरक्की करने के अवसर दे सकती हैं, लेकिन सामाजिक दीवारों को तोड़ना उनके बस की बात नहीं है।

इस असाधारण असमर्थावस्था को बाबा साहेब आम्बेडकर ने अच्छी तरह समझा था। वह यह भी जानते थे कि हरिजन विद्रोह की भयंकर राजनीतिक प्रतिक्रियायें हो सकती हैं इसलिए उन्होंने बौद्ध धर्म को स्वयं भी अंगीकार किया और सम्पूर्ण हरिजन समाज के लिये उसी दिशा में संकेत किया, लेकिन बौद्धों के प्रति महाराष्ट्र के सवर्ण हिन्दू समाज ने जो आचरण किया, उससे साबित हो गया कि बौद्ध धर्म अंगीकार करने के बाद भी हरिजन समाज अपने अभिशप्त अतीत से मुक्त नहीं हो सकता। वर्तमान उथल-पुथल सम्पूर्ण हिन्दू समाज को किस मोड़ पर ले जाकर पटकेगी। ऐसी पूर्व घोषणा करना आसान काम नहीं है। इस समस्या का समाधान ऐतिहासिक संदर्भों में ही खोजना होगा। हिंदू समाज के नेता इस सामाजिक क्रांति के लिये सन्नद्ध होकर समाधान खोज रहे हैं?

2 जनवरी 1982 में प्रकाशित संपादकीय 'नफरत से नफरत मिटेगी नहीं'

नफरत से नफरत को खत्म नहीं किया जा सकता और हिंसा से हिंसा को समाप्त नहीं किया जा सकता। यदि इस नैतिक मान्यता को फलित होते देखना हो तो उत्तर प्रदेश की डाकू समस्या पर दृष्टिपात करना पड़ेगा। ऐसा प्रतीत होता है कि उत्तर प्रदेश के डाकुओं को भगवान शिवशंकर का वरदान प्राप्त हो गया है, कि तुम्हें जितनी गोलियां मारी जायेंगी, तुम उतने ही डाकुओं के रूप में जिंदा हो जाओगे और शासन की नींद हराम करोगे।

अगर ऐसा नहीं है तो फिर इतनी अधिक संख्या में डाकू कहां से उमड़ पड़े हैं। मुख्यमंत्री ने कहा कि देहुली के नरसंहार के बाद से पुलिस ने इतनी सरगर्मी से काम किया है कि मुठभेड़ों में अब तक 150 डाकू मारे जा चुके हैं और 300 से अधिक गिरफ्तार किये जा चुके हैं। यदि 1981 वर्ष की पुलिस गतिविधियों पर नजरसानी की जाय, तो कंपकंपी पैदा करने वाले आंकड़े सामने आते हैं। इस वर्ष के दौरान 2662 डकैतियां पड़ी हैं, 5036 लूटमार की घटनाएं हुई हैं, 5217 बलवे हुये हैं और 2039 नकब मारी गयी हैं। कुल मिलाकर 1 लाख 72 हजार अपराध हुये हैं। कांग्रेस प्रशासन और पुलिस का कहना है कि पुलिस की जबरदस्त कार्रवाइयों के कारण अपराध के आंकड़ों में बहुत कमी आई है वरना सन् 1980 में अपराधों की संख्या 1 लाख 81 हजार 520 थी, जबकि सन् 1978 में 1 लाख 97 हजार 145 अपराध हुये थे जबकि सन् 1977 में कुल मिलाकर लगभग 21 हजार अपराध हुये थे।

इन अपराधों में सर्वाधिक चुनौती प्रस्तुत करने वाले अपराध डाकेजनी और हत्याओं के हैं। पुलिसबल के अनुसार अपराधों की संख्या और भी अधिक रही होती यदि पूरे राज्य में पुलिस सतर्क न हो गयी होती। यदि इस तर्क को स्वीकार कर लिया जाय तो उत्तर प्रदेश में एक भी बड़ा डाकू अब तक पुलिस की गिरफ्त में आये बिना बच नहीं सकता है, लेकिन आश्चर्य की बात यह है कि सभी बड़े डाकू सर्वत्र निर्द्वन्द्व घूम रहे हैं।

भारतीय ग्रामीण क्षेत्र के सुविज्ञ प्रवक्ताओं का कहना है कि पुलिस के आतंक ने डाकुओं को निष्क्रिय नहीं किया है, वरन नये डाकुओं के जत्थे के जत्थे पैदा किये हैं। इस विपरीत स्थिति का कारण यह है कि संदिग्ध व्यक्तियों को पुलिस पकड़ती है और घर से बाहर ले जाकर मुठभेड़ के नाम पर मार गिराती है। उनके घर वाले, मित्र और साथी मौत के आतंक से अपने होशो-हवास खो बैठते हैं। ये लोग यह समझ लेते हैं कि अगर पुलिस उनके परिवार के एक सदस्य को पकड़ कर ले जा सकती है, तो दूसरों को क्यों नहीं ले जा सकती है। निष्कर्ष यह निकलता है कि अगर मरना ही है तो अपनी तरफ से बचने का जितना प्रयास किया जा सकता है उतना किया क्यों न जाय।

सवाल पुलिस की आंखों में अपराधी समझे जाने का ही नहीं है, जातीय विद्वेष के कारण खत्म किये जाने का भी खतरा लोगों के सिर पर हर समय मंडराता रहता है। ब्राह्मण, राजपूत, गूजर, मल्लाह और जाटव जातियों के लोग अपनी-अपनी रक्षा के लिये पुलिस की तरफ न देखकर अपने ही संगठन तैयार कर रहे हैं। सशस्त्र डाकुओं से अच्छा सरंक्षक उन्हें कोई दिखाई नहीं देता। यही कारण है कि डाकुओं के खिलाफ मुखबिरी भी ढीली पड़ गई। बड़े डाकू आज पहले के मुकाबले ज्यादा निर्भीक तेवर दिखा रहे हैं। उन्होंने अपनी 'राज्य व्यवस्थायें' कायम कर ली हैं और मुख्यमंत्री को सलाह देते हुये पत्र भी लिख रहे हैं।

इस विरोधाभास में एक सही रास्ता खोजना होगा। सन्दिग्ध अपराधियों को फर्जी मुठभेड़ों के जरिये खत्म करने के रास्ते को छोड़ना होगा और ऐसे रास्तों की खोज करनी होगी, जिसको अपनाने से गांव वालों के मन में 'मरता क्या न करता' जैसी स्थिति पैदा न हो। अपराध की समस्या केवल पुलिस समस्या नहीं है, इसके साथ जातिगत वैमनस्य, आर्थिक पिछड़ापन, काम-काज के अभाव की समस्यायें भी जुड़ी हुई है। अपराध के साथ जुड़ी राजनीति पर नये सिरे से विचार करना असंगत होगा, क्योंकि इस तथ्य को सार्वजनिक रूप से स्वीकार कर लिया गया है कि कुछ राजनीतिक नेता अपराध कराते भी हैं और अपराधियों की रक्षा के लिये अपनी राजनीति का उपयोग भी करते रहते हैं। डाकुओं को खत्म करने और अपराध को रोकने के लिये सम्पूर्ण नीति में बुनियादी फेरबदल करना जरूरी है।

2 जनवरी, 1982 में प्रकाशित कॉलम 'चटकू-मटकू'

यूनानी त्रासदी के भारतीय संस्करण : नेताजी उर्फ राजनारायण

च. अपने नेताजी के दीर्घायुष्य की कामना करो?

म. हे ईश्वर! इस पीढ़ी के समस्त नेताओं की उम्र लंबी कर दे, इसकी चिंता न करना कि भारत माता फिल्म 'मदर इण्डिया' की तरह पेश होने पर मजबूर हो गयी तो क्या होगा।

च. अरे! मैं राजनारायण जी के दीर्घायुष्य के लिए कह रहा हूं; वे आजकल अनशन कर रहे हैं। वे तब तक अनशन करते रहेंगे जब तक इंदिरा गांधी गढ़वाल संसदीय उपचुनाव की तारीख की घोषणा नहीं कर देतीं।

म. यह तो चुनाव आयोग का काम है।

च. तुम जानते हो हमारे नेता जी यह जानते हैं कि 'राजनारायण की आंधी' में जो आम गिरे थे, वे तो इंदिरा गांधी के बंगले में पहुंच गये, वे खुद गुठलियों के दाम उठा लेना चाहते हैं।

म. लेकिन गुठलियां तो हेमवतीनंदन बहुगुणा की हैं?

च. हेमवतीनंदन गुठलियों की राजनीति में विश्वास नहीं करते।

म. करना चाहिये! गुठलियों में से ही पपैया निकालता है।

च. पपैया क्या होता है?

म. आम की गुठली में से जो अमोला होता है उसे ही पपैया कहते हैं, इन पपैयों का दो प्रकार से उपयोग होता है। अमोला को घिसकर सीटी बनायी जाती है और उसे सुरक्षित स्थान पर गाड़ कर खाद-पानी देते रहो, तो आम का पौधा विकसित हो जाता है, इसलिए नेता जी गुठलियों को महत्त्व देते हैं और इसी कारणवश हेमवती नंदन जी को भी गुठलियों का लाभ उठाने में संकोच नहीं करना चाहिए।

च. क्या घटिया बात कह रहे हो, यह आम तो बहुगुणा जी का ही था। उन्होंने फेंक दिया 'नहीं चाहिये' दूसरे की टोकरी का आम, हम अपना ही बाग लगायेंगे और उसी के आम खायेंगे।

म. अर्थात वे लोकसभा को आम का बगीचा मानते हैं?

च. अगर आप लोकसभा को आम का बगीचा पुकारेंगे तो अध्यक्ष बलराम जाखड़ साहब आपके खिलाफ विशेषाधिकार के मामले को मंजूरी दे देंगे तब आप आम और गुठली की कहानी को बिल्कुल भूल जायेंगे और छठी के दूध का स्मरण करने लगेंगे, हालांकि आपके माता-पिता आपको प्यार नहीं करते थे?

म. माता-पिता के पास्परिक प्रेम की रचना हैं-हम।

च. हम झगड़े की रचना हैं?

म. आप मूल विषय पर आने का क्या लेंगे?

च. मूल विषय है-गढ़वाल का चुनाव।

म. वक्त आने पर हो जायेगा। चुनाव आयोग बहुगुणा जी के पूर्ण रीति से स्वस्थ होने की प्रतीक्षा कर रहा होगा, कहीं ऐसा न हो कि नेता जी बीमार पड़ जायं, उनका रक्तचाप बढ़ रहा है, वजन घट रहा है, अभी उन्हें दुष्टदलन अभियान चलाना है।

च. एक नेता जी के स्थान पर सैकड़ों-हजारों नेता जी पैदा हो जायेंगे, ऐसा न समझना।

म. नेता जी का ख्याल ऐसा नहीं है; वे पापियों को मार कर ही अपनी इहलोक यात्रा पूरी करना चाहते हैं।

च. मटकू, बहुगुणा जी और नेता जी अगर एक साथ मिलकर संघर्ष करें तो क्या नहीं हो सकता? जरा सोचो?

म. जब परिणाम आने लगेगा तो नेता जी अमृतघट लेकर दौड़ खड़े होंगे और उसे लेकर जाकर राजीव गांधी के हवाले कर देंगे।

च. अरे बंधु! पिछली बार उन्होंने संजय गांधी को अमृतघट दे दिया था!

म. इस बार राजीव गांधी मौसिमी के रस का गिलास लेकर जायेंगे और कहेंगे, ''अंकल काहे को दु:ख भोग रहे हो, लीजिये पी लीजिये और अनशन तोड़ दीजिये, चुनाव करा दिया जायेगा; आज नहीं तो कल।''

च. अरे भाई! राजीव गांधी कभी नहीं जायेंगे क्योंकि वे उनकी पत्नी की राष्ट्रीयता को ही संदिग्ध बनाने का अभियान चला रहे हैं।

म. राजीव गांधी संजय गांधी के बड़े भाई हैं? इतिहास पढ़ा है उन्होंने।

च. तो क्या हुआ?

म. वे उन्हें बता देंगे कि सारे के सारे भूमिहार यूनानियों के उत्तराधिकारी हैं। समझे न?

च. इसीलिये नेता जी इतने खूबसूरत हैं।

म. खूबसूरत हैं भाई! वे राजनीतिक कारणों से बहुरूपिये जैसा रूप बनाये रहते हैं।

च. तुम्हारा दृष्टिकोण राजनीति में ऐतिहासिक दृष्टि से वैज्ञानिक है।

म. मेरा नहीं नेता जी का। नेता जी बहुगुणा जी में इस राष्ट्र का भविष्य देख रहे हैं।

च. वर्तमान नहीं?

म. वर्तमान को तो वे अपने लिये ही सुरक्षित रखते हैं, इसलिये उनके दीर्घायुष्य की कामना करते हैं, ताकि फलती-फूलती रहे।

हरिशंकर परसाई

[देशबन्धु (रायपुर, छ.ग.), 6 सितंबर, 1982 में प्रकाशित कॉलम 'सुनो भई साधो']

सद्भावना भवन में बलात्कार

साधो, एक खबर अखबारों में बड़ी प्रमुखता से छप रही है। इन्दौर के पास एक कानौड़िया ग्राम है। इस गांव में एक-डेढ़ साल पहले हरिजनों पर अत्याचार हुए थे। तब मुख्यमंत्री वहां गये थे और उस गांव को गोद लिया था। उस गांव के विकास और हरिजन-सवर्ण सद्भावना के लिए कार्यक्रम चले। वहां एक सद्भावना भवन बना जिसका उद्देश्य है हरिजनों और सवर्णों के बीच सद्भाव की स्थापना। यह सब बहुत अच्छा हो रहा था। मगर वह सद्भावना भवन एक चुनौती की तरह खड़ा था। वह कह रहा था–मैं सद्भावना भवन खड़ा हूं, मगर सद्भावना का कोई कार्यक्रम नहीं हो रहा, न है। इस गांव में हरिजन हैं और ब्राह्मण-वैश्य वगैरह भी हैं। मगर सद्भावना का कोई काम नहीं हो रहा है। आखिर उस गांव के सवर्णों को शर्म आयी। 8–10 दिन पहले एक ब्राह्मण सिपाही और एक वैश्य शिक्षक ने एक हरिजन स्त्री को सद्भावना भवन में बन्द किया और दो दिनों तक उससे बलात्कार किया। सद्भावना भवन पवित्र हुआ। पुलिस में रिपोर्ट हुई और मामला गर्म हुआ। मगर मामला ठंडा हो जायेगा जैसे इस तरह के सब मामले हो जाते हैं।

साधो, हरिजनों से बलात्कार के मामले आम हैं। मगर इस मामले में ज्यादा शोर हो रहा है। इसके कारण हैं। एक तो ग्राम मुख्यमंत्री का गोद लिया हुआ। दूसरे जहां बलात्कार हुआ, वह सद्भावना भवन! गुटीय राजनीति इस कांड को इस तरह पेश कर रही है, गोया मुख्यमंत्री ने बलात्कार करवाने के लिए सद्भावना भवन बनवाया था। दूसरे वे लोग हैं जो सात्विक घृणा से कहते हैं–सद्भावना भवन में यह काम होता है! धिक्कार है! साधो, मैं कहता हूं कि स्त्री-पुरुष के सेक्स संबंध अत्यन्त भावुक और घनिष्ठ होते हैं। सबसे घनिष्ठ प्रेम का रिश्ता सेक्स का होता है। बलात्कार के लिए सद्भावना भवन से अच्छी जगह हो नहीं सकती। स्त्री-पुरुष संबंध सद्भावना भवन में, मन्दिर में, आश्रम में, तीर्थ में, अच्छे लगते हैं। आखिर गांव में सवर्णों को हरिजन-स्त्रियों से बलात्कार तो करना है। यह तो एक पवित्र परम्परा है। तो क्या इस

काम के लिए सवर्ण कोई दुर्भावना भवन बनवाते? तीसरी बात, बलात्कार करने वालों में एक ब्राह्मण सिपाही और दूसरा वैश्य शिक्षक। सिपाही बलात्कार करते हैं, पर ब्राह्मण सिपाही आमतौर पर नहीं करते फिर दूसरा बलात्कारी शिक्षक है और वैश्य है। शिक्षक आमतौर पर स्त्री से दूर रहते हैं और वैश्य शिक्षक तो कतई उस तरफ नहीं जायेगा। फिर, पुलिस सिपाही और शिक्षक की बलात्कार के मामलों में जोड़ी नहीं होती, पर यह सद्‌भावना भवन के पुण्य का प्रताप है कि ये सब स्थितियां पैदा हुईं और बलात्कार से सद्‌भावना भवन सार्थक हुआ।

साधो, पवित्र स्थानों में पवित्र काम करने की प्रेरणा मिलती है। हरिजन स्त्री से खेत-खलिहानों में बलात्कार हो, इससे अच्छा है कि सद्‌भावना भवन में हो।

साधो, अहमदाबाद की घटना भी ध्यान देने लायक है। सद्‌भावना भवन की तरह ही पुलिस थाना भी पवित्र जगह है। अहमदाबाद में एक थाने में महिला पुलिस कान्स्टेबिल से पुरुष कान्स्टेबिलों ने बलात्कार किया। यह और भी पवित्र काम हुआ। यह एक तरह से पुलिस कर्म की ट्रेनिंग ही हुई। पुलिस वालों को बलात्कार के मामले पकड़ने पड़ते हैं।

बलात्कार कैसा होता है और वह किस हद तक दुखदायक जुर्म है, इसकी प्रामाणिक जानकारी पुलिस वालों को चाहिए। फिर बलात्कार करने के लिए पुलिस थाने से ज्यादा अच्छी जगह दूसरी नहीं हो सकती। इसीलिए यह बलात्कार सद्‌भावना भवन वाले बलात्कार से ज्यादा पवित्र हुआ।

मायाराम सुरजन

[देशबन्धु (रायपुर, छ.ग.), 25 नवंबर, 1983 में प्रकाशित कॉलम 'दरअसल']

गंगाजल की यह आस्थाहीन यात्रा

जब पाठकगण यह स्तंभ पढ़ रहे होंगे तब नागपुर में गंगाजल से भरे कुंभ लाने वाले रथों के स्वागत की तैयारियां हो रही होंगी। इनमें पहला रथ गंगा सागर से, दूसरा हरिद्वार से और तीसरा नेपाल की राजधानी काठमांडू से आ रहा है। गंगा सागर से प्रारंभ हुई रथ यात्रा गुजरात के सुप्रसिद्ध तीर्थ स्थल सोमनाथ में, काठमांडू वाली यात्रा तमिलनाडु में, रामेश्वरम् तथा हरिद्वार से उठी यात्रा का समापन कन्याकुमारी में अगले माह होगा। जैसा कि पाठक जानते हैं इन रथों में सजे-विराजे विशाल कुंभ सारे देश में पवित्र गंगाजल का वितरण करेंगे।

जैसा कि जाहिर है ये रथयात्राएं राष्ट्रीय स्वयं सेवक संघ द्वारा पोषित-पालित विश्व हिन्दू परिषद के तत्वावधान में प्रारंभ की गई हैं। रथयात्रा देश के गिरते चरित्र को पुनर्प्रतिष्ठित करने, देश में हिन्दू धर्म के अनुयायियों को एक सूत्र में बांधने तथा हिन्दुओं में धार्मिक भावना जागृत करने के उद्देश्य से उठाई गई बताई जाती है। समाचारों में यात्रा को 'एकात्मकता यात्रा' कहा गया है। फिर भी सारी सावधानी के बावजूद अनेक समाचारों में उसे 'एकात्मता यात्रा' भी कह दिया जाता है। और जो लोग इस वजनदार शब्द का सही उच्चारण नहीं कर पाते या ठीक से समझ नहीं पाते, वे इसे बेझिझक 'एक माता यात्रा' भी कह जाते हैं।

सारे देश को इस तरह एक सूत्र में बांधने के कार्य से किसी को क्या एतराज हो सकता है। फिर भी एक प्रश्न तो उठता ही है कि क्या काठमांडू को भी इसी सूत्र में बांधा जा रहा है। माना कि विश्व हिन्दू परिषद का कार्य क्षेत्र सिर्फ भारत तक ही सीमित नहीं है, वह दुनिया के किसी भी हिस्से में हिन्दुत्व की भावना का प्रसार करने में सक्षम है। तब यह भी पूछा जा सकता है कि मान्यता की इस स्थिति में इस यात्रा को रामेश्वरम् या कन्याकुमारी में ही क्यों समाप्त किया जा रहा है। जिस तरह इसे काठमांडू से उठागा गया है क्या उसी तरह इसे कोलम्बो या जाफना तक नहीं ले जाया जा सकता था। बल्कि स्थिति तो यही है कि जिन क्षेत्रों में यह

यात्रा पहुंच रही है, उनसे कहीं अधिक आवश्यकता श्रीलंका में थी जहां हिन्दू और बौद्ध धर्मानुयायियों में धर्मानुरूपता के मानदंड से धार्मिक एकात्मकता की ज्यादा आवश्यकता है।

विश्व हिन्दू परिषद की इस यात्रा के समाचार मैं गौर से पढ़ रहा हूं। काठमांडू में इसे बिदा दी नेपाल नरेश और रानी ने। दिल्ली में इस यात्रा का बोट क्लब में जिन लोगों ने स्वागत किया उनमें राष्ट्रीय स्वयं सेवक संघ तथा भारतीय जनता पार्टी के शीर्षस्थ नेता जरूर थे लेकिन विराट हिन्दू सम्मेलन के अनेक कर्णधारों का नाम मैंने कहीं नहीं पढ़ा। मेवाड़ के राणा परिवार के वंशज भगत सिंह का वक्तव्य जरूर पढ़ा लेकिन स्वामी स्वरूपानंद का समर्थन कहीं नहीं दिखा।

विश्व हिन्दू परिषद के कोश में हिन्दू की परिभाषा चाहे जो हो, लेकिन कोई भी विवेकशील जिज्ञासु यह जानना चाहेगा कि क्या बाला साहब देवरस और स्वामी स्वरूपानंद की हिन्दू संबंधी परिभाषाएं अलग-अलग हैं? विश्व हिन्दू परिषद की घोषणा है कि यह यज्ञ उन हिन्दुओं के लिए है जो इस धरती को अपनी मातृभूमि मानते हैं। यदि उनकी यही घोषणा सच है तो क्या जरूरी था कि यात्रा का एक अंग काठमांडू से प्रस्थान करे। क्या अंतरराष्ट्रीय परिप्रेक्ष्य में भारत को अथवा वर्तमान भारत सरकार को एक नाजुक स्थिति में खड़ा नहीं किया जा रहा है। और फिर यह एकात्मकता किसकी और किसके लिए। यह कौन-सा हिन्दुत्व है कि इस यज्ञ की एक उपयात्रा असम से भी उठाई जा रही है। लेकिन विश्व हिन्दू परिषद की नजर में पंजाब इस योग्य नहीं। यदि पंजाब अशांत है तो असम को इस स्थिति में लाने की जिम्मेवारी किसकी है?

ये सारे प्रश्न यूं ही नहीं टाले जा सकते। विश्व हिन्दू परिषद भले ही सांस्कृतिक मुखौटा लगाए रहे लेकिन यह तथ्य उजागर है कि वह राष्ट्रीय स्वयं सेवक संघ का ही एक अंग है। इस संदर्भ में मुझे बाबा साहब आप्टे का स्मरण हो आता है। यों वे राष्ट्रीय स्वयं सेवक संघ के जाने-माने कार्यकर्ता थे किंतु मेरा उनका परिचय तब हुआ जब वे आरएसएस द्वारा स्थापित हिन्दुस्थान समाचार संवाद समिति के सर्वेसर्वा नियुक्त किए गए। वे एक मृदुभाषी एवं अपनी दृष्टि से सुलझे हुए विचार वाले कार्यकर्ता थे। कुछ वर्षों बाद आरएसएस जब जनसंघ के माध्यम से चुनावों में कोई उल्लेखनीय सफलता हासिल नहीं कर सका तो विश्व हिन्दू परिषद की स्थापना की गई। ये ही एस. एस. आप्टे हिन्दुस्थान समाचार से हटाकर विश्व हिन्दू परिषद के प्रथम सूत्रधार नियुक्त किए गए। दरअसल, इन प्रयासों को कुछ इस तरह सजाया-संवारा गया कि जो लोग आरएसएस या जनसंघ के नाम से साथ नहीं दे रहे, उन्हें हिन्दू परिषद के नाम पर आकर्षित करके इन संगठनों के नजदीक लाया जाए। राजनीति के एक विशुद्ध तंत्र को संस्कृति का जामा पहना देने से ही यदि कुछ सफलता मिल सकती है तो उस छद्म से ही विमुख क्यों हुआ जाए।

प्रधानमंत्री श्रीमती इंदिरा गांधी ने इस यज्ञ को भारत की एकता के विरुद्ध माना है। मेरा ख्याल है कि उनका वक्तव्य काफी विलंब से आया। रथयात्रा यज्ञ की तैयारियों की जानकारी इंदिराजी को न मिली हो, यह संभव नहीं है। फिर भी एक अरसे तक उनका चुप रहना जायज नहीं कहा जा सकता। इंदिराजी ने स्वयं इतने मठों-मंदिरों की यात्रा की जैसे कि वे धार्मिक पुनरुत्थान का पुरोधा बन गई हों। यदि वे चाहतीं तो दो-चार जगह यात्रा की शुरुआत या अगवानी में भी शामिल हो जातीं। और इस तरह या तो वे यात्रा के परोक्ष राजनीतिक उद्देश्य को ध्वस्त कर देतीं अथवा साम्प्रदायिकता के जो आरोप उन पर लगातार मढ़े जा रहे हैं, उनकी पुष्टि कर देतीं।

मैं नहीं समझता कि देश को एकसूत्रता में बांधने के लिए ऐसे किसी पाखंड की आवश्यकता है। संचार माध्यमों के इस विकासशील दौर में यदि कोई इस नतीजे पर पहुंच जाता है कि गंगाजल के ये कुंभ उन्हें अधिक जन समर्थन प्रदान कराएंगे तो इसे सिवा नासमझी के और कुछ नहीं कहा जा सकता। हां! इतना जरूर है कि एक अनोखा तमाशा देखने के लिए जहां-तहां भीड़ जरूर इकट्ठी हो जाएगी।

अभी लोकसभा में सरदार बूटासिंह ने एक नया हंगामा खड़ा कर दिया। संसद में अपने वक्तव्य में उन्होंने कहा कि एक शंकराचार्य ने कहा है कि इस यज्ञ में शूद्र शामिल नहीं हो सकते। सुरक्षित सीटों पर विजयी लोकसभा सदस्य श्री सत्यनारायण जटिया (म.प्र.) तथा सोनकर शास्त्री (उ.प्र.) ने आपत्ति करते हुए लोकसभा में एक दृश्य ही उपस्थित कर दिया। खैर बूटासिंह ने तो यह कहकर छुट्टी पा ली कि भारत में कोई शूद्र है ही नहीं लेकिन मुझे एक ऐसे शूद्र का ससम्मान स्मरण हो आया जो संत भी था और गंगा का भक्त भी।

भक्त रैदास की ''मन चंगा तो कठौती में गंगा'' वाली किंवदन्ती से तो सभी परिचित हैं, मुझे उनका एक और आख्यान याद आ रहा है।

गंगा-किनारे कोई विशाल मेला लग रहा था। पर्व का पुण्य लेने सभी वर्गों के लोग मेला-स्थल पर पहुंचने की जल्दी में थे। ऐसी ही भाग-दौड़ में एक यात्री का जूता टूट गया। पूछते-पाछते वह यात्री एक मोची के दरवाजे पर पहुंच गया। मोची जूता दुरुस्त करता जाता और यात्री से बातचीत भी करता जाता। जब काम बन जाने पर यात्री चलने लगा तो मोची ने उसके हाथ में एक पैसा देते हुए कहा कि भैया इसे मेरी ओर से चढ़ा देना और गंगा मैया से कहना कि रैदास खुद तो नहीं आ सका, यह भेंट भेजी है।

स्नान करते समय यात्री को उस पैसे की याद आई। ज्यों ही वह गंगा जल में पैसा छोड़ने लगा कि जल में से दो हाथ ऊपर उठकर आए और वह भेंट स्वीकार की। चलते समय जल से दो स्वर्ण कंगन प्रकट हुए और स्वर सुनाई पड़ा कि रैदास से कह देना कि उसकी भेंट ने सुख दिया। ये दो कंगन गंगा की तरफ से उसे भेंट। यात्री चकित हुआ। वह कंगन लेकर रैदास के गांव तक तो आया लेकिन वहां उसकी

नीयत खराब हो गई। सोचा कि रैदास को क्या मालूम होगा कि गंगा मैया ने उसे कितनी महंगी भेंट भिजवाई है। अपने ही घर ले चलो। यात्री की परेशानी उस समय बढ़ी कि वह जिस रास्ते भी जाता रैदास की झोपड़ी सामने आ पड़ती। बार-बार रास्ता बदलने पर भी जब उसे मुक्ति नहीं मिली तो वह कुटी में सोये रैदास के चरणों पर गिर पड़ा। रैदास को जब सारा हाल मालूम हुआ तो बोले-भैया यह कष्ट क्यों उठाया। मैं इन कंगनों का क्या करूंगा। घर वाली को भी यह आडंबर पसंद नहीं। तुम्हीं ले जाओ। यात्री ने बार-बार क्षमा मांगी और अंतत : भक्त रैदास से ही दीक्षा ले ली।

कहां वह आस्था जो गंगाजल को कठौती में ले आती थी और कहां यह पाखंड कि अब कठौतियों में भरने के लिए उसके कुंभ मोटरों पर ढोये जा रहे हैं।

और इस सब आडंबरयुक्त यात्रा के सहभागी हो रहे हैं दो राष्ट्रीयकृत बैंक जहां गंगाजल की शीशी दस रुपए में वितरित की जाएगी। स्टेट बैंक ऑफ इंडिया और बैंक ऑफ महाराष्ट्र ने यही व्यवस्था की है। ताज्जुब यही है कि ये दोनों ही संस्थान धर्म-निरपेक्ष शासन के उपक्रम हैं।

प्रश्न यह भी है कि आखिर इस विशाल और भव्य यात्रा पर खर्च किया जाने वाला धन कहां से प्राप्त हुआ। गंगाजल वितरण से आमदनी तो यात्रा के दौरान होगी।

कर्पूरचंद कुलीश

[राजस्थान पत्रिका (जयपुर), 12 जून, 1984 में प्रकाशित संपादकीय 'पंजाब के घाव भरने के पहल की जाय']

प्रधानमंत्री श्रीमती इन्दिरा गांधी ने पंजाब के घाव भरने की बात जरूर की है, परन्तु भरे क्यों नहीं जा रहे हैं? इस काम में घड़ी भर की ढील भी नहीं होनी चाहिए। घाव भरने का एक ही उपाय है कि उलझे हुए मसलों पर सरकार पंजाब को और देशवासियों को विश्वास में ले तथा पंजाब के बच्चे-बच्चे को उसके हिताहित के विचार में लिप्त करे।

पंजाब में जो भी विवाद है, वह अकाली दल की मांगों को लेकर है और ये मांगें समूचे पंजाब के हिताहित से सम्बद्ध है। उदाहरण के रूप में चण्डीगढ़ को ही लें। चण्डीगढ़-पंजाब को मिल जाना चाहिए यह बात सिद्धान्त: सभी को मंजूर है। तब चण्डीगढ़ को पंजाब के हवाले क्यों नहीं कर दिया जाता? रहा सवाल हरियाणा को मुआवजा देने का, इसको चण्डीगढ़ से अलग कर दिया जाय और किसी माध्यम से यह तय करवा लिया जाय कि मुआवजा क्या हो और उसका आधार क्या हो। चण्डीगढ़ की मांग अकालियों ने ही नहीं की, पंजाब की कांग्रेस (इ) ने भी यही मांग की है और भाजपा भी यही चाहती है। अकालियों ने भी अपने मांग-पत्र में चण्डीगढ़ को शामिल किया है, तो वह केवल सम्पत्ति के रूप में नहीं किया है बल्कि यह आधार लिया है कि देश में जब भी कोई नया राज्य बना है, इसके लिए नई राजधानी बनाई गई है। अकाली दल ने अपनी मांग को युक्तिपूर्वक प्रस्तुत किया है। केन्द्रीय सरकार भी इसे मानती है। जरूरत इस बात की है कि इस मांग के जिस पहलू पर कोई विवाद नहीं है अर्थात् हरियाणा को मुआवजा देने पर विवाद है, तो उसके निपटारे के लिए समय दिया जाय। इस एक फैसले से ही पंजाब की हवा बदलने लगेगी और लोगों के घाव भरने की प्रक्रिया शुरू हो जाएगी।

इस तरह नदियों के पानी बंटवारे का मसला भी निपटाया जा सकता है। अकाली दल ने अपनी मांगों में कहीं यह नहीं कहा कि पंजाब को अमुक मात्रा में पानी दिया जाय और न कहीं यह कहा है कि निपटारा होने तक दूसरे राज्यों को पानी

देना बंद कर दिया जाय, किन्तु वे केन्द्रीय सरकार के किए गए पानी के बंटवारे को नहीं मानते। इस विवाद के निपटारे के लिए संविधान की शरण लेते हैं और कहते हैं कि नदी-पानी का बंटवारा सर्वोच्च न्यायालय से करवाया जाय। प्रधानमंत्री ने राष्ट्र के नाम हाल के प्रसारण में यह बताया था कि सर्वोच्च न्यायालय के एक न्यायाधीश की अध्यक्षता में ट्रिब्यूनल कायम करके पानी का बंटवारा करवा लिया जाय। वस्तुस्थिति यह है कि पंजाब में नदियों का पानी खपाने की क्षमता ही नहीं है। अगर सर्वोच्च न्यायालय के माध्यम से बंटवारा करवाया जाय तो इसमें आशंका किसी को क्यों है? अकाली दल का कहना है कि मांग एक सिद्धांत पर आधारित है और नदी-पानी बंटवारे के लिए संविधान में सुस्पष्ट व्यवस्था है, परन्तु ट्रिब्यूनल कायम करने का कोई सैद्धान्तिक आधार नहीं है, सिवाय इसके कि केन्द्रीय सरकार ऐसा चाहती है। जिस विषय में संविधान में लिखित व्यवस्था है, उसे न मानकर दूसरे रास्ते क्यों खोजे जाएं और सर्वोच्च न्यायालय के नाम पर आनाकानी क्यों की जाय? मैं नहीं समझता कि नदी-पानी बँटवारे को सर्वोच्च न्यायालय से करवाने में कोई हानि है या आपत्ति है। कहने का अर्थ यह कदापि नहीं कि अकाली दल चाहता है इसलिए यह बात मान ली जाय परन्तु यह भी कहां तक उचित है कि अकाली दल की वाजिब बात को भी आंख मींचकर ठुकरा दिया जाय। मांग भी इससे ज्यादा वाजिब क्या होगी कि संविधान की व्यवस्था के अनुसार पानी का बंटवारा कर लिया जाय। अकाली दल ने भले ही यह मांग रखी हो, लेकिन कांग्रेस (इ) की भी तो इससे कोई हानि नहीं है। केवल एक मानसिकता है, जो विवाद को निपटाने नहीं देती। क्यों न इस मानसिकता से ऊपर उठा जाय। देश के सभी राजनीतिक दलों को एक-एक मांग पर विस्तार से और व्यवहार-बुद्धि से विचार करने की जरूरत है और प्रधानमंत्री को सहारा देने की जरूरत है।

आनन्दपुर साहब-प्रस्ताव में दूसरी भी कितनी ही मांगे हैं, परन्तु कई मांगें तो ऐसी हैं जिन पर अकाली दल भी अधिक आग्रह नहीं करेगा। वे सिर्फ गिनती गिनाने के लिए ही हैं और कई मांगे हैं, जिन्हें सरकारिया-कमीशन को विचारार्थ सौंपने पर रजामन्दी हो सकती है।

अकाली दल के कई नेताओं से मैंने सीधी बात की है। एक बात सभी ने कही जो यह है कि उनकी जो भी बात युक्तिहीन या सिद्धान्तहीन सिद्ध कर दी जाय, उसे वे रद्द करने को तैयार हैं और वे खुल्लम-खुल्ला वाद-विवाद करने की चुनौती भी देते हैं। फिर क्यों नहीं विवादों का निपटारा होता है।

आज जरूरत है नई पहल की। पंजाब की बदली हुई नाजुक परिस्थिति में यह पहल सरकार को करनी होगी। एक तरफ अपराधियों की धरपकड़ जारी रहे, तो दूसरी ओर राजनीतिक विवादों के निपटारे की भी इकतरफा कार्यवाही शुरू हो। गोलियों से घाव नहीं भरेंगे, बल्कि बढ़ते जाएंगे।

यह भी ध्यान में रखना होगा कि आज पंजाब एक नहीं रह गया बल्कि दो पंजाब बन गए हैं। उन्हें एक करना सबसे पहला और निहायत जरूरी काम है। प्रधानमंत्री और अन्य राजनेताओं को अपने-अपने दलगत स्वार्थों से ऊपर उठना होगा। पंजाब के सम्पूर्ण जनमानस को बदलने का महान अभियान छेड़ना होगा और जो खामियाजा हुआ है, उसकी पूरी कीमत चुकानी होगी।

रामाश्रय उपाध्याय (वक्रतुंड)

[देशबन्धु (रायपुर, छ.ग.), में प्रकाशित कॉलम 'एक दिन की बात']

आन्दोलन सिंह से मुलाकात

होटलों, काफी हाउस, पान की दुकानों के पास और राजनीतिक बैठकखानों में आज की समस्याओं पर चर्चा होती रहती है। ऐसी चर्चाओं में विचाराभिव्यक्ति की पूरी स्वतंत्रता रहती है। ऐसे बैठकखानों में सभी तरह की बातों पर चर्चा होती है। घर से लेकर बाहर के विषयों पर भी बहस छिड़ जाती है।

ऐसे ही एक बैठकखाने में आन्दोलन सिंह से मुलाकात हो गयी। आन्दोलन सिंह जबान के तेज आदमी हैं। जब किसी की निन्दा करेंगे तो उस आदमी की सर्वांगीण निन्दा करेंगे। उसके कुटुम्ब की संज्ञा देने से नहीं चूकेंगे। जिस महफिल में बैठेंगे उस महफिल में वे अपने को प्रधान वक्ता बना लेते हैं और शेष को श्रोता समझते हैं।

प्रश्न–"आजकल आप क्या कर रहे हैं?"

उत्तर–"जो पहले करता था वह आज भी कर रहा हूँ।"

प्रश्न–"पहले आप क्या करते थे?"

उत्तर–"आपको जब यह भी मालूम नहीं है तब क्या आप सवाल कर रहे हैं।"

प्रश्न–"जानने के लिए आपसे सवाल पूछ रहा हूँ।"

उत्तर–"मेरा नाम क्या है, यह तो आपको मालूम ही होगा। नहीं मालूम होगा तो जान लीजिये। मेरा नाम आन्दोलन सिंह है। मैं पहले भी आन्दोलन चलाता था और आज भी आन्दोलन चलाता हूँ। मैं जनता का आदमी हूँ और जनता के बीच में रहता हूँ।"

प्रश्न–"कब से आन्दोलन चला रहे हैं?"

उत्तर–"जब मैं छात्र था तब से ही आन्दोलनकारी बन गया था।"

प्रश्न–"आपकी उम्र?"

उत्तर–"यह भी कोई प्रश्न है। मैं उम्र का हिसाब नहीं रखता। मैं बालकृष्ण शर्मा नवीन नहीं हूं कि पचपन साल की उम्र में शादी करने की बात सोचूँ।"

प्रश्न–"आपको वर्षों के आन्दोलन से क्या लाभ मिला?"

उत्तर–"लाभ का यहाँ सवाल नहीं है, सवाल आन्दोलन का है। आन्दोलन चलाते-चलाते मैं नेता बन गया। यदि मैं आन्दोलन नहीं चलाता तो अखबार वाले मुझे पहचानते कैसे। फिर आन्दोलन से संगठन बनता है और संगठन से नेता पैदा होते हैं।"

प्रश्न–"आपकी जीविका कैसे चलती है और आपकी मासिक और वार्षिक आय क्या है?"

उत्तर–"आन्दोलन के साथ चन्दे का रिश्ता अपने-आप जुड़ जाता है। जब चन्दा से आन्दोलन चल सकता है तब चन्दा से आन्दोलन सिंह की जीविका क्यों नहीं चल सकती। चन्दे और आतंक से बन्द का आयोजन होता है। चन्दे से संस्थाएं भी चलती हैं। चन्दे से गणेशोत्सव और खेल प्रतियोगिताएं भी होती हैं। चन्दे से राजनीतिक पार्टियां चलती हैं और चन्दे से देवालय बनते हैं। चन्दे से यज्ञ और महायज्ञ के आयोजन होते हैं। इसलिए एक नेता की जिन्दगी चन्दे से चल सकती है।"

प्रश्न–"आदमी जिनसे चन्दा लेता है उनके खिलाफ बोल नहीं सकता, आप दो-तीन आदमियों से चन्दा लेते हैं या अनेक लोगों से?"

जवाब–"आपके प्रश्न में हीनता है, लेकिन मेरे जवाब में हीनता का दर्शन नहीं होगा। मैं अपने लिए चन्दा कभी नहीं लेता। मैं आन्दोलनों और सार्वजनिक उत्सवों के लिए चन्दा लेता हूँ। मैं चन्दा लेने वालों से दबता नहीं हूँ बल्कि चन्दा देने वालों को मौके से धमकी देकर और ऐंठ लेता हूँ। गांधीजी ने स्वर्गीय जमनालाल बजाज से चन्दा और दान दोनों ही लिया था। महामना स्वर्गीय मदन मोहन मालवीय ने चन्दा और दान लेकर काशी हिंदू विश्वविद्यालय का निर्माण कर दिया। मैं तो चन्दा लेकर भी चन्दा देने वालों को गाली देता हूँ।"

प्रश्न–"आपने अपना नाम आन्दोलन सिंह क्यों रखा?"

जवाब–"मैं आन्दोलन के वक्त ही पैदा हुआ था। उस वक्त देश की आजादी के लिए आन्दोलन चल रहा था, इसलिए मेरा जन्म आन्दोलन संस्कार के वातावरण में हुआ था। इसलिए मुझे आन्दोलन प्रिय है, इसलिए प्रत्येक आन्दोलन से मेरी सहानुभूति है।"

प्रश्न–"क्या आप आन्दोलन के औचित्य पर भी कभी विचार करते हैं?"

जवाब–"प्रत्येक आन्दोलन के पीछे औचित्य की भावना रहती है। मसलन, आज का किसान–आन्दोलन। कौन कहेगा कि किसान–आन्दोलन के पीछे औचित्य नहीं है।"

प्रश्न–"आप किसान तो नहीं हैं, तब आप किसान–आन्दोलन में कैसे भाग लेंगे?"

जवाब–"जब केंद्रीय नागरिक आपूर्ति मंत्री श्री विद्याचरण शुक्ल अपने को किसान कह सकते हैं क्योंकि उनका अपना फार्म है, तब मैं अपने को किसानों का हमदर्द और साथी क्यों नहीं मान सकता। किसान बनकर जब श्री गुरुमुख सिंह कृषि उपज

मंडी के अध्यक्ष बन सकते हैं और श्री काली प्रसाद चटर्जी मंडी के सदस्य बन सकते हैं तब गणपति साव किसान नेता क्यों नहीं बन सकते। वे खेतिहरों के लिये पत्रिका निकालते हैं। यहाँ तो महन्त भी किसान है, पंडित भी किसान है। वर्मा और कौशिक भी किसान हैं क्योंकि उनके पास खेती की जमीनें हैं। यहाँ व्यापारी और ठेकेदार भी किसान हैं क्योंकि उनके पास खेती है। मैं भूमिहीन किसानों और मजदूरों का समर्थक हूँ। ये दोनों गरीब हैं और उनके पेट की लड़ाई बराबर चलती रहेगी। इसलिये यह आन्दोलन सिंह भी नेता बना रहेगा।''

प्रश्न–''क्या आप किसानों के धान के मूल्यबाढ़ के समर्थक हैं?''

जवाब–''यह मेरा आखिरी जवाब है। यदि अब आप सवाल पूछेंगे तो मैं जवाब नहीं दूंगा बल्कि उठ कर सीधे काफी हाउस चला जाऊंगा। हाँ, मैं मूल्यबाढ़ का समर्थक हूं। धान और गेहूँ के मूल्य बढ़ने से महंगाई बढ़ेगी। जब महंगाई बढ़ेगी तब कर्मचारी वेतन बढ़ाने की मांग करेंगे। इस प्रकार आन्दोलन हर तबके में फैल जाएगा। जब आन्दोलन सर्वव्यापी हो जाएगा तब यह सरकार धराशायी हो जाएगी। इस सरकार के पतन से ही क्रांति की जो चिनगारियाँ निकलेंगी उसमें आन्दोलन सिंह भी भस्म हो जाएंगे। आन्दोलन सिंह आन्दोलन में जन्मे थे और आन्दोलन में ही मर जाएंगे।''

1986 में प्रकाशित 'खर्च, आश्वासन और भाषण का कोई हिसाब नहीं'

भारतीय गणतंत्र की 36वीं सालगिरह इस साल भी मनायी गयी। लेकिन रायपुर की राजनीतिक जिन्दगी में इस साल एक फर्क आ गया। पहले तो यह कि गणतंत्र की इस सालगिरह पर न तो किसी मंत्री ने झंडा फहराया और न अपना आकर्षक परम्परागत भाषण देकर जनसाधारण को आज के राष्ट्रीय महत्त्व से अवगत ही कराया।

इस नगर में उसी दिन एक और अजूबा हो गया। रायपुर नगर कांग्रेस में झंडा फहराने तथा झंडाभिवादन का कार्यक्रम हर साल के अनुसार इस साल भी हुआ। भूतपूर्व मुख्यमंत्री श्री श्यामाचरण शुक्ल ने डेढ़ सौ लोगों की उपस्थिति में झंडा फहराया और उन्हीं को नगर कांग्रेस के अध्यक्ष श्री तरुण प्रसाद चटर्जी ने धन्यवाद भी दिया। शुक्ल बंधु प्रेम उनका अटूट है। जब श्री तरुण प्रसाद चटर्जी विधायक थे तब भी वे श्याम भैया के व्यक्तित्व के पुजारी ही रहे। श्याम भैया यदा-कदा उनको फ़ोन से याद ही करते रहते हैं।

श्री चटर्जी के यहाँ जब भी दावत दी जाती थी उस दावत में उनको विशेष रूप से बुलाया जाता था। यदि वे उस समय नगर में रहते थे तो वे चटर्जी की दावतों में भी शामिल हो जाते थे। भले ही भूतपूर्व मुख्यमंत्री श्री श्यामाचरण शुक्ल को कांग्रेस में प्रवेश न मिला हो, लेकिन शहर कांग्रेस के अध्यक्ष श्री तरुण प्रसाद चटर्जी और जिला ग्रामीण कांग्रेस कमेटी के अध्यक्ष श्री रामेश्वर गिरि तो उनको अपना नेता मानते हैं और उनकी निगाह में तो श्याम भैया दो-तीन सालों से कांग्रेस में हैं और वे दो-

तीन सालों से बाकायदा कांग्रेस के प्राथमिक सदस्य बनाये जाते रहे हैं। इसलिये जिला ग्रामीण कांग्रेस और शहर कांग्रेस की नजर में तो श्याम भैया पहले से कांग्रेस में हैं। उनको कांग्रेस हाईकमान की अनुमति की जरूरत नहीं है।

एक कांग्रेस कार्यकर्ता का कथन है–"श्याम भैया कांग्रेस में हैं ही। उन्होंने अपने राजनीतिक जीवन में कभी भी कांग्रेस के खिलाफ काम नहीं किया। उनके जैसा निष्ठावान कांग्रेसी तो इस प्रदेश में खोजे भी नहीं मिलेगा। कांग्रेस आलाकमान कांग्रेस में उनके प्रवेश की अनुमति क्यों नहीं दे रहा है, यह समझने की जरूरत है।"

दूसरा कार्यकर्ता–"श्याम भैया के कांग्रेस प्रवेश का राजनीतिक महत्त्व है। यदि आज कांग्रेस आलाकमान इस महत्त्व को ज्यादा समझता है, उनके प्रवेश का अर्थ है मध्यप्रदेश में नेतृत्व परिवर्तन। जब तक कांग्रेस आलाकमान को उनके नेतृत्व की अनिवार्यता महसूस नहीं होती तब तक उनको कांग्रेस में प्रवेश की अनुमति मिलने में कठिनाई ही आती रहेगी।"

तीसरा कार्यकर्ता–"श्याम भैया कांग्रेस आलाकमान को यह आश्वासन दे सकते हैं कि उनको पद की कोई आकांक्षा नहीं है। वे तो देश और संगठन की सेवा करना चाहते हैं। वे मध्यप्रदेश की राजनीतिक स्थिरता को मजबूत करने में मददगार बनेंगे। यदि कांग्रेस आलाकमान उनके आश्वासन से संतुष्ट हो जाय तो उनको आसानी से कांग्रेस में प्रवेश मिल सकता है। लेकिन उनके कांग्रेस में प्रवेश से प्रदेश के कांग्रेसजनों में प्रतिक्रिया बेजोड़ अनुकूल हो गयी तो उसका परिणाम क्या होगा।"

चौथा कार्यकर्ता–"छोड़ो, इस बात को। श्याम भैया समझदार हैं और कांग्रेस आलाकमान भी समझदार है। आज के जमाने में खर्च और भाषण का कोई हिसाब नहीं है। तुलसीदास ने ठीक ही तो कहा है कि "प्रभुता पाई काही मद नाहि।" जिनके हाथ में एक बार सत्ता आ जाती है वे अपने को ज्यादा समझने लगते हैं। देखिये न! आज गणतंत्र और संविधान के महत्त्व पर कम ध्यान है, ध्यान है अर्थ पर। जिनके पास दोनों नहीं हैं वे किसी काम के नहीं हैं। आज रायपुर जिले में अभी भी दबंग नेता हैं। इसीलिये वे अपनी राजनीतिक प्रतिभा का परिचय नहीं दे रहे हैं।"

पहला कार्यकर्ता–"यदि खर्च का हिसाब करें और यात्रा-प्रिय मंत्रियों के भाषणों के महत्त्व का मूल्यांकन करें तो बेवजह भार आपकी खोपड़ी भी खराब कर देगी। अंजोरा का मेला देखिये, संगोष्ठियों के महत्त्व की औकात का अंदाज लगायेंगे तो प्रगति के सभी हिसाब गड़बड़ा जायेगा। अंजोरा मेला तो देश-प्रदेश का राष्ट्रीय तीर्थ बनाया जा रहा है। यदि प्रधानमंत्री श्री राजीव गांधी नहीं आयेंगे तो इस मेले का राजनीतिक महत्त्व घट जायेगा और फिर आलोचना के स्वर मुखर हो जायेंगे। लेकिन अंजोरा कृषि विज्ञान मेला पर कितना रु. खर्च हुआ इसका हिसाब-किताब कौन लेगा। इस खर्च में केंद्र का हिस्सा कितना और प्रदेश का कितना। खर्च के हिसाब से लाभ के तराजू की स्थिति क्या है, इसका निष्कर्ष तो कोई विशेषज्ञ ही निकाल सकता है।"

दूसरा कार्यकर्ता–''भाषण–बहादुर मंत्रियों की कमी इस प्रदेश में नहीं है। भाषण, आश्वासन और शिलान्यास आज की राजनीतिक प्रगति की पहचान हैं। इस पहचान में मोती का आब खिल जाता है। बचनेसु दरिद्रता किंम। बातों में दरिद्रता की आवश्यकता ही क्यों। भाषण में ही राजनीतिक समझाइश की पहचान होती है। आश्वासन में जनकांक्षा की शुभकामना यथार्थ नहीं, भावना की अभिरुचि होती है।''

तीसरा कार्यकर्ता–''कितने शिलान्यासों पर प्रगति के भवन खड़े किये गये और कितने शिलान्यास वक्त का इंतजार करते-करते अस्तित्वविहीन हो गये। सभी के भाग्य एक समान नहीं होते। शहीद भवन की नींव नहीं पड़ी, इसलिये कुछ स्वंतत्रता संग्राम सैनिक बेचैन हो सकते हैं। शहीद भवन कब बनेगा, यह तो स्वतंत्रता संग्राम सैनिकों के स्वाभिमान को चुनौती है और स्थानीय शासकीय नेतृत्व की अक्षमता का एक नया मापदंड उन पर हुआ है।''

चौथा कार्यकर्ता–''बड़ों के सामने कौन बौना नहीं होगा। जो बौना होता वह भी बड़ों में अपना स्थान पा लेता है। लेकिन छत्तीसगढ़ के लोग बड़े श्रद्धालु हैं। वे मंत्रियों के भाषण को शौक से सुनते हैं, लेकिन जब उनके आश्वासनों की बरसात होती है तो वे सूखा आने की कल्पना करने लग जाते हैं। पहले अपना भला करो तब गैरों का ख्याल करो। पहले अपना घर भरो तब गरीबों को खैरात बांटना। यह दस्तूर युगों-युगों का है। इसी दस्तूर से भाषण, आश्वासन और शिलान्यास भी बंधे हुए हैं।''

विष्णु नागर

[सांचा (दिल्ली), नवंबर, 1988 में प्रकाशित लेख 'मेरे ईश्वर की प्रार्थना, मजदूर का बच्चा गाता है']

ईश्वर तूने जगत बनाया
सूर्य, चंद्र, दीपक चमकाया
नदी, पहाड़, गुफाएं, नाले
नभ, सागर, तालाब निराले
हाथी से चींटी तक सारी
तूने रची है दुनिया न्यारी
ईश्वर तूने...
ईश्वर तूने जगत बनाया
रहने के हित जगह बनाई
जीने के हित हवा चलाई
खाने को अनाज उपजाया
ईश्वर तूने...
तू ही है विद्या का दाता
तुझको मैं हूं शीश नवाता
तूने ही संसार बनाया
तू ही है सबका दाता
ईश्वर तूने...

दिल्ली के मयूर विहार की एक अधबनी सात-मंजिली इमारत से गूंजने वाले प्रार्थना के ये स्वर मजदूरों के बच्चों के अलावा और किसके हो सकते हैं? और इन बच्चों के मुंह से यह प्रार्थना सुनकर कोई विचलित हुए बगैर रह भी कैसे सकता है?

यह इमारत-जहां से यह प्रार्थना आज गूंजती है-कुछ समय बाद पूरी बन चुकी होगी। वे मजदूर, जिनके ये बच्चे हैं, कहीं और जा चुके होंगे। जहां आज उनकी

झुग्गियां हैं, वहां एक पक्की सड़क बन चुकी होगी, जहां से हममें से किसी की कार, किसी का स्कूटर, किसी की मोटर साइकिल गुजरेगी।

मुख्य मार्ग के दूसरी ओर भी कुछ झुग्गियां हैं। वहां के बच्चे भी स्कूल में आते हैं। ये भी उजड़ चुके होंगे। उस जगह, जहां ये रह रहे हैं, वहां फुटपाथ बन चुका होगा। फुटपाथ पर बीच-बीच में पेड़ उग जाएंगे। ये पेड़ बड़े होंगे। इनकी हरियाली से यह मार्ग सुंदर हो जाएगा। इनकी हवा हमारे फेफड़ों में ऊर्जा और स्फूर्ति भरेगी।

इन झुग्गियों के पीछे एक बड़ा नाला है। वह बहुत चौड़ा है। वह उथला होता तो बाढ़ का पानी सड़क तक फैल जाता, इन नई बनी इमारतों में घुस जाता। यह नाला रहेगा, मगर चूंकि हम, इन इमारतों के नए रहवासी आते जा रहे हैं, इसलिए इसे कभी ढक दिया जाएगा। इस पर शायद लंबा-चौड़ा और चमकीला बाजार बनेगा। वहां हमारी जरूरत की सारी चीजें मुहैया होंगी, कभी-न-कभी।

हम सब धन और विद्या से परिपूर्ण लोगों का यह इलाका इस प्रकार पूरी तरह बस जाएगा। हममें से कुछ इन इमारतों में अपने फ्लैट बेचकर, दो लाख या दस लाख का काला धन कमाएंगे और फिर इधर मुड़कर भी नहीं देखेंगे।

जो बच्चे सुबह साढ़े नौ बजे 'विश्राम-सावधान' करने के बाद सूर्य, चंद्र, नदी, पहाड़, गुफा, नभ, सागर, तालाब, हाथी, चींटी आदि को 'बनाने वाले' ईश्वर की स्तुति गाते थे, जो उस ईश्वर से विनती करते थे जिसने 'रहने के हित जगह', 'जीने के हित हवा', 'खाने के लिए अनाज', 'पीने को पानी' दिया, जिसके आगे वे इसलिए नमन करते थे कि वह विद्या-बुद्धि का दाता है, वे कहीं और-न जाने कहां हमारी और उस ईश्वर की चिंताओं से भी ज्यादा दूर-जा चुके होंगे।

वह हमारा ईश्वर है, जिसके गीत ये रोज गाते हैं, जिसके प्रति अपनी कृतज्ञता ज्ञापित करते हैं। उस ईश्वर ने मेरे 'रहने के हित' जगह बनाई है, लेकिन स्तुति मजदूर के बच्चे गाते हैं और यहां से उजड़ेंगे भी वही। उनके जाने के बाद ईश्वर ने 'जीने के हित' जो हवा चलाई है, वह अधिक शुद्ध और साफ हो जाएगी। तब नाले के किनारे उनके पेशाब-पाखाने की बदबू नहीं होगी। उनके नहाने-खंखारने से गंदा होने वाला पानी नालियों में नहीं होगा। जो ऑक्सीजन आज झोपड़ों से होकर आती है, फिर मुक्त होकर हम तक आएगी, हालांकि उसमें कारखानों के धुएं और कारों-बसों-स्कूटरों के पेट्रोल की तेज गंध होगी, लेकिन न इस पर हमारा काबू है, न हम चाहते हैं कि वह हो। हमारा बस झोपड़ों पर हैं और वे यहां से उजड़ चुके होंगे।

देश में अनाज भरपूर होते हुए भी कालाहांडी में गरीब किसान-मजदूर मरते हैं, जिनके होते हुए दिल्ली, बंबई, मद्रास, कलकत्ता में भी सैकड़ों मजदूर, चुपचाप मौत, भूख और बीमारी सहते हैं, मगर फिर भी मजदूर का बच्चा गाता है-'खाने को अनाज उपजाया!' जैसे उपजने मात्र से अनाज सबको मिल जाता है! वह बच्चा खुद कभी

ात के लिए कृतज्ञ हैं? मात्र इस बात के लिए कि उसने उन्हें 'जन्म दिया है?' यह ठीक है कि एक चींटी और लंगड़ा कुत्ता भी अपनी जान गंवाना नहीं चाहता, लेकिन ऐसे जन्म के लिए धन्यवाद किस बात का? क्या इसका कि जन्म के साथ भूख, रोग, नंगापन, अपमान और घृणा भी दी? शरीर-तोड़ मेहनत भी दी। झोपड़ी के साथ गंदे पानी का नाला भी दिया, ठंड के साथ कपड़े नहीं दिए, बरसात के साथ रोग, मृत्यु और बाढ़ भी दी? जिन्हें सूर्य का अपनी पूरी प्रखरता से चमकना, नदी का पूरी शक्ति से उफनना या सूखना, पहाड़ का मैदान से दूर होना डराता हो, वे किस प्रकृति की प्रशंसा के गीत गाएं? वे किस ईश्वर को इसके लिए धन्यवाद दें?

अगर इन बच्चों ने कविता रची होती और वे उसमें रहने की जगह की बात करते, तो इस तरह नहीं, कि अहा जगह है! बहुत है। बस अब घर तो समझो बन ही गया। वे अच्छी तरह जानते हैं कि यह जगह, वह खाली जगह ईश्वर की नहीं है। उसका इस पर स्वामित्व नहीं है। इस पर कब्जा करने के लिए ईश्वर की प्रार्थना काम नहीं आएगी।

इन बच्चों को पसीने और उमस के बाद अक्तूबर की ठंडी हवा मिलती तो ये प्रसन्न होते। शायद उसकी प्रशंसा में एक कविता भी लिख देते। मगर जब यह ठंडी हवा, नवंबर-दिसंबर-जनवरी में उसके शरीर को छेदती, उनकी हड्डियों में घुसती तो वे शायद पुरानी कविता को फाड़ देते या एक और कविता लिखते, जिसमें गर्म और ठंडी दोनों तरह की हवाओं की निंदा होती। फरवरी-मार्च में हवा फिर सुखद होने लगती। तब शायद वे इस हवा पर व्यंग्य करते, हँसते लेकिन वे हवा को जीवन का पर्याय नहीं मानते। वे नहीं कहते-'जीने के हित हवा बनाई।' उन्होंने तो लू और शीतलहर को भोगा है, कारखाने की जहरीली रसायनयुक्त हवा को झेला है-वे हवामात्र की तारीफ कैसे करते? उसे जीवन का आधार कैसे मानते? जीवन का आधार तो काम है, जिससे रोटी मिलती है। हवा तो जैसी भी हो, मिलती ही है। उसके लिए क्यों किसी की अभ्यर्थना करें?

इन बच्चों की कविता में कभी यह नहीं कहा गया होता कि अनाज खूब पैदा होता है देश में, तो फिर कमी किस बात की? अनाज है तो हमें भी मिलेगा ही। अनाज होने मात्र से मिल नहीं जाएगा, यह बात वह जानता है। यह जरूर है कि अगर अकाल आएगा, अगर अनाज मध्य वर्ग को कठिनाई से मिलेगा तो मजदूर को तो मिलेगा ही नहीं। हाथ में पैसा होगा, राशनकार्ड होगा, तब भी नहीं मिलेगा। मुसीबत और बढ़ जाएगी। रोग और मृत्यु और करीब आ जाएंगे। देश अनाज में आत्मनिर्भर हो भी तो क्या? वह भूख के विरुद्ध गारंटी नहीं है। तब वह कैसे कहता-'खाने का अनाज उपजाया।' वह मजदूर बच्चा कभी यह नहीं कहेगा-'तू ही हैं हम सबका दाता।' खाना-पीना मिले तो आदमी ईश्वर का भिखारी भी बन सकता है, लेकिन न मिले तो?

भूखे पेट या अधपेट रहा होगा। शायद किसी दिन या शायद
उस ईश्वर की अभ्यर्थना की होगी, जिसने 'खाने को अनाज

और अभी, इसी बरसात में दिल्ली में हैंडपंपों का पानी
मजदूर-परिवारों के बच्चों की जानें गई हैं। बच्चे पानी पीक
बच्चा गा रहा है-'जीने के हित...'।

यह प्रार्थना मैंने नहीं लिखी, लेकिन मेरे ही किसी प्रतिनिधि
पास एक बड़ा-सा हवादार मकान होगा, जिसमें नगर निगम क
उसकी जेब में पैसा होगा। उसने वह पैसा फेंका होगा और उसे
गई होगी। वह अपने लिए ताजी, प्रदूषण रहित हवा चुन सकता
सकता है, वह क्या खाएगा, यह चुन सकता है; वह क्या पढ़ेगा,
सुनेगा, यह चुन सकता है। उसका पद और उसका पैसा, उसकी मूर
हिंसा और अमानवीयता को छिपाता है। उसने बिना किसी परिश्रम
बेईमानी से बहुत कुछ पा लिया है और यह अच्छी तरह देखा है कि
करने वाला पेट कभी नहीं भर सकता। तो वह अपनी 'विद्या', अपनी
संपत्ति, अपनी प्रकृति के गीत गाएगा ही- वह इस सबके लिए ईश्व
देगा ही, और किसे देगा? लेकिन मन-ही-मन देगा। वह एक प्रार्थना
स्कूल बना देगा। उसमें किसानों, मजदूरों, फेरीवालों, चपरासियों के बच
उनसे कहेगा कि तुम इसे अपनी ओर से ईश्वर की प्रार्थना समझकर ज
जहां-जहां मुझे तुम्हारी जरूरत है, वहां-वहां उजड़कर जाओ, और मे
अपना ईश्वर समझकर-इस मुगालते में आकर कि सबका ईश्वर एक होता
स्तुति में मेरी लिखी प्रार्थना गाओ।

अगर तुम्हें मेरे घर का कूड़ा उठाना है, अगर तुम्हें मेरे घर के कपड़े-
करने हैं, अगर तुम्हें मेरा मकान बनाने के लिए मजदूरी करनी है, अगर तुम्हें
अन्न उपजाना है, मेरा सामान ढोना है, मेरे बाल काटने हैं, मेरे जूते सुधार
मेरे ईश्वर के गीत भी गाओ! यह कोई कठिन काम नहीं। सिर्फ अपने बच्चों
मुझे दो, वह भी सिर्फ पांच मिनट के लिए। उनका यह स्वर मुझे नाथद्वारा
चाहिए, एक अधबनी इमारत में ही चाहिए। और तब चाहिए जब वे नई शिक्षा
के अंतर्गत, राष्ट्रीय शैक्षिक अनुसंधान तथा प्रशिक्षण परिषद् की पुस्तकों से '
ग्रहण करने आते हों।

अगर ये बच्चे अपनी इच्छा से जानते और अपनी इच्छा से गाते, तो कभ
नहीं कहते कि हे ईश्वर तू कितना अद्भुत है, तूने रहने के लिए जगह बना दी,
तो हवा दे दी, तूने तो पानी दे दिया, तू तो विद्या का दाता है! वे कभी सूर्य,
दीपक, नदी, पहाड़, नभ, सागर, तालाब के गीत नहीं गाते और इनके लिए ईश्वर
धन्यवाद नहीं देते। सच तो यह है कि वे प्रार्थना गाते ही नहीं। वे 'ईश्वर' के कि

वह कैसे कहे, 'तूने ही संसार बनाया', क्योंकि यह उसका संसार नहीं। कैसे कहे–'तू ही है विद्या का दाता।' वह 'विद्या' की तारीफ करना जरूरी समझता तो भी बताता कि वह शोषण और अत्याचार बढ़ाने वाली विद्या का प्रशंसक नहीं है। उस विद्या को वह बहुत देख और भोग चुका है। तब अपने खिलाफ जाने वाली इस विद्या की तारीफ क्यों करे, इस पर लानत क्यों न भेजे?

ये बच्चे जो गीत लिखते, उसे भी समूह में, स्कूल में ही गाया जाता, लेकिन इसमें विनती नहीं, चुनौती होती। उसमें 'ईश्वर के संसार' के हवा-पानी की प्रशंसा नहीं, भर्त्सना होती। उस कविता को गाने के लिए बच्चों को अधबने सात-मंजिला भवन की इमारत में इकट्ठा नहीं होना पड़ता। उसके लिए 'वाफ्ट-प्लान प्रोजेक्ट' की जरूरत नहीं होती और उसे चलाने के लिए अमेरिकी धन की आवश्यकता भी नहीं होती।

(साभार : हमें देखती आँखें, लेखक–विष्णु नागर)

राजेन्द्र माथुर

[नवभारत टाइम्स (दिल्ली), 1989 में प्रकाशित लेख 'नेहरू के बिना हम अजनबी देश में होते']

जवाहरलाल नेहरू को आज सौ साल हो गए, लेकिन उनके जन्म की शतवार्षिकी उस सहजता से नहीं मनाई जा सकती, जैसे महात्मा गांधी या विवेकानंद या लोकमान्य तिलक की शताब्दियां हमने मनाईं। कारण स्पष्ट है। राजीव गांधी का प्रधानमंत्री होना नेहरू की स्वच्छंद सराहना और ईमानदार मूल्यांकन में बाधा डालता है (स्वच्छंद अर्थात् अपने हृदय से निर्मल झरने की तरह फूट रहे छंदों में नेहरू की सराहना।) इसमें निश्चय ही राजीव गांधी का कोई दोष नहीं है, और उनकी सफलता या असफलता का भी, क्योंकि वे बहुत सफल होते, तो भी बाधा तो बनी ही रहती। राजीव के प्रधानमंत्रित्व के साए में नेहरू की शताब्दी मनाना ऐसा है, मानो शाहजहां के राज में आप अकबर की जन्मशती मना रहे हों। वंश का महत्त्व और वंश की निरंतरता जवाहरलाल नेहरू को बीते युग का, हमारे समय से कटा हुआ महापुरुष होने नहीं देती, और जब तक यह अलगाव न हो, तब तक शताब्दी कैसे मनाएं? दूरदर्शन पर, मंचों पर, खेल मैदानों में, सेमीनारों में जब नेहरू शताब्दी मनती है तो वह अलग कर पाना मुश्किल हो जाता है कि इसमें से कितना राजीव के कारण हो रहा है, और कितना जवाहरलाल के कारण। इंदिरा गांधी की जन्मशती सौभाग्य से दूर है, इसलिए यह विश्वास के साथ कहा जा सकता है कि सन् 2017 में यह देश उनकी जन्मशती ईमानदार कृतज्ञता के साथ मनाएगा।

इस बाधा के बावजूद यदि हम नेहरू-शताब्दी पूरे साल-भर नहीं मनाते, तो यह भी एक जाहिल अहसानफरामोशी होती, क्योंकि बीसवीं सदी में गांधी के बाद यदि किसी एक हिन्दुस्तानी का इस देश की याददाश्त पर सबसे ज्यादा हक और कर्ज है, तो वह शख्स जवाहरलाल नेहरू ही है।

नेहरू यदि आजादी के आन्दोलन के दिनों में गांधी के सिपाही नहीं होते, तो हमारे स्वतंत्रता-आन्दोलन का नक्शा अलग होता। और यदि आजादी के बाद के सत्रह वर्षों में वे भारत के प्रधानमंत्री नहीं होते, तो भारत का सामाजिक और राजनीतिक भूगोल वह नहीं होता, जो आज है। तब इस देश की राजनीति के नदी, पहाड़ और

जंगल सब अलग हो जाते, और हम मानो एक अलग ग्रह पर सांस ले रहे होते। लाखों लोगों के मन में आज भी एक गहरी शिकायत है कि इस नेहरू-निर्मित भारत के पर्यावरण में सांस लेने के लिए परमपिता परमात्मा ने हमें क्यों जन्म दिया है। काश, इस देश का पर्यावरण कुछ और होता! लेकिन यह शिकायत भी जवाहरलाल नेहरू की विश्वकर्मा-भूमिका को एक गहरी श्रद्धांजलि ही है, क्योंकि अंततः यह उस भारत की कोख में लौट जाने की कामना है, जिसे किसी ने देखा नहीं है, लेकिन जिसके बारे में कोई भी व्यक्ति कुछ भी कल्पना कर सकता है।

बगावती शिष्यतंत्र

जवाहरलाल नेहरू जैसा सिपाही यदि गांधी को आजादी के आन्दोलन में नहीं मिलता, तो 1927-28 के बाद भारत के नौजवानों को अपनी नाराज और बगावती अदा के बल पर गांधी के सत्याग्रही खेमे में खींच-खींचकर लाने वाला और कौन था? नेहरू ने उन सारे नौजवानों को अपने साथ लिया जो गांधी के तौर-तरीकों से नाराज थे, और बार-बार उन्होंने लिखकर, बोलकर, अपनी असहमति का इजहार किया। उन्होंने तीस की उस पीढ़ी को जबान दी, जो बोलशेविक क्रांति से प्रभावित होकर कांग्रेस के बेजुबान लोगों को लड़ाकू हथियार बनाना चाहती थी। लेकिन यह सारा काम उन्होंने कांग्रेस की केमिस्ट्री के दायरे में किया और उसका सम्मान करते हुए किया। यदि वे 1932-33 में सनकी लोहियावादियों की तरह बरताव करते, और अपनी अलग समाजवादी पार्टी बनाकर गांधी से नाता तोड़ लेते, तो सुभाषचंद्र बोस की तरह कटकर रह जाते। उससे समाजवाद का तो कोई भला होता नहीं, हां, गांधी की फौज जरूर कमजोर हो जाती। गांधी से असहमत होते हुए भी नेहरू ने गांधी के सामने आत्मसमर्पण किया, क्योंकि अपने को न समझ में आने वाले जादू के सामने अपने को बिछा देने वाला भारतीय भक्तिभाव नेहरू में शेष था, और अपने अक्सर बिगड़ पड़ने वाले पट्ट-शिष्य से लाड़ करना गांधी को आता था। बकरी का दूध पीने वाला कोई सेवाग्रामी जूनियर गांधी तीस के दशक में न तो युवक-हृदय-सम्राट का पद अर्जित कर सकता था, और न महात्मा मोहनदास उसे अपना उत्तराधिकारी घोषित कर सकते थे, क्योंकि आंख पर पट्टी बांधकर लीक पर चलने वाले शिष्यों की सीमा महात्मा जी खूब समझते थे। नेहरू और गांधी के इस द्वंद्वात्मक सहयोग ने आजादी के आन्दोलन के ताने-बाने को एक अद्‌भुत सत्ता दी और गांधी का जादू नेहरू के तिलस्म से जुड़कर न जाने कौन-सा ब्रम्हास्त्र बन गया। खरा और सौ टंच सत्य जब दूसरे सौ टंच सत्य के साथ अपना अहं त्यागकर मिलता और घुलता है, तब ही ऐसे यौगिक बनते हैं, जैसे गांधी और नेहरू के संयोग से बने। उनकी तुलना आज के राजनीतिक जोड़तोड़ से कीजिए, तो आपको फर्क समझ में आ जाएगा।

संक्षेप में, नेहरू की उपस्थिति के कंट्रास्ट के कारण गांधी का आन्दोलन अधिक खिला, और चित्रोपम बना। राजेन्द्र प्रसाद या राजाजी या किशोरीलाल घ. मश्रूवाला अपने बूते पर गांधी की कशीदाकारी को वह रत्नजड़ित समृद्धि दे ही नहीं सकते थे, जो जवाहरलाल नेहरू ने उसे दी।

गांधी का भारत

1947 के बाद जवाहरलाल नेहरू भारत को उस रास्ते नहीं ले गए, जिस रास्ते महात्मा गांधी की सौ-साला जिंदगी में शायद वह जाता। वे ऐसा कर भी नहीं सकते थे, क्योंकि गांधी की अनुपस्थिति में गांधी का रास्ता किसी को मालूम नहीं था। खुद गांधी के जीते-जी किसी को पता नहीं होता था कि गांधी का अगला कदम क्या होगा। अपनी अंतरात्मा के टॉर्च से वे अंधेरे में अपना अलग कदम टटोलते थे, और यह टॉर्च नितांत निजी और वैयक्तिक होता था। कार्ल मार्क्स जैसा मामला महात्मा गांधी का नहीं था, जिन्हें अपने वैज्ञानिक विवेक सूर्य-प्रकाश में सारा भविष्य सामने नजर आ जाता था, और दूर, बहुत दूर, क्षितिज पर खड़ी मंजिल भी, और वहां पहुंचने का टेढ़ा-मेढ़ा रास्ता भी। गांधी को अंधेरे में अगले कदम के अलावा कुछ भी नजर नहीं आता था, और इतना देख पाना ही वे पर्याप्त मानते थे। इसलिए यह प्रश्न लगभग बेमतलब है कि जवाहरलाल गांधी के रास्ते पर चले या नहीं। हालांकि 1946 में गांधी कह रहे थे कि 1909 में छपी 'हिंद स्वराज' नामक पुस्तक पर उन्हें आज भी आस्था है लेकिन यह कहा जा सकता है गांधी सौ साल जीते, तो वे हिंद स्वराज वाला हिन्दुस्तान ही इस धरती पर उतारते या हिंदुस्तान उन्हें इस अवतरण की इजाजत देता। (इजाजत भी तो महत्त्वपूर्ण है। आखिर गांधी और कांग्रेस के होते हुए पाकिस्तान बना कि नहीं?)

नेहरू गांधी की राह पर चले हों या नहीं, लेकिन यह मानना मूर्खतापूर्ण होगा कि कांग्रेस यदि नेहरू के बजाय सरदार पटेल या राजेन्द्र प्रसाद या आचार्य कृपलानी के रास्ते पर चलती, तो यह सच्चा गांधीवादी रास्ता होता। इसका मतलब तो यह हुआ कि सारी कांग्रेस मूलत: गांधीवादी थी और केवल नेहरू गांधी-विमुख थे। इस विकृत स्थापना में कोई दम नहीं है।

बागडोर और भूगोल

आजादी के वर्षों बाद में यदि बागडोर नेहरू के हाथों में नहीं होती तो देश का राजनीतिक-सामाजिक भूगोल उसकी नदी, जंगल और पहाड़ किस माने में भिन्न होते?

सबसे पहले तो इसी बात का श्रेय नेहरू को दें कि उन्होंने अपने चरित्र और विचारों के विपरीत कांग्रेस को बनाए रखा। पहले वे अक्सर लिखा करते थे कि

आजादी की लड़ाई सफल होने के बाद कांग्रेस जैसे सर्वदलीय संयुक्त मोर्चे की कोई जरूरत नहीं रह जाएगी। वह टूटेगी और अलग-अलग विचारधारा वाली पार्टियों में बंट जाएगी। जब तक अंग्रेजों से लड़ाई चल रही है, तब तक बिड़ला-बजाज-साराभाई और मिल मजदूर और जमींदार और किसान इकट्ठे होकर कांग्रेस में रह सकते हैं, लेकिन उसके बाद इतने बेमेल, निहित स्वार्थों की पार्टी सरकार कैसे चलाएगी। यह उत्तर जाएगी या दक्षिण? यह गरीबों का साथ देगी या अमीरों का?

गांधी के दिमाग में भी यह प्रश्न उठता था, लेकिन वे शायद सत्ता-कांग्रेस के मुकाबले एक रचनात्मक, सेवामुखी कांग्रेस कायम करने की बात सोच रहे थे। आन्दोलन-विहीन दिनों में, असेम्बलियों के दिनों में कांग्रेस से दूर हटने की कोशिश करना गांधी जी का एक रिफलेक्स-कर्म था, जो बीस-तीस और चालीस के दशक में बार-बार देखा जा सकता है। तीस के मध्य में तो उन्होंने कांग्रेस की चवन्नी सदस्यता तक छोड़ दी थी।

कांग्रेस को कायम रखकर नेहरू ने विलक्षण समझ का परिचय दिया, यह इसी से स्पष्ट है कि आजादी के 42 वर्ष बाद भी इस देश में पश्चिमी तर्ज की पार्टियां नहीं बन पाई हैं और कांग्रेस देश की अधिकतम राष्ट्रीय सर्वानुमति का दूसरा नाम हो गया है। कांग्रेस की विविधता भारत की विविधता का राजनीतिक प्रतिरूप है, और जैसे हिन्दू मशीन में बेमेल चीजों को पचाकर भी चलते रहने की ताकत है, उसी तरह कांग्रेसी मशीन में अंतर्द्वंद्वों को हजम करके देश को आगे ले जाने की ताकत है, यह बात नेहरू ने कभी लिखी या कही नहीं, लेकिन इस समझ के बिना इतने साल उनका काम कैसे चल सकता था?

इस माने में नेहरू ने स्वतंत्रता के बाद कांग्रेस की सार्थकता का पुनराविष्कार किया। उन्होंने पाया कि कांग्रेस से टूटी कोई एकांगी पार्टी देश को जोड़े रखने और आगे ले जाने का काम नहीं कर सकेगी। नेहरू की इस स्थापना पर देश ने एक मुहर नेहरू की मौत के बाद 1971 में लगाई, जब मरणासन्न कांग्रेस को उसने फिर से जिलाकर खड़ा कर दिया। इससे लगता है कि गांधी यदि कांग्रेस को खत्म कर देते, तो भारत की जनता उसे किसी न किसी शक्ल में पुनर्जीवित कर देती।

नेहरू के बिना क्या भारत वैसा लोकतांत्रिक देश बन पाता, जैसा कि वह आज है? आपको 1947 के किस नेता में लोकतंत्र की बुनियादी आजादियों के प्रति वह सम्मान नजर आता है, जो नेहरू में था? हरिजन के रक्त में एकता महसूस करने वाले नेता कितने थे? धर्म के ढकोसलों से नफरत और सच्ची रूहानियत के प्रति लगाव कितनों में था? विज्ञान के प्रति इतना भोला उत्साह आप उस जमाने में और कहां पाते हैं? भारत के आर्थिक विकास के बारे में क्या किसी और नेता के पास दृष्टि थी? भारत की सारी विविधताओं को इतना स्नेह क्या किसी और नेता ने दिया? नेहरू नहीं होते तो विभाजन के तुरंत बाद क्या भारत हिन्दू राष्ट्र बनने से बच पाता?

गांधी की जगह गणदेवता

भारत 15 अगस्त के बाद लोकतंत्र होगा, यह इस देश की जन्मपत्री में तो नहीं लिखा था। अनुमान लगाना व्यर्थ है, लेकिन सोचिए कि यदि सरदार पटेल को स्वाधीनता के बाद सत्रह साल तक जवाहरलाल नेहरू की लोकप्रियता और उनका पद मिला होता, तो क्या वे माओ त्से तुंग या स्तालिन के भारतीय संस्करण नहीं हो जाते? सुकर्णो, नासर, टीटो, अंक्रूमा आदि ने अपनी लोकप्रियता का क्या किया? देश के धीमेपन से असंतुष्ट जवाहरलाल के सामने क्या यह विकल्प नहीं रहा होगा कि लोकतंत्र को एक तरफ रखकर कुछ साल चाबुक चलाया जाए, ताकि देश तेज दौड़कर एक बार सबके साथ आ सके? यदि वे चाबुक चलाते, तो क्या एक नशीला उत्साह सारे देश में पैदा नहीं होता, जिसके रहते लोकतंत्र की हिमायत एक जनद्रोही हरकत नजर आती?

लेकिन जैसे गांधी के सामने नेहरू ने अहंविहीन आत्मसमर्पण किया। गांधी की जगह गणदेवता ने ले ली। कहा नहीं जा सकता कि नेहरू नहीं होते तो भी ऐसा ही होता। और यदि भारत में लोकतंत्र नहीं होता, तो क्या हम अपने-आपको एक बिलकुल अलग देश में नहीं पाते?

यह कहा जा सकता है कि लोकतंत्र के अलावा और प्रणाली होती तो वह भारत जैसे बेमेल देश को एक नहीं रख पाती। तानाशाही का प्रेशर कुकर होता, तो देश जल्दी टूटता। लेकिन यह दृष्टि तो 1970 या 1980 की है। 1947 में यह माना जा सकता था कि लोकतंत्र में इतना हंगामा है, खींचतान है, दंगे-फसाद हैं, अराजकता है कि भारत जैसे भानुमति के कुनबे में यह खुराफाती चीज अगर छोड़ दी गई है, तो न टूटने वाला देश भी टूट जाएगा। आखिर, इसी बूते पर तो चर्चिल आदि कहा करते थे कि अंग्रेजों के जाने के बाद भारतवासी स्वराज नहीं चला पाएंगे। स्वराज के बारे में हम भारतीयों का हीनभाव ही तानाशाही को जन्म दे सकता था। उस नियति से हम बचे, इसका सारा श्रेय नेहरू को है।

आर्थिक दृष्टि

कांग्रेस की आर्थिक दृष्टि न गांधीवादी थी, न नेहरूवादी। इसलिए कुछ राज्यों के जमींदारी-उन्मूलन कार्यक्रम को छोड़ दें, तो भारत के तत्कालीन मुख्यमंत्रियों में हम किसी आर्थिक लक्ष्य की ओर तेजी से बढ़ने की कोई छटपटाहट नहीं पाते। अपनी कुर्सी पर बैठ पाना ही उनके लिए इतिश्री थी। इसलिए कई जगह कांग्रेस का राज पुलिस राज होता जा रहा था। सिर्फ नेहरू में ही देश के पिछड़ेपन का अहसास था, और एक दृष्टि थी, और छटपटाहट थी। गांधी जी की तरह एक सेवामुखी कांग्रेस तो उन्होंने नहीं बनाई, और न कम्युनिस्ट देशों की तरह एक समर्पित काडर तैयार किया, लेकिन अपनी लोकतांत्रिक सरकार की सारी शक्ति उन्होंने विकास के एक मॉडल पर

अमल करने के लिए झोंक दी। बड़े बांध, सिंचाई योजनाएं, अधिक अन्न उपजाओ, वन महोत्सव, सामुदायिक विकास, राष्ट्रीय विस्तार कार्यक्रम, पंचवर्षीय योजना, भारी उद्योग, लोहे और बिजली और खाद के कारखाने, नए स्कूल और अफसर, लाखों नई सरकारी नौकरियां, समाजवादी समाज रचना यह सारा सिलसिला जवाहरलाल नेहरू की अदम्य ऊर्जा से शुरू हुआ।

नेहरू की समाजवादी दृष्टि का यहां भारत के मध्यम वर्ग की आकांक्षाओं के साथ गजब का मेल हुआ। स्वतंत्रता-आन्दोलन में भाग लेकर भारत पर राज करने वाला यह मध्यम वर्ग विचारों से समाजवादी था, लेकिन अपने संस्कारों से उसे ऐसी सुरक्षित नौकरी की जरूरत थी, जिसमें पहली तारीख को वेतन मिल जाए, लेकिन अपनी 'सफेद कालर' मैली न करनी पड़े। कल-कारखानों से, व्यवसाय-प्रबंध से, उत्पादकता की चुनौतियों से हाथ काले करने वाले हुनर से उसे कोई लगाव नहीं था। उसे सिर्फ निगरानी और अफसरों की चाह थी, जो समाजवाद के अंतर्गत शुरू हुई परमिट-लाइसेंस-कोटा प्रणाली ने पूरी की। समाजवाद ने अपनी कमाई कभी न बताने वाले भारत के बनियों को प्रेरित किया कि वे भारत के प्रायवेट सेक्टर का विकास चोरी-चोरी, काले धन का निर्माण करते हुए करे।

लेकिन नेहरू के जमाने में यदि इनफ्रा स्ट्रक्चर पर इतना सरकारी धन खर्च न हुआ होता, यदि भारी उद्योग की नींव न पड़ी होती, यदि रासायनिक खाद के कारखाने न खुले होते, तो क्या अस्सी के दशक की अभूतपूर्व, राजीवयुगीन समृद्धि यह देश देख पाता? भारत के देशी पूंजीपतियों में तो यह सामर्थ्य नहीं थी कि मल्टीनेशनल कंपनियों की मदद के बगैर वे भारत को आत्मनिर्भर समृद्धि के इस बिन्दु तक पहुंचा पाते।

चीन और रूस के उदाहरणों से स्पष्ट है कि करोड़ों लोगों को जेल में ठूंसे जाने, जान से मारे बगैर या उन्हें सजा काटने के लिए अरुणाचल भेजे बगैर जो आतंकविहीन, आर्थिक सरप्लस भारत ने पैदा किया है, और इस सरप्लस के निवेश से जो प्रगति की है, यह आश्चर्यजनक रही है। इतनी सीधी उंगली से इतना ज्यादा घी निकालने का काम किसी और देश ने किया हो तो कृपया नाम बताएं।

नेहरू नहीं होते, तो हम या तो जापानी टूथपेस्ट खरीद रहे होते, या हमारे वकीलों और प्रोफेसरों को कोई हुकूमत धान के खेत में अनुभव प्राप्त करने के लिए भेज देती। नेहरू के बिना हमारी रोजमर्रा की जिंदगी यहां भी अलग होती।

नया इंसान

और अंत में धर्मनिरपेक्षता। जब नेहरू इसकी चर्चा करते थे, तब दरअसल वे एक नया इंसान भारत की जमीन पर जन्मते देखना चाहते थे। वे ही क्यों, गांधी की भी सारी कोशिश भारत में एक नए मनुष्य को जन्म देने की थी। राममोहन राय से लेकर

राममनोहर लोहिया तक हर महत्त्वाकांक्षी हिन्दुस्तानी ने एक नए मनुष्य का सपना देखा, और डेढ़ सौ साल पुरानी यह आदत पिछले बीस-पच्चीस साल में ही विलुप्त हुई है।

नेहरू का नया मनुष्य रवीन्द्रनाथ ठाकुर की प्रसिद्ध कविता का मनुष्य है। लेकिन जो युगपुरुष एक नई मनुष्यता का स्वप्न पालता है, उसे समझ ही नहीं आता कि आदमी संकीर्ण क्यों है, क्षुद्र क्यों है, अंधविश्वासी क्यों है, नकली कसौटियों पर अपने-आपको बांटने वाला और लड़ने वाला क्यों है, नफरत से अंधा होने वाला क्यों है? हर मसीहा की कोशिश के बावजूद नया मनुष्य बार-बार पुराना होना क्यों पसंद करता है?

यह एक लंबा विषय है, और हम नहीं जानते कि गांधी और नेहरू के होने का कोई असर हम पर पड़ा है या नहीं, और हम नए इंसान बने हैं या नहीं। लेकिन हम जैसे हैं, उससे बहुत बुरे अगर नहीं हैं, तो इसका श्रेय शायद उन्हीं के प्रयासों को देना होगा।

(साभार : भारत– एक अंतहीन यात्रा)

विष्णु नागर

[नवभारत टाइम्स (दिल्ली), 1991 में प्रकाशित लेख 'जनसंख्या-नियंत्रण की राजनीति']

हमारी अपनी सरकार, अमीर देश और उनकी कठपुतली 'अंतरराष्ट्रीय' एजेंसियां हमें अक्सर बताती हैं कि गरीब देशों की समस्याओं का मूल नहीं, तो कम-से-कम एक मुख्य कारण, उनकी बढ़ती आबादी है। इस वजह से 'विकास के लाभ' आम जनता तक पहुंच नहीं पा रहे हैं, पर्यावरण बिगड़ रहा है, आदि-आदि।

बढ़ती आबादी से हमारा शासकवर्ग भी बेहद चिंतित है। उसका एक-न-एक प्रमुख प्रतिनिधि कल यहां तो आज वहां इस पर अपनी चिंता का इजहार करता है। आपातकाल में तो यह चिंता इस कदर बढ़ गई थी कि बड़े पैमाने पर जबर्दस्ती नसबंदियां की गईं। गनीमत थी कि तत्कालीन प्रधानमंत्री श्रीमती इंदिरा गांधी ने अति आत्मविश्वास में 1977 में लोकसभा चुनाव करवा दिए और यह सामने आ गया कि आम जनता इस तरह की जबरदस्ती अपने साथ नहीं सहेगी। जनता पार्टी सरकार के जमाने तक 'परिवार नियोजन' शब्द इतना बदनाम हो चुका था कि उसे बदलकर 'परिवार कल्याण' कर दिया गया, हालांकि इन दोनों अवधारणाओं के बीच जो बुनियादी अंतर है, उसे भुला दिया गया। 'परिवार कल्याण' भी अंततः परिवार नियोजन तक सीमित कर दिया गया है।

आज के हमारे शासक जबर्दस्ती नसबंदी से तो डरते हैं, लेकिन उनके पास जनसंख्या-नियंत्रण का कोई वैकल्पिक विचार भी नहीं है। जनता आड़े न आए, चुनाव का डर न रहे तो सत्ताधारी पार्टी ही नहीं, हमार पूरा शासकवर्ग आपातकाल के जबर्दस्ती नसबंदी के विचार को दोबारा लागू करना चाहेगा और इस बार उसका कदम 'निर्णायक' होगा। लेकिन जैसा भी हमारा लोकतंत्र है, उसकी अपनी मजबूरियां है। ये मजबूरियां कम-से-कम फिलहाल तो इस तरह के किसी कदम के आड़े आ रही हैं।

मगर लोकतांत्रिक प्रणालियां तमाम गैर-लोकतांत्रिक विचारों को पनपने और बढ़ने के अवसर भी सहज रूप से सुलभ कराती हैं। जनसंख्या-नियंत्रण का विचार जिस रूप में सामने आ रहा है, वह भी इसका एक उदाहरण है।

जनसंख्या-नियंत्रण का विचार वास्तव में अमीर देशों द्वारा गरीब देशों को, अमीर-वर्ग द्वारा गरीब-वर्ग को, बहुसंख्यक-वर्गों द्वारा अल्पसंख्यक-वर्गों को नियंत्रित और नियमित करने का विचार है। अमीर देशों में चूंकि अमीरी का कुछ-न-कुछ लाभ तमाम वर्गों तक पहुंचा है और हर वर्ग में अधिकाधिक उपभोग की शक्ति है तथा बच्चे चूंकि उनके उपभोग में बाधा हैं, और बड़े होकर बच्चे चूंकि मां-बाप के काम भी नहीं आने वाले हैं, पारिवारिक जीवन भी चूंकि वहां अस्थिर हैं, इसलिए इन देशों में स्वस्थ-समर्थ युवक-युवतियां माता-पिता बनना अक्सर पसंद नहीं करते हैं। सरकार द्वारा आबादी बढ़ाने के लिए दी जाने वाली तमाम रियायतें भी काम नहीं आतीं, इसलिए खासकर यूरोप में जनसंख्या-वृद्धि नकारात्मक है यानी आबादी घट रही है। भविष्य में जैसे उनका अस्तित्व खत्म हो जाएगा-ऐसी चिंताएँ यूरोपीय जातियों के मन में हैं, लेकिन ये चिंताएँ अपनी जगह हैं और आबादी का घटते जाना अपनी जगह है। यह अलग बात है कि घटती आबादी के बावजूद, समृद्ध देशों में बेरोजगारी और अपराध बढ़ रहे हैं, समाज कल्याण के कार्यों पर खर्च निरंतर घट रहा है।

इस दुनिया पर आबादी का बोझ डालने के 'अपराध' से पश्चिमी दुनिया ने अपने को मुक्त कर लिया है। वे अपराधी नहीं हैं तो जाहिर है कि हम 'अपराधी' हैं। हमने अपना यह अपराध कबूल भी कर लिया है, लेकिन जिस तरह अमीर देश अपनी आत्मा पर अपने अपराधों का बोझ लादकर नहीं चलते, उसी तरह गरीब देशों का अमीर-वर्ग भी करता है यानि 'दोष' गरीब देशों के गरीब-वर्ग का है। गरीब देशों का गरीब-वर्ग आमतौर पर पिछड़ी, दलित जातियों, अल्पसंख्यक समुदायों, गरीब निरक्षरों से आता है इसलिए अंतिम तौर पर ये दोषी सिद्ध हो जाते हैं।

और इस तरह भारत के खाते-पीते अघाते लोग-जिन्होंने एक, दो या तीन बच्चे पैदा किए हैं-कॉलर ऊंचा करके आबादी बढ़ाने के अपराध से बरी होकर घूमते हैं। उस वर्ग ने भी कम बच्चे इसलिए किए हैं कि ज्यादा होंगे तो उपभोग में से ज्यादा हिस्सा बटाएंगे। ज्यादा बच्चे हमारे लिए समस्या बन जाएंगे, जीवन-स्तर गिरा देंगे, इसलिए भारत का यह वर्ग कम बच्चे पैदा कर रहा है। ऐसा इसलिए भी है कि जीवन में आधुनिक विचारों के प्रवेश ने बच्चों की अधिक संख्या को मर्दानगी का सबूत मानने से इंकार कर दिया है। कम बच्चे अब चूंकि 'कम मर्दानगी' की सूचना नहीं माने जाते, इसलिए भी परिवारों का आकार घटा है हालांकि लड़के का पिता होना अब भी मर्दानगी का प्रतीक रह गया है। कई मध्यवर्गीय तब तक संतानोत्पत्ति में लगे रहते हैं, जब तक लड़का पैदा नहीं हो जाता या जब तक इस जोर से वे अंतिम रूप से निराश नहीं हो जाते। अभी एक अखबार ने यह दिलचस्प तथ्य पेश किया है कि बिहार के मंत्री तो अपनी बेटियों को अपनी संतान ही नहीं मानते। यह पूछने पर कि उनके कितने बच्चे हैं, वे सिर्फ लड़कों की संख्या गिनाते हैं। ज्यादा पूछने पर ही बताते हैं कि हां उनकी इतनी लड़कियां भी हैं।

यानी आबादी बढ़ाने के असली अपराधी गरीब देश के गरीब हैं। गरीबों को स्वभावत: अपराधी मानने की अवधारणा वैसे भी हमारे उच्च तथा मध्यवर्गीय समाज में गहरी धंसी हुई है। घर में सेंध लगाने या ताला तोड़कर माल ले जाने वाला या रोटी या फल चुराकर भागने वाला युवक तो 'अपराधी' है, मगर हमारी पूरी बैंकिंग पद्धति को चूना लगाने वाला हर्षद मेहता (अब स्वर्गीय) गिरफ्तार होकर भी हीरो है–दूसरा अमिताभ बच्चन है! सब जानते हैं कि अरबों का घोटाला करने वाला हर्षद आज नहीं तो कल बरी हो जाएगा, और फिर से शेयर बाजार का बेताज बादशाह बन जाएगा, लेकिन रोटी चुराने वाला बिना मुकदमा चलाए बीसियों साल जेल में बंद रहेगा।

गरीब 'अपराधी' होने के अलावा 'बेअक्ल' भी होता है–ऐसा हमारे बहुत-से भाई लोग मानते हैं, क्योंकि 'बेअक्ल' न होता तो गरीब क्यों होता? (अक्ल होती तो हर्षद मेहता बन जाता) अब चूंकि वह स्वयंसिद्ध 'मूर्ख' होता है–इसलिए न अपनी, न दुनिया-जहान की चिंता रखता है और आबादी बढ़ाता जाता है, धरती का बोझ बढ़ाता जाता है।

इस तरह तीसरी दुनिया की आबादी का सबसे बड़ा हिस्सा गरीब तबका ही अमीर और गरीब देशों की छोटी मगर समृद्ध आबादी के सामने अपराधी और अज्ञानी के रूप में पेश कर दिया जाता है। यह काम इतने सहज और सामान्य ढंग से होता है कि अधिकांश लोग आबादी-नियंत्रण अभियान के इस पहलू को समझने से भी इंकार करते हैं, इसीलिए बढ़ती आबादी की वजह से विकास का लाभ आम लोगों को नहीं पहुंच पा रहा–जैसे विचार पनपते हैं। इस तरह के विचार पेश करने वाले लोग अक्सर यह भुला देते हैं कि इस तथाकथित विकास की दिशा क्या वास्तव में ऐसी रही है कि उसका लाभ सब तक पहुंचे? अगर सचमुच विकास का लाभ सब तक पहुंचाने की इच्छा शासक-वर्ग में थी तो आज अधिकांश गांवों में पीने का पानी, स्वास्थ्य सुविधाएं, स्कूल-कॉलेज क्यों अनुपलब्ध हैं? क्यों बेरोजगारी दूर करने के उपाय करने में सरकार की औपचारिक दिलचस्पी भी नहीं है? अगर विकास का लाभ सब तक पहुंचाने की इच्छा इतनी प्रबल है, तो क्यों इस व्यवस्था में रातोंरात अरबपति पैदा हो जाते हैं और क्यों बरसों-बरस लोग भूख, अभाव और यातना से भी निकल नहीं पाते हैं? क्यों विकास का लाभ कुछ वर्गों तक सीमित रह जाता है? क्यों इस 'लाभ' से लाभान्वित होने वाले अधिकांश लोग कुछ खास जातीय और धार्मिक समूहों के होते हैं?

जब सारे आर्थिक-सामाजिक-राजनीतिक विकास का ढांचा गरीबों-दलितों-अल्पसंख्यकों के प्रतिकूल है तो किस नैतिक आधार पर उनसे अपेक्षा की जाती है कि ये वर्ग अपने और अमीर देशों के शासक-वर्गों की इच्छाओं का अक्षरश अनुपालन करेंगे? इसका यह अर्थ भी नहीं कि गरीब, दलित, अल्पसंख्यक-वर्ग अपने देश के

समृद्ध समूहों से बदला लेने की भावना से आबादी बढ़ा रहे हैं। सामाजिक जटिलताओं से अनभिज्ञ व्यक्ति या समूह ही इस तरह की बातें कह सकते हैं हालांकि इस तरह की बात कहने वाले राजनीतिक दल भी हमारे दुर्भाग्य से देश में मौजूद हैं। भारतीय जनता पार्टी और उससे जुड़े संगठन तो अपनी आबादी तेजी से बढ़ा रहे हैं। अल्पसंख्यकों में भय का एक मनोविज्ञान जरूर होता है, लेकिन उनमें बहुसंख्यकों से बदला लेने की भावना एक स्थायी भाव के रूप में काम करती है और वह आबादी बढ़ाने जैसे योजनाबद्ध उपायों का सहारा लेती है–यह विचार ही अपने-आप में घृणित और हास्यास्पद है।

इसलिए आबादी-नियंत्रण का प्रचार अपने मौजूदा रूप में कितना ही आकर्षक और निरीह जान पड़े, वह वास्तव में गरीब, दलित, अल्पसंख्यक-विरोधी है। इस विचार के जरिए इन वर्गों के विरुद्ध 'अपराध' करने वाले एकाएक न्यायाधीश और नियंता बन बैठते हैं और गरीब-वर्गों को एक और कटघरे में खड़ा कर देते हैं। उन्हें कटघरे में खड़ा भी कर देते हैं और उनकी ओर से प्राथमिकी भी खुद ही दर्ज कर देते हैं। यानी गरीब जब कांग्रेस की सरकार को गिराता है या उसे वापस सत्ता में लाता है तो आबादी-नियंत्रण के यही विचारक राजनीतिक विश्लेषक का चोला धारण करके उनके इस निर्णय की प्रशंसा करते हैं। इस निर्णय पर प्रश्नचिन्ह लगाए बगैर इसका 'सूक्ष्म' विश्लेषण करते हैं। यही गरीब जब कला और शिल्प का उत्पादन करता है तो उसके लोकतत्व की प्रशंसा की जाती है और उसे 'भारत-महोत्सव' के जरिए विदेशों तक में दिखाया जाता है। एक पारंपरिक, अनुशासनबद्ध समूह के रूप में यह गरीब-वर्ग हमारे शासक-वर्ग को पसंद है। उसे देखकर उसकी प्रशंसा करते हुए शासक-वर्ग दिखावे के लिए यदा-कदा खुद की भर्त्सना भी कर लेता है। उसका पैदा किया हुआ अन्न हम खाते हैं, उसके द्वारा बनाए मकानों में हम रहते हैं–उसके द्वारा किए गए विकास-कार्यों के कारण हम गौरव अनुभव करते हैं, लेकिन जब वह सामाजिक-आर्थिक असमानता के चलते आबादी बढ़ाता है, जब वह अपना हक मांगता है, जब वह हमारा अनुशासन मानने से इंकार करता है तो हमें याद आता है कि उसकी तादाद तो चिंताजनक रूप से ज्यादा है।

यह स्थिति इसलिए है कि विकास की जो दिशा हमने तय की है उसमें काम करने के लिए हमें ज्यादा हाथों की जरूरत नहीं है। हर खाते-पीते भारतीय के मन में–चाहे वह घनघोर हिंदुत्वादी ही क्यों न हो–समाज का यूरोपीय तथा अमेरिकी ढांचा आदर्श के रूप में काम करता है। हिंदुस्तान को यूरोप-अमेरिका बनाने की इच्छा ही हमारे खाते-पीते समूहों को गरीबों से घृणा करना सिखाती है, जिसकी अभिव्यक्ति जनसंख्या-नियंत्रण के अभियान के रूप में होती है, हालांकि जो समाज हम बना रहे हैं, वह बर्बरता, क्रूरता, आदर्शहीनता में यूरोपीय-अमेरिकी समाज को बहुत पीछे छोड़ता है। अगर हम जनसंख्या-नियंत्रण चाहते तो दूसरी ही तरह का

बहरहाल यहां इस शपथ-प्रकरण का उल्लेख अयोध्या विवाद के संदर्भ में नहीं, भाजपा की 'सकारात्मक धर्मनिरपेक्षता' के संदर्भ में किया गया है। धर्मनिरपेक्षता को जिन अर्थों में सामान्यत: लिया जाता है, भाजपा उसे छद्म और नकली धर्मनिरपेक्षता मानती है। मुसलमानों के प्रति पक्षपातपूर्ण व्यवहार करने का बहाना मानती है। तो फिर सकारात्मक धर्मनिरपेक्षता क्या है? यदि उसका अर्थ वही है, जो उत्तरप्रदेश मंत्रिमंडल की अयोध्या यात्रा से उभरकर सामने आया है, तो भाजपा और विश्व हिन्दू परिषद के बीच कोई विभाजक रेखा नहीं रह जाती।

इस प्रकरण ने उन सारे दावों पर प्रश्नचिह्न लगा दिया है, जो वाजपेयी और आडवाणी जैसे नेता करते रहे हैं–मुसलमानों के प्रति द्वेषपूर्ण रुख न रखने के दावे, हिन्दुत्व को राष्ट्रवाद का पर्याय बताने के दावे।

यह सही है कि चुनावों में केंद्र में भाजपा की सरकार नहीं बनी, पर उत्तरप्रदेश जैसे महत्त्वपूर्ण राज्य में बहुमत पाना और संसद की सौ से अधिक सीटों पर विजयी होना कोई छोटी सफलता नहीं है। पर यह सफलता इतनी बड़ी भी नहीं है कि भाजपा सुध-बुध खो बैठे। भाजपा के आधार का विस्तार हुआ है, यह सही है।

यह भी सही है कि पहली बार भाजपा को इतने अधिक मतदाताओं का समर्थन मिला है। इतने वोट इससे पहले भाजपा को कभी नहीं मिले थे। पर इसका अर्थ यह कतई नहीं है कि भाजपा को साम्प्रदायिक होने का जनादेश मिल गया है। भाजपा को जो कुछ मिला, वह हिन्दू वोट के बल पर मिला। पर भाजपा इस तथ्य को अनदेखा नहीं कर सकती कि हिंदुओं के अल्पमत का समर्थन ही उसे प्राप्त है। यदि इस देश का हिन्दू भाजपा के साथ होता तो आज केंद्र में कांग्रेस की नहीं भाजपा की सरकार होती। यही नहीं मध्य प्रदेश, राजस्थान और हिमाचल प्रदेश में मतदाता ने इन राज्यों की भाजपा सरकारों की रीति-नीति को अस्वीकार करने की स्पष्ट घोषणा की। ऐसे में जरूरी है कि भाजपा आत्मान्वेषण करे। सोचे, कि जिस हिन्दू वोट को वह 'खाली चेक' समझ रही है, वह उसका कितना मजबूत सहारा है। सोचे, कि जिस सकारात्मक धर्मनिरपेक्षता की वह बात करती है, उसमें अयोध्या की शपथ विधि जैसी बातें कहाँ फिट बैठती हैं। सोचे, कि विहिप, बजरंग दल, शिवसेना या साध्वी ऋतम्भरा किस धर्मनिरपेक्षता की परिभाषा है।

हमने जब धर्मनिरपेक्षता को एक जीवन मूल्य के रूप में स्वीकारा और उसे संविधान से जोड़ा, तो उसका मतलब यही था कि स्वतंत्र भारत में राज्य का कोई धर्म नहीं होगा, राज्य के लिए सभी धर्म समान होंगे। पश्चिम में सेक्युलरिज्म या धर्मनिरपेक्षता की अवधारणा चर्च और राज्य में संघर्ष में उपजी थी। संघर्ष प्रधानता का था–चर्च बड़ा या राजसत्ता। और राजसत्ता इस संघर्ष में जीत गई थी। इसका मतलब था राज-काज में धर्म की दखलन्दाजी नहीं होगी। अर्थात धर्म के आधिपत्य से राजनीति की मुक्ति ही धर्मनिरपेक्षता की परिभाषा बनी। भारत के संदर्भ में इसका मतलब है, सभी धर्मों को सत्ता का समान

संरक्षण। आजादी की लड़ाई के दौरान हमने इस सिद्धान्त को स्वीकारा था। तब से यह हमारी राजनीति का अविभाज्य अंग बना हुआ है। यह सिद्धांत स्वीकार करके हमने अलग-अलग धर्मों वाले सभी भारतीयों को एक सूत्र में बंधे रहने का मंत्र दिया था-और एक आधार भी कि यह देश विभिन्न धर्मावलंबियों का साझा देश है।

पर भाजपा एकता के इस मंत्र को, आधार को पक्षपात करने का साधन मानने लगी है। उसका कहना है कि धर्मनिरपेक्षता के नाम पर अल्पसंख्यकों को खुश करने की नीति अपनाई गई है। इसलिए वह इस धर्मनिरपेक्षता को नकली मानती है और इसके मुकाबले में उसने सकारात्मक धर्मनिरपेक्षता की अवधारणा सामने रखी है।

यदि इस सकारात्मक का मतलब वह संदेश है, जो उत्तरप्रदेश मंत्रिमंडल ने अयोध्या में शपथ लेकर दिया है, तो यह एक खतरनाक संकेत है। उससे भी ज्यादा खतरनाक संकेत जो चुनाव सभाओं में साध्वी ऋतम्भरा और विश्व हिन्दू परिषद के नेता दिया करते थे। ज्यादा खतरनाक इसलिए कि यह संकेत राजसत्ता दे रही है। वह राजसत्ता जिसका दायित्व है कानून-व्यवस्था बनाए रखना, सब धर्मों-वर्गों को सुरक्षा का अहसास देना, उनके अधिकारों को सुरक्षित रखने की गारंटी देना।

भाजपा को-और सारे देश को-इस तथ्य को स्वीकारना होगा कि सही अर्थों में जनतांत्रिक समाज में बहुमत की तानाशाही नहीं हुआ करती। दूसरी बात यह स्वीकारनी होगी कि धर्मनिरपेक्षता साम्प्रदायिकता का नकार है। धर्मनिरपेक्षता की भावना को मजबूत करके ही हम साम्प्रदायिकता का प्रभावशाली ढंग से मुकाबला कर सकते हैं। हमारे देश के संदर्भ में इस धर्मनिरपेक्षता का मतलब उस अनेकता का स्वीकार भी है कि जो हमारी एकता की कसौटी और गारंटी है। हमारी एकता ही नहीं, जनतंत्र में हमारी आस्था भी।

राम जन्मभूमि विवाद भी एक ऐसी कसौटी है। उत्तरप्रदेश के नए मुख्यमंत्री ने 'वहीं' मंदिर बनाने का अपना 'सीधा लक्ष्य' घोषित किया है और यह विश्वास प्रकट किया है कि 'बदली हुई परिस्थितियों में' केंद्र की नई सरकार भी इसमें बाधाएं खड़ी करने के बजाय समाधान में सहायक होगी। यदि बदली हई परिस्थितियों से उनका आशय संसद में भाजपा की बढ़ी हुई सीटों और उ.प्र. में भाजपा की सरकार बनने से है, तो उन्हें यह याद दिलाना जरूरी हो जाता है कि इन बदली हुई परिस्थितियों ने यह भी स्पष्ट कर दिया है कि देश के हिन्दुओं के बहुमत ने साम्प्रदायिकता की उस आंधी के खिलाफ मत दिया है, जो चुनाव-प्रचार के दौरान उसके सहयोगियों के मंचों से उठाई जा रही थी। बहुसंख्यक हिन्दुओं ने हिन्दुत्व और राम दोनों को वोट बटोरने.का साधन बनाने के खिलाफ भी मत दिया था। इसलिए जनादेश यदि है, तो यह है कि भाजपा देश को बांटने नहीं, जोड़ने का काम करे। राम की आराधना करे, राम के नाम पर वोट नहीं बटोरे। हिन्दुत्व को राजनीति करने का साधन नहीं बनाए। जनादेश यदि है, तो यह है कि देश को साम्प्रदायिकता की आग से बचाओ, सिर्फ अपने कथित अरमानों को पूरा करने की कसमें खाने के बजाय, दूसरों के अरमानों को प्यार भरी निगाह से देखो।

विष्णु खरे (संपादक)

[नवभारत टाइम्स (नई दिल्ली), 20 अगस्त, 1991 में प्रकाशित संपादकीय 'प्रासंगिक गोर्बाचौफ ही हैं']

काला सागर के पास क्रीमिया में छुट्टियाँ बिताने गए गोर्बाचौफ को बेशक सत्ता से हटाकर नजरबंद कर दिया गया है, और किसी भी सम्भावित विरोध का मुकाबला करने के लिए छह महीने की इमरजेंसी भी पूरे देश में लगा दी गई है, पर गोर्बाचौफ के ही उपराष्ट्रपति ग्रेन्नादी यानायेव की अध्यक्षता में बनी आठ कट्टरपंथी नेताओं की कमेटी क्या इतिहास की धारा को वापस उस दिशा में मोड़ देगी, जहाँ से हटाकर पिछले छह सालों में गोर्बाचौफ ने उसे नए रास्ते दिखा दिए हैं? शीतयुद्ध इसलिए चल रहा था, कि स्टालिन और उसके उत्तराधिकारियों ने जबरन एक निर्धन और युद्धविक्षत देश को समृद्धि और शक्ति की अलकापुरी के मुकाबले में खड़ा किया था। गोर्बाचौफ ने कहा कि हमें ऐसा शीतयुद्ध नहीं चाहिए। नई कमान एक अनिच्छुक देश को फिर से उस वाग्युद्ध में झोंकने की कोशिश कैसे कर सकती है? वह अफगानिस्तान में सेना भेजकर अपने प्रभाव क्षेत्रों को बनाए रखने की ऐसी हवस भी नहीं पाल सकती जहाँ सिर्फ खर्च और निवेश हो और उपलब्धि के नाम पर मुजाहिदीन के रॉकेटों के बीच लड़खड़ाता नजीबुल्ला नामक एक संदिग्ध कम्युनिस्ट खड़ा हो। नई परिषद न तो जर्मनी के दो हिस्से कर उसके पूर्वी भाग को लाल झण्डों से फिर से पाट सकती है और न ही अपने टैंक पूर्वी यूरोप के उन देशों में भेज सकती है, जिन्होंने कम्यूनिस्ट तंत्र और उसके शासकों को उखाड़ फेंका है। अपनी पहल पर की गई सन्धियों के जरिए, जिसका नवीनतम शिखर जुलाई में 'स्टार्ट' के रूप में सामने आया, गोर्बाचौफ जितने हथियारों की समाप्ति के प्रति पश्चिम के साथ वचनबद्ध हो चुके हैं, उन हथियारों को भी नई शासक मंडली फिर से नहीं लगा सकती, क्योंकि अब वे देश उपलब्ध नहीं हैं, जिनकी जमीन पर डंडे के जोर पर कभी ये हथियार रोप दिए गए थे। उधर खाड़ी युद्ध के कारण दुनिया में अमेरिका का जितना दबदबा बन चुका है, उसे गोर्बाचौफ के अनधिकृत उत्तराधिकारी झुठला नहीं सकते और न ही तीसरी दुनिया को वैसा नेतृत्व दे सकते हैं जैसे ब्रेझनेव के रोबीले जमाने में सोवियत संघ ने देने का नाटक किया था।

तो क्या यानायेव के नए कॉमरेड अपने घर में 1985 से पहले वाला डंडा चला लेंगे? उन्होंने इमरजेंसी लगाई ही इसलिए है कि वे वैसा कर सकें। इसलिए अपनी ओर से पूरी कोशिश करेंगे। पर उन छह गणराज्यों में क्या वे टैंक भेज पाएंगे जहां की जनता ने महीनों पहले सम्प्रभुता का नोटिस क्रेमलिन को थमा दिया था? गोर्बाचौफ अपनी तेजतर्रार राजनीति से उनका लंगर अभी भी सोवियत संघ के बंदरगाह से बाँधे हुए थे। यहाँ तक कि कभी इन गणराज्यों की आजादी को प्रच्छन्न हवा देने वाले बुश सोवियत संघ जाकर हर किसी को समझाते फिर रहे थे कि एक रहना है तो गोर्बाचौफ की मानो (अब वे क्यों सोवियत एकता की वकालत करेंगे?)। तो क्या नई कमान बाकी के नौ गणराज्यों को कोई नई तसल्ली दे पाएगी, जो पिछले जनमतसंग्रह के प्रस्तावों से बेहतर होगी और जिसके आधार पर क्रेमलिन और इन नौ गणराज्यों के बीच ताजा विद्रोह के अगले ही दिन (यानी आज 20 अगस्त को) हस्ताक्षर होने वाले थे? यानायेव सबसे बड़े रूसी गणराज्य को कैसे बंदूक दिखाकर चुप करा पाएंगे, जिसने येल्त्सिन जैसे अति-लोकतंत्रवादी को विराट बहुमत से अपना राष्ट्रपति अभी हाल ही में चुना है?

अर्थात छह साल पहले गोर्बाचौफ ने ग्लासनोस्त के जरिए जो खुलापन पैदा किया, उसके अभ्यस्त हो चुके लोगों को ज्यादा दिन तक इमरजेंसी वार्ड में रखना संभव नहीं। पेरेस्त्रोइका के जरिए गोर्बाचौफ जो नया तंत्र धीरे-धीरे पर योजनापूर्वक ला रहे थे, जिसकी चरम परिणति शीघ्र ही बहुदलीय प्रणालीवाले राष्ट्रपति चुनाव में होने वाली थी, उसे पलटना भी आसान नहीं होगा। विरोध गोर्बाचौफ भी करेंगे, येल्त्सिन भी करेंगे और इनके विरोध का मतलब होगा। सरकारी कर्फ्यू लंबा चला तो लोग भी सड़कों पर आ सकते हैं, क्योंकि वास्तविकता से टकराने वाली कोशिशों के बावजूद जो आर्थिक निश्चिंतता गोर्बाचौफ नहीं दे पाए, वह नकली आर्थिक तंत्र की अभ्यासी कामरेड मंडली भला कैसे दे पाएगी!

इसलिए कोई हैरानी नहीं हुई कि क्योंकि नए हुक्मरानों ने कमान संभालते ही रेडियो और टेलीविजन पर एक ही रट लगानी शुरू कर दी है कि गौर्बाचौफ के सुधारों ने देश को अन्धी गली में धकेल दिया है और अखण्डता खतरे में डाल दी है।

अगर नए शासक कम्यूनिस्ट नहीं, सिर्फ तानाशाह हैं तो भी वे लोगों को जल्दी ही एहसास करवा देंगे कि बेशक कुछ घरेलू मोर्चों पर असफल हो गए हों, पर प्रासंगिक गोर्बाचौफ ही हैं, क्योंकि वे एक राष्ट्रपति नहीं, विकल्प हैं। अब जबकि गोर्बाचौफ नामक विकल्प क्रीमिया में नजरबंद हैं, पश्चिम के देश जरूर पछता रहे होंगे कि ग्रुप-7 की बैठक में क्यों नहीं उन्होंने गोर्बाचौफ की चेतावनी सुनी कि खुलकर मदद नहीं की तो देश में फिर से कट्टरपंथ आ सकता है। वैसे पछता तो गोर्बाचौफ भी रहे होंगे कि क्यों नहीं उन्होंने पिछले दिसंबर शेवर्नादजे की चेतावनी सुनी कि कट्टरपंथ के बादल मंडरा रहे हैं। वे इस पर भी पछता रहे होंगे कि अपने सलाहकार अलेक्जेंडर

याकोवलेव की सलाह मानकर उन्होंने क्यों नहीं कम्युनिस्ट पार्टी को भंग कर नई पार्टी बना डाली और क्यों उसे ही सुधारने की ठाने रहे? और कम्युनिस्ट पार्टी भी कैसी कि जिसने पिछली 26 जुलाई को ही 13 के मुकाबले 400 वोटों से गोर्बाचौफ के तमाम आर्थिक-राजनीतिक सुधारों पर हामी का ठप्पा लगया था। यानी लगातार टूट रही, कमजोर हो रही पार्टी के भीतर कट्टरपंथी घात लगाए बैठे थे कि कब मौका आए और वे वार करें। वार तो उन्होंने कर दिया है पर चलना तो उन्हें भी उसी तलवार की धार पर है जिस पर गोर्बाचौफ चल रहे थे। फर्क यह होगा कि गोर्बाचौफ सबके सामने चल रहे थे। नए लोग दुनिया से आँखें चुराकर चलेंगे। इसलिए गोर्बाचौफ असहमति और असंतोष के बीच भी चल रहे थे और चुनाव में राष्ट्रपति भी चुन लिए जाते। पर नए कॉमरेडों के लिए असहमति और असन्तोष को थामना उतना आसान शायद न हो।

प्रभाष जोशी (संपादक)

[जनसत्ता (दिल्ली), 1 जनवरी, 1994 में प्रकाशित संपादकीय 'हाथ साफ कर लिए']

मनमोहन सिंह के त्यागपत्र का जो होना था हो चुका है। सरकार ने उन्हें ही नहीं अन्य दो मंत्रियों को भी दोषमुक्त करके सारे मामले का निपटारा कर दिया है। प्रधानमंत्री ने बस इतना आश्वासन दिया है कि संयुक्त संसदीय समिति की रपट को ध्यान से पढ़ कर दोषी व्यक्तियों के खिलाफ कार्रवाई की जाएगी। इस कार्रवाई के बारे में मनमोहन सिंह ने कहा कि तीन महीने के अंदर उचित कार्रवाई का विवरण संसद को पेश किया जाएगा। उनके अनुसार 'यह मैं वित्तमंत्री के नाते कह रहा हूं।' यानी त्यागपत्र देने के बावजूद मनमोहन सिंह ने जो सफाई दी वह वित्तमंत्री के नाते ही थी। दोषी कौन है, यह तो आगे चल कर सरकार ही तय करेगी, संसदीय समिति ने जिन्हें दोषी पाया वे तो नहीं ही हैं। दरअसल कांग्रेस पार्टी ने रपट पर बहस के दौरान एक महत्त्वपूर्ण प्रतिमान भी बनाया। संसदीय मामलों के मंत्री विद्याचरण शुक्ल ने लोकसभा को बताया कि जब तक किसी मंत्री के खिलाफ आरोप साबित नहीं होता तब तक उसे इस्तीफा देने की आवश्यकता नहीं। यानी नैतिक आधार पर इस्तीफा देने की परंपरा अब दफना दी गई है। कृष्ण मेनन, लालबहादुर शास्त्री और यहां तक कि माधवराव सिंधिया जैसे मंत्रियों के नैतिक जिम्मेदारी स्वीकार करते हुए मंत्री पद छोड़ने वाले दिन समाप्त हो गए। अब अगर विपक्ष या लोग किसी मंत्री से इस्तीफा लेना चाहते हैं तो उन्हें अदालत जाना होगा और सारे प्रमाण जुटा कर अपने आरोप सिद्ध करने होंगे, तब कहीं कोई मंत्री कुर्सी छोड़ेगा, चाहे इसमें बरसों लगें। संसद की चुनी हुई उच्च स्तरीय समिति जिसमें सत्तारूढ़ पार्टी का बहुमत हो, की भी इस मामले में अनदेखी करना नई राजनैतिक संस्कृति का आधार बना दिया गया है।

सरकार की बचावी दलीलें अपने आप में विचित्र दोहरेपन का उदाहरण हैं। मनमोहन सिंह और दूसरे सभी कांग्रेसी सांसदों ने संयुक्त संसदीय समिति की रपट की प्रशंसा की लेकिन साथ ही उसकी सिफारिशों और मंत्रियों पर लगाए आरोपों को बेबुनियाद बताया। जो कुछ संसदीय समिति ने सुझाया वही गलत है तो फिर समिति ने आखिर कौन-सा अच्छा काम किया? वित्तमंत्री की उदासीनता, रामेश्वर ठाकुर का महीने भर

जांच फाइल को दबाए रखना, शंकरानंद का शेयर में सरकारी पैसा झोंक देना, इन सभी नतीजों पर संसदीय समिति तो बाकायदा लंबी बहस और गवाहियों के बाद ही पहुंची थी। खास बात है कि समिति में बहुमत कांग्रेसी सांसदों का ही था और उसके अध्यक्ष भी एक वरिष्ठ नेता ही थे। संसद के सामने जो रपट रखी गई थी उस पर सभी की सहमति थी। विपक्षी सांसदों ने जो अलग से टिप्पणियां दी थीं उन पर तो बहस का मौका ही नहीं आया। अगर सर्वसम्मत रपट के इन निष्कर्षों को सरकार गलत बता रही है तो फिर उसे यह भी कहना चाहिए कि संसद समिति का सारा काम ही गलत था। बोफर्स दलाली के मामले पर राजीव गांधी ने उन्हीं शंकरानंद की अध्यक्षता में संसदीय समिति बनाई थी जिन पर मिर्धा समिति ने अनियमितता का आरोप लगाया है। शंकरानंद समिति पर आरोप था कि उसने सारे मामले पर लीपापोती करके मुख्य अभियुक्तों को साफ बरी कर दिया था। ऐसा करने के लिए उस समिति के गठन में विपक्ष को तो लगभग बाहर ही रखा गया था। लेकिन मिर्धा समिति पर ऐसा आरोप नहीं लगाया जा सकता। इस समिति ने आमतौर पर संसदीय मर्यादाओं का पालन ही किया फिर भी दोनों समितियों की रपटों की एक ही गत होती दिख रही है। एक की इसलिए कि उसमें प्रधानमंत्री को दोषमुक्त किया गया और दूसरी की इसलिए कि उसमें ऐसे लोगों को दोषी बताया गया था जिनके खिलाफ प्रधानमंत्री कार्रवाई करने का जोखिम ही नहीं उठा सकते।

जिम्मेदारी में भी घोटाला

केंद्रीय स्वास्थ्य मंत्री बी. शंकरानंद को आश्चर्य हो रहा होगा। शंकरानंद बोफर्स घोटाले की संसदीय जांच समिति के अध्यक्ष थे और बोफर्स घोटाले की जांच के घोटाले की अलग से जांच होनी चाहिए। शंकरानंद ने जिस तरह जांच की थी उससे यह लगता था कि बोफर्स का सौदा देवदूतों के बीच हुआ था और उसमें किसी के कोई अपराध करने का प्रश्न ही नहीं उठता था। लेकिन बैंक घोटाले की जांच करने वाली संसदीय जांच समिति के अध्यक्ष रामनिवास मिर्धा हैं और उन्होंने यह पाया कि बैंक घोटाले में काफी लोग जिम्मेदार हैं। उसमें शंकरानंद की कुछ विशेष आलोचना की गई है क्योंकि जब वे तेल और प्राकृतिक गैस विभाग में मंत्री थे तब इस विभाग के एक निगम की इस घोटाले में काफी महत्त्वपूर्ण हिस्सेदारी देखी गई। शंकरानंद के किसी ऐसे भाई का पता तो नहीं चला जो अमेरिका में हो और जिसने तेल और प्राकृतिक गैस मंत्री बनते ही उन्हें लाखों डालर बतौर उपहार भेजना शुरू कर दिए हों लेकिन घोटाले के प्रसंग में उनकी आलोचना जरूर की गई है।

शंकरानंद आश्चर्य से पूछ रहे हैं कि वे इस्तीफा क्यों दें? उन्होंने ऐसा कुछ नहीं किया कि उन्हें सजा मिले। उनका कहना यह भी है कि वित्तीय सलाहकारों ने जो कुछ कहा वैसा ही उन्होंने किया। फिर दूसरे कई मंत्रालयों ने भी प्रतिभूतियों में पैसा डाला

था, उनकी संसदीय जांच समिति ने आलोचना भी की थी, फिर अकेले शंकरानंद इस्तीफा क्यों दें। उन्हें यह भी लग रहा होगा कि बोफर्स वाले मामले में तो उन्होंने सभी को बचा लिया था, यहां तक कि विन चड्ढा देशभक्ति के प्रतीक रूप में अपने को पेश कर गए थे। बल्कि शंकरानंद यह भी शायद मानते हों कि संसदीय जांच का अर्थ लोगों को बचाना ही है। शंकरानंद का तर्क कमोबेश वही है जो डा. मनमोहन सिंह का है हालांकि डा. मनमोहन सिंह ने इस्तीफा दे दिया था। पीवी नरसिंह राव के मौन में भी यही तर्क छुपा हुआ है। यानी यह कि हम क्यों सजा भुगतें, हमने कोई अपराध नहीं किया।

कैबिनेट मंत्री का रुतबा बहुत बड़ा होता है। उसके लिए देश का काफी सारा पैसा खर्च होता है। अगर उसके रहने-सहने का, यात्राओं का, कारों का, सुरक्षा का, उनके जीवन स्तर को और रुतबे को बनाए रखने का खर्च निकाला जाए तो वह करोड़ों रुपए हो जाएगा। इसके अलावा उन्हें बहुत ज्यादा अधिकार दिए होते हैं, जिनकी सामान्य नागरिक कल्पना भी नहीं कर सकते। यह सारा पैसा और ये सारे अधिकार इसलिए नहीं होते कि कुछ गड़बड़ी होने पर वे छोटे बाबुओं जैसे तर्क करें कि मुझे तो अमुक ने कहा इसलिए मैंने किया, या मेरे हाथों से फाइल गुजरी इसका मतलब यह नहीं कि मैं जिम्मेदार हूँ। हालांकि शंकरानंद और बाकी जन इतने निष्पाप भी नहीं हैं लेकिन ऐसे तर्क देना भी उन्हें शोभा नहीं देता। आखिर अगर आपके हाथ में किसी तंत्र की बागडोर है और उसमें से जनता की गाढ़ी कमाई का करोड़ों रुपया कुछ धोखेबाजों के हाथ पहुंच गया तो सवाल सजा भुगतने का नहीं, प्रायश्चित करने का है। अगर आप यह जिम्मेदारी नहीं उठा सकते तो आपको इतने सारे अधिकारों और सुविधाओं का फायदा उठाने का भी नैतिक अधिकार नहीं है। अक्सर सत्ता का वैभव मनुष्य में कुछ सचमुच का बड़प्पन भी ला देता है लेकिन इन सज्जनों के साथ ऐसा कुछ हुआ दिखता नहीं है। विभाग का सारा तेल हर्षद मेहता और भूपेन दलाल जैसे लोगों की कारों में भर गया और शंकरानंद कह रहे हैं कि मैं तो पैट्रोल पंप पर बैठा रसीदें काट रहा था। इस पूरे प्रसंग से यही समझ में आता है कि हम पर राज करने वाले नेता और नौकरशाह वे हैं जिन्हें सत्ता सुख और बड़प्पन तो चाहिए लेकिन जिम्मेदारी की बात आते ही वे छिटक जाते हैं।

30 जनवरी, 1994 में प्रकाशित कॉलम 'कागद कारे'

अपना धान भूसा है, उनके पांव चरण, क्यों भाई हरचरण!

अपने यहां जब ठंड पड़ती है और कहीं-कहीं हिमपात भी होता है तब आस्ट्रेलिया में गर्मी का मौसम होता है। अपनी गर्मियां जब जाने और बरसात आने लगती है तब इंग्लैंड में बसंत और गर्मी का सुहावना मौसम होता है। हम लोग जो गर्मियों में सैंतीस

ंतालीस डिग्री सेल्शियस की गर्मी में घूमते हैं आस्ट्रेलिया और इंग्लैंड की गर्मियों ... सर्दी ही कहेंगे। कभी चालीस डिग्री से ऊपर तापमान चला जाए तो अंग्रेजों और आ... ाड़ियों को लगता है कि जैसे वे किसी भट्ठी के तवे पर सेके जा रहे हों।

इसलिए आ... ट्रेलियन ओपन के दसवें दिन मेलबर्न में तापमान इकतालीस डिग्री हो गया तो हायतौबा मच गई। अमेरिका, टेनिस और इस ओपन के नंबर एक खिलाड़ी पीट संप्रास स्टेडियम कोर्ट पर खेलते हुए ऐसे बदहवास हुए कि सत्रह डबल फाल्ट कर गए। इसके पहले फ्रांस के हेनरी लेंका बाहर खुले कोर्ट में खेलते हुए धड़ाम से गिर गए थे और अमेरिका के काले यानी टफ माने जाने वाले वाशिंगटन गर्मी और हवा के कारण गेंद को संभाल नहीं पाए और हार गए।

फिर दिन ढलते तापमान सोलह डिग्री गिर गया और फिर पानी गिरने लगा तो नेशनल टेनिस सेंटर के स्टेडियम की खोली और बंद की जा सकने वाली छत बंद की गई। कूरियर और एडबर्ग जैसे खिलाड़ियों का कहना है कि छत बंद नहीं की जानी चाहिए। ओपन है तो छत भी ओपन रहनी चाहिए। लेकिन पक्की, मजबूत, सिंथेटिक फर्श की कोर्ट और मौसम की दखलंदाजी से दिन-रात के खेल को बचाने का इंतजाम न हो तो टीवी वालों को नुकसान होगा। पैसा नहीं मिलेगा तो खेल और खिलाड़ी को प्रोत्साहन कहां से मिलेगा? इसलिए खेलों का कार्यक्रम ही नहीं खेल भी टीवी वालों की सुविधा के हिसाब से रखे और खेले जाते हैं। शराब और सिगरेट बनाने वाले दुनिया भर की सेहत बिगाड़ने का पाप खेलों को प्रायोजित कर के धोते हैं। महत्त्व खेल और खिलाड़ी का उतना नहीं है जितना तमाशे और उससे आने वाले पैसे का है।

बहरहाल इकतालीस डिग्री गर्मी की शिकायत खिलाड़ियों ने की, कमेंटेटरों ने की और अपनी अनौपचारिक जीवन पद्धति के लिए जाने जानेवाले आस्ट्रेलियाई दर्शक अधनंगे बैठे और घूमते रहे। लेकिन किसी ने नहीं कहा कि आस्ट्रेलिया देश ही ऐसा है। कभी यहां जानलेवा गर्मी है तो कभी एकदम तापमान गिरता है और बरसात होने लगती है। यहां टेनिस में साल का पहला और चार बड़े ग्रैंड स्लैमों में एक ओपन स्लैम क्यों होना चाहिए? या मेलबर्न में इन्हीं दिनों क्यों हो? ऐसे पखवाड़े में क्यों नहीं जब आमतौर पर मौसम अच्छा और कमोबेश एक जैसा रहता हो। गर्मी, ठंड और बरसात के लिए न किसी ने आस्ट्रेलिया को कोसा, न ओपन के आयोजकों को और न खुलने और बंद होने वाली छत वाले स्टेडियम को। बल्कि उस स्टेडियम को तो हर बोलने वाले ने 'स्टेट ऑफ द आर्ट टेकनोलॉजी' का करिश्मा बताया और तारीफ की है।

अब जरा सुनिए। गत साल मार्च के आखिरी दिनों में कलकत्ता में डेविस कप के विश्व ग्रुप में भारत स्विट्ज़रलैंड से खेला। स्विट्ज़रलैंड को खेलने भारत आना पड़ा क्योंकि टेनिस की इस अंतरराष्ट्रीय प्रतियोगिता में ग्रुप के देशों को एक-दूसरे के यहां खेलने जाना पड़ता है। पिछले अक्तूबर में आस्ट्रेलिया चंडीगढ़ में भारत से खेला था और इस साल अमेरिका खेलने आएगा। गए साल हम भी फ्रांस गए थे। डेविस

कप का जो कार्यक्रम बनता है उसे सब देशों को मानना पड़ता है। एक बार हमें दक्षिण अफ्रीका से डेविस कप फाइनल खेलने की नौबत आ गई। उसकी रंगभेद नीति के हम ऐसे विरोधी थे कि खेलने से इंकार कर दिया और इस तरह डेविस कप जीतने का मौका गंवा दिया।

कहने का मतलब यह कि डेविस कप का कार्यक्रम जो भले ही लॉटरी के ड्रा की तरह निकलता हो, मानना पड़ता है। न मानो तो हर्जाने के तौर पर काफी कुछ छोड़ना पड़ता है। स्विट्ज़रलैंड को भी भारत आना पड़ा। खेलों के पीछे पागल होने में कलकत्ता अपने महानगरों में सबसे आगे है। फुटबॉल के उस शहर में अभी हीरो कप क्रिकेट का फाइनल देखने जितने लोग पहुंच गए उतने दुनिया में कहीं भी और कभी भी फटाफट क्रिकेट देखने नहीं आए हैं। ऐसे कलकत्ता में डेविस कप के पांच मैचों के लिए गजब का उत्साह, लेकिन ड्रॉ निकलने और पहले मैच के पहले पानी गिर गया। कलकत्ता में मार्च में पानी नहीं गिरता लेकिन बेमौसम आंधी-तूफान आया और बारिश हो गई। घास के कोर्टों को बचाने की बहुत कोशिश की गई लेकिन वे नरम पड़ गए। मैच देर से भी शुरू किया गया और कोर्ट सुखाए भी गए।

पहले दिन स्विट्ज़रलैंड के एक दिग्गज खिलाड़ी रोजेट जीते और दूसरे लासेक हार गए। दूसरे दिन डबल्स में दोनों खेलने वाले थे और अपने कृष्णन और पेस की जोड़ी उनके सामने क्या टिकने वाली थी। पर रात को फिर बारिश हुई। फिर कोर्ट सुखाए गए। फिर देर से मैच हुआ और दुनिया में सबसे तेज (दो सौ पंद्रह किलोमीटर प्रति घंटा) की सर्विस करने वाले रोज़ेट ओर लासेक हार गए। तीसरे दिन उलट सिंगल्स में रोज़ेट ने पेस को जरूर पीट दिया पर कृष्णन ने लासेक को हरा कर-स्विट्ज़रलैंड को तीन-दो से हरा दिया।

बावेला मच गया। रोज़ेट और लासेक ने कहा कि कोर्ट में पानी से भरे गड्ढे थे, वे इतने गीले थे कि छोटे-ठिगने भारतीय तो खेल सकते थे लेकिन हमारे तो घुटने तक भी गेंद नहीं उछलती थी। नैट में इतने बड़े छेद थे कि गेंद नैट से निकली या उसके ऊपर से पता ही नहीं चलता था और स्कोर बोर्ड तक पुराना जंग लगा था और उसे हाथ से चलाना पड़ता था। ऐसी परिस्थितियों में कहीं भला टेनिस का खेल हो सकता है। स्विट्ज़रलैंड के ही नहीं, फ्रांस, जर्मनी आदि यूरोपीय देशों के अखबारों में से एक ने नहीं लिखा कि भारतीय भी आखिर उन्हीं परिस्थितियों में खेले और जीते तो इसलिए कि बेहतर खेले। सबने कलकत्ता की परिस्थितियों को कोसा। बस यही नहीं कहा कि जिस गरीब देश के पास इलेक्ट्रानिक स्कोर बोर्ड तक नहीं वहां अंतरराष्ट्रीय टेनिस मैच रखना ही क्यों चाहिए?

मार्क रोज़ेट बार्सिलोना ओलंपिक में स्वर्ण जरूर जीते हैं और सर्विस भी दो सौ किलोमीटर से ऊपर कर लेते हैं लेकिन दुनिया के दस बड़े खिलाड़ियों में उनका नाम कभी नहीं आया। कोई ग्रैंड स्लैम वे नहीं जीते। लेकिन कलकत्ता में स्विट्ज़रलैंड के

हारने के बाद उन्होंने कहा–हम विनम्रतावश और कृपापूर्वक खेले और खेलना भारी पड़ गया। मेकिनरो, अगासी या कूरियर को कलकत्ता में खेलने को कहिए और देखिए क्या होता है। मेकिनरो तो कोर्ट को खोद कर फेंक देते। वे हारना मंजूर कर लेते पर खेलते नहीं। मैं कहीं भी खेलने को तैयार हूं। आप कहें तो गाय के पुट्ठे पर खेल लूंगा। लेकिन मुझे यह मत कहिए कि कलकत्ता का वह कोर्ट समतल था।

ये वही रोज़ेट हैं जो पहले दिन कृष्णन से खेलते हुए इस बात पर अड़ गए कि कृष्णन की गेंद नैट के ऊपर से नहीं भीतर से निकल कर आई है। दोनों मैच अंपायर और मैच अधिकारियों ने कहा कि यह गलत है। पर रोज़ेट अड़ गए। बड़ा तनाव हो गया। आखिर कृष्णन ने ही कहा कि रोज़ेट की बात मान कर झगड़ा खत्म किया जाए। इस खेल भावना वाले कृष्णन उस दिन हार गए लेकिन रोज़ेट को शर्म नहीं आई। ऐसा ही बरताव वे स्वीडन या फ्रांस में करते तो बाहर बैठा दिए जाते। लेकिन रोज़ेट यह सब कर के बताते रहे कि वे खेलने उतरे यही उनकी मेहरबानी थी। और यूरोप के अखबारों ने उन्हीं की सुनी। किसी ने नहीं कहा कि यह साफ रोनटाली है।

भारत में आकर खेलने वाले यूरोपीय ही नहीं, उनकी देखादेखी वेस्टइंडीज के खिलाड़ी भी इसी तरह की बातें करते हैं जबकि उनके यहां की परिस्थितियां तो हमारे कस्बों से भी गई-गुजरी हैं। इंग्लैंड की बड़ी इच्छा रही कि हम क्रिकेट खेलें और उसे खेलने में गर्व करें। लेकिन सन् साठ तक इंग्लैंड के बड़े क्रिकेट खिलाड़ी भारत से खेलने नहीं आए। तब तक उनकी बी टीम ही आती रही। भारत को टैस्ट खेलने लायक सन् बत्तीस में समझा गया। और सन् सैंतालीस में अंग्रेज भारत छोड़ कर गए। दूसरे विश्व युद्ध के कारण इस बीच तीन बार ही हमारी टीम इंग्लैंड गयी और जारडीन की कप्तानी में इंग्लैंड की बी टीम एक बार ही भारत खेलने आई। भारत ने हॉब्स, सटक्लिफ, हेमंड, हटन, ट्रूमैन, लेकर आदि को खेलते नहीं देखा। जब तक भारत ने इंग्लैंड को नहीं हराया तब तक वहां के प्रमुख खिलाड़ी यहां आते ही नहीं थे।

अंग्रेज बहादुरों की तो छोड़िए, आस्ट्रेलिया के बड़े खिलाड़ियों तक ने यही बर्ताव किया। डॉन ब्रेडमैन ने तो बंबई की धरती पर पांव रखना भी गवारा नहीं किया। पानी के जहाज से इंग्लैंड जा रही उनकी टीम का जहाज बंबई बंदरगाह से दूर अरब सागर में खड़ा था। वहां उन तक कई न्यौते पहुंचाए गए पर वे कुछ घंटों के लिए भी नहीं आए। कहते हैं बंबई में तब शीतला माता का प्रकोप था और वे अपने स्वास्थ्य के साथ कोई झंझट नहीं करना चाहते थे। मार्च बानवे में एडीलेड में उनके घर उनके दर्शन करने जाने पर उतारू इस क्रिकेट भक्त को कई लोगों ने समझाया कि मत जाओ, ब्रेडमैन कुछ सठिया गए हैं और किसी से कब कैसा बर्ताव कर देंगे, कोई नहीं जानता। मैंने कहा कि मैं तो तीर्थ पर जाने वाला हिंदू हूं। पट नहीं खुलेंगे तो बाहर रहूंगा। दर्शन नहीं होंगे तो चला आऊंगा।

ललित सुरजन

[देशबन्धु (रायपुर, छ.ग.), 1995 में प्रकाशित लेख 'हम आपके हैं कौन']

लेख की शुरुआत में ही दो बातें स्पष्ट कर दूं। पहिला–लेख के शीर्षक को कृपया वक्रोक्ति न समझें दूसरा–इस लेख का कोई संबध राजनीति या राजनीतिक रिश्तों से नहीं है। संभवतः कोई व्यंग्य लेखक इस शीर्षक का इस्तेमाल किन्हीं और संदर्भों में कर सकता है, मसलन केरल के यूनाईटेड डेमोक्रेटिक फ्रंट के घटक दलों और करुणाकरण के बीच क्या संबंध है। टी. एन. शेषन के बारे में लालूप्रसाद यादव क्या सोचते हैं। मनमोहन सिंह के बजट को लेकर ननी पालखीवाला सरकार और व्यापार के रिश्तों पर क्या कहते हैं, आदि-आदि। लेकिन मैं इस शीर्षक का उपयोग ठीक उसी प्रसंग में कर रहा हूँ, जिस प्रसंग में इस जुमले का इस्तेमाल आजकल गली-गली, घर-घर में हो रहा है। याने मैं फिल्म 'हम आपके हैं कौन' की बात कर रहा हूं। 'देशबन्धु' के इन कालमों में किसी फिल्म के बारे में कथा पाठकों को अटपटी लग सकती है। शायद आप सोच सकते हैं कि लेखक को विषयवस्तु का अकाल पड़ा गया है। आप जो भी सोचें, जब पहिला पैराग्राफ आपने पढ़ लिया है तो चलिए थोड़ी और दूर तक मेरे साथ चलने का कष्ट करें।

पिछले दिनों ऐसी फिल्में आईं, जिन पर काफी चर्चाएं हुईं। एक मणिरत्नम् की 'रोजा', दूसरी विधुविनोद चोपड़ा की '1942 : ए लव स्टोरी' और तीसरी सूरज बड़जात्या की 'हम आपके हैं कौन'। 'रोजा' और '1942' में दो समानताएं ढूंढी जा सकती हैं, दोनों फिल्मों में देशभक्ति और राष्ट्रीयता को प्रत्यक्ष या परोक्ष रूप से विषय बनाया गया है। एक सामान्य व्यक्ति की अपनी निजी जिंदगी और देश के प्रति कर्तव्य के बीच चलने वाले अंतर्द्वन्द्व को इन दोनों फिल्मों ने अपने-अपने तरीके से चित्रित किया। दूसरी समानता थी दोनों फिल्मों का संगीत पक्ष। रोजा में एक अपरिचित व युवा संगीतकार रहमान ने फिल्म संगीत के नए आयामों का स्पर्श किया वहीं '1942' में आर.डी. बर्मन के संगीत की विविधता और नई ताजगी का परिचय मिला। रोजा को फिल्म देखने वाले हर वर्ग, हर तबके ने सराहा। सिनेमाघरों में जितनी भीड़ बालकनी में होती थी, उतनी ही तीसरे दर्जे में भी। लेकिन '1942' में

अपर क्लास में तो भीड़ दिखाई देती थी, सामने की सीटें खाली नजर आती थीं। इसका कारण यह हो सकता है कि 'रोजा' कश्मीर की पृष्ठभूमि को लेकर बनी थी और आज के भारत में 15 से 95 साल ऊपर का हर व्यक्ति काश्मीर के मामले में अपनी राय रखता है और अपने-अपने तरीके से समस्या का हल भी सोचता है। दूसरी तरफ '1942' की पृष्ठभूमि 50 साल पहिले की है तथा सामान्य सिने दर्शक स्वाधीनता संग्राम और प्रेम-कथा के बीच कोई संबंध नहीं ढूंढ सकता। यह फिल्म जहां बहुत से लोगों को राष्ट्रीय चेतना जागृत करने का सशक्त माध्यम महसूस हुई, वहीं अधिकतर दर्शकों ने फिल्म के अंत में परदे पर की गई अपील के बावजूद राष्ट्रगान के समय एक मिनिट खड़े रहने की प्रेरणा ग्रहण नहीं की। बहरहाल, ऐसे दौर में जब ज्यादातर फिल्में वीसीआर पर या टीवी के दर्जनभर चैनलों पर कहीं न कहीं देखने मिल जाती हैं, जब सभ्य समाज टॉकीज तक जाकर पिक्चर देखना अवांछनीय समझता है तब इन फिल्मों ने एकाधिक कारणों से सिनेमाघर की तरफ दर्शक का रुख करने में सफलता हासिल की। इन कारणों में एक तरफ शायद फिल्म की फोटोग्राफी को गिना जा सकता है, जिसका प्रभाव छोटे परदे के बजाय बड़े परदे पर ही बेहतर महसूस किया जा सकता है। दूसरी तरफ कस्बाई जिंदगी की ऊब से उबरने का समाजशास्त्रीय कारण भी शायद गिनाया जा सकता है। बहरहाल ये दोनों फिल्में तो आकर चली गईं। हम तीसरी फिल्म याने इस लेख के शीर्षक पर बात करें।

एक लंबे अरसे बाद कोई हिंदी फिल्म इतने दिनों तक बड़े परदे पर छायी हुई है। लगभग 6 माह इस फिल्म को चलते हुए हो गए हैं। फिल्म की इस अभूतपूर्व सफलता के बहुत से कारण गिनाए जा रहे हैं लेकिन मुझे लगता है कि इनमें से हर कारण एक अधूरा समाधान ही प्रस्तुत करता है और फिल्म क्यों सफल हो रही है, यह पूरी तरह से समझ में नहीं आ रहा। ऐसा शायद इसलिए भी हो सकता है कि हमारे गंभीर चिंतक-विचारक फिल्म पर विचार करके अपना समय और शक्ति नष्ट नहीं करना चाहते हैं। लेकिन मेरे लिए यह अध्ययन का एक रोचक विषय है। अमिताभ बच्चन की 'शोले' 1975 के आसपास प्रदर्शित हुई थी। इस फिल्म ने तब तक सारे रिकार्ड तोड़ दिए थे। 'जंजीर' के साथ 'एंग्री यंगमैन' की छवि लेकर उभरने वाले अमिताभ बच्चन इस फिल्म में पूरी ताकत के साथ उभरे थे। क्या नहीं था 'शोले' में। आज जब बिस्किटों के विज्ञापन तक में गब्बरसिंह की प्रतिकृति की जाती है तो समझा जा सकता है कि अमजद खान ने किस गहराई के साथ इस रोल को किया। उस समय के कितने ही नामी-गिरामी कलाकारों का जमघट तो फिल्म में था ही, फिल्म की कहानी और उसका निर्वाह हिंदी फिल्मों के इतिहास का उल्लेखनीय पृष्ठ है। प्रतिकार की ज्वाला में धधकते अपंग पुलिस अधिकारी की लाचारी, दो युवा अपराधियों को अपराध कर्म में भी एक मिशन मिल जाना, सीमाहीन क्रूरता

रहा है जैसे कोई सपना देखा हो। साहित्य की शब्दावली में बात करूं तो यह मानो एक अतिवास्तविक अनुभव था। कुछ उदाहरण सामने रखने से शायद बात बनेगी।

जाई महाराष्ट्र का एक छोटा-सा गांव है। गुजरात और महाराष्ट्र की सीमा पर दहाणू तालुके में समुद्रतट पर। यह मछुआरों का गांव है। कभी ये मछुआरे औरों की व्यापारिक नौकाओं पर नौकरी करते थे। आज इनके पास दो सौ के लगभग खुद की नावें हैं। ये मछुआरे स्वावलम्बी हो गए हैं। उनके घरों में खुशहाली की चमक एकबारगी ही दिखाई देती है। स्त्री-पुरुष, आबाल-वृद्ध किसी से भी बात करो-गहरा आत्मविश्वास गूंजता है। अपनी निजी नावों के अलावा इनके पास एक और नाव है। सामुदायिक आखेट नौका जिसका नाम है 'मत्स्यगन्धा'। मछुआरों की पालियाँ बंधी हुई हैं। नियत तिथि को अपनी नौका के बजाय वे 'मत्स्यगंन्धा' को लेकर समुद्र में जाते हैं। उस दिन की जो कमाई होती है वह गांव के ट्रस्ट में जाती है और गाढ़े दिनों में काम आती है।

मोरेश्वर भगवान मजवेलकर के घर मैंने एक घंटे से ज्यादा समय बिताया। साफ-सुथरा घर। चौके में करीने से सजे हुए बर्तन। दीवालों पर 'पूज्य दादाजी' याने पांडुरंग शास्त्री आठवले के विभिन्न मुद्राओं के चित्र और उनके प्रवचनों के उद्धरण। घर के एक चमकते कोने में उपासना स्थल जिसमें शास्त्री जी द्वारा प्रकल्पित योगेश्वर कृष्ण की छवि। मोरेश्वर की पत्नी लक्ष्मी बताती हैं जब से दादाजी के 'स्वाध्याय प्रयोग' में शामिल हुए, तब से जीवन में बदलाहट आना शुरू हुई। शराब पीना धीरे-धीरे बंद हो गया। घर में मांगलिक अवसरों पर फिजूलखर्ची बंद हो गई। कच्चा घर था सो पक्का हो गया। आज बैंक में बचत खाते में रकम बढ़ रही है। घर के बाकी सदस्य सहमति में सिर हिलाते हैं।

इस बीच मेरी नजर आलमारी पर रखी एक ट्रॉफी पर जाती है। मछुआरों के गांवों के बीच 'धनंजय कला क्रीड़ा उत्सव' का आयोजन होता है। मोरेश्वर की कप्तानी में टीम ने वॉलीबॉल में इनाम जीता था। लेकिन ट्रॉफियों पर प्रथम-द्वितीय अंकित नहीं किया जाता। महिलाओं की भी तरह-तरह की स्पर्धाएं आयोजित होती हैं। उन्हें इनाम में फल-फूल दिए जाते हैं। खेलना चाहिए, इसलिए खेलते हैं। इनाम के लिए नहीं। गर्व करने के लिए नहीं।

4-5 साल की आयु के बच्चे भी संस्कृत श्लोकों का पाठ बखूबी कर लेते हैं। 'स्वाध्याय' को मानने वाले सभी लोग त्रिकाल संध्या याने दिन में तीन बार वैदिक मंत्रों का पाठ करते हैं। मच्छी मारने जैसे हाड़-मांस गला देने वाले व्यवसाय में लगे रहने वाले इन कम पढ़े-लिखे लोगों की बोलचाल की भाषा प्रांजल है और अभिव्यक्ति सटीक सुन्दर। असंख्य अन्य भारतीयों की तरह भी फिल्म देखते हैं और गाने सुनते हैं लेकिन इनका जीवन उस रुपहली अवास्तविकता से अप्रभावित है। हर शाम पूरा गांव प्रार्थना मंदिर में एकत्र होता है और वहां सामूहिक प्रार्थनाएं होती हैं। लगभग

सभी जन एकादशी का व्रत रखते हैं। यह हमारी फलाहारवाली एकादशी से अलग होती है। महिलाएं अपना दो समय का टिफिन लेकर आसपास के किसी गांव में जाती हैं और वहां की स्त्रियों से स्वाध्याय के बारे में बात करती हैं। एकादशी याने भक्तिसेवा का दिन। उनकी शब्दावली में 'भाव-फेरी' का दिन।

12 फरवरी की शाम हमारा दल प्रार्थना मंदिर में गांव वालों के साथ था। 'स्वाध्याय परिवार' के 'मोटा भाई' महादेव मांगेला ने बताया कि शास्त्री जी की प्रेरणा से ओखा से गोवा तक के साढ़े पांच सौ कि.मी. लम्बे समुद्र तट पर बसे गांवों में उनका प्रयोग फैल रहा है। आज उनके पास 75 सामुदायिक सम्पत्ति की नौकाएं याने 'मत्स्यगन्धा' नावें हैं और दस हजार से ज्यादा कार्यकर्ता स्वाध्याय का संदेश तटीय जनपद में फैलाने के काम में जुटे हैं। इनमें से एक भी व्यक्ति पूर्णकालिक स्वयंसेवक नहीं है। इनकी न कोई वरदी है, न कोई निशान। सारे के सारे सामान्य गृहस्थ हैं और माह या साल में कुछ दिन अपनी सुविधा से नियत कर इस काम में समर्पित करते हैं।

बड़ौदा के पास आजोड़ गांव है। यहां शास्त्री जी की प्रेरणा से 'पातंजलि वृक्ष मंदिर' की स्थापना हुई है। 1985 में आसपास के 16 गांवों के स्वाध्यायी किसान भाइयों ने मिलकर गुजरात सरकार से तीस साल के पट्‌टे पर 30 एकड़ बंजर जमीन ली। इस जमीन पर आज ग्यारह सौ वृक्षों का लहलहाता नंदन कानन है। आम के वृक्ष बौरों से लदे हुए थे। चीकू, केला, नीबू जैसे वृक्षों के कुंज भी थे। वृक्ष मंदिर में वृक्षों की पूजा होती है, और काम करने वाले स्वयंसेवक ही इस मंदिर के पुजारी हैं। इस उद्यान में सिर्फ 4-5 स्थायी कर्मी हैं। लेकिन 16 गांवों के पुजारियों पर पारी बंधी हुई है। जो दिन नियत है, सारे काम छोड़कर वे आते हैं। इनमें से कोई गुजरात नर्मदा फर्टिलाइजर में अधिकारी हैं तो कोई गुजरात सरकार में इंजीनियर, कोई इंडियन पैट्रोकैमिकल्स में कर्मचारी। कुछ अवकाश प्राप्त, आयु प्राप्त, वानप्रस्थी पुजारी भी हैं जो सप्ताह में तीन दिन का समय यहां देते हैं। इनमें से कोई भी फलों की पैदावार से प्राप्त आय से कुछ नहीं लेता। सब दो समय का अपना टिफिन लेकर ही आते हैं। पातंजलि वृक्ष मंदिर में सबने मिलकर एक तालाब वर्षा जल एकत्र करने के लिए बनाया है। 'वृक्ष में वासुदेव' का वास मानने वाले ये भाई कहते हैं कि स्वाध्याय से जुड़ने के बाद गांवों का वातावरण बदल गया है। अब वहां कलह की बजाय सौहार्द्र का वातावरण है। अलग-अलग परिवेश के लोग मिलने-जुलने लगे हैं तो ज्ञान और अनुभवों के विनिमय से बहुत कुछ सीखने को मिल रहा है। 16 गांवों के कृषि अनुभवी पुजारी माह में एक बार बैठक करते हैं। इसमें वे अपनी गतिविधियों की विवेचना करते हैं।

अभी ऐसे 18 वृक्ष मंदिर हैं। इनमें से एक मध्यप्रदेश के बुरहानपुर में है। पहला 'याज्ञवल्क्य वृक्ष मंदिर' 1979 में स्थापित किया गया था।

हमें 'घर मंदिर' देखने का और अवसर मिला। वापी के पास जरोली खुशालपाड़ा नामक आदिवासी ग्राम में। 'घर मंदिर' याने वर्ष में एक बार एक सप्ताह के लिए स्थापित योगेश्वर कृष्ण की छवि। अगले सप्ताह ये छवि किसी दूसरे स्वाध्यायी परिवार में बिराजेगी। घर का युवा सदस्य अजय जोश के साथ कहता है, "चा की लारी करेंगे, लाचारी नहीं करेंगे।" चा की लारी याने गुजराती में चाय का ठेला। अजय की पत्नी कुम्कुबेन कहती हैं, "पहले ये शराब पीकर आते थे। मारपीट करते थे। अब सब बंद हो गया है।" आदिवासी घरों के बच्चे अब नियमित रूप से स्कूल जाने लगे हैं। बड़े लोग कुछ-न-कुछ जीवन उपयोगी काम करते हैं।

वापी से जरोली तक की ऊबड़खाबड़ सड़क पर यात्रा में हमारे सारथी हैं धर्मेश टंडेल। दमन में रहने वाला मछुआरा युवक। धर्मेश भी अपने और स्वाध्यायी परिवार के अपने मित्रों की जीवनशैली में आए परिवर्तनों के बारे में उत्साहपूर्वक जानकारी देते हैं। जो युवक कभी नशाबंदी वाले गुजरात में शराब की तस्करी करते थे, अब सच्चे तरीके से जीवन यापन कर रहे हैं।

अहमदाबाद महानगर के भीतर ही नया वाड्ज में वणकरवास है। हमारी शब्दावली में दलित मोहल्ला। दादाजी के अनुसार 'भावलक्षी वास। उनकी ओर समाज सद्भाव के साथ लक्ष्य करें।' संकरी-सीधी गलियों वाले इस मोहल्ले का हर घर लिपापुता था। हर घर के भीतर एक दीप्ति थी। घरों में कढ़ाई-बुनाई की कुशल कारीगरी के प्रमाण जगह-जगह थे। भावलक्षी अरविन्द भाई का नौवीं में पढ़ने वाला बेटा तरुण कहता है हमें स्वाध्याय प्रयोग से ज्ञान प्राप्त हो रहा है। इस मोहल्ले में बाल विकास केन्द्र चल रहा है। युवा विकास केन्द्र प्रारंभ होने वाला है। महिलाओं का अपना केन्द्र है। गरज ये कि छोटे से लेकर बड़े तक सबको स्वाध्याय से जोड़ने के लिए कुछ-न-कुछ योजना है। हमारे स्वागत के लिए इकट्ठे नन्हें-मुन्नों में से हर एक बच्चा हमें संस्कृत का एक न एक श्लोक या वैदिक प्रार्थना सुनाना ही चाहता है। 'ट्विंकल ट्विंकल लिटिल स्टार' के मुकाबले 'कराग्रे वसते लक्ष्मी' सुनना अच्छा ही लगता है लेकिन मन में एक सवाल भी उठता है। उसकी चर्चा बाद में।

इस मोहल्ले के ठीक बाजू में गौपालक रबाड़ियों का मुहल्ला है। वे भावलक्षी जनों से आज भी छुआछूत मानते हैं लेकिन ये दलित कहते हैं कि हमारा उनका कोई झगड़ा नहीं। वे हमारे घर नहीं आते लेकिन हमारी प्रार्थना-पूजा में शामिल होने आ भी जाते हैं।

अहमदाबाद महानगर में ही नवा बापू नगर इलाके में मोहन नगर पार्ट टू में रामकृपा नगर एक छोटा-सा मोहल्ला है। यहां साग-सब्जी का पारम्परिक व्यवसाय करने वाले आदिवासी वाघरी समाज का निवास है। पांडुरंग शास्त्री आठवले इन्हें 'देवीपुत्र' का संबोधन देते हैं क्योंकि ये पारम्परिक तौर से मातृशक्ति की उपासना करते आए हैं। दसवीं पास मंगू बाई की गंभीर वाणी में कही गई बातें हमें आश्चर्य

से भर देती हैं। मंगूबाई ने इलाबेन भट्ट के साथ 'सेवा' (श्रमिक महिलाओं का विख्यात संगठन) में 18 साल काम किया। इसी बीच स्वाध्याय से परिचय हुआ। मन में द्वन्द्व उठा कि सेवा में काम करते हुए वाघरी बहनों के लिए बैंक ऋण आदि के फॉर्म भरवाना आदि काम करना होते हैं, उससे बेहतर है कि उन्हें स्वावलम्बन की नई दिशा दी जाए। मंगूबेन ने 'सेवा' की नौकरी छोड़ दी। अब वे खुद का सब्जी का काम करती हैं और अपने समाज की आर्थिक हालत सुधारने के लिए ऐच्छिक कार्य करती हैं। उसी में वे प्रभु भक्ति देखती हैं।

मंगू बाई के अलावा मोहल्ले के बुजुर्ग पपन भाई, उनके बेटे किशोर और अन्य लोग अलग-अलग चर्चा में भी बताते हैं कि कच्चे घर पक्के बन गए, बच्चे पढ़ाई करने लग गए और टोना-टोटका, पशुबलि, मृत्युभोज आदि कुरीतियां बंद हो गई हैं। किशोर रत्न कलाकार है याने हीरा तराशने वाला कारीगर। वह जहां काम करने जाता है वहां स्वाध्यायी कारीगरों के लिए 'हीरा मंदिर' की स्थापना हुई है।

'भावलक्षी' और 'देवीपुत्र' समुदाय के लोगों से मिलने के बाद अगली सुबह हमने 'भावनिर्झर' में बिताई। अहमदाबाद के सैटेलाइट रोड पर भारतीय अंतरिक्ष अनुसंधान संगठन के सामने 60 एकड़ के प्रशस्त भूखंड पर यह पांडुरंग आठवले शास्त्री द्वारा स्थापित अपने तरह की अनूठी शिक्षण संस्था है। नीम के पेड़ों की छाया में हम शिक्षकों और विद्यार्थियों से बात करते हैं। उनकी कक्षाएं, छात्रावास और पाठशाला भी देखते हैं। 'भावनिर्झर' में 10वीं कक्षा के बाद तीन वर्ष का पाठ्यक्रम संचालित होता है। कुल 60 छात्र लिए जाते हैं, जिनमें गुजरात व महाराष्ट्र के ही ज्यादा छात्र होते हैं। कुछेक बंगाल व आंध्र आदि से आते हैं। शास्त्री जी शिक्षा में जिस नवाचार का प्रयोग कर रहे हैं, उसके अंतर्गत 7वीं कक्षा के बाद चुने गए छात्र तीन साल के लिए भुज (कच्छ) या सिंहगढ़ (महा) 'ईश्वर भावना' नामक विद्यालय भेजे जाते हैं, वहां से 'भावनिर्झर' और यहां तीन साल पूरे करने के बाद एक या दो वर्ष के लिए थाणे स्थित तत्वज्ञान विद्यापीठ।

शिक्षक कृपाल सिंह सोलंकी बताते हैं कि नई पीढ़ी को वर्तमान शिक्षा प्रणाली में सही अर्थों में शिक्षा नहीं मिल रही है। शास्त्री जी के मॉडल में नई पीढ़ी में प्रतिकार क्षमता, तेजस्विता और जीवन मूल्य विकसित करने की शिक्षा दी जाती है। यहां आए सभी छात्र गांवों से आते हैं। किसी के घर खेती है तो किसी की दूकान। नौकरीपेशा परिवारों के बेटे लगभग नहीं हैं। स्वाध्यायशाला में कोई भी विद्यार्थी बिना माता-पिता की लिखित अनुमति के भरती नहीं किया जाता। पढ़ाई समाप्त होने के बाद इन्हें कोई डिग्री भी नहीं दी जाती। विद्यार्थी इस समझ के साथ पढ़ रहे हैं कि उन्हें अध्ययन समाप्त होने के बाद अपने गांव लौटना है और गांव को प्रबुद्ध नेतृत्व देना है। दूसरे शब्दों में ये तरुण स्वाध्याय प्रयोग के आत्मव्रती कार्यकर्ता बन जाएंगे।

अंग्रेजी वर्णमालानुसार लेखकों का क्रम

27. जगेश्वर प्रसाद खलिश (पृष्ठ, 137)
28. आर. आर. खाडिलकर (पृष्ठ, 161)
29. विष्णु खरे (पृष्ठ, 411)
30. कपूरचंद कुलीश (पृष्ठ, 299, 367, 383)
31. राजेंद्र माथुर (पृष्ठ, 310, 396)
32. मदनमोहन मालवीय (पृष्ठ, 60)
33. रामनाथ 'सुमन' रामगोपाल माहेश्वरी (पृष्ठ, 128, 322)
34. एम. एम. मिश्र (पृष्ठ, 144)
35. कृष्ण कुमार मिश्र (पृष्ठ, 338)
36. प्रताप नारायण मिश्र (पृष्ठ, 29)
37. द्वारकाप्रसाद मिश्र (पृष्ठ, 119, 159, 251)
38. नरेश मेहता (पृष्ठ, 254)
39. गजानन माधव मुक्तिबोध (पृष्ठ, 235, 257)
40. विष्णु नागर (पृष्ठ, 391, 403)
41. जीवाराम पालीवाल (पृष्ठ, 155)
42. कृष्णदत्त पालीवाल (पृष्ठ, 146)
43. बाबूराव विष्णु पराड़कर (पृष्ठ, 139, 163, 207)
44. हरिशंकर परसाई (पृष्ठ, 279, 377)
45. मातासेवक पाठक (पृष्ठ, 204)
46. प्रेमचंद (पृष्ठ, 109)
47. राजकिशोर (पृष्ठ, 363)
48. विश्वनाथ सचदेव (पृष्ठ, 408)
49. रघुवीर सहाय (पृष्ठ, 348)
50. शिवपूजन सहाय (पृष्ठ, 121)
51. माधवराव सप्रे (पृष्ठ, 33)
52. झाबरमल शर्मा (पृष्ठ, 81)
53. रामविलास शर्मा (पृष्ठ, 199)
54. उदयन शर्मा (पृष्ठ, 358)
55. चतुरसेन शास्त्री (पृष्ठ, 77)
56. युगल किशोर शुक्ल (पृष्ठ, 17)
57. ललित सुरजन (पृष्ठ, 422, 427)
58. मायाराम सुरजन (पृष्ठ, 296, 379)
59. भवानी प्रसाद तिवारी (पृष्ठ, 186)
60. कमलापति त्रिपाठी (पृष्ठ, 167, 179)

●●●